Des Knaben Wunderhorn

Des Knaben Wunderhorn

Alte deutsche Lieder

gesammelt von

Achim von Arnim und Clemens Brentano

KRITISCHE AUSGABE

BAND 3

HERAUSGEGEBEN UND KOMMENTIERT
VON HEINZ RÖLLEKE

PHILIPP RECLAM JUN. STUTTGART

Universal-Bibliothek Nr. 1252 [7]

Gesamtherstellung: Reclam, Ditzingen. Printed in Germany 1987
ISBN 3-15-001252-X
Band 1–3 gebunden in Kassette: ISBN 3-15-021250-2

Wunderhorn

Alte deutsche Lieder

A. von Arnim C. Brentano

III.

Heidelberg bey Mohr und Zimmer 1808.

Des Knaben Wunderhorn.

Alte deutsche Lieder

gesammelt von

L. A. v. Arnim und Clemens Brentano.

Dritter Band.

Heidelberg,
bey Mohr und Zimmer.
1808.

Des Knaben Wunderhorn.

III 3 Liebesklagen des Mädchens.

1.

Nach meiner Lieb viel hundert Knaben trachten,
Allein der, den ich lieb, will mein nicht achten,
Ach weh mir armen Maid, vor Leid muß ich verschmachten.

Jeder begehrt zu mir sich zu verpflichten,
Allein der, den ich lieb, thut mich vernichten,
Ach weh mir armen Maid, was soll ich dann anrichten.

All andre thun mir Gutes viel verjehen,
Allein der, den ich lieb, mag mich nicht sehen,
Ach weh mir armen Maid, wie muß mir dann geschehen.

Von allen keiner mag mir widerstreben,
Allein der, den ich lieb, will sich nicht geben,
Ach weh mir armen Maid, was soll mir dann das Leben.

2.

Ich wollt, daß der verhindert mich
An meinem Glück, sollt halten sich
Ein Jahr nach meinem Willen,
Ich wollt ihm gar in kurzer Zeit, all seinen Hochmuth stillen.

Ich wollt, daß der mein jezund spott,
Ein Jahr sollt halten mein Gebot,
Er würd dermassen büssen,
Daß ihn gewiß in Tagen kurz, seins Lebens sollt verdriessen.

3.

Ich bin gen Baden zogen,
Zu löschen meine Brunst,
So find ich mich betrogen,
Denn es ist gar umsunst,
Wer kann das Feuer kennen,
Das mir mein Herz thut brennen!

Ich thu mich vielmals wäschen
Mit Wasser kalt und heiß,
Und kann doch nicht erlöschen,
Ja mein kein Rath mehr weiß,
Kann nicht das Feuer kennen,
Das mir im Herz thut brennen.

4.

Wenn ich den ganzen Tag
Geführt hab meine Klag,
So giebts mir noch zu schaffen
Bey Nacht, wann ich soll schlafen.
Ein Traum mit großem Schrecken
Thut mich gar oft aufwecken.

Im Schlaf seh ich den Schein
Des Allerliebsten mein,
Mit einem starken Bogen,
Darauf viel Pfeil gezogen,
Damit will er mich heben
Aus diesem schweren Leben.

Zu solchem Schreckgesicht
Kann ich stillschweigen nicht,
Ich schrei mit lauter Stimmen:

»O Knabe laß dein Grimmen,
Nicht wollst, weil ich thu schlafen,
Jezt brauchen deine Waffen.«

5.

Ach hartes Herz, laß dich doch eins erweichen,
Laß mich zu deiner Huld doch noch gereichen;
Wen sollt doch nicht erbarmen,
Daß ich muß als erarmen.

Ach starker Fels, laß dich doch eins bewegen,
Thu dein gewohnte Härt eins von dir legen;
Wen sollt doch nicht erbarmen,
Daß ich muß als erarmen.

Ach veste Burg, laß dich doch eins gewinnen,
Ach reicher Brunn, laß mich nicht gar verbrinnen;
Wen sollt doch nicht erbarmen,
Daß ich muß als erarmen.

6.

Wer sehen will zween lebendige Brunnen,
Der soll mein zwey betrübte Augen sehen,
Die mir vor Weinen schier sind ausgerunnen.

Wer sehen will viel groß und tiefe Wunde,
Der soll mein sehr verwundtes Herz besehen,
So hat mich Lieb verwundt im tiefsten Grunde.

7.

Mit Weinen thu ich meine Zeit vertreiben,
Kein Mensch auf Erd den Jammer kann beschreiben,

Den ich erduld bey Nacht und auch bey Tage,
Und red ich nicht, so tödtet mich die Plage.

Die Augen mein, vertrocknet tiefe Brunnen,
Durch Weinen sind so gänzlich ausgerunnen,
Daß ich deswegen muß gar bald verschmachten
Beym vollen Brunnen, wo ich nächtlich wachte.

8.

Der süsse Schlaf, der sonst stillt alles wohl,
Kann stillen nicht mein Herz mit Trauren voll,
Das schafft allein, der mich erfreuen soll.

Kein Speis, kein Trank mir Lust noch Nahrung giebt,
Kein Kurzweil mehr mein traurig Herze liebt,
Das schafft allein, der so mein Herz betrübt.

Gesellschaft ich nicht mehr besuchen mag,
Ganz einig sitz in Unmuth Nacht und Tag,
Das schafft allein, den ich im Herzen trag.

9.

Recht wie ein Leichnam wandle ich umher
Zu seiner Thüre Nachts und seufze schwer,
Aus meiner Brust an Trost und Wohlseyn leer.

Mein Athem stöhnet wie ein Fichtenwald,
Ein Unglückszeichen mein Gesang erschallt,
Daß alle Nachbarn sich ergrimmen bald.

Sie lärmen, nicht zu hören all mein Weh,
Sie nehmen Umweg, daß mich keiner seh,
Jezt fürcht ich nichts, war scheu sonst wie ein Reh.

Wie von dem Ast im Traum ein Vogel fällt,
So flattre ich des Nachts, so ungesellt:
Ein Unglücksvogel nimmermehr gefällt!

Was soll draus werden? fraget alle Welt.
Was ist die Welt? Wer schuf sie unbestellt?
Die schuf allein, die mich so sehr entstellt.

Ich freu mich, wie mein Fleisch so schwinden thut,
Mein festes Land zerreißt der Strom vom Blut,
Der aus dem Herzen kommt und niemals ruht.

O meine Thränen, keiner schätzet euch,
Ihr seyd den Himmelsgaben darin gleich;
An allem bin ich arm, in euch so reich.

III 7

Abendstern.

(Mündlich.)

Schlaf nur ein geliebtes Leben,
Schlaf, ich will ja gern zufrieden seyn,
Deine lieben Augen geben
Dennoch deinem Diener hellen Schein.
   Hast du dich verschlossen,
   Will ich unverdrossen
Liebend doch vor deiner Thüre stehn;
   Daß sie Liebe quäle,
   Jauchzet meine Seele,
Darf ich liebend doch an deiner Thüre stehn.

Schlaf nur ein, dein Sternenschimmer
Läßt mich nie zu meinem Bette gehn,
Meine müden Augen sehn dich immer,

Bis sie vor den deinen untergehn,
Wie die Blätter fallen,
Also werd ich fallen,
Unter deinem Fuße rauschen hin,
Mild bist du den Armen,
Trage mir Erbarmen,
Unter deinem Fuße rausch ich hin.

Schlaf nur ein, und heiß mich wachend gehen,
Herz und Seele bleibet doch bei dir,
Will mir mit dem Tag die Sonne untergehen,
Ist ein Liebeshimmel doch in mir,
Denn da seh ich immer
Deiner Sterne Schimmer,
Wie sie flüchtig auf mein Herze gehn,
Säh ich dich doch morgen,
Ließ ich alle Sorgen
Also flüchtig durch mein Herze gehn.

Der Fürstentochter Tod. III 9

(Procopii Aestivale p. 246.)

Es fuhr gen Acker ein grober Baur,
Arbeitet wacker im Schweis so sau'r,
Im Frühling, Märzen, May, April,
Im Feld standen der Blümlein viel,
Die ihn anlachten in der Still.

Er ließ sich solches bewegen nicht,
Mit seinem Pflug er sich drüber richt,
Er schnitt darein der wilde Mann,
Und griff an ihren Wurzeln an
Die schönen Blumen lobesan.

Die Blümlein neigten die Köpfe zart,
Sanken darnieder zu Boden hart,
Ich sie anschaute sinniglich,
Von Herzen sie erbarmten mich,
Hätt sie wohl gern errettet ich.

Auf unsres Fürsten sein Wiesen grün
Da that ein holdselig Blümlein blühn,
Das war sein liebstes Töchterlein,
Zwölfjährig, edel, hübsch und fein,
Ein Herzentrost den Aeltern sein.

Da kam der grimmige Tod daher,
Trabanten, Garden, nichts achtet er,
Frey trat er in die Burg hinein,
Schlug grausam ins Frauenzimmer drein,
Und traf das Fürstliche Fräulein allein.

Nun kommt zum Saale ihr Christenleut,
Nun gehet ins Feld mit bitterem Leid,
Zwey Blumen stehn auf einem Feld,
Die eine frisch, die andre welk,
Rath, welche länger sich erhält.

Da kommt gegangen ein Wandersmann,
Der trägt Verlangen zu greifen an,
Der Blumen eine mit Gewalt,
Die Hand darnach er ausstreckt bald,
Nimmt die am besten ihm gefallt.

Die halbverwelkte will er nicht,
Die frische ihm in die Augen sticht,
Er läßt die alt und nimmt die neu,
Thut dran gar recht bey meiner Treu,
Ich machets auch so ohne Scheu.

Ach was hilft ein Blümelein. III 10

(Mündlich.)

Sterben ist eine harte Buß,
Weiß wohl daß ich sterben muß,
Und ein Röslein rosenroth
Pflanzt mein Schatz nach meinem Tod.

Wenn ich mal gestorben bin,
Wo begrabt man mich denn hin?
Schau nur in den Kirchhof nein,
Da wird noch ein Pläzlein seyn!

Wachsen schöne Blümlein drauf,
Geben dir ein schönen Straus.
Ach was hilft ein Röslein roth,
Wenn es blüht nach Liebes Tod!

Dort hinein, und nicht hinaus,
Trägt man mich ins Grabeshaus,
Habs gesehen in der Nacht,
Hats ein Traum mir kund gemacht.

Auf den Kirchhof wollt ich gehn,
Thät das Grab schon offen stehn,
Ach das Grab war schon gebaut,
Hab es traurig angeschaut.

War wohl sieben Klafter tief,
Drinnen lag ich schon und schlief,
Als die Glock hat ausgebraußt,
Gingen unsre Freund nach Haus.

Sterben ist ein harte Pein,
Wenns zwey Herzallerliebste seyn,
Die des Todes Sichel scheidt,
Ach das ist das größte Leid.

Denn was hilft ein Blümelein,
Wenn es heißt ins Grab hinein;
Ach was hilft ein Röslein roth,
Wenn es blüht nach Liebes Tod.

III 12

Nachtlieder an die Braut.

(Mündlich.)

1.

Ach Schatz willst du schlafen gehn,
Schlafe wohl, schlafe wohl,
Schlafe wohl in guter Ruh,
Und thu deine schwarzbraune Aeuglein zu,
Und ruh, und ruh, und ruh in sanfter Ruh.

Ach Schatz, wenn ich nur bey dir wär,
Allein, allein, allein,
Allein im Federbett,
Wir beyde wollten vergnüget seyn,
Und wollten gern allein beynander seyn,
Ach wenn ich dich doch allein in meinen Armen hätt.

Die Geig, die führt einen sanften Ton,
Zeiget an, Zeiget an,
Zeiget an du edle Kron,
Sie zeiget an du edle Kron,
Wie vielmal ich geklopfet schon,
Ich muß, ich muß, ich muß vergeblich stohn.

Ach Schatz nimm dieses Liedlein an,
Es ist, es ist, es ist,
Es ist auf dich gericht,

Nimm nur dies schlechte Liedlein an,
Wie vielmal ich geklopfet an,
Gute Nacht, gute Nacht, gute Nacht mein Schatz.

2.

Ach edler Schatz verzeih es mir,
Daß ich so spät bin kommen,
Die grosse Lieb aus Herzens Begier
Hat mich dazu gezwungen.

Jezt liegt mein Schatz, mein edler Schatz
Gar sanft in seinem Bettchen,
Ey möcht ich ihn ganz inniglich
Mit meiner Musik wecken.

Erweck ich sie, erschreck ich sie,
Es müßt mich herzlich reuen,
Ach könnte ich doch bey ihr seyn,
Und ruhn in ihren Armen.

Sie hat zwey Cristallinisch Stein,
Auf Elfenbein auch Purpur,
Solt ihr geschehn daran ein Leid,
So spräng mein Herz in Stücken.

Vision. III 13

(Mündlich.)

Ueber den Kirchhof gieng ich allein,
Zu meines Liebchens Kämmerlein,
Und als ich wollt von dannen gehn,
Da hielt es mich, ich mußt da stehn.

Ein Seel stand traurig an eim Grab,
Und schrie mit heller Stimm hinab:
»Steh auf mein Leib, verantwort dich,
Dann ich bin hier, beschuldge dich.«

Da hebet sich des Grabes Stein,
Und geht hervor ein weiß Gebein,
Der Leib steht auf gar bald und schnell,
Und geht dahin, spricht zu der Seel:

»Wer ist daraus, der mein begehrt,
Der mich da rufet aus der Erd,
Bist du es Seele, die vor Jahren
Aus meinem Leibe ist gefahren?«

Die Seel sprach: »Hab ich beten wöllen,
Da pflegtest du dich krank zu stellen,
Wenn ich anfieng das Abendgebet,
Da hast du dich gleich schlafen gelegt.«

Der Leib sprach: »Ach ich schien nur faul,
Und gähnte, macht ein schiefes Maul,
Und war zum niederknien verdrossen,
Denn ich hatt einen Bettgenossen.«

»Ach weh! Ach weh, antwort die Seel,
Daß ich gewesen dein Gesell,
Wovon die Ursach du allein
Darum leid ich die Höllenpein.

Im Thal Josaphat am Jüngsten Tag,
Da will ich führen grosse Klag,
Alsdann wird angehn auch dein Leid,
Du wirst brennen in Ewigkeit.«

Da sprach der Leib: »Du seyst verklagt,
Du warst die Frau, und ich die Magd,

Du trägst mit mir die Sündenlast,
Weil du mich bös geführet hast.«

Die Seel wollt da noch widersprechen,
Da thät der Morgenstern anbrechen,
Sankt Petrus Vogel thät auch krähen,
Da waren beid nicht mehr zu sehn.

Ich aber schrieb dies Liedelein,
Und steckts an Liebchens Fensterlein,
»Ich war mit Leib und Seel zu Gast,
'S ist mir leid, wenn du auf mich gewartet hast.«

Nicht Wiedersehn. III 15

Nun ade mein allerherzliebster Schaz,
Jezt muß ich wohl scheiden von dir,
Bis auf den andern Sommer,
Dann komm ich wieder zu dir.

Und als der junge Knab heimkam,
Von seiner Liebsten fing er an,
Wo ist meine Herzallerliebste,
Die ich verlassen hab?

Auf dem Kirchhof liegt sie begraben,
Heut ists der dritte Tag,
Das Trauren und das Weinen
Hat sie zum Tod gebracht.

Jetzt will ich auf den Kirchhof gehen,
Will suchen meiner Liebsten Grab,
Will ihr alleweil rufen,
Bis daß sie mir Antwort giebt.

Ey du mein allerherzliebster Schaz,
Mach auf dein tiefes Grab,
Du hörst kein Glöcklein läuten,
Du hörst kein Vöglein pfeifen,
Du siehst weder Sonn noch Mond!

III 16

Hessisch.

Als ich kam zur Stube rein,
Da ist gut wohnen!
Ich hab so lang draußen gestanden,
Daß Gott erbarm!

Ich seh dies an deinem Hut,
Wie dein Hut tröpflen thut,
Von Regen ist er naß,
Von wegen meinem Schatz.

Ich gieng wohl über Berg und Thal,
Wär mir kein Weg zu schmal,
Zu meinem Schätzchen wollt ich gehn,
Alle Wochen siebenmal.

Dort steht ein schöner Lorbeerbaum,
Der steht schön da,
Und ein schöner Reutersbub,
Der steht mir an.

Herz mich ein wenig, küß mich ein wenig,
Hab mich ein wenig lieb,
Wenns auch regnet oder schneit,
Wenns unser Herz nur erfreut.

Heimlicher Liebe Pein. III 17

Mein Schatz der ist auf die Wanderschaft hin,
Ich weiß aber nicht, was ich so traurig bin,
Vielleicht ist er todt, und liegt in guter Ruh,
Drum bring ich meine Zeit so traurig zu.

Als ich mit meim Schatz in die Kirch wollte gehn,
Viel falsche falsche Zungen unter der Thüre stehn,
Die eine redt dies, die andre redt das,
Das macht mir gar oft die Aeugelein naß.

Die Distel und die Dornen, die stechen also sehr,
Die falschen falschen Zungen aber noch viel mehr,
Kein Feuer auf Erden auch brennet also heiß,
Als heimliche Liebe, die Niemand nicht weiß.

Ach herzlieber Schatz, ich bitte dich noch eins,
Du wollest auch bei meiner Begräbniß seyn,
Bei meiner Begräbniß, bis ins kühle Grab,
Dieweil ich dich so treulich geliebet hab.

Ach Gott! was hat mein Vater und Mutter gethan,
Sie haben mich gezwungen zu einem ehlichen Mann,
Zu einem ehlichen Mann, den ich nicht geliebt,
Das macht mir ja mein Herz so betrübt.

Salomo sprich Recht. III 18a

Es waren einmal zwei Gespielen,
Sie giengen ins Feld spazieren.
Die eine die war so munter und wohl auf,
Die andre trauret sehre, ja sehre.

Wir beide haben einen Knaben so lieb,
Den können wir nicht theilen, ja theilen.
Ach Gespielin liebe meine,
Laß mir den Knaben alleine.
Ich will dir meinen Bruder geben,
Meines Vaters Gut zum Theile, ja Theile.
Ei deinen Bruder mag ich nicht,
Deines Vaters Gut veracht ich nicht.
Ich wollt nicht nehmen Silber und Gold,
Daß ich den Knaben lassen sollt, ja lassen sollt.

III 18b

Liebesaugen.

Sobald du hebst die klaren Aeugelein,
Freut sich Gestirn und auch der Sonnenschein,
Also gar sehr, du Liebeszier,
Sind sie geneiget dir.
Sobald du auch die Erde blickest an,
Ist sie erhizt, schickt Blümelein heran,
Wie sollt dann ich nicht herziglich,
Jungfrau auch lieben dich.
Und schließest du, o Herz, die Aeugelein,
Da giebt der Stern der Venus großen Schein
Wie ihrem Kind, wenn sie offen sind,
Die Fackel heftig brinnt,
Und hüllst du ein die hellen Aeugelein,
Der Himmel traurig zieht die Sterne ein,
Die Erd ist kalt, Frau Venus alt,
Ohn Feuer Amor bald.

Ade zur guten Nacht.

(Fliegendes Blat aus 1500.)

Der Mond, der steht am höchsten,
Die Sonn will untergehn,
Mein Feinslieb liegt in Nöthen,
Ach Gott, wie solls ihr gehn,
In Regen und in Wind,
Wo soll ich mich hinkehren,
Da ich mein Feinslieb find!

Mein Feinslieb wollt mich lehren,
Wie ich ihr dienen soll,
In Züchten und in Ehren,
Das weiß ich selbst gar wohl,
Und kann auch noch viel mehr,
Wer sich seins Buhlen rühmet,
Dem bringt es wenig Ehr.

Mancher geht zu seinem Buhlen
Bei lichtem Mondenschein,
Was giebt sie ihm zum Lohne?
Ein Rosenkränzelein,
Ist grüner als der Klee,
Ich muß mich von dir scheiden,
Thut meinem Herzen weh.

Ach Scheiden über Scheiden,
Wer hat dich doch erdacht,
Hast mir mein junges Herze
Aus Freud in Trauren bracht,
Dazu in Ungemach.
Dir ists schöns Lieb gesungen,
Ade zu guter Nacht.

III 20 **Liebes-Noten.**

Wahres Lieben, süßes Leben,
Wo zwei Herzen eins nur sind,
Wie zwei Turteltäublein schweben,
Die ein treues Band verbind,
Wo die Lieb den Chor anstimmet,
Und die Treue giebt den Takt,
In dem Blut die Freude schwimmet,
Und der Puls auf Lauten schlagt.

Wo die Spröde muß pausiren,
Wenn die Lust ein Solo singt,
Wenn die Aeuglein pizikiren,
Bis der Lieb ein Saite springt,
Wenn die Herzen konkordiren,
Und schön singen in dem Ton,
Wird der Mund auch sekundiren,
Und ein Kuß giebt ihm den Lohn.

Will ein Ton ins Kreuzlein steigen,
Will ein B wie Weh erschalln,
Mag aufs Herz der Finger zeigen,
Und Musik ganz leise halln,
Weil die Noten in zwei Herzen
Einfach stehen in der Terz,
Laß uns ganz piano scherzen,
Und allegro leiden Schmerz.

III 21a **Schlummer unter Dornrosen.**

Ich legte mich nieder ins grüne Gras,
Und lauert auf meinen Herzliebsten Schatz,
Ich lauert so lange bis mich es verdroß,

Da fielen zwei Röselein mir in den Schoos.
Die Röselein, die waren wie Blut so roth,
Jezt schläft ja mein Schatz oder er ist todt,
Er schläft ja nicht, er schlummert ja nur,
Es blinken seine Aeuglein, es lächelt sein Mund,
Da ließ ich meine Augen herummer gehn,
Da sah ich mein Schätzlein bei einem andern stehn,
Bei einem andern stehn,
Das hab ich gesehn.

Dem Tode zum Trutz. III 21b

(Mündlich.)

Komm zu mir in Garten,
Komm zu mir ins Gras,
Sprich aus deinen Jammer,
Es bringt mir nicht Schmerz.

Geh hol mir den Mantel,
Geh hol mir den Stock,
Jezt muß ich von dannen,
Muß nehmen B'hüt Gott!

Und wenn schon bisweilen
Die Falschheit schlägt ein,
So muß ich halt denken
Es muß also seyn.

Und wenn schon bisweilen
Der Tod auch regiert –
Ach er hat mein Lieb mir
Von dannen geführt!

Mein allerfeinst Liebchen
War die schönst in der Sonn,

Verblendet die Sonne,
Verdunkelt den Mond.

Mein allerfeinst Liebchen,
Nimm mich in deinen Schooß,
Jezt will ich dich erst lieben,
Den Leuten zum Trotz.

Den Leuten zum Possen,
Dem Tode zum Trutz,
Will ich mein Schaz lieben,
Wenns mich gleich nichts nuzt.

III 23a

Bivouack.

Habt ihr die Husaren gesehn,
Auf dem grünen Wieschen,
Hinterm gelben Veilchenstock,
Bei der Jungfer Lieschen?

Jungfer Lieschen, was ist das?
Auf der Wiese wächst das Gras,
Auf dem Acker wächst der Klee,
Mädchen trau kein'm Buben meh.

Hab einmal dem Buben getraut,
Hat mich sieben Jahr gereut,
Sieben Jahr ist noch nicht lang,
Reut mich wohl mein Lebenlang.

Ey! Ey!

III 23b

Ey Ey, wie scheint der Mond so hell,
Wie scheint er in der Nacht.
Hab ich am frühen Morgen
Meim Schatz ein Lied gemacht.

Ey Ey, wie scheint der Mond so hell,
Ey Ey, wo scheint er hin.
Mein Schatz hat alle Morgen
Ein andern Schatz im Sinn.

Ey Ey, wie scheint der Mond so hell,
Ey Ey, wie scheint er hier.
Er scheint ja alle Morgen
Der Liebsten vor die Thür.

Ey Ey, wie scheint der Mond so hell,
Ey Jungfer, wann ists Tag?
Es geht ihr alle Morgen
Ein andrer Freier nach.

Einsiedler.

III 24

Dort droben auf dem Hügel,
Wo die Nachtigall singt,
Da tanzt der Einsiedel,
Daß die Kutt in die Höh springt.

Ey laßt ihn nur tanzen,
Ey laßt ihn nur seyn,
Zu Nacht muß er beten
Und schlafen allein.

Dort drüben auf dem Hügel
Wos Füchsle rum lauft,
Da sizt der Einsiedel,
Hat die Kutte verkauft.

Dort drunten im Thale
Geht er ins Wirthshaus,
Geh leih ihm dein Dirnel,
Das mein hat ein Rausch.

Ich geh nit aufs Bergle,
Ich geh nit ins Thal,
Ich leih ihm nits Dirnel,
Der Weg ist zu schmal.

III 25

Der Berggesell.

(1500–50.)

Wär ich ein wilder Falke,
So wollt ich mich schwingen auf,
Ich wollt mich nieder lassen,
Für eins reichen Bürgers Haus.

Darinn ist ein Mägdelein,
Madlena ist sie genannt,
So hab ich alle meine Tag
Kein schöners brauns Mägdlein erkannt.

An einem Montag es geschah,
An einem Montag früh,
Da sah man die schöne Madlena,
Zu dem Obern Thor ausgehn.

Da fragten sie die Zarten:
Madlena, wo willt du hin?

In meines Vaters Garten,
Da ich nächten gewesen bin.

Und da sie in den Garten kam,
Wohl in den Garten einlief,
Da lag ein schöner junger G'sell,
Unter einer Linden und schlief.

Steh auf junger Geselle,
Steh auf, denn es ist Zeit,
Ich hör die Schlüssel klingen,
Mein Mütterlein ist nicht weit.

Hörst du die Schlüssel klingen,
Und ist dein Mütterlein nicht weit,
So zeuch mit mir von hinnen,
Wohl über die breite Heid.

Und da sie über die Heide kamen,
Wohl unter ein Linde was breit,
Da ward denselben zweien,
Von Seiden ein Bett bereit.

Sie lagen beieinander,
Bis auf drithalbe Stund,
Kehr dich brauns Mägdlein herum,
Beut mir dein'n roten Mund.

Du sagst mir viel von kehren,
Sagst mir von keiner Eh,
Ich fürcht ich hab verschlafen,
Mein Treu und auch mein Ehr.

Fürchst du, du habst verschlafen
Dein Treu und auch dein Ehr,
Laß dichs Feinslieb nicht kümmern,
Ich nehm dich zu der Eh.

Wer ist der uns dies Liedlein sang,
Von neuen gesungen hat,
Das hat gethan ein Berggesell,
Auf Sanct Annenberg in der Stadt.

Er hats gar frei gesungen,
Bei Meth, bei kühlem Wein,
Darbei da seyn gesessen,
Drei zarte Jungfräulein.

III 27

Hat gesagt – bleibts nicht dabei.

(Mündlich.)

Mein Vater hat gesagt,
Ich soll das Kindlein wiegen,
Er will mir auf den Abend
Drey Gaggeleyer sieden;
Siedt er mir drei,
Ißt er mir zwei,
Und ich mag nicht wiegen,
Um ein einziges Ey.

Mein Mutter hat gesagt,
Ich soll die Mägdlein verrathen,
Sie wollt mir auf den Abend
Drei Vögelein braten;
Brät sie mir drei,
Ißt sie mir zwei,
Um ein einziges Vöglein
Treib ich kein Verrätherei.

Mein Schätzlein hat gesagt,
Ich soll sein gedenken,

Er wöllt mir auf den Abend
Drei Küßlein auch schenken;
Schenkt er mir drei,
Bleibts nicht dabei,
Was kümmert michs Vöglein,
Was schiert mich das Ey.

Das schwere Körblein. III 28

(Musikalisch Rosengärtlein.)

Sag mir o Mägdelein, was trägst im Körbelein
So schwer und dich bemühest?
Es ist ein Knäbelein, der hat das Herze mein
So oftmals sehr betrübet,
Drum muß er jezt thun henken,
Im Korbe und sich kränken,
Bis daß er fällt hindurch.

Ich sprach: O Mägdelein, thu doch genädig seyn,
Und nicht so grausam tobe,
Laß heraus das Knäbelein, und rett das Leben sein,
Es bringt dir sonst kein Lobe,
Wenn du ihn läßt verderben,
Und gar in Unmuth sterben,
Folg mir, ich rath es dir.

Billig wär es daß du, anziehest seine Schuh,
Und tretest an seine statt,
So wollt ich tragen dich, im Korbe säuberlich,
Daß dir widerführ kein Schad!
Hiemit nahm sie das Körbelein,
Und rettete das Knäbelein,
Sezt drein die Jungfrau fein.

Laß mir doch jezt der Weil, und mit mir nicht so eil,
Sprach sie mit Ungemache,
Nein nein, sprach ich zu ihr, ich will nicht folgen dir,
Weil gut ist jezt die Sache,
Und mußt also thun henken,
Im Korbe und dich kränken,
Bis du erlöset wirst.

III 29

Uebersichtigkeit.

(1560–1600.)

Schön wär ich gern, das bin ich nicht,
Fromm bin ich wohl, das hilft mir nicht;
Geld hilft mir wohl, das hab ich nicht,
Darum bin ich kein Buhler nicht.

Schönheit hilft mir wohl zur Buhlerey,
Schöne Gestalt macht stolz darbey,
Dich nicht verlaß auf schöne Gestalt,
Daß du nicht in Verfall kömmst bald.

Wenn ich schön wär, und hätt viel Geld,
Wär ich der beste in der Welt;
Dieweil ich aber solches nicht haben kann,
So muß ich im Elende bleiben stahn.

Frömmigkeit hat einen schlechten Platz,
Geld ist doch der Welt bester Schatz,
Frömmigkeit hilft nichts zur Buhlerey,
Darum mir dasselbig verboten sey.

Hätte ich solches alles drei,
So wär mir geholfen frey;

Geldswerth hilft noch wohl,
Liebe ein jeder, was er lieben soll.

Frömmigkeit hat einen rechten Schein,
Geldswerth ist auch wohl fein,
Schön Gestalt halt dich nur werth,
Dieweil du lebest auf dieser Erd.

Kennst die bewegliche Drei du noch nicht und der Viere Gebilde, III 30
Wahrlich, so wollt es der Gott, findest du nimmer die Eins.

(Zur Beruhigung einer gewissen Kritik, die immer wissen muß, ob etwas wirklich alt sey, um zu fühlen, daß es schön sey, wird hier bemerkt, daß dieses Lied unverändert abgedruckt.)

Die 4 heilige 3 König mit ihrem Steara,
Der Casper, der Melchar, der Baltes, der Beara,
Sie seaga de' nagelnuia Steara,
Potz Blitz! 's wird g'wiß was Nuis draus weara.
Sie stiefla, sie waidla, sie fülla de Bauch,
Und springa, wie d' Schelma, zum Städtle hinaus.
Und do sie sain kuma fürs Herodes sei Thür,
Herodes der König trat selbsta herfür.
Ey, wo kömmt ihr her in so schneller Uyl?
Sizt any aufs Bänkli, und g'ruhet a Wuyl.
Mie könna nit gruahga, mie han nit de Wuyl.
Mie müassa hünt noch fünfhalba Müyl.
Ey woruma könnt' ir nit g'ruahga, es thut jo nit Nauth,
I will üch vor gea a Käß und a Brout.
Mer möaga kui Käs, mer möaga kui Brout,
Mer müassa gau gea, 's thut werli gau Nauth.

Ey möagat er kui Käs, so frässet e Dreck,
Un schärt i ins Teufels paar Daza a weg.
Und do mer sin kömma übers Städle hinaus,
Denka mer, blos es der Herodes da Hobel fein aus.
Und do mer sin komma ge Betlahai,
So finda mirs Kindli ä Mueters allai.
Und do mer im han brunge Butter, Nuß, und a Milach,
Hats Kindli klo bizli druf aini gschilacht.
Sankt Joseph nahm waidli die Wiege-Schnuar,
Und macht go dem Kindli a Gugelfuar.
Do stund es a Engela hinter der Thür,
Und both es a Mümfeli Brout herfür. –
Jez sin mer halt gestorba; und leaba nimmai,
Und liega zu Kölla am Bodasai.

III 31

Lebewohl.

(Mündlich.)

Morgen muß ich weg von hier,
Und muß Abschied nehmen;
O du allerhöchste Zier,
Scheiden das bringt Grämen.
Da ich dich so treu geliebt,
Ueber alle Maaßen,
Soll ich dich verlassen.

Wenn zwei gute Freunde sind,
Die einander kennen,
Sonn und Mond bewegen sich,
Ehe sie sich trennen.
Noch viel größer ist der Schmerz,
Wenn ein treu verliebtes Herz
In die Fremde ziehet.

Dort auf jener grünen Au
Steht mein jung frisch Leben,
Soll ich dann mein Lebelang
In der Fremde schweben?
Hab ich dir was Leids gethan,
Bitt dich, wolls vergessen,
Denn es geht zu Ende.

Küsset dir ein Lüftelein
Wangen oder Hände,
Denke daß es Seufzer seyn,
Die ich zu dir sende,
Tausend schick ich täglich aus,
Die da wehen um dein Haus,
Weil ich dein gedenke.

Das wunderthätige Mannsbild. III 32

(XXX Galliarden von Rost. 2 Th. 1593.)

Die Tochter bat die Mutter schön,
Sie möchte in die Kirche gehn,
Die Bilder anzubeten,
Denn sie jezt große Heiligkeit
Inbrünstig hätt betreten.

O Tochter das war gar verrucht,
Die Schrift ein solches Thun verflucht,
Gottes Wort allein sollst hören;
Das kann dir geben Trost und Freud,
Die Bilder thun bethören.

Das Bild o liebste Mutter mein,
Das mich zieht in die Kirch hinein,
Ist nicht von Holz formieret;

Es ist ein schöner stolzer Knab,
Sein Leib gar wohl gezieret.

Solch lebend Bild die Kraft jezt han,
Ziehn in die Kirch manch Frau und Mann,
Wenn sich die Augen drehen,
Das man also verstehen kann,
Manch Wunder ist geschehen.

III 33

O Himmel, was hab ich gethan.

Das Klosterleben ist eine harte Pein,
Weil ich ohn mein Liebchen muß seyn;
Ich habe mich drein ergeben zur Zeit,
Den Orden ertrag ich mit Schmerz und mit Leid.
O Himmel, was hab ich gethan?
Die Liebe war schuldig daran.

Und komm ich am Morgen zur Kirche hinein,
So sing ich die Metten allein;
Und wenn ich das Gloria patri da sing,
So liegt mir mein Herzallerliebster im Sinn.
Ach Himmel, was hab ich gethan?
Die Liebe ist schuldig daran.

Des Mittags wenn ich zum Essen hin geh,
So find ich mein Tischlein allein;
Da eß ich mein Brod und trinke mein Wein,
Ach könnt ich bei meinem lieb Schätzelein seyn.
O Himmel, was hab ich gethan?
Die Liebe ist schuldig daran.

Des Abends, wenn ich nun schlafen da geh,
So find ich mein Bettlein ja leer;

Da greif ich bald hin, da greif ich bald her,
Ach wenn ich bei meinem Herzliebsten doch wär!
Ach Himmel, was hab ich gethan?
Die Liebe ist schuldig daran.

Da kömmt ja mein Vater und Mutter auch her,
Sie beten wohl für sich allein;
Sie haben buntfärbige Röcklein auch an,
Und ich, ich muß in dem Kuttenrock stahn.
Ach Himmel, was hab ich gethan?
Die Liebe ist schuldig daran.

Die gute Sieben. III 34

(Mündlich.)

Es war einmal ein junger Knab,
Der liebt sein Schätzlein sieben Jahr,
Wohl sieben Jahr und noch vielmehr,
Die Lieb, die nahm kein Ende mehr.

Er liebte des Bauers Töchterlein,
Auf Erden konnte nichts Schönres seyn;
Die Knaben gingen ihm um sein Haus:
»Ach Bauer geb uns dein Tochter heraus.«

»Ich geb die Tochter nicht heraus,
Ich geb ihr kein Geld, ich geb ihr kein Haus;
Ich kaufe ihr ein schwarzes Kleid,
Das soll sie tragen zur Kirch und zum Leid.«

Da reist der Knabe ins Niederland,
Da ward ihm sein Herzallerliebste krank;
Die Botschaft ihm kam: krank auf den Tod,
Drey Tag und drey Nacht redt sie kein Wort.

Und als der Knab die Botschaft hört,
Daß sein Herzliebste so krank da wär;
Da ließ er gleich sein Hab und Gut,
Und schaut, was sein Herzallerliebste thut.

Und als er in die Stub hinein kam,
Sein Herzallerliebste auf den Tod war krank:
»Seyst du mir willkommen getreuer Schatz,
Der Tod will jezt wohnen an deinem Platz.«

»Grüß Gott, grüß Gott liebs Schätzelein,
Was machst du hier im Bettelein?«
»Dank Gott, dank Gott, mein lieber Knab,
Mit mir wirds heissen fort ins Grab.«

»Nicht so, nicht so mein Schätzelein,
Die Lieb und Treu muß länger seyn;
Geht gschwind, geht gschwind und holt ein Licht,
Mein Schatz der stirbt, daß niemand sieht.«

Was zog er aus seiner Tasche mit Fleiß,
Ein Aepfelein das war roth und weiß,
Er legts auf ihren weis rothen Mund,
Schön Schätzl, bist krank, werd wieder gesund.

Er wollt sie legen in seinen Arm,
Sie war nicht kalt, sie war nicht warm;
Sie thut ihm in seinem Arm verscheiden,
Sie thut eine reine Jungfrau bleiben.

Was zog er aus der Tasche sein,
Von Seide war es ein Tüchlein fein;
Er trocknet damit sein Auge und Händ,
Ach Gott wann nimmt mein Trauren ein End.

Er ließ sich machen ein schwarzes Kleid,
Er trugs wegen seiner Traurigkeit,

Wohl sieben Jahr und noch viel mehr,
Sein Trauren das nahm kein Ende mehr.

Spinnerlied.

III 36

(Mündlich.)

Spinn, Mägdlein, spinn!
So wachsen dir die Sinn,
Wachsen dir die gelbe Haar,
Kommen dir die kluge Jahr!

Ehr, Mägdlein, ehr
Die alte Spinnkunst sehr;
Adam hackt und Eva spann,
Zeigen uns die Tugend-Bahn.

Lieb, Mägdlein, lieb
Der Hanna ihren Trieb;
Wie sie mit der Spindel kann
Nähren ihren blinden Mann.

Preiß, Mägdlein, preiß
Der Mutter Gottes Fleiß;
Diese heilge Himmelskron
Spann ein Röcklein ihrem Sohn.

Sing, Mägdlein, sing,
Und sey fein guter Ding;
Fang dein Spinnen lustig an,
Mach ein frommes End daran.

Lern, Mägdlein, lern,
So hast du Glück und Stern;
Lerne bei dem Spinnen fort
Gottes Furcht und Gotteswort.

Glaub, Mägdlein, glaub,
Dein Leben sey nur Staub;
Daß du kömmst so schnell ins Grab,
Als dir bricht der Faden ab.

Lob, Mägdlein, lob,
Dem Schöpfer halte Prob;
Daß dir Glaub und Hoffnung wachs,
Wie dein Garn und wie dein Flachs.

Dank, Mägdlein, dank
Dem Herrn, daß du nicht krank,
Daß du kannst fein oft und viel
Treiben dieses Rockenspiel.
Dank, Mägdlein, dank.

III 38

Lied des Verfolgten im Thurm.

(Nach Schweizerliedern.)

Der Gefangne.

Die Gedanken sind frey,
Wer kann sie errathen;
Sie rauschen vorbei
Wie nächtliche Schatten.
Kein Mensch kann sie wissen,
Kein Jäger sie schiessen;
Es bleibet dabey,
Die Gedanken sind frey.

Das Mädchen.

Im Sommer ist gut lustig seyn,
Auf hohen wilden Heiden,
Dort findet man grün Plätzelein,

Mein Herzverliebtes Schätzelein,
Von dir mag ich nicht scheiden.

Der Gefangne.

Und sperrt man mich ein
Im finstern Kerker,
Dies alles sind nur
Vergebliche Werke;
Denn meine Gedanken
Zerreissen die Schranken,
Und Mauern inzwey,
Die Gedanken sind frey.

Das Mädchen.

Im Sommer ist gut lustig seyn,
Auf hohen wilden Bergen;
Man ist da ewig ganz allein,
Man hört da gar kein Kindergeschrey,
Die Luft mag einem da werden.

Der Gefangne.

So sey es wie es will,
Und wenn es sich schicket,
Nur alles in der Still;
Und was mich erquicket,
Mein Wunsch und Begehren
Niemand kanns mir wehren;
Es bleibet dabey,
Die Gedanken sind frey.

Das Mädchen.

Mein Schatz du singst so fröhlich hier,
Wies Vögelein in dem Grase;
Ich steh so traurig bey Kerkerthür,
Wär ich doch todt, wär ich bey dir,
Ach muß ich denn immer klagen.

Der Gefangne.

Und weil du so klagst,
Der Lieb ich entsage,
Und ist es gewagt,
So kann mich nicht plagen,
So kann ich im Herzen
Stets lachen, bald scherzen;
Es bleibet dabey,
Die Gedanken sind frey.

III 40

Spinnerlied.

(Mündlich.)

Spinn, spinn, meine liebe Tochter,
Ich kauf dir ein paar Schuh.
Ja, ja meine liebe Mutter,
Auch Schnallen dazu;
Kann wahrlich nicht spinnen,
Von wegen meinem Finger,
Meine Finger thun weh.

Spinn, spinn, meine liebe Tochter,
Ich kauf dir ein paar Strümpf.
Ja, ja meine liebe Mutter,
Schön Zwicklen darin;
Kann wahrlich nicht spinnen,
Von wegen meinem Finger,
Mein Finger thut weh.

Spinn, spinn, meine liebe Tochter,
Ich kauf dir einen Mann.
Ja, ja meine liebe Mutter,
Der steht mir wohl an;

Kann wahrlich gut spinnen,
Von all meinen Fingern,
Thut keiner mir weh.

Spruch vom Glück.

III 41

(Docens Miscellaneen I. S. 282.)

Ich sag, wems Glück wohl pfeifet,
Der mag wohl lustig tanzen,
Wems Glück zum Würfel greifet,
Gewinnt oft manche Schanzen,
Mit Freuden mag rumschwanzen.

Wems Glück das Hörnel bläßt,
Der fängt, wenn andre jagen,
Glück, wem das Feld du säest,
Der mag Getreid heim tragen,
Und niemand darf drum fragen.

Wems Glück ist Keller, Koch,
Der trinkt, wenn ihn thut dürsten,
Ißt, wenn ihn hungert noch,
Nach Glück oft gleich thut dürsten,
Den Bettler, wie den Fürsten.

Wenns Glück das Fähnlein schwingt,
Da giebts gut Beut und Kriegen,
Wenns Glück dem Buhler singt,
Da ist gut Kinder wiegen,
Galanisieren und Lieben.

Doch jeder ist der Schmidt
Des eignen Glücks allzeiten,
Wer wohl gebettet sich,

Der lieget auch in Freuden,
Ob man ihn gleich thut neiden.

Dein Glück flieht nicht vor dir,
Was dir auf Erd beschaffen,
Schau nur, wenns vor der Thür,
Daß dus nicht thust verschlafen,
Brauch Mittel, Zeit und Waffen.

III 42

Gimpelglück.

(Postiglion der Lieb. XXIII.)

Ich that einmal spazieren gehn,
Da hört ich also singen schön
Der Vöglein viel und mancherlei,
Ganz lieblich war ihr Melodei;
Da kam ich auch zu einem Nest,
Das war geziert aufs allerbest,
Konnt mich aber nicht richten drein,
Was doch dies für ein Nest möcht seyn.

Nahm mir drum also wohl der Weil,
Ei da sah ich im Nest ein Eul,
Dieselb erzeigt sich schön geziert,
Groß und klein Vögelein sie vexirt,
Des must ich mirs lachen in Still,
Dieweil deren warn vorhanden viel,
Und jeder wolt der Nächste seyn,
Und durft doch keiner ins Nest hinein.

Endlich gar bald ich einen ersah,
Der zu dem Nest gieng dreist und nah,
Und dieser flog geschwind hinein,
Ich dacht bei mir: Wer mag dies seyn?

Daß es ohn Scheu der andern alle,
Der Eulen also wohl that gefallen,
An Federn ich ihn gleich erkannt,
Daß er der Gimpel ward genannt.

Wie ihr nun weiter hören werdt,
Vom Gimpel, der ist lobenswerth,
Drum will ich jezt verhalten nicht
Sein Lob in diesem kleinen Gedicht:
Der Gimpel ist ein Vogel schon,
Der nächste bei den Eulen dran;
Kein andrer darf sich nahen frey,
Hin zu dem Nest, wer es auch sey.

Du Gimpel aber magst nach Lust
Bei der Eule seyn ganz wohl bewußt;
Drum ich forthin werd haben keine Ruh,
Bis daß ich ein Gimpel werd wie du;
Kein schönern Gimpel sah ich nie,
Denn dich jezt gegenwärtig hie,
Von Art bist du ganz wohl geziert,
Gleichwie eim Gimpel sich gebührt.

Magst darum wohl ein Gimpel bleiben,
Denn dich wohl keiner wird vertreiben,
Dessen darfst dich doch fürchten nicht,
Denn dies wohl nimmermehr geschicht,
Ihr rechter Gimpel du bist allein,
Den sie vor andern liebt gemein,
Auch wegen deines süßen Gesangs,
Bleibst du ein Gimpel dein lebenlang.

Drum billig bist du lobenswerth,
Du bleibst ein Gimpel wohl heur als sehr,
Wie gern wolt ich ein Gimpel seyn,
Damit ich dürft ins Nest hinein,

Ob dich schon vexirt jedermann,
So laß nur Red vor Ohren gehn,
Gedenk in deinem Sinn allzeit,
Wer dir nichts geit laß dich ung'heit.
(ungeschoren.)

So bleibst du recht ein Gimpel allein,
Und fleugst mit ihr wohl aus und ein,
Bei deiner liebsten Eulen zart,
Ein rechter Gimpel bist von Art;
Wünsch dir hiermit viel guter Nacht,
Zu Ehre sey dir dies Lied gemacht;
Drum lieber Gimpel sey nur verliebt,
Ich bin nicht bös und nicht betrübt.

III 44 Ich stand an einem Morgen

(Hundert und funfzehn neue Lieder. Nürnberg 1544. Johann Ott Buchdrucker Seite 73.)

Ich stand an einem Morgen
Heimlich an einem Ort,
Da hätt ich mich verborgen,
Ich hört klägliche Wort,
Von einem Fräulein hübsch und fein,
Sie sprach zu ihrem Buhler,
Es muß geschieden seyn.

Herzlieb, ich hab vernommen,
Du wilt von hinnen schier,
Wann wilt du wieder kommen,
Das sollst du sagen mir,
Merk mein Feinslieb, was ich dir sag,
Mein Zukunft thust du fragen,
Ich weiß weder Stund noch Tag.

Das Fräulein weinet sehre,
Ihr Herz war Trauren voll:
»So gieb mir Weis und Lehre
Wie ich mich halten soll,
Für dich sez ich mein Hab und Gut,
Und willst du hier nun bleiben,
Ich verehr dich in Jahr und Tag.«

Der Knab der sprach aus Muthe,
Dein Willen ich wohl spür,
Verzehr ich dir dein Gute,
Ein Jahr ist bald dahin,
Dennoch muß es geschieden seyn,
Ich will dich zärtlich bitten,
Setz du dein Willen drein.

Das Fräulein das schreit Morde!
Mord über alles Leid:
»Mich kränken deine Worte,
Herzlieb nicht von mir scheid;
Für dich setz ich mein Gut und Ehr,
Und sollt ich mit dir ziehen,
Kein Weg ist mir zu fern.«

Ich stand an einem Morgen. III 46

(Gassenhauer geistlich, von Knaust. S. 28.)

2.

Ich stand an einem Morgen
Heimlich an einem Ort,
Da hielt ich mich verborgen,
Ich hört klägliche Wort,

Von einem frommen Christen fein,
Er sprach zu Gott seinem Herrn:
Muß denn gelitten seyn?

Herr Gott ich hab vernommen,
Du willt mich lassen schier,
In viel Anfechtung kommen,
Thut nicht gefallen mir.
Merk männlich auf, was ich dir sag,
Thu dich nicht hart beklagen,
Ein Christ muß haben Plag.

Der fromm Christ weinet sehre,
Sein Herz war unmuthsvoll.
So gieb mir Weis und Lehre,
Wie ich mich halten soll,
Der Glaub ist schwach und kalt in mir,
Mein Fleisch will mich verführen,
Daß ich soll weichen von dir.

Gott sprach, lachend zu muthe,
Dein Willen ich wohl spür,
Du wollst wohl han das gute,
Wenns dir nicht würde saur,
Wer aber will mit mir han Theil,
Muß alles fahren lassen,
Viel Glück ist ihm nicht feil.

Der fromme Christ schrie Morde,
Mord über alles Leid,
Mich schrecken deine Worte,
Herr Gott mach mich bereit,
Ich wollt doch alles tragen gern,
Die Weltlust gerne hassen,
Sie lassen von mir fern.

Gott sprach: ich thu dich züchten,
Hab nur ein guten Muth,
Und thu mich allzeit fürchten,
Erkauft bist mit mein'm Blut;
Daran gedenk mit ganzem Fleiß,
All die ich fast thu lieben,
Straf ich, das ist mein Weis.

Da kehrt Gott ihm den Rücken,
Er redt zu ihm nicht mehr,
Der arm Christ thät sich schmücken
In einem Winkel leer;
Er weint aus der massen viel:
»Dem Herrn im Creutz aushalten,
Das ist kein Kinderspiel.«

Ich stand an einem Morgen. III 48a

3.

Ich stand an einem Morgen: mein wo?
Hat dich niemand gesehen? Warum?
Vor wem? von wem? wer war sie dann?
Ists vielleicht die breite Gretha gewesen?
Was hat sie dann gesagt? Glück zu,
Glück zu, Glück zu wohl auf die Reiß.

III 48b

Glück der Schlemmer.

(Blum und Ausbund allerhand auserlesener züchtiger Lieder. Deventer 1602. 12. Der Sammler ist Paul von der Aelst. Mitgetheilt von H. H. Eschenburg.)

Es steht ein Baum in Oesterreich,
Der trägt Muskaten Blumen;
Die erste Blume, die er trug,
Die brach ein's Königs Tochter.

Darzu so kam ein Reuter gegangen,
Der freit des Königs Tochter;
Er freit sie länger denn sieben Jahr,
Er konnt sie nicht erfreien.

Laß ab, laß ab du junger Knab,
Du kannst mich nicht erfreien;
Ich bin viel besser geborn denn du,
Von Vater und auch von Mutter.

Bist du viel besser geborn, denn ich,
Von Vater und auch von Mutter,
So bin ich deines Vaters gedingter Knecht,
Und schwing dem Rößlein sein Futter.

Bist du mein's Vaters gedingter Knecht,
Und schwingst dem Rößlein sein Futter;
So giebt dir mein Vater auch großen Lohn,
Damit laß dir genügen.

Den großen Lohn, den er mir giebt,
Der wird mir viel zu sauer;
Wenn andre zum Schlafkämmerlein gehn,
So muß ich zu der Scheuer.

Des Nachts wohl um die halbe Nacht,
Das Mägdlein begunnt zu trauren;

Sie nahm ihre Kleider untern Arm,
Und gieng wohl zu der Scheuer.

Des Morgens da der Tag anbrach,
Die Mutter begunnt zu rufen;
Steh auf, steh auf, du gedingter Knecht,
Und gieb dem Roß das Futter.

Das Futter, das ich ihm geben will,
Das liegt in meinen Armen,
Nächten Abends war ich euer gedingter Knecht,
Euer Eidam bin ich worden.

Daß du mein Eidam worden bist,
Deß muß sich Gott erbarmen!
Ich hab' sie Rittern und Grafen versagt,
Dem Schlemmer ist sie worden!

Dem Schlemmer, dem sie worden ist,
Der kann sie wohl ernähren;
Er trinkt viel lieber den kühlen Wein
Denn Wasser aus dem Brunnen.

Der uns dies neue Liedlein sang,
Er hat's gar wohl gesungen;
Er ist dreimal in Paris gewesen,
Und immer wieder kommen.

Ländlich, sittlich. III 50

(Abele künstliche Unordnung, IV. S. 412. Alte Buchhändleranzeige von einem Classiker? –)

Ein schönes Jungfräulein, die von geschickten Sitten
Wird in die Stadt geführt, zu Markt auf einem Schlitten,

Der lieblich glänzt und prahlt mit Blumen, Laub und
Kraut,
Der schönste Rosmarin beschmückt die junge Braut;
Die Pferde sind gepuzt, und freudig ausgezieret
Mit Rosen überall, und der die Jungfrau führet,
Kommt grün bekrönt daher, er treibet nach Gebühr
Die stolzen Hengste fort, sie tanzen für und für.
Beim Schlitten gehn zu Fuß drei und noch vier
Jungfrauen,
Die nimmer ihren Leib den groben Gästen trauen;
Die streuen Palmen aus, und sonsten ander Kraut,
Zur Ehr und süssen Lust der wunder schönen Braut.
So fährt der Schlitten her, auf Palmen und Zeitlosen,
Und kehrt sich niemals um, als auf gestreuten Rosen,
So sizt die junge Braut mit Blumen wohl bestreut,
Dies ist die höchste Ehr in ihrer jungen Zeit.
Fünf Meister, wohl geübt, die Stimmen einzuzwingen,
In Flöten, Lautenklang, wenn sie aufs beste klingen,
Die spielen auf der Laut, und sonst ein Instrument,
Auf welchen süssen Thon ein jeder kommt gerennt,
Ja alles Volk kommt frisch her zu den Schlitten springen,
Sie schöpfen Freud und Lust aus allen schönen Dingen.
Doch was dem lieben Volk am treflichsten behagt,
Das ist das schöne Bild, das ist die junge Magd.
Wann dieser Zierrath nun ist auf den Markt gekommen,
Und eine Menge Volks, den Schauplatz eingenommen,
So tritt der Ruffer auf hart bei der jungen Braut,
Und fällt die Jungfrau an, und ruft so überlaut:
Kommt her ihr jungen Leut, ihr frische junge Knaben,
Wer eine Labung sucht, das Bild das kann ihn laben.
Wer Schönheit sucht, der komm, und biethe Geld dafür,
Dies ist ein schönes Bild, von recht erwünschter Zier,
Kommt hie und kauft das Bild, kommt, kommt ihr
jungen Leute,
Hie ist ein Lilienherz, wohl! dem es wird zur Beute,
Hie ist ein Röselein, von keinem nicht gepflückt,

Von niemand angerührt, von keinem unterdrückt,
Hie ist ein rother Mund, hie ist ein ehrbar Wesen,
Hie ist ein schöner Schatz, von tausend auserlesen,
Hie ist ein treues Herz, hie ist ein junger Leib,
Hie ist für euer Lieb ein ehrlich Zeitvertreib,
Hie ist ein wackres Aug, und Rosen gleiche Wangen,
Hie ist das schönste Haar, der Menschen Herz zu fangen,
Hie ist ein edel Pfand, das einem frischen Mann
Die ganze Lebenszeit, zur Freude dienen kann.
Was ist ein schönes Weib, mit lieblichen Geberden?
Es ist ein Paradies, ein Himmel auf der Erden,
Es ist ein Augentrost, und eine stete Freud,
Es ist ein sanfter Ort, und Port für junge Leut,
Was ist ein häßlich Weib? Ein Ungeheur im Hause,
Medusen Schlangenhaupt, das immer lebt im Sause,
Wer solcher einmal sich hat ehelich verpflicht,
Wie klar die Sonn auch scheint, doch ist er ohne Licht.
So ruft der Ruffer aus, die Jugend tritt entgegen,
Biet Geld, Geld über Geld, weil ihr daran gelegen,
Und wenn man dann zulezt nicht höhern Vortheil spürt,
Wird dem, ders Meiste bieth, die Jungfrau zugeführt.
Und dann ruft alles Volk, ein glücklich langes Leben,
Muß Gott der neuen Braut, und ihrem Liebsten geben,
Und solches siebenmahl, ja endlich setzt sich auch
Der Käufer bei ihr auf, nach ihres Lands Gebrauch,
Dann fahren sie zur Kirch, und fangen an zu beten,
Wann dieses dann geschehn, so kommt er her getreten,
Umarmet sie, und wenn er sie nach Haus gebracht,
Genießt er drauf mit Lust, wornach er hat getracht.

III 52

Schlittenfahrt.

(Eingesandt.)

Daß uns der Winter nicht steht will seyn,
Des trauren die Mädlein gar sehre;
Weil uns der Schnee nit bleiben will,
Und ander gut Gesellen mehre.
Heut ist trocken, morgen ist naß,
Da hat uns der Teufel den Winter herbracht;
Der Winter thut sich biegen,
Die Lerchen thun sich schmiegen,
Die Schlitten thun sie üben.

Ach feins mein Lieb, so sey mir hold,
Um Eins will ich dich bitten,
Kauf du mir ein gespiegeltes Roß,
Dazu ein gemahlten Schlitten.
So fahren wir mit Schallen,
So fahren wir mit Schallen,
So fahren wir mit Schallen,
Die Gäßlein allenthalben,
Feins Lieb, laß dirs gefallen.

Ach feins mein Lieb, so spar mich nit,
Ich bin darzu gewachsen.
Nimm nur dein Müfflein in die Hand,
Ich schau dir über die Achsel,
Weiß zugeschneites Osterlamm,
Mein Rößlein rasselt mit dem Kamm,
So fahren wir mit Schallen,
Die Gäßlein allenthalben,
Feins Lieb laß dirs gefallen.

Ach feins mein Lieb, nun spitz die Füß,
Wohl auf mit mir zum Tanze,
Zieh mir die Rädlein um und um,

Mit deinem Schleppenschwanze;
Und schwenkst du mirs nit in die Sporn,
Setz ich ein Kranz dir auf die Ohr'n,
So fahren wir mit Schallen
Die Gäßlein allenthalben,
Feins Lieb laß dirs gefallen.

Ob einer käm, der murren wollt,
Wir wollen nichts drum geben,
Es muß vorbei gestochen seyn,
Und kost es Leib und Leben,
So fahren wir über die Heide,
So fahren wir über die Heide,
So fahren wir über die Heide,
Wohl manchem Mann zu Leide,
Feins Lieb, ich muß mich scheiden.

Schön Dännerl. III 54

(Fliegendes Blat.)

Bin ich das schön Dännerl im Thal,
Schleuß Federn;
Da kommen die Jägerbursch all
Wollens lernen.
Geht nur all ihr Gesellen,
Ihr könnt euch nicht anstellen:
Ich bin das schön Dännerl im Thal,
Und bleib das schön Dännerl allemal.

Bin ich das schön Dännerl im Thal,
Strick Bändlein;
Da kommen die Schreibersbuben,
All wollen tändeln.

Ich laß euch nicht tändeln,
Mit meinem Vortuchbändlein: Ich bin usw.

Bin ich das schön Dännerl im Thal,
Eß Zucker;
Da kommen die Schubladenbuben all,
Wollen kucken:
Geht, laßts euch vergehen,
Ich laß euch nichts sehen: Ich bin usw.

Bin ich das schön Dännerl im Thal,
Strick Socken;
Da kommen die Gassenbuben all,
Wollen locken.
Geht, reist, ich mag nicht spielen,
Ihr seyd mir zu viele: Ich bin usw

Bin ich das schön Dännerl im Thal,
Thu giessen;
Da kommen die Schützenbursch all,
Wollen schiessen.
Geht, lasset das nur bleiben,
Mein Blumen sind kein Scheiben: Ich bin usw.

Bin ich das schön Dännerl im Thal,
Thu lieben;
Da kommen Studentenbursch all
Mit den Hiebern.
Ja ja ihr meine Herren,
Ich will euch nicht aussperren:
Ich bin das schön Dännerl im Thal,
Und bleib das schön Dännerl allemal.

Bei Nacht sind alle Kühe schwarz. III 56

Bei der Nacht ist so finster im Weg,
Man sieht weder Brücke noch Steg,
Weder Stock noch Stein,
Man stößt sich ans Bein,
Drum geh ich nicht gern allein.

Bei der Nacht ist meine Frau auch so schön,
Bei Tag mag ich nicht mit ihr gehn.
Bei der Nacht so schön!
Kanns gar nicht verstehn,
Mag halters nicht mit ihr gegehn.

Und wann ich wieder heurathen thu,
So nehm ichs Laternel dazu;
Da sieht man beim Licht,
Doch was einer kriegt,
Eine Wüste, die mag ich mehr nicht.

Und wenn ich ein Kindelein krieg,
So muß es so schön seyn als ich,
Sonst g'hört es nicht mein,
Ich gehs halt nicht ein,
Es muß wie ich so schön seyn.

Bei der Nacht hat mich oft was gefreut,
Ich denk halt, 's giebt noch mehr so Leut,
Da schläft man in Ruh,
Und deckt sich brav zu,
Es geht, ich weiß selber nicht wuh!

III 57
Den Dritten thu ich nicht nennen.

(Mündlich.)

Mein Bübli isch e Stricker,
Er strickt e manche Nacht,
Er strickt an einer Haube,
Haube, Haube,
Sisch noch nit ausgemacht.

Von Seiden isch die Haube,
Von Sammet isch die Schnur,
Bisch du ein wackres Mädle,
Mädle, Mädle,
Bind du dein Härle zu.

Ach nein, will sie nit binden,
Wills noch mehr fliegen lahn,
Bis ander Jahr im Sommer,
Sommer, Sommer,
Will zu dem Tanze gahn.

Mit Freuden zu dem Tanze,
Mit Trauren wieder heim,
So geht es jedem Mädle,
Mädle, Mädle,
Und nit nur mir allein.

Dort droben auf jenem Berge,
Da steht ein schönes Haus,
Da schauen alle Morgen,
Morgen, Morgen,
Drey schöne Herren raus.

Der Erst der ist mein Bruder,
Der Zweite geht mich an,
Den Dritten thu ich nicht nennen,

Nennen, nennen,
Der ist euch wohl bekannt.

Und unten an dem Berge,
Da geht ein rothe Kuh.
Wenn sie die Magd thut melken,
Melken, melken,
Schaun ihr die Herren zu.

Sie thät die Milch verschütten,
Mit Wasser füllt sie zu:
Ach Mutter, liebe Mutter,
Mutter, Mutter,
Die Milch giebt unser Kuh.

Wir wollen die Kuh verkaufen,
So kommt der Gstank vom Haus;
So können hübsch die Herren,
Herren, Herren,
Spazieren um unser Haus.

Und drüben an dem Berge,
Da stehn zwey Bäumelein,
Das eine trägt Muskate,
Muskate, Muskate,
Das zweyt braun Nägelein.

Muskatennuß sind süße,
Braun Näglein die sind räß (scharf),
Die geb ich meinem Liebchen,
Liebchen, Liebchen,
Daß es mich nicht vergeß.

Hab deiner nie vergessen,
Hab alle Zeit an dich gedenkt;
Du liegst mir stets am Herzen,

Herzen, Herzen,
Wie d' Ros' am Stiele hängt.

Dort unten auf der Wiese,
Da geht ein Mühlenrad,
Das mahlet nichts als Liebe,
Liebe, Liebe,
Vom Abend bis zum Tag.

Das Mühlenrad isch brochen,
Die Lieb hat noch kein End;
Und wann zwey Liebchen scheiden,
Scheiden, scheiden,
So geben sie sich die Händ.

Ach Scheiden über Scheiden,
Isch gar ein bittres Kraut;
Wann ich wüßte, wo es wüchse,
Wüchse, wüchse,
Wollt graben Wurzel raus.

Grab raus, grab raus mit Freuden,
Und nimm sie mit dir heim;
Leg sie in dein Schlafkämmerlein,
Schlafkämmerlein,
So hast du Würzelein.

III 6C

Bienenlied.

(Fliegendes Blat.)

Ein Liedlein will ich singen,
Vom Honigvögelein,
Die hin und her sich schwingen,
Wo bunte Blumen seyn.

Das Völklein in dem Grünen,
Es schmauset auf der Weid,
Ich singe von den Bienen,
Auf dieser freien Haid.

Der Winter hält gefangen
Das zarte Jungfernvolk,
Bis daß der Schnee vergangen,
Frost, Schauer, Nebelwolk.
Und wann die Weste stimmen,
Nach linder Lenzen Art,
So machen sich die Immen
Auf ihre Blumenfahrt.

Sie ziehen mit der Trummel,
Der Stachel weist das Schwerdt;
Ihr Brummel und Gehummel
Hat niemand noch gefährdt.
Sie nehmen sonder Morden
Den zarten Blumenraub,
Und ihre Beut ist worden
Der Baum und Blüthen Laub.

Wie sie die Wachsburg bauen,
Aus güldnem Pergament,
Kann niemand nicht beschauen,
Ja keines Künstlers Händ
Hat man so sehr bewundert,
Die Zimmerchen so gleich,
Sechseckigt ist gesondert
Das Honigkönigreich.

Man sieht sie friedlich leben
Ohn Eigennutz und Streit,
In steter Mühe weben,
Zu Lenz und Winterszeit;

Sie pflegen einzutragen
Der Blumen Saft und Thau,
Und führen mit Behagen
Gesammt den Zuckerbau.

III 61

Die Schwalben.

Es fliegen zwei Schwalben ins Nachbar sein Haus,
Sie fliegen bald hoch und bald nieder;
Aufs Jahr, da kommen sie wieder,
Und suchen ihr voriges Haus.

Sie gehen jezt fort ins neue Land,
Und ziehen jezt eilig hinüber;
Doch kommen sie wieder herüber,
Das ist einem jeden bekannt.

Und kommen sie wieder zu uns zurück,
Der Baur geht ihnen entgegen;
Sie bringen ihm vielmahl den Segen,
Sie bringen ihm Wohlstand und Glück.

III 62

Ein Heller und ein Pfenning,
Das ist ein kleiner Werth.

(Vier Baurenmädchen sammelten sonst mit diesem Liede von Haus zu Haus einiges Geld, um das Muttergottesbild, welches sie bei Processionen trugen, vorher auszuschmücken, in den rheinischen Dörfern Sponheim, Spabrück oder Geilleshеim.)

Gott grüß euch all ihr Herren,
Und die darinnen sind;
Gott tröst' die betrübten Seelen,
Die in dem Fegfeuer sind.

Wir sind daher gegangen,
Wir sind daher gesandt;
Wir bettlen für die Krone,
Die noch steht in Himmelshand.

Für einen Schleier heischen wir,
Und eine schöne Kron;
Zu Sponheim in der Kirche
Die Maria soll sie han.

Maria Königinn,
Sie ist eine reine Magd;
Sie kann gar treulich bitten,
Für unsre Missethat.

Ein Heller und ein Pfenning,
Das ist ein kleiner Werth;
Maria Königinne,
Ist aller Ehren werth!

Wir danken für die Gaben,
Die ihr uns habt gethan;
Gott wirds an euren Seelen
Euch zum Guten lassen stahn.

Von alten Liebesliedern. III 63

(Venusblümlein von Ambrosius Metzger. Nürnberg 1612.)

Spazieren wollt ich reiten,
Der Liebsten vor die Thür,
Sie blickt nach mir von weitem,
Und sprach mit großen Freuden:
»Seht dort meines Herzens Zier,
Wie trabt er her zu mir.

Trab Rößlein trab,
Trab für und für.«

Den Zaum, den ließ ich schiessen,
Und sprengte hin zu ihr,
Ich thät sie freundlich grüssen,
Und sprach mit Worten süß:
»Mein Schatz, mein höchste Zier,
Was macht ihr vor der Thür?
Trab Rößlein trab,
Trab her zu ihr.«

Vom Rößlein mein ich sprange,
Und band es an die Thür,
Thät freundlich sie umfangen,
Die Zeit ward uns nicht lange,
In Garten giengen wir
Mit liebender Begier;
Trab Rößlein trab,
Trab leis herfür.

Wir sezten uns da nieder
Wohl in das grüne Gras,
Und sangen hin und wieder
Die alten Liebeslieder,
Bis uns die Aeuglein naß,
Wegen der Kläffer Haß.
Trab Rößlein trab,
Trab, trab fürbas.

Don Juan.

(Vergl. Büschings und von der Hagens Sammlung.)

Ich hatt nun mei Trutschel
Ins Herz nei geschlosse,
Sie hat mir geschworen,
Sie wöll mich net losse,
Da reit mir der Teufel
Den Schulzen sei Hans,
Der führt sie zum Tanz.

So gehts wenn die Mädcher
Zum Tanzboden gehn,
Da muß man bald immer
In Sorgen bey stehn,
Daß sie sich verliebe
In andere Knecht,
So Mädcher sind schlecht.

Es schmeckt mir kein Essen,
Es schmeckt mir kein Trinke,
Und wenn ich soll arbeit,
So möcht ich versinke;
Kurz wenn ich mei Trutschel
Net bald wieder seh,
So muß ich vergeh.

Und wenn ich gestorbe,
Ich lat mich begrabe,
Und lat mer vom Schriner
Zwey Bretcher abschabe,
Und lat mer zwey firige Herzer druf mahle.
Ich kann sie bezahle.

Und lat mer anstimme
Die Sterbegesänge:

»Da leit nu der Esel
Die quer und die länge,
Der allzeit gesteckt hat in Liebesaffäre,
Zu Erde muß wern.«

III 66

Hölzerne Noth.

'S hätt sich mol ener zu mer welle küpple,
Häts Lädel n'in welle krüpple,
Un als er maint er stoht,
Heb ich de Hönd blümbe loth,
Dazu uf et Mist,
Dü Hönd der de bist,
Jetz westa was Gosategeh ist.

Er hätt mi au mol zum Tanz welle führe,
Hätt welle mit mer agire,
Er tanzt wie e Bär so toll,
Mer mänt er hätt sich g'soffe voll,
Der wüst Sapperlot,
Er tanzt wie er goht,
'S is glatt e hölzerne Noth.

Was wäre min Kamerade sahe
Wenn i so e Stumpe nehm?
Gieng i mit am über d'Gaß,
D' Lit hätte de größte Gespaß,
Mit er solche Crot,
'S wär e Schand un e Gespott.

Des Centauren Tanzlied.

(Christoph Demantius Tänze. Nürnberg. 1601.)

Schau gut Gesell, was führ ich allhier,
Schau, was führ ich allhier,
Ein fein braun Mägdlein,
Guter Ding nach meinem Begier,
Wir wollen fein miteinander seyn.

Drum sing mir bald ein kleines Tänzlein,
Ja ein kleines Tänzlein,
Ich will dirs lohnen,
Und dir bringen das Jungfräulein,
Du mußt ihr aber wohl verschonen.

Gleich wie ein hurtig Rösselein trabt,
Ja ein Rösselein trabt,
Leis unbeschlagen,
Also dies Mägdlein zu Tanz gaht,
Und springet, hüpfet ohn Verzagen.

Nachtanz.

Schau wie er trabt, der wackre Gaul,
Auf scharfe Sporn thut er nit harren;
Stroh, Heu, dient gar nit für sein Maul,
Bei ihm kann man das alles sparen.

Ein reichen Herrn muß es traun han,
Der es allzeit so wohl mag warten,
Der dies Rößlein fein zäumen kann,
Zu reiten es in seim Lustgarten.

III 68

Gemachte Blumen.

(Mündlich.)

Es wollt ein Mägdlein Wasser holen,
Bei einem kühlen Brunnen;
Ein schneeweiß Hemdlein hat sie an,
Dadurch scheint ihr die Sonne.

Sie sah sich um, sie sah sich her,
Sie meint, sie wär alleine;
Da kam ein Reuter daher geritten,
Er grüßt die Jungfrau reine.

Gott grüß euch zartes Jungfräulein,
Wie stehet ihr hier allein;
Wollt ihr dies Jahr mein Schlafbuhl seyn?
So ziehet mit mir heime.

Und euer Schlafbuhl bin ich nicht,
Ihr bringt mir dann drei Rosen,
Die in der Zeit gewachsen seyn,
Wohl zwischen Weihnacht und Ostern.

Er reit über Berg und tiefe Thal,
Er konnt ihrer keine finden;
Er reit wohl vor der Mahlerin Thür:
Frau Mahlerin seyd ihr darinnen?

Seyd ihr darin, so kommt herfür,
Und mahlet mir drei Rosen,
Die dieses Jahr gewachsen seyn,
Wohl zwischen Weihnachten und Ostern.

Und da die Rosen gemahlet waren,
Da hub er an zu singen:
»Erfreu dich Mägdlein, wo du bist,
Drei Rosen thu ich dir bringen.«

Das Mägdlein an dem Laden stund,
Gar bitterlich thät sie weinen;
Sie sprach: Ich habs im Scherz geredt,
Ich meint ihr findet keine!

Hast du es nur im Scherz geredt,
Gar scherzlich woll'n wirs wagen;
Bin ich dein Scherz, bist du mein Scherz,
So scherzen wir beid zusammen.

Der Brunnen. III 70

(Mitgetheilt von Frau von Pattberg.)

Hab ein Brünnlein mal gesehen,
Draus thät fliessen lauter Gold,
Thäten dort drei Jungfern stehen,
Gar so schön und gar so hold.

Thäten all so zu mir sprechen:
Trinkst du aus dem Brünnelein,
Kriegt dich einer bei dem Kragen,
Wirft dich in den Brunnen n'ein.

Ihr schön Jungfern kühnlich glaubet,
Will den Durst nicht löschen hier,
Wenn die schönste mir erlaubet
Einen zarten Kuß allhier.

Diese mit den schwarzen Augen
Küß ich gern, trau aber nicht;
Sie kann nur zum Zanken taugen,
Aber zu der Liebe nicht.

Diese mit den grauen Augen,
Diese falsche mag ich nicht;

Kann allein zum Roppen taugen,
Krazt den Buhlen ins Gesicht.

Diese mit den blauen Augen,
Diese küß ich gar zu gern;
Diese kann zur Liebe taugen,
Diese gleicht dem Morgenstern.

III 71a

Ein warmes Stüblein.

(Altes Musikbuch.)

Wann ich des Morgens früh aufstehe,
So ist mein Stüblein geheitzet,
So kommt mein Lieb, und beut mir einen
guten Morgen.
Ein guter Morgen ist bald dahin,
Gott geb meiner Lieb ein steten Sinn,
Dazu ein fröhlich Gemüthe.

III 71b

Verlobung.

(Greflingers Rosen und Dörner, Hülsen und Körner.
Hamburg 1655.)

Haben die Götter es also versehen,
Liebet euch lieblich, ich willige zu,
Wollet euch ehrlich und ehlich begehen,
Mehren und ehren in lieblicher Ruh.

Wiederhall. III 71c

(Musikalischer Zeitvertreiber. Nürnberg 1609. XLII.)

In diesem grünen Wald,
Wir wollen fröhlich singen,
Hört wie es wiederhallt,
Und fröhlich thut erklingen.

Ach wie ein Lieblichkeit
Und holdseliges Leben
Die schöne Sommerzeit
Und helle Sonn thut geben.

Dieweil die Vögel all
In Luft und Freuden schweben;
Voraus die Nachtigall
Ihr Stimmlein thut erheben.

Warum soll uns denn nicht,
Der Sang aus uns erfreuen;
Hört Echo widerspricht,
Und will uns überschreien.

Der Herr vom Himmelsthron
Woll seine Gnade geben,
Daß wir den Sommer schon
Oefter mit Freud erleben.

Der wohlgezogene Knecht. III 72

Es gieng ein wohlgezogner Knecht
Wohl über die breite Aue,
Da sah er einen schönen Tanz
Von adlichen Jungfrauen;
Den Tanz, den wollt er schauen.

Da sprach der wohlerzogne Knecht:
»Gott grüß euch Jungfraun alle!«
Da sprach das Fräulein Rosenthal:
»Daß dir ein Ohr abfalle,
Eh ich dir wohlgefalle.«

Da sprach der wohlerzogne Knecht:
»Ihr seyd ein grobe Maide.«
Da sprach das Fräulein Rosenthal:
»Du bist hier auf der Weide
In deinem groben Kleide.«

Da sprach der wohlerzogne Knecht:
»Die Rosen immer stechen!«
Da sprach das Fräulein Rosenthal:
»Laß die zum Kranz mir stehen,
Dir Nesseln wohl anstehen.«

Da sangen die Jungfräulein all:
Ja Nesseln mußt du schneiden,
Die Rosen in dem Rosenthal,
Die thust du nur abweiden,
Wir tanzen drin mit Freuden.

III 73

Auch ein Schicksal.

(Mündlich.)

Ich habe mein Feinsliebchen
So lange nicht gesehn,
Ich sah sie gestern Abend,
Wohl vor der Thüre stehn.

Sie sagt, ich sollt sie küssen,
Als ich vorbey wollt gehn;

Die Mutter sollts nicht wissen,
Die Mutter hats gesehn.

Ach Tochter, du willst freyen,
Wie wird es dir ergehn;
Es wird dich bald gereuen,
Wenn du wirst andre sehn.

Wenn alle junge Mädchen
Wohlauf zum Tanzboden gehn,
Mit ihren grünen Kränzerchen
Im Reihentanze stehn,

Dann mußt du junges Weibchen
Wohl bey der Wiege stehn,
Mit deinem schneeweissen Leibchen,
Der Kopf thut dir so weh.

»Das Feuer kann man löschen,
Das Feuer brennt so sehr;
Die Liebe nicht vergessen,
Je nun und nimmermehr.«

Abschiedsklage. III 74

(Bragur I. 270.)

Ach in Trauern muß ich leben,
Ach! wie hab ichs denn verschuldt?
Weil mirs hat mein Schatz aufgeben,
Muß ichs leiden mit Geduld.

Vater und Mutter, die wollens nicht leiden,
Gelt mein Schatz, das weißt du wohl?
Du hast recht in allen Sachen,

Kannst dein Glück noch besser machen,
Weil ich dich nicht kriegen soll.

Rosmarin und Lorbeerblätter
Verehr ich dir zu guter lezt,
Das soll seyn das lezt Gedenken,
Weil du mich nochmals ergötzt.

Es sind zwey Stern an dem Himmel,
Leuchten wie das klare Gold,
Der eine leucht zu meim Schätzchen,
Der andre durch das finstre Holz.

Sind wir oft beisammen gesessen,
Manche schöne halbe Nacht.
Haben wir oft den Schlaf vergessen,
Und mit Lieben zugebracht.

Morgens wenn ich früh aufstehe,
Ist mein Schatz schon aufgeputzt;
Schon mit Stiefeln, schon mit Sporen,
Giebt er mir den Abschiedskuß!

III 75

Warnung.

(Mündlich.)

Die Trutschel und die Frau Nachtigall,
Die saßen auf einer Linden;
»Ach du mein Herzallerliebster Schatz,
Wo werd ich dich Abends finden?«

Wo du mich Abends finden wirst,
Des Morgens wirds dich reuen;
»Ach du mein Herzallerliebster Schatz,
Was brichst du mir die Treue?«

Und all dein Treu die mag ich nicht,
Will doch viel lieber sterben;
Was soll ich dann mein jung frisch Blut
An einem Knaben verderben.

Ach Mädchen behalt deine Ehre fest,
Und laß dich nicht betriegen;
Denn Geld und Gut ist bald verzehrt,
Deine Ehr ist nimmer zu kriegen.

Ach Mädchen behalt deine Ehre fest,
Als wie der Baum sein Aeste;
Und wenn das Laub herunter fällt,
So trauren alle Aestger.

Wenn einer dich betrogen hat,
So zieht er aus dem Lande,
Er steckt die Feder auf sein Hut,
Läßts Mädchen brav in Schande.

Schön bin ich nicht. III 77

(Schöne Lieder Henrici Finkens. 1536.)

Schön bin ich nicht, mein höchster Hort,
Laß mich das nicht entgelten,
Lieb gilt für schön an manchem Ort,
Lieb soll vor aller Schönheit gelten.
Schön bin ich nicht, acht das gar klein,
Lieb thut all Ding bezwingen,
Lieb zwingt die Schönheit ganz allein,
Kann sie allein besingen:
»Ihr findet in Geschichten
Vom Fisch Delphin genannt,
Kein Netz hält ihn mit nichten,

Und zieht ihn an das Land,
Allein durch lieblich Singen
Thut man ihn also zwingen,
Daß er kommt selbst ans Land.
Zum wunderbaren Zeichen
Auch die Waldvögelein,
Ihr Herzelein erweichen
Einander insgemein,
Mit lieblichem Gesange,
Das währet alsolange,
Bis sie vereinigt seyn.«

III 78 Himmelsboten zu Liebchens Himmelbett.

Der Mondschein, der ist schon verblichen,
Die finstre Nacht ist hingeschlichen;
Steh auf du edle Morgenröth',
Zu dir all mein Vertrauen steht.

Phöbus ihr Vorbott wohlgeziert,
Hat schon den Wagen angeschirrt;
Die Sonnenroß sind vorgespannt,
Zügel ruht in seiner Hand.

Ihr Vorbott der Don Lucifer,
Schwebt allbereits am Himmel her,
Er hat die Wolken aufgeschlossen,
Die Erd mit seinem Thau begossen.

O fahrt vor ihr Schlafkämmerlein,
Weckt leis die süße Liebste mein;
Verkündet ihr, was ich euch sag,
Mein Dienst, mein Gruß, ein guten Tag.

Doch müßt ihr sie fein züchtig wecken,
Dabei mein heimliche Lieb entdecken;
Sollt sagen, wie ihr Diener wacht,
So kummervoll die ganze Nacht.

Schaut an für mich die gelbe Haar,
Ihr Hälslein blank, ihr Aeuglein klar;
Küßt ihr für mich den rothen Mund,
Und wenn sie's leid't die Brüstlein rund.

Armer Kinder Bettlerlied. III 79

(Fliegendes Blatt.)

Es sungen drei Engel einen süßen Gesang,
Mit Freuden es im Himmel klang;
Sie jauchzten fröhlich auch dabei,
Daß Petrus sey von Sünden frey,
Von Sünden frey.

Denn als der Herr Jesus zu Tische saß,
Mit seinen zwölf Jüngern das Abendmahl aß,
So sprach der Herr Jesus: Was stehest du hier,
Wenn ich dich ansehe, so weinest du mir,
So weinest du mir.

Ach! sollt ich nicht weinen du gütiger Gott!
Ich hab übertreten die zehen Gebot;
Ich gehe und weine ja bitterlich,
Ach komm, erbarme dich über mich,
Ach über mich!

Hast du dann übertreten die zehen Gebot,
So fall auf die Knie und bete zu Gott,
Und bete zu Gott nur allezeit,

So wirst du erlangen die himmlische Freud,
Die himmlische Freud.

Die himmlische Freud ist eine selige Stadt,
Die himmlische Freud die kein End mehr hat;
Die himmlische Freude war Petro bereit,
Durch Jesum und allen zur Seeligkeit,
Zur Seeligkeit.

III 80

Abendsegen.

(Mündlich.)

Der Tag hat seinen Schmuck auf heute weggethan,
Es ziehet nun die Nacht die braunen Kleider an;
Und deckt die Welt in angenehmer Ruh
Mit ihren Schatten zu.

Wohlan ich suche nun auch meine Lagerstadt,
Worauf der müde Leib sich zu erquicken hat;
Und wo der Geist geruhig und vergnügt
In süßer Stille liegt.

Ein gut Gewissen wird mein Abendsegen seyn,
Die Unschuld machet mich von aller Falschheit rein,
Mein Herz ist treu, wer anders von mir spricht,
Der kennet mich noch nicht.

So kleide dich nun aus, mein ungebundner Sinn,
Durch dich leg ich vergnügt die Sorgenkleider hin;
Die Brust ist frey, die Kummer und Verdruß
Bei andern quälen muß.

Ein froh Gemüthe soll mein saubres Nachtzeug seyn,
In solchen schlaf ich sanft und ohne Schwermuth ein;

Und machte mir auch was Melancholey,
So schwebt sie doch vorbey.

Der Himmel wacht bei mir, sein Auge das mich kennt,
Muß mir die Lampe seyn, die mir zum Troste brennt;
Und weil das Oel der Gnade nie gebricht,
Ach so verlöscht sie nicht.

Die süßre Hoffnung ist auf meinen Dienst bereit,
Die lauter Rosen mir zum Ruhebette streut;
Und die Geduld deckt mich mit Myrthen zu,
So schön ist meine Ruh.

Zum Schlafgesellen nehm ich die Vergnügung an,
Die drück ich an mein Herz, so fest ich immer kann,
Man schläft, wenn so ein Schaz in Armen liegt,
Unmöglich mißvergnügt.

Und treibt ihr Träume ja ein Sinnenspiel mit mir,
So stellt in süßer Ruh mir meine Freundinn für;
Vielleicht wird das, was jetzt ein Schatten ist,
Noch in der That geküßt.

Nun dir befehl ich mich, du angenehme Nacht,
Und wenn das Morgengold am frühen Himmel lacht,
So werde doch dem Herzen das geschenkt,
Worauf es schlafend denkt.

Bildchen. III 81

Auf dieser Welt hab ich keine Freud,
Ich hab einen Schatz und der ist weit,
Er ist so weit, er ist nicht hier,
Ach wenn ich bei mein Schätzgen wär!

Ich kann nicht sitzen und kann nicht stehn,
Ich muß zu meinem Schätzgen gehn;
Zu meinem Schatz, da muß ich gehn,
Und sollt ich vor dem Fenster stehn.

Wer ist denn draussen, wer klopfet an?
Der mich so leis aufwecken kann;
Es ist der Herzallerliebster dein,
Steh auf, steh auf und laß mich rein!

Ich steh nicht auf, laß dich nicht rein,
Bis meine Eltern zu Bette seyn;
Wenn meine Eltern zu Bette seyn,
So steh ich auf und laß dich rein.

Was soll ich hier nun länger stehn,
Ich seh die Morgenröth aufgehn;
Die Morgenröth, zwey helle Stern,
Bey meinem Schatz, da wär ich gern.

Da stand sie auf und ließ ihn ein,
Sie heißt ihn auch willkommen seyn;
Sie reicht ihm die schneeweiße Hand,
Da fängt sie auch zu weinen an.

Wein nicht, wein nicht mein Engelein!
Aufs Jahr sollst du mein eigen seyn;
Mein eigen sollst du werden gewiß,
Sonst keine es auf Erden ist.

Ich zieh in Krieg auf grüne Haid,
Grüne Haid die liegt von hier so weit,
Allwo die schönen Trompeten blasen;
Da ist mein Haus von grünem Rasen.

Ein Bildchen laß ich mahlen mir,
Auf meinem Herzen trag ichs hier;

Darauf sollst du gemahlet seyn,
Daß ich niemal vergesse dein.

Waldvögelein.

III 83

(Mündlich.)

Ich ging mit Lust durch einen grünen Wald,
Ich hört die Vöglein singen,
Sie sangen so jung, sie sangen so alt,
Die kleinen Waldvögelein in dem Wald,
Wie gern hört ich sie singen.

Nun sing, nun sing Frau Nachtigall,
Sing du's bei meinem Feinsliebchen:
»Komm schier, komm schier wenns finster ist,
Wenn niemand auf der Gassen ist,
Herein will ich dich lassen.«

Der Tag vergieng, die Nacht brach an,
Er kam zu Feinslieb gegangen;
Er klopft so leis' wohl an den Ring,
Ei schläfst du, oder wachst du Kind,
Ich hab so lang gestanden.

Daß du so lang gestanden hast,
Ich hab noch nicht geschlafen;
Ich dacht als frey in meinem Sinn,
Wo ist mein Herzallerliebster hin,
Wo mag er so lang bleiben?

Wo ich so lang geblieben bin,
Das darf ich dir wohl sagen;
Beim Bier und auch beim rothen Wein,
Bei einem schwarzbraunen Mädelein,
Hätt deiner bald vergessen.

III 84

Liebeswünsche.

Auf der Welt hab ich kein Freud,
Ich hab ein Schatz und der ist weit;
Wenn ich nur mit ihm reden könnt,
So wär mein ganzes Herz gesund.

Frau Nachtigall, Frau Nachtigall!
Grüß meinen Schatz viel tausendmal;
Grüß ihn so hübsch, grüß ihn so fein,
Sag ihm er soll mein eigen seyn.

Und komm ich vor ein Goldschmidtshaus,
Der Goldschmidt schaut zum Fenster raus;
Ach Goldschmidt, liebster Goldschmidt mein!
Schmied mir ein feines Ringelein.

Schmied's nicht zu groß, schmied's nicht zu klein,
Schmied's für ein schönes Fingerlein;
Auch schmied mir meinen Namen dran,
Es solls mein Herzallerliebster han.

Hätt ich ein Schlüssel von rothem Gold,
Mein Herz ich dir aufschliessen wollt,
Ein schönes Bild das ist darein,
Mein Schatz es muß dein eignes seyn.

Wenn ich nur ein klein Waldvöglein wär,
So säß ich auf dem grünen Zweig;
Und wenn ich genug gepfiffen hätt,
Flög ich zu dir, mein Schatz ins Reich.

Wenn ich zwey Taubenflügel hätt,
Wollt fliegen über die ganze Welt;
Ich wollt fliegen über Berg und Thal,
Hin wo mein Herzallerliebster wär.

Und wann ich endlich bey dir wär,
Und du redst dann kein Wort mit mir;
Müßt ich in Trauren wieder fort,
Adje mein Schatz, adje von dir.

Sommerlied.

III 85

Geh aus, mein Herz, und suche Freud
In dieser lieben Sommerzeit,
An deines Gottes Gaben;
Schau an der schönen Gärten Zier,
Und siehe, wie sie mir und dir
Sich ausgeschmücket haben.

Die Bäume stehen voller Laub,
Das Erdreich decket seinen Staub
Mit einem grünen Kleide.
Narcissen und die Tulipan,
Die ziehen sich viel schöner an,
Als Salamonis Seide.

Die Lerche schwingt sich in die Luft,
Das Täubchen fleucht aus seiner Kluft,
Und macht sich in die Wälder.
Die hochgelobte Nachtigall
Ergötzt und füllt mit ihrem Schall
Berg, Hügel, Thal und Felder.

Die Glucke führt ihr Küchlein aus,
Der Storch baut und bewohnt sein Haus,
Das Schwälblein speißt die Jungen;
Der schnelle Hirsch, das leichte Reh
Ist froh, und kommt aus seiner Höh,
Ins tiefe Gras gesprungen.

Die Bächlein rauschen in dem Sand,
Und mahlen sich in ihrem Rand
Mit schattenreichen Myrthen;
Die Wiesen liegen hart dabei,
Und klingen ganz von Lustgeschrey
Der Schaaf und ihrer Hirten.

Die unverdroßne Bienenschaar
Fleucht hin und her, sucht hier und dar
Ihr edle Honigspeise;
Des süßen Weinstocks starker Saft
Bringt täglich neue Stärk und Kraft
In seinem schwachen Reise.

Ich selber kann und mag nicht ruhn,
Des grossen Gottes grosses Thun
Erweckt mir alle Sinnen;
Ich singe mit, wenn alles singt,
Und lasse, was dem Höchsten klingt,
Aus meinem Herzen rinnen.

Ach, denk ich, bist du hier so schön,
Und lässest uns so lieblich gehn
Auf dieser armen Erden;
Was will doch wohl nach dieser Welt
Dort in dem festen Himmelszelt
Und güldnem Schlosse werden.

O wär ich da! o stünd ich schon,
Ach süßer Gott vor deinem Thron,
Und trüge meine Palmen;
So wollt ich nach der Engel Weis
Erhöhen deines Namens Preis
Mit tausend schönen Psalmen.

Unseliger Kreislauf.

Wohl täglich will erscheinen
Die schöne Morgenröth,
Den Thau muß nieder weinen,
Die weis bekleidet geht,
Luna ist sie genannt;
Schneeweis thut sie uns leuchten,
Macht uns den Tag bekannt.

Und über ihr in Wonne
Phöbus mit Gold bekleidt,
Das ist die Liebessonne,
Die alle Welt erfreut;
Jedoch ihr klarer Schein
Soll mich nicht gar abwenden,
Wohl von dem Trauren mein.

Hört auf ihr Sturmwind alle,
Die wehn vom Himmelsschild,
Mir ist in Sinn gefallen
Ein adeliches Bild;
Höflich und tugendreich,
Selbst Absalon muß weichen,
An Schönheit ihm nichts gleich.

Orpheus, der konnte zwingen
die wilde Thier im Wald,
Sein Harfen und sein Singen
Lockt sie zusammen bald;
Das Wild in Fels und Stein
Hört wohl das tiefe Klagen
Und große Trauren mein.

Süß Orpheus' Saiten hallen,
Und bitter meine Stimm

In armer Lieb muß schallen;
O Venus, laß den Grimm,
Durch Lieb des Buhlen dein,
Send meinem kranken Herzen
Doch bald der Hülfe Schein.

In mir hört man stets schlagen
Ein unruhige Uhr,
Und jeder Schlag will klagen
Um spröde Schönheit nur;
Hoffnung die Uhr zieht auf,
So geht sie ewig, ewig
Den schmerzlich bittern Lauf.

Es rennen alle Bronnen
Zusammen in das Meer,
Und sind sie hingeronnen,
So kehren sie daher;
So auch die Seufzer mein
Ziehn aus betrübtem Herzen,
Und kehren wieder drein.

Und sterbend schon in Leiden,
Bitt ich dich auch allein,
Du wollst mein Herz ausschneiden,
Und legen in einen Stein;
Damit anzeig ich blos,
Daß dich ein Stein gebohren,
Und nicht des Weibes Schoos.

Für's andre lasse bauen
Ein Gitter ob dem Stein,
Daß jeder könne schauen
Das elend Herze mein;
Dem Amor vor der Zeit
Durch Lieb und heimlich Leiden
Genommen all sein Freud.

Zum dritten ich begehre
Begleite mich ins Grab,
Ein Kränzlein mir verehre,
Von bitterm Kraut Schabab;
Leb wohl dies Kraut bedeut,
Drum wird es auch wohl billig
An meinen Leib gestreut.

Zulezt ich noch begehre,
Daß du mir trauren sollt,
In Veilbraun mir zur Ehre,
Der Farbe war ich hold;
Trug sie im Leben mein,
Veilbraun will nichts bedeuten,
Als Lieb und heimlich Pein.

In der wüsten Heide. III 90

Allhier in dieser wüsten Haid
Wohnt keine Seele weit und breit,
Die wilden Thier allein,
Die seh ich selbst Mitleiden tragen,
Die Vögel traurig seyn,
Und mich mit schwacher Stimm beklagen;
Die kalten Brunnen stärker fließen,
Viel Thränen gleichfalls zu vergießen.

Nein, Wälder, Wiesen, Feld und Thal,
Hör ich beklagen meinen Fall,
Sie fühlen meine Pein;
Die Schafe wollen nicht mehr weiden,
Du Delia allein,
Wirst nicht bewegt durch meine Leiden,

Du Wonn und Zier der Schäferinnen,
Du strenge Fürstin meiner Sinnen.

Und laß ich diese grüne Welt,
Ist meine Treu doch fest gestellt.
Die Liebe mein zu dir,
Hab ich an manchen Baum geschnitten,
Da liest man für und für,
Was ich für Angst und Pein erlitten;
So lang Arkadia wird stehen,
Soll auch mein Name nicht vergehen.

Es tritt Diana selber hin,
Mein Grab zu machen in dem Grün,
Die Göttin Flora geht,
Sich nach Violen umzuschauen,
Mein Leichstein ist erhöht,
Darein die Nimphen werden hauen:
»Hier hat den Geist dahin gegeben,
Den seine Liebste bracht ums Leben.«

III 91

Des guten Kerls Freierey.

Einstens, da ich Lust bekam,
Mir zu freien eine Dam,
Und sie freundlich fragte,
Ob ich ihr auch wohl gefiel;
Wahrlich nicht besonder viel!
Sie gar spöttisch sagte.

Ich sprach wieder: Bin ich nicht
Ein gut Kerle, gebt Bericht.
Drauf fragt sie mich wieder:
Was dann ein gut Kerle wär?

Ich sprach: Sezt euch unbeschwert
Etwas zu mir nieder.

Für das Erst so bin ich recht,
Und von ehrlichem Geschlecht,
Hab auch aller Orten
Mich geübt von Jugend auf,
Nach der Welt Gebrauch und Lauf,
Daß ich groß bin worden.

Habe auch nicht viel studiert,
Bin nicht schön von Leib geziert,
Auch nicht reich von Gelde;
Dennoch bin ich auch nicht dumm,
Blind, lahm, sprachlos oder krumm,
Sondern frisch zu Felde.

Zu der Kaufmannschaft und auch
Zu dem Handwerk ich nicht taug,
Sondern mich ernähre
Mit dem Degen und Pistol,
Und von meinen Feinden hol
Ich, was ich begehre.

Ich hör gern der Armen Bitt,
Hab ich was, so theil ich mit;
Ich spendir die Heller
Auf ein gut Pferd und Gewehr,
Schenkt mir Gott noch Etwas mehr,
Schick ichs nach dem Keller.

Auch lieb ich der Musik Klang,
Stimm gern ein in den Gesang
Wackerer Gesellen;
Ich verderb kein gut Gelag,
Bei der Burst mich lustig mach,
Pfleg mich frisch zu stellen.

Esse gern was Gutes auch,
Immer hab ich den Gebrauch,
Ein gut Kleid zu tragen.
Ich bin fromm, so lang ich kann,
Wo nicht, pfleg ich mich alsdann
Frisch herum zu schlagen.

Jedem laß ich seine Ehr,
Liebe junge Mädchen sehr,
Thu mich auch befleißen,
Weil ich nicht bin schön und fein,
Daß ich doch möcht freundlich seyn,
Dienste zu erweisen.

Werbe auch um ihre Gunst,
Seh ich, daß es ist umsonst,
Ich darum nicht zürne;
Ist die Jungfer stolz von Sinn,
Laß ich sie, und mach mich hin,
Zu der Baurendirne.

Weil ich, wie dafür ich halt,
Nicht zu jung bin, noch zu alt,
Will ich mich umschauen,
Daß ich nicht allein mehr schlaf,
Sondern mir zum Weib verschaff
Eine schön Jungfraue.

So ein gut Kerl bin ich nun,
Bitt, wollt mir zu wissen thun,
Wie ich euch gefalle;
Sonst sollt ihr versichert seyn,
Ich will lieben euch allein
Für das andre alle.

Wollt ihr nun, so ist es klar,
Und wir werden bald ein Paar.

Drauf spricht sie gar sachte:
Ihr mögt mir nach allem Schein
Gar ein guter Kerle seyn;
Schmunzelt drauf und lachte.

Als die Antwort ich bekam,
Ich sie in die Arme nahm,
Küßt sie eins und fragte:
Was der Abschied endlich wär.
Komme morgen wieder her,
Sie gar freundlich sagte.

Ich schwör so wahr, als ich bin,
Ein gut Kerl und geb euch hin
Meine beiden Hände;
Daß wie ein gut Kerle ich
Euch will ganz beständiglich
Lieben bis ans Ende.

Wir verstehen sie nicht. III 95

Ein Schneider hätt ein böses Weib,
Vorwitzig, stolz, doch fein von Leib,
Sehr eigenwillig, frech und steil,
Trug ihre Ehr auch ziemlich feil,
Stets ihrem Mann zuwieder lebte,
In allem Guten wiederstrebte;
Kein Ding er ihr befehlen kunnt,
Allzeit sie das unrecht verstund.

Sie sollt ihm einstens bringen Wachs,
Da kam sie heim und brachte Flachs;
Noch einmal schickt er sie nach Zwirn,
Da brachte sie statt dessen Birn.

Sie sollte weisse Seide holen,
Sie brachte Saiten unbefohlen;
Sie sollt ihm holen eine Scheer,
Sie bracht daher viel Schweineschmeer.

Er sprach einmal zu ihr mit Fleiß,
Mach eilends mir ein Eisen heiß;
Sie ließ ein Eisen machen bald,
Der Schmied brachts hin, da war es kalt.
Er sprach: Ich hab zuvor genug Eisen,
Ich hab kein neues machen heißen;
Mein Weib mich nimmer recht versteht,
Mit allem sie den Krebsgang geht.

Einst sprach er: Gieb mir her die Ell.
Da bracht sie ihm Lissabonisch Oehl;
Mehr sagt er: Dieses Kleid zertrenn,
Und sie verstand, das Kleid verbrenn.
Alsbald warf sie dasselb ins Feuer,
Das kam den Schneider gar sehr theuer;
Er hieß sie bringen ander Tuch
Zum Kleid, sie aber bracht ein Buch.

Er hieß sie früher aufzustehn,
Zur Predigt in die Kirch zu gehn;
Die Kinder überbringen hin,
Zur Schule was zu lernen drinn.
Die Kinder in die Kirch sie führte,
Sie aber in der Schul studierte;
Einst folgt er ihr nach auf dem Fuß,
Und sah was, das ihm bracht Verdruß.

Als sie zu Hause wieder kam,
Geschwind er die Flachshechel nahm;
Schlug ihr damit den Kopf und Leib,
O weh! was thust du, sprach das Weib.

Er sprach: Ich muß mich nur bemühen,
Den Flachs fein durch die Hechel ziehen;
Sie rief: o weh, weh meine Stirn!
Er sprach: ich speise dich mit Birn.

Sie rief: o weh, mein Rück und Seit,
Er sprach: wie klingt die Zittersait,
Sie schrie: schlag mich doch nicht so sehr;
Er sprach: das Leder darf viel Schmeer.
Sie bat: er sollt ihr Gnad erweisen,
Er sprach: ich schmied ein neues Eisen;
Sie schrie: o daß es Gott erbarm!
Er sprach: es ist noch nicht recht warm.

Sie rief: ich geb auf meine Seel,
Er sprach: ich heil dich mit dem Oehl;
Sie bat: vergieb mirs nur diesmal,
Er sagte: mir dies Kleid bezahl.
Sie sprach: die Schuld will ich bekennen,
Er sprach: das heißt mirs Kleid verbrennen;
Sie sprach: hört auf, ich schaff euch Tuch,
Er sprach: ich les' in deinem Buch.

Sie sprach: erwürge mich nicht gar,
Er sprach: o nimm die Kirch fürwahr;
Und lerne da nicht in der Schul,
Sie sprach: ich hab da keinen Stuhl.
Er sprach: du sollst die Predigt hören,
So läßt du dich Studenten lehren;
Sie sprach: es soll nicht mehr geschehn,
Er sprach: ich kann dich nicht verstehn.

Also ein böses Weib wohl kann
Bös machen einen frommen Mann;
Hat diese Frau durch Schläge sich
Bekehrt, das soll fast wundern mich.

Denn man schlägt wohl raus einen Teufel,
Sechs aber drein ohn allen Zweifel;
Doch die dem Mann nicht folget bald,
Die soll er schlagen warm und kalt.

III 98

Maushund.

(Musikalischer Zeitvertreiber. Nürnberg bei Kaufmann 1609.)

Ein Maußhund kam gegangen,
Von einem hohen Dach;
Der Kürschner wollt ihn fangen,
Zog ihn bald hinten nach.
That ihn beim Schwanz ergreifen,
Die Katz fing an zu pfeifen,
Pfuch, pfuch, pfuch, miau, mau mau.

Da sagt er zu der Katzen: Miau,
Mach kein Geschreien,
Magst mich erfreuen;
Allein dein Balg
Mir wohl gefallt,
Den wird es dich jetzt kosten,
Denn er ist ziemlich alt.

In ihren großen Nöthen
Sprach die Katz: Mau,
Der Kürschner will mich tödten,
Mau mau, er nahm mir einmal ein Kind,
Darzu ein langes Messer, damit er schindt;
Und wenn der Kürschner will tanzen,
So nimmt er die Katz beim Schwanze.

Ein hübsch Lied, genannt der Striegel, gar lustig zu singen und zu lesen in des Lindenschmids Ton.

III 99

(Fliegendes Blat, gedruckt zu Zürich, bei Augustin Fries.)

Zu Constanz saß ein Kaufmann reich,
Der hat ein Fräulein war wonnigleich,
Denn sie war hübsch und kluge,
Sie hatt' ein Doktor gar zu lieb,
Groß Lieb sie zammen trugen.

Die Liebe, die war offenbar,
Und währt gar noch wohl sieben Jahr,
Der Kaufmann ward ihr innen;
Erfahr ich dann die rechte Mähr,
Du magst mir nit entrinnen.

O Fräulein, mir ist Botschaft kommen,
Ich darf mich auch nit länger säumen,
Muß reiten in fremde Lande;
Nun halt dich wohl, und halt dich recht,
Daß wir nicht kommen zu Schande.

Nun halt dich wohl und halt dich recht,
Gedenk an unser beider Geschlecht,
Wir haben fromm Vater und Mutter,
Dazu ein kleines Schwesterlein,
Halt mirs in guter Hute.

Er reit zum obern Thor hinaus,
Zum untern reit er wieder hinein zu Haus,
Des Abends also spate;
Er reit vor seiner Freunde Haus:
Gebt mir ein guten Rathe.

Ein guten Rath, den geben wir,
Bleib hier, bis an den Morgen früh,

Du hast ein eigen Hause;
Drinn hast du ein Badstüblein warm,
Da lebt der Doktor im Schmause.

Der Kaufmann trat fürs Schlossers Haus,
Und bist du drinn, so tritt heraus,
Ein Striegel gut ich möchte;
Er bracht daher wohl zehen Paar,
Es war ihm keiner rechte.

Mach mir ein Striegel in einer Stund,
Ich geb dir drum ein baares Pfund,
Mach mir ihn scharf und härte;
Mach Zähn dran eines Fingers lang,
Ich hab zwei freche Pferde.

Der Schlosser dacht in seinem Muth,
Was meint er mit dem Striegel gut,
Er hub ihn an zu machen;
Manch Bürger vor sein Laden trat,
Und thät des Striegels lachen.

Der Kaufmann war ein weiser Mann,
Sein Sachen griff er weislich an,
Ging ins Badstüblein warme,
Sein ehlich Fräulein fand er da,
Dem Doktor in seim Arme.

Da er schritt in das Badstüblein,
War da bereit gut Brod und Wein,
Mit andern guten Dingen;
Die zwei, die sassen im Wasserbad,
Das Fräulein thät entrinnen.

Er striegelt den Doktor also hart,
Von unten an bis auf den Bart,

Das Blut thät ihm abfließen;
Hör auf mein lieber Kaufmann gut,
Laß mich mein Sünd hie büßen.

Es währt wohl auf ein halben Tag,
Man legt den Doktor in das Grab,
Das Rauchfaß thät man ihm bieten;
Ein Fräulein zu dem andern sprach,
Vor dem Striegel wolln wir uns hüten.

Dieß Lied ist gemacht mit hohem Fleiß,
Vorm Striegel hüt dich, bist du weiß!
Daß dir nicht misselinge;
Es sangs ein freier Schreiber gut,
Vor Freud thät er aufspringen.

Ein Striegel für den Kritikus,
Der diesem Buch giebt falschen Kuß,
Der liegt bei meinem Zimmer;
Er ist gemacht mit hohem Fleiß,
Vorm Striegel hüt dich, bist du weis.

Reit du und der Teufel. III 102

(Eingesandt.)

Der Schiffmann fährt zum Lande,
Wem läutet man so sehr?
Wem singt man also sanfte,
Zu seiner letzten Ehr?

Die Jungfern sieht er heben,
Wohl einen schönen Kranz,
Zum Sterben oder Leben,
Es war ein schwerer Gang.

Der Gang der war so schwere,
Zu seiner Liebsten Haus;
Ob sie gestorben wäre,
Oder eins andern Braut.

Er fand sie auf dem Kämmerlein,
Da sie die Haar aufbund;
Gott grüß dich, o mein Engelein,
Daß ich dich seh gesund.

Ich hab mir lassen sagen,
Du nähmst den Bändersknab;
So gieb du mir die Treuheit,
Die ich dir geben hab.

Ich weiß von keiner Treuheit,
Ich weiß von keinem Geld;
Der Reiter soll mich holen,
Wenn ich von Treuheit weiß.

Da stehts an bis den dritten Tag,
Als da die Hochzeit war,
Da kam ein stolzer Reiter,
Der setzt sich oben an.

»Nun eßt und trinkt ihr Jungfern,
Ich kann nicht fröhlich seyn.«
Trompeten und Schalmeyen
Die gehen insgemein.

Das erste, das er thäte,
Den Tanz wohl mit der Braut;
Er schwenkt sie dreimal r'umme,
Damit zur Thür' hinaus.

Sie kamen über ein' Haide,
Ein Land, es war wohl breit.

Der Hals war ihr zerbrochen,
Die Seel war eigen sein.

Ob sie von sonder – von sonderlichem Brod esse? III 104

(Christoph Demantius Tänze. Nürnberg 1601.)

Nun freue dich mein Herzelein, der Sommer,
Der Sommer, der bricht an,
Weiche alle Traurigkeit,
Und kehr wieder Fröhlichkeit,
Mir und dir ohn Unterlahn.

Die Heide grünt und trägt nun, so schöne
So schöne Blümelein,
Und von diesen Blümlein allen,
Thust du mir gar wohl gefallen,
Ach zart liebes Jungfräulein!

Schau ich dich an, du däuchst mir viel schöner,
Viel schöner noch jetzund,
Als zuvor, wo kömmt dies her?
Sag mirs, das ist mein Begehr,
Lieblein zart zu jeder Stund.

Ißt du etwa mein Liebchen von sonder
Von sonderlichem Brod?
Oder macht es dein Gebet?
Daß dir alles wohl ansteht,
Auch bist so schön weiß und roth.

III 105 Schlesisches Gebirgshirtenlied.

(Hagen und Büschings Volkslieder, hat Aehnlichkeit mit Wohl Heute noch und Morgen. II. B.)

Ich ging ins Väters Gärtela,
Ich läht mich nider, ä schlief;
Da träumte mir ä Träumela,
As schneit es über mich.

Un do ich nu erwachte,
Do wär es aber nich,
So wärens rutha Ruselä,
Die blühta über mich.

Ich brähch mir anes äbe,
Zu anen Ehrenkranz;
Ich nähms der Liebsta mitte,
Zu anen Ehrentanz.

An do der Tanz im Besta war,
Do war däs Giga aus,
Do soll ich m'r nu mein Schatz heimführe,
An hähs kein ehga Haus.

A Häusla will ich mir baua,
Von Ruhs an Rosmarin;
An will mirs wohl bestecka,
Mit ruthan Ruislan schien.

Un wenn ich's nu war fert'g han,
Beschar mir Gott was 'nein,
Das ich zu Jauhr känn spreche:
Das Häusla das ist mein!

Die hohe Unterhändlerin.

(Büschings und von der Hagens Volkslieder. S. 89.)

»Schwing' dich auf, Frau Nachtigall, geschwinde,
Vor meines Liebsten Fensterlein dich finde;
Sing' ihm das Lied, welches, ohn Beschweren,
Mir erdacht, mein'm Schatz zu Ruhm und Ehren.«

»Ich komm' her von eurer Schönen, Zarten,
Welche mich aus ihrem Rosengarten,
Sendet zu euch sammt einem Kranz geringe,
Den ich euch von ihrentwegen bringe.«

»Glück und Heil sie wünscht von Herzensgrunde
Ihrem Schatz zu jeder Zeit und Stunde,
Ihr zartes Herze ist gar sehr besessen
Sie kann ihres Liebsten nicht vergessen.«

»Je länger, je lieber heißt ein Blümelein,
Daraus hat sie gemacht das Ehrenkränzelein,
Augentrost ist darunter gemenget,
Vergiß mein nicht mit eingesprenget.«

»Auch ist so viel Ehrenpreiß darinnen,
So werdet ihr des Wohlgemuthes innen;
Der Kranzbügel ist mit Ehren gewunden,
Ein treues Herzelein hat ihn gebunden.«

»Merkt noch mehr, was sie mir hat befohlen,
Das sag' ich euch ganz frey und unverholen:
Ohn' Antwort soll ich nicht wieder kommen,
Darum merkt wohl, was ihr von mir vernommen.« –

»Fleißig hab' ich dein' Botschaft verstanden,
Antwort soll auch seyn bei mir vorhanden;
Schwing' dich auf mit deinem zarten Gefieder
Und grüße mir mein tausend Herzelein wieder.«

»Nichts liebers hätte sie mir können schicken,
Dadurch sie thät mein junges Herz erquicken;
Als das Kränzelein mit den schönen Blumen,
Die man sonsten selten thut bekommen.«

»Ein Demant, ein Stein gar hart und theuer,
Welchen doch verzehren kann das Feuer;
Ist kaum meinem Herzen zu vergleichen,
Drum thät es das Kränzelein erweichen.«

»Von mir sag dem allerschönsten Herzen,
Eitel Freud' und Wonn' ohn' alle Schmerzen;
Thu ihr für das Geschenk großen Dank sagen:
Fröhlich bin ich, weil sie mir ist gewogen.«

»Sprich, ich will ihr'r wieder nicht vergessen,
Ob ich mich gleich nicht kann hoch ermessen!
Schwing dich auf, sag' ihrem rothen Mund:
Gute Nacht, Glück, Heil zu aller Stund.«

III 107

Der Abschied im Korbe.

(Mündlich.)

Er. Wo gehst du hin du Stolze,
Was hab ich dir gethan;
Daß du vorbei thust gehen,
Und schaust mich gar nicht an.
Du schlägst die Aeuglein nieder,
Und schaust nicht zu mir her;
Wie wenn ich deines Gleichen
Niemals gewesen wär.

Sie. Der Abschied ist geschrieben,
Das Körblein ist gemacht;

Wärst du bei mir geblieben,
Hätt ich dich nicht veracht.

Er. Nimm du das Körblein mit nach Haus,
Und leg den Abschied nein;
Hinfüro aber lasse brav
Das falsche Lieben seyn.

Steile Liebe.

III 108

'S ist mir auch kein Nacht so finster,
'S ist mir auch kein Weg so weit;
Wenn ich zu mein Schäzlein gehe,
Sehen mich die bösen Leut.

Regnets, schneits, und geht der Wind,
Wenn mein Schatz nur vors Fenster käm;
Steh nur auf, mach auf fein bald,
Bei der Nacht ists draus gar kalt.

Wenn die Sonn so schön ans Gebirg aneglanzt,
Und das Gemsel auf der Höh umme tanzt;
O du schöne Morgenröth!
Wenn ich dich allzeit bei mir hätt!

Schatz, du bist mein und ich bin dein,
Wir sind ja zwey Verliebterlein;
Von dir kann ich nit mehr lassen,
Ach bis ich komme ins kühle Grab!

Das Dinterle fängt zu weinen an,
Ach Buberle, was haben wir gethan?
Wir wollen wieder gehn nacher Haus,
Wollen gern stehen alles aus.

III 109

Druck und Gegendruck.

(Musikalisches Rosengärtlein. Nürnberg 1612.)

Schön klar einstmal die Sonne
Leuchtet mit ihrem Schein,
Als ich nach Herzens Wonne
Spazieren gieng allein,
In grünen Wald am Morgen,
Darin fand ich verborgen
Ein schöns Jungfräulein voll Sorgen;
Drum fragt ich es bald in Geheim,
Auf wen sie wartet hier allein.

Sie sprach: ich liebt im Herzen
Ein Jüngling tugendvoll;
Er aber thät nur scherzen,
Und lohnte mir nit wohl,
Drum will ich hier verderben.
Ich sprach: Ihr sollt nit sterben,
Laßt mich euer Gunst erwerben,
Und drückt mich an ihr Herz hinan,
Daß mir vor Lieb das mein zersprang.

III 110a

Petersilie.

Was hab ich meinem Schätzlein zu Leide gethan?
Es geht wohl bey mir her, und sieht mich nicht an;
Es schlägt seine Augen wohl unter sich,
Und sieht einen andern Schatz wohl lieber als mich.

Petersilie, das edle grüne Kraut!
Was hab ich meinem Schätzelein so vieles vertraut;
Vieles Vertrauen thut selten gut,
So wünsch ich meinem Schätzelein alles Guts.

Alles Guts und noch vielmehr,
Ach wenn ich nur ein Stündelein bei meinem Schätzgen wär;
Ein Viertelstündchen zwey und drey,
Damit ich mit meinem Schatz zufrieden sey.

Das St. Hubertuslied. III 110b

Im grünen Wald bin ich gewesen,
Sah ich es ein Hirschelein stehn;
Das Hirschlein, das wollt ich erschiessen,
O Wunder, was hab ich gesehn.

Es thut mir die Flinte versagen,
Ein Kreutz thut das Hirschelein tragen;
Stolzierend auf seinem Gewicht,
Die Gnade zum Sünder wohl spricht.

Da thät ich zur Erden hinsinken,
Wohl auf meine bogene Knie;
Thät mir es entgegen blinken,
Ein silbernes Kreuzlein schneeweiß.

Jezt thu ich kein Hirschlein mehr schiessen,
Will lieber in's Kloster mich schließen;
Dem grünen Wald sag ich gut Nacht,
Die Gnade hat alles gemacht!

III 111

Ablösung.

(Musikbuch.)

Kukuk hat sich zu todt gefallen
An einer holen Weiden,
Wer soll uns diesen Sommer lang
Die Zeit und Weil vertreiben.
Ey das soll thun Frau Nachtigall,
Die sitzt auf grünem Zweige;
Sie singt und springt, ist allzeit froh,
Wenn andre Vögel schweigen.

III 112a

Unbeschreibliche Freude.

(Mündlich.)

Wer ist denn draussen und klopfet an?
Der mich so leise wecken kann?
Das ist der Herzallerliebste dein,
Steh auf und laß mich zu dir ein.

Das Mädchen stand auf, und ließ ihn ein,
Mit seinem schneeweissen Hemdelein;
Mit seinen schneeweissen Beinen,
Das Mädchen fing an zu weinen.

Ach weine nicht, du Liebste mein,
Aufs Jahr sollt du mein eigen seyn;
Mein eigen sollt du werden,
O Liebe auf grüner Erden.

Ich wollt daß alle Felder wären Papier,
Und alle Studenten schrieben hier;
Sie schrieben ja hier die liebe lange Nacht,
Sie schrieben uns beiden die Liebe doch nicht ab.

Schweitzerlied. III 112b

(Lauberl Diminutiv von Laubi, Stier, Gitzeli Geißlein.)

Mi's Bübli is wohl änetem Rhin,
I wollt' ä klini Wile bi ihm si;
Lauberl, lauberl, liri lauberl,
Lauberl, lauberl, litum da.

Mi's Bübli kauf mir ä Buchsigs Löffeli,
Giri, Giri, Gitzeli,
Lauberl, lauberl, liri lauberl,
Lauberl, lauberl, litum da.

Buchsigs Löffeli ohne Stiel:
Der schmutzigen Sennen giebt es viel;
Lauberl, lauberl, liri lauberl,
Lauberl, lauberl, litum da.

Mi Mueter ist a Schwitzeri,
Giri, giri Gitzeli;
Lauberl, lauberl, liri lauberl,
Lauberl, lauberl, litum da.

Mi Vater ist a Appenzeller,
Hat weder Win noch Most im Keller;
Lauberl, lauberl, liri lauberl,
Lauberl, lauberl, litum da.

Mi Vater hat a rothen Stier,
Ist mir lieber weder diese all vier;
Lauberl, lauberl, liri lauberl,
Lauberl, lauberl, litum da.

Wollte Gott.

(Ein Bremberger. Gedruckt zu Zürich aus 1500.)

Meiner Frauen rother Mund,
Der brennt recht scharlachfarb;
Er brennt recht wie ein rothe Ros',
In ihrer ersten Blüth.
Er brennt recht wie der roth Rubin.
In Goldes Farb;
Er brennt recht, wie ein heiße Kohl.
Liegt in des Feuers Glut.

Ihr Hälslein weiß, ihr schwarze Aeuglein klar,
Darzu trägt sie ein goldfarb krauses Haar;
Ihr werther Leib ist weißer als kein Hermelein,
Kein Meister lebt auf dieser Erd,
Der mirs mahlen könnt so fein.

Wollt Gott, wär ich ein lauter Spiegelglas!
Daß sich die allerschönste Frau
All Morgen vor mir pflanzieret;
Wollt Gott, wär ich ein seiden Hemdlein weiß,
Daß mich die allerschönste Frau
An ihrem Leibe trüge.

Wollt Gott, wär ich ein roth Goldringelein!
Daß mich die allerschönste Frau
An ihre Händlein zwinge;
Wollt Gott, wär ich ein Eichhorn traun,
Und spräng auf ihren Schooß,
Von rechter Liebe sie mich in ihr Aermlein schloß.
Sie küßt mich an mein rosenfarbes Mündlein,
Das nehm ich für des Kaisers Gut,
Sollt ich drum desto ärmer seyn.

Die Welt geht im Springen. III 115

(Albert's Arien 1638. I, S. 16.)

Die Sonne rennt mit Prangen
Durch ihre Frühlingsbahn;
Und lacht mit ihren Wangen
Den runden Weltkreiß an.

Der Himmel kömmt zur Erden,
Erwärmt und macht sie naß;
Drum muß sie schwanger werden,
Gebieret Laub und Gras.

Der Westwind läßt sich hören,
Die Flora seine Braut,
Aus Liebe zu verehren,
Mit Blumen, Gras und Kraut.

Die Vögel kommen nisten,
Aus fremden Ländern her;
Und hängen nach den Lüsten,
Die Schiffe gehn ins Meer.

Der Schäfer hebt zu singen
Von seiner Phillis an;
Die Welt geht wie im Springen,
Es freut sich, was nur kann.

Leztes Toilettengeschenk. III 116a

Zart Aeuglein zu winken,
Die Mägdlein jetzund han;
Ihr Angesicht zu schminken,
Groß Fleiß sie legen an.

Ihr Haupt thun sie beladen,
Mit Gold und Perlen schon;
Und sollten sie's bezahlen,
Sie brächten nichts davon.

Sie müssen seyn geschmücket,
Daß es nur hab groß Schein;
Ob sie schon Armuth drücket,
Geborget muß es seyn.

Daß man sie doch lieb habe,
(Wenn ja solchs hülfe nicht,)
So gebens selbst aus Gaben,
Wie man erfährt und sicht.

Wenn sie den Knaben haben,
Und jeder bezahlt will seyn;
Muß viel zum Juden traben,
Was vor gab großen Schein

III 116b

Aus dem Odenwald.

Es steht ein Baum im Odenwald,
Der hat viel grüne Aest;
Da bin ich schon viel tausendmal
Bey meinem Schatz gewest.

Da sitzt ein schöner Vogel drauf,
Der pfeift gar wunderschön;
Ich und mein Schätzlein lauern auf,
Wenn wir mitnander gehn.

Der Vogel sitzt in seiner Ruh,
Wohl auf dem höchsten Zweig;

Und schauen wir dem Vogel zu,
So pfeift er allsogleich.

Der Vogel sitzt in seinem Nest,
Wohl auf dem grünen Baum;
Ach Schätzel bin ich bey dir g'west,
Oder ist es nur ein Traum?

Und als ich wiederum kam zu dir,
Gehauen war der Baum;
Ein andrer Liebster steht bei ihr,
O du verfluchter Traum.

Der Baum, der steht im Odenwald,
Und ich bin in der Schweiz;
Da liegt der Schnee, und ist so kalt,
Mein Herz es mir zerreißt.

Erinnerung beym Wein. III 118a

Es dunkelt auf jenem Berge,
Nach Hause wollen wir gehen;
Den Wein, den wollen wir trinken,
Den wir gewohnet seyn.

Ich hör ein Hirschlein rauschen,
Wohl rauschen durch den Wald;
Ich hör ein feines Lieb klagen,
Klagen, es hätt' die Ehr verloren.

Hast du deine Ehr verloren,
Hab ich die meine noch;
So gehen wir miteinander,
Und tragen die Kränzelein.

Ein Kränzelein von Rosen,
Ein Kränzelein von Klee;
Zu Straßburg auf der Brucke,
Da liegt ein tiefer Schnee.

Wenn der Schnee thut schmelzen,
So lauft das Wasser in See;
Darauf bin ich gesessen,
Und gefahren bis hieher.

III 118b Und dieß und das und das ist mein.

Heute wollen wir Haber mähn,
Morgen wollen wir binden:
Wo ist denn die Liebste mein?
Wo soll ich sie finden?
Gestern Abend sah ich sie
Unter einer Linden;
Ich gedacht in meinem Sinn,
Ich will sie schon finden.
Was führ ich dann an meiner Hand,
Das ganze Hausgesinde –
Und dieß und das, und das ist mein,
Das soll meine Liebste seyn.

III 119 Tanzreime.

Aufe ist nit abe, 's ist aber we'ger wahr,
Wann ich meinen Schatz am Tag nit seh,
Und in der Nacht nit bei ihm steh,
Meyn ich, es sey ein Jahr.

Zu dir bin ich gangen,
Durch Regen und Wind;
Zu dir geh ich nit mehr,
Du gehst mit 'nem Kind.

Geh mir nit über mein Aeckerle,
Geh mir nit über mein' Wies';
Oder ich prügel dich wegerle (wahrlich),
Oder ich prügel dich g'wiß.

Und die Blätter sind grün,
Und die Rosen sind roth;
Und die lutherschen Buben
Sind gut in der Noth.

Und wenn der Mond hell scheint,
Und 's platzregnen thut,
Und die Fremden nit kommen,
Sind die Heimischen gut.

Mein Daumen, mein Finger,
Mein Ellebogo;
Mein Sinn und Gedanke
Sind zu Sigmaringo.

Herüber, hinüber,
Ich hoff mir ein Glück;
Hab kürzlich ein Boten
Bei Sickingen geschickt.

Der Bote ist kommen,
Was hat er gebracht?
Ein Ringle am Finger,
Ein Schnupftuch im Sack.

* * *

III 120 (Ast's Zeitschrift für Wissenschaft und Kunst. I. S. 93.)

Die Kirschen sind zeitig,
Die Weichseln sind braun;
Hat jede einen Buben,
Muß auch um einen schaun.

Du schöner Kuckuk,
Wo singest denn du;
Du singest im Walde,
Verführest mich balde.

Bin ich oft mit meinem Schätzchen
In den Wald hineingegangen;
Und die Vöglein haben gesungen
Nach meinem Verlangen.

Wann ich jezt oft allein
In den Wald hinaus geh,
So thuts mir im Herzen
Tief drinnen so weh.

Dort laß ich mein Kühlein
Am liebsten fressen;
Wo ich oft bin des Abends
Bei meinem Bübchen gesessen.

Ein schöns, ein schön Häuschen,
Ein schön, ein schön Bett;
Ein schöns, ein schöns Bübchen,
Sonst heirath ich nicht.

* * *

III 121 Klein bin ich, klein bleib ich,
Drum werd ich veracht;
Jezt will ich studieren,
Will werden ein Pfaff.

Was willst du studieren,
Und willst ein Pfaff seyn;
Man giebt dir ins Kloster
Kein Weibchen hinein.

* * *

Silberner Degen, III 122a
Ein goldener Knopf;
Die Mädle sind traurig,
Franzosen sind fort!

* * *

Ueber dem Wald, über dem Wald, III 122b
Hats 'nen schönen Reifen;
Dem Mädle sind die Ohren kalt,
Die Buben wollens greifen.

* * *

'S mein seyn und 's dein seyn, III 122c
Und 's zu dir liego,
Das bringt mich sechs Jahr lang
Ins Soldatelebo.
Sechs Jahr und drei Monat,
Dann ist mein Zeit aus;
Nach kömmt es mein Schätzle,
Und führt mich nach Haus.

* * *

Ich weiß nicht wo's Vöglein ist, III 123a
Ich weiß nicht wo's pfeift;
Hinterm kleinen Lädelein,
Schätzlein wo leist?

Es sitzt ja das Vögelein
Nicht alleweil im Nest;
Schwingt seine Flügelein,
Hüpft auf die Aest.

Wo ich gelegen bin,
Darf ich wohl sagen;
Hinterm grün Nägeleinstock
Zwischen zwei Knaben.

* * *

III 123b Er. Du Dienerl, du nett's,
Du liegst mir im Herz;
Du kömmst mir nicht raus,
Bis die Liebe ist aus.

Sie. Aus ist sie mit dir,
Im ganzen Revier;
Wenn die Donau eintrocknet,
Dann heurathen wir.

Er. Sie trocknet nit ein,
Bleibt alleweil naß;
Jezt muß ich halt schauen,
Um ein anderen Schatz.

* * *

III 124 Wann mein Schatz Hochzeit macht,
Hab ich einen traurigen Tag:
Geh ich in mein Kämmerlein,
Wein um meinen Schatz.

Blümlein blau, verdorre nicht,
Du stehst auf grüner Heide;

Des Abends, wenn ich schlafen geh,
So denk ich an das Lieben.

O du mein liebes Hergottle,
Was han i der denn thaun;
Daß du mir an mein lebelang,
Net willst heurathen laun.
Jezt will i nimmer betta,
Will net in Kirche gaun;
Geb acht, i kann de nötha,
Du wirst me heura laun.

Adam und Eva habens Lieben erdacht,
Ich und mein Schätzle habens auch so gemacht.

Mein Gott und mein Herr,
Wie fällt mirs so schwer;
Kein Vater, kein Mutter nit mehr,
Kein lieb Schätzele mehr!

Wegen eim Schätzele trauern,
Das wär mir ein Schand;
Kehr mich nur herummer,
Geb der andern die Hand.

In der Kirch, da ist ein Tritt,
Wo man zwei Lieben zusammen giebt.

Hab ein Ringlein am Finger,
Dadurch seh ich nur;
Da seh ich mein Schätzle
Seine falsche Natur.

Aus ist es mit dir,
Mein Haus hat kein Thür;

Mein Thür hat kein Schloß,
Von dir bin ich los.

Dort drüben am Rhein,
Da liegen drei Stein;
Dort führt mir ein Andrer
Mein Schätzele heim!
Führt er mir sie heim,
So ist mir es recht;
So ist er der Meister,
Und ich bin der Knecht.

* * *

III 125 Mein Schätzle ist Nunn,
Mach mich nit lachun;
Die Lieb ist brochun,
Kanns nimmer machun.

Schatzlein freu dich, juchze,
Das Abscheiden thut weh;
Die Liebe thut wanken,
Wie ein Schiff auf der See.

Daß im Wald finster ist,
Das machen die Birken;
Daß mich mein Schatz nicht mag,
Das kann ich merken.

Daß im Wald finster ist,
Das machen die Aest;
Daß mich mein Schatz nit mag,
Das glaub ich fest.

Ich hab geheurat, ich hab gehaußt,
Hab einen Mann wie eine Faust;

Hat ein Herz wie eine Nuß,
Ist keine Freud und keine Lust.

* * *

Hab Holzäpfel gehaspelt, III 126
Kein Zaunstecken, kein Spitz;
Bin oft zu meim Schatz gangen,
Hats kein Mensch gewüßt.

Klein bin ich, das weiß ich,
Groß mag ich nit wern;
Ein Schätzel muß ich haben,
Wie ein Haßelnußkern.

Ich hab ein schöns Schätzlein,
Wenns nur auch so bleibt;
Stells naus in Krautgarten,
Daß es die Vögel vertreibt!

* * *

Mein Schätzle ist hübsch, III 127a
Aber reich ist es nit;
Was nützt mir der Reichthum,
Das Geld küß ich nit.

Schön bin ich nit, reich bin ich wohl,
Geld hab ich auch a ganz Beuterl voll;
Gehn mer noch drey Batze ab,
Daß ich grad zwölf Kreutzer hab.

's Kranzerle weg,
Und 's Häuberle her;
Jungfrau gewest,
Und nimmermehr.

III 127b (Aus der Polizey Fama.)

Aufs Gässel bin ich gangen,
Aufs Gässel geh ich noch;
Der Scherg will mich fangen,
Ey hätt er mich doch.
Wie soll er mich denn fangen,
Bey Tag geh ich nit;
Bey der Nacht is stockfinster,
Da sieht er mich nit.

* * *

III 127c

So und so so geht der Wind,
So und so pfeift er;
Und wenn ich mein Schätzle säh,
Wär mirs gleich viel leichter.

So lieb als mir mein Leben ist,
So lieb ist mir mein Schatz;
Und wenn er auch gestorben ist,
So lieb ich noch den Platz.

Das Liederl ist gesungen,
Der Kreutzer ist gewunnen;
Und wer mir ihn nit geit,
Dem singe ich auf Beut.

* * *

III 128a

Es ist ein Mädel hier,
Es hat ein Gulden vier;
Hat ein spitzigs Mäule,
Ein Näsle als wie ein Säule;
Zwey Augen als wie ein Stier,
Trotz allen Mädchen hier.

Jetzt ist mein Liedel aus,
Es beißt mich noch eine Laus;
Ich bin so keck und nehm sie,
Und nehm ein Messer und schind sie;
Und stech ihr beide Augen aus,
Jetzt hasts meine liebe Laus.

* *
*

Schwimmen zwei Fischle im Wasser herum, III 128b
Strecken die Schwänzerl in die Höh;
Liegt es mein Schatzerl im Federbett,
Thut ihm sein Köpfle so weh.

Komm ich bei Mitternacht,
Wird mir gleich aufgemacht;
Hab em sein Köpfle vollgeschwätzt,
Hab' ihms voll gelacht!

In dem schätzbaren Tyroler Sammler Innsbruck 1807. II. B. finden sich von S. 57–96 allerley Tyroler Tanzreime abgedruckt mit Erläuterungen, die Sprache liegt der unsern sehr fern, und bedarf daher dieser Erläuterungen sehr; und doch liegt der größte Reitz gerade in dieser Sprache. Dies wäre zu weitläuftig geworden für den Umfang unsres Buchs; Freunde dieser Liedergattung verweisen wir daher auf jenes Buch selbst.

Bei der Schusterrechnung zu singen. III 129a

Sechsmal hab ich sie angetroffen,
Siebenmal bin ich fehl geloffen,
Auf der Haide hin und her,
»Nein mein Bue, es geschieht nicht mehr.«

Sechs paar Schuh und sieben paar Sohlen
Hab' ich von wegen meiner Sennerin verloffen,
Auf der Haide hin und her!
»Nein mein Bue, es geschieht nicht mehr!«

III 129b

Der Gruß.

Mir ist ein roth Gold Ringelein
Auf meinen Fuß gefallen;
So darf ichs doch nicht heben auf,
Die Leut, die sehens alle.

Mit Lust tret ich an diesen Tanz,
Ich hoff, mir wird ein schöner Kranz
Von einem schön Jungfräuelein,
Darum will ich ihr eigen seyn.

So tret ich hin auf einen Stein,
Gott grüß dich zart Jungfräuelein;
Und grüß euch Gott allsammt gleich,
Sie seyn arm oder reich.

Gott grüß euch alle als gemein,
Die großen, dazu auch die klein,
So ich grüß die ein, die andre nicht,
So wär ich kein Rechter, die andre spricht.

Lied des abgesetzten Sultan Selim im alten Serail, nachdem er sich der Kunst gewidmet.

III 130

Der Guguck ist ein braver Mann,
Der sieben Weiber brauchen kann;
Die erste kehrt die Stube aus,
Die zweite wirft den Unflath 'naus;
Die dritte nimmt den Flederwisch,
Und kehrt des Guckuck seinen Tisch;
Die vierte bringt ihm Brod und Wein.
Die fünfte schenkt ihm fleißig ein;
Die sechste macht sein Bettlein warm,
Die siebente schläft in seinem Arm.

Weihnachtlied.

III 131

(Mündlich.)

O du mein Mopper, wo willt du hinaus,
Ich kann dir nicht erzählen
Meine güldene Klaus:
Laß klinken, laß klanken,
Laß all herunter schwanken;
Ich weiß nicht, soll ich hüten
Ochs oder Schaf,
Oder soll ich essen
Einen Käs und ein Brod.

Bei Ochsen und bei Schafen
Kann man nicht schlafen,
Da thut es sich eröffnen
Das himmlische Thor,
Da kugeln die Engel
Ganz haufenweis hervor.

III 132a

Gute Lehre.

Grad Herz brich nicht,
Lieb mich und sags nicht,
Liebst du mich,
Wie ich dich,
Bleibt die Lieb beständiglich.

Schönste Rose fall nicht ab,
Bis ich komm und brech dich ab;
Wenn mich schon die Dornen stechen,
Will ich doch die Ros' abbrechen.

Wer die Rosen will abbrechen,
Muß nicht achten der Dornen Stechen;
Rosendornen stechen sehr,
Falsche Liebe noch viel mehr!

III 132b

Mailied.

Im Maien im Maien ists lieblich und schön,
Da finden sich viel Kurzweil und Wonn';
Frau Nachtigall singet,
Die Lerche sich schwinget
Ueber Berg und über Thal.

Die Pforten der Erde, die schließen sich auf,
Und lassen so manches Blümlein herauf,
Als Lilien und Rosen,
Violen, Zeitlosen,
Cypressen und auch Nägelein.

In solchen wohlriechenden Blümlein zart,
Spazieret eine Jungfrau von edeler Art;

Sie windet und bindet,
Gar zierlich und fein,
Ihrem Herzallerliebsten ein Kränzelein.

Da herzt man, da scherzt man, da freuet man sich,
Da singt man, da springt man, da ist man fröhlich;
Da klaget ein Liebchen
Dem andern sein' Noth,
Da küßt man so manches Mündlein roth.

Ach Scheiden, ach Scheiden, du schneidendes Schwerdt,
Du hast mir mein junges frisch Herzlein verkehrt.
Wiederkommen macht,
Daß man Scheiden nicht acht't;
Ade, zu tausend guter Nacht.

Im Maien, im Maien, da freuet man sich,
Da singt man, da springt man, da ist man fröhlich,
Da kommet so manches
Liebchen zusammen;
Ade, in tausend Gottes Namen.

Schweizerisch Kriegsgebet. III 134a

Laßt üs abermal betta
Für üsre Stadt und Flecka,
Für üsre Küh und Geissa,
Für üsre Wittwa und Weisa,
Für üsre Roß und Rinder,
Für üsre Weib und Kinder,
Für üsre Henna und Hahna,
Für üsre Kessel und Pfanna,
Für üsre Gäns und Endta,
Für üsre Oberst und Regenta,

An insonderheit für üsre liebi Schwitz,
Wenn der blutig Krieg wett ko,
Wett alls nä, so wetten wir üs treuli wehra,
Und ihn niena dura loh,
Au den Find gar ztod schloh,
Und dann singa;
»Eia Viktoria! der Find ischt ko, hett alles gno,
Hett Fenster i gschlaga, hets Blie drus graba,
Hett Kugla drus goßa, und dBaura erschossa;
Eia Viktoria! nu ischts us, geht wiedri na Hus.«

III 134b

Des Hirten Einsamkeit.

(Alpenlied.)

Isch äbi ä Mensch uf Erde, Simeliberg,
Un Fräneli ab de Kuggisberg
Un Sibethals Jäggeli änne de Berg,
Isch äbi ä Mensch uf Erde,
Daß y mag by em sy.

Un mag der my nit werde, Simeliberg
Un Fräneli u.s.w.
Un Sibethals u.s.w.
Us Kummer sterben y.

In mines Buhlis Garte, Simeliberg u.s.w.
Da stan zwei Bäumeli.

Das eine treit Muskate, Simeliberg u.s.w.
Das andre Nägeli.

Muskate, die sind süßi, Simeliberg u.s.w.
Die Nägeli schmecke räß.

Dort äne in der Tiefi, Simeliberg u.s.w.
Da stand ä Mühlirad.

Das Mühlirad isch broche, Simeliberg u.s.w.
Die Liebi hat än End.

Emmenthaler Kühreihen. III 135

Knabe.

Mys Lieb' isch gar wyt inne,
Dort inne uf der steinige Fluh;
Wenn i scho zun ihm wetti,
O so reute mi di Schuh!

Meitscheni.

La du di dSchuh nit reuen,
Leg du dine Bantöffeli a;
We du si de hest broche,
So chast ja de angeri ha.

Knabe.

I ma nit i der Wuche
Uf d Fluh zu mynem Schätzeli ga,
Es gitt ja so ne Fyrtig,
Wo ni zum Schätzeli cha!

Meitscheni.

My Schatz cha gar gut hornen,
Er cha di Reyhli alli gar wohl;
Er hornt mer alli Morgen,
O wenn ig a melche soll.

Knabe.

Mys Lieb' trybt über d' Gasse,
Gar s'tusigs schönes Trüppeli Veh!
O i ha gar längi Zyti,
Wenn is de so nimme cha g'seh!

Meitscheni.

Wenn i de soll ga mälche,
So steyt mer de mys Kühli nit recht;
Da stellen i d's Kübli näbe mi,
U gaugle mit dem Knecht.

Knabe.

O d's Kühli wey mer verkaufe,
U d's Kalbeli wey mer de no b'ha;
Wenn früh de d'Meitscheni mälche,
Chan i de no zu der gah.

III 137a

Schweizerisch.

S'isch no nit lang daß gregnet hätt,
Die Laeubli tröpfle no,
I hab e mohl e Schazli ghätt,
I wott, i hätt es no.

Jez isch er gange go wandere,
I wünsch em Löcher in d'Schuh,
Jez hab i wieder en andere,
Gott gäb mer Glück dazu.

S'isch no nit lang, daß er g'heirat hätt,
S'isch gar e kurzi Zyt;
Si Röckli ist em loderich,
Si Strümpfli sin em z'wyt.

Jahreszeiten.

Schwarzbraun ist meine dunkle Farbe,
Darin will ich mich kleiden;
Den besten Schatz und den ich hab,
Der will jezt von mir scheiden.

Ei scheidet sich dann der Winter von mir,
So kommt ein frischer Sommer;
Hat er dann Lust und Liebe zu mir,
So wird er wiederum kommen.

Dort droben vor meines Vaters Haus,
Da steht eine grüne Linde;
Darauf saß die Frau Nachtigall
Und sang von heller Stimme.

Ei sitzest du da Frau Nachtigall,
Und singest von heller Stimme;
Ei zwinget dich dann der edle Schnee,
Das grüne Laub von der Linde.

Und wann die Linde das Laub verliehrt,
So trauren alle Aeste;
Daran gedenkt ihr Mädechen jung,
Und setzt eure Kränzlein feste.

Setzt ihr sie fest und nicht zu fest,
Setzt ihr sie nach euren Maasen;
Und wenn es einmal zum Scheiden kommt,
Daß ihr sie könnt ablassen.

Schreibstunde.

(Drey weltliche neue Lieder i. J. 1646.)

Es bat ein Bauer ein Töchterlein,
Daß es doch thäte den Willen sein;
Er bot ihr Silber und rothes Gold,
Daß sie ihn lieb hätt und heirathen sollt,
Gar öffentlich.

Als ein Studente das hat erhört,
Er seinem Haus den Rücken kehrt;
Kam vor der Jungfrauen ihre Thür,
Und klopft mit seinem Finger dafür,
Gar heimlich.

Die Jungfrau im Arm auf dem Bette lag,
Und zum Studenten ganz leise sprach:
Ist jemand draussen, begehret mein,
Der zieh das Schnürlein und komm herein
Gar heimlich.

Als das der Bauer doch hat gehört,
Dem Hause sein er den Rücken kehrt;
Und kam vor der Jungfrauen Thür,
Er klopft mit seinem Stiefel dafür
Gar öffentlich.

Die Jungfrau war in Freuden wach,
Und zu dem Bauern da lachend sprach:
Ist jemand da, der begehrt hinein,
Der such sich ein ander Jungfräulein
Gar heimlich.

Wer ists, der heut uns dies Liedlein sang?
Ein freyer Studente ist er genannt;
Er lehrt der Jungfrau Lesen und Schreiben,

Braucht dazu weder Feder noch Kreiden,
Gar heimlich.

Und wenn das Mädchen erst schreiben kann,
Dann reist er wieder, wird Doktor dann;
Und sitzt bei Büchern und bei dem Wein,
Ihr Brieflein tröstet ihn doch allein,
Gar heimlich.

Erdtoffeln mit Rippenstückchen. III 140

Einsmals ein Mägdlein frisch und jung,
Gieng aufrecht wie ein Hirsch im Sprung;
Und von einem Jüngling, den sie kannt,
Ihre Aeuglein klar durchaus nicht wandt.

Der Jüngling schalt und sprach zu ihr,
Wie ihr mit nichten dies gebühr,
Sondern sie sollt ganz züchtiglich
Die Aeuglein schlagen unter sich.

Sie sprach gar bald: Mit nichten das,
Dies Anschaun ich nit unterlaß;
Zur Erd zu schauen dir gebührt,
Weil aus der Erd dein Ursprung rührt.

Des Mannes Ripp mein Ursprung ist,
Die such ich auch ohn Falsch und List;
Und daß solch Ripp in Zucht und Ehr
Mit mir vereint werd ich begehr.

III 141 Der verwandelte Einsiedler.

(Mündlich.)

Da droben aufm Hügel,
Wo die Nachtigall singt,
Da tanzt der Einsiedel,
Daß die Kutt in die Höh springt.

Der Knabe.

Ey laß ihn nur tanzen,
Ey laß ihn nur seyn;
Zu Nacht muß er beten,
Und schlafen allein.

Das Mädchen.

Da droben aufm Hügel,
Wo's Füchslein drauf lauft;
Da sitzt der Einsiedel,
Hat d' Kutte verkauft.

Der Knabe.

Da droben aufm Hügel,
Wo die Nachtigall singt,
Da ist es mein Schätzel,
Mein allerliebst Kind.

Das Mädchen.

Der Einsiedel auf dem Zitterbaum,
Der schaute wo der Tag her kam.

Der Knabe.

Der Tag, der kommt vom Morgenstern,
Bei meinem Liebchen bin ich gern.

Espenzweigelein. III 142

(Forsters frische Liedlein.)

Hätt mir ein Espenzweigelein
Gebogen zu der Erden;
Den liebsten Bulen, den ich hab,
Der ist mir leider allzuferne.

Er ist mir doch zu ferne nicht,
Bei ihm hab ich geschlafen;
Von rothem Gold ein Fingerlein
Hab ich in seinem Bett gelassen.

Und da ichs da gelassen hab,
Will ichs auch wieder bekommen;
Und thun, als ob ichs bei mir hätt,
Und wär mir keinmal genommen.

Ja zwischen Berg und tiefe Thal
Da geht ein enge Straße:
Wer seinen Buhl nicht haben will,
Der soll ihn allzeit fahren lassen.

Scheid dich nit Herzensdöckelein,
Von dir will ich nit weichen;
Hab Andre lieber nit als mich,
Im Reich findt man nit dein's Gleichen.

Kurzweil. III 143

(Mündlich.)

Ich weiß nicht, was ich meinem Schätzchen verhieß,
Das sie den Riegel wohl hinter sich stieß;
Wohl hinter sich in die Ecke,
Dann schlich ich zu ihr ins Bettchen.

Die zwei, die liegen die halbe Nacht,
Bis daß das Glöcklein zwölfe schlagt:
Steh auf braunes Mädchen zum Laden,
Schau ob es noch nicht will tagen

Sie gab dem Laden einen Stoß,
Da scheint ihr der helle Mond in den Schoos:
Bleibt liegen gut Ritterlein stille,
Es taget nach unserm Willen.

Die zwei, die liegen die ganze Nacht,
Bis das das Glöcklein Sechse schlagt;
Steh auf braunes Mädchen zum Laden,
Schau ob es noch nicht will tagen.

Sie gab dem Laden einen Stoß,
Da scheint ihr die helle Sonn in den Schoos:
Steh auf gut Ritterlein balde,
Die Sonn steht überm Walde.

Ei scheint die Sonn, und ich bin noch hier,
O Gott! wie wirds ergehen mir;
Ich hab mich gestern Abend vermessen,
Bin's leztemal bei dir gewesen.

Das Mädchen war so hurtig und eil,
Ließ den Knaben herunter am Seil,
Sie meint, er wäre schon drunnen,
Da lag er im kühlen Brunnen.

Es stand wohl an drei viertel Jahr,
Da Braußinde ein Kind gebahr;
Wir wollen tauffen Hänschen den Jungen,
Sein Vater ertrunken im Brunnen.

Schnelle Entwickelung.

(Nach dem Jenaer Codex.)

Ein junger Mann nahm sich ein Weib,
Holdselig und gar fein von Leib.

Dem Weib er übersah gar viel,
Schwieg ihr in allen Dingen still.

Also gewinnt das Weib den Mann,
Daß er nicht mehr zu Wein gehn kann.

Muß der Gesellen auch ablassen,
Darf nur mit ihr allein noch spassen.

Doch einsmal seht, da gieng er aus,
Kam ohngefähr vors Schenkwirthshaus.

Gesellen sein darinnen sassen,
Recht fröhlich tranken, sangen, assen.

Sie thäten ihm gar balde winken,
Der ein stand auf, bot ihm zu trinken.

Er schüttelte den Kopf und lachte,
Die Leute grosse Augen machten.

Der ein führt ihn hinein geschwind,
Er sizt bei ihnen wie ein Kind.

Es war sein Herz ihm noch so schwer,
Hub an zu seufzen gar zu sehr.

Wie er ans Heimweh nur gedacht,
Der Frau Gesundheit ward gebracht.

Er tranks hinein, er trank es aus,
Und dachte gar nicht mehr nach Haus.

Sein Glas, das rückt er immer vor,
Und war der lauteste im Chor.

Doch die Gesellen giengen eben.
Zwei mußten ihn nach Hause heben.

Recht mit Gewalt sie mußten schleppen,
Er stürzt hinauf die schmalen Treppen.

Das Weib mit Angst kam angegangen,
Ein Unglück meint sie, wär ergangen.

Sie hat die ganze Nacht gewacht,
Und im Gebet an ihn gedacht.

Da ist er hart sie angegangen,
Mit Schlägen hat er sie empfangen.

Was ist für Lehr daraus geflossen,
Nicht jede Eh ist im Himmel geschlossen.

III 146

Kurzweil.

(Aus H. v. Stromers Familienbuche v. J. 1581.)

Ich hab mir ein Maidlein auserwählt,
Dasselbig mir im Herzen wohlgefällt;
Von Ehren ist sie hoch zu loben,
Mein junges Herz
In Schimpf und Scherz
Muß gar bei ihr vertoben.

Dasselbig Maidlein, das ist mein,
Soll mir also gesinnet seyn;
Mein Herz ist traurig volle
Wieder hinum,

Das Maidlein frum,
Mich herzlich trösten solle.

Am Abend, wenn ich soll schlafen gehn,
Nachdem so wird sie's wohl verstehn,
Nehm ich sie freundlich an meinen Arm,
An meinen Leib
Sie als mein Weib,
Ich als ihr lieber Mann.

Und wenn denn solches als geschicht,
So zweifelt mir mit nichten nicht,
Gott wird sein Segen dazu geben;
Drauf daß uns komm
Ein Kindlein fromm,
In solchem ehlichen Leben.

Wird solches Kind ein Maidelein,
So soll Elß sein Nahme seyn;
Gleich wie man mein liebes Weib thut nennen,
Daß durch die Tauf
Sein Sünd ersauf,
Drauf daß es Gott erkenne.

Beschehrt mir Gott ein werthen Sohn,
Bin ich mehr erfreuet von;
Also in solcher Gestalte,
Sein Nahm christlich,
Heissen wie ich,
Mit Nahmen Jorg Grünenwalde.

III 147

Sonnenblicke.

(Mündlich.)

Der Sommer und der Sonnenschein,
Ganz lieblich mir das Herze mein
Erquicken und erfreuen;
Daß ich mit Lust im grünen Gras
Mag springen an dem Reihen.

Des lacht die Allerliebste mein,
Wollt Gott, ich sollt heut bei ihr seyn,
In Züchten und in Ehren;
Das wär meins Herzens größte Freud,
Darauf darf ich wohl schwören.

Demselben wackren Mägdelein,
Schickt neulich ich ein Kränzelein,
Mit rothem Gold umwunden;
Dabei sie mein gedenken sollt,
Zu hunderttausend Stunden.

Ich ritt durch einen grünen Wald,
Da sangen die Vöglein wohlgestalt,
Frau Nachtigall mit ihnen;
Nun singt ihr klein Waldvögelein,
Um meines Buhlen willen.

III 148

Ehestand.

(Procopii decalogale conjugale II. T. p. 569.)

Ich gieng spazieren in ein Feld
Ohne Sünde;
Mich umzusehen in der Welt,
Wie es stünde.

Es war an einem Sonntag gut,
Nach dem Essen;
Mein Leid, das mich so quälen thut,
Zu vergessen.
Mit Gedanken thät ich zanken,
Thät ich zanken.

Sehr tief gedacht ich hin und her,
Wo ich auswollt;
Mir selbst wußt nicht zu rathen mehr,
Was ich thun sollt.
Allein zu bleiben mich verdroß,
Mit der Weile;
Zum Heurathen die Lust war groß,
In der Eile.
Wollt schier wagen, ja zu sagen,
Ja zu sagen.

Und sieh, ein Jüngling trat herfür,
Wohlbekleidet;
Er grüßt mich freundlich in Gebühr,
Mich begleitet.
An Händen trug er güldne Ring,
Die ihn zierten;
Auch noch mehr andre köstlich Ding
Ihn berührten.
An dem allen hätt Gefallen,
Hätt Gefallen.

Bei neben ward ich auch gewahr,
Daß der Jüngling
Ein schweres Joch trug immerdar,
Das ihm anhing.
An Füssen hätt er Ketten stark,
Stahl und Eisen;
Das schmerzt ihn bis auf Bein und Mark,

Konnt aufreissen.
Ottern, Schlangen auch dran hangen,
Auch dran hangen.

Da ich nun ward mit ihm bekannt,
Ich ihn fragte:
Jüngling wer bist? Wie wirst genannt?
Er mir sagte:
Ich bin der Ehstand dieser Welt,
Also heiß ich;
So mancher, tapfre kühne Held
Um mich reißt sich.
Zum Heurathen thu ich laden,
Thu ich laden.

Dann ich ihn erst recht schaute an,
Mit Verwundern;
Gedacht: Sollt denn ich freyer Mann
Gleich jezunder
Beladen mich mit solchem Joch,
Und verbinden?
Ich wills wohl lassen bleiben noch,
Kanns nicht finden;
Will mich drinnen bas besinnen,
Bas besinnen.

III 151

Todesahndung einer Wöchnerin.

Mein Auge wankt,
Am Mond erkrankt,
Er möchte mir beyspringen,
Mir drohn des Todes Klingen.
Muß Sichelschein

Den Zirkel rund
Zur Todesfackel füllen,
Ich bild mirs ein,
Ich sterb zur Stund;
Helft weinen ihr Gespielen!

Vergönnt es mir,
Das Grün hinfür
Allhier noch anzuschauen,
Auf Bergen, Thal und Auen;
Was Laub und Blüth
Ins Auge trägt,
An Buchen, Eichen, Tannen,
Und was nur hie
Der Frühling pflegt,
Für Teppich aufzuspannen.

Die Wasserflüß
Bezeugen dieß,
Die rauschend weiter fließen,
Die Büsche grün begiessen;
Nie stehn sie still,
Sind ohne Ruh,
Die Reis' mir anzudeuten;
Wenn ich erfüllt
Mein Werk dazu,
Nach den erkannten Zeiten.

Ein Monat Licht,
Von hinnen flücht;
Das Trauern in dem Hirne
Treibts Uhrwerk der Gestirne.
Wohlan so lauf
O Thrän den Weg,
Zur Wanderschaft mußt fliessen;

Verlobt zum Kauf
Dich niederleg,
Den jüngsten Tag zu grüssen.

Wenn ich schon klag,
So viel ich mag,
Mein schwache Stimm zu heben,
Weil ich möcht länger leben;
Mein Herz vernimmt
In gleichem Schall,
Umsonst ist mein Bewerben.
Es bringt die Stimm
Im Wiederhall,
Ich müsse leider sterben!

Die Klinge zück,
Ich nicht verrück
Die perlenweisse Kehle,
Gott gnadet meiner Seele!
In weiß und roth
Geziert will seyn,
In hocherwünschten Farben;
Denn Jesu Tod
Bricht Röselein,
Die nie bisher verdarben.

III 153

Der verschwundene Stern

(Von M. Claudius.)

Es stand ein Sternlein am Himmel,
Ein Sternlein guter Art;
Das thät so lieblich scheinen,
So lieblich und so zart.

Ich wußte seine Stelle
Am Himmel, wo es stand;
Trat Abends vor die Schwelle
Und suchte bis ichs fand.

Und blieb dann lange stehen,
Hat grosse Freud in mir;
Das Sternlein anzusehen,
Und dankte Gott dafür.

Das Sternlein ist verschwunden,
Ich suche hin und her;
Wo ich es sonst gefunden,
Und find es nun nicht mehr.

Ein hohes Lied. III 154

(In des Schillers Ton. 1450–1500.)

Mein Herz das schwebt in Freudenspur,
Gedenk ich, wie die Kreatur
In Zweiheit ist gebildet;
Des sey gelobt der Schöpfer weis',
Der uns erschuf im Paradeis,
Erschuf jungfräulichs Bilde,
Die er da einem Jüngling gab,
Den er gemacht aus Erden;
Darum dien jezt ich junger Knab
Wohl einer Jungfrau werthe.
Ihr hohes Lob, das will ich ihr verkünden,
Ob ich es möcht durchgründen,
Nach meines Herzens Gier,
Ob ich gefiel auch ihr.

Gott grüß die schönste Jungfrau fein,
Die gänzlich hat das Herze mein,
Mit ihrer Lieb besessen;
Darum hab ich sie auserwählt,
Ein Jungfrau, die mir wohl gefällt,
Ich kann ihr nicht vergessen.
Wohl Tag und Nacht, wohl früh und spät
Liegt sie mir in dem Sinne;
All meine Hoffnung auf ihr steht,
Möcht ihre Huld gewinnen.
Mir liebt ihr Zucht, ihr jungfräuliche Güte,
Sie führt ein frei Gemüthe;
Sie lebt mit Ehren ganz,
Mit Recht trägt sie den Kranz.

Das Kränzlein, das sie tragen soll
In Wort und Sitte trägt sie's wohl
So ganz ohn allen Wandel;
Hutsam behält sie ihr Gesicht,
Kein Aergerniß giebt's keinem nicht,
In Ihrem Gang und Wandel.
Sie geht so schnelle auf der Straß,
Wer sie darauf thät grüßen,
Schließts Mündlein auf in sanfter Maas,
Und dankt mit Worten süße.
Ihre Wort sind wahr und nicht erlogen,
Sie hat mich nie betrogen;
Mich nie geführt am Seil,
Sie biet sich selbst nicht feil.

Drum hab ich sie auserkorn,
Sie ist von gutem Stamm geborn,
Zu Ehren schön erzogen;
Darum will ich ihr Diener seyn,
Sie hat erleucht das Herze mein,
Ist wahr und nicht erlogen.

Sie trägt ein ehrentlich Gewand,
Gar adelich gesticket,
Mit ihr zarten Kunstes Hand,
Und wer sie anerblicket,
Dem möcht sein Herz in lauter Freude lachen;
Auf Reinheit thut sie wachen,
Darum bin ich ihr hold
Vor Silber und vor Gold.

Gott grüß die Jungfrau wohl gethan,
Gar schwer ich gnugsam loben kann,
Wohl ihren werthen Leibe;
Ihr Haar ist lang, goldfarb und gelb,
Ihr Oehrlein sind gar fein gewölbt,
Kein Spott ich damit treibe.
Sie hat zwei hübsche Aeuglein klar,
Lieblich als ein Demante;
Darin das Weisse ist nicht gespart,
Ihr Bräulein stehn ohn Schande.
Ihr Näßlein scharf, wie schwer kann ich sie loben,
Ihr Kinn ist sanft erhoben,
Ihr Mund geschwungen fein,
Brennt recht als ein Rubein.

Die Zähnlein sind ihr ganz und weiß,
Die Wänglein roth nach allem Fleiß,
Darin zwei Grüblein kleine;
Ihr Angesicht, das scheint sogar
Gleich als der recht Kristall so klar,
Polieret also reine.
Ihr Kehle, die ist grad und schön,
Ihr Hälslein lilienweisse;
Auf ihrem Haupt ein Kron sollt stehn,
Gezieret recht mit Fleiße.
Ihr Händ sind lind, gleich wie ein Hermeleine,
Und weis wie Helfenbeine,

Darin die Adern blau,
Gott grüß dich o Jungfrau.

All Ebenmaaß in ihrer Brust,
Ihr Herz geziert in aller Lust,
Daran zwei Brüstlein kleine,
Sind nicht zu klein, und nicht zu groß,
In Züchten trägt sie auch nicht blos,
Sie hat zwei grade Beine.
Ihr zarter Leib ist wohl gestalt,
Nach aller Freud und Ziere.
Ihr Schönheit hab ich nun gemahlt,
Jungfrau erhör mich schiere,
Und sprecht zu mir ein liebreich freundlich Worte,
Und wo ich das erhörte,
Mein Weh wär gar vorbei,
Also erquickt ein Leu.

Erquickt mit seiner Stimm die Wölf (Jungen)
Also mir ihre Tugend helf,
Mit einem lieben Grüßen;
Dann thät sie mir groß Freundschaft kund,
Aus ihrem rosenfarben Mund,
Sogar ohn alles Verdrießen.
Dein Angesicht mich so erquickt,
Gleich als der Strauß sein Junge;
Du bist mein Freud, mein Trost, mein Glück,
Mich lockt dein süße Zunge.
Wie auch der Jungfrau klares Singen,
Das Einhorn kömmt mit Springen;
Legt ihr das Haupt in Schoos,
Und schläft ganz kummerlos.

Also bezwingt mich deine Stimm,
Und wo ich dich Herzlieb vernimm,
Besänftet sich mein Grimme;

Du machest mich so tugendsam,
Demüthiglich gleich einem Lamm,
Das macht dein milde Stimme.
Daß mich hat deine Lieb und Güt
So kräftiglich bezwungen;
Daran gedenk du treu Gemüth,
Acht nicht der falschen Zungen.
Und wolle meinen Worten treulich glauben,
Ich will dich nie berauben;
Dein Ehr ist allen kund,
Ich führ sie nie im Mund.

Dies glaube meiner Stätigkeit,
Es wär mir für dich selber leid,
Misläng dir deine Ehre;
Deß lasse mich genießen schier,
Nach Gott ist niemand lieber mir,
Dein Dienst ich stets begehre.
Wenn ich dir wohlgefällig wär,
Und wäre nicht dein Spotte;
Vergangen wär mir all Beschwer,
Darum fleh ich zu Gotte.
Wie große große Lieb ich zu dir trage,
Getrau ich nicht zu sagen;
Ach sieh mein Herze an!
Gott grüß dich wohlgethan!

O Jungfrau, adeliches Blut,
Womit der Pelikanus gut
Die Jungen mag ernähren,
Das nimmt er aus dem Herzen sein,
Und kömmt darum in schwere Pein,
Er thut sein Blut verzehren.
Also verzehr ich Leib und Blut,
Nach dir Sinn, Lieb und Witze;
Du bist mir über Phönix gut,

Der in der Glut thut sitzen.
Darin verjüngt er sich mit Feuers Brennen,
Wo ich dich, Lieb, hör nennen;
Da thut mein Herz ein Sprung,
Und wird vor Freuden jung.

Von dir mein Herz empfänget Kraft,
Recht nach des Panthers Eigenschaft,
Wenns gehet in den Mayen;
Dann steigt er auf ein Berg hinan.
Viel andre Thiere folgen dann,
Stehn um ihn an den Reihen.
Jungfrau, könnt ich dich loben bas,
Das thät ich allzeit gerne;
Du gehst mir über Laub und Gras,
Wie der Mond über die Sterne.
Ach feins mein Lieb, laß mich der Treu genießen,
Thu mir dein Herz erschließen;
Vernimm den Willen mein,
Zart edles Jungfräulein.

Jungfrau vernimmst du den Gesang,
Und hab ich dir gedienet lang,
Das magst du wohl vergelten;
Ich diene allezeit dir gern,
Du bist mein lichter Morgenstern,
Doch seh ich dich so selten.
Das schafft, o Lieb, der Schwätzer Mund,
Mit ihrem falschen Sagen;
Glaub ihnen nicht zu aller Stund,
Vernimm meins Herzens Klagen.
In rechter Treu sollst du nicht von mir wenken,
Dies Lied thu ich dir schenken;
Aus rechtem Sinn erdacht,
Gott gebe dir viel guter Nacht!

Ein neu Klaglied eines alten deutschen Kriegsknechts wider die greuliche und unerhörte Kleidung der Pluderhosen in des Penzenauers Ton. 1555. III 160

Was soll ich aber singen,
Ein wunderbar Geschicht;
Das Herz möcht dem zerspringen,
Ders nur einmal ansicht.
Was man doch hat erfunden
Alldort in jenem Land,
Sieht man zu allen Stunden
Ein großes Uebel und Schand.
Es hat die Welt gestanden,
Mehr als fünftausend Jahr,
Ist solche große Schande
Aufkommen nie fürwahr;
Daß man die Gottesgaben
Also mißbrauchen soll,
Das wird kein Mensch nicht loben,
Und ihnen sprechen wohl.
Und wer denn nun will wissen,
Was doch erfunden sey,
Die Kriegsleut sind beflissen
Auf solche Buberey;
Sie lassen Hosen machen,
In einem Ueberzug,
Der hängt bis auf die Knochen,
Ist doch noch nicht genug.
Ein Latz muß seyn darneben,
Wohl eines Kalbskopfs groß;
Karteken drunter schweben,
Seiden ohn alle Maaß.
Kein Geld wird da gesparet,
Und sollt man betteln gehn;

Damit wird offenbaret
Wer ihnen giebt den Lohn.
Da gehen sie einher waten,
Gleich als der Teufel recht;
Und schören sie sich ein Platten,
Sie wären seine Knecht.
Auch hangen dran die Zotten
Einer halben Elle lang.
Thut man dann ihrer spotten,
So hebens an ein Zank,
Und wollen da verfechten
Die ungeheuer Gestalt,
Als hätten sies zu rechten,
Und stund in ihrer Gewalt.
Nach Gott thun sie nicht fragen,
Wies ihm gefallen werd;
Was er dazu wird sagen,
Ist ihnen ohn alles Gefärd.
Und wär es ihnen befohlen,
Sie thätens nimmermehr!
Sollt man den Teufel mahlen,
Mit seinem ganzen Heer,
Aerger könnt mans nicht machen,
Als mit ein solch Gestalt;
Doch sind sie freye Hachen,
Wer wills ihnen wehren bald.
Sie meinen, wenn sie tragen
Ein solch Gesperr am Bein;
So darf sie niemand schlagen,
Kriegsleut sind sie allein.
Da doch wird oft gefunden
Ein solch verzagtes Herz,
So man ihn wollt verwunden,
Er gäb die Flucht ohn Scherz.
Nun wollt ich doch gern sehen,
Wie ers wollt greifen an;

Wenn sollt ein Sturm geschehen,
Als ich gesehen han.
Zu laufen noch zu steigen,
Kann man ihn brauchen nicht;
Vom Waten will ich schweigen,
Wie denn da oft geschicht.
Da steht er wie ein Lüllen,
In seim zerhackten Kleid;
Wie will er doch erfüllen
Seinen geschwornen Eyd?
Er kann sich selbst nicht schützen,
Wenn Laufen nöthig wär;
Bleibts Herz in Hosen sitzen,
Sein Herz muß halten her.
Kein Türk, kein Heid, kein Tartar
Solch Unflat je erfind.
Davon sonst ein Hausvater
Gekleidet Weib und Kind,
Das muß jezt einer haben
Zu einem paar Hosen gar;
Doch sind sie freye Knaben,
Truz wers ihnen wehren darf.
Sechs Ellen lündisch Gewande
Wird einem begnügen kaum;
Ist das nicht große Schande,
Darunter hat sie Raum.
Wohl neun und neunzig Ellen
Karteken muß er han;
Dann sind sie freye Gesellen,
Und stehen für einen Mann.
Es tragens auch Studenten,
Von den man lernen soll;
Sie sollten seyn Regenten,
Exempel geben wohl.
Ihre christlichen Lehren
Findens nicht in der Schrift;

Sie solltens andern wehren,
So sind sie selbst vergift.
Schickt man sie auf die Schulen
Mit groß Unkosten frey;
Sie lernen saufen und buhlen,
Das muß auch seyn dabey.
Ein solch paar Pluderhosen,
Dann sind sie Doktor schon;
Weils tragen die Franzosen,
Drum lassens nicht davon.
Dazu die Handwerksgesellen,
Die kaum das Badgeld hand;
Doch Hosen tragen wöllen,
Und kostet es ein Land.
Was sie durchs Jahr erkratzen,
Das tragen sie daran;
Dann sind sie freye Fratzen,
Wann sie solch Hosen han.
Wann sie dann unser Herrgott
Angreift mit Krankheit schwer,
So haben sie kein Vorrath,
Spital muß halten her,
Die großen Pluderhosen,
Haben das Geld verzehrt;
In leeren Beutel blasen,
Wird manchen dann gelehrt.
Ein Beyspiel thun sie geben,
Mit ihren Hosen recht;
Das ihnen gleich woll leben
Schinder und Henkersknecht.
Die tragen auch solch Hosen,
Wann sie jagen die Hund;
Und fluchen wie Franzosen,
So sind sie gleich im Bund.
Noch eins das ist geschehen,
Das ich euch melden muß;

Ich hab es selbst gesehen,
Hosen bis übern Fuß.
Die Seiden, die muß lappen,
Wohl hinten nach ers schleppt;
Dazu ein kurze Kappen,
Die ihm den Latz nicht deckt.
Vor Zeiten macht man Röcke,
Daß man den Latz bedeckt;
Jetzund so muß er blecken,
Auch sind daran gesteckt
Viel Farben mancherleyen,
Die sind daran gestickt;
Man möchte sie anspeien,
Wenn man sie nur erblickt.
Es haben unsre Alten
Die Kleider drum gemacht,
Daß sie sich vor dem Kalten
Beschirmten Tag und Nacht,
So geben diese Kleider
Doch weder kalt noch warm,
Groß Straf die fürcht ich leider
Für uns, daß Gott erbarm!
Wie kann Gott Glück doch geben,
Dem deutschen Kriegesheer;
Da sie so schändlich streben
Wider sein Lob und Ehr.
Niemand soll Wunder nehmen,
Daß der Türk nimmt überhand;
Wir sollten uns doch schämen
Vor jedem andern Land.
Der Teufel mag wohl lachen
Zu solchem Affenspiel;
Ihm gefallen wohl die Sachen.
Fleißig ers fördern will,
Seinem Rath folgen sie nach;
Bis er bezahlt ihr Thaten,

Reu ist zu spät hernach.
Dies Laster thut verklagen
Ein alter Landsknecht gut;
Der hat all seine Tage
Gehabt ein Löwenmuth.
Sein Leib thät er nicht sparen,
In deutsch und welschem Land;
Doch hat er nie erfahren
Von Deutschen größre Schand.
Drum er dies Liedlein sange,
Und wundert sich so sehr;
Ihm ward darob auch bange,
Wo doch herkommen wär
Ein solch greuliche Trachte
Wider alle Billigkeit;
Wer sie doch wohl erdachte,
Ist Gott im Himmel leid.
Ihr Fürsten und ihr Herrn
Laßt's euch zu Herzen gehn;
Thut diesem Laster wehren,
Heißt sie davon abstehn.
Denn Gott wills an euch rächen,
Er gab euch die Gewalt;
Thut ihren Willen brechen,
Denn Gottes Straf kommt bald.
O Gott thu du drein sehen,
Verzeih uns unsre Sünd;
Und laß uns nicht geschehen.
Den Sündern trag Erbarmen
Ueber ihre Hosen weit,
Und hilf zuletzt uns Armen
In die ewige Seligkeit,
Amen.

Aufklärung.

(Fliegendes Blatt in Preussen.)

Was soll ich thun, was soll ich glauben?
Und was ist meine Zuversicht?
Will man mir meine Zuflucht rauben,
Die mir des Höchsten Wort verspricht?
So ist mein Leben Gram und Leid
In dieser aufgeklärten Zeit.

Ein jeder schnitzt sich nach Belieben
Jezt selber die Religion;
Der Teufel, heißt es, ist vertrieben,
Und Christus ist nicht Gottessohn;
Und nichts gilt mehr Dreyeinigkeit,
In dieser aufgeklärten Zeit.

Die Taufe, das Kommunicieren,
Ist für die aufgeklärte Welt
Nur Thorheit wie das Kopulieren,
Und bringet nur den Priestern Geld;
Der Kluge nimmt ein Weib und freyt
Nach Art der aufgeklärten Zeit.

Der Ehebruch ist keine Sünde,
Noch weniger die Hurerey;
Und obs gleich in der Bibel stünde,
Steht doch der Galgen nicht dabey.
Drum ists galante Sittlichkeit
In dieser aufgeklärten Zeit.

Der Aufgeklärte folgt den Trieben,
Und diese sind ihm Glaubenslehr;
Was Gottes Wort ihm vorgeschrieben,
Das deucht ihm fabelhaft und schwer.
Dem Pöbel ist es nur geweiht
Und nicht der aufgeklärten Zeit.

Die Tugend sucht man zwar zu preisen,
Als die alleine selig macht;
Doch nur den Glauben zu verweisen,
Weil der uns unsre Laster sagt.
Und Laster suchet man nicht weit
In dieser aufgeklärten Zeit.

So liegt nun in dem Sündenschlafe
Das ganze aufgeklärte Land;
Weil auch die ewge Höllenstrafe
Ist glücklich aus der Welt verbannt.
Denn jeder hofft Barmherzigkeit
In dieser und in jener Zeit.

So schreiben alle Antichristen,
Weil es dem Leichtsinn wohlgefällt;
Denn diese sind als Kanzelisten
Vom Satan selber angestellt:
Durch sie gewinnt der Teufel mehr,
Als wenn er selbst zugegen wär.

O laßt mich doch bei meiner Bibel,
Laßt mich in meiner Dunkelheit:
Denn ohne Hoffnung wird mir übel,
Bei dieser aufgeklärten Zeit;
Und ohne Hoffnung bin ich hier
Ein elend aufgeklärtes Thier.

Drum Thoren sprecht, ich mag nichts hören,
Verschonet mich mit eurem Gift;
Gesetzt, wenn es auch Fabeln wären,
Das, was ich lese in der Schrift;
So macht mich doch dies Fabelbuch
Zum Leben und zum Sterben klug.

Es spricht: Erwach vom Sündenschlafe,
Du thörigt aufgeklärtes Land;

Es naht die schwere Höllenstrafe,
Der böse Feind ist nicht verbannt;
Ich will euch lesen aus dem Buch
Im Unglück giebts mir Ruh genug.

St. Meinrad.

III 170

Graf Berthold von Sulchen, der fromme Mann,
Er führt sein Söhnlein an der Hand;
Meinrad, mein Söhnlein von fünf Jahren,
Du mußt mit mir gen Reichenau fahren.

Hatto, Hatto, nimm hin das Kind,
Alle lieben Engelein mit ihm sind;
Die geistlich Zucht mag er wohl lernen,
Und mag ein Spiegel der Münche werden.

Er ging zur Schul barfuß ohne Schuh;
Und legt die geistlich Kunst sich zu;
Die Weisheit kam ihm vor der Zeit,
Da ward er zu einem Priester geweiht.

Da schickt ihn Hatto auf den Zürcher See,
Daß er ins Klösterlein bei Jona geh;
Bei Jona zu Oberpollingen,
Da lehrt er die Münch beten und singen.

Da er lange ihr Schulmeister war,
Und ihn die Brüder ehrten gar;
Thät er oft an dem Ufer stehen,
Und nach dem wilden Gebirg hinsehen.

Sein Gewissen zog ihn zur Wüste hin,
Zur Einsamkeit stand all sein Sinn;

Er sprach zu einem Münch: Mein Bruder,
Rüst uns ein Schifflein und zwey Ruder.

Ueber See zur Wildniß zur Wüsteney,
Hab ich gehört gut fischen sey;
Da gehn die Fischlein in den einsamen Bächen! –
Ja Herr, mein Meister, der Münch thät sprechen.

Sie fuhren gen Rapperswyl über See,
Zu einer frommen Wittib sie da gehn;
Bewahr uns die Gewand, sie zu ihr sprechen,
Daß sie uns nicht in der Wildniß zerbrechen.

Sankt Meinrad und der Bruder gut,
Sie folgten wohl der Bächlein Fluth:
Sie fischten hinan in dem Flüßlein Sille,
Bis in die Alp gar wild und stille.

O Herr und Meister, lieber Sankt Meinrad,
Wir haben Fischlein schon mehr als satt;
Noch nit genug Meinrad da saget,
Steigt wo der Finsterwald herraget.

Und da sie gegangen den dritten Tag
Im finstern Wald eine Matte lag;
Ein Born da unter Steinen quillet,
Da hat Sankt Meinrad den Durst gestillet.

Nun lieber Bruder, nun ists genug,
Gen Rapperswyl die Fisch er trug;
Die fromm Wittib stand vor der Pforten,
Und grüßt die Münch mit frohen Worten.

Willkomm, willkomm ihr bleibt schier lang,
Die reißende Thier, die machten mich bang;
Die Fisch, die thät sie braten und sieden,
Die assen sie in Gottes Frieden.

Frau hört mich an durch Gott den Herrn! –
Die Wittib sprach: Das thu ich gern!
Ein armer Priester hat das Begehren,
Sein Leben im Finsterwald zu verzehren.

Nun sprecht ob hier ein Frommer leb,
Der ihm ein klein Almosen geb;
Sie sprach: Ich bin allein allhiere,
Ich werd ihm ein Almoseniere.

Da thät Sankt Meinrad ihr vertrauen,
Daß er sich wollt ein Zelle bauen;
Und kehrt nach Oberpollingen,
Thät noch ein Jahr da beten und singen.

Aber die Einsamkeit drängt ihn sehr,
Er hat kein ruhig Stund da mehr;
Und eilt nach Rapperswyl zu der Frauen,
Die ließ ihm da seine Zelle bauen.

Am Etzel wohnt er sieben Jahr,
Viel fromme Leut die kamen dar;
Seine Heiligkeit macht groß Geschrey,
Und zog da gar viel Volks herbei.

Solch weltlich Ehr bracht ihm viel Schmerz,
Sein Hüttlein rückt er waldeinwärts;
Zum finstern Wald, wo das Brünnlein quillet,
Das ihm einst seinen Durst gestillet.

Und wenn er sich das Holz abhaut,
Daraus er seine Zelle baut;
Findt er ein Nest mit jungen Raben,
Die thät er da mit Brod erlaben.

Die fromm Frau auch von Rapperswyl
Schickt ihm Almosen ein gut Theil;

So lebt er während funfzehn Jahren,
Sein Freund die beiden Raben waren.

Von Wollrau war ein Zimmermann,
Der kam da zu dem Wald heran;
Und bat auch den St. Meinrad eben,
Sein Kindlein aus der Tauf zu heben.

Da gieng St. Meinrad hinab ins Land,
Dem Zimmermann zur Taufe stand;
Und kam da wieder zu vielen Ehren,
Das thäten zwei böse Mörder hören.

Peter und Reinhard dachten wohl,
St. Meinrads Opferstock wär voll;
Und wie sie zum Finsterwald eintreten,
Die Raben schreien in großen Nöthen.

St. Meinrad las' die Meß zur Stund,
Der Herr thät ihm sein Stündlein kund;
Da betet er aus ganzer Seele,
Daß ihn der Himmel auserwähle.

Die Mörder schlagen an die Thür:
Du böser Münich tret herfür;
Thu auf, gieb uns dein Geld zusammen,
Sonst stecken wir dein Haus in Flammen.

Im Finsterwald schallts ganz verworrn,
Die Raben mehren ihren Zorn;
Um ihre Häupter sie wüthend kreisen,
Nach ihren Augen hakken und beißen.

St. Meinrad sanft zu ihnen tritt,
Bringt ihnen Brod und Wasser mit;
Eßt, trinkt, ihr Gäste, seyd willkommen,
Dann thut, warum ihr hergekommen.

Der Reinhard sprach: Warum komm ich?
St. Meinrad sprach: Zu tödten mich;
Da schrien sie beide: Kannst du es wissen?
So werden wirs vollbringen müssen.

Nun gieb dein Silber und all dein Gut! –
Da schlugen sie ihn wohl aufs Blut;
Und da sie seine Armuth sahen,
Thäten sie ihn zu Boden schlagen.

Da sprach der liebe Gottesmann:
Ihr lieben Freund nun hört mich an;
Zündt mir ein Licht zu meiner Leiche,
Dann eilt, daß euch kein Feind erreiche.

Der Peter gieng da zur Kapell,
Zu zünden an die Kerze hell;
Die thät durch Gott von selbst erbrennen,
Die Mörder da ihr Schuld erkennen.

Die Kerze brennt an seiner Seit,
Ein Wohlgeruch sich auch verbreit;
Sein Seel thät zu dem Himmel ziehen,
Die Mörder da erschrocken fliehen.

Aber die frommen Raben beid,
Die gaben ihnen bös Geleit;
Um ihre Häupter sie zornig kreisen,
Und ihnen Haar und Stirn zerreissen.

Durch Wolrau kamen sie gerannt,
Der Zimmermann die Raben kannt;
Da thät er seinen Bruder bitten,
Zu folgen ihren wilden Schritten.

Indeß lief er in den Finsterwald,
Sucht seinen lieben Gevatter bald;

Der lag erschlagen auf grüner Heide,
Die Kerze brannt an seiner Seite.

Er küßt ihn auf den blutgen Mund,
Hüllt in den Mantel ihn zur Stund;
Legt weinend ihn in die Kapelle,
An seines heilgen Altars Schwelle.

Und eilt herunter in das Land,
Sein Jammer allen macht bekannt;
Und schickt hinauf sein Kind und Frauen,
Nach ihrem heilgen Freund zu schauen.

Die Mörder fand er im Wirthshaus,
An der Schifflande zu Zürich draus;
Die Raben stießen die Fenster ein,
Und warfen um das Bier und Wein.

Die Mörder man ergriff und band,
Ihr Schuld, die haben sie bekannt;
Und bis hin auf den Scheiterhaufen,
Die Raben sie wohl hakken und raufen.

Der Abt zu Reichenau da hört,
Der fromm St. Meinrad sey ermördt;
Schickt auch mit Licht und Fahn viel Brüder,
Zu holen des St. Meinrads Glieder.

Und da der Leib zum Etzel kam,
Wo er gewohnt der heilge Mann;
Da war der Sarg nicht zu bewegen,
Sie mußten ihn da niederlegen.

Sein heilig Herz und Ingeweid
Sie da begruben zu der Zeit;
Den Leib sie dann mit Beten und Singen
Nach Reichenau zur Kirche bringen.

Wo er gestorben und gelebt,
Das Kloster Einsiedeln sich erhebt;
Für fromme Pilger ein Wunderquelle,
Quillt dort in St. Meinrads Kapelle.

Goldarbeiten auf dem Liebesbande. III 177

(Christian Fende Anleitung für eine gottsuchende Seele.
Grätz 1732. S. 175.)

Ich wollt um meines Herren Haupt,
Das ganz von Dornen war umschraubt,
Ein Kronenband von Golde binden;
Das sollte meine Liebe seyn,
Da braucht ich nun ein Schmelzwerk drein,
Das wußt ich nirgends aufzufinden;
Doch traf mein Geist auf guter Bahn
Noch endlich einen Goldschmied an.

Der legte mir zu dieser Zier
Der Muster eine Menge für;
Ich wählt und weiß es noch zu nennen,
Ein Haupt, darauf man Balsam goß,
Der auch davon herunter floß,
Doch, daß der Leib nicht wohl zu kennen;
Dabei war dies die Nebenschrift:
Wohl dem, den dieser Balsam trift.

Zum andern ward mir vorgelegt
Ein Oehlbaum, den man abgesägt,
Und frisch mit Reisern übersetzet;
Dabei ein alter Gärtner stund,
Von dem der ungehackte Grund
Mit Wasser ward umher benetzet;

Und schiens, als sagte dieser Greis:
Wohl dem, der hier steht, wie ein Reis.

Drauf legt er einen Weinstock dar,
Der voller grüner Reben war,
Die theils mit Trauben angefüllet,
Theils aber stunden nur zum Schein,
Und schnitt der Gärtner frisch darein,
Wo solches Laub den Stock verhüllet;
Sein Wort schien dies zu jeder Frist:
Weg, was kein fruchtbar Reben ist.

Das vierte war ein weisses Kleid,
Ein Sinnbild der Gerechtigkeit,
Mit Christi Werken ausgesticket;
Das gab ein Vater anzuziehn,
Der Sohn warf seinen Kittel hin,
Der ganz mit Flicken zugestücket;
Und wie es schien, fing dieser an:
Wohl, wenn ich mich so kleiden kann.

Drauf kam mir vor ein Waizenfeld,
Das große Bild der Christenwelt,
Mit Unkraut hin und her besprenget;
Da stand ein hurtger Ackermann,
Und schlug mit seiner Sichel an,
Wiewohl der Acker so gemenget;
Doch schiens, als spräch er dies darein:
Wohl dem, der hier kann Waizen sä'n.

Und was zum sechsten vor uns kam,
Das war ein edler Bräutigam,
Mit Hochzeitkleidern ausgeschmücket;
Der bot der Braut die Liebeshand,
Die war in reiner Lieb entbrannt,
Und schaut auf ihn, wie halb entzücket;

Vom Himmel gab es diesen Laut:
Wie selig ist des Höchsten Braut.

Darauf kam mir ein Schäfer für,
Zwar schlecht von Kleid und sonder Zier,
Doch lag ein Schaf auf seinem Rücken;
Das schien, als hätt ers aus der Nacht
Und aus der Irr auch heimgebracht,
Und wollt es bei der Heerd erquicken;
Dabei dies Wort gelesen ward:
Wohl, wenn man hat des Schäfleins Art.

Zum achten zog in einem Kahn
Ein Schiffer seinen Zug heran,
Als wollt er nun das Netz ausleeren;
Da sah man Fisch und Koth und Stein
In einem Garn ergriffen seyn,
Das fing er gleich an umzukehren;
Und mischte diesen Spruch darein:
Wohl dem, der wie ein Fisch kann seyn.

Drauf sah ich, wie Metall da floß,
Das einer in die Forme goß,
Ein Crucifix daraus zu giessen,
Das im Modell darneben stund;
Wie da der Herr für unsern Bund
Sein Blut ließ, wie die Ströme fliessen;
Darüber stand dies Wort erhöht:
Wohl, wer in dieser Forme steht.

Zum zehnten war da ein Spital,
Und Kranken drinnen ohne Zahl,
Und wollt ein Arzt zu ihnen treten,
Den liessen viel von ferne stehn,
Zu einem schien er hinzugehn,
Der ihn zuvor mit Ernst gebeten;

Dabei ward dies mit angeführt:
Wohl dem, den dieser Arzt kurirt.

Daraus mach ich mein Liebesband,
Und bring es als mein Seelenpfand,
Und ehre dich mit diesem Namen:
Herr, dessen Schrift dies selbst erdacht,
Sey dies für mich, was ich dir bracht,
Und sprich zu allem selbst das Amen;
So werd ich sonder Bild und Schein
In dir wahrhaftig selig seyn.

III 180

Vorbereitung.

(S. 63.)

Ewiger Bildner der löblichen Dinge,
Der du mich Armen so ferne erdacht;
Rühr mir die Zunge, damit ich dir singe,
Und eins beginne nach äußerster Macht;
Dich zu erheben,
Und dir zu leben,
Weil du mich mit so viel Gnaden bewacht.

Danket ihr Augen dem ewigen Lichte,
Daß ihr so sehend und offen dasteht;
Danket ihm für das erlangte Gesichte,
Das auch noch dauret und noch nicht vergeht.
Schauet mit Wonne
Auf ihn die Sonne,
Bis er euch über die Sterne erhöht.

Danket ihr Ohren dem Worte des Lebens,
Daß ihr vernehmen könnt, was es euch heißt;
Oeffnet euch, daß es nicht rufe vergebens,
Laßt euch regieren den ewigen Geist;

Bis ihr könnt hören,
Wie man mit Chören
Dorten ihn ewig erhebet und preißt.

Danket Gedanken, Verstand und du Wille,
Danke Gedächtniß und Urtheil dazu;
Schwinget die Flügel zur ewigen Fülle,
Laßt euch nicht halten das zeitliche Nu.
Lob und Gefieder
Sincke nicht nieder,
Bis ihr gelanget zur himmlischen Ruh.

Augustinus und der Engel. III 182

(Mündlich.)

Mit der Muschel schöpft das Büblein,
Aus dem Meer in ein Sandgrüblein;
Augustinus stille stand,
Und das Kind zu ihm begann.

Engel.

Augustinus, Licht des Glaubens,
Fromm und rein gleich wie die Tauben;
Sag mir an, wo gehst du hin?
Du hast Neues wohl im Sinn.

Thust vielleicht was Neu's studieren,
Oder gehst du nur spazieren?
Augustinus sag es gleich,
Sonst ich nicht von dir abweich.

Augustinus.

Liebes Kind, ich thu betrachten,
Ach und kann doch nimmer fassen,

Die allerheiligste Dreifaltigkeit
Als eine wahre Einigkeit.

Engel.

Eh will ich das groß Weltwasser
In dies klein Sandgrüblein fassen;
Eh du dir wirst bilden ein,
Wie die Sach kann möglich sein

Augustinus.

O wie hoch bin ich geflogen,
Wie hat mich das Gemüth betrogen;
Als ich nach dem Kindlein sah,
War es fort, war nicht mehr da.

Nimmer werd ich so hoch fliegen,
Nimmer michs Gemüth betrügen;
Bis zergehen wird die Erd,
Und ich nicht mehr denken werd.

III 183

Dies ist das ander Land.

(Manuscript. 1477.)

Es ist nit allewege Festabend,
Der Tod kömmt und bringet den Abend;
Und bindt uns mit einem festen Band,
Daß er uns bringe in das ander Land.

Auch so ist allezeit nit Maye,
Wir müssen tanzen an dem Reihe;
Daß uns der May wird entwandt,
Dann singen wir fort in das ander Land.

Alleweg mögen wir nit hie bleiben,
Der Tod will uns von hinnen treiben;

Noch morgen oder alle zur Hand,
Gott weiß, wir müssen in das ander Land.

Wie schön wir uns zieren und waschen,
Wir sind doch erst kommen von Aschen;
Das erst Volk, das man fand,
Das ist auch fort in das ander Land.

Ach was ist süßer, als das Leben,
Wir müssen doch sterbend uns deß begeben;
Der Tod kömmt sonder Wiederstand,
Und schleift uns in das ander Land.

Ich wach, ich sorg, ich bebe, ich kreide,
Um Gut, das ist doch andrer Leute;
Es war auch hie, als ich es fand,
Hier laß ich es, und fahr in das ander Land.

Ich gehe scharren und schürchen,
Um Gut, als wollt ich mich erwürgen;
Gott hat mich nit darum hergesandt,
Muß nacket und bloß in das ander Land.

Ich sollte Gott hie zu allen Zeiten
Loben, danken und benedeien;
Das wär mein Schutz und mein Gewand
Vor Satanas in dem andern Land.

Herr Geyer, Herr Geyer, was ihr hie mögt erkriegen,
Es muß doch alles hie bleiben liegen;
Mit uns müßt ihr unter den Sand,
Fahren hin in das ander Land.

Keines Menschen Gut oder Ehr sollst du ihm nehmen,
Freund! deß sollst du dich schämen;
Die das thaten, die wurden geschand't,
Hie und auch im andern Land.

Kein Schande oder Schaden sollst du klaffen,
Auf Mönche, Nonnen oder Pfaffen;
Sie sind Gottes Schatz und edel Persant,
Sie geben Rede in dem andern Land.

Wo ist Karle, Hektor und Alexander?
Julius, Artus und mancher ander?
Ritter, Knecht und mancher Wigand,
Wo anders denn im andern Land.

Wär irgend ein Kaiser von Rome,
Der edel wär oder so schone;
Als ein Karfunkel oder Diamant,
Er muß nacket in das ander Land.

Wir gehen, als die vor uns waren,
Starke, weise, schön von Jahren;
Wie man sie nennt, oder waren genannt,
Sie sind all vor uns in das ander Land.

Der Tag mag zu Abend kommen,
Es sey zu Schaden oder zu Frommen;
Nach dem Leben kommt der Tod gerannt,
Und treibt uns in das ander Land.

Als wir sind tod, wir mögen kriegen,
Ein alt Leylach, darin wir liegen;
Oder ein neue Kiste bekannt,
Also fahren wir in das ander Land.

Wir werden alle nackend geboren,
Kein eigen Gut haben wir zware;
Denn unsre Seele ist ein Unterpfand,
Ihr Werk findet sie in dem andern Land.

O Seele, o Seele, geistliche Kreature,
Gott schuf dich selber nach seiner Figure;

Was du hast gesäet oder gepflanzt,
Das sollst du erndten in dem andern Land.

Das Beste, des ich mich kann entsinnen,
Das ist Gott fürchten und allzeit minnen;
Das soll seyn unsrer Seele Gewand,
So fahren wir sicher in das ander Land.

Wenn wir werden alt, krank und krumm,
So wär es Zeit, daß wir uns sähen um;
Und wenn uns entfällt der Leckerzahn,
So wollen wir bald in das ander Land.

Ach Gott, wer soll unser Geleitsmann seyn?
Wir wissen ja nichts von unsrer Pein;
Der Weg ist fern und unbekannt,
Den wir hinfahren in das ander Land.

Nachdem als man beschrieben findt,
So ist unser Leben als der Wind;
Der da flieget über den Sand,
So schnell fahren wir in das ander Land.

Ach daß ich je ward geboren!
Daß ich meine Zeit also hab verloren;
Ach Herre, ich setze meine Seel in deine Hand,
Wenn ich hinfahre in das ander Land.

Wir wollen immer das beste hoffen,
Die Gottesgnade steht uns allzeit offen;
Wiewohl uns Gott hat hergesandt,
Doch müssen wir in das ander Land.

Bitten wir Maria die Jungfrau rein,
Daß sie unsre Trösterin wolle seyn;
Und bleiben doch immer unser Vorstand,
Wenn wir fahren dahin in das ander Land.

Unser Herr Jesus hat uns gegeben
Im Himmelreich fein ewiges Leben;
Er behüte uns vor dem bösen Volant,
Daß wir nit kommen in das höllische Land.

Das ist aus: Ich kann nit mehr beschreiben,
Gott! der weise uns in sein ewig Leben;
Daß wir da werden mögen bekannt
Mit allen Heiligen in dem himmlischen Land.
Amen.

III 188

Siegslied.

(Marianum epithalamium. S. 148.)

Fangt an zu singen,
Die Trommel rühren,
Zertrennt ist Pharaos groß Heer;
Laßt Saiten klingen,
Und jubiliren,
Verschont hat uns das rothe Meer.
Hat nachgelassen
So stark zu fliessen,
Gestanden wie die Mauren fest;
Durch gute Straßen,
Mit trocknen Füssen
Gehn wir hindurch, wir sind getröst.

Will Moses führen
Das Heer der Männer,
Kommt ihr zu mir ihr Jungfräulein;
Mein Heer zu zieren,
Trotz euch Bekenner,
Bin Aron ich die Schwester dein.

Weil wir entronnen
Den Wasserwellen,
Sollt ihr der höchsten Majestät
So viel vergönnen,
Ein Fest anstellen,
Und singen, daß der Osten weht.

Der Thau wird fallen,
Und euch begiessen,
Herab vom hohen Himmelsbau;
Ihr sollt vor allen
Das Herz erschliessen,
Dem Honig süssen Himmelthau.
Dann wird benetzet,
Was vor geblieben,
Und ohne dies wohl Frucht gebracht;
Zugleich ergötzet,
Mehr angetrieben,
Was ausgedorret und verschmacht.

Eine heilige Familie. III 189

(Marianum epithalamium. Von Joh. Kuen. München 1659.)

Der Tag war schön, ins Grüne gehn,
Trieb an das lust'ge Wetter;
Das Feld geziert, vom Wind berührt,
Roth wie die Rosenblätter.
Maria rein, hätt Sorg allein,
Ihr Kindlein umzutragen;
Möcht ja von Haus, aus wohl hinaus,
Soll doch die Mutter fragen:
Ob sie dies dürfe wagen?

»Ey warum nit? Ich komm auch mit!«
Die Mutter Anna sprache;
»Dem Kind, auch dir, ingleichen mir
Ein Freud im Feld ich mache.
Die Luft man spürt, gelind regiert,
Laß uns der Zeit genießen;
Und allerlei Tapezerey
Gesprengter Blümlein grüssen,
Die reichlich vorher spriessen.«

Die Nachtigall, mit edlem Schall,
Ein Musik anzurichten,
Schwingt sich gar frey, zunächst hiebey,
Fängt lieblich an zu dichten.
Das schön Revier, gab gut Quartier,
Ein grünes Dach zu eigen;
Der Feigenbaum, enthält sich kaum,
Kann sich genug nicht neigen,
Auch dienstbarlich erzeigen.

Maria wollt, wie sie auch sollt,
Mit ihrer Mutter theilen:
»Nimm Anfrau, nimm!« – O süße Stimm!
»Will dein Verlangen heilen.«
Gab ihren Sohn, der Freude Lohn,
Der Mutter auf die Schooßen;
Inzwischen sie, sucht Rosenblüt,
Mit Blättern, klein und grossen,
Gleich wies hervor gesprossen

Zur selben Frist, auch Joseph ist,
Hienach mit Freuden kommen;
Hat Speis und Frücht, im Korb gericht,
Aus Vorsorg mitgenommen.
Damit das Kind und Hausgesind
Im Fall es würd begehret;

Wo nicht nach Gust, jedoch zur Lust,
Was hätt davon verzehret,
Dem Kind hat ers verehret.

»O schön Geschenk!« die Anfrau denkt,
»Ein Apfel reich dem Kinde;
Sieh ob ein Freud, könnt seyn der Zeit,
Die meine überwinde?
Hab in dem Schooß, den Herren groß,
Der Himmel wird erfüllen;
Die Weisheit hoch, in Kindheit noch,
Seh ich nach meinem Willen,
Wie doch die Kinder spielen.«

Der Engel Kreis, stand rings so leis,
Und war doch ganz zugegen;
Der ungespart, in Gegenwart
Sein Schuld auch wollt ablegen.
Das Kind sich wendt, streckt seine Händ,
Als wär ihm Leid geschehen;
Wendt hin und her, und in die Fern,
Und dann auch in die Nähen,
Bis es die Recht ersehen.

Der Lilienstamm, schier wieder kam,
Maria brachte Blumen;
Hat Mayengab gebrochen ab,
Als reines Weiß zu ruhmen.
Bald Anna bund ein Kränzlein rund.
So war das Kind ergötzet;
Der Jungfrau Sohn, nahm an die Kron,
Hats der aufs Haupt gesetzet,
Die würdig wird geschätzet.

»Herbei Johann, bist gut Gespann,
Komm her zu lieben Kindchen;
Mit uns verbleib, da Kurzweil treib,

Wie bald entweicht ein Stündchen.
Dein Lämmlein laß im grünen Gras,
Nur neben uns, da weiden;
Bringst auch mit dir ein Mayenzier,
Und bist noch so bescheiden?
Bringst Rosen von der Haiden.«

Die Rosen dein, hoch Leibfarb seyn,
Bedeuten schmerzlich Leben;
Was machst damit, was bringst sie mit?
Will zwar nicht widerstreben.
O Rosenroth! O Pein! O Noth,
Johannes mein verschone;
Mach mir nicht neu, die Prophezey,
Vermeldt von Simeone,
Bis ich des Leids gewohne.

»Ey ja so seys, so roth und weiß,
Ist des Geliebten Zeichen;
Hab Lust hiezu, mein Jesus fruh,
Thu selber danach reichen;
Theil auch mit mir, ich bitt dafür,
Ich nehm von dir mit Freuden
Die Rosen roth, ja gar den Tod,
Und alles, was zu leiden,
Wenns je nicht ist, zu meiden.«

Die Lilien weiß, ein ganz Gesträuß,
War für den Joseph eben;
Und Anna warb um Goldlackfarb,
Johannes hats ihr geben;
Das übrig ward geworfen dar
Ins Feld für einen Samen;
Daraus zerstreut, zu seiner Zeit,
Gepflanzt in Jesus Namen,
Viel tausend Blümlein kamen.

Erlösung. III 193

(Königshoven Straßburger Chronik. S. 526.)

Maria.

Mein Kind sieh an die Brüste mein,
Kein Sünder laß verloren seyn.

Christus.

Mutter, sieh an die Wunden,
Die ich für dein Sünd trag alle Stunden.
Vater, laß dir die Wunden mein,
Ein Opfer für die Sünde seyn.

Vater.

Sohn, lieber Sohn mein,
Alles was du begehrst, das soll seyn.

Liebscherz mit dem neugebornen Kinde Maria. III 194

(Procopii Mariale festivale. p. 228.)

Wann wünschen wär können, Maria rein,
So möcht ich jezt wohl ein Baumeister seyn;
Ich wünschte mir Salomons Schätze,
Dukaten und Thaler viel Metzen,
Blos deinen Geburtsort zu ehren,
Mein Andacht und Trost zu vermehren.

Ich wollte dir bauen ein Kirchelein,
Das sollte mit Golde gepflastert seyn;
Von Edelstein alle Gewölbe,
Der Altar, das wäre ich selber;

Mein Herze, das müsse der Altarstein seyn,
Drauf müssest du wohnen mein Kindelein.

Mein Seel sollt ein güldenes Rauchfaß seyn,
Mit dem ich dir täglich wollt opfern fein,
Gewürzwerk, so viel dir behaget,
So viel ganz Arabia traget;
Die Menschen, die hätt ich an einer Kett,
Und jeder ein englische Stimmlein hätt.

Maria, du jezt ein Kindlein bist,
Das sauget der heiligen Mutter Brüst;
Die Kinder gern alles verschenken,
Drum wollest auch meiner gedenken;
Mein Grobheit, die wollest verzeihen,
Viel Gnade dafür mir verleihen.

Wenn schlafest, so will ich aufwecken dich,
Thust weinen, so will ich erfreuen mich;
Die Engel, die werden dich stillen,
Gott selber wird thun deinen Willen;
Ihm opfre ein kleines Paar Zährlein,
Es wird ihm viel lieber als Perlen seyn.

III 195

Vorbote des jüngsten Gerichts.

(Nach Procop.)

Pater Friedrich Procop, Kapuziner der Oesterreichischen Provinz, zu Templin, in der Mark Brandenburg, gegen das Ende des sechzehnten Jahrhunderts geboren; zu seiner Zeit ein berühmter Redner und Dichter, (seine weitläuftigen Schriften erhielten mehr von Auflagen) durch den Religionsstreit in der Geschichte der Dichtkunst, wie so manche andere vergessen, in dem ersten und zweyten Bande des Wunderhorns durch Proben einiger seiner zierlichsten Lieder wieder bekannt gemacht; schließt seine Abschiedsrede mit folgenden Versen.

Nun lob mein Seel den Herren gut,
Deß Weisheit so regieren thut;
Daß alles in der ganzen Welt,
So süß und lieblich ist bestellt.
Ganz gnädiglich mich Würmlein arm
Beruft er aus des Luthers Schwarm;
Fürwahr durch wunderliche Weg,
Als ich oft nachzudenken pfleg.

Er mich versorgt zu seinem Ruhm,
Im Ordensstand und Priesterthum;
Begabt mich mit so viel Verstand,
Daß ich das Weiß von Schwarz erkannt.
Die Bibel und die heilge Schrift,
So viel das Predigtamt betrifft,
Wolt er, daß ich begreifen must,
Verlieh dazu mir Lieb und Lust.

Ich predigt vier und zwanzig Jahr,
Bis ich an Kräften abnahm gar;
Die Kanzel ich dann fahren ließ,
Mein Obrigkeit mir selbst es hieß.
Und wagte mich an dieses Werk,
Dazu mir Gott gab Gnad und Stärk;
Viel mehr als ich gehoffet hätt,
Maria Hülf mich trösten thät.

Was ich gelehrt mit Zung und Mund,
Auch selbst geglaubt von Herzensgrund;
Das bracht ich fleißig zu Papier,
Der Leser kann es finden hier.
Vermein es manchem dienen soll,
Der sich des mag gebrauchen wohl;
Der Predigten ist groß die Zahl,
Daraus man hat die freye Wahl.

Gar vielmals hat man wenig Zeit,
Leidt auch nicht die Gelegenheit,
Daß man erst lang studieren thu,
Geschäfte lassen es nicht zu.
Nehm er nur meine Bücher her,
So hat er schon gnug gut Lehr;

Zu Dank sag er nach meinem Tod,
Nun mein Procop, nun gnad dir Gott!

Gesänge macht ich allerley,
Versah sie mit der Melodey;
Damit theil ich die Predigt ab,
Niemand dran Mißgefallen hab,
Sing oder brauch ein Instrument,
Doch mittlerweil zu Gott dich wend;
Dies war allein mein Zweck und Ziel,
So hast ein nützlich Musickspiel.

* * *

Einstmals war ich ein Wandersmann,
Reisend durch fremde Land,
In eine Stadt ich käme an,
Wo ich nicht war bekannt;
Ich war so müd und ja so matt,
Daß ich kaum essen mocht,
Mich dünkt, ich war vorhin schon satt,
Eh noch was ward gekocht.
Ich ließ das jüngst Gerichte,
Und legt mich auf das Stroh,
Wohl mit dem Angesichte,
Wie ich denn pflegte so.

Ich lag gar sanft geschlummert ein,
Und gleich im besten Schlaf,
Erquickte fein die Glieder mein,
Als wie ein müdes Schaf;
Da hebt sich an ein grosser Lerm,
Es ward ein Feuersbrunst:
Es brennt, es brennt, daß Gott erbarm,
Schrie man und nicht umsunst.
Bringt Wasser, Leiter, Hacken,
Ihr Nachbarn eilt herzu;
Sturm schlug man an den Glocken,
Das machte groß Unruh.

Bald ich erhub auch meinen Kopf,
Wust nicht, ob träumte mir,
Ich mußte auf, ich armer Tropf,
Da half mir nichts dafür;
Ich lief zum Fenster, schaut hinaus,
Nahm ein den Augenschein;
Ich sah das grosse Elend draus,
Es mocht nicht ärger seyn.
Was sollt ich weiter machen,
In der betrübten Nacht;
Mir wohl verging das Lachen,
Ein jeder es eracht.

Es war ein Zeit gekommen schon,
Das Wasser war zu theuer,
Und wo ich schau und wo ich wohn,
Das vielgefräßge Feuer;
Gar alle Gassen lief es aus,
Die Funken flogen sehr;
Von Platz zu Platz, von Haus zu Haus,
Um sich griffs immer mehr.
Glückselig sich der schätzte,
Ders Leben bracht davon;
Auf Glut und Asche setzte
Sich hoch des Feuers Thron.

Propheten, Patriarchen Chör,
Und die Apostel auch,
Evangelisten, ander mehr,
Nach ihrem alten Brauch;
Sie schreien rings und machen Lerm
Aufmuntern Bös und Fromm;
Es brenn, es brenn, daß Gott erbarm,
Wer löschen mag, der komm.
Die Häuser man verlasset,
Und eilet auf die Berg;

Mich da der Anblick fasset,
Daß ich mich bald verberg.

Da schrie und rief die tiefe Stimm,
Wohl bei dem Feuer-Thron mit Grimm:
Der jüngste Tag wird sich bald finden,
Solches verkündge den Menschenkindern;
Mann und Weib, dem thu ichs klagen,
Was ich in meinem Herzen thu tragen;
Ich eß oder trink, ich schlaf oder wach,
Oder was ich auf Erden mach,
So kommet mir nimmer aus meinen Ohrn,
Das greulich und grimmige Horn,
Das da thönet ohne massen Grimm,
Und schreit mit erschrecklicher Stimm:
Steht auf ihr todten Leut,
Zu dem Gericht Gottes müßt ihr heut;
Die Posaune die Todten auferweckt,
Und auch die ganze Welt erschreckt.
Nun höret zu, was ich euch sag,
Es kommen vorher funfzehn Tag,
An dem ersten Tag, da fang ich an:
Die Wasser lassen ihr laufen stahn,
Sie rinnen nicht mehr über Land,
Sie lehnen auf wie eine Wand,
Sie thun gar gräulich sausen,
Daß mans in der ganzen Welt hört brausen.
Darnach wohl an dem andern Tag
Nach der lieben heiligen Sag,
So kommen die Wasser wieder hernieder,
Daß man sie kaum siehet wieder,
Ja daß man sie kaum gesehen mag.
O weh, wie jämmerlicher Tag.
Der dritte Tag ist so grimm,
Die Fisch im Meer schreien mit lauter Stimm,
Und gar jämmerlich schreien alle Meerwunder,

Doch ein jeder in seiner Art besunder;
Also hart klagen sie ihre Noth,
Daß sie müssen leiden den Tod.
Der vierte und jämmerliche Tag,
Und höret zu, was ich euch sag,
So muß die Welt groß Leid gewinnen,
Wenn sie thut sehen das Wasser brinnen,
Und das ganze Erdreich zumal,
Da ist grosser Jammer überall.
Der fünfte Tag gar greulichen thut,
Alles Laub und Gras, das schwitzet Blut,
Das Laub wohl an den Aesten rinnt,
Wer das ansieht groß Leid gewinnt,
Das Erdreich wird von Blut so roth,
Das mag wohl seyn ein grosse Noth.
Darnach kommt der sechste Tag,
Und bringet mit sich ein greulich Klag,
Haus und Hof niederfällt,
Wie fest es auf Erden war gestellt;
Doch fällt alles nieder zu der Erd,
Silber und Gold wird seyn gar unwerth.
Der siebente Tag gar greulich ist,
Ein grausam Geschrey hört man zur Frist,
Ein Stein thut sich am andern schlagen,
Daß die Leut schier mögten verzagen;
Wer dann lebt, der muß alten,
Wenn er sieht die Stein verspalten.
Der achte Tag, vernehmt mich wohl,
Gar greulich Wunder bringen soll,
Der grossen Erdbeben kommen so fast,
Daß weder Menschen noch Vieh hat Rast.
Es fällt alles nieder zu der Stund,
Und spricht: O weh, der Tod kummt!
Der neunte Tag läßt nichtes stahn,
Alle Berg und Hügel müssen sich niederlahn,

Die grausamen, hohen Berge überall,
Die fallen hernieder in das Thal,
Und wird das Erdreich ganz eben,
O wie bitter wird seyn das Leben.
Der zehnte Tag kommt bitterlich,
Die Leut schreien gar jämmerlich,
Die sich in Klüften haben verborgen,
Die kommen hervor mit grossen Sorgen;
Ihr keiner schier mehr reden mag,
Also sehr fürchten sie den jüngsten Tag.
Der eilfte Tag kommt gar klärlich,
Die Todtenbein erzeigen sich,
Vor dem Grab sieht man sie liegen,
Das soll euch nicht seyn verschwiegen;
Wann die lebendigen Leut das sehen,
Vor grosser Angst sie dann vergehen.
Der zwölfte Tag thut so grausam wallen,
Dann sieht man die Stern vom Himmel fallen;
Und fliehen durch die ganze Welt zumal,
Da ist groß Jammer überall.
An dem dreyzehnten und schrecklichen Tag,
Nun höret zu, was ich euch sag,
Daran müssen alle Menschen sterben,
Die kommen sind aus dieser Erden,
Daß sie von dem Tod auferstehen,
Und sämmtlich vor den Richter gehen.
Der vierzehnte Tag gar greulich ist,
Davon verbrennt die Welt in kurzer Frist,
Luft, Wasser und Erdreich, alles da brinnt,
Und überaus groß Leid gewinnt;
Denn alles, was gemacht ist aus der Erden,
Muß wieder zu Staub und Aschen werden.
Am funfzehnten Tag, das ist wahr,
Da wird eine neue Welt gar schön und klar,
Alsdann müssen alle Menschen auferstehen aus
dem Grab,

Wovon uns die heilige Schrift klar Zeugniß gab;
Der Engel mit dem grossen Zorn,
Ruft allen Menschen durch das Horn!

Anmuthiger Blumenkranz aus dem Garten der Gemeinde Gottes, III 203

ans Licht gegeben im Jahre 1712.

Es mögten sich nit wenige verwundern, daß man bei der Menge alter und neuer Gesangbücher doch wieder ein neues Liederbuch vor den Tag bringt, dazu zu einer Zeit, da man in der ganzen Welt nichts als Klag, Angst und Gefahr vorsiehet, und da die rechtschaffenen Sänger so rar, und die Harmonie unter denen, so den Namen der Freunde Gottes tragen, so gar schlecht und gering ist, daß Zion mehr Ursach findet, über sich und ihre Kinder zu weinen, als sie Lust gewinnen sollte, die Harfe vor dem Herrn zu rühren. Der Anlaß dieser neuen Sammlung war das Verlangen vieler Freunde, die unter den vielen Drangsalen den Muth nicht sinken lassen, vielmehr die innern Seelenkräfte durch vielerlei Anfechtungen an dem Kreutze Jesu ausspannen, und also vom Geiste der Weisheit in lebendiger Wahrheit gestimmet werden. Diese allein werden wohl die allerangenehmsten Sänger und Musikanten Gottes seyn; besonders da alle die äusseren Gerichte und die inneren Anfechtungen nichts anders als unfehlbare Vorboten sind, daß sich unsere Erlösung nahe. Wer wollte es einem treuen Kinde Gottes verdenken, wenn es mitten unter den Drangsalen sein Herz dem freudenreichen Geiste der Gnaden, als ein Werkzeug des Lobes Gottes darbietet, und den Herrn in seinem Herzen spiegeln läßt, so daß auch der Leib und die äusseren Organe zu einem andächtigen Gesang getrieben werden. Der

Geist Gottes wechselt Seufzen und Gebet mit einem stärkenden Gesange.

Man hat also allen Fleiß angewendet, den Kern der Besten zu finden, ob man es allen recht gemacht habe, daran zweifelt man, worauf man daher auch nicht hat sehen können. Ja man kann nicht in Abrede seyn, daß hier eine mehrere Freyheit gebraucht worden, als man bishero bei dergleichen Gesangbüchern mögte gewohnt seyn, und daß man der Regel nicht genau nachgekommen sey, die gern haben will, daß man alles beim Alten lasse. Man hat kein Bedenken getragen, hie und da in den Gesängen zu ändern, je nachdem es sich der eignen Seele durch die geheime Wirkung der Gnade Gottes näher anfügte oder sonst dem Vorbild des heilsamen Wortes gemässer wurde, nicht aus Verachtung der Singer, darum man auch nicht hoffet, daß irgend ein noch lebender Verfasser eines hierin befindlichen Liedes dieses übel nehmen werde, da man doch keines keinem zuschreibt, sondern der allgemeinen Erbauung, die der Hauptgrund aller wahren Freiheit seyn soll. So sind dann auch einige Lieder wieder in ihre erste Gestalt hergestellt worden, da solche von andern durch Zusätze und Veränderung eben nicht allezeit verbessert worden. Gleichwie man nun gedachter massen Freyheit genommen, zu thun, was man gethan, so lässet man auch Freiheit, darüber mit Bescheidenheit zu urtheilen. Sollte aber jemand die verschiedenen Ausdrücke und ungewohnten Redensarten dieser Lieder nach den Lehrsätzen irgend einer Religion prüfen, und die unerforschlichen Wege Gottes mit dem kanonisirten Maaßstabe der sogenannten Orthodoxie abcirkeln wollen, der wird diese Ehle an beiden Enden zu kurz finden. Viele werden auch die hierinn befindlichen Lieder nicht verstehen, viele können ihnen nicht anstehen. Der in der Welt nur Vergnügen oder nur Melancholie, oder die Zeit zu vertreiben suchet, und darum diese Liedlein herlallen wollte, der wird Zeugniß darin finden, die seine eitle Entheiligung bestrafen.

So hat man auch nicht die Meinung, daß man durch Ausgebung so vieler Lieder die Weise einiger Werkheiligen billigen wolle, die entweder für sich allein, oder in Gesellschaft mit andern, so viele Lieder nach einander daher singen, und meinen Gott damit einen Dienst zu thun, da doch die äussere Stimme nur ein Ausdruck der inneren Begierde und Andacht, und dienet mehr zum Dienste dessen, der selbst anbetet, als eigentlich zum Dienste Gottes. Manche Seele sitzet oft von aussen unter den Sängern, da sie der Geist von innen ins Klagehaus führet, äussere menschliche Satzungen gehen oft ganz gegen die inneren Wirkungen des Geistes; dagegen geschieht gar oft, daß die allergeheimsten Freunde Gottes inwendig von dem Geiste so getrieben werden, daß ihre Aeusserung ein Gesang. Das göttliche Wesen ist kein tönend Erz, noch eine klingende Schelle, aber ein solches Singen ist kräftig, nicht nur sich selbst in heiliger Andacht zu erhalten, sondern auch andere, die es hören, zur wahren Andacht zu erwecken. Ja prüfet es und erfahret es, und der Geist wird zeugen, daß Geist Wahrheit sey!

1. Kampf des erwählten Volkes. III 206

Auf, auf, auf ihr Helden, waget Gut und Blut,
Würget mit vereinten Kräften Babels Brut!
Eure Feldposaunen,
Trommeln und Kartaunen,
Lasset tönen und erwecken Löwenmuth.

Wann die Blutfahn flieget, so seyd unverzagt,
Josua hat vor euch schon den Feind verjagt!
Unser Löwe brüllet,
Und mit Schrecken füllet
Das Heer der Assyrer, so sich an uns wagt.

Auf, auf, zuckt die Schwerdter, schlaget muthig drein,
Stürmt die Thürme Babels, reißt die Mauern ein.
Auf, sie sollen fallen,
Wenn Posaunen schallen,
Denn die Stunde, sie zu richten, bricht herein.

Du o Jesu führe selbsten deinen Krieg,
In uns, durch uns, mit uns, daß der Feind erlieg.
In der Kraft erscheinen
Wir nun als die deinen,
Können triumphiren nach erlangtem Sieg.

Preis, Kraft, Macht und Stärke sey dir starker Hort,
Von uns zubereitet immer fort und fort.
Jo, Jo, Jo, durch Sterben
Wollen wir erwerben
Deine Siegeskrone bei dem Friedensport.

Dann wird erst ertönen der Trompeten Hall,
Wenn wir werden jauchzen über Babels Fall.
Da wir können springen,
Neue Lieder singen;
Mit erhabnen Stimmen bei dem Jubelschall.

III 207

2. Erziehung durch Geschichte.

Löwen laßt euch wieder finden,
Wie im ersten Christenthum;
Die nichts konnte überwinden,
Seht nur an ihr Marterthum.
Wie in Lieb sie glühen,
Wie sie Feuer spieen;
Da sich vor der Sterbenslust
Selbst der Satan fürchten must.

In Gefahren unerschrocken,
Und von Lüsten unberührt;
Die aufs Eitle konnten locken,
Alles sie zum Himmel führt.
Keine Furcht in ihnen,
Auf die Kampfschaubühnen
Sprangen sie mit Freudigkeit,
Hielten mit den Thieren Streit.

Ey wohlan, nur fein standhaftig,
O ihr Brüder tapfer drauf;
Lasset uns doch recht herzhaftig
Folgen jener Zeugen Hauf!
Nur den Leib berührets,
Was ihm so gebühret;
Er hats Leiden wohl verdient,
Und die Seel darunter grünt.

Fort weg mit dem Sinn der Griechen,
Denen Kreutz ein Thorheit ist;
O laßt uns zurück nicht kriechen,
Wenn ans Kreutz soll Jesu Christ!
Reiht euch dicht zusammen,
Wenn der Schlange Samen
Sich dem Glauben widersetzt,
Und das Schlachtschwerdt auf uns wetzt.

Schwängre vor, o goldner Regen,
Uns dein dürres Erb und Erd;
Daß wir dir getreu seyn mögen,
Und nicht achten Feuer, Schwerdt.
Als in Liebe trunken,
Und in dir versunken;
Mach die Kirch an Liebe reich,
Daß das End dem Anfang gleich.

3. Triumph des erwählten Volkes.

Auf Triumph, es kommt die Stunde,
Da sich Zion, die Geliebte, die Betrübte hoch erfreut,
Babel aber geht zu Grunde,
Daß sie kläglich über Jammer, über Angst und Kummer schreit.

Diese Dirne hat beflecket
Ihr geschenktes, schön geschmücktes jungfräuliches Ehrenkleid;
Und mit Schmach und Hohn bedecket,
Die dem Lamme auf die Hochzeit ist zum Weibe zubereit.

Stolze Dirne nicht verweile,
Die da auf den vielen, vielen, vielen grossen Wassern sitzt;
Und mit Angeln und am Seile
Ganze Völker zu sich ziehet, und in schnöder Brunst erhitzt.

Zion siehet auf den Straßen
Die entblößten und geschminkten stolzen Töchter Babels an;
Wie sie sich beschauen lassen,
König, Priester, hoch und niedrig haben ihre Lust daran.

Auf dem Lande, in den Städten
Hat die Dirne mit dem Becher, alle Heyden toll gemacht;
Sie stolzieren in den Ketten,
Haben sie als Schicksalsgöttin, sich als Götzen hoch geacht.

Zions Schöpfer schaut vom Himmel
Auf die vollen, tollen Heyden und sein heilig Herz entbrennt;

Daß das wüste Weltgetümmel
Sich sein trautes Zion nennet, welches ihn doch nicht erkennt.

Zion netzet ihre Wangen
Mit so vielen heissen Thränen über den Verwüstungsgräuel;
Und erwartet mit Verlangen
In den Banden der Chaldäer ihres Gottes Sieg und Heil.

Amen, Zion ist erhöret,
Unsre Thränen sind wie Wasser gegen Mittag aufgezehret;
Seht, Chaldäa ist zerstöret,
Unser Weinen ist in Jauchzen, unsre Last in Lust verkehrt.

Freue dich mit Herz und Munde,
Du erkauftes, auserwähltes und erlöstes Israel;
Siehe Babels eigne Hunde,
Die die Frommen jagen mußten, fressen diese Jesabel.

Da wir noch an Babels Weiden
Unsre Harfen hängen mußten, war ein Tag wie tausend Jahr;
Aber nun in Zions Freuden
Wird für einen Tag gerechnet, was sonst tausend Jahre war.

O wie groß ist deine Wonne,
Schönstes Zion, es ist kommen, dein erwünschtes Hochzeitsfest;
Da sich Jesus, deine Sonne
Der dich krönet, deinen Bräutigam, deinen König nennen läßt.

Nach der Hochzeit wird die Nymphe
Aus dem Hause ihrer Mutter in des Vaters Haus geführt;

Die mit ewigem Triumphe
In der Krone ihrer Hochzeit, ewig, ewig triumphirt.

Auf ihr Cimbeln, auf ihr Saiten,
Psalter, Pauken und Trompeten, lobt des Herren Heiligkeit;
Laßt uns ihm ein Lob bereiten,
Er ist König, er ist König in der Zeit und Ewigkeit.

III 211

4. Erziehung der erwählten Seele im erwählten Volke.

Fahre fort mit Liebesschlägen,
Süßer Jesu, liebster Hort;
Laß sich Trübsalsstürme regen,
Denn sie treiben mich zum Port.
Da mein Herr, hier ist mein Rücken,
Schlag nur zu, ich habs verschuldt;
An das Kreutz mit Liebesstricken
Zieht mich deine grosse Huld.

Ich bin lang von dir gewichen,
Lang war mir das Eitle lieb;
Doch bist du mir nachgeschlichen,
Weil dich deine Liebe trieb.
Liebe, die dir Händ und Füsse
An das Kreutzesholz gespießt;
Liebe, die so honigsüße
Auf die armen Sünder fließt.

Ach so denke nicht, wie lange
Ich dich Bräutgam nicht erkannt;
Wie ich mich zur alten Schlange
Oft mit Herz und Sinn gewandt.

Sondern denk an deine Wunden,
Die dein heilig Fleisch durchritzt;
Denk an deine Trauerstunden,
Da du Blut für mich geschwitzt.

5. Erziehung durch Natur. III 212

Ach hör das süsse Lallen,
Den allerschönsten Ton
Der kleinen Nachtigallen,
Auf ihrem niedern Thron.
Hör, was sie dir da singet,
In ihrer grünen Claus;
Ihr schlechtes Wesen bringet
Viel weise Lehr heraus.

Sie spricht: ihr Menschen sehet,
Mein Nothdurft ist sehr klein;
Mein Wunsch nicht weiter gehet,
Als Nachtigall zu seyn.
Ich laß die hohen Nester,
Und liebe Niedrigkeit;
Das meine ist weit fester,
Und ruhig allezeit.

Ich hab, was Adler haben,
Sie aber nicht, was ich;
Der Luft und Erde Gaben,
Sind eben wohl für mich.
Die großen Schwan und Storchen,
Die reisen her und hin;
Sie sind voll Müh für morgen,
Und dies ist ihr Gewinn.

III 213 6. Erziehung durch Glück.

Ach Gott, du bist, wie mans begehrt,
Du bist uns, was wir wollen;
Du bist ganz gut und ganz verkehrt,
Lieb kommt aus dir gequollen
Und Heil für den, der dies verlangt,
Wer aber Zorn will, Zorn empfangt;
O wunderbares Wesen.

Mach mich mein Schöpfer nur ganz stumm,
Und in die Still mich bringe;
Mein Will ist doch verkehrt und dumm,
Und will leicht solche Dinge,
Die selbst mich strafen wie ein Kind,
Ja mach mich taub und dazu blind,
Zu allem, was nicht ewig.

III 214 7. Erziehung durch Leidenschaft.

O Zorn, du Abgrund des Verderbens,
Du unbarmherziger Tyrann;
Du frissest, tödtest sonder Sterben,
Und brennest stets von neuem an;
Wer da geräth in deine Haft
Bekommt der Hölle Eigenschaft.

Ach wären wir verwahret blieben,
Vor deiner strengen Widrigkeit;
Wie selig wären wir im Lieben,
Und wüßten nicht, was Ungleichheit
Im Guten und im Bösen sey,
So wären wir des Zornes frey.

O daß wir doch wohl mögten fassen,
Woher der Grimm entsprungen sey;
Und stünden in der Lieb gelassen,
Und hielten uns des Zornes frey;
Der Hochmuth und die Eigenheit
Erregen Zorn und Grimmigkeit.

Laß mich aus Eigenheit ausgehen,
Und aller Selbheit sterben ab;
Die Lieb heiß in mir auferstehen,
Und allen Zorn schick in das Grab;
Daß keine Noth mir mehr setz zu,
Kein Widerwille brech die Ruh.

Die Liebe, die nicht ist ihr eigen,
Die sich in allem macht gemein;
In mir sich laß in Demuth zeigen,
Laß mich ein Kind der Liebe seyn;
Der alten Schlange Kopf zerbrich
In mir und dann erkenne dich.

Wo ist o Liebe deine Tiefe,
Der Urgrund deiner Wunderkraft;
Seel, komm ein einzig Tröpflein prüfe
Von dieser Wirkungseigenschaft.
O wer in diesem tiefen Meer
Gleich einem Tröpflein sich verlör!

8. Erziehung durch Erkenntniß. III 215

O finstre Nacht, wann wirst du doch vergehen,
Wann bricht mein Lebenslicht herfür;
Wann werd ich doch von Sünden auferstehen,
Und leben nur allein in dir.

Wann werd ich in Gerechtigkeit
Dein Antlitz sehen allezeit?
Wann werd ich satt und froh mit Lachen,
O Herr nach deinem Bild erwachen?

Darum mein Geist sey wacker, wach und streite,
Fahr immer in der Heilgung fort;
Vergiß, was rückwärts ist, die grosse Beute
Steht noch an ihrem Orte dort.
Streck dich darnach, eil nach ihr zu,
Du findest sonsten doch nicht Ruh;
Bis du hast diese Kron erstritten,
Und mit dem Herrn den Tod erlitten.

O goldnes Meer, durchbrich doch deine Dämme,
Komm wie die aufgehaltne Fluth;
Und alles Fleisch, was lebet, überschwemme,
Das vor dir immer Böses thut.
O Gottes Lamm! dein Blut allein
Macht uns von allen Sünden rein;
Das Kleid, das drinn gewaschen worden,
Das trägt allein dein Priesterorden.

III 216

9. Erziehung durch Langeweile.

Wo flieh ich hin? wo soll ich bleiben?
Wo wird die süße Stille seyn?
Da ich mich könnte schliessen ein,
Und mich nicht lassen mehr umtreiben
In Unruh dieser äussern Dinge.
Ist keine Einsamkeit bereit,
Darin ich Gott ein Loblied singe,
Der von Zerstreuung mich befreit?

Mein Geist will in die Wüste ziehen,
Und wünscht sich Taubenflügel an;
Weil er vor Angst nicht bleiben kann,
Da wo die Menschen sich bemühen,
Von Gott noch weiter wegzugehen
Und niemals bei sich selbst zu seyn;
Ich kann den Jammer nicht mehr sehen,
Und bleibe selbst dabei nicht rein.

Drum fort o Seel! entzeuch geschwinde
Dich der Gesellschaft dieser Welt!
Zerreiß, was dich gefangen hält,
Damit dein Fuß die Ruhe finde,
Wo kein Geräusche dich verstöret;
Kein Zuspruch, Sorgen und Verdruß
Den Umgang dir mit Gott verwehret,
Der hier oft unterbleiben muß.

Ich freu mich schon auf eine Kammer,
Die mich in sich verschliessen wird;
Und durch den engen Raum abführt,
Von aller Unruh, Streit und Jammer,
Den große Städt und Schlösser haben;
Hier soll nur meine Ruhstätt seyn,
Da Sicherheit und Fried mich laben,
Und kein Unfriede bricht herein.

Nun will ich erst recht singen, beten,
Und in der Andacht kommen weit;
Weil ich nicht durch so viel zerstreut,
Vor Gott mit stillem Geist darf treten.
Da soll kein Feind mich hindern können,
Ich geh in Canaan schon ein,
Mein Paradies soll man es nennen,
Hier will ich auch begraben seyn.

Gegensatz.

Ach triumphir nicht vor dem Siege,
O Seel wo willt du fliehen hin;
Da dein verblendter Eigensinn
Vor Feinden frey und sicher liege.
Suchst du noch Ruh in äussern Dingen,
Ach glaube mir, du findst sie nicht;
Wirst du nicht nach dem Innern ringen,
So ists mit dem nicht ausgericht.

Drum bleib nun im Gehorsam stehen,
Kein Kriegsmann weicht von seinem Post;
Wenns auch schon Blut und Leben kost,
Wenn ihn sein Herr dahin heißt gehen.
Der Glaub weiß nichts von eignem Willen,
Er sieht sich selbst den Weg nicht aus,
Dadurch er Gottes Will erfüllen
Und aus dem Streit will kommen raus.

Du bist dir selbst die größte Plage,
Du trägst noch Babel stets in dir;
Willt du noch Ruh genießen hier,
So laß dir keine süße Tage
Durch süße Träume hier verlegen,
Du machst dich nur mehr misvergnügt;
Der liebe Jesu wird dich hegen,
Der alles Wissen überwiegt.

Du kannst auch mitten im Getümmel
Der Welt, den Vater beten an;
Der dich ja bald erlösen kann,
Wenn dir erst nütze jener Himmel
Und dich Egypten nicht sollt üben,
Daß deiner Treiber schweres Joch

Dich lehrte recht den Himmel lieben,
Und dein Verlangen stillte noch.

Hier ist kein Canaan zu hoffen,
Kein Paradies ist mehr allhier;
Es hat noch niemand der mit dir
Entfliehen will, den Zweck getroffen.
Die Hoffnung nährt sich mit den Dingen,
Die süß und doch unsichtbar sind;
Es muß uns doch zulezt gelingen,
Bleib nur in Einfalt Gottes Kind.

Nur freue dich auf jene Kammer
Des Friedens, da du wohnen wirst,
Wenn dich nicht mehr nach Ruhe dürst,
Und bist befreyt von allem Jammer,
Den hier noch Städt und Wüsten haben,
Und wo du nur willt fliehen hin;
Die Einsamkeit kann dich nicht laben,
Wenn mit dir zieht dein Eigensinn.

10. Erziehung durch Vergöttlichung. III 219

Verborgenheit!
Wie ist dein Meer so breit
Und wundertief, ich kann es nicht ergründen,
Man weiß kein Maaß, noch Ziel, noch End zu finden,
So lang man ist in der Vergänglichkeit,
Verborgenheit.

Die Herrlichkeit,
Die du hast allbereit,
Den Kindern deiner Lieb hier beygeleget,
Ist sonderlich. Wer dies Geheimniß heget,

Der trägt in sich auch zur elendsten Zeit
Die Herrlichkeit.

Du selber bist
Der Brunn, der ihnen ist
In ihrem Geist zum steten Heil entsprungen,
Durch dich ist ihnen manches Werk gelungen;
Doch leidets nicht so mancher falsche Christ,
Daß selbst du's bist.

Der Liebe Band
Ist vielen unbekannt;
Wie segnet sich der Geitzige im Herzen,
Wenn er mit Geld die Christen siehet scherzen;
Das macht, er kennt nicht Gottes Wunderhand
In diesem Band.

Darum versteckt
Der Herr, was er erweckt,
Die Kinder gehn nur immer im Verborgen,
Die doch noch kein Gericht besorgen;
Bis endlich Gott die Herrlichkeit entdeckt,
Die war versteckt.

So wandelt er
Im Heiligthum umher,
Mit leisem Schritt, der kann ihn nicht vernehmen,
Wer sich zur Einfalt nicht will ganz bequemen,
Wie er sonst nichts zu thun pflegt ohngefähr,
So wandelt er.

11. Erziehung durch Ahndung. III 221

Denkst du nicht, Maria, mehr an die ausgestandnen Schmerzen,
Als das kleine Jesulein in dir ein Gestalt gewann?
O wie sollt ich ihn nicht drum tausendmal im Glauben herzen,
Da er nun zusehens wächst, mir zum Bräutgam und zum Mann.

Hat Johannes nicht vor Freud, schon im Mutterleib gesprungen,
Spielt er nicht zum voraus schon, eh er noch kam an das Licht;
Haben wir nicht seine Freund oft sein Hochzeitslied gesungen,
Hat man mir mit Fingern da dieses Kind gezeiget nicht.

Nun liegt mir dies Kind im Schooß! Nun hab ich das Lamm vor Augen,
Schaue, wie es mir zur Lust treibt so manches süße Spiel;
Ist dies nicht mein Freund, der pflegt meiner Mutter Brust zu saugen,
Ist er nicht mein Salomon, den ich niemals küß zu viel.

Ja er ists, und was ich will, kann ich in dem Kindlein finden,
Kind und Bräutigam zugleich heißt und ist er in der That;
Denn die zarte Liebe kann auch wohl Kinder ehlich binden,
Daß in Unschuld als sich selbst, eins das andre lieber hat.

III 222 12. Erziehung durch Ueberzeugung.

Wohl dem, welcher unverwirret
Von der irdischen Unruh
Wie ein einsam Täublein girret,
Und fleugt holen Felsen zu,
Dessen Herz auf Gott gericht,
Horchet, was er zu ihm spricht.

Wohl dem, welcher nimmt die Haue,
Grabet, hackt mit Lust und Schmerz,
Auf daß er den Acker baue
Und noch mehr sein dürres Herz,
Der die Welt mit ihrer Pracht
Ehr, Gemächlichkeit verlacht.

Wohl dem, welcher dann alleine
Sitzt bei einem klaren Bach,
Lebet nur, auf daß er weine,
Uebe an sich selber Rach;
Daß der keuschen Engel Hauf
Fasset seine Thränen auf.

Wohl dem, dessen Aug und Wangen
Wie ein überströmend Fluth
Seinen Weg, den er gegangen,
Netzet mit dem Herzensblut
Wohl der Erde, Holz und Au,
Dieses ist ihr Himmelsthau.

III 223 13. Erziehung durch Genuß.

Steh auf Nordwind,
Und komm Südwind!
Weh mit deiner heilgen Luft

Durch den Garten,
Ich will warten
Dein in meines Herzens Gruft;
Laß dein Sausen
Auf mich brausen,
Meine Seele nach dir ruft.

Steh auf Nordwind,
Und komm Südwind!
Jag die schwarzen Wolken hin!
Mach das Dunkle,
Daß es funkle,
Alle Finsterniß zerrinn!
Finstre Sünden
Laß verschwinden,
Und mach helle Herz und Sinn.

Steh auf Nordwind,
Und komm Südwind!
Mach mein kaltes Herze heiß;
Dich zu lieben,
Das zu üben,
Was gereicht zu deinem Preis.
Sey mir günstig,
Mach mich brünstig,
In mein Herz die Liebe geuß.

14. Prüfung in heiliger Flamme. III 224

Brennt immerhin
Ihr angezündte Flammen!
Bewahrt die Kraft beisammen,
Und hebt den schweren Sinn

Mit euren Liebesflügeln
Nach jenen Weihrauchhügeln,
Da mein verliebter Sinn
Brennt immerhin.

Ich weiß es schon,
Wo ich den Schönsten funden,
Der meinem Geist verbunden!
Er ist der Liebe Lohn,
Der sich mir selbst muß geben,
Soll anders ich noch leben.
Wo seine Schönheit wohn,
Das weiß ich schon.

Ich hab ihn nun,
Und such ihn doch noch immer
In meines Herzens Zimmer,
Wo er so gern will ruhn;
Das sehnliche Verlangen
Der Lieb' hat mich gefangen,
Mir stätig wohl zu thun.
Ich hab ihn nun.

Kein Auge sieht,
Kein Herz hat überkommen,
Kein Ohr hat je vernommen,
Wenn unser Bette blüht;
Was Gott hat dem bereitet,
Der sich von ihm nicht scheidet,
Und Liebe in sich zieht,
Die man nicht sieht.

Man kann auch nicht
Von dem Geheimniß schreiben;
Es muß verschwiegen bleiben,
Was Lieb' in uns verricht.

Es ist recht groß zu nennen,
Wenn Jesus will erkennen
Die Braut in seinem Licht,
Man kennt es nicht.

15. Bekenntniß.

III 225

Unschätzbares Einfaltwesen!
Perle, die ich mir erlesen;
Vielheit in mir ganz vernicht
Und mein Aug auf dich nur richt.

Mach mich los vom Doppeltsehen!
Laß auf eins den Sinn nur gehen;
In recht unverrückter Treu,
Und von allen Tücken frey.

Ey so mach mich dann aufrichtig,
Einen Leib, der ganz durchsichtig;
Licht sey, schaff und ruf in mir
Aus der Finsterniß herfür.

Mache neu die alte Erde,
Daß sie kristallinisch werde;
Und das Meer laß seyn nicht mehr,
Ausser nur dein gläsern Meer.

Dieses laß mit Feuergüssen
Aus dir in mich überfließen:
Komm o stark erhabne Fluth,
Reiß mich hin ins höchste Gut.

III 226

16. Hochzeitmorgen.

Weil ich nun seh die goldnen Wangen
Der Himmelsmorgenröthe prangen,
So will auch ich dem Himmel zu,
Ich will der Leibsruh Abschied geben,
Und mich zu meinem Gott erheben,
Zu Gott, der meiner Seele Ruh.

Ich will durch alle Wolken dringen,
Und meinem süßen Jesu singen,
Daß er mich hat ans Licht gebracht;
Ich will ihn preisen, will ihm danken,
Daß er mich in des Leibes Schranken
Durch seinen Engel hat bewacht.

III 227

17. Hochzeitmittag.

Wenn die Seele sich befindet
In des Bräutgams Keller stehn,
Wird sie als vom Wein entzündet,
Jauchzens voll einherzugehn,
Daß ihr Leib und ganzer Geist
Trunken und entzücket heißt.

Alsdann wird sie aufgezogen,
Und in stille Luft geführt,
Aus den wilden Meereswogen,
Aus den Dingen, die sie spürt,
Unerträglich leer zu seyn,
Wenn die Sinnen dringen ein.

Alles liegt zu ihren Füssen,
Was zu dieser Welt gehört,

Ja sie kann auch leichtlich missen,
Was durch guten Schein bethört;
Denn sie hat den klugen Geist,
Der ihr bessre Güter weist.

Wie ein Trunkner liegt sie stille,
Der wie unempfindlich scheint,
Daß der sonst zertheilte Wille
Aufgeopfert nicht mehr meint,
Als nur Gott und seine Kraft,
Die den Sohn der Liebe schafft.

18. Hochzeitabend. III 228

Nun muß ich ihn lieben, nun muß ich allein,
Des göttlichen Bräutgams Verlobete seyn!
Ihn lieben ist Freude und selig genug,
Drum folg ich mit Lust dem heiligen Zug.

Was bringet die irdische Liebe als Tod?
Was wirken die fleischlichen Lüste als Noth?
Wie bald ist ein Blick der Freude vorbei?
Da sieht man wie kurz die Eitelkeit sey.

Der göttliche Funken kann nimmermehr ruhn,
Als wenn er zum Ursprung sich wieder kann thun;
Da findet er Lust, da giebt er sich ein,
Da wächset sein Licht vom lieblichsten Schein.

Und wenn er nun wächset, so mehrt sich die Kraft,
Die Gottes liebreitzendes Küssen verschafft,
Da stirbet das Fleisch, da lebet der Geist,
Der Christi Verlobte nun ewiglich heißt.

Und ist dem Verliebten nur Reinheit bewußt,
So öffnet sich rein paradiesische Lust;
Da kämpfet und siegt vereinigte Stärk,
Wird täglich erfrischt zum göttlichen Werk.

Bewegst du o Jesu den innersten Grund,
So öffnet des Glaubens erweiterter Mund;
Erfülle das Herz mit Liebe zu dir,
Und bleibe im Schmerz und Freude bei mir.

Genug hast du Liebe, o Liebe für mich,
Drum such ich sie bei dir mein anderes Ich,
Nun sink ich in deine Vollkommenheit ein,
Ich kann nicht ohn dich, mein Leben, mehr seyn.

III 229

19. Hochzeit.

Ermuntert euch ihr Frommen,
Zeigt eurer Lampen Schein;
Der Abend ist gekommen,
Die finstre Nacht bricht ein
Es hat sich aufgemachet
Der Bräutigam mit Pracht;
Auf! betet, kämpft und wachet,
Bald ist es Mitternacht.

Macht eure Lampen fertig,
Und füllet sie mit Oehl;
Seyd nun des Heils gewärtig,
Bereitet Leib und Seel!
Die Wächter Zions schreien,
Der Bräutigam ist nah,
Begegnet ihm im Reihen,
Und singt Halleluja.

Ihr klugen Jungfraun alle
Hebt nun das Haupt empor,
Mit Jauchzen und mit Schalle
Zum frohen Engelchor.
Die Thür ist aufgeschlossen,
Die Hochzeit ist bereit,
Auf! auf ihr Reichsgenossen,
Der Bräutgam ist nicht weit.

Er wird nicht lang verziehen,
Drum schlaft nicht wieder ein;
Man sieht die Bäume blühen
Der schöne Frühlingsschein
Verheißt Erquikungszeiten,
Die Morgenröthe zeigt
Den schönen Tag von weiten
Vor dem das Dunkle weicht.

Wer wollte denn nun schlafen?
Wer klug ist, der ist wach;
Gott kommt, die Welt zu strafen,
Zu üben Grimm und Rach
An allen, die nicht wachen,
Und die des Thieres Bild
Anbeten, sammt dem Drachen:
Drum auf, der Löwe brüllt.

Begegnet ihm auf Erden,
Ihr, die ihr Zion liebt,
Mit freudigen Geberden,
Und seyd nicht mehr betrübt!
Es sind die Freudenstunden
Gekommen und der Braut
Wird, weil sie überwunden,
Die Krone nun vertraut.

Hier sind die Siegespalmen,
Hier ist das weiße Kleid;
Hier stehn die Waitzenhalmen,
Im Frieden nach dem Streit,
Und nach den Wintertagen,
Hier grünen die Gebein,
Die dort der Tod erschlagen,
Hier schenkt man Freudenwein.

Hier ist die Stadt der Freuden,
Jerusalem der Ort,
Wo die Erlösten weiden,
Hier ist die sichre Pfort.
Hier sind die goldnen Gassen,
Hier ist das Hochzeitmahl;
Hier soll sich niederlassen,
Die Braut im Rosenthal.

III 231

20. Triumph der erwählten Seele.

Triumph, Triumph! Es kommt mit Pracht
Der Siegesfürst heut aus der Schlacht;
Wer seines Reiches Unterthan,
Schau heute sein Triumphfest an!
Triumph! Triumph! Victoria!
Und ewiges Hallelujah.

Vor Freuden Thal, Berg, Wald erklingt,
Die Erde schönes Blumwerk bringt,
Der Zierath, die Tapezerey
Zeigt daß ihr Schöpfer Sieger sey.
Triumph u.s.w.

Die Sonne sich aufs Schönste schmückt,
Und wieder durch das Blaue blickt;

Die vor pechschwarz im Trauerkleid
Beschaut den blutgen Todesstreit,
Triumph u.s.w.

Das stille Lamm jezt nicht mehr schweigt,
Sich muthig als ein Löw erzeigt;
Kein harter Fels ihn hält und zwingt,
Grab, Siegel, Riegel vor ihm springt.
Triumph u.s.w.

Der andre Adam heut erwacht,
Nach seiner harten Todesnacht;
Aus seiner Seite er erbaut,
Uns seine theur erlöste Braut.
Triumph u.s.w.

Wie Aarons Ruthe schön ausschlug,
Am Morgen blüht und Mandeln trug;
So träget Frucht der Seligkeit
Des hohen Priesters Leichnam heut.
Triumph u.s.w.

Nun ist die Herrlichkeit erkämpft,
Der Sünden Pest und Gift gedämpft;
Der schweren Handschrift Fluch und Bann
Vertrit hier mein Erlösersmann.
Triumph u.s.w.

Du theure Seel bist ausgebürgt,
Der höllische Tyrann erwürgt,
Sein Raubschloß und geschworne Rott
Ist ganz zerstört, der Tod ein Spott.
Triumph u.s.w.

Herr Jesu, wahrer Siegesfürst,
Wir glauben, daß du schenken wirst

Uns deinen Frieden, den du bracht
Mit aus dem Grab und aus der Schlacht.
Triumph! Triumph! Victoria!
Und ewiges Hallelujah.

III 233

Hans Sachsens Tod.

(Eine Traumweise nach Adam Puschmann,
in Hans Sachsens Lebensbeschreibung von Ranisch. S. 326.)

Als man schrieb um Weihnachten
Gleich Sechs und Siebenzig,
Mich da aufwachen machten
Die Nachtraben frostig,
Daß ich nicht mehr konnt schlafen,
Mich trafen
Gedanken allzuviel.
Da kam mir vor mein Wandern,
Und was ich trieb darin,
Mir fiel ein unter andern,
Wie viel Hans Sachs vorhin
Macht Lieder, geistlich Geschichte,
Gedichte,
Fabeln, Gespräch und Spiel,
Und wie es fromm',
Und Nutz draus komm',
Wohl jedem, der sich des annomm'.
Indem entschlief ich wiederum,
Und Morgens drauf mir in den Sinn
Ein fröhlich Traum da fiel.

Mich däucht, ich reist' aus rüstig,
Und kam zur Mayenzeit,
In eine Stadt groß, lustig,
Von Häusern schön bereit,

Die Wohnung der gedürsten (kühnen)
Reichsfürsten
War mitten in der Stadt.
Und auch ein Berg hoch, grüne,
Darauf ein schöner Gart,
In Freuden war ich kühne,
Weil drin gepflanzet ward
Wohl mancher Baum voll Früchte,
Gezüchte,
Pomranzen und Muskat,
Mehr fand ich drein
Rosinlein fein,
Mandlen, Feigen, allerlei rein
Wohlschmeckend Früchte, groß und klein,
Genoß viel Volk da insgemein,
Das drin spatzieret hat.

Mitten im Garten stande
Ein schönes Lusthäußlein,
Darin ein Saal sich fande,
Mit Marmor pflastert fein,
Mit schön lieblichen Schilden
Und Bilden,
Figuren frech und kühn.
Ringsum der Saal auch hatte
Fenster geschnitzet aus,
Durch die man all' Frucht thate
Im Garten sehen draus.
Im Saal stand auch ohnecket
Bedecket
Ein Tisch mit Seiden grün
An selbem saß
Ein Altmann blaß,
In einem großen Buch er las,
Hätt einen langen Bart fürbas

Grauweis, wie eine Taub er saß
Auf einem Blatte grün.

Das Buch lag auf dem Pulte
Auf seinem Tisch allein,
Und auf den Bänken, gulden,
Mehr andre Bücher fein,
Die alle wohl beschlagen
Da lagen,
Die der alt Herr nit ansah.
Wer zu dem alten Herren
Kam in den schönen Saal,
Und grüsset ihn von ferren,
Den sah er an diesmal,
Sagt nichts und thäte neigen,
Mit Schweigen
Gen ihn sein alt Haupt schwach.
Dann Rede und
Gehör begunnt,
Ihm abzugehn aus Altersgrund.
Als ich nun da im Saale stund,
Und sein alt lieblich Antlitz rund
Beschaute, dacht ich nach.

Die große Stadt und Garten
Ein finstre Wolk bezug,
Daraus blitzt in mein Warten
Ein Feuerstrahl und schlug
Ein Donnerstrahl erbittert
Es zittert
Alles an dieser Städt.
Ob diesem harten Knallen
Erschrack der alte Herr,
That in ein Ohnmacht fallen,
Bald ein Platzregen schwer
Ein Wasserfluth thät geben,

Die eben
Sehr großen Schaden thät,
Zween Tag hernach
Der alt Mann schwach
Starb, ihm gab ichs Grabgleit hernach,
Mein Herz mit Weinen laut durchbrach,
Drob mich mein Weib aufweckt ich sah
Daß ich geträumet hätt.

* * *

Weihnachten, ach Weihnachten,
Du warst der Kinder Trost,
Die noch im Schlafe lachten,
Du Schlaf mir bald entflohst,
Die Stunden hell mir schlagen,
Wem sagen
Sie an den Tag so schnell,
Mein Wächter ist da drüben,
Er sagt mir an den Tag,
In Schmerzen vorzuüben,
Was hohe Lust vermag.
Zur Kirch bin ich gegangen,
Vergangen
War mir Verzweiflung schnell,
Es bleibt zurück
Ein sinnend Glück,
Und in den Traum ein tiefer Blick,
Wie in der Kinder Aug entzückt,
Wie ich sie halb noch schlafend drück,
Süß springt der Augen Quell.

Des Traumes deutend Summen
Ich nun ermessen kann:
Soll alle Lust verstummen,
Erstirbt ein hoher Mann?
Die Thränenfluthen brausen

Mit Grausen,
Der Menschen Haus versinkt!
Der Alte steigt als Taube
Verjünget aus der Fluth,
Mit einem grünen Laube
Im Schnäblein sorgsam gut.
Auf einem Buch sie sitzet,
Das blitzet,
Und schwimmt und nicht ertrinkt,
Mit Perlen ist
Beschlagen, wißt,
Das wars, was da der Alte liest,
Als er die arme Neugier grüßt;
Dies Buch such auf du frommer Christ,
Das dir den Frieden bringt.

Die Schmerzensfluthen weichen,
Der Berg bleibt unverletzt,
Die neuen Menschen gleichen
Den Stämmen, die versetzt,
Es treibt sie edler Leben,
Sie geben
Nun edle Früchte nur.
Es wird aus Erdenschlünden
Das Buch der Vorzeit mein,
Und ihre schweren Sünden
Sind abgewaschen rein.
O wollt das Trauren stillen,
Will füllen
Mosaisch jede Spur.
Am Boden hell
Der Himmelsquell
Ist eingelegt, so Well auf Well,
Die Taube bleibet mein Gesell
Und trinkt des Buches ewgen Quell,
Gottes Wort in der Natur.

Schluß.

Sr. Excellenz

dem

Herrn Geheimerath von Göthe,

und

allen Förderern dieser Sammlung

unser Dank zum Schluß,

L. Achim v. Arnim. Clemens Brentano.

III 253 Uebersicht des Inhalts einiger Lieder.

I. Geistliche Lieder. II, S. 4. 11. 13. 162. 167. 172. 174. 179. 187. 215. 218. 332. III, 79. 80. 177. 189. 193. 195. 206. u. f.

II. Handwerkslieder. II, S. 70. 74. 347. 353. 360. 366. 370. 372. 374. 376. 381. 383. 390. 392. 393. 395. 398.

III. Historische Romanzen. II, Gustav Adolph 96. Magdeburg 107. Landgraf 116. Ladislaus 119. Kremmerdamm 124. Tell 129. Orban 137. Burkhart Münch 140. Conradin 145. Wiben Peter 163. Seeräuber 167. Steutlinger 173. Reystett 175. Schittensamen 180. Bremberger 229. Orlamünde 232. Albertus 237. Bessa 254. Tartarfürstin 258. Trebniz 260. Herzog von Sagan 261. Pfalzgraf 262. Nachtwandler 263. König von Mayland 285. Graf Friedrich 289. Thedel von Walmoden 302. III. Meinrad 170.

IV. Liebeslieder. II, 11. 14. 46. 50. 52. 56. 58. 60. 193. 196. 199. 201. 207. 209. 214. 216. 221. 344. III, 3. 7. 10. 12. 15. 17. 18. 20. 23. 31. 63. 65. 73. 74. 78. 104. 106. 109. 112. 146.

V. Trinklieder. II, 3. 90. 412. 414. 417. 418. 420. 421. 423. 425. 427. 428. 430. 434. III, 118.

VI. Kriegslieder. II, 17. 19. 20. 21. 22. 24. 25. 27. 28. 29. 31. 32. 65. 93. 95. 100. 103. 127. 142. 149. 336. 339. 343. III, 134.

Kinderlieder

Wacht auf ihr schönen Vögelein, ihr Nachtigallen kleine, die ihr auf grünem Zweigelein, noch eh die Sonn' recht scheine, anstimmt die tönend Schnäbelein, gedreht von Helfenbeine. Lobt Gott ihr süssen Schwätzerlein, ihr sämtlich keusch und reine, ihr Luft- und Wolkensängerlein, für ihn bestellt alleine. Mit euch zum besten Liedelein, zwei schöne Kindlein reine, Anblasen ihre Pfeifelein, es schallt zum Wald hineine, hier bei dem Heilgenbildelein in Einsamkeit alleine, da nicken blicken Blümelein und duften also feine, und Hirsch und Reh und Häselein, die horchen in dem Haine, wie eure süssen Stimmelein erklingen am Gesteine, auch fällt ein klares Brünnelein, die Blumen schaun hineine, da netzet eure Züngelein nach Ordnung ein und eine, da spület Hals und Gürgelein, dann singt ihr noch so reine; den Takt schlagt mit den Flügelein, so schickt sich's recht ihr Feine, schwingt freudig auch die Federlein, regt Aermelein und Beine, erstreckt zum Klang die Hälselein, ein Jedes thu das Seine. Habt ihr kein andres Liedelein, ie lernet nur das meine, ist nur ein einzig Seufzerlein bei Sonn- und Mondenscheine, singt nur allein, gelobt sey Gott, Gott Sabaoth alleine.

Wacht auf ihr kleinen Schülerlein bei hellem Sonnenscheine, zieht an die Festags Röckelein und macht euch auf die Beine, Gregorius das Schulfest heut ist wieder angekommen, auch schlägt der Frühling auf der Haid' die helle Freudentrommen. Ein alter Brauch bei Christen war, daß man zu diesen Zeiten die Kinder all in froher Schaar zu Schul und Kirch thät leiten. Ein Kinderbischoff wählet man, und neben ihm zwei Pfaffen, ihm folgen König- Handwerksmann, Soldat, Hanswurst und Affen So zieht einher ein jeder Stand, in Kleidern schön gezieret, und jedes Kind in seiner Hand sein Handwerkszeug auch führet. Dem Bischoff wird am Hirtenstab die Bretzel vorgetragen, was das für ein Bewandniß hab, merkt auf, ich wills euch sagen. Die Bretzel heißt Pretiolum, ein Preislein für die Kinder, die in der Schule nit sind stumm und dumm gleichwie die Rinder. Sie hat in sich auch die Figur von den Buchstaben allen. Weiß hier, weiß dort auf rechter Spur, gelt das will dir gefallen. Die Bretzel ist ein liebes Buch, du wirst's bald ausstudieren, du kennst's von Weitem am Geruch, und wirst's drum nit verlieren. Du kannst es schon bis zu dem Z, wird dir's nit abgenommen, du lerntest also ungemäß, daß du zum W thät'st kommen.

Anhang zum Wunderhorn.

Heidelberg bei Mohr und Zimmer 1808.

Kinderlieder.

KL 3

Das Federspiel,
A. B. C. mit Flügeln.

Wohl auf ihr klein Waldvögelein, die ihr in Lüften schwebt,
Stimmt an, lobt Gott den Herren mein, singt all, die Stimm erhebt;
Denn Gott hat euch erschaffen, sich selbst zu Lob und Ehr,
Sang, Feder, Schnabel, Waffen, kommt alles von ihm her.

A a Adler.

Der aller Vögel König ist, macht billig den Anfang,
Komm Adler! komm hervor, wo bist? stimm an den Vogelsang,
Der Vorzug dir gebühret, kein Vogel ist dir gleich,
Drum dich im Wappen führet, der Kaiser und das Reich.

B b Bachstelz.

Die Bachstelz thut oft schnappen, und fängt der Mücken viel,
Es hört nicht auf zu knappen ihr langer Pfannenstiel,
Den Schweif thut sie stets zwingen, sie läßt ihm niemals Ruh,
Wenn andre Vögel singen, schlägt sie den Tackt dazu.

C c Canarivogel.

Das lieb Canarivögelein kömmt her aus fremdem Land,
Es singt gar schön, zart, hell und rein, wie allen ist bekannt,
Den Zucker frißt es gerne, doch nimmt es auch vorlieb,
Wenn man ihm Hanfsaamkerne, und Rübesaamen giebt.

D d Distelfink.

Merk auf wie lockt so lieblich mit, der schöne Distelfink,
Beißt Distel auf und sticht sich nit, sein Witz ist nit gering,
Gar wohl ist er gezieret, schön gelb und roth bekleidt,
Sein Stimm er nie verlieret, singt fröhlich alle Zeit.

E e Emmeriz.

Der Emmeriz bis zum Abend spat, singt übel, übel hin,
Er sagt, wenns Feld nur Aehren hat, ich auch ein Schnitter bin,
Im Feld thut er sich nähren, bleibt Tag und Nacht darauf,
Was Gott ihm thut beschehren, das klaubt er fleißig auf.

F f Fink.

Des Morgens früh, des Abends spat, der Fink hat keine Ruh,
Die Musen er ins Grüne lad't mit seinem Reit her zu,
Früh ist gar gut studieren, wenns kühl, still, ruhig ist,
Steh auf und thu's probieren, du fauler { Prinzipist,
Grammatist,
Syntaxist,
Humanist. }

Fröhlich der Fink im Frühling singt, sa sa, sa sa hui Dieb,
Im ganzen Wald sein Stimm erklingt, wenns Wetter nicht zu trüb,
Die Dieb will er verjagen, die rund heraus er schilt,
Dem Sperling thut er sagen, daß er viel Waizen stiehlt.

Gg Gimpel.

Ein rother, dir gar wohl bekannt, ist schön, doch singt nicht viel,
Er kömmt aus deinem Vaterland, heißt Gimpel in der Still,
All thun sich seiner schämen, weil er ein Gimpel ist,
Thu du ihn zu dir nehmen, weil du sein Landsmann bist.

Hh Henne und Hahn.

Die Henne fröhlich gaggagagt, und macht ein groß Geschrei,
Die Bäurin weiß wohl, was sie sagt, und geht und holt das Ey,
Der Hahn thut früh aufwecken den Knecht und faule Magd,
Sie thun sich erst recht strecken, und schlafen bis es tagt.

Ii Imme (Biene.)

Das Honigsüße Immelein sich spät und früh bemüht,
Es sizt auf allen Blümelein, versuchet alle Blüth,
Sehr emsig fliegts herummer, trägt ein mit großem Fleiß,
Und sucht den ganzen Sommer, auch für den Winter Speiß.

Kk Königlein. (Zaunkönig)

Das winzigkleine Königlein, wie macht es sich so groß,
Wie zwitzerts mit seim Stimmelein, und ist so schlau und los',
Wie lieblich thut es singen nach Wunsch und nach Begehr,
Wie lustig thut es springen, wie hüpft es hin und her.

L l Lerche.

Das Lerchlein in den Lüften schwebt, und singt den Himmel an,
Vom grünen Feld es sich erhebt, und tröst den Ackermann,
Gar hoch thut es sich schwingen, daß mans kaum sehen mag,
Im Kreis herum thuts singen, lobt Gott den ganzen Tag.

M m Meise.

Die Meise hängt am Tannenast, als ob sie sich verberg,
Singt allezeit, was giebst, was hast, singt ewig Zizerberg,
Man thut ihr freundlich locken, bis sie zum Kloben springt,
Da hüpft sie unerschrocken, bis man sie gar umbringt.

N n Nachtigall.

O Nachtigall dein edler Schall, bringt uns sehr große Freud,
Dein Stimm durchstreift all Berg und Thal, zur schönen Sommerzeit,
Wenn du fängst an zu zücken, die Vöglein schweigen still,
Es läßt sich keiner blicken, keiner mehr singen will.

O o Omeis. (Ameise)

Du fauler Tropf, der müßig ist, die Ameis schau wohl an,
Dein Meisterin sie worden ist, die dich viel lehren kann,
Schau wie sie ist ergeben der Arbeit Tag und Nacht,
Schäm dich, der du dein Leben mit Faulheit zugebracht.

P p Papagai.

Du Vogel auserlesen, der Federn hast du viel,
Wo bist so lang gewesen, warum schweigst du so still?
Papagai Zuckerfresser, ruft dir der Schulknab zu,
Geh in die Schul und lern besser, giebst ihm zur Antwort du.

Q q Qu Qu

Qu qu der Kukuk immer schreit, das ist an ihm das Best,
Sonst legt er andern allezeit sein Eier in ihr Nest,
Sein Ruf bringt allen Bangen, drum will kein Vögelein
Mit einem Q anfangen den edlen Nahmen sein.

R r Rabe.

Der Rab thut täglich singen, sein groben rauhen Baß.
Heut will ihm nichts gelingen, drum singt er cras, cras, cras,*)
Wer alles schiebt auf morgen, und nichts gerichtet heut,
Der muß stets seyn in Sorgen, daß es ihm fehle weit.

Rothkehlchen.

Das Rothkehlchen gar früh aufsteht, und wenn ich dann erwach,
Grüßt es die liebe Morgenröth, hoch oben auf dem Dach,
Wie lieblich ist sein Zükken, wie röthlich seine Kehl,
Mein Herz thut es erquicken, ermuntern meine Seel.

*) cras ist lateinisch, und heißt morgen.

S s Schwalbe.

Schwäzzerlein wie schwätzst so toll, und plauderst hin und her,
Früh hast du Kisten und Kasten voll, Abends ist alles le le leer,
Zu morgen eh die Sonn aufsteht, erzählst du deinen Traum,
Und Abends wenn sie niedergeht, hast du geendet kaum.

St st Staar.

Der Staar schwäzt, pfeift und singet, er ists, der alles kann,
In Kopf er alles bringet, nimmt, was er höret, an,
Er ist gar schlau und lose, und merket auf mit Fleiß,
Wäscht oft sein schwarze Hose, und bringt sie nimmer weiß.

T t Turteltaube.

Die Turteltaub ohn allen Trost, will nicht mehr fröhlich seyn,
Wenn ihren Gesell der Habich stoßt, traurt sie und bleibt allein,
Wenn dir das Liebste, was du hast, der Tod nimmt mit Gewalt,
So traure, sey kein frecher Gast, vergiß es nicht so bald.

U u Uhu.

Der Uhu sieht gar ernsthaft aus, als hätt er hoch studiert,
Geht nicht aus seiner Höl heraus, bis Nacht und finster wird,

All Dunkelheit ist ihm ganz hell, doch sieht er nichts bei Tag,
Drum ist er auch ein solch Gesell, den nie kein Vogel mag.

V v Vogel Straus.

Der Vogel Straus hat große Bein, doch klein ist sein Verstand,
Es brütet ihm der Sonnenschein die Eier aus im Sand.
Oft Stein und Eisen er verschluckt, sein Magen der ist gut,
Sein Federn sind der Weiber Schmuck, sie steckens auf den Hut.

W w Wiedhopf.

Der Wiedhopf ist sehr wohlgeziert, doch hat er keine Stimm,
Sein Krönlein er stets mit sich führt, steckt doch nichts hinter ihm,
Wie mancher hat viel Kleider, als wäre er ein Graf,
Sein Vater ist ein Schneider, sein Bruder hüt die Schaaf.

Z z Zeisig.

Komm her du schönes Zeiselein, komm fliege her behend,
Sing, spring auf grünem Reiselein, und mach dem Lied ein End,
Lob Gott den Herren mein und dein, thu fröhlich singen ihm,
Ihn preisen alle Vögelein mit ihrer süßen Stimm.

Wohin geht all dies Dichten, du edles Federspiel,
Als daß wir alles richten zu gutem End und Ziel,

Daß wir im Herzen sorgen für einen guten Klang,
Wer weis ob heut, ob morgen uns rührt der lezt Gesang.

O sagt ihr lieben Vögelein, wer ists der euch erhält,
Wo fliegt ihr hin, wo kehrt ihr ein, wenn Schnee im Winter fällt,
Wo nehmt ihr eure Nahrung, so viel als ihr begehrt?
Es zeigt ja die Erfahrung, daß Gott euch all ernährt.

Ihr habt kein Feld, kein Heller Geld, nichts das die Tasche füllt,
Der Tannebaum ist euer Zelt, troz dem, der euch was stiehlt,
Euer Pflug ist lustig singen, stets lobt ihr Gott den Herrn,
Die Töne thut ihr schwingen bis zu dem Abendstern.

Ihr habt nicht Koch, nicht Keller, und seyd so wohlgemuth,
Ihr trinkt nicht Muskateller, und habt so freudig Blut,
Nichts haben, nichts begehren, ist euer Liverei,
Ihr habt ein guten Herren, er hält euch alle frei.

Gott sey mein Herz auch heimgestellt, was er thut ist gethan,
Wenn Sonn und Mond vom Himmel fällt, er ists, der helfen kann,
Was lebt auf Erd, in Lüften schwebt, was sich im Wasser rührt,
Gott all mit seinem Finger hebt, ohn alle Müh regiert.

Kein Sperling von dem Dache fällt, von meinem Haupt kein Haar,
Es sey dann, daß ihms wohlgefällt, der ewig ist und war,

Er ruft dem Storch zu seiner Zeit, der Lerch, der Nachtigall,
Er führ uns all zur Seeligkeit, bewahr uns vor dem Fall.

Dort singt die rechte Nachtigall den rechten Vogelsang,
Den ganzen weiten Himmelssaal durchstreicht ihr Freudenklang,
Mit Freud dort ewig singen die Englein auf neun Chör,
Vor Freud thut ewig springen das ganze Himmelsheer.

Musik dort ewig währet, zu lang doch keinem währt,
Je mehr sie wird gehöret, je mehr sie wird begehrt,
Wer Gott hier thut verehren, ihm dient mit Sang und Klang,
Der wird dort ewig hören himmlischen Vogelsang.

KL 12

Die ABC-Schützen.

Rathe, was ich habe vernommen,
Es sind achtzehn fremde Gesellen ins Land gekommen,
Zu mahlen schön und säuberlich,
Doch keiner einem andern glich,
All ohne Fehler und Gebrechen,
Nur konnte keiner ein Wort sprechen,
Und damit man sie sollte verstehn,
Hatten sie fünf Dolmetscher mit sich gehn,
Das waren hochgelehrte Leut,
Der erst erstaunt, reißts Maul auf weit,
Der zweite wie ein Kindlein schreit,
Der dritte wie ein Mäuselein pfiff,
Der vierte wie ein Fuhrmann rief,

Der Fünft gar wie ein Uhu thut,
Das waren ihre Künste gut,
Damit erhoben sie ein Geschrei,
Füllt noch die Welt, ist nicht vorbei.

Die zwei Hirten in der Christnacht. KL 13

Als das Christkindlein geboren war, saßen die zwei Hirten, Damon und Halton, Nachts bei ihrer Heerde, und erzählten sich einander, was sie dem Christkindlein für Geschenke machen wollten, es war bei einem Bache, unter einem Palmbaum, ihre Schaafe lagen um sie her, und schliefen, es war auf einer weiten, weiten Wiese, oben auf einem Berge, der Mond war ganz groß, und rechts waren am Himmel eine Menge kleine Wolken, wie Schäfchen so weiß, und der Mond war wie der Schäfer dazu; auf der linken Seite aber stand am Himmel der Morgenstern, ganz hell wie ein Kristall, der stand über dem Stall, worin das Jesuskindlein lag, die Hirten aber saßen unter dem Palmbaum am Bach, der rauschte ganz leis, da haben sie so gesungen:

Halton. Ich will dem Kindlein schenken
Ein silberweißes Lamm,
So viel ich mich bedenke,
Kein schöners ich bekam;
Es hat zur linken Seite
Wie Blut so roth ein Fleck,
Weis nicht, was der bedeutet,
Und was dahinter steckt.

Damon. Und ich schenk diesem Kinde
Ein Kälbchen zart und klein,
Mit rothen Bändern binde
Ich ihm die Füßlein sein;
Und so will ich es tragen
Gar schön auf meinem Hals,

Das Kindlein wird da sagen:
Ach Mutter, mir gefallts.

Halton. Und ich will ihm noch schenken
Ein junges Böcklein schön,
Es treibt wohl tausend Schwänke,
Und bleibt nicht lange stehn;
Es klettert, stutzt und springet,
Und bleibt an keiner Stell,
An seinem Halse klinget
Ein goldnes Glöcklein hell.

Damon. Und ich will ihm noch schenken
Ein rothes Hirschkälblein,
Sein Füßlein und Gelenke
Sind gar so zart und fein;
Da mirs auf grüner Straßen
Im Wald entgegen kam,
Ließ sichs ganz gerne fassen,
Gieng mit und wurde zahm.

Halton. Und ich will ihm noch schenken
Ein schönes Eichhörnlein,
Kann schnell herum sich schwenken,
Ein hurtig Meisterlein;
Das Christkindlein wird lachen,
Wenn es die Nüßlein packt,
Und schnell sie thut aufkrachen,
Trick track wohl nach dem Takt.

Damon. Und ich will ihm noch schenken
Ein weißes Häselein,
Es ist voll tausend Ränken,
Will stets bei Menschen seyn;
Es wird beim Kripplein spielen,
Und trommeln eigentlich,

Die Schläge nieder zielen
Mit Füßen meisterlich.

Halton. Und ich will ihm noch schenken
Ein wachsam Hündelein,
So klug, man solls kaum denken,
Es tanzet ganz allein;
Es kann auch apportiren,
Und stehen auf der Wacht,
Sucht, was man thut verlieren,
Was gilts, das Kindlein lacht.

Damon. Und ich will ihm noch schenken
Ein mausig Kätzelein,
Ihm darf kein Härlein kränken
Halton, dein Hündelein.
Es läßt sich auch nicht beissen,
Gar schnell sich widersetzt,
Thut bürsten sich und spreissen,
Bleibt immer unverlezt.

Halton. Und ich will ihm noch schenken
Ein Stückchen Einerlei,
Mein, jetzo wirst du denken,
Was dieses doch wohl sey?
Zu deinem Kätzlein eben
Will ich ihm noch dabei
Ein pelzern Mausfall geben,
So hats der Kätzlein zwei.

Damon. Und ich will ihm noch schenken
Ein muntres Täubelein,
Das lauft auf Tisch und Bänken
Mit seinem Schwesterlein;
Ein Ringlein ihnen beiden

Bezirkelt Hals und Brust,
Aus Pflaum und Feder-Seiden,
Recht farbig nach der Lust.

Halton. Und ich will ihm noch schenken
Zwo Turteltauben keusch,
Die spreiten, heben, senken
Die Flügel ohn Geräusch;
Ihr Stimmlein, wie man spüret,
Sind lauter Seufzerlein,
Gott weiß, welch Leid sie rühret,
In ihrem Herzelein.

Damon. Und ich will ihm noch schenken
Ein großen bunten Hahn,
Der Haupt und Hals thut schwenken,
Gleich einem edlen Schwan;
Mit Sporn und Busch er gehet,
Stolz als ein Rittersmann,
Und Morgens fleißig krähet
Der bunte Wettermann.

Halton. Und ich will ihm noch schenken
Ein Fink und Nachtigall,
Die Kopf und Ohren lenken,
Nach meiner Flöte Schall;
Spiel ich die Schäferlieder,
So kommen sie herbei,
Und pfeifen sie mir wieder
In ihrer Melodei.

Damon. Und ich will ihm noch schenken
Ein weißes Körbelein,
An Balken soll mans henken,
Voll kleiner Vögelein;

Ich selber habs geschnitzet
In siebenthalben Tag,
Ist neu und unbeschmitzet,
Nicht gnug man's loben mag.

Halton. Und ich will ihm noch schenken
Ein schönen Hirtenstab,
Mit Farben ihn besprengen,
Wie es noch keinen gab;
Die Kunst hab ich gelernet,
Wie man es machen soll,
Daß ganz er wird gesternet,
Und bunter Flecken voll.

Damon. Und ich will ihm noch schenken
Viel schöne Sachen mehr,
Ja schenken und noch schenken
Je mehr und je noch mehr;
Auch Aepfel, Birn und Nüsse,
Milch, Honig, Butter, Käß,
Ach wenn ich doch könnt wissen,
Was es recht gerne äß.

Halton. Wohl dann, so laßt uns reisen
Zum schönen Kindelein,
Und unsre Gaben preisen,
Dem kleinen Schäferlein;
Ihm alles auf soll heben
Die Mutter mit Bescheid,
Daß es ihm wird gegeben
Hernach zu seiner Zeit.

KL 18

Ein Wahrheitslied.

Als Gott der Herr geboren war,
Da war es kalt,
Was sieht Maria am Wege stehn?
Ein Feigenbaum,
Maria laß du die Feigen noch stehn,
Wir haben noch dreißig Meilen zu gehn,
Es wird uns spät.

Und als Maria ins Städtlein kam,
Vor eine Thür,
Da sprach sie zu dem Bäuerlein,
Behalt uns hier,
Wohl um das kleine Kindelein,
Es möcht dich warlich sonst gereun,
Die Nacht ist kalt.

Der Bauer sprach von Herzen ja,
Geht in den Stall!
Als nun die halbe Mitternacht kam,
Stand auf der Mann;
Wo seyd ihr dann, ihr armen Leut?
Daß ihr noch nicht erfroren seyd,
Das wundert mich.

Der Bauer gieng da wieder ins Haus,
Wohl aus der Scheuer,
Steh auf mein Weib, mein liebes Weib,
Und mach ein Feuer,
Und mach ein gutes Feuerlein,
Daß diese armen Leutelein
Erwärmen sich.

Und als Maria ins Haus hin kam,
Da war sie froh,
Joseph, der war ein frommer Mann,

Sein Säcklein holt;
Er nimmt heraus ein Kesselein,
Das Kind thät ein bischen Schnee hinein,
Und das sey Mehl.

Es that ein wenig Eis hinein,
Und das sey Zucker,
Es that ein wenig Wasser drein,
Und das sey Milch;
Sie hiengen den Kessel übern Heerd,
An einen Hacken, ohn Beschwerd
Das Müßlein kocht.

Ein Löffel schnitzt der fromme Mann
Von einem Span,
Der ward von lauter Helfenbein
Und Diamant;
Maria gab dem Kind den Brei,
Da sah man, daß es Jesus sey,
Unter seinen Augen.

Sommerverkündigung. KL 20

(In einigen Gegenden von Holstein ziehen die Kinder, um den Sommer anzukündigen, von Haus zu Haus; eines trägt in einem Korb einen todten Fuchs voraus, sie singen dazu:)

Hanns Voß heißt er,
Schelmstück weis er,
Die er nicht weis, die will er lehren,
Haus und Hof will er verzehren;
Brod auf die Trage,
Speck auf den Wagen,
Eier ins Nest,
Wer mir was giebt, der ist der Best!

Als ich hier vor diesem war,
War hier nichts als Laub und Gras,
Da war auch hier kein reicher Mann,
Der uns den Beutel füllen kann,
Mit einem Schilling drei, vier oder mehr
Wenns auch ein halber Thaler wär.

Droben in der Hausfirst
Hängen die langen Mettwürst,
Gebt uns von den langen,
Laßt die kurzen hangen,
Sind sie etwas kleine,
Gebt uns zwei für eine;
Sind sie ein wenig zerbrochen,
So sind sie leichter kochen,
Sind sie etwas fett,
Je besser es uns schmeckt.

KL 21 Havele Hahne.

(Zur Fastnacht gehn die Kinder am Rhein mit einem Korb, in dem ein gebundener Hahn liegt, sie schauckeln mit ihm und singen:)

Havele havele Hahne,
Fastennacht geht ane,
Droben in dem Hinkelhaus,
Hängt ein Korb mit Eier raus;
Droben in der Firste,
Hängen die Bratwürste,
Gebt uns die langen,
Laßt die kurzen hangen,
Ri ra rum,
Der Winter muß herum;
Was wollt ihr uns denn geben,

Ein glückseligs Leben,
Glück schlag ins Haus,
Komm nimmermehr heraus.

Kinderpredigt.

KL 22

Ein Huhn und ein Hahn,
Die Predigt geht an,
Ein Kuh und ein Kalb,
Die Predigt ist halb,
Ein Katz und ein Maus,
Die Predigt ist aus,
Geht alle nach Haus,
Und haltet ein Schmaus.
Habt ihr was, so eßt es,
Habt ihr nichts, vergeßt es,
Habt ihr ein Stückchen Brod,
So theilt es mit der Noth,
Und habt ihr noch ein Brosämlein,
So streuet es den Vögelein.

Das Wappen von Amsterdam.

KL 23a

Ich gieng einmal nach Amsterdam,
Auf der Faullenzer Straße,
Man fragt mich, ob ich faullenzen kann,
Ich sagte nein, und meint doch ja,
Ich sezt mich nieder und faullenzt da,
Es war wohl tausend Gulden werth,
Dafür kauft ich ein schönes Pferd,
Wars kein junges, wars ein alts,
Ohne Kopf und ohne Hals,

Ohne Schenkel, ohne Bein,
Auf dem Pferd ritt ich allein,
Auf dem Pferd ritt ich so lang,
Bis ihm gar der Bauch zersprang.
Flog heraus ein Göckerlein,
Krähte grob und krähte fein,
Hatt auf seinem Kopf ein Kamm,
Drauf stand das Wappen von Amsterdam.

KL 23b

Erschreckliche Geschichte vom Hünchen und vom Hänchen.

Ein Hünchen und ein Hänchen sind miteinander in die Nußhecken gegangen, um Nüsse zu essen, und jedes Nüßchen, welches das Hänchen fand, hat es mit dem Hünchen getheilt, endlich hat das Hünchen auch eine Nuß gefunden, und das Hänchen hat sie ihm aufgepickt, aber das Hünchen war neidisch, und hat nicht theilen wollen, und hat aus Neid den Nußkern ganz verschluckt, der ist ihm aber im Halse stecken geblieben, und wollte nicht hinter sich, und nicht vor sich, da hat es geschrien: lauf zum Born und hol mir Wasser.

Hänchen ist zum Born gelaufen,
Born du sollst mir Wasser geben,
Hünchen liegt an jenem Berg,
Und schluckt an einem Nußkern;
Und da hat der Born gesprochen:
Erst sollst du zur Braut hinspringen,
Und mir klare Seide bringen,
Hänchen ist zur Braut gesprungen,
Braut du sollst mir Seide geben,
Seide soll ich Brunnen bringen,
Brunnen soll mir Wasser geben,

Wasser soll ich Hünchen bringen,
Hünchen liegt an jenem Berg,
Und schluckt an einem Nußkern.
Und da hat die Braut gesprochen:
Sollst mir erst mein Kränzlein langen,
Blieb mir in den Weiden hangen;
Hänchen ist zur Weide flogen,
Hat das Kränzlein runter zogen,
Braut ich thu dirs Kränzlein bringen,
Sollst mir klare Seiden geben,
Seide soll ich Brunnen bringen,
Brunnen soll mir Wasser geben,
Wasser soll ich Hünchen bringen,
Hünchen liegt an jenem Berg,
Und schluckt an einem Nußkern.
Braut gab für das Kränzlein Seide,
Born gab für die Seide Wasser,
Wasser bringt er zu dem Hünchen,
Aber Hünchen war erstickt,
Hat den Nußkern nicht verschlickt.

Da war das Hänchen sehr traurig, und hat ein Wägelchen von Weiden geflochten, hat sechs Vögelchen davor gespannt, und das Hünchen darauf gelegt, um es zu Grabe zu fahren, und wie es so fort fuhr, kam ein Fuchs,

Wohin Hänchen?
  Mein Hünchen begraben.
Darf ich aufsitzen?
  Sitz hinten auf den Wagen,
  Vorne könnens meine Pferdchen nicht vertragen.

Da hat sich der Fuchs aufgesetzt, kam ein Wolf.

Wohin Hänchen? u.s.w.

kam ein Löwe, kam ein Bär, u.s.w., alle hinten drauf, endlich kam noch ein Floh,

Wohin Hänchen? u.s.w.

aber der war zu schwer, der hat grade noch gefehlt, das ganze Wägelchen mit aller Bagage, mit Mann und Maus ist im Sumpfe versunken, da braucht er auch kein Grab, das Hänchen ist allein davon gekommen, ist auf den Kirchthurm geflogen, da steht es noch, und dreht sich überall herum, und paßt auf schön Wetter, daß der Sumpf austrocknet, da will es wieder hin, und will sehen, wie er seinen Leichenzug weiter bringt, wird aber wohl zu spät kommen, denn es ist allerlei Kraut und Gras drüber gewachsen, Hünerdarm und Hahnenfuß, und Löwenzahn und Fuchsia, und lauter solche Geschichten, wer sie nicht weis, der muß sie erdichten.

KL 26a

Auf dem Grabstein eines Kindes in einem Kirchhof im Odenwald.

Liebe Eltern gute Nacht!
Ich soll wieder von euch scheiden,
Kaum war ich zur Welt gebracht,
Hab genossen keine Freuden,
Ich das kleinste eurer Glieder,
Geh schon fort, doch nicht allein,
Eltern, Schwestern, und die Brüder,
Werden auch bald bei mir seyn.
Weil sie wünschen, bitten, weinen,
Daß ihr Tag mag bald erscheinen.

Kindergebet. KL 26b

Lieber Gott und Engelein,
Laßt mich fromm und gut seyn,
Laßt mir doch auch mein Hemdlein
Recht bald werden viel zu klein.

Wie oft Gott zu danken sey? KL 27a

Wie viel Sand in dem Meer,
Wie viel Sterne oben her,
Wie viel Thiere in der Welt,
Wie viel Heller unterm Geld,
In den Adern wie viel Blut,
In dem Feuer wie viel Glut,
Wie viel Blätter in den Wäldern,
Wie viel Gräßlein in den Feldern,
In den Hecken wie viel Dörner,
Auf dem Acker wie viel Körner,
Auf den Wiesen wie viel Klee,
Wie viel Stäublein in der Höh,
In den Flüssen wie viel Fischlein,
In dem Meere wie viel Müschlein,
Wie viel Tropfen in der See,
Wie viel Flocken in dem Schnee,
So viel Lebendig weit und breit,
So oft und viel sey Gott Dank in Ewigkeit.
Amen

KL 27b

Abendgebet.

Abends wenn ich schlafen geh,
Vierzehn Engel bei mir stehn
Zwey zu meiner Rechten,
Zwey zu meiner Linken,
Zwey zu meinen Häupten,
Zwey zu meinen Füssen,
Zwey die mich decken,
Zwey die mich wecken,
Zwey die mich weisen
In das himmlische Paradeischen.

KL 28

St. Niklas.

Vater.

Es wird aus den Zeitungen vernommen,
Daß der heilige Sankt Niklaus werde kommen,
Aus Moskau, wo er gehalten werth,
Und als ein Heilger wird geehrt;
Er ist bereits schon auf der Fahrt,
Zu besuchen die Schuljugend zart,
Zu sehn, was die kleinen Mägdlein und Knaben
In diesem Jahre gelernet haben,
In Beten, Schreiben, Singen und Lesen,
Auch ob sie sind hübsch fromm gewesen.
Er hat auch in seinem Sack verschlossen,
Schöne Puppen aus Zucker gegossen,
Den Kindern, welche hübsch fromm wären,
Will er solche schöne Sachen verehren.

Kind.

Ich bitte dich Sankt Niklaus sehr,
In meinem Hause auch einkehr,

Bring Bücher, Kleider und auch Schuh,
Und noch viel schöne gute Sachen dazu,
So will ich lernen wohl,
Und fromm seyn, wie ich soll.
Amen.

Sankt Niklas.

Gott grüß euch lieben Kinderlein,
Ihr sollt Vater und Mutter gehorsam seyn,
So soll euch was Schönes beschehret seyn;
Wenn ihr aber dasselbige nicht thut,
So bringe ich euch den Stecken und die Ruth.
Amen.

Kinderlied zu Weihnachten. KL 29

Gott's Wunder, lieber Bu,
Geh, horch ein wenig zu,
Was ich dir will erzählen,
Was geschah in aller Fruh.

Da geh ich über ein Heid,
Wo man die Schäflein weidt,
Da kam ein kleiner Bu gerennt,
Ich hab ihn all mein Tag nicht kennt.

Gott's Wunder, lieber Bu,
Geh, horch ein wenig zu!

Den alten Zimmermann,
Den schaun wir alle an,
Der hat dem kleinen Kindelein
Viel Gutes angethan.

Er hat es so erkußt,
Es war ein wahre Lust,
Er schafft das Brod, ißt selber nicht,
Ist auch sein rechter Vater nicht.

Gott's Wunder, lieber Bu,
Geh, lausch ein wenig zu.

Hätt' ich nur dran gedenkt,
Dem Kind hätt ich was g'schenkt;
Zwei Aepfel hab ich bei mir g'habt,
Es hat mich freundlich angelacht.

Gott's Wunder, lieber Bu,
Geh, horch ein wenig zu.

KL 30

Sterndreherlied.

Wir reisen auf das Feld in eine Sonne,
Des freuet sich die englische Schaar,
Wir wünschen euch allen ein glückseelig Neujahr.

Wir wünschen dem Herrn einen goldnen Hut,
Er trinkt keinen Wein, denn er sey gut,
Des freuet sich u.s.w.

Wir wünschen dem Herrn einen tiefen Bronnen,
So ist ihm niemals sein Glück zerronnen,
Des freuet sich u.s.w.

Wir wünschen dem Herrn einen goldnen Mutzen,
Er läßt sich auch von keinem trutzen,
Des freuet sich u.s.w.

Wir wünschen dem Herrn einen goldnen Tisch,
Auf jeder Eck einen gebacknen Fisch,
Des freuet sich u.s.w.

Wir wünschen der Frau einen goldnen Rock,
Sie geht daher als wie eine Dock,
Des freuet sich u.s.w.

Wir wünschen dem Sohn eine Feder in die Hand,
Damit soll er schreiben durchs ganze Land,
Des freuet sich u.s.w.

Wir wünschen der Tochter ein Rädelein,
Damit soll sie spinnen ein Fädelein,
Des freuet sich u.s.w.

Wir wünschen der Magd einen Besen in die Hand,
Damit soll sie kehren die Spinnen von der Wand,
Des freuet sich u.s.w.

Wir wünschen dem Knecht eine Peitsch in die Hand,
Damit soll er fahren durchs ganze Land,
Des freuet sich u.s.w.

Dreikönigslied. KL 32

Gott so wollen wir loben und ehrn,
Die heiligen drei König mit ihrem Stern,
Sie reiten daher in aller Eil
In dreisig Tagen vierhundert Meil,
Sie kamen in Herodis Haus,
Herodes sahe zum Fenster raus:
Ihr meine liebe Herrn, wo wollt ihr hin?
Nach Bethlehem steht unser Sinn.

Da ist geboren ohn' alles Leid
Ein Kindlein von einer reinen Maid.
Herodes sprach aus großem Trotz:
Ey warum ist der hinder so schwarz?
O lieber Herr, er ist uns wohl bekannt,
Er ist ein König im Mohrenland,
Und wöllend ihr uns recht erkennen,
Wir dörffend uns gar wohl nennen.
Wir seynd die König vom finstern Stern,
Und brächten dem Kindlein ein Opfer gern,
Myrrhen, Weihrauch und rothes Gold,
Wir seynd dem Kindlein ins Herz nein hold.
Herodes sprach aus Uebermuth,
Bleibend bei mir, und nehmt für gut,
Ich will euch geben Heu und Streu,
Ich will euch halten Zehrung frey.
Die heiligen drei König thäten sich besinnen,
Fürwahr, wir wollen jezt von hinnen.
Herodes sprach aus trutzigem Sinn,
Wollt ihr nicht bleiben, so fahret hin.
Sie zogen über den Berg hinaus,
Sie funden den Stern ob dem Haus,
Sie traten in das Haus hinein,
Sie funden Jesum in dem Krippelein.
Sie gaben ihm ein reichen Sold,
Myrrhen, Weyhrauch und rothes Gold.
Joseph bei dem Kripplein saß,
Bis daß er schier erfroren was.
Joseph nahm ein Pfännelein,
Und macht dem Kind ein Müßelein.
Joseph, der zog seine Höselein aus,
Und macht dem Kindlein zwey Windelein d'raus.
Joseph, lieber Joseph mein,
Hilf mir wiegen mein Kindelein.
Es waren da zwey unvernünftige Thier,

Sie fielen nieder auf ihre Knie.
Das Oechselein und das Eselein,
Die kannten Gott den Herren rein.
Amen.

Christkindleins Wiegenlied. KL 33

O Jesulein zart,
O Jesulein zart,
Das Kripplein ist hart,
Wie liegst du so hart,
Ach schlaf, ach thu die Aügelein zu,
Schlaf, und gieb uns die ewige Ruh.

Schlaf Jesulein wohl,
Nichts hindern soll
Ochs Esel und Schaf,
Sind alle im Schlaf.
Schlaf Kind schlaf, thue dein Aüglein zu,
Schlaf und gieb uns die ewige Ruh.

Dir Seraphim singt,
Und Cherubim klingt,
Viel Engel im Stall,
Die wiegen dich all.
Schlaf Kind schlaf, thu dein Aüglein zu,
Schlaf und gieb uns die ewige Ruh.

Sieh Jesulein sieh,
Sankt Joseph ist hie,
Ich bleib auch hiebei,
Schlaf sicher und frei.
Schlaf Kind schlaf, thu dein Aüglein zu,
Schlaf, und gieb uns die ewige Ruh.

Schweig Eselein still,
Das Kind schlafen will,
Ey Oechsle nicht brüll,
Das Kind das schlafen will.
Schlaf Kind schlaf, thu dein Aügelein zu,
Schlaf, und gieb uns die ewige Ruh.

KL 35

Wiegenlied.

O Jesu liebes Herrlein mein,
Hilf mir wiegen mein Kindelein,
Im Himmelreich, und in der lieben Christenheit,
Eya! Eya! Schlaf du liebes Kindelein,
Der heilig Christ will bei dir seyn,
Mit seinen lieben Engelein, in Ewigkeit.
O du liebes Jesulein,
Du Tröster mein, erfreu mich fein,
Und mach uns arme Würmelein
Zu Dienern dein!

O Jesu, Gottes Söhnelein,
Und Marien Kindelein,
Laß dir mein Kind befohlen seyn,
Im Himmelreich, und in seim kleinen Wiegelein,
Eya! Eya! schlaf mein liebes Kindelein,
Dein Christ bringt dir gut Aepfelein,
Baut dir ein schönes Häuselein im Himmelreich.
Du trautes Jesulein,
Gottes Lämmelein, erbarm dich mein,
Und faß mich auf dein Rückelein
Und trag mich fein.

O Jesu, liebes Brüderlein,
Du wollst Emanuelchen seyn,

Und unser ewigs Priesterlein,
Im Himmelreich, und in der lieben Christenheit.
Eya! Eya! schweig du trautes Kindelein,
Es beißt dich sonst ein Eselein,
Und stößt dich Josephs Oechselein, zu Bethlehem.
O du süßes Jesulein,
Erhalt uns rein, im Glauben dein,
Bitt für uns arme Sünderlein,
Den Vater dein.

Jesus das zarte Kindelein,
Lag in ein'm harten Krippelein,
Gewindelt in ein Tüchelein,
Zu Bethlehem, im finstern Stall, beim Oechselein.
Eya! Eya! Joseph kocht ein Müselein,
Maria streichts ihrm Söhnlein ein,
Das Küßlein wärmt ein Engelein;
Nun singet fein, o du liebes Jesulein,
Die Unschuld dein, laß unser seyn,
Und mach uns arme Leute fein
Heilig und rein.

Frühlingsumgang. KL 36

Heut ist mitten in der Fasten,
Da leeren die Bauren die Kasten.

Die Kasten sind alle so leer,
Bescheer uns Gott ein andres Jahr!

Die Früchte im Felde, sie kleiden so wohl,
Sie kleiden dem Bäuerlein die Scheuerlein voll.

Wo sind unsere hiesigen Knaben,
Die uns den Sommerkranz helfen rumme tragen.

Sie liegen wohl hinter dem Wingertsberg,
Und schaffen ihre Händelein rauh.

Jetzt gehn wir vor des Wirten Haus,
Da schaut der Herr zum Fenster raus.

Er schaut wohl raus und wieder n'ein,
Er schenkt uns was ins Beutelein n'ein.

Wir schreibens wohl auf ein Lilienblatt,
Wir wünschen dem Herrn einen guten Tag.

Wir wünschen dem Herrn einen goldenen Tisch,
Auf jeden Spitzen gebackene Fisch.

Mitten darinnen eine Kante voll Wein,
Damit soll er brav lustig seyn.

Wir wünschen der Frau eine goldene Wiege,
Damit soll sie ihr Kindelein wiegen.

Wir wünschen der Frau eine goldene Schnur,
Damit bindt sie ihr Kindelein zu.

Wir wünschen dem Herrn einen silbernen Wagen,
Damit soll er ins Himmelreich fahren!

KL 37

Wenn die Kinder ihre heiße Suppe rühren.

Lirum larum Löffelstiel,
Alte Weiber essen viel,
Junge müssen fasten,
Brod liegt im Kasten,
Messer liegt daneben,
Ey was ein lustig Leben!

Das Sommertagslied. KL 38

In der Pfalz und umliegenden Gegenden gehen am Sonntag Lätare, welchen man den Sommertag nennt, die Kinder auf den Gassen herum mit hölzernen Stäben, an welchen eine mit Bändern geschmückte Bretzel hängt, und singen den Sommer an, worüber sich jedermann freut. Auch gehen oft zwei erwachsene junge Bursche verkleidet herum, von welchen einer den Sommer, der andere den Winter vorstellt, diese kämpfen miteinander, und der Winter verliert. Im Kraichgau tragen die Mägdlein bei diesem Fest einen mit Immergrün umwundenen Reif auf einem Stecken, an dem Reife hängen kleine Spiegel, Goldflitter und Bretzeln. Die Knaben aber tragen viele solche kleinere Kränze an ihren Stecken, und geben immer einen als Gegengabe in jedem Hauße ab, wo sie für ihren Gesang Geld, Eier, Schmalz oder Mehl erhalten. Dieser Kranz wird in der Mittenstube über dem Tisch an einem Faden aufgehängt, und bleibt bis zum nächsten Jahre hängen. Durch die Ofenwärme, die in die Höhe zieht, bewegt sich der Kranz zuweilen, dann sagen die Kinder: das bedeute was Gutes, wenn aber eine Hexe in die Stube kömmt, sagen die alten Weiber, stehe der Kranz still. Das Sommerlied aber heißt so:

Tra, ri, ro,
Der Sommer, der ist do!
Wir wollen naus in Garten,
Und wollen des Sommers warten,
Jo, jo, jo,
Der Sommer, der ist do.

Tra, ri, ro,
Der Sommer, der ist do!
Wir wollen hinter die Hecken,
Und wollen den Sommer wecken,

Jo, jo, jo,
Der Sommer, der ist do!

Tra, ri, ro,
Der Sommer, der ist do!
Der Sommer, der Sommer!
Der Winter hats verloren,
Jo, jo, jo,
Der Sommer, der ist do.

Tra, ri, u.s.w.
Zum Biere, zum Biere,
Der Winter liegt gefangen,
Den schlagen wir mit Stangen,
Jo, u.s.w.

Tra, ri, u.s.w.
Zum Weine, zum Weine,
In meiner Mutter Keller,
Liegt guter Muskateller,
Jo, u.s.w.

Tra, ri, u.s.w.
Wir wünschen dem Herrn
Ein goldnen Tisch,
Auf jeder Eck ein gebacknen Fisch,
Und mitten hinein
Drei Kannen voll Wein,
Daß er dabei kann fröhlich seyn.
Jo, jo, jo,
Der Sommer, der ist do.

Brunneneyer-Liedlein. KL 40

In Kreuznach und andern Städten am Rhein werden um Johannistag die Brunnen gereinigt, und neue Brunnenmeister erwählt, wobei sich die Nachbarn versammeln, und nachdem sie manche nachbarliche Angelegenheit besprochen, ein kleines Fest geben. An dem Tage dieses Festes ziehen die Kinder in der Nachbarschaft Eyer sammlen herum, die sie in einen mit Feldblumen geschmückten Korb auf Blätter legen, und sich Abends zu einem eignen Feste backen lassen, bei ihrem Eyersammlen singen sie folgendes Lied. Diese Gelage waren bereits im funfzehnten Jahrhundert.

Gärtlein, Gärtlein, Brunneneyer,
Heut han wir Johannistag,
Grün sind die Lilien,
Rufen wir Frau Wirthin an,
Draus auf den Leyen, (Leye, Schiefer)
Steht ein Korb voll Eier,
Sind sie zerbrochen,
Gebt mir eure Tochter,
Sind sie zu klein,
Gebt mir zwey für ein,
Strih, strah, stroh,
Heut übers Jahr sind wir all miteinander wieder do!

Knecht, Magd, Ochs, Esel, und alles, was mein ist. KL 41

Als ich ein armes Weib war,
Zog ich über den Rhein,
Bescheert mir Gott ein Hühnelein,
War ich ein reiches Weib,

Gieng ich über die Wiese,
Fragten alle Leut,
Wie mein Hühnlein hiese,
Bibberlein heißt mein armes Hühnelein.

Als ich ein armes Weib war,
Zog ich über den Rhein,
Bescheert mir Gott ein Entelein,
War ich ein reiches Weib,
Gieng ich über die Wiese,
Fragten alle Leut,
Wie mein Entlein hiese,
Entequentlein heißt mein Entlein.
Bibberlein heißt mein armes Hühnelein.

Als ich ein armes Weib war,
Zog ich über den Rhein,
Bescheert mir Gott ein Gänselein.
War ich ein reiches Weib,
Gieng ich über die Wiese,
Fragten alle Leut,
Wie mein Gänselein hiese,
Wackelschwänzlein heißt mein Gänslein, u.s.w.

Als ich u.s.w.
Bescheert mir Gott ein Zickelein,
u.s.w.
Klipperbein heißt mein armes Zickelein,
Wackelschwänzlein u.s.w.

Als ich u.s.w.
Bescheert mir Gott ein Schweinelein,
u.s.w.
Schmortöpflein heißt mein armes Schweinelein,
Klipperbein u.s.w.

Als ich u.s.w.
Bescheert mir Gott ein Kuh,
Gute Muh heißt mein Kuh,
Schmortöpflein heißt mein Schwein,
u.s.w.

Als ich u.s.w.
Bescheert mir Gott ein Haus,
Guckeraus heißt mein Haus,
Gute Muh u.s.w.

Als ich u.s.w.
Bescheert mir Gott ein Mann,
Kegelbahn heißt mein Mann,
u.s.w.

Bescheert mir Gott ein Kind,
Goldenring heißt mein Kind.

Bescheert mir Gott ein Magd,
Hat er gesagt heißt meine Magd.

Bescheert mir Gott ein Pferd,
Ehrenwerth heißt mein Pferd.

Bescheert mir Gott ein Knecht,
Haberecht heißt mein Knecht.

Bescheert mir Gott ein Hahn,
Wettermann heißt mein Hahn.

Bescheert mir Gott ein Floh,
Hüpf ins Stroh heißt mein Floh.

Nun kennt ihr mich mit Mann und Kind,
Und all meinem Hausgesind.

KL 44 Für die Jüngelcher von unsern Leut.

Ein Zicklein, ein Zicklein,
Das hat gekauft das Väterlein,
Um zwey Schilling Pfennig,
Ein Zicklein!

Da kam das Kätzlein,
Und aß das Zicklein,
Das hat gekauft mein Väterlein,
Um zwey Schilling Pfennig,
Ein Zicklein! Ein Zicklein!

Da kam das Hündelein,
Und biß das Kätzelein,
Das da hat gegessen das Zicklein,
Das da hat gekauft mein Väterlein,
Um zwey Schilling Pfennig,
Ein Zicklein!

Da kam das Stöckelein,
Und schlug das Hündlein,
Das da hat gebissen das Kätzlein,
Das da hat gegessen das Zicklein,
Das da hat gekauft mein Väterlein,
Um zwey Schilling Pfennig,
Ein Zicklein!

Da kam das Feuerlein,
Und verbrennt das Stöckelein,
Das da hat geschlagen das Hündelein,
Das da hat gebissen das Kätzlein,
Das da hat gegessen das Zicklein,
Das da hat gekauft mein Väterlein,
Um zwey Schilling Pfennig,
Ein Zicklein!

Da kam das Wasserlein,
Und verlöscht das Feuerlein,
Das da hat verbrennt das Stöcklein,
Das da hat geschlagen das Hündlein,
Das da hat gebissen das Kätzlein,
Das da hat gegessen das Zicklein,
Das da hat gekauft mein Väterlein,
Um zwey Schilling Pfennig,
Ein Zicklein!

Da kam der Ochse
Und trank das Wasserlein,
Das da hat verlöscht das Feuerlein,
Das da hat verbrennt das Stöckelein,
Das da hat geschlagen das Hündelein,
Das da hat gebissen das Kätzelein,
Das da hat gegessen das Zicklein,
Das da hat gekauft mein Väterlein,
Um zwey Schilling Pfennig,
Ein Zicklein! Ein Zicklein!

Da kam der Schóchet, (Metzger)
Und schecht den Ochsen,
Der da hat getrunken das Wasserlein,
Das da hat verlöscht das Feuerlein,
Das da hat verbrennt das Stöckelein,
Das da hat geschlagen das Hündelein,
Das da hat gebissen das Kätzlein,
Das da hat gegessen das Zicklein,
Das da hat gekauft das Väterlein,
Um zwey Schilling Pfennig,
Ein Zicklein! ein Zicklein!

Da kam der Málach Hammóves, (Engel des Todes)
Und schecht den Schóchet,
Daß er hat geschecht den Ochsen,

Daß er hat getrunken das Wasserlein,
Das da hat verlöscht das Feuerlein,
Das da hat verbrennt das Stöckelein,
Das da hat geschlagen das Hündelein,
Das da hat gebissen das Kätzlein,
Das da hat gegessen das Zicklein,
Das da hat gekauft das Väterlein,
Um zwey Schilling Pfennig,
Ein Zicklein! Ein Zicklein!

Da kam unser lieber Herr Gott,
Und schecht den Málach Hammóves,
Der da hat geschecht den Schóchet,
Der da hat geschecht den Ochsen,
Daß er hat getrunken das Wasserlein,
Das da hat verlöscht das Feuerlein,
Das da hat verbrennt das Stöckelein,
Das da hat geschlagen das Hündelein,
Das da hat gebissen das Kätzlein,
Das da hat gegessen das Zicklein,
Das da hat gekauft das Väterlein,
Um zwey Schilling Pfennig,
Ein Zicklein! Ein Zicklein.

KL 47 Kinder-Konzert, prima vista.

Kleins Männele, kleins Männele, was kannst du machen?
Ich kann wohl spielen auf meiner Trumm,
Rum bum, bidi bum, so macht meine Trumm.
Rum bum, bidi bum.

Kleins Männele, u.s.w. was kannst du machen u.s.w.
Ich kann wohl spielen auf meiner Flöt,
Dill dill dill, so macht meine Flöt,

Rum bum, bidi bum, so macht meine Trumm.
Rum bum, bidi bum, dill dill dill.

Kleins Männele, u.s.w. was kannst du machen u.s.w.
Ich kann wohl spielen auf meiner Geig,
Ging ging ging, so macht meine Geig,
Dill dill dill, so macht meine Flöt,
Rum bum, bidi bum, so macht meine Trumm.
Rum bum, bidi bum, dill dill dill, ging ging ging.

Kleins Männele, u.s.w. was kannst du machen u.s.w.
Ich kann wohl spielen auf meiner Zitter,
Bring bring bring, so macht meine Zitter,
Ging ging ging, so macht meine Geig,
Dill dill dill, so macht meine Flöt,
Rum bum, bidi bum, so macht meine Trumm.
Rum bum, bidi bum, dill dill dill, ging ging ging, bring
bring bring.

Kleins Männele, u.s.w. was kannst du machen u.s.w.
Ich kann wohl spielen auf meiner Laute,
Blum blum blum, so macht meine Laute,
Bring bring bring, so macht meine Zitter,
Ging ging ging, so macht meine Geig,
Dill dill dill, so macht meine Flöt,
Rum bum, bidi bum, so macht meine Trumm.
Rum bum, bidi bum, dill dill dill, ging ging ging, bring
bring bring, blum blum blum.

Kleins Männele, u.s.w. was kannst du machen u.s.w.
Ich kann wohl spielen auf meinem Fagot,
Du du du, so macht mein Fagot,
Blum blum blum, so macht meine Laute,
Bring bring bring, so macht meine Zitter,
Ging ging ging, so macht meine Geig,
Dill dill dill, so macht meine Flöt,

Rum bum, bidi bum, so macht meine Trumm.
Rum bum, bidi bum, dill dill dill, ging ging ging, bring
bring bring, blum blum blum, du du du.

Kleins Männele, u.s.w. was kannst du machen u.s.w.
Ich kann wohl spielen auf meiner Leier,
Eng eng eng, so macht meine Leier,
Du du du, so macht mein Fagot,
Blum blum blum, so macht meine Laut,
Bring bring bring, so macht meine Zitter,
Ging ging ging, so macht meine Geig,
Dill dill dill, so macht meine Flöt,
Rum bum bum, so macht meine Trumm.
Rum bum, bidi bum, dill dill dill, ging ging ging, bring
bring bring, blum blum blum, du du du, eng,
eng eng.

Kleins Männele, u.s.w. was kannst du machen u.s.w.
Ich kann wohl spielen auf meiner Baßgeig,
Gu gu gu, so macht meine Baßgeig,
Eng eng eng, so macht meine Leier,
Du du du, so macht mein Fagot,
Blum blum blum, so macht meine Laut,
Bring bring bring, so macht meine Zitter,
Ging ging ging, so macht meine Geig,
Dill dill dill, so macht meine Flöt,
Rum bum, bidi bum, so macht meine Trumm.
Rum bum, bidi bum, dill dill dill, ging ging ging, bring
bring bring, blum blum blum, du du du, eng
eng eng, gu gu gu,
in Ewigkeit amen.

Der wunderliche Kittel. KL 49

Ich weiß mir einen Kittel,
Geht vornen nicht zusammen,
Bin ich zu einer Nonn gegangen.
»Ach liebe Nonn gieb auch dazu,
Daß der Kittel fertig wird!«
Sprach die Nonn: »Das soll geschehn,
Will dir meine Kutte geben.« –
Ey so haben wir eine Kutt'!
Hintenzipf,
Freu' dich Mädel, der Kittel wird hübsch.

Ich weiß mir einen Kittel,
Geht vornen nicht zusammen,
Bin ich zu einem Hahn gegangen.
»Ach lieber Hahn, gieb auch dazu,
Daß der Kittel fertig wird!«
Sprach der Hahn: »Das soll geschehn,
Will dir meinen Kamm geben.«
Ey so haben wir einen Kamm!
Hahnenkamm,
Nonnenkutt,
Hintenzipf,
Freu dich Mädel, der Kittel wird hübsch!

Ich weiß mir einen Kittel,
Geht vornen nicht zusammen,
Bin ich zu einer Gans gegangen.
»Ach liebe Gans gieb auch dazu,
Daß der Kittel fertig wird!«
Sprach die Gans: »Das soll geschehn,
Will dir meinen Kragen geben.«
Ey so haben wir einen Kragen!
Ganskragen,
Hahnenkamm,

Nonnenkutt,
Hintenzipf,
Freu dich Mädel, dein Kittel wird hübsch!

Ich weiß mir einen Kittel,
Geht vornen nicht zusammen,
Bin ich zu einer Ent' gegangen.
»Ach liebe Ent' gieb auch dazu,
Daß der Kittel fertig wird!«
Sprach die Ent': »Das soll geschehn,
Will dir meinen Schnabel geben.«
Ey so haben wir einen Schnabel!
Entenschnabel,
Ganskragen,
Hahnenkamm,
Nonnenkutt,
Hintenzipf,
Freu dich Mädel, dein Kittel wird hübsch!

Ich weiß mir einen Kittel,
Geht vornen nicht zusammen,
Bin ich zu einem Haas gegangen.
»Ach lieber Haas, gieb auch dazu,
Daß der Kittel fertig wird!«
Sprach der Haas: »Das soll geschehn,
Will dir meinen Lauf geben.«
Ey so haben wir einen Lauf!
Haasenlauf,
Entenschnabel,
Ganskragen,
Hahnenkamm,
Nonnenkutt,
Hintenzipf,
Freu dich Mädel, dein Kittel wird hübsch.

Was der Gans alles aufgepackt worden ist.

KL 52

Was trägt die Gans auf ihrem Schnabel?
Federgans?
Einen Ritter, mit sammt dem Sabel,
Trägt die Gans auf ihrem Schnabel.
Federgans.
Was trägt die Gans auf ihrem Kopf?
Federgans?
Einen dicken Koch mit sammt dem Topf,
Trägt die Gans auf ihrem Kopf.
Federgans.
Was trägt die Gans auf ihrem Kragen?
Federgans?
Einen Fuhrmann, mit Roß und Wagen,
Trägt die Gans auf ihrem Kragen.
Federgans.
Was trägt die Gans auf ihren Flügeln?
Federgans?
Einen stattlichen Ritter, mit sammt den Bügeln,
Trägt die Gans auf ihren Flügeln.
Federgans.
Was trägt die Gans auf ihrem Rücken?
Federgans?
Ein altes Weib, mit sammt den Krücken,
Trägt die Gans auf ihrem Rücken.
Federgans.
Was trägt die Gans auf ihren Zehen?
Federgans?
Ein Jungfer, die thut Hemdlein nähen,
Trägt die Gans auf ihren Zehen.
Federgans.
Was trägt die Gans auf ihrem Schwanzerl?
Federgans?

Ein Jungfrau in dem Hochzeitskranzerl,
Trägt die Gans auf ihrem Schwanzerl,
Federgans.

KL 53

Kinder-Predigt.

Quibus, quabus,
Die Enten gehn barfuß,
Die Gäns haben gar keine Schuh,
Was sagen dann die lieben Hüner dazu?
Und als ich nun kam an das kanaljeische Meer,
Da fand ich drey Männer, und noch viel mehr,
Der eine hatte niemals was,
Der andre nicht das,
Und der dritte gar nichts,
Die kauften sich eine Semmel,
Und einen Zentner holländischen Käse,
Und fuhren damit an das kanaljeische Meer.
Und als sie kamen an das kanaljeische Meer,
Da kamen sie in ein Land, und das war leer,
Und sie kamen an eine Kirche von Papier,
Darin war eine Kanzel von Korduan,
Und ein Pfaffe von Rothstein,
Der schrie: Heute haben wir Sünde gethan,
Verleiht uns Gott das Leben, so wollen wir morgen wieder dran!
Und die drey Schwestern Lazari,
Katharina, Sibilla, Schweigstilla,
Weinten bitterlich,
Und der Hahn krähete Buttermilch!

Das bucklige Männlein. KL 54

Will ich in mein Gärtlein gehn,
Will mein Zwiebeln gießen;
Steht ein bucklicht Männlein da,
Fängt als an zu nießen.

Will ich in mein Küchel gehn,
Will mein Süpplein kochen;
Steht ein bucklicht Männlein da,
Hat mein Töpflein brochen.

Will ich in mein Stüblein gehn,
Will mein Müßlein essen;
Steht ein bucklicht Männlein da,
Hats schon halber gessen.

Will ich auf mein Boden gehn,
Will mein Hölzlein holen;
Steht ein bucklicht Männlein da,
Hat mirs halber g'stohlen.

Will ich in mein Keller gehn,
Will mein Weinlein zapfen;
Steht ein bucklicht Männlein da,
Thut mir'n Krug wegschnappen.

Setz ich mich ans Rädlein hin,
Will mein Fädlein drehen;
Steht ein bucklicht Männlein da,
Läßt mirs Rad nicht gehen.

Geh ich in mein Kämmerlein,
Will mein Bettlein machen;
Steht ein bucklicht Männlein da,
Fängt als an zu lachen.

Wenn ich an mein Bänklein knie,
Will ein bislein beten;
Steht ein bucklicht Männlein da,
Fängt als an zu reden.

Liebes Kindlein, ach ich bitt,
Bet' für's bucklicht Männlein mit!

KL 56a

Einquartierung.

Die Enten sprechen: Soldaten kommen! Soldaten kommen!
Der Enterich spricht: Sackerlot, sackerlot!
Der Haushund spricht: Wo? wo? wo? wo?
Die Katze spricht: Von Bernau, von Bernau!
Der Hahn auf der Mauer: Sie sind schon da.

KL 56b

Kriegsgebet.

Bet' Kinder bet',
Morge kommt der Schwed,
Morge kommt der Oxestern,
Der wird die Kinder bete lern.

KL 56c

Trompeterstückchen.

Heiderlau!
Stirbt meine Frau,
Reis' ich in die Wetterau,
Hol mir eine andre,

Die soll seyn,
Hübsch und fein,
Schöner als die andre.

Dito.

KL 57a

A Herr verscho o o ne mich,
Jesus Maria a a,
Ist dann kein Kavallerie mehr da,
Jesus Marie,
Wo bleibt dann die Infanterie,
Hätten wir dies,
Hätten wir das,
Hätten wir Heu,
Hätten wir Gras,
So haben wir aber nichts als diese
Alte, alte, alte Schindmährerere.

Kriegslied.

KL 57b

Husaren kommen reiten,
Den Säbel an der Seiten!
Hau dem Schelm ein Ohr ab,
Hau's ihm nicht zu dicht ab,
Laß ihm noch ein Stücklein dran,
Daß man den Schelm erkennen kann.

KL 57c

Vor der rechten Schmiede.

Beschlag, beschlag's Rößle,
Zu Ulm steht ein Schlößle,
Steht ein Schmiedle nah dabei,
Schmiedle abschlag mirs Rößle gleich,
Hab ich Nägele zu tief rein g'schlage,
Muß ichs wieder rausser grabe.

KL 58a

Wer da.

Drei Gäns im Haberstroh
Saßen da und waren froh,
Dann kam ein Bauer gegangen,
Mit einer langen Stangen,
Ruft: Wer do? Wer do?
Drei Gäns im Haberstroh
Saßen da und waren froh!

KL 58b

Proklamation.

Aennele wehr, Aennele wehr,
Buben sind im Garten,
Steck den hintern Riegel für,
Und laß die Narren warten.

KL 58c

Engelsgesang.

O du mein Gott, o du mein Gott,
Singen Engellein so fein,

Singen aufe, singen abe,
Schlagen Trillerlein drein!

Morgenlied von den Schäfchen. KL 59

Schlaf, Kindlein, schlaf,
Der Vater hüt die Schaaf,
Die Mutter schüttelts Bäumelein,
Da fällt herab ein Träumelein,
Schlaf, Kindlein, schlaf.

Schlaf, Kindlein, schlaf,
Am Himmel ziehn die Schaaf,
Die Sternlein sind die Lämmerlein,
Der Mond der ist das Schäferlein,
Schlaf, Kindlein, schlaf.

Schlaf, Kindlein, schlaf,
Christkindlein hat ein Schaaf,
Ist selbst das liebe Gotteslamm,
Das um uns all zu Tode kam,
Schlaf, Kindlein, schlaf!

Schlaf, Kindlein, schlaf,
So schenk ich dir ein Schaaf,
Mit einer goldnen Schelle fein,
Das soll dein Spielgeselle seyn,
Schlaf, Kindlein, schlaf!

Schlaf, Kindlein, schlaf,
Und blöck nicht wie ein Schaaf,
Sonst kömmt des Schäfers Hündelein,
Und beißt mein böses Kindelein,
Schlaf, Kindlein, schlaf.

Schlaf, Kindlein, schlaf,
Geh fort und hüt die Schaaf,
Geh fort du schwarzes Hündelein,
Und weck mir nicht mein Kindelein,
Schlaf, Kindlein, schlaf.

KL 60a

Wiegenlied im Freien.

Da oben auf dem Berge,
Da rauscht der Wind,
Da sitzet Maria,
Und wieget ihr Kind,
Sie wiegt es mit ihrer schneeweißen Hand,
Dazu braucht sie kein Wiegenband.

KL 60b

Reiterlied auf des Vaters Knie.

Troß troß trill,
Der Bauer hat ein Füll,
Das Füllen will nicht laufen,
Der Bauer wills verkaufen,
Verkaufen wills der Bauer,
Das Leben wird ihm sauer,
Sauer wird ihm das Leben,
Der Weinstock, der trägt Reben,
Reben trägt der Weinstock,
Hörner hat der Ziegenbock,
Der Ziegenbock hat Hörner,
Im Wald, da wachsen Dörner,
Dörner wachsen im Wald,
Der Winter, der ist kalt,
Kalt ist der Winter,

Vor der Stadt wohnt der Schinder,
Wenn der Schinder gessen hat,
So ist er satt.

Die arme Bettelfrau singt das kranke Kind in Schlaf.

KL 61a

Eya popeya popole,
Unser Herrgottche wird dich bald hole,
Kömmt er mit dem gulderne Lädche,
Legt dich hinunter ins Gräbche:
Ueber mich,
Ueber dich,
Kummer mitnander ins Himmelrich!

Wiegenlied einer alten frommen Magd.

KL 61b

Ich wollte mich zur lieben Maria vermiethen,
Ich sollte ihr Kindlein helfen wiegen;
Sie führt mich in ihr Kämmerlein,
Da waren die lieben Engelein,
Die sangen alle Gloria!
Gelobet sey Maria!

Ammen-Uhr.

KL 62

Der Mond, der scheint,
Das Kindlein weint,
Die Glock schlägt zwölf,
Daß Gott doch allen Kranken helf!

Gott alles weiß,
Das Mäuslein beißt,
Die Glock schlägt Ein,
Der Traum spielt auf dem Küssen dein.

Das Nönnchen läut
Zur Mettenzeit,
Die Glock schlägt zwei!
Sie gehn ins Chor in einer Reih.

Der Wind, der weht,
Der Hahn, der kräht,
Die Glock schlägt drei,
Der Fuhrmann hebt sich von der Streu.

Der Gaul, der scharrt,
Die Stallthür knarrt,
Die Glock schlägt vier,
Der Kutscher siebt den Haber schier.

Die Schwalbe lacht,
Die Sonn erwacht,
Die Glock schlägt fünf,
Der Wandrer macht sich auf die Strümpf.

Das Hun gagackt,
Die Ente quackt,
Die Glock schlägt sechs,
Steh auf, steh auf du faule Hex.

Zum Becker lauf,
Ein Wecklein kauf,
Die Glock schlägt sieben,
Die Milch thu an das Feuer schieben.

Thu Butter nein,
Und Zucker fein,

Die Glock schlägt acht,
Geschwind dem Kind die Supp gebracht.

Meelämmchen. KL 63

Mee Lämmchen, mee!
Das Lämmchen lauft in Wald,
Da stieß sichs an ein Steinchen,
That ihm weh sein Beinchen,
Da schrie das Lämmchen mee!

Mee Lämmchen, mee!
Das Lämmchen lauft in Wald,
Da stieß sichs an ein Stöchelchen,
That ihm weh sein Köppelchen,
Da schrie das Lämmchen mee!

Mee Lämmchen, mee!
Das Lämmchen lauft in Wald,
Da stieß sichs an ein Sträuchelchen,
That ihm weh sein Bäuchelchen,
Da schrie das Lämmchen mee!

Mee Lämmchen, mee!
Das Lämmchen lauft in Wald,
Da stieß sichs an ein Hölzchen,
That ihm weh sein Hälschen,
Da schrie das Lämmchen mee!

KL 64a

Die Magd an der Wiege.

Hab ich mirs nicht längst gedacht,
Sitz ich an der Wiegen,
Hab den Wedel in der Hand,
Wehr dem Kind die Fliegen.

Wenn die Leut spazieren gehn,
Muß ich an der Wiege stehn,
Muß da machen knick und knack,
Schlaf du kleiner Habersack.

KL 64b

Eia popeia etzetera.

Eia im Sause,
Zwei Wiegen in einem Hause,
Soll der Vater nicht werden bang,
Um zwei Wiegen in einem Gang,
Eia im Sause.

Eia wiwi!
Wer schläft heut Nacht bei mir,
Solls mein liebes Hänschen seyn,
Wird es auch hübsch freundlich seyn,
Eia wiwi.

Eia pum pum,
Unser kleiner Jung,
Will noch nicht alleine schlafen,
Will sich noch rumpumpeln lassen,
Eia pum pum.

Eia polei,
Kocht dem Schelm ein Brei,

Thut brav Zucker und Butter hinein,
So kriegt der Schelm ein geschmeidigen Sinn,
Eia polei.

Eia schlaf süße,
Ich wieg dich mit den Füßen,
Ich wieg dich mit dem schwarzen Schuh,
Schlaf mein Kind schlaf immer zu.
Eia schlaf süße.

Eia popeien,
Willst du immer schreien,
Flenn Els auf der Geigen,
Kannst du nit geschweigen,
Eia popeien.

Eia popille,
Schweigst du mir nicht stille,
Geb ich dir du Sünderlein,
Die Ruthe vor dein Hinterlein,
Eia popille!

Wiegenlied.

KL 66

Eio popeio, was rasselt im Stroh,
Die Gänslein gehn barfus,
Und haben keine Schuh,
Der Schuster hats Leder,
Kein Leisten dazu,
Kann er den Gänslein
Auch machen kein Schuh.

Eio popeio, schlags Kikelchen todt,
Legt mir keine Eier,

Und frißt mir mein Brod,
Rupfen wir ihm dann
Die Federchen aus,
Machen dem Kindlein
Ein Bettlein daraus.

Eio popeio, das ist eine Noth,
Wer schenkt mir ein Heller,
Zu Zucker und Brod?
Verkauf ich mein Bettlein,
Und leg mich aufs Stroh,
Sticht mich keine Feder,
Und beißt mich kein Floh
Eio popeio.

KL 67

Walte Gott Vater!

Eya popeya!
Schlief lieber wie du,
Willst mirs nicht glauben,
So sieh mir nur zu.
Sieh mir nur zu,
Wie schläfrig ich bin,
Schlafen, zum schlafen,
Da steht mir mein Sinn.
Ey eya popeya.

Hab ich mein Kindele
Schlafen niedergelegt,
Hab ichs mit Walte
Gott Vater! zugedeckt.
Das Walte Gott Vater,
Sohn, heiliger Geist,

Der mir mein Kindele
Tränket und speißt.
Ey eya popeya.

Zu Bett.

KL 68a

Zu Bett, zu Bett,
Die ein Kindle hätt,
Die keinen hätt,
Muß auch zu Bett.

Der Vogelfänger.

KL 68b

Hab ein Vögele gefangen,
Im Federbett,
Habs in Arm 'nein g'nommen,
Habs lieb gehät!

Gute Nacht, mein Kind!

KL 68c

Guten Abend, gute Nacht,
Mit Rosen bedacht,
Mit Näglein besteckt,
Schlupf' unter die Deck,
Morgen früh, wenns Gott will,
Wirst du wieder geweckt.

KL 69a

Morgenlied.

Steht auf ihr lieben Kinderlein,
Der Morgenstern mit hellem Schein,
Läßt sich sehn frei gleich wie ein Held,
Und leuchtet in die ganze Welt.

Sey willkommen, du lieber Tag,
Vor dir die Nacht nicht bleiben mag,
Leucht uns in unsre Herzen fein,
Mit deinem himmelischen Schein.

KL 69b

Sämann.

Hutsch he! hutsch he!
Der Ackermann säet,
Die Vögelein singen,
Die Kernlein zerspringen,
Hutsch he! hutsch he!

KL 69c

Mondliedchen.

Wie der Mond so schön scheint,
Und die Nachtigall singt,
Wie lustig mags im Himmel seyn,
Beim kleinen Jesuskind.

Tanzliedchen im Grünen. KL 70a

Heidelbeeren, Heidelbeeren
Stehn in unserm Garten,
Mutter gieb mir auch ein Paar,
Kann nicht länger warten.

Tannebaum. KL 70b

O Tannebaum, o Tannebaum!
Du bist ein edles Reis!
Du grünest in dem Winter,
Als wie zur Sommerszeit!

Warum sollt ich nit grünen,
Da ich noch grünen kann?
Ich hab kein Vater, kein Mutter,
Der mich versorgen kann.

Sonnenlied. KL 70c

Sonne, Sonne, scheine,
Fahr über Rheine,
Fahr übers Glockenhaus,
Gucken drey schöne Puppen raus,
Eine die spinnt Seiden,
Die andre wickelt Weiden,
Die andre geht ans Brünnchen,
Findt ein goldig Kindchen;
Wer solls heben?
Die Töchter aus dem Löwen.
Wer soll die Windeln wäschen?
Die älte Schneppertäschen.

KL 71a

Wo bist du dann gesessen?

Auf'm Bergle bin ich gesessen,
Hab dem Vögele zug'schaut,
Ist ein Federle abe geflogen,
Hab'n Häusle draus baut.

KL 71b

Im Frühling, wenn die Maiglöckchen läuten.

Kling, kling Glöckchen,
Im Haus steht ein Döckchen,
Im Garten steht ein Hünernest,
Stehn drei seidne Döckchen drin,
Eins spinnt Seiden,
Eins flicht Weiden,
Eins schließt den Himmel auf,
Läßt ein bischen Sonn heraus,
Läßt ein bischen drinn,
Daraus die Liebfrau Maria spinn,
Ein Röcklein für ihr Kindelein.

KL 72a

Beim Spaziergang.

Steig auf das Bergle,
Fall aber nit herab,
O herzig liebs Schätzle,
Brichs Füßle nit ab!

Guten Appetit. KL 72b

Es regnet, Gott segnet,
Die Sonne scheint,
Der Mond greint,
Der Pfaff sitzt aufm Laden,
Frißt all die Palisaden!
Die Nonne geht ins Wirthshaus,
Und trinkt die Gläser all, all aus.

Anschauungs-ABC. KL 72c

A, b, ab,
Thu die Kapp ab.
A b c
Die Katz, die läuft in Schnee,
Der Kater hinter her,
Mit einem großen Stücke Schmeer.

Wenn der Schelm die ersten Hosen anzieht. KL 73a

Zimmermäntle, Zimmermäntle,
Leih mir deine Hosen, –
Nein, nein, leih dir sie nit,
Sie hangen hinterm Ofen!

KL 73b Wenn man die kleinen Jungen
mit ihren Schlappertüchlein am Hals
zu Tische setzt.

Hau dich nit, stich dich nit, brenn dich nit,
Suppen ist heiß,
Schneider, wenn du reiten willt,
Setz dich auf die Geis.

KL 73c Wenn das Kind etwas nicht gern ißt.

Bum bam beier,
Die Katz mag keine Eier,
Was mag sie dann?
Speck aus der Pfann!
Ey wie lecker ist unsre Madam!

KL 73d Wenn das Kind allzu wißbegierig ist.

Warum?
Darum.
Warum denn darum?
Um die Krumm.
Warum denn um die Krumm?
Weils nicht grad ist!

KL 74a Wenn die Hühner im Garten sind.

Mein Hinkelchen, mein Hinkelchen,
Was machst in unserm Garten,

Pflückst uns all die Blümchen ab,
Machst es gar zu arg,
Mutter wird dich jagen,
Vater wird dich schlagen,
Mein Hinkelchen, mein Hinkelchen,
Was machst in unserm Garten.

Wenn die Kinder gehen lernen. KL 74b

Trommel auf dem Bauch, hast ein schweren Ranzen,
Kannst du erst auf Stelzen gehn, so kannst du auch bald tanzen.

Wenn die Kinder auf der Erde herum rutschen. KL 74c

Guck hinüber, fuff herüber,
Wohl über die Straß hinum,
Kann Deutschland nicht finden,
Rutsch alleweil drauf rum.

Wenn man die Kinder im Schlitten fährt. KL 75a

Schäfele hat ein Küttele an,
Hänget voller Röllen,
Wann es über d' Gassen geht,
Fangen die Hund an bellen.

Schäfele komm,
Schlag mir die Tromm,

Führ mir mein Fritzle
Im Schlittle herum.

KL 75b

Weinsüppchen.

Anne Margritchen!
Was willst du, mein Liebchen?
Ich trinke so gerne
Gezückerten Wein.

Zwey Pfund Zuckerchen,
Ein Pfund Butterchen,
Zwey Maaße Wein,
So muß es gut seyn.

Schütt' es in ein Kesselchen,
Rühr es mit dem Löffelchen,
Anne Margritchen,
Welch Süpplein ist das?

Eine Weinsupp'! eine Weinsupp'!

KL 76a

Wetterprophet.

Drei Wolken am Himmel,
Was soll dies bedeuten?
Der Mesmer soll heimgeh,
Soll Wetter läuten!

Wenn die Kinder üble Laune haben. KL 76b

Zürnt und brummt der kleine Zwerg,
Nimmt er alles überzwerch,
Ein Backofen für ein Bierglaß,
Den Mehlsack für ein Weinfaß,
Den Kirschbaum für ein Besenstiel,
Den Flederwisch für ein Windmühl,
Die Katz für eine Wachtel,
Den Sieb für eine Schachtel,
Das Hackbrett für ein Löffel,
Den Hansel für den Stöffel.

Wiegenlied. KL 76c

Höre mein Kindchen, was will ich dir singen,
Aepfel und Birnen soll Vater mitbringen,
Pflaumen, Rosinen und Feigen,
Mein Kindchen soll schlafen und schweigen.

Schulkrankheit. KL 77a

Bist so krank als wie ein Huhn,
Magst gern essen und nichts thun.

Den kleinen Kindern in die Hand gepatscht. KL 77b

Patsche, patsche Küchelchen,
Mir und dir ein Krügelchen,

Mir und dir ein Tellerchen,
Mir und dir ein Hellerchen,
Sind wir zwey Gesellerchen.

KL 77c

Butzemann.

Es tanzt ein Butzemann
In unserm Haus herum di dum,
Er rüttelt sich, er schüttelt sich,
Er wirft sein Säckchen hinter sich,
Es tanzt ein Butzemann
In unserm Haus herum.

KL 77d

Zu Gaste gebeten.

Geh mit mir in die Heidelbeeren,
Heidelbeeren sind noch nit blo, (blau)
Geh mit mir ins Haberstroh,
Haberstroh ist noch nit zeitig,
Geh mit mir ins Besenreisig,
Besenreisig ist noch nit auf,
Geh mit mir die Trepp hinauf,
Trepplein ist verbrochen,
Sind wir nauf gekrochen,
Sind wir in dem Kämmerlein,
Schenk ein Schöpplein Wein ein.

Nicht weit her. KL 78 a

Ein Himmel ohne Sonn,
Ein Garten ohne Bronn,
Ein Baum ohne Frucht,
Ein Mägdlein ohne Zucht,
Ein Süpplein ohne Brocken,
Ein Thurm ohne Glocken,
Ein Soldat ohne Gewehr,
Sind alle nicht weit her.

Ich schenk dir was. KL 78 b

Was ist denn das?
Ein silbernes Wart ein Weilchen,
Und ein goldnes Nixchen,
In einem Niemahlenen Büchschen.

Hast du auch was gelernt? KL 79 a

Wacker Mägdlein bin ich ja,
Rothe Strümpflein hab ich an,
Kann stricken, kann nehen,
Kann Haspel gut drehen,
Kann noch wohl was mehr!

Was möchtest du nicht? KL 79 b

Ich möcht vor tausend Thaler nicht,
Daß mir der Kopf ab wär,

Da spräng ich mit dem Rumpf herum,
Und wüßt nicht, wo ich wär,
Die Leut schrien all und blieben stehn:
Ey guck einmal den! Ey guck einmal den!

KL 79c Als Hans vom Markt heimgieng, und seinem Schatz ein neu Spinnrad mitgebracht, und sich eine neue Peitsche gekauft hatte, sang er lustig:

Buchsbaumes Rädle,
Ein' flächsene Schwing,
Mein Schatz heißt Antonele,
Wie freut mich das Ding.

KL 80a Ach und weh, kein Schmalzele meh!

Ich hab' emahl ein Bettelmädele küßt,
'S Schmalz ist ihm aus dem Häfele 'raus g'spritzt.
Bettelmädele schreit Ach und Weh,
Hab ja kein Schmalzele meh!

KL 80b Wenn ers nur nicht krumm nimmt!

Um um um mein Krummer,
Krummer du bist mein,
Ei du krummer Dingerler,
Wie magst so lustig seyn?

Was hast du dann zu dem Schustersbuben gesagt?

KL 80c

Schusterbue!
Flick mir die Schuh,
Gieb mirs Leder auch dazu,
Es ist kein Gerber in der Stadt,
Der ein solches Leder hat.

Ein lustiger Bu
Braucht oft ein paar Schuh,
Ein trauriger Narr,
Hat lang an eim Paar.

Kommt Hüner bibi.

KL 81a

Der Reiter zu Pferd,
Die Köchin am Heerd,
Die Nonne im Kloster,
Der Fischer im Wasser,
Die Mutter backt Kuchen,
Sie läßt mich nicht gucken,
Sie giebt mir ein Brocken,
Soll Hüner mit locken,
Kommt Hüner bibi,
Die Knochen ißt sie.

Lied, mit welchem die Kinder die Schnecken locken.

KL 81b

Klosterfrau im Schneckenhäußle,
Sie meint, sie sey verborgen?

Kommt der Pater Guardian,
Wünscht ihr guten Morgen!

KL 81c

An den Storchschnabel.

Storch, Storch, Steiner!
Mit den langen Beiner,
Flieg mir in das Beckerhaus,
Hol mir ein warmen Weck heraus!

Ist der Storch nit ein schönes Thier,
Hat einen langen Schnabel und säuft kein Bier.

KL 82a

Klapperstorch.

Storch, Storch, Langbein,
Wann fliegst du ins Land herein,
Bringst dem Kind ein Brüderlein?
Wenn der Roggen reifet,
Wenn der Frosch pfeifet,
Wenn die goldnen Ringen
In der Kiste klingen,
Wenn die rothen Appeln,
In der Kiste rappeln.

KL 82b

Der Goldvogel.

Goldvogel, flieg aus,
Flieg auf die Stangen,
Käsebrode langen;

Mir eins, dir eins,
Alle gute G'sellen eins.

Maikäferlied. KL 83a

Maikäferchen, Maikäferchen, fliege weg!
Dein Häuschen brennt,
Dein Mütterchen flennt,
Dein Vater sitzt auf der Schwelle,
Flieg in Himmel aus der Hölle.

Petrus und Pilatus auf der Reise. KL 83b

Bei diesem Liede reichen sich zwei Kinder die Hände kreutzweiß, und gehen singend auf und ab, und bei: sprach Pilatus, drehen sie sich, durch einen Zug der Hände schnell herum, und wandern wieder zurück.

Pilatus wollte wandern,
  Sprach Petrus.
Von einer Stadt zur andern,
Juchheisasa andern.
  Sagt Pilatus.
Jetzt kommen wir vor ein Wirthshaus,
  Sprach Petrus.
Frau Wirthin schenkt uns Wein heraus,
Juchheisasa u.s.w.
  Sagt Pilatus.
Womit willst du ihn bezahlen?
  Sprach Petrus.
Ich hab noch einen Thaler,
Juchh. u.s.w.
  Sagt Pilatus.

Wo hast du dann den Thaler bekommen?
  Sprach Petrus.
Ich hab ihn den Bauern genommen,
Juchh. u.s.w.
  Sprach Pilatus.
Jetzt hast du keinen Seegen.
  Sprach Petrus.
Daran ist nichts gelegen,
Juchh. u.s.w.
  Sprach Pilatus.
Jetzt kommst du nicht in Himmel ein.
  Sprach Petrus.
So reit ich auf einem Schimmel hinein.
Juchh. u.s.w.
  Sprach Pilatus.
So fällst du herunter und brichst das Bein.
  Sprach Petrus.
So rutsch ich auf dem Hintern hinein,
Juchh. u.s.w.
  Sprach Pilatus.

KL 84 Abzählen bei dem Spiel.

Eins, zwei, drei,
In der Dechanei,
Steht ein Teller auf dem Tisch,
Kömmt die Katz und holt die Fisch,
Kömmt der Jäger mit der Gabel,
Sticht die Katze in den Nabel,
Schreit die Katz: Miaun miaun,
Wills gewiß nicht wieder taun.

* * *

KL 85a

Eins, zwei, drei,
Hicke, hacke, Heu,
Hicke, hacke Haberstroh,
Vater ist ein Schnitzler worden,
Schnitzelt mir ein Bolz,
Zieh ich mit ins Holz,
Zieh ich mit ins grüne Gras,
Altvater, was ist das?
Kind, es ist ein weißer Haas!
Puh, den schieß ich auf die Nas.

* * *

KL 85b

Jäger bind dein Hündlein an,
Daß es mich nicht beissen kann,
Beißt es mich,
Straf ich dich,
Um sechshundert dreissig.

Aus einem Kindermährchen.

KL 85c

Königstochter jüngste,
Mach mir auf,
Weißt du nicht, was gestern
Du zu mir gesagt,
Bei dem kühlen Brunnenwasser?
Königstochter jüngste
Mach mir auf.

KL 86a

Linsenlied.

Die Linse,
Wo sin se?
Im Tippe,
Se hippe.
Deck se zu,
So han se Ruh.

KL 86b

Ringelreihe-Lied.

Die Kinder tanzen im Kreiß, und setzen sich plötzlich zur Erde nieder.

Ringel, Ringel, Reihe!
Sind der Kinder dreie,
Sitzen auf dem Holderbusch,
Schreien alle musch, musch, musch,
Sitzt nieder.
Sitzt ne Frau im Ringelein,
Mit sieben kleine Kinderlein,
Was essen's gern?
Fischlein.
Was trinken's gern?
Rothen Wein.
Sitzt nieder.

KL 87a

Spiellied des Königs Töchterlein.

Ein Mägdlein setzt sich in die Mitte, ihren Rock zieht sie über den Kopf in die Höh, die Kinder stehn um sie, und halten den Rock, einer geht herum und fragt:

Ringel, Ringel, Thale, ringen,
Wer sitzt in diesem Thurm drinnen?

Das Mägdlein antwortet:

Königs, Königs-Töchterlein.

Der Herumgesandte:

Darf man sie auch anschauen?

Mägdlein:

Nein, der Thurm ist gar zu hoch,
Du mußt ein Stein abhauen.

Nun schlägt er auf eine der Hände, und diese läßt den Rock fallen, nun fragt er von neuem; sind alle Steine herunter, so lauft das Königs-Töchterlein nach, und wer erhascht wird, muß nun in den Thurm.

Erbsenliedchen. KL 87b

Gieb mir eine Erbse.
»Ich habe keine.«
Geh zum Müller, und hol dir eine.
»Er giebt mir keine.«
So such dir eine.
»Ich finde keine.«
So blas ich dich.
»So wehr ich mich.«

Nun blasen sich die Kinder ins Gesicht, wer es am längsten, ohne zu lachen, aushält, bekömmt von dem andern eine Erbse.

KL 88a

Abzählen.

Eins, zwey, drey,
Bicke, borne hey,
Bicke borne Pfefferkoren,
Der Müller hat seine Frau verloren,
Hänschen hat sie g'funden.
D' Katzen schlagen d' Tromme,
D' Maus kehren d' Stuben aus,
D' Ratten tragen den Dreck hinaus:
'S sitzt ein Männel unter dem Dach,
Hat sich bald zu krank gelacht.

KL 88b

Dergleichen.

Gickes gackes Eyermuß,
Gänse laufen barfuß,
Hinterm Ofen steht sie,
Vor dem Ofen geht sie,
Hat sie Schuh,
Sie legt sie an.
Hat sie keine,
So kauft sie ein Paar.

KL 89a

Wenn die Kinder Steine ins Wasser werfen.

Ist ein Mann in Brunnen gefallen,
Haben ihn hören plumpen,
Wär der Narr nit nein gefallen,
Wär er nit ertrunken.

Vöglein auf der Wiege. KL 89b

Vöglein auf der Wiege,
Singst so klare Züge,
Also klar,
Sieben Jahr,
Sieben Jahr herum.

Maikäferlied. KL 90a

(am Ueberrhein.)

Türkenmännchen, flieg hinweg,
Die Weiber mit den Stangen,
Wollen dich empfangen.
Türkenweibchen flieg hinweg,
Die Männer mit den Spiessen,
Wollen dich erschießen.
Flieg in den Himmel,
Bring mirn Sack voll Kümmel,
Tunk ich meinen Weck hinein,
Bei dem rothen kühlen Wein.

Abzählen, den die letzte Silbe trift, der muß nachlaufen. KL 90b

Ahne, Krahne, wickele, wahne,
Wollen wir nit nach England fahren,
England ist verschlossen,
Schlösser sind verrostet,
Schlüssel ist verloren,
Müssen wir ein Loch nein bohren,

Sind wir nein gekrochen,
Haben die Töpf verbrochen,
Wenn der Kessel tief ist,
Wenn die Milch süß ist,
Wenn die Puppen tanzen,
Wollen wir Lanzen pflanzen.

KL 91a

Abzählen.

Eins, zwey, drey, vier, fünf, sechs, sieben, acht, neun,
Geh ich in das Gässel h'nein,
Schlag dem Bauer die Fenster ein,
Kommt der Büttel, setzt mich ein,
Setzt mich in das Narrenhaus,
Geb' ich drey, vier Batzen aus.
Ri ra Ofenloch,
Hätt' ich mein' drey Batzen noch!

KL 91b

Wirst du mir keine schöne Singerin?

Hinter der Donaubrück
Steht ein schön Häusle,
Sitzt ein schön Mädel drin,
Singt als wie ein Zeisle.

KL 91c

Geh, du schwarze Amsel.

Wann ich schon schwarz bin,
Schuld ist nicht mein allein,

Schuld hat mein Mutter gehabt,
Weil sie mich nicht gewaschen hat,
Da ich noch klein,
Da ich wunderwinzig bin gesein.

Vorbereitung zur Tanzstunde. KL 92a

Mädele bind den Geisbock an,
Gieb ihm brav Heu,
Gieb ihm nur, was er mag,
Daß er brav tanzen kann,
Wie ein Lakei.

Heubündele. KL 92b

Mädle, was hast du,
Was trägst in deinem Bündele?
Mehl und Schmalz und ein Salz,
Für mein klein Kindele!

Etikette auf des Bettelmanns Hochzeit. KL 92c

Widele wedele,
Hinterm Städele
Hat der Bettelmann Hochzeit,
Pfeift ihm Läusle,
Tanzt ein Mäusle,
'S Igele schlägt die Trommel,

Alle die Thier, die Wedele haben,
Sollen zur Hochzeit kommen.

KL 93a Was haben wir dann zu essen?

Guten Abend Aennele,
Zu essen häben wir wenele,
Zu trinken häben wir unsern Bach,
Häben wir nit die beste Sach?

KL 93b Wer bist du, armer Mann?

Der Himmel ist mein Hut,
Die Erde ist mein Schuh,
Das heil'ge Kreuz ist mein Schwerd,
Wer mich sieht, hat mich lieb und werth.

KL 93c Was ißt du gern, was siehst du gern?

Geschnittne Nudele eß ich gern,
Aber nur die feine,
Schöne Mädele seh ich gern,
Aber nur die kleine.

KL 93d Ach wenn ich doch ein Täublein wär.

Dort oben auf dem Berge,
Da steht ein hohes Haus,

Da fliegen alle Morgen,
Zwey Turteltäublein raus.

Ach wenn ich nur ein Täublein wär!
Wollt fliegen aus und ein,
Wollt fliegen alle Morgen!
Zu meinem Brüderlein.

Ein Haus wollt ich mir bauen,
Ein Stock von grünem Klee,
Mit Buchsbaum wollt ichs decken,
Und rothen Nägelein.

Und wenn das Haus gebauet wär,
Bescheert mir Gott was n'ein,
Ein kleines, kleines Kindelein,
Das soll mein Täublein seyn.

Rothe Aeuglein. KL 94

Könnst du meine Aeuglein sehen,
Wie sie sind vom Weinen roth,
Ich soll in das Kloster gehen,
Und allein seyn bis in Tod.

Es sitzen auch zwey Turteltäublein
Drüben auf dem grünen Ast,
Wenn die von einander scheiden,
So vergehen Laub und Gras.

KL 95a

Korbflechterlied.

Ich will ein Körblein flechten,
Ein Körblein hübsch und fein,
Nimm du dein falsches Herze,
Und legs mit größtem Schmerze
In dieses Körblein fein.

KL 95b

Tanzliedchen.

Bin ich nit ein Bürschlein
  In der Welt?
Spring ja wie ein Hirschlein,
  In dem Feld!
In dem Feld, im grünen Holz,
Begegnet mir ein Jungfrau stolz.

Guten Morgen, Jungfrau!
  Mach geschwind,
Du sollst mit mir tanzen,
  Munter Kind!
Bischen auf und abgeschwenkt,
Und ein Gläschen eingeschenkt.

Schöne Musikanten
  Spielet auf!
Spielet mir ein Tänzlein
  Obendrauf;
Aufgepuzt, eingeschnürt,
Lustig dann zum Tanz geführt.
  Heisasa.

Wenns Kind verdrieslich ist. KL 96 a

Der Müller thut mahlen,
Das Rädle geht 'rum,
Mein Schatz ist verzürnet,
Weiß selbst nit warum.

Liebesliedchen. KL 96 b

Mein Schätzle ist fein,
'S könnt feiner nit seyn,
Es hat mirs versprochen,
Sein Herzle gehör' mein.

Vom Vöglein. KL 96 c

Grüß dich Gott mein lieb Regerl!
Ich komm aus dem Wald,
Hab gefangen ein schöns Vögerl,
Entwischt wär mirs bald.
Ich thät dirs gern schenken,
Nimms an, sey so gut,
Es wird dich nicht kränken,
Weils schön singen thut.

Ey du mein liebs Regerl,
Ich bitt dich um ein Gnad,
Verschaff doch dem Vögerl
Ein Häusle von Drath,
Thu auch nicht vergessen,
Ein Trögerl zum Trank,
Ein Trögerl zum Fressen,
Daß 's dir nit wird krank.

KL 97

Der gescheidte Hansel.

Hansel am Bach,
Hat lauter gut Sach,
Hats Häusel verbrennt,
Hat Lumpen drum gehenkt.

Hansel am Bach,
Hat lauter gut Sach,
Hat Fischlein gefangen,
Hat die Schuppen heimbracht.

Hansel und Gretel,
Zwei lustige Leut,
Der Hansel ist närrisch,
Die Gretel nit gescheidt.

KL 98

Liebeslieder.

Herzigs Kindlein, Zuckermündlein,
Ich hab ein Wecklein, in meinem Säcklein,
Ich will dirs bringen,
Bis nach Bingen,
Zerrißne Hemder,
Die Schuh voll Bänder,
Papierne Absätz,
Hölzerne Sohlen;
Knäblein willst du mich,
So thu mich holen.

Mein Schätzlein, mein Kätzlein,
O warte nur ein Jahr,
Und wann die Weiden Kirschen tragen,
So nehm ich dich fürwahr.

Die Weiden tragen keine Kirschen,
Die Königskerze ist kein Licht,
Also kannst du gedenken,
Daß ich dich nehme nicht.
Und wenn ich dich schon nehme,
So haben wir kein Haus,
Da setzen wir uns in die Kieze,
Und schauen oben raus.

Vergiß mein nicht. KL 99a

Ist es nicht eine harte Pein,
Wenn Liebende nicht beysammen seyn?
Drück mich fest in dein Herz hinein,
Wachsen heraus Vergiß nicht mein.

Trotzliedchen. KL 99b

Mein Schätzle ist klein,
Es bildt sich viel ein,
Jetzt mag es mich nimmer,
'S muß aber nit seyn.

Scherzliedchen. KL 99c

'S Land aufe, 's Land abe,
Mein Schätzle ist mir lieb,
Dort in dem braunen Kittele,
Schön Sträusle auf dem Hut.

KL 99 d

Ey der tausend.

Ich saß auf einem Birnenbaum,
Wollt gelbe Rüben graben,
Da kam derselbe Bauersmann,
Dem diese Zwiebeln waren!

Ach, ach du Schelm, ach, ach du Dieb!
Was machst du in den Nüssen?
So hatt' ich all mein Lebetag
Kein beßre Pflaumen gessen

Der Esel hat Pantoffeln an,
Kam übers Dach geflogen,
Ach, ach, ich armes Mädelein,
Wie bin ich doch betrogen.

KL 100

Scherz- und Liebes-Liedchen.

Was hilft mir ein rother Apfel,
Wenn er innen faul ist;
Was hilft mich ein schöns Kindlein,
Wenn sein Herzlein falsch ist.

Wenn ich ein schön Mägdlein seh,
Mein ich, es sey mein,
Wenn ich mirs dann holen will,
Läßt michs nicht hinein.

Und wenn mein Kindchen auf dem Tannenbaum wär,
Ich wollt' hinauf klettern, wenn's noch so hoch wär.

Ziehs naufi. KL 101a

Margritchen, Margritchen,
Dein Hemdchen guckt für,
Ziehs naufi, ziehs naufi,
So tanz ich mit dir.

Tanzliedchen. KL 101b

Tanz Kindlein tanz,
Deine Schühlein sind noch ganz,
Laß dir sie nit gereue,
Der Schuster macht dir neue.

Konterfait und Aussteuer. KL 101c

Mein Schatz ist kreideweiß,
Hat krumme Glieder,
Geht schief zum Thor hinaus,
Kömmt bucklicht wieder.

Ein ungleich Paar Ochsen,
Eine bucklichte Kuh,
Die giebt mir meine Mutter,
Wenn ich heurathen thu.

Von Adel und Tadel. KL 102a

Ein silberne Scheide,
Ein goldene Kling,

Mein Schatz ist von Adel,
Wie freut mich das Ding.

Kreideweiße Haare,
Schwarz gewichste Schuh,
Ein Degen an der Seite,
Ein Goldstück dazu.

Mein Schatz ist von Adel
Von Adel ist er,
Was hat er für einen Tadel?
Kein Waden hat er.

KL 102b

Gelegenheitsverse.

Wenn ein Schiff vom Stapel läuft, so singen in Lübeck die Kinder, die zu ihrem Vergnügen sich darauf befinden:

Laß ihm, laß ihm seinen Willen,
Er hat den Kopf voll Grillen.

Wenn die Knaben beim Spiel das lezte, was sie haben, einsetzen, singen sie:

Die lezte Hand klopft an die Wand,
Die wird mich nicht verlassen.

Schluß.

KL 103

Dormi Jesu, mater ridet,
Quae tam dulcem somnum videt,
Dormi Jesu blandule.
Si non dormis, mater plorat,
Inter fila cantans orat;
Blande veni somnule.

Anhang

Kommentar

Die genaueren bibliographischen Angaben zu den Vorlagen der einzelnen Gedichte finden sich im Verzeichnis der gedruckten Quellen, S. 495 ff.

Stichtitel zu Wh III

Da sich erst während der Drucklegung der Wh-Fortsetzung im Sommer 1808 die Notwendigkeit ergab, den Band zu unterteilen, gestaltete Arnim eigenverantwortlich die Titelei zu Wh III. Über seine Idee schreibt er am 29. 9. 1808 an Goethe: »Das alte Bild vor dem dritten Teile, wie Lieder und Liebe verbunden von einem Vogel den Ring zum Preis erhalten, ist von einem jungen Menschen, Ludwig Grimm«. Auch hier sind zwei Vorlagen kontaminiert: Ein Stich des Israhel van Meckenem (gest. 1503) bot das musizierende Paar; der Papagei samt dem Ring stammt aus einem Stich des Wenzel von Olmütz (nachgewiesen zwischen 1481 und 1497). Ludwig Emil Grimm, der jüngste der Kasseler Grimm-Brüder, gestaltete die gotisierende Brüstung – er trat damit als 17jähriger erstmals an die Öffentlichkeit.

Literatur: F. Pfaff, Zum Wunderhorn, in: ZfvglLG, NF 1, 1887/88, S. 264; R. Steig, Goethe und die Brüder Grimm, Berlin 1892, S. 22, 248; F. Deibel, Brentano und die bildende Kunst, in: Zs. f. Bücherfreunde 10, 1906, S. 29–35; L. E. Grimm, Erinnerungen aus meinem Leben, hrsg. von A. Stoll, Leipzig 1911, S. 88; B. Gajek, Brentanos Verhältnis zur bildenden Kunst, in: Bildende Kunst und Literatur, hrsg. von W. Rasch, Frankfurt a. M. 1970, S. 35–56. XXV–XXXIX; H. Rölleke, Die Titelkupfer zu »Des Knaben Wunderhorn« – Richtigstellungen und neue Funde, in: JbFDH 1971, S. 123–131.

III 3

Arnim kontaminierte sieben Lieder aus Jakob Regnarts *Tricinia* (1584; Nr. 4 und 15) und seinen *Teutschen Liedern* (1580; Nr. 1, 7, 15, 20 und 21) mit einem aus Ambrosius Metzgers *Venusblümlein*

(1612; Nr. 6) und einem von ihm selbst gedichteten Lied (V. 86–106). Nur das Eingangslied wurde ungekürzt aufgenommen; in den anderen sieben Übernahmen sind jeweils ein oder zwei Strophen gestrichen, die inhaltlich oder hinsichtlich ihrer Tonart nicht in den Zyklus passen.

5 *vernichten:* in der Vorlage im Sinn von: für nichts achten, verschmähen; von Arnim im modernen Sinn aufgefaßt.
7 *verjehen:* (frühnhd.) bekennen, erklären; hier im Sinn von ›versprechen‹.
11 *geben:* ergeben, fügen.
20 *in Tagen kurz:* in wenigen Tagen.
24 *gar:* gänzlich (vgl. V. 60).
27 *wäschen:* waschen.
49 *weil:* während.
52 *gereichen:* gelangen.
54 Daß ich so arm sein muß.
59 *veste:* wohl bewußt in der Orthographie der Vorlage belassen.
60 *verbrinnen:* verbrennen.
63 *zween:* (frühnhd.) maskuline Form des Numerale; in V. 64 die neutrale Form (feminine Form: »zwo«).
66 *Wunde:* des Reims wegen bewußt archaisierend.
72 *red:* Arnim hat offenbar »rett« ›rettet‹ der Vorlage als »redet« mißverstanden.
95–97 Vgl. zu diesem Motiv Wh I 253.
100 *die mich:* Flüchtigkeit statt »der mich«?
104 *schätzet:* hält wert.
106 *in:* Flüchtigkeit statt »an«?

Vertonung: Nr. 6: Johannes Brahms, op. 48,3.
Literatur: NA III, S. 3; BC II, S. 221, 222, 223, 224, 225; Rieser, S. 437–440; Bode, S. 617–619. – EB Nr. 1159, III, S. 84 f.; Goedeke-Tittmann, Nr. 60, S. 61; Friedlaender I/2, S. 165.

III 7

Brentano schuf hier aus einem konventionellen Abendständchen im Stil des frühen Rokoko mit tröstlichem Ausgang, das er auf dem Bruchstück eines vermutlich vom Ende des 18. Jh.s stammenden hs. Liederheftes gefunden hatte, ein gefühlsbeseeltes, wehmütiges Lied im romantischen Stil. In V. 14 dürfte eine Anregung für Brentanos zweimal gestaltetes Gedicht *Einsam will ich untergehen* mit seiner ganz ähnlichen Sternmetaphorik gefunden sein (Werke I, S. 389, 596).

Literatur: NA III, S. 8; BC II, S. 168; Rieser, S 487; Bode, S. 749 f.; Schewe, 1932, S. 141.

III 9

Brentano kontaminierte zwei Gesänge auf den 23. Sonntag nach Pfingsten aus dem *Dominicale Aestivale* (1667; S. 245 f.) des Procopius von Templin zur Wh-Fassung. Zum Thema sind Wh I 24 und I 55 zu vergleichen.

Literatur: NA III, S. 9; BC I, S. 222, 548 f.; Alemannia 20, 1892, S. 114–117; Rieser, S. 385 f.; Bode, S. 647. – J. Meier, KiV, Nr. 87, S. 14.

III 10

Das Wh vereint zwei Liedeinsendungen von Auguste von Pattberg, die wohl von ihr selbst aus verschiedenen Volksliedmotiven und -versen zusammengestellt worden sind. Die Situation ist für Heines Gedicht *Ein Traum, gar schauerlich* anregend gewesen. Geibel übernahm V. 25–28 fast wörtlich in sein Gedicht *Wenn sich zwei Herzen scheiden*.

Melodie: Böhl, Nr. 10, S. 20; Stockmann, S. 128.
Literatur: NA III, S. 11; BC II, S. 230, 231, 232; Alemannia 3, 1877, S. 287; 8, 1880, S. 60; Rieser, S. 525; Bode, S. 474; Schewe, 1956, S. 67 f. – EB Nr. 2161–62, III, S. 857; Wolfram, Nr. 120, S. 134; Nr. 398 a–b, S. 345 f.; ZfVk 17, 1907, S. 310 f.; vgl. A. Wrede, Rheinische Volkskunde, Leipzig 1922, S. 112.

III 12

Arnim, der wohl als Bearbeiter anzusehen ist, hat zwei zufällig von Bettina hintereinander aufgezeichnete, thematisch verwandte Texte für das Wh zusammengestellt, wobei er bemüht war, eine zu deutliche Nennung der weiblichen Reize wie in der Vorlage zu vermeiden; allein die Vergleichsbilder blieben in seiner Bearbeitung erhalten.

Melodie: Stockmann, S. 129.
Literatur: NA III, S. 12, 13, IV, S. 211; BC II, S. 160, 161; Rieser, S. 513, 523 f.; Bode, S. 279, 353 f. – EB Nr. 559a, II, S. 385; Berglieder (Ed. Marriage), Nr. 94, S. 134; Hruschka-Toischer, S. 163, Nr. 104; ZföVk 13, 1907, S. 158; 21, 1915, S. 168; He.-Wü., Nr. 294, II, S. 187; Jungbauer, Bibl., Nr. 265, S. 54; Jungbauer-Horntrich, Nr. 197a–d, I, S. 269; Vld 45, 1943, S. 26.

III 13

Als Basis für die Bearbeitung diente ein auf einem Fl. Bl. abgedrucktes geistliches Lied. Brentano strich wie üblich drei Moralstrophen, die in der Vorlage den Dialog zwischen Leib und Seele einrahmen. Während dort dem Leib nur selbstanklägerische (von Brentano für das Wh in der Tonart entschieden geänderte) und eine den Dialog resignierend beschließende Strophe zugebilligt sind, den Klagen der Seele indes dreimal soviel Raum gegeben ist, verkürzte Brentano die Anklagen der Seele um drei Strophen und ordnete eine weitere sinngemäß als Rechtfertigung dem Leib zu, der damit das Schlußwort hat und nach der Struktur der Streitgespräche recht behält. In zwei neugedichteten Schlußstrophen nimmt Brentano die epische Situation wieder auf und läßt das Lied heiter ausklingen.

25 f. Der Topos »Ach wär' ich nie geboren!« (vgl. Hiob. 3,3–5) klingt hier an.
29 Vgl. Joel 4,12.
34 Das auf antike Vorstellungen zurückgehende Bild begegnet bereits im mittelhochdeutschen *St. Trudberter Hohen Lied* (109,16).
39 Vgl. Mt. 26,74 f.
40 Geister müssen beim ersten Hahnenschrei verschwinden. Das Visions-Motiv griff Heine im achten seiner *Traumbilder* (*Buch der Lieder*) auf.

Literatur: NA III, S. 14; BC II, S. 480; Rieser, S. 536; Bode, S. 572 f. – AntwL, Nr. 56, S. 203, 234 f.; Briegleb, Nr. 6, S. 21 f.; Hoffm.-

Ri., Nr. 298, S. 348; Ditfurth, Fränk. Vldr I, S. 82, Nr. 98; Amft, Nr. 626, S. 446; Wrede, Eifel, S. 169; Lesebuch II, Nr. 182 A–C, S. 78–83; Klier, Totenwacht, Nr. 44, S. 86. – Vgl. Wackernagel V, Nr. 1561, S. 1322–24.

III 15

Nehrlichs Einsendung wurde bis auf unwesentliche rhythmische Glättungen und Variationen so gut wie wörtlich in das Wh übernommen. Motive der Schlußstrophe verwendete Heine in dem Sechszeiler *Ich will mich im grünen Wald ergehn.*

Vertonung: Gustav Mahler (1892).
Literatur: NA III, S. 15; BC II, S. 233, 234; Rieser, S. 526; Bode, S. 368; J. Meier, Rez., S. 490. – EB Nr. 201 a–c, I, S. 606–608; Lewalter III, Nr. 10, S. 18.

III 16

Das Wh streicht von der Aufzeichnung Friederike Mannels aus Allendorf in Hessen, in der Strophen aneinandergefügt sind, die sonst nur einzeln oder in anderem Zusammenhang begegnen, lediglich zwei Strophen, so daß dem Lied etwas vom Charakter des Quodlibet bleibt, dem die gleichsam auch als Herkunftsangabe zu verstehende Überschrift in gewissem Sinn Rechnung trägt.

7 f. Antwort des Liebhabers.
13–16 Antwort der Geliebten.
16 Der paßt zu mir, gefällt mir.

Literatur: NA III, S. 16; BC II, S. 154; Rieser, S. 529; Bode, S. 462; Schewe, 1956, S. 60. – Parisius, Nr. 97, S. 146, Nr. 722, S. 646; Ditfurth, Fränk. Vldr II, S. 130, Nr. 176; Meier, Schwab., Nr. 17, S. 94; Pröhle, Nr. 24, S. 41; Wolfram, Nr. 329, S. 289; Kö.-Mei., Nr. 231, S. 240; Marriage, Pfalz, Nr. 215, S. 315 f.; Jungbauer, Bibl., Nr. 380, S. 76; Künzig, Nr. 39, S. 61.

III 17

Die inhaltlich unbedeutenden Änderungen gegenüber der Vorlage, dem Text eines Fl. Bl., erstreben meist metrische Besserungen. Die Überschrift wurde in bezug auf V. 12 formuliert. Wilhelm Raabe erwähnt das Lied in seinem Roman *Der heilige Born.*

9 f. Als Formel seit Ende des 16. Jh.s überliefert.
11 f. Vgl. Wh II 54, V. 53 f.
13–16 Vgl. Wh II 201, V. 5–7.

Melodie: Stockmann, S. 130.
Vertonung: C. M. von Weber, op. 64 (1822).
Literatur: NA III, S. 17, IV, S. 52; BC II, S. 220; Müller, S. 51; Rieser, S. 530; Bode, S. 269 f. – EB Nr. 557, II, S. 382 f.; Wiora I, Nr. 198, S. 55.

III 18a

Im Wh erscheint das Lied von den zwei Gespielen, dessen Entstehung mindestens im 15. Jh. anzusetzen ist, nur mit seinem Anfang, so daß das Thema des Streits zwischen armer und reicher Braut, bei dem die arme in der weiteren Ausführung den Sieg davonträgt, nur gerade anklingt. Die Überschrift trägt dem fragmentarischen Charakter des von Nehrlich eingesandten Liedes Rechnung: Diesen unentschiedenen Streit könnte nur ein salomonisches Urteil schlichten (vgl. 1. Kön. 3,16).

5 f. Worte der trauernden Gespielin.
7–10 Antwort der munteren Gespielin.

Literatur: NA III, S. 18, IV, S. 51, 356; BC II, S. 201, 202; Rieser, S. 519; Bode, S. 153. – Uhland, Nr. 115; EB Nr. 70a–d, I, S. 247 bis 251, II, S. 297; Liliencron, 1530, Nr. 88; Goedeke-Tittmann, Nr. 86, S. 89; A. Hauffen, Das Volkslied von den zwei Gespielen, in: Euphorion 2, 1895, S. 29–39.

III 18b

Die Wh-Fassung des aus Johann Christoph Demantius' *Sieben vnd siebentzig [...] Täntzen* (1601; Nr. 9) übernommenen Liedes ist metrisch zur reinen Alternation ausgeglichen (Ausnahme: V. 11). Die Sprache wird klangvoller, der Ton persönlicher. Inhaltlich ist lediglich die Wendung in V. 6 neu, daß die Erde der Geliebten zu Ehren, von ihrem Blick wie von der Sonne erwärmt, Blumen hervorsprießen läßt. Die Überschrift korrespondiert mit dem Titel zu Wh III 20.

11 f. Das Kind der Venus ist Amor (vgl. V. 16); seine Fackel brennt heftiger (die mittelhochdeutsche Form »brinnt« wurde des Reimes wegen beibehalten), wenn die Geliebte ihre Augen öffnet.

Literatur: NA III, S. 19; BC II, S. 46, 792; Rieser, S. 424 f.; Bode, S. 313 f.

III 19

In Forsters Sammlung *Teutscher Liedlein* (1563) findet sich ein Lied (Nr. 19), das aufgrund seiner geringen Abweichungen gegenüber dem Wh-Text als weitgehend identisch mit dem bisher nicht aufgefundenen Fl. Bl., auf das die Herkunftsangabe verweist, angesehen werden kann. Die behutsame Überarbeitung modernisiert und vermeidet sprachliche Härten – in V. 2 sogar auf Kosten inhaltlichen Widerspruchs und identischen Reims. Die Schlußstrophe ist eine beliebte Wanderstrophe, die u. a. in Wh I 102 (Str. 3) erscheint.

6 Vgl. Wh II 425, V. 1.
10 Vgl. Wh II 448, V. 12, III 140, V. 15.
18 Vgl. Wh II 218, V. 19 f.

Literatur: NA III, S. 19; BC II, S. 217; Rieser, S. 425; Bode, S. 205. – Uhland, Nr. 86; EB Nr. 748, II, S. 553; Marriage (Ed. Forster), S. 244 f.; Die Darfelder Liederhs. 1546–1565, hrsg. von R. W. Brednich, Münster 1976, Nr. 53, 78, S. 115, 144, 234 f.

III 20

Der geistvolle Vergleich zwischen Liebe und Musik dürfte um 1750 entstanden sein. Der von einem 1790 gedruckten Fl. Bl. übernommene Text gewinnt in der Wh-Bearbeitung, vergleichbar dem ganz ähnlich gestalteten Lied Wh I 308, wenn die dort (in der Kartenallegorie) gehäuften Anspielungen hier auch nur in der Schlußzeile weitergeführt sind. Zur Überschrift vgl. V. 21.

3 Zum neueingefügten Bild der »Turteltäublein« für Liebende vgl. Wh II 31, V. 22.
9 *Spröde:* Sprödigkeit.
pausiren: vgl. Wh I 29, V. 44.
11 *pizikiren:* pizzicato spielen; die Saiten zupfen.
12 Die Vorlage scheint verderbt; Parallelfassungen haben statt dessen: »doch der Treu kein Saiten springt«.
13 *Herzen konkordiren:* gleichsam deutsch-lateinische figura etymologica (con-cor-dare: gleichen Herzens sein, übereinstimmen).
17 Der durch vorgesetztes Kreuz in der Notenschrift erhöhte Ton; hier im Wortspiel mit »Kreuz« im Sinne von ›Leid‹.
19 Vielleicht als Anspielung auf die entsprechende Geste der Linken eines Violinspielers deutbar.
22 *Terz:* in früherer Zeit Inbegriff der Harmonie.
24 *allegro:* rasch.

Literatur: NA III, S. 21; BC II, S. 73; Rieser, S. 534; Bode, S. 749. – Kopp, Crailsh., Nr. 109, S. 208; Wolkan I/2, S. 254.

III 21a

Motive dieses auf eine Aufzeichnung Bettinas zurückgehenden Liedes begegnen in vielerlei Fassungen des verbreiteten Volksliedes *Jetzt geh ich ans Brünnelein* (vgl. Wh I 190). Die Überschrift ist eine metaphorische Anspielung auf V. 10–12 sowie die Motive von V. 1, 4 und 5.

1–6 Vgl. Wh I 190, V. 1–16.
9 f. Vgl. Wh I 190, V. 17–20.

Literatur: NA III, S. 22; BC II, S. 195; Rieser, S. 513; Bode,

S. 267 f.; Schewe, 1956, S. 60. – EB Nr. 203a–g, I, S. 610–614, Nr. 205a–c, I, S. 616 f.; Pröhle, Nr. 36, S. 55; Marriage, Pfalz, Nr. 46, S. 84.

III 21b

Arnim schloß dieses Lied wegen der gleichen Eingangsmotive Wh III 21a an. Während die Vorlage, eine Hs. Danquards, eher hypothetisch vom Tod spricht, macht die Wh-Bearbeitung daraus das Hauptthema: Nach der Trennung ist das »Liebchen« gestorben. Die Überschrift weist auf die durch die wichtigste Einzeländerung gegenüber der Vorlage in V. 26 geschaffene neue Motivation hin: Liebe über das Grab hinaus.

Melodie: Stockmann, S. 131.
Literatur: NA III, S. 22; BC II, S. 214; Rieser, S. 513 f.; Bode, S. 331 f. – EB Nr. 530a–c, II, S. 355–357; Mittler, Nr. 937, S. 632; Marriage, Pfalz, Nr. 65, S. 107–109; He.-Wü., Nr. 98, I, S. 210.

III 23a

Bemerkenswerte Änderungen gegenüber der von Danquard beigetragenen Vorlage sind die Einführung der Diminutiva in V. 2, 4 und 5, eine leichte Nuancierung der Schlußzeile und die Verdrängung der Dragoner durch »Husaren« (V. 1), für die das Wh durchaus Interesse bezeugt (vgl. Wh I 43, 188 und 371). Die Überschrift meint ein Feldlager.

3 *gelben Veilchenstock:* Gelbveigelein, Goldlack.

Literatur: NA III, S. 23; BC II, S. 196; Rieser, S. 514; Bode, S. 300. – Mittler, Nr. 1449, S. 892; Bender, Nr. 6, S. 223; Marriage, Pfalz, Nr. 254, S. 350.

III 23b

Das kleine Spottlied auf die Untreue der Geliebten ist von der Einsenderin Auguste von Pattberg zumindest stark überarbeitet. Es fällt ein Anklang an Bürgers *Lenore* in den refrainartigen Eingangsversen auf (vgl. Wh II 19 und 222). Die so gut wie unveränderte Aufnahme geht wahrscheinlich auf Brentano zurück; vgl. den Anklang in seinem *Märchen von dem Hause Starenberg* (Werke III, S. 219).

Vertonung: C. M. von Weber, op. 64 (1822).
Literatur: NA III, S. 24; BC II, S. 188; Steig, NHJb VI, 1896, S. 110; Rieser, S. 546; Bode, S. 162. – Meier, Schwab., Nr. 43, S. 120; Bender, Nr. 67, S. 262, Nr. 82, S. 95.

III 24

Die Eingangsstrophe gehört nicht nur zu den Brentano am frühesten geläufigen Volksliedern – er dürfte den hier und in Wh III 141 verwendeten Vierzeiler bereits 1802 in Jena vom späteren Weimarischen Hofrat Kaspar Kohler erhalten haben, der nach eigenem Zeugnis Volksliedaufzeichnungen aus Österreich besaß, wohin auch Parallelaufzeichnungen dieser Strophe weisen –, sondern auch zu den von Brentano am meisten geschätzten. Um kein Wh-Lied hat er sich so intensiv bemüht; als allen Versuchen, das Fragment in der einmal gehörten Form zu ergänzen, kein Erfolg beschieden war, hat offenbar er selbst durch Anfügung und Anpassung thematisch verwandter, wohl sämtlich von Nehrlich beigetragener Vierzeiler versucht, der verschollenen Urfassung möglichst nahe zu kommen. Gleichsam als Ersatz für das nicht erreichbare Original wurde die Eingangsstrophe nicht nur hier und in Wh III 141 eingerückt, sondern auch in Arnims Abhandlung im Anhang des ersten Wh-Bandes. Vgl. auch Wh I 102, ein Lied, das merkwürdigerweise mit einem ganz ähnlichen Vers beginnt. Für Wilhelm Grimm waren die Verse durch das Wh untrennbar mit Heidelberg verbunden: »dann bin ich nach Heidelberg an den Neckar gegangen, wo die Nachtigall singt und der Einsiedler springt« (an August von Haxthausen, 15. 3. 1816; *Freundesbriefe von Wilhelm und Jacob Grimm*, hrsg. von A. Reifferscheid, Heilbronn 1878, S. 36).

Literatur: NA III, S. 25; BC II, S. 122; Rieser, S. 530; Bode, S. 662–664. – EB Nr. 979a–b, II, S. 745 f., Nr. 1024, II, S. 777 f.; Böhme, Kdl I, Nr. 1412–13, S. 288; A. Pichler, Skizzen aus Tirol, in: Deutsches Museum 11, 1861, S. 97; ZföVk 4, 1898, S. 7 f.; Bender, Nr. 231, S. 60; Meisinger, Oberld, Nr. 333, S. 302; Züricher, Schweiz, Nr. 5064–68, S. 334.

III 25

Das Lied ist seit Mitte des 16. Jh.s überliefert und thematisch mit Wh I 46 verwandt; weite Verbreitung ist schon früh bezeugt. Ähnlich dem Verhältnis zwischen Wh I 236 und II 252 folgt auch hier der Neudichtung Arnims nach Motiven dieses Liedes (Wh I 63) ein bis auf ganz geringfügige sprachliche Modernisierungen getreuer Abdruck der Vorlage aus dem *Wienerischen Musenalmanach auf das Jahr 1782*, den wohl Brentano veranlaßt hat. Zur Überschrift vgl. V. 47.

1–4 Vgl. Wh I 63, V. 1–4.
9 Formelhaft, vgl. etwa Wh II 75, V. 1.
13 *Zarten:* Schmeichler (vgl. frühnhd. »zarten« ›schmeicheln‹).
16 *nächten:* gestern abend (vgl. Erl. zu Wh I 298).
18 *einlief:* hineineilte.
25–28 Vgl. Wh I 63, V. 9–12.
29–32 Locus amoenus; vgl. Walther von der Vogelweide (39,11): »Under der linden / an der heide, / dâ unser zweier bette was«.
35 f. Vgl. Wh I 327, V. 29 f.
39 f. Vgl. ähnlich Wh I 46, V. 31 f.
43 *kümmern:* bekümmern.
48 *Sanct Annenberg:* Annaberg im Erzgebirge, im 15. und 16. Jh. ein Zentrum des Silberbergbaus (vgl. Wh II 436, V. 59).

Literatur: NA III, S. 25; BC II, S. 114; Rieser, S. 415 f.; Bode, S. 181. – EB Nr. 135 a–b, I, S. 457–459; Bergreihen (Ed. Heilfurth), S. 142–144, 266 f.; Venus-Gärtlein (Ed. Waldberg), S. XXXVII f., 166 f. – Vgl. ferner zu Wh I 63.

III 27

Aus dem etwas derben Dialog der Vorlage, einem Fl. Bl., ist im Wh ein Monolog des Mädchens mit genau durchgeführten Parallelismen und Responsionen geworden. Die Bearbeitung ist wohl Brentano zuzuschreiben, der das Lied später auch in sein Hochzeitsgedicht *Die Monate* aufnahm. Die Überschrift ist eine Anspielung auf die neugedichtete Schlußstrophe.

4 *Gaggeleyer:* Hühnereier.

10 *Mägdlein:* in der Vorlage noch eindeutig im Sinn von ›Mägde‹, hier doppeldeutig.
19 *wöllt:* Die Variation (V. 3 »will«, V. 11 »wollt«) scheint beabsichtigt.

Melodie: Böhl, Nr. 11, S. 22.
Vertonungen: Max Reger, op. 75,12; Richard Strauss, op. 36,3.
Literatur: NA III, S. 28; BC II, S. 153; Rieser, S. 527 f.; Bode, S. 598 f. – Briegleb, Nr. 5, S. 21; Stöber, Nr. 17, S. 7; Mittler, Nr. 1224, S. 740; Süß, Nr. 68, S. 17; Züricher, Schweiz, Nr. 5844 bis 5846, S. 380.

III 28

Diese nahezu unveränderte Übernahme aus Matthaeus Odontius' *Musicalisch Rosengärtlein* (1612; Nr. 10) dürfte mit Sicherheit auf Arnim zurückzuführen sein. Das Lied ergibt als Strophenakrostichon SIBILLA. Der Korb, in dem sonst der Abschiedsbrief gegeben wird, erscheint hier hypertrophiert als Behältnis für den abgedankten Liebhaber und schließlich für das grausame Mädchen selbst.

15 f. Es wäre gerecht, wenn du die dir angemessene Stelle einnähmest, wenn du an seine Stelle dich versetztest (vgl. sprichwörtl.: Wem der Schuh paßt, der zieht ihn sich an).
22 *der Weil:* etwas Zeit.
23 Sagte sie verdrießlich.

Literatur: NA III, S. 29; BC II, S. 348; Rieser, S. 423; Bode, S. 276.

III 29

Der Wh-Text gibt das Lied *Schönheit, Geld und Frömmigkeit* in der von Büsching und von der Hagen herausgegebenen *Sammlung Deutscher Volkslieder* (1807); Nr. 4) wieder. Der älteste Beleg für die Eingangsstrophe findet sich in einem Straßburger Liederbuch von 1592. Die Jahreszahlen im Herkunftsvermerk des Wh zielen also auf die Entstehungszeit des Liedes.

[Überschrift:] »einen Fehler der Augen zu bezeichnen, da sie keinen

Gegenstand deutlich erkennen können, wenn sie nicht über sich gekehret sind« (Adelung IV, Sp. 1159).

23 f. Die Schlußzeilen sind im Wh – sofern es sich nicht um einen Druckfehler handelt – merkwürdig und nicht dem Sinn des Vorgehenden entsprechend zu einer Aufforderung umgeformt.

Literatur: NA III, S. 30; BC II, S. 482; Rieser, S. 430; Bode, S. 176 f.

III 30

Das inhaltlich und sprachlich gleichermaßen urwüchsige und burleske alemannische Lied scheint nach Ausweis der Schlußzeile aus der Bodenseegegend zu stammen. Schon im *Godwi* spielt Brentano auf das scheinbar unlogische Nebeneinander von Drei und Vier an (Werke II, S. 457):

Von A. W-nn
Du hattest schon, o Freund! den Weg gefunden,
Vertrauend bald der heilgen neuen Lehre!
Du hattest schon die heilge Drei verbunden,
Bis dir die Viere deutlich worden wäre,
Ließ dich der Blick ins Centrum schon gesunden!

Dieser Spott zielt auf die Verse Friedrich Schlegels, die das Wh als Überschrift für III 30 wörtlich zitiert. Im Hochzeitsgedicht *Die Monate* weist Brentano dann endlich direkt auf Schlegel hin (Eingangschor):

Denn Schlegel spricht: »Wer Drei in Vier gefunden,
Dess Blick wird in dem Centrum erst gesunden!«

Aber nicht nur Friedrich Schlegels »Zentraltheorie« wird durch die Überschrift verspottet, sondern auch August Wilhelm Schlegels Ausführungen über Kindlichkeit, kunstlose Darstellung »in dem alten Liede von den heiligen 3 Königen«: Brentano bietet mit Wh III 30 dafür gleichsam einen grotesken Beleg an und zielt in der Vorbemerkung deutlich auf Schlegels und anderer Interesse für das Alter der Lieder ab. Dieser historische Maßstab war Brentano verhaßt, der schon im Februar 1806 im Brief an Arnim gerügt hatte, Docen u. a. wollten nicht wissen, was die Alten »Schönes gesungen«, sondern nur, »was und wann sie gesungen«. Das Thema des Liedes ist dasselbe wie KL 32; hier sind indes die Einzelheiten mit spürbarer Freude derb-realistisch ausgeführt (vgl. z. B. V. 17 f., 20 usw.) und finden in der »Verfremdung« am Ende einen würdigen Abschluß.

2 Caspar, Melchior, Balthasar (die traditionellen Namen der drei Könige); Bern-(hard) ist der Sternträger beim Umzug – darauf weist nur noch andeutungsweise V. 5 hin, in dem sich anscheinend die Spur eines Heischelieds erhalten hat.
3 *seaga:* sehen.
5 *waidla:* eilen (vgl. V. 25)?
16 Wir müssen schnell gehen, es ist wirklich Eile geboten (schnell nötig).
18 Und schert euch auch in Teufels Namen (bei dem Paar Tatzen des Teufels!) hinweg.
20 Wir denken: Der Herodes soll uns schön den Hobel ausblasen (derber Spott).
23 *Butter, Nuß / Milach:* Die traditionellen Gaben (Gold, Weihrauch, Myrrhe) sind gleichsam ins Bäurische umgestaltet.
24 Da hat das Kindlein ein wenig drauf geschielt.
26 *Gugelfuar:* (Fastnachts)-Scherz, Spaß.
27 *es:* alemannisches Füllwort.
28 *Mümfeli:* einen kleinen Mund voll, ein Bröckchen.
30 *Kölla:* Köln; dort liegen die Gebeine der drei Könige. Ob ursprünglich an dieser Stelle Konstanz genannt wurde, steht dahin.

Literatur: NA III, S. 31; BC I, S. 368; Alemannia 9, 1881, S. 174; Rieser, S. 533 f.; Bode, S. 467–469.

III 31

Das seit dem Ende des 17. Jh.s überlieferte Abschiedslied war überaus häufig auf Fl. Bl. verbreitet. Das Wh-Lied geht auf eine inzwischen verschollene Niederschrift Nehrlichs zurück, deren Text indirekt überliefert ist. In der Wh-Fassung ist v. a. die Schlußstrophe, deren Neuformulierung durch das Enjambement zu Beginn und die sentimentale Tonart aus dem Rahmen fällt, gegenüber der Vorlage geändert, um eine überzählige und wohl auch verderbte Zeile auszuscheiden. Das Reimschema, dem weitere Besserungen galten, wurde allein hier und in Str. 2 verwirklicht: a b a b c c x.

3 Im Unterschied zu Wh II 18b wurde hier nichts geändert.
24 f. Vgl. Wh I 289, V. 17–19.

Vertonung: Max Reger (1899).
Literatur: NA III, S. 32; BC II, S. 210; Rieser, S. 524 f.; Bode, S. 321–326. – EB Nr. 791a–c, II, S. 592–594; Briegleb, Nr. 31, S. 33 f.; Pröhle, Nr. 45, S. 66; ZföVk 3, 1897, S. 259; Marriage, Pfalz, Nr. 114, S. 179 f.; Vld 12, 1910, S. 405.

III 32

Der Eingangsvers des aus Nicolaus Rosthius' *Andern Theil Newer Lieblicher Galliardt* (1593; Nr. 8) übernommenen Liedes erinnert an die typische Situation Neidhartscher Sommerlieder; die entsprechende Erwartung wird dann auch – nach dem retardierenden Moment von V. 2–10 – nicht getäuscht. Die Bearbeitung weicht wesentlich nur am Schluß ab: Das verehrte Heiligenbild aus Fleisch und Blut verrichtet »Wunder«, indem es nicht nur wie in der Vorlage die Augen auf sich zieht, sondern die Blicke auch erwidert. Die Überschrift ist mit Beziehung auf den neuformulierten Schluß und auf die Identität von »Mann« und »Bild« gesetzt.

5 *betreten:* (frühnhd.) ergriffen, erfaßt.
6 *war:* Der Druck ist an dieser Stelle der Vorlage nicht sehr deutlich, sonst wäre gewiß sinngemäßes »wär« beibehalten worden.
14 *schöner:* statt »schnöder«, dessen veraltete Bedeutung ›armer‹ hier zu einem Mißverständnis geführt hätte.

Literatur: NA III, S. 33; BC II, S. 28; Rieser, S. 425 f.; Bode, S. 352.

III 33

Das Wh kontaminiert einen Text aus Herders *Volksliedern* (1779; Buch 1, Nr. 24, S. 62 f.) mit einer Einsendung Auguste von Pattbergs, die direkt oder indirekt auf Herders Fassung basieren dürfte. Die bei Herder offenbar verderbt überlieferte Eingangsstrophe wurde ebenso wie deren Ersatz in der Hs. Frau von Pattbergs verworfen; statt dessen formulierte der Bearbeiter den Eingangsvers sinngemäß und spielt in V. 2 sogleich auf das Hauptthema an. Während es in den

Vorlagen offenbleibt, ob der Sprecher als Mönch oder als Nonne aufzufassen ist, steht das Wh eindeutig in der Tradition von Wh I 32a und läßt die Nonne sprechen.

4 *Orden:* allg.: Stand, hier aber auch speziell: Nonnenorden.
8 *Metten:* die früheste Morgenmesse.
9 *Gloria patri:* Ehre sei dem Vater; am Ende der Psalmen (die das Brevier vorschreibt).
19 Vgl. KL 27b, V. 1.

Melodie: Stockmann, S. 132.
Literatur: NA III, S. 34; BC II, S. 628; Rieser, S. 519f.; Bode, S. 182. – EB Nr. 921a–b, II, S. 705f.; Mittler, Nr. 845–846, S. 589; O. Steiner, Die Winilëod und zwei ungedruckte ostpreußische Varianten des Herderschen Volksliedes: Kein schönre Freud auf Erden ist, usw., in: Germania 21, 1876, S. 209–213; Böckel, Nr. 11, S. 10; Wolfram, Nr. 276, S. 246.

III 34

Für dieses nicht sehr alte Lied ist weite Verbreitung bezeugt; allein im Wh-Material finden sich zwölf Einsendungen, von denen Arnim je eine von Docen, Frau von Pattberg, Bettina und zwei von unbekannter Hand zur Kontamination heranzog. Die Herkunft der Einzelverse ergibt dabei folgendes Schema:

Docen	1–2				15–20		25–32		48
von Pattberg		3–4		14					
Bettina			13			21–24		38–47	
unbek. Hand			5–12					37	
unbek. Hand							33–36		

Die Kunst des Bearbeiters erweist sich im wesentlichen in der sinnvollen Koordination der z. T. in allen Beiträgen in anderem Funktionszusammenhang stehenden Motive. Das ist zweifellos gelungen, wie die Tatsache beweist, daß die Wh-Fassung ihrerseits volkstümlich wurde. Der Titel spielt, bewußt falsche Erwartungen weckend, auf die Rahmenverse 3 und 47 an.

1–4 Vgl. Wh I 317, V. 1–4.
5 Vgl. Wh I 281, V. 1.

11 f. Durch die Änderung von V. 10 erhält auch dieses Motiv eine veränderte Funktion: Aus dem dunklen Feierkleid der Vorlage wird ein trauriges Vorzeichen.
15 *Die Botschaft ihm kam:* Die ungeschickte Einfügung ist nicht dem Volksliedstil gemäß und hätte sich v. a. im Blick auf V. 17 erübrigt.
33–36 Es handelt sich um ein Verfahren der Volksheilkunde; vgl. Mörikes Erzählung *Der Schatz*.
40 Vgl. Wh II 294, V. 64.

Melodie: Stockmann, S. 134.
Literatur: NA III, S. 36; IV, S. 307; BC II, S. 226, 227, 228, 229; Steig, NHJb VI, 1896, S. 113 f.; Rieser, S. 482 f.; Bode, S. 504–508; ZfDk 37, 1923, S. 183; Schewe, 1932, S. 139 f. – EB Nr. 93 a–h, I, S. 329–336; DVl Nr. 51, II, S. 254–270 (zu Str. 2 und 3); Briegleb, Nr. 45, S. 42; Hruschka-Toischer, S. 90, III, Nr. 2; Marriage, Pfalz, Nr. 17, S. 38 f.; Vld 13, 1911, S. 42.

III 36

Musäus hat einen der Eingangsstrophe vergleichbaren Spruch in seinen *Volksmärchen der Deutschen* (*Stumme Liebe*) angeführt: »von der Mutter war ihr ehemals ein Sprüchlein gelehrt, zu Fleiß und Arbeit sie zu ermuntern, das lautete: Spinn, Töchterlein, spinn, / der Freier sitzt drin!« Um diesen alten Kern haben sich anscheinend immer neue, allegorische und v. a. moralisierende Strophen gerankt, die sich im bekannten Wiegenlied-Rhythmus des *Schlaf, Kindchen, schlaf* (vgl. KL 59) leicht machen ließen. Eine extreme Aufschwellung des Themas bietet die Vorlage der Wh-Fassung, ein Fl. Bl. Brentano kürzte u. a. wegen der Gefahr erotischer Ausdeutungen um 13 Strophen und übernahm nur biblische Anspielungen und religiös-moralische Anknüpfungen.

1 Arnim zitiert den Vers im *47. Sonett* seiner *Beylage* zur ZfE (Sp. 20).
7 Vgl. Wh II 399, V. 109–111.
10–12 Vgl. Tob. 2,19.
15 f. Vgl. KL 71 b, V. 10 f.
22 *Glück und Stern:* formelhaft in dem nachmals sehr verbreiteten Volkslied *Es fiel ein Reif in Frühlingsnacht* (EB Nr. 192, Str. 3).
28 Anspielung auf den Parzen-Mythos.

36 Synonym für »spinnen«; zur Praxis des Spinnens vgl. EB III, S. 402.

Melodie: Böhl, Nr. 18, S. 36.
Literatur: NA III, S. 38; BC II, S. 712; Rieser, S. 534; Bode, S. 599, 725 f. – EB Nr. 1567–68, III, S. 400 f.; Groos-Klein, Nr. 34, S. 34; Böhme, Kdl I, Nr. 477, S. 108; ZfVk 21, 1911, S. 375.

III 38

Das Wh kontaminiert den Text eines Fl. Bl. mit zwei Strophen des sogenannten Oberhasler Kühreihens. Arnim dürfte den letzteren ebenfalls auf einem Fl. Bl. von seiner Schweizer Reise mitgebracht haben; so erklärt sich der Herkunftsvermerk. Die assoziative Art der Kontamination läßt auf ihn als Bearbeiter schließen. Er wiederholte V. 1–8 unverändert nach dem Wh in der neunten Erzählung seines *Wintergartens* (Ed. Migge II, S. 401).

1 Sprichwörtlich seit der Antike; vgl. z. B. Cicero, *Pro Milone* 29,79: »Liberae sunt nostrae cogitationes«.
26 *Luft:* Parallelfassungen haben sinnvoller: Lust.

Melodie: Stockmann, S. 135.
Vertonung: Gustav Mahler (1905).
Literatur: NA III, S. 39; BC II, S. 157, 159; Rieser, S. 530 f.; Bode, S. 625 f.; J. Meier, Rez., S. 495. – EB Nr. 1474, 1803, III, S. 331 f., 575–577; Maltzahn, S. 303, Nr. 714, 715; Mittler, Nr. 1194, S. 730; J. Meier, KiV, Nr. 376, S. 61; Steinitz, Nr. 202, II, S. 162.

III 40

Die Wh-Fassung kontaminiert eine Einsendung Nehrlichs mit einer von unbekannter Hand und erreicht so einen prägnanten dreigliedrigen Aufbau mit Betonung des Schlusses. Sie ist der erste gedruckte Beleg dieses bis heute weitverbreiteten Liedes. Zum Thema ist Wh III 36 zu vergleichen.

Melodie: Böhl, Nr. 14, S. 28; Stockmann, S. 137.
Vertonung: Robert Schumann, op. 79,25.

Literatur: NA III, S. 41; BC II, S. 714; Rieser, S. 520; Bode, S. 599. – EB Nr. 838a, II, S. 640; Hruschka-Toischer, S. 206, III, Nr. 190; Am Urquell 6, 1896, S. 97; Schumann, Nr. 127, 640; Bender, Nr. 136, S. 155.

III 41

Als Quelle für dieses Spruchgedicht dienten Docens *Miscellaneen* (1807; S. 282 f.). Der Text geht zurück auf Theobald Hoeckhs Gedichtsammlung *Schönes Blumenfeld* (1601). Die Bearbeitung des Miscellaneentextes erfolgte wohl durch Brentano, der etliche sprachliche Modernisierungen vornahm, ohne sich aber von Inhalt und Stil der Vorlage entscheidend zu entfernen.

1 *wohl:* in älterm Sinn: gut.
4 *Schanzen:* Glückswürfe.
5 *rumschwanzen:* herumschlawenzeln, umherschwänzeln.
10 *darf:* bedarf, braucht.
13 *noch:* ferner, auch.
14 f. Die Änderung zu Beginn von V. 14 macht die Absicht der Modernisierung deutlich, die zugleich »Glück« in dem sonst in diesem Lied begegnenden Sinn verwendet (günstiger Zufall). In der Quelle heißt es sinngemäß: Das Glück (Schicksal) setzt oft gleichermaßen dem Bettler wie dem Fürsten hart zu.
20 *Galanisieren:* den Galan spielen, Hof machen.
21 f. Sprichwörtlich seit der Antike. Vgl. auch die Novellentitel Gottfried Kellers: *Der Schmied seines Glückes* und Adalbert Stifters: *Die drei Schmiede ihres Schicksals.*
23 f. Sprichwörtl. (»Wie man sich bettet, so liegt man.«)
27 *beschaffen:* bestimmt.

Literatur: NA III, S. 42; BC II, S. 483; Rieser, S. 514; Bode, S. 310 f.

III 42

Das Spottlied auf den einfältigen Gimpel (Dompfaff), der ironisch gelobt wird, weil er bei der von allen Vögeln gemiedenen Eule als Verehrer geduldet ist, findet Parallelen in KL 3, V. 33–36, und Wh I 233, V. 5 f. und 23 f. Die Bearbeitung beschränkt sich abgesehen von einer Kürzung der Vorlage, Johann Christoph Haidens *Postiglion der Lieb* (1614; Nr. 23), um eine Strophe und Änderung der Schlußverse auf inkonsequent durchgeführte sprachliche Modernisierungen.

7 *richten:* (frühnhd.) beurteilen.
12 *vexirt:* quält; vgl. Wh II 383, V. 66.
21 Daß es, ohne die Scheu der anderen Vögel zu haben.
29 *schon:* schön (vgl. V. 2).
32 *wer es auch sey:* in der Vorlage: »wie der auch sicht« ›wie er auch aussieht‹.
45 *Ihr:* der Eule.
46 *gemein:* insgemein, insgesamt.
50 *sehr:* sinnlos statt »fehrt« ›im vergangenen Jahr‹ (vgl. Anm. zu Wh II 414, V. 77).
54 So laß nur ihre Spottreden an deinen Ohren vorübergehen (ohne hinzuhören).
56 *geit:* kontrahiert statt »gibt«.
ung'heit: vgl. frühnhd. »heien« ›foppen‹; ähnlich Wh II 22, V. 25.
63 f. In der Quelle stand am Ende mit Absicht ein Fehlreim (»Laur« statt »Dieb«), den die Wh-Fassung nicht übernimmt; zugleich wird aus der speziellen Dedikation des Liedes im Anschluß an V. 62 eine allgemeine Schlußgnome.

Literatur: NA III, S. 42; BC II, S. 60; Rieser, S. 431; Bode, S. 406.

III 44

Das seit dem 15. Jh. bekannte »berühmteste aller Abschiedslieder« (EB II, S. 545) war an sich ein glückliches Beispiel, die – besonders Arnim interessierende – Struktur der Kontrafaktur darzustellen: Schon um 1480 liegt in diesem Ton eine geistliche Umdichtung vor; 1531 erschienen in den *Bergreihen* erstmals geistliche und weltliche Fassung in unmittelbarer Nachbarschaft. Allerdings wählten die Wh-Herausgeber statt der ihnen bekannten siebenstrophigen Fassungen eine fünfstrophige Version aus dem 1544 von Johann Otth in Nürnberg veröffentlichten *Hundert vnd fünfftzehen guter newer Liedlein* (Nr. 73), obwohl sich diese im Blick auf die angeschlossene Kontrafaktur Knausts (Wh III 46) weder als vollständig erweist, noch zum

Vergleich besonders geeignet erscheint. Gravierende Eingriffe in den Text im Zuge der wohl von Arnim vorgenommenen, sowohl modernisierenden als auch archaisierenden Bearbeitung mußten unterbleiben, um den Vergleich mit dem angeschlossenen Lied nicht ganz unmöglich zu machen. Der Titel stellt die gleichsam sprichwörtliche Eingangszeile heraus, die z. B. in historischen Liedern häufig zitiert wird; die Formulierung geht auf die Tageliedsituation zurück.

4 *klägliche:* klagende.
9 *wilt:* Angleichung an V. 10, ohne Rücksicht auf den Modus. *schier:* bald.
13 *Zukunft:* Zurückkunft.
17 *Weis:* (An-)Weisung.
21 Der Sinn geht durch die Modernisierung verloren; das Mädchen bietet dem Liebhaber Unterhalt (Verköstigung) für ein Jahr an – nur im Blick darauf ist auch V. 23–26 zu verstehen.
22 *aus Muthe:* freimütig.
28 Ergieb dich darein.
29 *schreit Morde:* ruft Wehe.

Literatur: NA III, S. 46; BC II, S. 207; Alemannia 3, 1877, S. 41–44; Rieser, S. 431; Bode, S. 297 f. – Uhland, Nr. 70; EB Nr. 742, II, S. 544 f.; Bergreihen (Ed. Heilfurth), S. 90, Nr. 40; Pal. 343 (Ed. Kopp), Nr. 153, S. 166; Goedeke-Tittmann, Nr. 88, S. 91.

III 46

Diese geistliche Kontrafaktur auf das vorhergehende Lied (vgl. Erl. zu Wh III 44) beruht auf Henrich Knausts Sammlung *Gassenhawer / Reuter vnd Bergliedlin* (1571; Nr. 31, S. 28 f.). Die inkonsequente Wh-Bearbeitung, die wohl auf Arnim zurückgeht, zeigt ähnliche Tendenzen wie die der weltlichen Fassung: Archaisierungen stehen neben Modernisierungen.

12 *männlich:* ersetzt »mennlin« ›Menschlein‹.
36 *züchten:* züchtigen.
41 *fast:* fest, sehr; vgl. zum Thema Wh II 8.
45 *schmücken:* schmiegen; offenbar mißverstanden, da der folgende Akkusativ in einen Dativ verwandelt wurde.
48 Beim Herrn trotz des Leides ausharren.

Literatur: NA III, S. 48; BC II, S. 479; Rieser, S. 377; Bode, S. 214 f. – EB II, S. 545; Wackernagel I, Nr. 1173, S. 787 f.

III 48a

Das dritte der Lieder gleichen Anfangs, übernommen aus dem *Musicalischen Zeitvertreiber* (1609; Nr. 29), parodiert und travestiert burlesk das Thema des Abschieds. Auf die vorgegebene Tageliedsituation wird nicht eben fein angespielt (V. 2 f.; diese Tendenz ist im Wh noch verstärkt); aus dem adeligen »Fräulein« (Wh III 44, V. 5) ist die dicke Grete geworden (V. 4), die ihrem Galan leichten Herzens den Abschied gibt (V. 5).

Literatur: NA III, S. 50; Rieser, S. 534; Bode, S. 204.

III 48b

Als Vorlage für die sprachlich und metrisch glättende Wh-Bearbeitung diente eine inzwischen verschollene Abschrift Eschenburgs aus Paul von der Aelsts *Blumm und Außbund Allerhandt Außerlesener Weltlicher, Züchtiger Lieder vnd Rheymen* (1602; Nr. 117, S. 251 bis 253). Zum Thema ist Wh I 356 zu vergleichen. Während Arnims Umdichtung den unstandesgemäßen Freier scheitern läßt, gelangt er hier zu seinem Zweck.

2 *Muskaten Blumen:* Zur Bedeutung ›Aphrodisiakum‹ vgl. Anm. zu Wh I 356, Überschrift.
5 *Reuter:* Reitknecht; vgl. V. 15 f. und den Gegensatz zu den »Rittern« V. 39.
6 *freit:* wirbt um.
7 Vgl. Wh I 356, V. 7.
16 Vgl. Wh I 125, V. 38.
31 Formelhaft; vgl. z. B. Wh II 227, V. 65, u. ö.
35 *Nächten:* gestern nacht (vgl. Wh I 298, V. 1).
43 f. Formelhaft; sonst in Verfasserstrophen (vgl. Wh I 339, V. 39 f.).

Literatur: NA III, S. 50; BC II, S. 144; Rieser, S. 414; Bode, S. 179. – Uhland, Nr. 99; EB Nr. 141a, I, S. 471 f.; DVl VI, Nr. 130,

S. 138–147; Goedeke-Tittmann, Nr. 92, S. 101; Wolkan II/2, S. 250, Nr. 19; Alpers, Nr. 26, S. 86–88, 197 f. – Vgl. ferner zu Wh I 356.

III 50

Die Wh-Bearbeitung der Satire auf den Eheschacher aus Matthias Abeles *Vivat oder so genannter künstlicher Unordnung IV. Theil* (1673; S. 412–418) war bei den wenigen, nicht konsequent durchgeführten sprachlichen Modernisierungen an die strenge Form des vorgegebenen Alexandriners gebunden, die auch nirgends verletzt wird. Die Anmerkung zur Überschrift verteidigt den unschwer als nicht ganz moralisch deutbaren Inhalt im Blick auf antike Freizügigkeiten, deren deutliche Anpreisung in zeitgenössischen »Buchhändleranzeigen« sanktioniert war. Das Sprichwort der Überschrift ist bei Adelung (III, Sp. 17) noch so erklärt: »ein jedes Land hat seine Sitten, seine Gewohnheiten«; dazu stimmt hier die Anspielung in V. 60. Darüber hinaus dürfte aber schon der moderne Sinn (›vom Land und tugendhaft‹) ironisch anklingen, was V. 2 im besonderen und die merkwürdig klingende Moral im allgemeinen nahelegen.

10 *trauen:* anvertrauen.
13 *her:* muß mit Rücksicht auf grammatische Modernisierung (»Schlitten«) zur Beibehaltung des Metrums eintreten; damit ergibt sich ein leichter Widerspruch zu V. 14.
Zeitlosen: Herbstzeitlosen (Blumen).
21 *den:* wohl versehentlich nicht zu »dem« modernisiert.
28 *fällt . . . an:* im älteren Sinn: tritt hinzu (vgl. mhd. »anevall«).
39 Vgl. Wh I 253, V. 14.
45 f. Vgl. zur Reimform Wh I 69, V. 3 f., sowie JbFDH 1976, S. 440 und 449 f.
50 *Medusen Schlangenhaupt:* Gorgoneion; das nach antiker Sage von Perseus der Gorgone Medusa abgeschlagene schrecklich blickende Haupt mit Schlangenhaar, das den Betrachtenden versteinerte.
im Sause: in Saus und Braus (vgl. KL 64b, V. 1).
53 *Ruffer:* so in der Vorlage, im Wh Flüchtigkeitsfehler (statt »Rufer«).

Literatur: NA III, S. 52; BC II, S. 63; Rieser, S. 406 f.; Bode, S. 271 f.

III 52

Der Titel veranlaßte Arnim, das Lied hinter Wh III 50 zu plazieren, weil dort zufällig ebenfalls zu Beginn von einem Schlitten die Rede ist. Um dem Liedeingang einen völlig unverfänglichen Charakter zu geben – dem auch die Überschrift entspricht –, wurde im Zuge der wohl von Brentano durchgeführten Bearbeitung die vorletzte Strophe der von einem Fl. Bl. stammenden Textvorlage an die zweite Stelle gerückt. Ab V. 21 häufen sich die Änderungen, um die recht derben Obszönitäten der Vorlage zu eliminieren. Das Wh müsse »Jahrzeits, und Scherzlieder ohne Zoten enthalten« hatte Brentano schon im ersten Plan zur Liedersammlung (Brief an Arnim vom 15. 2. 1805) formuliert; dem wird hier zweifellos Rechnung getragen. Es scheint indes besonders Brentano gereizt zu haben, verfängliche Texte aufzuspüren und dann zu verharmlosen – eine Manie, die seltsamerweise besonders häufig in seinen Kinderliedern begegnet (vgl. z. B. KL 23a).

5 *Heut:* ersetzt »heindt« ›heute Abend‹.

7 *thut sich biegen:* beugt sich übers Land.

12 *gespiegeltes:* wie ein Spiegel glänzendes.

13 Vielleicht ist Fischarts Anspielung auf den »Venusschlitten« in diesem oder ähnlichem Zusammenhang zu verstehen (Ed. Alsleben, S. 71).

19 f. Ach, so schone mich doch nicht, mein Feinslieb; ich bin dazu geschaffen (d. h. ich kann es aushalten).

23 Die poetische Anrede »Osterlamm« ersetzt in der Vorlage verballhorntes »gen angster stam« (vgl. frühnhd. »angster«: Krug mit engem Hals). Die klangliche Assoziation »nach Amsterdam« (so wohl auch der intendierte Sinn in der Vorlage) könnte das ungewöhnliche Bild in V. 24 hervorgerufen haben (vgl. KL 23a, V. 16 f.).

28 *spitz:* achte auf.

30 f. Umkreise mich mit deiner Schleppe.

32 f. Worte des Mägdeleins: Er möge sich mit seinen Sporen nicht in ihrer Schleppe verfangen – dann gewinnt er von ihr einen Ehrenkranz (vgl. Wh III 129b, V. 6 f.); in der Vorlage wird diese Auszeichnung für handfeste Minnedienste in Aussicht gestellt.

39 *vorbei gestochen:* wohl im Sinn von ›vorbei gefahren‹ (vgl. Adelung IV; Sp. 694; ähnlich: in See stechen).

Literatur: NA III, S. 55; BC II, S. 163; Rieser, S. 528 f.; Bode, S. 349. – JbVldf 1, 1928, S. 136.

III 54

Das (wohl bairische) Gerüststrophenlied ist in ähnlicher Form volkstümlich überliefert, so daß kein Grund besteht, an der Herkunftsangabe zu zweifeln, auch wenn sich eine entsprechende Vorlage nicht erhalten hat.

[Überschrift:] Schönes Dernderl, Dirnderl (oder bair. »d'Annerl«?).
2 *Schleuß:* Schleiße, spalte.
17 *Schubladenbuben:* Handlungsdiener, Kaufmannsgehilfen.
36 *Hiebern:* Hiebwaffen, Schlägern.

Literatur: NA III, S. 57; BC II, S. 192; Rieser, S. 534; Bode, S. 749. – EB Nr. 676, II, S. 471; Erlach II, S. 589; Wiora II, Nr. 150, S. 88.

III 56

Die Wh-Bearbeitung einer Niederschrift von unbekannter Hand versucht durch Dialektisierungen, die bewußt ungeschickte Wortstellung in V. 15 und die als Wortwitz übernommenen Formen in V. 10 und 25 dem Stil der Schnaderhüpfel gerecht zu werden und greift außerdem an einigen Stellen ausgleichend in die charakteristisch daktylische Metrik der Vorlage ein, ohne indes konsequenten Ausgleich zu erstreben. Die sprichwörtliche Überschrift (schon in Agricolas Sammlung zu Anfang des 16. Jh.s belegt) spielt auf die zweite und den Witz der letzten Strophe an.

10 *halters:* halt, eben (vgl. V. 19).
19 Ich lasse mich eben nicht darauf ein.
25 *wuh:* wie.

Melodie: Stockmann, S. 138.
Literatur: NA III, S. 58; BC II, S. 55; Alemannia 3, 1877, S. 286; Rieser, S. 531; Bode, S. 238. – Kö.-Mei., Nr. 350, S. 355.

III 57

Als Vorlage diente Brentano, dem die sprachlich ausgleichende und den Dialekt weiterführende Bearbeitung zuzuschreiben ist, eine von ihm selbst veranlaßte Abschrift einer Einsendung Schlossers, die aus mehreren Wanderstrophen zusammengesungen ist. Die beiden Eingangsstrophen sind bereits in der zweiten Hälfte des 16. Jh.s. belegt. Den Mädchentrutzstrophen mit dem seltsamen Bild des die Ehehaube schon strickenden Freiers entsprach nicht das schwermütige Ende der Vorlage (V. 70); durch die Umstellung im Wh korrespondiert der Ton der Schlußstrophe dem Eingang.

[Überschrift:] Vgl. V. 28.
5 Sie ist noch nicht fertig gemacht. Falls indes der Apostroph durch einen Druckfehler ausgefallen ist ('s isch), wäre zu verstehen: Es ist aber noch nicht ausgemacht (beschlossen), ob ich ihn auch wirklich heirate.
6 *Seiden:* Dat. Sing., schwach flektiert, um Hiat zu vermeiden.
21 Wh I 102, V. 1 angeglichen.
27 Der zweite ist mit mir verwandt.
46 In Parallele zu V. 21 und 31.
50 *Nägelein:* Nelken.
71 f. Vgl. Wh III 87, V. 67.

Literatur: NA III, S. 59, IV, S. 209; BC II, S. 98, 99; Alemannia 10, 1882, S. 146; Rieser, S. 531 f.; Bode, S. 645 f. – EB Nr. 606, II, S. 425; Briegleb, Nr. 10, S. 24; ZfVk 35, 1925, S. 280 f. – Vgl. ferner zu den o. a. Wh-Liedern.

III 60

Der Herkunftsvermerk erweist sich angesichts der so gut wie unveränderten Übernahme einer Einsendung Nehrlichs als Verwechslung oder Fiktion. Nehrlichs Beitrag könnte indes auf einem Fl. Bl. basieren. Er entspricht recht genau der um zwei Schlußstrophen geistlich-moralischer Ausdeutung verkürzten Dichtung Georg Philipp Harsdörffers *Die Immen*, abgedruckt in *Nathan und Jothan* (1659).

10 *Jungfernvolk:* Bienenjungfern.
13 f. Wenn die Westwinde zur milden Art des Frühlings stimmen, mit ihr übereinstimmen.

18 *weist:* gilt als.
30 *Zimmerchen:* Zellen der Waben.

Literatur: NA III, S. 63; BC II, S. 453; Rieser, S. 390; Bode, S. 391.

III 61

Vorlage dürfte eine durch Volksbrauch (vgl. V. 10) angeregte Eigendichtung der Frau von Pattberg sein. »Den Schwalben ging sonst am Tage, wo man ihre Wiederkunft erwartete, die Hausgenossenschaft, der Familienvater an der Spitze [vgl. V. 10], bis ans Heck (Thor des Gehöfts) entgegen. Festlich wurde ihnen die Scheune geöffnet. Die Schwalbe, meint man, kümmert sich um die Wirthschaft. Sie fliegt bei ihrer Ankunft [. . .] um das Haus [vgl. V. 1]« (A. Kuhn, *Sagen, Gebräuche und Märchen aus Westfalen*, Leipzig 1859, Bd. 2, S. 71).

Literatur: NA III, S. 64; Rieser, S. 535; Bode, S. 752; Schewe, 1932, S. 132.

III 62

In einer Anmerkung weist Kaufmann am Ende der von ihm eingesandten Vorlage auf das mit diesem Lied verbundene Brauchtum hin: »Dieses Liedlein sangen vier schöne Bauernmädel von Hauß zu Hauß in Kreuznach zu Ehren der Himmelskönigînn, welche sie beim Umgang trugen«. Die Wh-Bearbeitung beschränkt sich auf die Tilgung der zahlreichen Apokopen und einiger Dialektformen.

[Überschrift:] Vgl. V. 17 f.
3 f. Auf die Armen Seelen wird im Blick auf die Dankformel am Schluß (V. 23 f.) angespielt: Maria wird den Spender um so eher aus dieser zeitlichen Sündenstrafe retten (vgl. V. 15 f.).
12 *han:* ersetzt kontrahiertes »tran« ›tragen‹.

Melodie: Stockmann, S. 139.
Literatur: NA III, S. 65; BC I, S. 364; Rieser, S. 535; Bode, S. 752 f. – Pinck, Weisen, III, Nr. 9, S. 35–37, 288–298.

III 63

Vorlage ist Ambrosius Metzgers *Venusblümlein* von 1612 (Nr. 3). In Einzelheiten weniger direkt und poetischer, gewinnt die Wh-Bearbeitung für den zeitgenössischen Leser, dem auch die Vermeidung gegenmetrischer Betonungen entgegenkommt.

[Überschrift:] Vgl. V. 28.
7 Vgl. Wh I 80, V. 2.
30 Vgl. Wh I 39, V. 26 (›wegen der bösen Zungen‹).

Vertonung: Johannes Brahms, op. 62,2.
Literatur: NA III, S. 66; BC II, S. 93; Rieser, S. 426; Bode, S. 314.

III 65

Das weitverbreitete Lied soll 1706 von Veit Räumschüssel im Altenburger Dialekt gedichtet worden sein. Das Wh kontaminierte eine Dialektfassung aus der *Sammlung Deutscher Volkslieder* von Büsching und von der Hagen (1807; Nr. 94, S. 233 f.) mit einer ins Hochdeutsche übertragenen Einsendung Jacob Grimms. Dabei ist der sprachliche Ausgleich zwischen den beiden Vorlagen weder konsequent durchgeführt worden, noch trifft das Wh immer die richtigen Dialektformen. Auch die Strophenformen wurden nicht völlig einander angepaßt. Die dem Titel der Mozart-Oper entlehnte Überschrift spielt auf V. 12 an und rückt das Lamento der Eingangsstrophen von vornherein in eine ironische Distanz.

1 *Trutschel:* »liebwerte, dicke weibliche Person« (F.L.K. Weigand, *Deutsches Wörterbuch*, Bd. 2, Gießen 1876, S. 941). Vgl. Wh III 75, V. 1.
5 Sprichwörtlich; vgl. Wh III 102.
24 f. Für den Sarg.
32 Vgl. Arnims Wendung im Brief an Jacob Grimm (19. 2. 1817): »Clemens steckt schon wieder in Liebesaffäre.«
33 *wern:* werden; Reimzerstörung durch Änderung in V. 32.

Melodie: Stockmann, S. 140.
Literatur: NA III, S. 67; BC II, S. 197; Rieser, S. 521; Bode, S. 361. – EB Nr. 693, II, S. 491 f.; Böckel, Nr. 35, S. 26; He.-Wü. Nr. 167, II, S. 20; ZVRhVk 9, 1912, S. 58–60.

III 66

Dem wohl alemannischen Kiltlied aus der Sicht des Mädchens, das sich über seinen Verehrer ausläßt, ist der Dialekt vollständig belassen, so daß man kaum mit Veränderungen der (verschollenen) Vorlage rechnen kann, die aufgrund der Zusammenstellung mit dem vorhergehenden Lied und gleicher Dialekteigentümlichkeiten von Jacob Grimm stammen könnte.

[Überschrift:] Vgl. V. 14.
1 *küpple:* zusammentun.
2 Hat in mein Fensterlein kriechen wollen.
4 Habe ich den Hund plumpen (fallen) lassen.
7 *Gosategeh:* (Küchenlatein) »gassatim gehen« ›nachts durch die Gassen zum Mädchen gehen‹.
16 *Stumpe:* Stumpf, kleiner Kerl.
18 *Lit:* Leute.
19 *Crot:* Kröte (als Schimpfwort).

Literatur: NA III, S. 69; BC II, S. 58; Rieser, S. 535; Bode, S. 753.

III 67

Besonders bemerkenswert ist neben sprachlichen Modernisierungen und metrischem Ausgleich des aus Johann Christoph Demantius' *Sieben vnd siebentzig Newen außerlesener [...] Täntzen* (1601; Nr. 2) übernommenen Liedtextes der Zusatz der Überschrift, der den durchgängigen Vergleich von Mädchen und Rößlein ins Burleske zieht.

[Überschrift:] Zentauren sind bis zum Nabel als Menschen, von dort ab als Pferde gestaltete Wesen der antiken Mythologie, die in der Regel als roh und ungesittet galten. Zu »Tanzlied« vgl. V. 6.
12 f. Vgl. Wh III 63, V. 23 f.
16 Vgl. Goethes Einführung des Zentauren Chiron in *Faust II* 7321–25.
20 *es:* natürliches Genus (Pferd).
21 *es:* seiner.

Literatur: NA III, S. 69; BC II, S. 170; Rieser, S. 426; Bode, S. 206.

III 68

Das thematisch mit Wh I 339 verwandte, weit verbreitete Lied stammt aus dem 16. Jh. Die hs. Vorlage für die wohl von Brentano durchgeführte, mildernde Bearbeitung dürfte auf das Liederbuch Paul von der Aelsts aus dem Jahr 1602 zurückgehen. Die Bedingung, daß die Rosen »wohl zwischen Weihnacht und Ostern« gewachsen sein müßten, fügte der Bearbeiter aus einer sonst nicht berücksichtigten Niederschrift seiner Magd Franziska Breitenstein in die Wh-Fassung ein. Durch die neuformulierte Überschrift wird das Zentralmotiv noch besonders herausgestellt.

1–4 Vgl. Wh I 69, V. 9–12; dieselbe Strophe bereits bei Johann Otth in den *119 Liedern* (1534; Nr. 62).
9–12 Vgl. Wh I 53, V. 5; I 255, V. 5–8; I 339, V. 5–8.
13–16 Vgl. Wh I 339, V. 9–12.

Melodie: Stockmann, S. 141.
Literatur: NA I, S. 331; BC I, S. 308; Bode, S. 343; Schewe, 1932, S. 133. – Uhland, Nr. 113 A; Abh., S. 160 f.; EB Nr. 117 a–e, I, S. 418–424; Berglieder (Ed. Marriage), Nr. 128, S. 181 f.; Meier, Schwab., Nr. 84, S. 17; Goedeke-Tittmann, Nr. 90, S. 95; ArchStnSpr 118, 1907, S. 12–14; Pinck, Weisen, IV, S. 320; Röhrich-Brednich I, Nr. 40, 41.

III 70

Die Vorlage, eine Einsendung von Frau von Pattberg, ist verschollen. Wahrscheinlich wurde sie, wie die meisten ihrer Beiträge, nur von Brentano überschrieben und sonst nicht weiter bearbeitet. Die Überschrift betont den volksliedhaften Eingang.

19 *Roppen:* rupfen, raufen.

Literatur: NA III, S. 71; BC II, S. 87; Steig, NHJb VI, 1896, S. 115; Rieser, S. 547; Bode, S. 158.

III 71 a

Das seit dem 15. Jh. bekannte kleine Rollenlied einer Verliebten wurde aus dem *Hundert vnd fünfftzehen guter newer Liedlein* von Johann Otth (1544; Nr. 14) übernommen. Die Änderung in V. 5 fügt dem schlichten Text ein nicht ganz angemessenes Abstraktum ein.

Literatur: NA III, S. 72; BC II, S. 183; Rieser, S. 424; Bode, S. 300 f. – Uhland, Nr. 42 B; EB Nr. 466 a–b, II, S. 289 f.

III 71 b

Dieser Vierzeiler aus Georg Greflingers Buch *Poetische Rosen und Dörner / Hülsen und Körner* (1655; Nr. 31) wurde von Arnim schon vor dem Plan zum Wh – in einem Brief vom 27. 2. 1805 – notiert. In der Quelle bildet er die letzte Strophe eines Dialogs zwischen zwei Liebenden und der zunächst zweifelnden, dann aber am Schluß ihren Segen gebenden Mutter. In Greflingers etwas rustikalem Gespräch sind »Celadon« Jamben, der Braut Alexandriner, der Mutter Daktylen eigen. Neben dem Metrum wird wohl der Synkretismus antiker (V. 1) und biblischer (V. 4; vgl. 1. Mose 1,28) Sprechweise Arnim angezogen haben. Die Überschrift *Verlobung* löst den Vierzeiler vollends aus dem früheren Zusammenhang.

Literatur: NA III, S. 72; BC II, S. 49; Rieser, S. 406; Bode, S. 452.

III 71 c

Sprachliche Modernisierungen und metrischer Ausgleich bestimmen die leichte Überarbeitung des aus dem *Musicalischen Zeitvertreiber* (1609; Nr. 42) entnommenen Liedes.

[Überschrift:] Vgl. V. 3; die Tilgung des unschuldigen Fremdworts »Echo« in der Vorlage dürfte Arnims Idiosynkrasie zuzuschreiben sein.
19 *schon:* schön.

Literatur: NA III, S. 72; BC II, S. 451; Rieser, S. 427; Bode, S. 203 f.

III 72

Während V. 1–15 auf Heinrich Fincks *Schöne auszerlesne lieder* (1536; Nr. 47) zurückgeht, handelt es sich bei den beiden Schlußstrophen um eine Neudichtung des Bearbeiters. Der Standesunterschied in diesem anzüglichen Dialog zwischen dem zunächst galant sprechenden Dörper und der von Beginn an groben Adeligen wird im Wh eingangs gegenüber der Vorlage betont, doch dann wird aus der Jungfrau »vom rosenthal« Fincks ein modernes »Fräulein Rosenthal«, und mit Anspielungen auf diesen Namen wird der Dialog fortgeführt.

14 f. Der adversative Sinn wird in der Neuformulierung nicht mehr recht deutlich: Wie kannst du es wagen, in so bäuerlicher Kleidung bei einem festlichen Tanz zu erscheinen!
20 Vgl. Wh II 218, V. 19 f.
22–25 Du grober Bauer darfst dir nur Nesseln zum Kranz abschneiden, da du mit Rosen, die uns beim Tanz schmücken, gar nicht umzugehen wüßtest, sondern sie verschlängest wie das Hornvieh, das Gras weidet.

Literatur: NA III, S. 73; BC II, S. 171; Rieser, S. 436; Bode, S. 481. – Uhland, Nr. 250; EB Nr. 1540, III, S. 385.

III 73

Die Vorlage zu diesem weit verbreiteten, wohl tatsächlich mündlich beigetragenen Lied liegt in einer Niederschrift Bettinas vor. Die Wh-Bearbeitung, die wahrscheinlich Brentano ausgeführt hat, wandelt die Geschichte einer vergeblichen Warnung durch den Verzicht auf vier Verse der Vorlage zu einer Prophezeiung künftigen Geschicks. Fünf vom Bearbeiter selbstgedichtete Verse (6, 10, 12, 16, 20) wurden eingefügt und sechs der Vorlage umgestellt, um eine regelmäßige Strophenunterteilung vornehmen zu können und den Kreuzreim abab durch das ganze Lied zu führen. Dabei fällt auf, wie nun alle b-Reime virtuos auf »e« gestimmt sind.

4 Vgl. Wh II 17, V. 21 f.
13–20 Vgl. Wh II 12, V. 17 f.; II 154, V. 98 f.; KL 64 a, V. 1–6.

Melodie: Stockmann, S. 142.

Literatur: NA III, S. 161, IV, S. 174, 364; BC II, S. 12; Alemannia 15, 1887, S. 43; Rieser, S. 521; Bode, S. 286 f., 368 f. – EB Nr. 536, II, S. 362 f.; Busch, Nr. 30; WeimJb III/2, 1855, S. 311 f.; He.-Wü. Nr. 106, I, S. 224; Jungbauer, Bibl., Nr. 422, S. 83.

III 74

Das Wh-Lied ist die nahezu unveränderte Übernahme einer von Wilhelm Grimm eingesandten Abschrift aus Gräters Zs. *Bragur* (1791; S. 272 f.), dort mit *Abschiedsklage eines Mädchens* überschrieben und mit dem Herkunftsvermerk »Aus einem geschriebenen Liederbuche eines Handwerksburschen« versehen. Das etwas zersungene Lied bietet einige Wandermotive (V. 14–25) und erscheint oft mit Goethes *Kleine Blumen, kleine Blätter* vermischt.

1 Vgl. Wh I 84, V. 13 u. ö.
10 Lorbeerblätter sind hier Zeichen des künftigen Ruhms (vgl. V. 8 f.), Rosmarin ist Zeichen des Abschieds (vgl. EB II, S. 523).
18–21 Vgl. Wh I 84, V. 5–8.

Melodie: Stockmann, S. 143.
Literatur: NA III, S. 74; BC II, S. 213; Lohre, S. 129; Rieser, S. 514; Bode, S. 166 f. – EB Nr. 722a (infolge Druckfehler 723a)–d, II, S. 523–526; Briegleb, Nr. 37, S. 38; Reifferscheid, Nr. 45, S. 90 f., 187; Hruschka-Toischer, S. 147, I, Nr. 66a; ZföVk 21, 1915, S. 166.

III 75

Vorlage zu diesem Lied ist eine inzwischen verschollene Einsendung Schlossers, die Brentano selbst abgeschrieben hat, was darauf hindeutet, daß er nicht unerheblich in den Text, der offenbar sprachlich modernisiert wurde, eingriff.

1 *Trutschel:* wohl erst von Arnim bei der Druckeinrichtung in Anlehnung an Wh III 65, V. 1 (s. dort) eingesetzt; Brentanos Ms. (und wohl auch seine Vorlage) hat »Truschel« (mhd. bzw. bair. »droschel« ›Drossel‹).
5 *Wo:* hier eher im Sinn von ›wenn‹.
17–20 Vgl. Wh III 137b, V. 17–20.

20 *Aestger:* ältere Form der Pluralbildung bei Diminutiven; die Vorlage Brentanos dürfte »Nästger« geboten haben (Plural des Diminutivs zu »Nast« ›Ast‹; vgl. Adelung III, Sp. 742), was Brentano mit Bezug auf den Dialog der Vögel an »Nest« anlehnte.

24 *brav:* seinerzeit auch im Sinn von »sehr« verwendbar (vgl. Adelung I, Sp. 1056).

Literatur: NA III, S. 75; BC II, S. 185; Rieser, S. 515; Bode, S. 228. – EB Nr. 173 a–g, I, S. 530–536; DVl VI, Nr. 137, S. 215–238; Brieglеb, Nr. 8, S. 23; Mittler, Nr. 1031, S. 676.

III 77

Nach der Idee, daß Liebe und Lieder eher die Zuneigung fördern als Schönheit, sind hier zwei formal und inhaltlich recht heterogene Texte aus Heinrich Fincks *Schönen auszerlesnen liedern* (1536; Nr. 30) und Johann Christoph Haidens *Gantz neuen lustigen Täntz vnd Liedlein* (1601; Nr. 3) kontaminiert. Die sprachlich z. T. etwas unbeholfenen Strophen bei Haiden sind im Wh geglättet.

Literatur: NA III, S. 75; BC II, S. 58, 59; Rieser, S. 435; Bode, S. 613. – Die Darfelder Liederhs. 1546–1565, hrsg. von R. W. Brednich, Münster 1976, Nr. 52, S. 114, 234; Goedeke-Tittmann, Nr. 6, S. 13; ZfdPh 35, 1903, S. 528; ZfVk 14, 1904, S. 124.

III 78

Mit den »Himmelsboten« der Überschrift sind der Sonnengott »Phöbus« Apollo (V. 5) und der Morgenstern »Lucifer« (V. 9) gemeint. Die behutsame Bearbeitung des Textes aus einem hs. Liederbuch aus der zweiten Hälfte des 17. Jh.s (vgl. Erl. zu Wh III 87) bringt neben sprachlichen Modernisierungen wenige inhaltliche Änderungen und ist höchstwahrscheinlich Brentano zuzuschreiben.

Vertonung: Richard Strauss, op. 32,5.
Literatur: NA III, S. 78; BC II, S. 162; Rieser, S. 535; Bode, S. 748.

III 79

Der Kern dieses, von einem in Berlin gedruckten Fl. Bl. bis auf zwei metrische Glättungen und zwei unbedeutende sprachliche Änderungen unverändert übernommenen Liedes, das meist Ereignisse aus der Passionsgeschichte mit dem Schicksal einer Armen Seele in Verbindung bringt, ist als Passionsruf seit Anfang des 17. Jh.s überliefert. Zum Thema sind Wh II 215 b und II 218 vergleichbar. Da die Vorlage nichts Entsprechendes zeigt, müssen die Herausgeber das Lied, wie aus der Überschrift zu ersehen, als Heischelied erkannt haben, als das es in anderen Überlieferungen auch tatsächlich belegt ist.

6 f. Vgl. Mt. 26,34.
8–13 Vgl. Lk. 22,61 f.
21 Offb. 21,2 und 23–27.

Melodie: Stockmann, S. 144.
Vertonungen: Max Reger (1899); Gustav Mahler, 3. Symphonie (vokale Partie, verbunden mit Nietzsches »O Mensch, gib acht« aus dem *Zarathustra*).
Literatur: NA III, S. 77; BC I, S. 352; Rieser, S. 535 f.; Bode, S. 185–187. – EB Nr. 2031–33, III, S. 735–738; Hoffm.-Ri. Nr. 293, S. 344; WeimJb III/2, 1855, S. 297 f.; Frischbier, Nr. 785, III, S. 214; Wackernagel II, Nr. 1196, S. 960 f.; Amft, Nr. 614, S. 430.

III 80

Das *Lieder-Büchlein von Johannes Mayer zusammen getragen und zum Zeit-Vertreib aufgesetzt Im Jahr 1768*, das Frau von Pattberg Brentano zugesandt hatte, gab die Vorlage für die sprachlich glättende und modernisierende Bearbeitung (vgl. Erl. zu Wh II 399). Die Überschrift wurde nach V. 9 formuliert (vgl. auch KL 27b).

7 *vergnügt:* hier und V. 14 (vgl. auch V. 29) im älteren Sinn: zufrieden.
14 *Durch dich:* Um der freien Gesinnung willen.
29 *Vergnügung:* im älteren Sinn: Zufriedenheit (vgl. V. 7).

Vertonung: C. M. von Weber, op. 64 (1822).
Literatur: NA III, S. 78; BC II, S. 486; Rieser, S. 410; Bode, S. 748.

III 81

Diese mehrere Wanderstrophen enthaltende Kontamination zweier Beiträge der Geschwister Mannel aus Allendorf ist mit Sicherheit Brentano zuzuschreiben, der bei seiner Bearbeitung gravierend in die Schlußverse eingriff – in der Vorlage wollte der angehende Soldat das Bildchen nur in der Tasche tragen –, um so einen innigeren Ton zu gewinnen.

1 f. Vgl. Wh III 84, V. 1 f.
9–12 Vgl. Wh III 112a, V. 1–4.
21–28 Vgl. Wh III 112a, V. 5–12.
32 Zum Motiv vgl. Wh II 221, V. 21 f. und KL 93d, V. 9 f.

Melodie: Stockmann, S. 145.
Literatur: NA III, S. 80; BC II, S. 81, 84; Rieser, S. 515; Bode, S. 612; Schewe, 1932, S. 132 f.; 1956, S. 60. – EB Nr. 569, 816a–b, II, S. 395 f., 622 f.; Briegleb, Nr. 28, S. 31 f.; Pröhle, Nr. 37, S. 57; Härtel, Nr. 85, S. 58 f.; Reifferscheid, Nr. 21, S. 42 f.; Hruschka-Toischer, S. 174, III, Nr. 129; Marriage, Pfalz, Nr. 61, S. 100 f.; ZfVk 18, 1908, S. 87; Lesebuch II, Nr. 192a–i, S. 106–114; G. A. Vogt, Die Technik der Reimpaarverklammerung in »Minnesangs Frühling«, in: Fs. für W. Mohr, Göppingen 1972, S. 71–101 (bes. S. 95).

III 83

Das Wh-Lied, dessen Bestandteile fast alle auch in anderem Zusammenhang begegnen, ist wahrscheinlich Kontamination einer Niederschrift Bettinas mit einer inzwischen verschollenen anderen hs. Vorlage. Eine Moralstrophe, die in Bettinas Hs. das Lied beschließt, ist – wie auch sonst häufig – gestrichen worden. Die bis heute populäre Eingangszeile ist zuerst 1574 belegt.

1 f. Vgl. Wh III 42, V. 1–3; III 147, V. 16–18.
6 f. Vgl. Goethes *Faust I* 2101 f.
8–14 Vgl. Wh I 317, V. 5–11; I 32b, V. 21–24.
15–24 Vgl. Wh I 317, V. 13–24.

Melodie: Stockmann, S. 146.

Vertonung: Gustav Mahler (1892).
Literatur: NA I, S. 346, IV, S. 165; BC I, S. 271; Rieser, S. 521 f.; Bode, S. 638 f. – EB Nr. 563, II, S. 390; Hruschka-Toischer, S. 187, III, Nr. 157; Lewalter, III, Nr. 14, S. 26; Hoffm.-Prahl, Nr. 615, S. 131; ZfVk 18, 1908, S. 86–88.

III 84

Der Bearbeiter kontaminierte je eine Einsendung von Danquard und Nehrlich und fügte vier neugedichtete Verse (15 f. und – wohl in Erinnerung an Wh III 81 – V. 19 f.) zu. Das Lied wurde hinter Wh III 83 gerückt, weil dessen Überschrift hier (V. 21) wiederkehrt.

[Überschrift:] Mit Bezug auf V. 5–8 und 17–28.
1 f. Vgl. Wh III 81, V. 1 f.
5 f. Vgl. Goethes *Faust I* 2101 f.
9–12 Vgl. Wh I 313, V. 15–17; II 154, V. 59–67.

Literatur: NA III, S. 81; BC II, S. 85; Rieser, S. 533; Bode, S. 627–629. – EB Nr. 569, II, S. 395 f.; WeimJb III/2, 1855, S. 309 f.; Hruschka-Toischer, S. 159, III, Nr. 92; Marriage, Pfalz, Nr. 45, S. 83 f.; Amft, Nr. 664, S. 482.

III 85

Friedrich Schlosser schickte am 7. 8. 1806 dieses erstmals 1656 veröffentlichte Lied Paul Gerhardts in einer Abschrift aus Georg Horns *Neuem vollständigeren Gesang-Buch* (1732; Nr. 645, S. 614 f.) an Brentano, der es um sechs Strophen erbaulichen Inhalts gekürzt ins Wh aufnahm.

10–12 Vgl. Mt. 6,29.
10 *Tulipan:* vgl. Wh I 55, V. 23.
26 Und schmücken sich an ihrem Ufer.
51 Offb. 7,9.

Literatur: NA III, S. 163; BC I, S. 445, 564; Rieser, S. 390; Bode, S. 71, 390 f.

III 87

Das Lied stammt aus einem hs. Liederbuch aus der zweiten Hälfte des 17. Jh.s, das Wieland, der seit 1799 mit Brentano bekannt war, diesem wohl selbst zukommen ließ. So wird man Bearbeitung und Aufnahme der Lieder Wh III 78, 87, 91 und 95, die aus dieser Quelle stammen, sämtlich Brentano zuschreiben können. Die Vorlage erscheint im Wh um zwei Drittel gekürzt, wodurch inhaltliche Wiederholungen und langatmige Anklagen gegen Amor wegfallen, so daß der Lamento-Charakter des ursprünglichen Textes auf wenige Bilder konzentriert wird und sich ein effektvoller Schluß ergibt. In der Bearbeitung der übernommenen Strophen stehen archaisierende gegenüber modernisierenden Tendenzen. Bedeutsam sind auch die das Bild im Sinne der Überschrift ausführende Neugestaltung von V. 38–42 und die an Bildkraft gewinnende Sprache.

[Überschrift:] Die Wiederkehr des Tages (V. 1–14), des unruhigen Herzschlages (V. 36–42), der »Kreislauf« des Wassers wie der Seufzer des unglücklich liebenden Menschen bestimmen das Thema der Wh-Fassung.

4–6 Das feminine Genus für den Mond fiel in der Vorlage wegen des umfangreichen mythologischen Apparates, der im Wh entfallen ist, weniger auf.

9 *Phöbus:* vgl. Anm. zu Wh III 78, V. 5.

13 *gar:* gänzlich.

16 *Himmelsschild:* Neubildung im Stil der Vorlage; vgl. KL 93 b.

20 *Absalon:* der durch seine außerordentliche Schönheit berühmte Sohn König Davids (2. Sam. 14,25 f.).

24 *Harfen:* Harfenspiel.

33 Um der Liebe deines Verehrers willen.

37 Das Herz.

43 *Bronnen:* im älteren Sinn: Quellen; zum Motiv vgl. Wh II 50a, V. 19.

52 f. Zum Motiv vgl. Wh II 229b.

67 *Schabab:* verschwinde; vgl. Johannes von Tepl, *Der Ackermann aus Böhmen* III,15 f.: »Nu wirt zu mir gesprochen: schab ab!« – Im Volkslied oft im Bild der Pflanze: vgl. Wh III 57, V. 70 f. (»Ach Scheiden über Scheiden, / Isch gar ein bittres Kraut.«)

73 *Veilbraun:* so braun wie Gelbveilchen (Goldlack; vgl. Wh III 23 a, V. 3); braun war auch die Farbe der Trauer (WbVk, S. 106).

Literatur: NA III, S. 83; BC II, S. 198; Rieser, S. 409 f.; Bode, S. 748; Schewe, 1932, S. 140 f.

III 90

Auch dieses 1624 zuerst erschienene Gedicht Martin Opitz' wurde aus der von Wieland übermittelten Liederhs. (vgl. Erl. zu Wh III 87) übernommen. Brentanos Bearbeitung zeitigt neben der Streichung einer pathetischen Strophe eine Änderung in V. 17 – in der Vorlage ist die »Welt« noch nicht »grüne« –, mit der wohl der Text dem neuen Zusammenhang im Wh angepaßt werden sollte.

7 *Brunnen:* Quellen.
23 *Arkadia:* Arkadien: idyllisches Glücksland der bukolischen Poesie.
25. 27 *Diana/Flora:* Die römischen Göttinnen der Jagd und der Blumen erscheinen ähnlich vereint in Wh II 371, V. 29.

Literatur: NA III, S. 86; BC II, S. 200, 319; Rieser, S. 404; Bode, S. 401. – Kopp, Crailsh., S. 117.

III 91

Das seit etwa 1640 volksläufige, von Gabriel Voigtländer stammende Gedicht entnahm Brentano ebenfalls der von Wieland übersandten Liederhs. aus dem 17. Jh. (vgl. Erl. zu Wh III 87). Bei seiner Bearbeitung, die sich in Einzelheiten weitgehend auf die Glättung des etwas holprigen Metrums der Vorlage beschränkt, kürzte er den Text um vier Strophen (umständliche Einleitung der »Freierey«, treuherzige Prahlerei des Freiers, Lob auf den Krieg und Wiederholung von V. 61–66).

[Überschrift:] Vgl. V. 2.
11 *unbeschwert:* ungeniert.
41 *Burst:* (Zech-, Fecht-)Gesellschaft; vgl. Wh II 82, V. 77.
42 *stellen:* zum Fechten.
58–60 Für den guten Kerl ist der früher so problematische Wechsel von der »hohen« zur »niederen« Minne offenbar mit keiner Schwierigkeit verbunden.

61 *Weil:* Derweil, solange.
72 Der ursprüngliche Sinn ›vor allen andern‹ geht in der Modernisierung verloren.
82 *Abschied:* (frühnhd.) endgültiger Bescheid.

Literatur: NA III, S. 87; BC II, S. 32; Rieser, S. 432; Bode, S. 403 f. – ZfVk 14, 1904, S. 221; W. Müller, Die Melodie zum »Lied vom guten Kerl« aus dem Jahre 1641, in: JbVldf 1, 1928, S. 182.

III 95

Dieses Gedicht findet sich zuerst in Gabriel Voigtländers *Oden und Liedern* (1642). Als Vorlage für Brentanos Bearbeitung diente indes wiederum die in den Erl. zu Wh III 87 charakterisierte Liederhs. aus dem 17. Jh.

3 *steil:* Brentanos Ersatz für das anstößige »gail« der Vorlage (dessen Aussage indes durch V. 4 erhalten bleibt) ist eine durch den Reim vorgeschriebene ad-hoc-Bildung, die ›hochnäsig‹ oder ›stolz‹ bedeuten soll.
16 *Schweineschmeer:* Schweinefett.
24 Sie geht in allen Dingen rückwärts, falsch herum.
26 *Lissabonisch Oehl:* Öl war stets ein wichtiges Exportgut Portugals.
42 *Flachshechel:* kammartiges Werkzeug zur Flachsverarbeitung.
50 *Zittersait:* im Wortspiel statt »Zither-Saite«.
52 *darf:* bedarf, braucht.
70 *So:* Statt dessen.
76 *fast:* fest, sehr.
77 f. Vgl. Mt. 12,45.
80 *warm und kalt:* zu jeder Zeit; ersetzt »ticht« (›sehr‹; vgl. Adelung I, Sp. 1341: »Jemanden dicht abprügeln«).

Literatur: NA III, S. 90; BC II, S. 696; Rieser, S. 427; Bode, S. 310.

III 98

Das Wh-Lied ist eine Kontamination zweier inhaltlich verwandter Texte aus dem *Musicalischen Zeitvertreiber* (1609; Nr. 1 und 22). Die

Bearbeitung, die wohl Brentano durchgeführt hat, beschränkt sich weitgehend auf Reimbesserungen. Die Überschrift, die nachträglich von Arnim formuliert wurde, stellt die scherzhafte (wohl in Anlehnung an »Mauskatze« gebildete) Bezeichnung für die Katze heraus.

19 f. Auch der Schäfer tanzt, wenn er seinen Schafen die Wolle schert (vgl. Wh I 120, V. 5).

Literatur: NA III, S. 94; BC II, S. 425; Rieser, S. 428; Bode, S. 611.

III 99

Vorlage für Brentanos Wh-Bearbeitung war die Abschrift eines inzwischen verschollenen Fl. Bl. aus dem Jahre 1530 durch Wilhelm Grimm. Die sprachlichen Eigentümlichkeiten der Vorlage sind weitgehend eingeebnet, lediglich in den Kadenzen sind alte Formen des Reimes wegen z. T. erhalten geblieben. Gestrichen wurden eine wegen wörtlicher Wiederholungen inhaltlich entbehrliche Strophe, eine, die dem zeitgenössischen Leser blasphemisch erscheinen mußte, und – wie üblich – eine Moralstrophe, die in der Vorlage den Text beschloß. Die Schlußstrophe des Wh-Liedes ist eine Neudichtung, die wahrscheinlich von Arnim stammt.

[Überschrift:] Zur Tonangabe vgl. Wh I 125.
2 *Fräulein:* junge Ehefrau.
3 *kluge:* in der Vorlage wohl im älteren Sinn: fein, zierlich (vgl. mhd. »kluoc«; besonders im Alemannischen noch lange in dieser Bedeutung).
7 *noch:* ersetzt »nach« ›beinahe‹; die Modernisierung verändert die sinnvollere Lesart: In der Vorlage wird das Verhältnis erst nach beinahe sieben Jahren entdeckt; jetzt währt das Verhältnis noch nach der Entdeckung so lange.
22 *zu:* nach.
33 *Striegel:* »Ein gemeiniglich eiserner Kamm, mit mehreren Reihen kurzer Zähne und einem hölzernen Griffe, den Schweiß und Staub von dem Körper, besonders der Pferde [vgl. V. 40], damit abzukratzen« (Adelung IV, Sp. 830).
38 *härte:* durch Reimzwang statt »hart«; ersetzt »stächle« ›stählern‹.
40 *freche:* ersetzt »geile« (vgl. Anm. zu Wh III 95, V. 3).
41 *Muth:* Gemüt, Sinn.

60 Laß mich nicht ohne Sakramente sterben.
63 *Rauchfaß:* das Weihrauchfaß, wie es bei katholischen Beerdigungen Verwendung findet. (Demnach bedeutet V. 63 wohl: Man gestattete ein kirchliches Begräbnis, obwohl er als öffentlicher Sünder entlarvt war.)
72 *falschen Kuß:* Anspielung auf den Judaskuß; vgl. Lk. 22,48.
74 f. Vgl. V. 66 f.

Literatur: NA III, S. 95; BC II, S. 134; Rieser, S. 416; Bode, S. 467. – EB Nr. 153 a, I, S. 491 f.; Williams, S. 415; Siuts, S. 79; T. Humpert, Das Konstanzer Striegellied, in: Badische Heimat 41, 1961, S. 256 f.

III 102

Der Wh-Bearbeitung dieser vermutlich aus dem 16. Jh. stammenden Ballade liegt eine anscheinend auf mündlicher Tradition beruhende Aufzeichnung Nehrlichs zugrunde. Ein etwas bänkelsängerischer, aber sachlicher Bericht der Vorlage wird im Wh in drei neuformulierten Eingangsstrophen durch ahnungsvolle Stimmungsbilder ersetzt. Die Moralstrophe am Ende wird – wie üblich – gestrichen.

[Überschrift:] Sprichwörtlich (vgl. auch Wh III 65, V. 5); hier als verfluchende Anrede des Schiffmanns an die Ungetreue gedacht.
2–4 Zum volksliedhaften Motiv vgl. etwa Wh II 250, V. 19–24.
6 f. Toten- oder Brautkranz; vgl. V. 11 f.
18 *Bändersknab:* Sohn des Faßbinders, Böttchers.
19 *Treuheit:* Treuepfand, Verlobungsgeschenk, größeres Geldstück.
23 *Reiter:* tabuistisch statt »Teufel« (vgl. etwa Wh II 302, V. 61).
32 Die harmonieren.
33–40 Vgl. dasselbe Motiv in Wh II 202, V. 20–23.

Melodie: Stockmann, S. 148.
Literatur: NA III, S. 98; BC II, S. 295; Alemannia 8, 1880, S. 60; Rieser, S. 483 f.; Bode, S. 544–546. – EB Nr. 211 a–h, I, S. 625–632; Reifferscheid, Nr. 3, S. 6 f., 134–136; Marriage, Pfalz, Nr. 20, S. 42 f.

III 104

Die leichte, überall auf ein rein alternierendes Metrum bedachte Bearbeitung des aus Johann Christoph Demantius' Sammlung *Sieben vnd siebentzig Newe außerlesene [. . .] Täntze* (1601; Nr. 67) übernommenen Liedes streicht die Schlußstrophe und rückt so das bereits durch die neuformulierte Überschrift herausgestellte charakteristische Motiv (vgl. Wh I 192) betont ans Ende des Textes.

5 *Unterlahn:* unterlassen.
8 *von:* vielleicht Druckfehler statt »vor«, das den Sinn besser getroffen hätte.
17 *sonderlichem:* besonderem.

Literatur: NA III, S. 99; BC II, S. 47; Rieser, S. 433; Bode, S. 406.

III 105

Das Wh übernimmt dieses Lied aus der *Sammlung Deutscher Volkslieder* von Büsching und von der Hagen (1807; Nr. 79, S. 200 f.), wo es in den Anmerkungen als »Schlesisches Gebirgshirtenlied« bezeichnet ist. Bemühte sich das Wh noch bei dem schlesischen Lied Wh III 65 um eine annähernd konsequente Angleichung ans Hochdeutsche, so läßt das ständige Wechseln zwischen »ä« (V. 2), »un« (V. 5) und »an« (V. 13) für »an« ›und‹ der Vorlage, zwischen »ä« (V. 3) und »a« (V. 17) für »a« ›ein‹ der Vorlage und zwischen dem Infinitiv auf »a« (»bestecka«, V. 19) und »e« (»heimführe«, V. 15) eine Kapitulation vor den Schwierigkeiten des Dialekts erkennen.

2 *ä:* in der Vorlage »an«; Fußnote: »und«.
4 *As:* in der Vorlage »Os«; Fußnote: »als«.
7 *Ruselä:* in der Vorlage »Rusela'n«; Fußnote: »Röselein«.
14 *Giga:* Fußnote in der Vorlage: »Geigen«.
16 *hähs:* irrig; in der Vorlage »håhb« (dem Sinn nach: habe).
ehga: Fußnote in der Vorlage: »eigen«.
18 *Ruhs:* Fußnote in der Vorlage: »Ros'«.
20 *schien:* Fußnote in der Vorlage: »schön«.
21 f. Vgl. KL 93d, V. 13 f.
23 *zu Jauhr:* Fußnote in der Vorlage: »zu Jahr: übers Jahr«.

Melodie: Stockmann, S. 149.
Literatur: NA III, S. 100, IV, S. 157; BC II, S. 76, 77; Rieser, S. 515; Bode, S. 236. – Uhland, Nr. 28; Abh., S. 189; EB Nr. 454a–e, II, S. 274–276; Berglieder (Ed. Marriage), Nr. 83, S. 123 f.; Hildebrand, Materialien, S. 120 f. – Vgl. ferner zu Wh II 221.

III 106

Das Wh übernimmt diesen Wh II 203 vergleichbaren Botendialog aus der *Sammlung Deutscher Volkslieder* von Büsching und von der Hagen (1807; Nr. 37, S. 89–91). Die Bearbeitung ersetzt das Fremdwort »Präsent« durch »Geschenk« (V. 39).

[Überschrift:] Das Adjektiv spielt in erster Linie auf den hohen Flug der Nachtigall an; die Erwartung des Lesers wird indes – wie häufig bei Wh-Titeln – in andere Richtung gewiesen. Vgl. aber auch V. 42.
4 *Mir:* zu ergänzen: »ich«.
13 Vgl. Wh I 239, V. 33.
15 f. Vgl. Wh I 239, V. 23 f.
17 *Ehrenpreiß:* Veronica officinalis, ein Heilkraut.
18 *Wohlgemuthes:* vgl. Wh I 229, V. 26.
19 *Kranzbügel:* Bandschleife.
35 Vgl. Wh II 54, V. 49.
38 *Eitel:* Nur.
42 Obgleich ich nicht von hoher Abkunft bin.

Literatur: NA III, S. 101; BC II, S. 89; Rieser, S. 516; Bode, S. 171 f. – EB Nr. 492, II, S. 315; Venus-Gärtlein (Ed. Waldberg), S. XXXVI, 162 f.

III 107

Aus der Einsendung Frau von Pattbergs tilgt der Bearbeiter – wohl Brentano – unfeine Vorwürfe und deren Ausdeutung auf zeitgenössische politische Verhältnisse, läßt den Text aber sonst so gut wie unverändert.

[Überschrift:] »Einen Korb bekommen, sich einen Korb holen« ›eine abschlägige Antwort bekommen‹. – Vgl. zum Motiv KL 95a.
1–6 Vgl. Wh III 110a, V. 1–3.

Melodie: Stockmann, S. 150.
Vertonung: Johannes Brahms.
Literatur: NA III, S. 103; BC II, S. 190; Rieser, S. 522; Bode, S. 395 f. – EB Nr. 696, II, S. 494 f.; Hruschka-Toischer, S. 143, III, Nr. 58; Marriage, Pfalz, Nr. 63, S. 103–105; He.-Wü. Nr. 169 a–c, II, S. 23.

III 108

Brentano, auf den wohl die Bearbeitung dieser Einsendung Danquards zurückgeht, strich zwei etwas wirre und unzusammenhängende Eingangsstrophen der Vorlage, formte insgesamt deren pseudobairischen Dialekt behutsam ins Hochdeutsche um und gab dem Text dabei durch zahlreiche Synkopierungen und umgangssprachliche Formen (V. 10, 14 f.) einen volkstümlichen Anstrich. Den Inhalt nicht verändernd ließ er Kiltstrophen (V. 1–12), Treueschwur (V. 13–16) und unvermutete Reue (V. 17–20) unvermittelt nebeneinander stehen.

[Überschrift:] Ironisch auf den ›hohen Flug‹ dieser Liebe gemünzt; angeregt durch die Einführung des Liebhabers als Gemsjäger im steilen Gebirge (V. 9 f.).
17 *Dinterle:* vgl. Wh I 372, V. 5.
18 *Buberle:* der neueingefügten Form »Dinterle« klanglich angeglichen.

Literatur: NA III, S. 108; Rieser, S. 533; Bode, S. 751; Schewe, 1956, S. 58 f.

III 109

Bearbeiter des aus Matthaeus Odontius' *Musicalisch Rosengärtlein* (1612; Nr. 14) übernommenen Liedes ist wohl Arnim. Er veredelte die Schlußzeile (»Daß mir vor Lieb der schweis außdrang«) und kürzte die Strophen (ohne Reimverlust) um eine banale Zeile (nach

V. 7) und den Hinweis auf die rasche Tröstbarkeit der Jungfrau (nach V. 16). Die Überschrift spielt auf den »Druck« der Sorgen an, unter dem das verlassene Mädchen leidet und dem der neue Liebhaber durch handfesten »Gegendruck« (V. 17) zu begegnen sucht.

Literatur: NA III, S. 105; BC II, S. 350; Rieser, S. 433 f.; Bode, S. 314 f.

III 110a

Bis auf eine kleine Änderung der Schlußzeile und die Hervorhebung des charakteristischen Motivs in der Überschrift gelangte diese Einsendung der Geschwister Mannel aus Allendorf so gut wie unverändert ins Wh.

1–3 Vgl. Wh III 107, V. 1–6.
5 *Petersilie:* im Volksbrauch als Aphrodisiakum bekannt (WbVk, S. 602).
9 Formelhaft; vgl. Wh III 34, V. 3.

Melodie: Stockmann, S. 151.
Literatur: NA III, S. 105, IV, S. 70; BC II, S. 188; Rieser, S. 516; Bode, S. 162 f.; Schewe, 1932, S. 133. – EB Nr. 574a–b, 585, II, S. 401, 409 f.; Marriage, Pfalz, Nr. 63, S. 103–105; G. A. Vogt, Die Technik der Reimpaarverklammerung in »Minnesangs Frühling«, in Fs. für W. Mohr, Göppingen 1972, S. 71–101 (bes. S. 95).

III 110b

Bei diesem Lied handelt es sich wahrscheinlich um eine Umdichtung einer nicht erhaltenen Vorlage durch Brentano. Die bekannte Legende, daß der heilige Hubertus (Bischof von Lüttich, gest. 727) durch Erscheinung eines Hirsches mit dem Kruzifix auf den Geweihstangen bekehrt worden sei, ist erst seit dem 15. Jh. von der Eustachius-Legende her auf Hubertus übertragen worden.

Literatur: NA III, S. 106; BC I, S. 367; Rieser, S. 486; Bode, S. 726 f. – EB Nr. 1452–53, III, S. 313 f.; LdtV, S. 364; Ditfurth, Fränk. Vldr II, S. 220, Nr. 288.

III 111

Das vor 1535 entstandene Lied ist fast unverändert aus Johann Otths *Hundert vnd fünfftzehen guter newer Liedlein* (1544; Nr. 30) übernommen.

Vertonung: Gustav Mahler (1892).
Literatur: NA I, S. 357; BC I, S. 382, 562; Alemannia 4, 1877, S. 286; 12, 1884, S. 71; Rieser, S. 424; Bode, S. 166. – Uhland, Nr. 13, 153; EB Nr. 481 a–c, II, S. 301–303; Berglieder (Ed. Marriage), S. 295 f.; Goedeke-Tittmann, Nr. 152, S. 156; Wackernagel III, Nr. 932, 1230, S. 789 f., 1059 f.; Williams, S. 460; Allerleirauh, S. 93.

III 112a

Die Wanderstrophe am Ende dieses von Jacob Grimm beigetragenen weitverbreiteten Fenstergangliedes, dessen sämtliche Motive auch in anderem Zusammenhang begegnen, ist eine der verbreitetsten volksliedhaften Ausprägungen des Unsagbarkeitstopos überhaupt. Arnim ließ den Text so gut wie unverändert abdrucken.

1–4 Vgl. Wh III 81, V. 9–12.
5–8 Vgl. Wh III 81, V. 21–24.
9–12 Vgl. Wh III 81, V. 25–28.
13–16 Vgl. zur Verbreitung dieser Wanderstrophe BC I, S. 278; Bragur 1, 1791, S. 275; EB I, S. 280 f., Nr. 586, 589, II, S. 410, 412. – Ähnlich bereits in Freidanks *Bescheidenheit* (104,11 g–m): »Waere der himel permint / und dâ zuo daz ertrîch tint, / und alle sternen pfaffen / die got hât geschaffen, / sie künden niht geschrîben / daz wunder von den wîben.«

Melodie: Stockmann, S. 152.
Vertonung: Gustav Mahler (1905), unter dem aus dem verwandten Lied Wh III 81, V. 31, entlehnten Titel: *Wo die schönen Trompeten blasen.*
Literatur: NA III, S. 107; BC II, S. 82; Alemannia 9, 1881, S. 163; Rieser, S. 516; Bode, S. 178 f. – EB Nr. 816 a–c, II, S. 622–624; ZfVk 18, 1908, S. 87; He.-Wü. Nr. 362, II, S. 291; Vld 33, 1931, S. 41; Wiora I, Nr. 257, S. 59.

III 112b

Brentano entnahm dieses Lied der *Sammlung Deutscher Volkslieder* von Büsching und von der Hagen (1807; Nr. 113/1, S. 276 f.). Dem Herkunftsvermerk der Vorlage entsprechend – »aus Bern mitgebracht« – bemühte er sich zunächst, das Lied stärker dem Berner Dialekt anzugleichen, gab den Versuch jedoch schon bald wieder auf und strich – wie üblich – die Heischestrophe am Ende.

[Erläuterungszeile:] Vgl. Schweizerisches Idiotikon III, Sp. 966: »Laubi: Rufname von Ochsen«.
1 *änetem Rhin:* jenseits des Rheins.
5 *Buchsigs:* aus Buchsholz (vgl. Wh II 34, V. 26).
22 *weder:* als.

Literatur: NA III, S. 107; Rieser, S. 516; Bode, S. 362.

III 113

Vorlage für dieses Lied war Brentanos Abschrift eines 1550 in Zürich gedruckten Fl. Bl., dessen Strophenform, Reimschema und einige Wendungen verderbt erscheinen. Dennoch ist kaum versucht worden, den Text zu bessern. Im übrigen bleibt dem Lied trotz mannigfacher Modernisierungen im Lautbestand die alte Sprachgestalt weitgehend erhalten. Die Abschrift gibt Aufschluß, wie weit Brentanos philologische Genauigkeit bei seiner Sammeltätigkeit ging; wenn man von der sich fortschreitend stärker durchsetzenden Tendenz zur Großschreibung der Substantive absieht, bleiben nur wenige Modernisierungen zu vermerken, die indes charakteristischerweise gegen Ende der Abschrift häufiger auftreten.

[Herkunftsangabe:] Vgl. Wh II 229b.
1 *Meiner Frauen:* Dat. Sing., schwach flektiert.
11 *Hermelein:* aus Reimzwang, statt »Hermelin«.
14 Vgl. zu dieser und den folgenden Wunschvorstellungen Wh I 363, V. 17.
16 *pflanzieret:* aufpflanzt, aufstellt.
23 *traun:* vielleicht Druckfehler statt »braun«. – Hier und im folgenden Vers scheint die mittelalterliche Einhorn-Allegorie zugrunde zu liegen oder zumindest von Einfluß gewesen zu sein.
27 *für:* lieber als.

Literatur: NA III, S. 108; BC II, S. 44; Alemannia 3, 1877, S. 45; Rieser, S. 428; Bode, S. 210 f. – Uhland, Schriften IV, S. 17; Das Königsteiner Liederbuch, hrsg. von P. Sappler, München 1970, S. 301.

III 115

Das Wh kürzt das aus dem *Ersten Theil der Arien* Heinrich Alberts (1638; Nr. 17) übernommene Frühlingslied Simon Dachs, das vom Mythos des Zeugungskusses, den der Himmel der Erde schenkt, ausgeht, um zwei Schlußstrophen, die nach Schilderung der Frühlingslust in der Natur etwas zu direkt den Hörer zur Liebe aufrufen.

1 f. Vgl. Ps. 19,6 f.
10 *Flora:* vgl. Wh III 90, V. 27.
11 *verehren:* beschenken.
15 Und widmen sich der Liebeslust.
20 Formelhaft; vgl. im Kirchenlied *Nun singt dem Herrn ein neues Lied* den Schluß der Eingangsstrophe.

Literatur: NA III, S. 110; BC II, S. 14; Rieser, S. 405 f.; Bode, S. 370 f. – Venus-Gärtlein (Ed. Waldberg), S. XXXIV, 131.

III 116a

Das Wh gibt ohne inhaltliche Änderungen die Satire auf putzsüchtige Mädchen aus dem *Andern Theil Newer Lieblicher Galliardt* von Nicolaus Rosthius (1593; Nr. 12) wieder.

6 *schon:* schön.
8 Sie behielten nichts übrig.
20 *vor:* vorher, früher.

Literatur: NA III, S. 111; BC II, S. 72; Rieser, S. 428; Bode, S. 338.

III 116b

Brentano nahm dieses von Frau von Pattberg nach volkstümlichen Motiven gedichtete Lied unverändert in das Wh auf.

7 *auf:* darauf.

Melodie: Böhl, Nr. 9, S. 18.
Literatur: NA III, S. 112; BC II, S. 187; Steig, NHJb VI, 1896, S. 108; Rieser, S. 546 f.; Bode, S. 150 f. – EB Nr. 700, II, S. 500 f.; Schade, WeimJb III/2, 1855, S. 248; Marriage, Pfalz, Nr. 67, S. 110–112.

III 118a

Wenn Brentano Wh II 50a bearbeitet hat (s. dort), so war er es auch, der dieses Gedicht nahezu unverändert nach einer Vorlage von unbekannter Hand, die auch in anderem Zusammenhang begegnende Strophen teilweise hohen Alters vereinigt, in das Wh aufgenommen hat.

1–4 Zum Thema vgl. Wh I 321 (ebenfalls von Brentano bearbeitet).
5–8 Diese Strophe wurde bereits zu Wh II 50a (V. 13–16) herangezogen.
15–18 Vgl. Wh I 77, V. 1–4 (nach Elwert).

Literatur: NA III, S. 113; BC II, S. 104; Rieser, S. 517; Bode, S. 591 f.; Schewe, 1932, S. 124. – EB Nr. 679a–b, II, S. 474–478; P. Alpers, Es dunkelt schon in der Heide, in: Niedersachsen, Jg. 1967.

III 118b

Beigetragen wurde dieses seit der Mitte des 17. Jh.s belegte Lied, das noch 1825 in Münster als Lambertuslied bekannt war, von Jacob Grimm. Eine von Brentano vorgenommene Strophenunterteilung (nach V. 4 und 8) ist bei der Drucklegung nicht übernommen worden.

11 Ein Anklang in der Überschrift zu KL 41 (s. dort).

Literatur: NA III, S. 113; Rieser, S. 517; Bode, S. 188. – EB Nr. 959a–c, II, S. 727 f.; Böhme, Kdl II, Nr. 231–234, S. 491–493; ZfVk 12, 1902, S. 217, 343; 17, 1907, S. 389; John, S. 58, Nr. 45.

III 119

Brentano griff als erster Bearbeiter nur behutsam in die Texte der von Nehrlich beigetragenen Tanzverse ein. Arnim jedoch hat die Vierzeiler entgegen Brentanos Vorschlag zu einem Ganzen verknüpft.

1 *we'ger:* wahrlich, wahrhaftig (vgl. V. 11).
5–12 Wanderstrophen, die in mancherlei Variationen begegnen.
17–20 Brentano hat V. 13–16 und 17–20 ihrer thematischen Verwandtschaft wegen nacheinander gesetzt: V. 15 f. wird im anschließenden Vierzeiler gleichsam erklärt.
21–24 Die Endung »o« ist nicht etwa Nachahmung des Glockengeläuts (vgl. KL 76a und Wh III 122c); vielmehr bemerkt Nehrlich an anderer Stelle: »Die Endung auf o ist nicht Scherz, sondern wirkliche Sprache der Landleute wie die Endung mancher Zeitwörter auf un – machun.«
28 *Sickingen:* wohl Bezeichnung für die Ebernburg an der Nahe; die dortige Stammburg des Ritters Franz von Sickingen wurde oft nach diesem Geschlecht benannt. Brentano war die Namensähnlichkeit von »Sigmaringo« und »Sickingen« gewiß willkommen.

Melodie: Stockmann, S. 153.
Literatur: NA III, S. 114, IV, S. 348; Alemannia 11, 1883, S. 70; 15, 1887, S. 105 f.; Rieser, S. 516; Bode, S. 603. – EB Nr. 724, 1005, II, S. 526, 765 f.; Ziska-Schottky, S. 109, 228; Schleicher, S. 112, Nr. 19; Peter, Nr. 299, S. 11; Hruschka-Toischer, S. 299, IV, Nr. 245; ZföVk 4, 1898, S. 20, 296; Bender, Nr. 24, S. 226, Nr. 120, S. 245; ArchStnSpr 119, 1907, S. 4 f.; ZfVk 18, 1908, S. 24; 20, 1910, S. 40, Nr. 4; 21, 1911, S. 379 f.; Züricher, Schweiz, Nr. 5634–35, S. 367, Nr. 5971, S. 389, Nr. 5974–79, S. 390.

III 120

Wie bei Wh III 119 hat Arnim in diesem Lied unzusammenhängende Vierzeiler, die er Karl von Rottmanners Sammlung *Baierische Alpenlieder*, erschienen in Friedrich Asts *Zeitschrift für Wissenschaft und Kunst* (1808; S. 90–101), entnommen hatte, bei seiner flüchtigen Redaktion in einen Sinnzusammenhang zu bringen versucht. Rottmanner bemerkt zu seiner Sammlung erläuternd: »Die kleinen, meist vierzeiligen Lieder sind ursprünglich für den Volkstanz bestimmt, ob sie gleich auch außerdem häufig gesungen werden.«

2 *Weichseln:* »Sauerkirschen« (Rottmanner).
4 »Muß mich auch nach einem umsehen« (Rottmanner).
8 *balde:* »fast« (Rottmanner).
9–16 Vgl. dasselbe Thema Wh III 116b.

Literatur: NA III, S. 115; BC II, S. 336; Rieser, S. 516; Bode, S. 605 f. – EB Nr. 1015, II, S. 772; Ziska-Schottky, S. 205; Mittler, Nr. 1124–25, S. 706; Züricher, Schweiz, Nr. 5983–84, S. 390.

III 121

Dieses Lied beruht auf zwei von Nehrlich beigetragenen Tanzversen, wobei Arnim, wiederum um einen Zusammenhang zu schaffen, V. 2–4 völlig umgeformt hat.

Literatur: NA III, S. 116; BC II, S. 327, 790; Alemannia 11, 1883, S. 77; 15, 1887, S. 104; Rieser, S. 516; Bode, S. 603 f. – Ziska-Schottky, S. 203; Meier, Schwab., Nr. 401, S. 71.

III 122a

Dieser Vierzeiler wurde von Nehrlich beigetragen. Zum Eingang vgl. KL 102a.

Literatur: NA III, S. 117; Alemannia 15, 1887, S. 100; Rieser, S. 516; Bode, S. 152.

III 122b

Auch dieser Vierzeiler geht auf einen Beitrag Nehrlichs zurück.

Literatur: NA III, S. 117; BC II, S. 325; Alemannia 15, 1887, S. 100; Rieser, S. 516; Bode, S. 153.

III 122c

Diese Verse beruhen ebenfalls auf einer Einsendung Nehrlichs. Zu den o-Endungen vgl. Anm. zu Wh III 119, V. 21–24.

3 *lang:* Der Zusatz ist metrisch bedingt (vgl. Metrum von V. 1, 5 und 7).
7 *es:* mundartliches Füllwort; keinesfalls, wie neuere Editionen durch geänderte Zeichensetzung glauben machen, vorweggenommenes Pronomen.

Literatur: NA III, S. 117; BC II, S. 333; Rieser, S. 516; Bode, S. 284.

III 123a

Im Wh-Material hat sich nur das Ms. Brentanos erhalten, der die schwäbischen Formen der Vorlage, offenbar eine Niederschrift Nehrlichs, dem Hochdeutschen angeglichen hat.

9 f. Formelhaft; vgl. etwa Wh III 83, V. 21 f. u. ö.
11 *Nägeleinstock:* Nelkenstaude. Zum Motiv vgl. Wh III 23a.

Literatur: NA III, S. 117; BC II, S. 323; Rieser, S. 516; Bode, S. 165.

III 123b

Arnim hat bis auf die Streichung der von Brentano vorgesehenen Überschrift *Liebeswechsel* dessen leichte Überarbeitung der Aufzeichnung Nehrlichs unverändert übernommen.

1 *Dienerl:* Dirndl, Mädchen.
5–8 Vgl. Wh III 124, V. 33–36.
9 f. Formelhafte Antwort auf den (hier originell gefaßten) Unmöglichkeitstopos; vgl. die bekanntere Form (EB Nr. 429e): »Es schneit ja keine Rosen, / Und regn't auch keinen Wein.«

Literatur: NA III, S. 118; BC II, S. 330; Alemannia 10, 1882, S. 148, 152; 15, 1887, S. 101; Rieser, S. 516; Bode, S. 232 f. – EB Nr. 665, II, S. 465 f.; Marriage, Pfalz, Nr. 221, S. 321; Züricher, Schweiz, Nr. 5859, S. 381, Nr. 5838, S. 380.

III 124

Arnim sind Auswahl und Anordnung dieser Tanzreime, die er Einsendungen von Bertuch, Kerner und Nehrlich entnahm, zuzuschreiben. Während ein inhaltlicher Zusammenhang nur vage existiert, scheint eine formale Symmetrie beabsichtigt zu sein, da eine genaue umfangmäßige Entsprechung aller Einzelstrophen (um eine Mittelachse gruppiert) gegeben ist:

1–8 — 37–44
9–16 — 29–36
17–18 — 27–28
19–22 — 23–26

Einzeländerungen betreffen hauptsächlich dialektische Eigentümlichkeiten.

11 *an:* statt »au« ›auch‹ der Vorlage; es ist mit einem Verständnisfehler Arnims zu rechnen.
14 *gaun:* gehn.
15 Paß auf, ich kann dich nötigen, zwingen. Eine Reflexion über diese anscheinend spezifisch schwäbische Anschauung bietet Friedrich Theodor Vischer in seinem 1879 erschienenen Roman *Auch Einer* (Beginn des Tagebuchs, 3. Absatz).
16 *laun:* lassen.
17 f. Vgl. auch Wh I 163, V. 17.
27 Die Altarstufe, auf der die Brautleute knien.
43 f. Formelhaft aus den Streitgedichten (vgl. Wh II 34, V. 56; II 37, V. 70, u. a.).

Vertonung: Gustav Mahler, *Lieder eines fahrenden Gesellen* I (V. 1–8 in eigener, freier Nachdichtung des Komponisten).
Literatur: NA III, S. 118, IV, S. 348; BC II, S. 331 f.; Alemannia 15, 1887, S. 106 f.; Rieser, S. 516; Bode, S. 604. – EB Nr. 665, II, S. 466; Nr. 1054, II, S. 792; Nr. 850b, II, S. 648; Nr. 572a–b, II, S. 398 f.; Ziska-Schottky, S. 192; Hoffm.-Ri., Nr. 89, S. 111; Simrock, S. 341; Hruschka-Toischer, S. 277, IV, Nr. 41, S. 333, IV, Nr. 574; ZfVk 5, 1895, S. 165; Bender, Nr. 2, S. 222; Marriage, Pfalz, Nr. 43, S. 81 f.; Züricher, Schweiz, Nr. 5838, S. 380.

III 125

Arnim hat bei seiner Bearbeitung drei Einzeleinsendungen Nehrlichs entgegen Brentanos Vorschlag zu einer getrennten Veröffentlichung hintereinandergestellt und offenbar das Dialektwort »mun« nicht verstanden, so daß er den sinnentstellenden Setzfehler »Nunn« akzeptierte.

1 *Nunn:* Nonne; statt »mun(k)« (schwäb.) ›mürrisch, trotzig‹.
2–4 Zu den Endungen vgl. die in der Anm. zu Wh III 119, V. 21–24, zitierte Bemerkung Nehrlichs.

Melodie: Stockmann, S. 153.
Literatur: NA III, S. 120; BC II, S. 327; Alemannia 11, 1883, S. 71; 15, 1887, S. 104, 108; Rieser, S. 516; Bode, S. 604; Schewe, 1956, S. 66. – EB Nr. 1042, II, S. 786; Ziska-Schottky, S. 105; Meier, Schwab., Nr. 334, S. 60; Schleicher, S. 111, Nr. 8; Bender, Nr. 5, S. 223; Blätter des badischen Vereins f. Volkskunde 1907, S. 80; Vkdl. Bl. aus Württ. u. Hohenz., 1912, Nr. 2–3, S. 9 f.; Röhrich-Brednich II, Nr. 83b (Str. 5).

III 126

Arnim ließ die zufällig zusammenstehenden Vierzeiler aus Nehrlichs Einsendungen, die Brentano als einzelne Schnaderhüpfel aufgefaßt hat und veröffentlicht wissen wollte, als Ganzes abdrucken.

1 *Holzäpfel:* unveredelte, fast ungenießbare Äpfel. Im Fortgang des nonsensikalischen Vierzeilers scheint indes an hölzerne Gegenstände gedacht zu sein (V. 2).
gehaspelt: haspeln: eine dem Haspeln, Garnwinden ähnliche Bewegung machen; hier bedeutungsmäßig an »raspeln« ›raffen‹ angelehnt (vgl. Adelung III, Sp. 1251).
5–8 Diese Verse, deren Vorlage wohl bereits zu Wh III 121 herangezogen worden war, erscheinen hier völlig unverändert.
9–12 Das »Schätzlein« ist so schön wie eine Vogelscheuche (vgl. ähnlich ungalante Komplimente in Wh III 128a).

Literatur: NA III, S. 121, IV, S. 347; BC II, S. 324 f.; Alemannia 10, 1882, S. 149; 15, 1887, S. 102; Rieser, S 516; Bode, S. 605. – Pogatschnigg-Herrmann I, S. 28, Nr. 133; Hruschka-Toischer, S. 288, IV, Nr. 141; ZföVk 2, 1896, S. 99; Vkdl. Bl. aus Württ. u. Hohenz., 1911, S. 27; Züricher, Schweiz, Nr. 592, S. 35, 416.

III 127a

Das Wh-Lied ist eine Kontamination zweier Einsendungen Nehrlichs mit einer von Varnhagen eingesandten Abschrift aus dem *Versuch eines baierischen und oberpfälzischen Idiotikons* von Andreas Zaupser (1789). Brentano hatte zunächst V. 1–4 zur selbständigen Veröffentlichung vorgesehen; Arnim bestimmte indes den Vierzeiler zur Aufnahme unter die Tanzreime, strich die von Brentano formulierte Überschrift und ließ V. 5–8 wie später noch V. 9–12 nachtragen.

7 f. Der Witz besteht darin, daß drei Batzen zwölf Kreuzer sind.
9–12 Der Jungfernkranz wird mit der Haube der Ehefrau vertauscht.

Vertonung: C. M. von Weber, op. 64 (1822).
Literatur: NA III, S. 121; BC II, S. 333, 335; Alemannia 15, 1887, S. 108, 109, 110; Rieser, S. 516; Bode, S. 604. – Härtel, Nr. 519, S. 406; A. Birlinger, Schwäbisch-Augsburgisches Wörterbuch, München 1864, S. 464; Hruschka-Toischer, S. 345, IV, Nr. 692; Meisinger, Oberld, Nr. 301, S. 282.

III 127b

Varnhagen hat das Lied buchstäblich aus Andreas Zaupsers *Idiotikon* übernommen. Arnim hat Varnhagens Niederschrift ins Hochdeutsche übertragen; einige Wörter sind der schwäbischen Mundart der umgebenden Verse angepaßt (»Gässel«, »nit«, »is«). Die Überschrift ist wohl im Zusammenhang mit der Fehde zwischen den Romantikern und Cottas *Morgenblatt* als eine satirische Anspielung auf die von 1802 bis 1807 bei Cotta erschienene Zs. *Policeyfama* zu sehen.

1 »Auf das Gäßchen gehen heißt soviel als des Nachts zu seinem Liebchen gehen« (Zaupser).
3 *Scherg:* Polizeischerge, Büttel.

Literatur: NA III, S. 122, IV, S. 348; BC II, S. 334; Alemannia 15, 1887, S. 108 f.; Rieser, S. 516; Bode, S. 237. – Meier, Schwab., Nr. 183, S. 34; Steinitz I, S. 144.

III 127c

Zu V. 1–4 und 9–12 sind Vorlagen von Nehrlichs Hand überliefert. Da V. 5–8 auch sonst volkstümlich belegt ist, ist hier eher mit einer verschollenen Einsendung (Nehrlichs) als mit einer Eigendichtung der Herausgeber zu rechnen.

12 *Beut:* hier wohl im Sinn von ›Gewinn‹ (zur Beute); wer für die Darbietung nicht zahlt, hat ein Geschäft gemacht.

Literatur: NA III, S. 122; Alemannia 15, 1887, S. 101; Rieser, S. 516; Bode, S. 606. – EB Nr. 1057, II, S. 795.

III 128a

Die von Nehrlich eingesandte Vorlage bietet eine achtzeilige Vorsatzstrophe, die von den Herausgebern ausgelassen wurde, weil sie nicht das charakteristische Reimschema (aabbaa) zeigt, und v. a., weil das darin enthaltene Kompliment des Mädchens an seinen Galan unweigerlich eine Derbheit assoziiert.

2 *ein:* etwa.
6 Gehört seit dem Minnesang formelhaft zum Schönheitspreis, hier ins Negative verkehrt.

Literatur: NA III, S. 123; BC II, S. 327; Alemannia 15, 1887, S. 104; Rieser, S. 516; Bode, S. 376.

III 128b

Mit diesen ebenfalls von Nehrlich beigetragenen zwei Strophen beschließt Arnim die bunte Reihe der Schnaderhüpfel. Der Fülle des Materials versucht er durch einen abschließenden Hinweis auf eine weitere Sammlung gerecht zu werden, der in dieser Form im Wh einmalig ist. Die flüchtige Redaktion ließ alle alemannischen Formen bestehen.

1 Das Bild begegnet häufig als Einleitung zu Schnaderhüpfeln.
3 *es:* vgl. Anm. zu Wh III 122c, V. 7.

Literatur: NA III, S. 123; Alemannia 15, 1887, S. 102, 104; Rieser, S. 516; Bode, S. 164.

III 129a

Bis auf die Überschrift (vorher: *Der Fehlgang*) wurde der Text der Vorlage Nehrlichs genau übernommen. Die neue Überschrift legt das Lied einem abgewiesenen Liebhaber in den Mund, der zu allem Ärger nun auch noch seine vergeblichen Wanderungen zur Liebsten teuer bezahlen muß. Damit rückt der Text noch weiter in ironische Distanz. Zum Motiv des Kiltgangs vgl. auch Wh III 135 und KL 80c.

Literatur: NA III, S. 124; BC II, S. 204; Rieser, S. 517; Bode, S. 151. – Meisinger, Nr. 288, S. 273.

III 129b

Das Wh-Lied ist eine Kontamination zweier Texte aus Johann Otths *Hundert vnd fünfftzehen newer Liedlein* (1544; Nr. 3 und 4). Das ganze Lied ist durch die sprachlich modernisierende Wh-Bearbeitung einem Sänger in den Mund gelegt, der wünscht, das in Heimlichkeit empfangene Liebeszeichen öffentlich bestätigt zu sehen.

Literatur: NA III, S. 124, IV, S. 235; BC II, S. 169; Rieser, S. 434; Bode, S. 611 f. – Uhland, Nr. 3, 35; EB Nr. 434, 932, II, S. 256, 713, Nr. 1062, III, S. 2–5; Marriage (Ed. Forster), S. 259.

III 130

Die Wh-Fassung dieses Liedes geht auf eine Einsendung Nehrlichs zurück. Die Überschrift spielt auf ein zeitgenössisches politisches Ereignis an: Selim III. (geb. 1761), osmanischer Sultan seit 1789, wurde nach einer Heeresreform gestürzt und am 31. 5. 1807 ermordet.

1 *braver:* Anspielung auf die ältere Bedeutung ›tüchtig‹.
3 f. Vgl. KL 88a, V. 7 f.
5 *Flederwisch:* »das erste Glied eines Gänseflügels mit den daran befindlichen Federn, allerley Hausgeräth vom Staube damit zu reinigen« (Adelung II, Sp. 192).

Literatur: NA I, S. 353; BC I, S. 384, 562; Rieser, S. 517; Bode, S. 396 f. – EB Nr. 881a–b, II, S. 674 f.; Meier, Schwab., Nr. 235, S. 407; Schleicher, S. 92 f., Nr. 10–11; Frischbier, Nr. 212, S. 55; Hruschka-Toischer, S. 216, III, Nr. 207; ZfVk 17, 1907, S. 277; Allerleirauh, S. 270.

III 131

Das Tiroler Weihnachtslied ist erstmals 1756 auf einem Fl. Bl. (*Drey gantz neue Weynacht-Lieder*) belegt. V. a. das köstliche Bild der Wh-Verse 12–15 begegnet in der Überlieferung in immer neuen Abwandlungen. Die auf eine Einsendung Nehrlichs zurückgehende Wh-Fassung schließt effektvoll mit dieser Wendung; die beibehaltene Überschrift macht das Lied trotz der radikalen Verkürzung als Dialog zweier Hirten zur Zeit der Geburt Christi verständlich, der mit der Erscheinung der Engel (vgl. Lk. 2,8–14) endet.

1 *Mopper:* Vorname eines Hirten.
3 Volksetymologisch an »Klause« angelehnt; aus »Mein güldener Klaus« verderbt. Das Fl. Bl. gibt: »Sei mir Gott willkommen mein Veitl! wo aus? / Ich kunt dirs nicht sagn mein goldener Clauß«.
4 f. Wortspielerisch: »Laß das Himmelstor nur klinken und sich alle Engel herunterschwingen«.

Literatur: NA III, S. 125; BC I, S. 367, 561; Rieser, S. 523; Bode, S. 397; Schewe, Württemberg, S. 23. – Schlossar, S. 89–92, 407; Pailler, I, Nr. 159, S. 166; Vld 15, 1913, S. 202; 41, 1939, S. 23; J. Faistenberger, Ein altes Krippenlied, in: Tiroler Heimatblätter 15, 1937, S. 385; K. M. Klier, in: Thesaurus austriacus 4, Nr. 122, S. 172; JböVlw 8, 1959, S. 59.

III 132a

Als Vorlage für die Wh-Fassung diente ein verschollenes Blatt aus Nehrlichs Quarths. Die Eingangsstrophe begegnet ähnlich bereits 1382 in der Liederhs. für Ottilia Fenchler und 1592 im Straßburger Liederbuch. Die Strophen 2 und 3 sind wahrscheinlich Zudichtungen aus jüngerer Zeit.

Literatur: NA III, S. 125; BC II, S. 186; Alemannia 1, 1873, S. 26, 38; 10, 1882, S. 150; Rieser, S. 518; Bode, S. 228 f. – Frischbier, Nr. 815, S. 233; ZfVk 7, 1897, S. 52 f.; 12, 1902, S. 52.

III 132b

Das Wh übernimmt dieses Lied mitsamt der (wohl nach Goethe formulierten) Überschrift aus der *Sammlung Deutscher Volkslieder* von Büsching und von der Hagen (1807; Nr. 88, S. 220–223), scheidet allerdings vier Strophen mit wörtlicher Rede des Liebhabers aus. Büsching / von der Hagen bemerken zur Herkunft ihres Textes: »Hiervon besitzen wir 2 Exemplare, das eine in der Nr. 77. angeführten Sammlung [Liederbuch aus dem 18. Jh.] [. . .], das andere in dem Bande aus der Eschenburgischen Bibl. [vgl. Wh III 29] anfangend: In dem May, in dem May ist lieblich und schön usw. in einem flieg. Blatte vom Jahre 1646 [. . .]. Aus beiden ist das Mitgetheilte entstanden und hat letzteres Exemplar besonders die letzte Strophe geliefert, die das erste nicht hat.«

1 Arnim variiert die Eingangszeile im Brief an Bettina vom 10. 5. 1808: »Im Maien an Reihen sich freuen alle Knab und Maidlen.«
9 Veilchen, Herbstzeitlose.
10 *Nägelein:* Nelken.
21–25 Vgl. ähnlich Wh III 19, V. 22–28.

Literatur: NA III, S. 126; BC II, S. 15, 16; Rieser, S. 433; Bode, S. 401 f. – EB Nr. 394, II, S. 206 f.; Maltzahn, S. 303, Nr. 711; Berglieder (Ed. Marriage), Nr. 195, S. 271 f.; Mittler, Nr. 739, S. 545.

III 134a

Als Quelle diente den Bearbeitern ein Fl. Bl. aus der zweiten Hälfte des 17. Jh.s: *Eine schöne Leich-Breye bey Bestattung des fürgeachten und frommen Bantle Karres, geweßten Bürger und Korporal zu Andelfingen [. . .]. Gehalten von Antonio Kornhofer*; der abschließende Vierzeiler ist in leicht abweichender Form erstmals 1632 belegt. Der parodistische Predigttext steht anscheinend mit Fastnachtsbräuchen in Verbindung. Die Bearbeitung ist wohl Brentano zuzuschreiben; einmal erinnert die Neuformulierung des Schlußverses an typische Märchenverse, zum anderen war Arnim der Schweizer Dialekt so gut wie unverständlich (vgl. Wh I 17).

10 *Oberst:* die weltliche Obrigkeit.
11 *An:* irrig statt »au« ›auch‹; der Fehler dürfte bei Arnims Schlußkorrektur entstanden sein. Bei dieser Gelegenheit hatte sich dasselbe Mißverständnis in Wh III 124, V. 11 ergeben.
12 *wett ko:* kommen wollte, käme.
13 *Wett alls nä:* Würde alles nehmen.
14 *niena dura loh:* nirgendwo durchlassen.
17 *gno:* genommen.
18 *drus graba:* herausgegraben, gebrochen.

Literatur: NA IV, S. 350; BC II, S. 623; Rieser, S. 518; Bode, S. 232. – Eine ausführliche Monographie mit reichen Literaturangaben: H. Strobach, Das Schwedenlied, in: Fs. für F. Sieber, Berlin 1964, S. 297–307; nachzutragen sind zwei historische Belege: *Zeitvertreiber* von Johann Peter de Memel (vgl. Wh III 434), 1700, S. 579; B. Auerbach, in: Europa, 3, 1843, S. 133.

III 134b

Das Lied war den Herausgebern schon bekannt, ehe Brentano es in den *Wanderungen durch die Schweiz* von Karl Spazier (1790; S. 341 f.) entdeckte. Eine umdichtende Niederschrift Brentanos in einem Brief an seine Frau blieb allerdings ebenso ohne Einfluß auf die Wh-Fassung wie eine Neudichtung Arnims in Dialogform und eine Parodie in Nehrlichs Einsendungen. Nach der einschränkenden Bemerkung Spaziers zu seinem Abdruck – »Die Sprache und Schreibart in diesem Liede, das mehrere Refrains hat, ist nicht alt und ächt genug« – sah sich Brentano veranlaßt, dem Schweizer Dialekt in seiner Bearbeitung nachzuhelfen.

1 *äbi:* ersetzt »äben« ›etwa‹; von Arnim fälschlich durch »eben« wiedergegeben.
Simeliberg: Ob der Name von mhd. »sinwel« ›rund‹ oder vom Namen Simon (vgl. V. 3) herzuleiten ist, bleibt offen.
2 *Fräneli:* Koseform zu »Verena«.
ab de: ersetzt nicht zutreffend »ab dem« ›von dem‹.
Kuggisberg: statt »Guggisberg« (im Kanton Bern).
3 *Sibethals Jäggeli:* in älteren Fassungen »Simes Hans Joggeli« ›Hans Jakoble, der Sohn des Simon‹; hier: Jaköbchen Siebental.
änne de: mißverstanden statt »änet dem« ›jenseits des‹; vgl. Wh III 112b, V. 1.
5 *mag:* im älteren Sinn: könnte, vermöchte.
10–15 Vgl. Wh III 57, V. 47–55.
16 *äne:* änet (vgl. Anm. zu V. 3).
16–19 Vgl. Wh I 102, V. 9–14; III 57, V. 61–67.

Melodie: Stockmann, S. 154.
Literatur: NA III, S. 128; BC II, S. 101; Müller, S. 17; Rieser, S. 518; Bode, S. 231 f. – EB Nr. 420, II, S. 237 f.; Mittler, Nr. 1236, S. 740; Tobler II, S. 199–201, Nr. 20; J. Meier, Das Guggisberger Lied. Ein Vortrag, Basel 1926; Röhrich-Brednich II, Nr. 50.

III 135

Brentano, der wohl wegen seiner Vertrautheit mit dem Schweizer Dialekt wieder als Bearbeiter anzusehen ist, hat sich gravierender Eingriffe in den von einem Fl. Bl. übernommenen Text enthalten, da dieses den Dialekt des aus dem Kanton Bern stammenden Liedes treffender wiedergibt als Spaziers Abdruck der Vorlage zu Wh III 134b.

2 *Fluh:* Felswand (vgl. mhd. »vluoch«).
3 Und wenn ich schon zu ihm wollte.
4 Vgl. zu diesem Motiv Wh III 129a, V. 5, und KL 80c; »di« wurde an V. 14 angeglichen.
5 *di:* dir.
7 *de:* dann.

8 So kannst du dann ja andere haben.
11 Es gibt ja auch so einen Feiertag.
12 *Wo ni:* Wenn ich.
13 *hornen:* auf dem Alphorn blasen.
14 Er kennt die Kuhreihen alle sehr gut.
16 *ga:* (vor Infinitiv) »bezeichnet den Zweck« (BC II, S. 176).
18 Eine gar tausendschöne Herde Vieh.
19 *längi Zyti:* Langeweile.
20 *nimme:* nimmer.
24 *gaugle:* gaukle, tändle, scherze.
25 *wey mer:* wollen wir.
26 *b'ha:* behalten.
27 *Meitscheni:* Mädchen (nach dieser Form ist die Sprecherbezeichnung verändert).

Melodie: Stockmann, S. 155.
Literatur: NA III, S. 129; BC II, S. 175; Rieser, S. 519; Bode, S. 230 f.; Schewe, 1956, S. 69. – EB Nr. 1472, III, S. 329; Mittler, Nr. 1196, S. 731; Röhrich-Brednich II, Nr. 19c; G. Rösch, Kiltlied und Tagelied, in: HbVld I, S. 483–550 (bes. S. 501).

III 137a

Als Vorlage für Brentanos dialektverstärkende Bearbeitung diente eine Einsendung von unbekannter Hand. Ein Vierzeiler mit dem Titel *Schweizerisches Volkslied* aus dem *Musenalmanach für das Jahr 1776* hat überdies auf V. 1–4 eingewirkt und anscheinend die Überschrift angeregt.

1 *no:* noch.
4 *wott:* wünschte, wollte.
5 *go:* vgl. Anm. zu Wh III 135, V. 16.
11 *loderich:* lotterig, unordentlich.
12 *z'wyt:* zu weit.

Melodie: Stockmann, S. 156.
Literatur: NA III, S. 130; BC II, S. 192; Alemannia 10, 1882, S. 146; Rieser, S. 519; Bode, S. 230. – EB Nr. 1008 a–c, II, S. 767 f.; Mittler, Nr. 776, S. 560; Meier, Schwab., Nr. 82–83, S. 17; Schleicher, S. 110, Nr. 3; Tobler I, S. 214, Nr. 26; Bender, Nr. 99, S. 239;

ZfVk 26, 1916, S. 339; Züricher, Schweiz, Nr. 5968–73, S. 389; Röhrich-Brednich II, Nr. 82p; K. Beitl, Schnaderhüpfel, in: HbVld I, S. 617–677 (bes. S. 654).

III 137b

Das seit Mitte des 16. Jh.s belegte Lied – aus einer heute verschollenen Papierhs. übernommen – gehört mit Wh I 193 und III 75 zum Typus der Warnlieder.

1 *Schwarzbraun:* zur Bedeutung der Farbe vgl. Anm. zu Wh III 87, V. 73.
9–12 Vgl. den Eingang zu Wh III 75.
17–20 Vgl. Wh III 75, V. 17–20.

Literatur: NA III, S. 165, IV, S. 209; BC II, S. 208 f.; Alemannia 10, 1882, S. 147; Rieser, S. 520; Bode, S. 160. – Uhland, Nr. 17; Abh., S. 280; EB Nr. 173c–d, I, S. 533 f.; DVl VI, Nr. 137, S. 215–238; G. A. Vogt, Die Technik der Reimpaarverklammerung in »Minnesangs Frühling«, in: Fs. für W. Mohr, Göppingen 1972, S. 71–101 (bes. S. 95).

III 138

Als Vorlage für die Wh-Fassung diente ein Fl. Bl., dessen Text eine stark gekürzte und in Einzelheiten äußerst gemilderte Übersetzung eines obszönen lateinischen Gedichts, das seit dem 15. Jh. belegt ist, darstellt. Die Wh-Bearbeitung setzt die Tendenz der Übersetzung fort: zwei Strophen, in denen die Freuden der Liebe geschildert werden, bzw. der Bauer um sein verlorenes Geld klagt, wurden gestrichen; heißt es in V. 4 der Vorlage lediglich »das sie jhn lieb haben solt«, so wirkt nun die Absicht des Bauern zu »heirathen« ehrbar; auch der Student erscheint durch die neugedichtete Schlußstrophe v. a. als fleißig und treu.

1 *Töchterlein:* junges Mädchen; in der Vorlage noch mit Anspielung auf die erotische Nebenbedeutung (vgl. frühnhd. »töchterlein«).
5. 10 Durch die mildernde Änderung und den Wegfall einer Strophe steht im Wh ausnahmslos nach den Bauer-Strophen der Refrain »öffentlich«, nach den Student-Strophen »heimlich«.

28–30 Das umschreibende Bild war dem Bearbeiter willkommen; durch die realistische Ausführung in der Folgestrophe (V. 31 und 34) wird die Verharmlosung noch eigens betont.

Literatur: NA III, S. 131; BC II, S. 127; Rieser, S. 416 f.; Bode, S. 541 f. – EB Nr. 158 a–b, I, S. 505 f.; R. Caspari / E. Kleinschmidt, Rusticus amabilem obsecrabat virginem, in: JbVldf 21, 1976, S. 11–40.

III 140

Mit dem Hinweis auf die biblische Schöpfungsgeschichte (1. Mose 2,7 und 22) kann das »Mägdelein« sein scheinbar unziemliches Benehmen rechtfertigen. Die Wh-Bearbeitung verdeutlicht diese Pointe gegenüber der aus Nicolaus Rosthius' Sammlung *XXX. Newer lieblicher Galliardt* (1593; Nr. 18) stammenden Vorlage, gibt dem Ganzen durch die Überschrift zugleich aber auch einen ziemlich burlesken Anstrich.

8 Die Äuglein (zur Erde) niederschlagen; vgl. Fischart (Ed. Alsleben, S. 57): »man sagt doch, ein Jungfraw soll vntersich sehen wie ein Sau«.

15 Vgl. dieselbe Formel in Wh II 448, V. 12, und I 354, V. 11.

Literatur: NA III, S. 132; BC II, S. 17; Rieser, S. 429; Bode, S. 275.

III 141

Dies ist der zweite Versuch Brentanos, das ihm wohl wichtigste, aber nur fragmentarisch überlieferte Volkslied (V. 1–4) zu rekonstruieren (vgl. Wh III 24). Dazu kontaminierte er den ihm so besonders am Herzen liegenden Vierzeiler mit drei wohl sämtlich von Nehrlich stammenden Einsendungen und einem Fl. Bl.-Lied, *Der Einsiettler auf dem Zitterbaum*. Im Gegensatz zu Wh III 24 hat er in diesem Dialog die apokopierten Formen (V. 1, 9, 12, 13) beibehalten oder sogar selbst eingefügt. Dagegen wurden hier wieder mundartliche Formen gemieden.

9–12 Antwort des Mädchens, da sonst die Sprecherbezeichnung vor V. 13 überflüssig gewesen wäre.

15 *es:* Füllform in alemannischer Mundart.
17 *Zitterbaum:* Espe.

Literatur: NA III, S. 133; BC II, S. 122, 123; Rieser, S. 533; Bode, S. 664. – Vld 35, 1933, S. 47. – Vgl. ferner zu Wh III 24.

III 142

Das aus Forsters *Teutschen Liedlein* (1563; Nr. 27) stammende Lied wird in der Wh-Bearbeitung nur inkonsequent sprachlich modernisiert und metrisch geglättet.

1 *Espenzweigelein:* Zweig der Zitterpappel; über den Zusammenhang mit dem folgenden gibt eine Papierhs. vom Ende des 15. Jh.s Aufschluß (*Altd. Wälder* I, S. 145): »espyn bedudt [. . .] sal da bie gedencken, daß er forcht der kleffer allezit hab, das sin lieb und freude unvermeldet bliebe und das er allezit one underlaeß keine ruwe habe, wann alzit zu bedencken, was sym liebstenn gefellig sie«.
5–8 Vgl. Wh I 313, Str. 2.
17 *Herzensdöckelein:* Herzenspüppchen.

Literatur: NA III, S. 134; BC II, S. 124; Rieser, S. 429; Bode, S. 258. – EB Nr. 433 a, II, S. 254; Marriage (Ed. Forster), S. 246 f.

III 143

Brentano setzte als Bearbeiter dieses auf eine Einsendung Schlossers zurückgehenden Liedes die Überschrift mit Bezug auf V. 6 und 14 doppelsinnig: Durch die freudige *Kurzweil* wurde den Liebenden die halbe Nacht zu einer »kurzen Weile«. Dieselben Motive dieses Tagelieds mit tragischem Ausgang begegnen in dem thematisch vergleichbaren Wh II 204 b in anderer Funktion. Für die Motive der Eingangsstrophe lassen sich Belege bis ins 16. Jh. zurückverfolgen. Das ganze Lied findet sich ähnlich erstmals in einer Aufzeichnung Goethes aus dem Elsaß, die er an Matthias Claudius sandte, der 1773 eine Abschrift davon an Herder schickte, damit dieser das Lied in seiner Sammlung veröffentliche. Schlossers Einsendung steht Goethes Aufzeichnung sehr nahe, ist aber nicht von ihr beeinflußt.

12 Es tagt nach unserm Wunsch, d. h.: noch lange nicht.

Literatur: NA III, S. 135; BC II, S. 119, 120; Rieser, S. 484; Bode, S. 398; Schewe, 1932, S. 127. – EB Nr. 147, I, S. 481; Meier, Schwab. Nr. 225, S. 392; Marriage (Ed. Forster), S. 259; He.-Wü. Nr. 53, I, S. 130; NdJb 38, 1912, S. 22; Pinck, Goethe, S. 41 f., S. 96 f.

III 144

Während eines Aufenthaltes bei Goethe in Jena hatte Arnim im Dezember 1805 die Vorlage zu diesem Lied in einem hs. Codex des Magdeburger Steuerbeamten und Meistersingers Valentin Voigt aus dem Jahr 1558 gefunden. Seine inzwischen verschollene Abschrift gehört zu den ersten Belegen für die neue Sammeltätigkeit nach Abschluß des ersten Wh-Bandes. Während die Vorlage mit dem Seufzer des Gatten (hier V. 20) beziehungsreich endet, führt Arnim das Lied über Trunkenheit und Heimkehr bis zum handfesten Ehestreit weiter. Änderungen im vorgegebenen Text sind weitgehend durch einen metrischen Ausgleich zu rein alternierenden Vierhebern mit Auftakt und die Umformung des Meisterlieds in paarreimige Zweizeiler bedingt. Die neue Überschrift ist wie oft im Wh hauptsächlich auf den neugedichteten Abschnitt bezogen: Der biedere Ehemann entwickelt sich schnell zum Trinker und Haustyrannen.

2 *gar fein:* ersetzt – wie in Arnims Bearbeitungen üblich – das Fremdwort »subtil«.
5 *gewinnt:* statt »gewent« ›gewöhnt‹.
7 Modernisiert, um unverständlich gewordenes »massen« (vgl. mhd. »mazen« ›sich enthalten‹) zu ersetzen.
10 *ohngefähr:* zufällig.
21 *Heimweh:* Die *schnelle Entwickelung* erscheint auf diesem Hintergrund noch stärker ausgeprägt als in der Vorlage.
36 Durch dieses Motiv wird das Gedicht vollends zum Gegenstück zu Wh II 420; dort ist es die Frau, die zum Wein geht und den daheimgebliebenen Gatten verprügelt.
38 Mit Anspielung auf das Sprichwort »Ehen werden im Himmel geschlossen«.

Literatur: NA III, S. 136; BC II, S. 51; Rieser, S. 485; Bode, S. 691 f.

III 146

Arnim, dem die auf wenige sprachliche Modernisierungen, die lediglich in V. 26 den Sinn verändern, beschränkte Bearbeitung zuzuschreiben ist, gewann das von dem (1530 zu Kufstein als Wiedertäufer hingerichteten) Schuhmacher und Meistersänger Jörg Grünwald gedichtete Lied aus dem verschollenen Memorialbuch des Wolf-Jacob Stromer. Die Überschrift setzte er, analog zu Wh III 143, wohl in bezug auf Str. 3.

5 *Schimpf:* Spiel.
6 *vertoben:* aufhören zu toben (vgl. mhd. »vertoben«); eine Parallelfassung auf einem Fl. Bl. bietet die bessere Lesart: »muß ganz vor jhr vertoben«.
7 *mein:* von Arnim als Possessivpronomen aufgefaßt; in der Vorlage: »minne, liebe«.
9 Konditional aufzufassen.
26 *Elß:* ersetzt »alß« ›also‹; der Name der Frau wird von Grünwald nicht genannt.

Literatur: NA III, S. 138; BC II, S. 18; Rieser, S. 429; Bode, S. 206 f. – EB II, S. 414; A. Kopp, Jörg Grünwald, ein dichtender Handwerksgenosse des Hans Sachs, in: ArchStnSpr 107, 1901, S. 1–32.

III 147

Das Reigenlied ist aus formelhaften Elementen zusammengesetzt. Da die Bearbeitung des aus Nicolaus Rosthius' Sammlung *XXX. Newer lieblicher Galliardt* (1593; Nr. 20) stammenden Liedes sich im Grunde auf schonende sprachliche Modernisierungen beschränkt, dürfte die Herkunftsangabe im Wh auf einem Versehen beruhen. In der Regel werden nur gravierende Eingriffe in den Text einer Vorlage mit dem Vermerk »Mündlich« verschleiert.

7 Vgl. Wh I 363, V. 17 u. ö.; »heut« ersetzt veraltetes »heint« ›heute nacht‹.
8 Vgl. Wh III 140, V. 15.
11 Vgl. Wh II 212.
15 *Stunden:* Malen (vgl. mhd. »tûsentstunt« ›tausendmal‹).
16 f. Vgl. Wh I 327, V. 1–4.

Literatur: NA III, S. 139; BC II, S. 96; Rieser, S. 430; Bode, S. 204. – Uhland, Nr. 39; EB Nr. 458, II, S. 280; Goedeke-Tittmann, Nr. 157, S. 161.

III 148

Brentano sucht bei diesem aus Procops *Conjugale* (1663; S. 569–572) übernommenen Lied die sprachliche Patina zu erhalten und bessert nur metrisch. Als Motto stellte Procop seinem dritten Gesang »vom H. Bräut- vnd Ehestand« das Pauluswort von der irdischen Trübsal des Ehejochs voran: »Alligatus es vxori, noli quaerere solutionem: solutus es ab vxore, noli quaerere uxorem; si autem acceperis vxorem, non peccasti: et si nupserit virgo, non peccavit. tribulationem tamen carnis habebunt hujusmodi« (1. Kor. 7,27 f.).

Literatur: NA III, S. 140; BC I, S. 437; Rieser, S. 380; Bode, S. 211.

III 151

Das Kunstlied dürfte aus dem 17. Jh. stammen; die Überschrift ist wohl eine Reminiszenz Brentanos an den Tod Sophie Mereaus. Durch den Text läßt sie sich nur vage mit der Ahnung des Todes zu einem bestimmten Zeitpunkt stützen (V. 6 f., 28 f., 31 f.). Im Grunde scheint es sich eher um die Vorhersage eines Märtyrertodes zu handeln (V. 51–60).

Literatur: NA III, S. 143; BC I, S. 448; Rieser, S. 536; Bode, S. 748.

III 153

Matthias Claudius dichtete dieses Lied nach dem Tod seiner zwanzigjährigen Tochter Christiane (2. 7. 1796) und überschrieb es mit ihrem Namen. Dieser persönliche Bezug ging nicht ins Wh ein, das das Gedicht ansonsten so gut wie unverändert aus den *Sämmtlichen Werken des Wandsbecker Bothen* (1797; S. 96) übernahm. Herder bemerkte zu Claudius' berühmtem *Abendlied*, mit dem er seine Sammlung abschloß: »Das Lied ist nicht der Zahl wegen hergesetzt, sondern einen Wink zu geben, welches Inhalts die besten Volkslieder sein und bleiben werden.« Diesem Wink ist das Wh nachgekommen.

Literatur: NA III, S. 145; Rieser, S. 487; Bode, S. 150.

III 154

Brentano erhielt das Lied »In des Schillers thon« auf einem Fl. Bl. durch Professor Veesenmeyer in Ulm. Der Münchener Meistersänger Jörg Schiller dichtete um 1500 im Hofton, im süßen Ton und in der Maienweise. Das Reimschema des Meisterliedes entspricht dem Hofton Jörg Schillers und läßt zwei dreizeilige Strophen mit achtzeiligem Abgesang erkennen: aab ccb dedeffgg. Brentano hat es genau beibehalten und entsprechende Textverderbnisse der Vorlage gebessert. Im ganzen erhielt er dem alten Meistergesang seine sprachliche und formale Patina, obwohl er ihn in vielen Einzelheiten dem Verständnis eines zeitgenössischen Lesers näherrückte.

12 *möcht durchgründen:* vollständig zu ergründen (Wortschöpfung der Mystik) vermöchte.
17 *besessen:* in Besitz genommen.
24 *Möcht:* in der Vorlage: »möcht ich« ›vermöchte ich doch‹.
25 *Mir liebt:* Mir ist lieb.
31 *Wandel:* in der Vorlage: im Sinn von ›Makel‹.
32 *Hutsam:* Vorsichtig (vgl. frühnhd. »hutsame« ›Obacht‹).
behält: in der Vorlage: »behelt« ›beschützt‹.
37 *Maas:* Weise.
41 Topos des Narrenseils; vgl. z. B. EB Nr. 1421: »Geh du nur hin, ich hab mein Theil, / Ich führ dich nur am Narrenseil.«
44 Vgl. Wh II 5, V. 1.
49 *ehrentlich:* archaisierend nach »eerentreyche« der Vorlage; »êrentrîch« (mhd.) ›ruhmreich‹.
54 Ins Positive gewendet, in der Vorlage: »sie hüt sich vor den schwachen« ›Sie hütet sich vor Schande‹.
56 *Vor:* für, mehr als.
61 *gewölbt:* statt »sinwel« ›rund‹.
64 *Demante:* statt »Granate«, mlat. »granatum«: vieleckiger Edelstein in mancherlei Färbungen, meist aber rot.
66 *Bräulein:* kleine Augenbrauen; ersetzt zutreffend »pröblein«.
67 Vgl. V. 58.

68 Die Beschreibung mußte geändert werden, weil »zerkloben« ›gespalten‹ – schon in der Vorlage preziös gebraucht – unangemessene Assoziationen mit sich gebracht hätte.
69 *geschwungen:* individueller als »geschicket« ›gestaltet‹ der Vorlage.
72 *roth:* vgl. V. 69.
77 *Kehle:* Pars pro toto.
85 Der Vers mußte wegen der veralteten Vokabeln völlig umgestaltet werden; in der Vorlage: »Al masen sind an jr verdust« ›Alle Flekken sind von ihr entfernt; sie ist makellos‹
87 *kleine:* bewußt archaisierend; im älteren Sinn: zierlich (vgl. nämlich V. 88).
89 Ersetzt die inhaltliche Wiederholung zu Beginn des zweiten Stollens.
93 *gemahlt:* statt »zalt« ›erzählt‹.
94 *schiere:* bald.
98 f. Nach dem *Physiologus* (das im frühen MA beliebteste und verbreitetste christlich-allegorische Tierbuch): Die Löwenwelpen liegen erst drei Tage wie tot, bis der Löwe sie anbläst oder -ruft; dann erwachen sie zum Leben.
104 *Sogar:* richtiger in der Vorlage: »so gar« ›so ganz‹.
106 Anspielung auf die oft bewunderte Sorglichkeit, mit der die Strauße ihre Nestjungen behüten.
107 *Glück:* statt »blick« ›Glanz‹.
109–112 Durch Umstellung wird das Bild des Einhorns klarer; nach dem *Physiologus* können Jäger das Unicorn nicht fangen, aber es legt sich arglos in den Schoß einer reinen Jungfrau (auf Maria gedeutet; vgl. Wh I 40, V. 8–14).
122 *der falschen Zungen:* der Kläffer (vgl. Wh III 63, V. 30).
131 *Nach:* statt »on« ›außer‹.
136 In der Vorlage offenbar verderbt.
142–148 Das seit dem *Physiologus* bekannte Bild des Pelikans, der seine toten (oder verdurstenden) Jungen rettet, indem er seine Flanke mit dem Schnabel aufreißt und die Jungen mit dem eigenen Blut beträufelt (auf Christi Tod am Kreuz gedeutet). Hier wird indes die Geliebte mit dem Blut verglichen, ein Bild, das aus der spätmittelalterlichen Mariologie stammt.
143 *ernähren:* in der Vorlage in weiterem Sinn: erretten.
146 *verzehren:* statt »verreren« ›vergießen‹.
148 *Witze:* Verstandeskräfte.

149–151 Nach dem *Physiologus* verbrennt sich der Phönix von Zeit zu Zeit, um sich zu verjüngen (vgl. Wh I 261).
156–160 Nach dem *Physiologus* brüllt der Panther nach seinem Schlaf und verströmt dabei Wohlgeruch, dem alle wilden Tiere folgen.
161 *bas:* besser.
165 *feins mein Lieb:* vgl. Wh III 52, V. 19.
175 *Schwätzer:* statt »klaffers« (vgl. V. 122).
179 *wenken:* Kausativ: wanken machen; hier aus Reimzwang statt »wanken« ›weichen‹.
181 Modernisiert aus »auß rechter sinn vnd tracht« (mhd. »trahte« ›Trachten, Streben‹).

Literatur: NA III, S. 146; BC II, S. 36; Rieser, S. 335–337; Bode, S. 208.

III 160

Brentano, der der Bearbeiter des Liedes gewesen sein dürfte, lag eine Abschrift von unbekannter Hand eines Fl. Bl. im Bentzenawer oder Pienzenauer Ton vor, der seit etwa 1500 belegt ist. Zum Thema ist Wh II 82 zu vergleichen; der Affront dieser Alamode-Satire gegen die Übernahme französischer Sitten und das Lob der biederen Altvorderen wird hier indes noch deutlicher ausgesprochen. Das durchgehende Reimschema abab ist nur zweimal von Waisen (V. 174 und 201) unterbrochen (hier sind offenbar Verse durch Flüchtigkeit des Setzers oder des Bearbeiters ausgefallen).

1 *aber:* wieder.
16 Und billigen.
20 *Buberey:* »eine schändliche, boshafte Handlung« (Adelung I, Sp. 1112).
22 *Ueberzug:* »das Oberzeug eines Kleidungsstückes, im Gegensatze des Futters« (Adelung IV, Sp. 1169).
23 *Knochen:* Knöchel, Enkel.
25 *darneben:* darüber hinaus.
27 *Karteken:* »Umb diese Zeit [1555] kamen die großen Hosen auf, Schlodder- oder durchzogene Hosen, wurden gemacht von 6 Ellen englischen Tuch [vgl. V. 89] und 99 Ellen Karteken durchgezogen [vgl. V. 93 f.], hatten vorn eine große Ritze [vgl. V. 25 f.],

auch kraus mit Karteken durchgezogen, das bisweilen ganz schändlich ließ [vgl. V. 150–152]« (Hildesheimer Chronik; zit. nach der Wh-Edition von Boxberger, S. 452).

32 Der Böse nämlich.

33 Wie im Wasser (vgl. V. 71).

37 *Zotten:* Zotteln; vgl. Wh II 82, V. 9.

41 *verfechten:* verteidigen.

42 *ungeheuer:* ungeheuerlich, abscheulich.

43 *zu rechten:* von Rechts wegen.

48 Ist ihm gleichgültig (vgl. mhd. »âne gevaerde«).

55 *Hachen:* Burschen (vgl. frühnhd. »hache«).

58 *Gesperr:* hinderliche, sperrige Kleidung (vgl. frühnhd. »gesperr«).

71 Vgl. V. 33.

73 *Lüllen:* kindischer Tor (wohl zu »lullen« ›saugen‹ gebildet); vgl. redende Namen im frühneuhochdeutschen Fastnachtspiel: »Lüllaff«, »Lüllars« u. ä.

76 *Eyd:* Fahneneid des Landsknechts.

79 Das Fl. Bl. hat an dieser Stelle den in der Vorlage ausgefallenen Vers »schickt man ihn zu scharmützen« (Uhland, Nr. 192, Str. 10).

81 *Tartar:* in der Vorlage: Zigeuner.

88 *darf:* ersetzt unzutreffend: »thar« (von mhd. »turren« ›wagen‹).

89 Vgl. Wh II 74, V. 172.

92 *sie:* die Schande.

93 f. Vgl. Anm. zu V. 27; »99. elen« Stoff (»Damast vnd Taffat«) trägt auch Fischarts Gargantua (Ed. Alsleben, S. 173 f.).

104 *So:* Statt dessen.

108 Die veränderte Zeichensetzung im Wh und der Ersatz von »Es« durch »Das« ergeben einen anderen Sinn als in der Vorlage: Saufen und Buhlen werden nun entschuldigt, während sie in der Vorlage die beiden ersten Stufen einer dreigliedrigen Klimax bilden.

114 *Badgeld:* Geld, um ein Bad zu bezahlen.

116 *kostet es:* ersetzt zutreffend »solts gestehn« (vgl. frühnhd. »gesten« ›zu stehen kommen, kosten‹).

119 *Fratzen:* alberne Kerle, Laffen (vgl. frühnhd. »fraz«).

141 *lappen:* schlottern.

143 *Kappen:* kurzer, mantelartiger Umhang (Akk. Sing., schwach flektiert).

147 *blecken:* sich zeigen (vgl. noch nhd.: die Zähne blecken).

180 Er schonte sein Leben nicht.
204 Die witzige Ergänzung des Verses war auch notwendig, weil in der Vorlage offenbar ein Halbvers ausgefallen ist (Textverlust oder Unlesbarkeit der Vorlage?) Uhland hat hier gewiß ursprüngliches »über unser blödigkeit« (Schwäche).

Literatur: NA III, S. 153; BC II, S. 553; Rieser, S. 373 f.; Bode, S. 309 f. – Uhland, Nr. 192; Maltzahn, S. 123, Nr. 785.

III 167

An die Satire gegen die teuflischen Umtriebe des Alamode-Wesens knüpft sich eine modernere Satire gegen die Verbreitung der Aufklärung, die ebenfalls als Werk des Bösen und seiner Helfer gesehen wird. Die Herkunftsangabe zum Fl. Bl. ist im Wh als Teil der Satire anzusehen; Brentano hatte schon zu Wh II 383 (s. dort) eine Strophe ähnlicher Tendenz über Berlin gedichtet, die indes Arnim nicht ins Wh aufnahm. Das Pathos der neugedichteten Schlußstrophe, die sich v. a. durch genaue Wiederaufnahme der Reimwörter dem Stil des Vorhergehenden anpaßt, scheint eher für Arnim als Bearbeiter zu sprechen.

15 *das Kopulieren:* die Eheschließung.
22 *Steht:* In der Vorlage wird die indirekte Rede fortgesetzt.
28 *fabelhaft:* im älteren Sinn ›erdichtet‹, vgl. V. 57–59.
61 Vgl. Röm. 13,11 f.

Literatur: NA III, S. 166; BC II, S. 484; Alemannia 12, 1884, S. 74–76; Rieser, S. 523; Bode, S. 744.

III 170

Der heilige Meinrad wurde um 797 auf Burg Sulchen am Neckar geboren, auf der Reichenau erzogen und zum Priester geweiht; er war am Zürcher See als Klosterlehrer tätig, ehe er sich in die Einsamkeit zurückzog, bis 835 auf den Berg Etzel, danach in den Finsternwald. 861 wurde er von zwei Räubern mit einer Keule in seiner Zelle erschlagen. An dieser Stelle entstand das Benediktinerkloster Einsiedeln. Die beiden Raben gehören zu den frühesten Motiven der

Legende. Brentano schuf eine Versifizierung von Ulrich Witweylers Prosa-Legende *Warhafftige vnd gründliche Histori / vom Leben vnnd Sterben deß H. Einsidels vnd Martyrers S. Meinradts* (1587), zunächst zum Abdruck in der ZfE, nachdem er eine ältere Versifizierung des Stoffes durch Arnim nicht mehr finden konnte oder wollte (vgl. Briefwechsel März 1808). Arnim rückte das Lied dann statt in die ZfE ins Wh ein. Karl Bode bemerkt: »Brentano hat seiner Dichtung einen edlen Altersrost verliehen und die volksmäßige Technik, die er völlig beherrschte, mit großem Feinsinn angewandt.« Insgesamt entfernt sich Brentano nur in wenigen Versen vollends von seiner Vorlage. Durch mannigfache Umstellungen, Kürzungen und Ausweitungen schafft er indes allenthalben Neues.

8 *Spiegel:* Musterbild.
11 Er wurde schon vor dem kanonischen Alter zum Priester geweiht.
14 f. *Klösterlein . . . Bei Jona zu Oberpollingen:* die dem Reichenauer Benediktinerkloster unterstehende Klosterschule zu Bollingen.
21 *Wüste:* unwirtliche Landschaft.
35 *Sille:* Die in die Limmat mündende Sihl entspringt am Drusberg (Schwyz) und nimmt bei Einsiedeln die Alpach auf.
60 *Almoseniere:* »aumônier« (frz.) ›Almosenpflegerin‹; bewußt volksetymologisch auf -hiere gereimt.
69 *Etzel:* Berg in den Schwyzer Alpen; die St. Meinradskapelle auf dem 959 m hohen Paß (vgl. V. 176).
71 *Geschrey:* Gerede.
76 Von Brentano eigens mit V. 44 verklammert.
77 *wenn:* archaisierend statt »als«.
112 Eine der mehrfach angedeuteten Postfigurationen; hier nach dem Wort Christi vor der Passion (Joh. 13,27).
133–136 Das Ibykus-Motiv der Vorlage hat Brentano noch gesteigert (vgl. V. 160).

Literatur: NA III, S. 168; BC I, S. 238; Rieser, S. 485; Bode, S. 706–721. – Uhland, Abh., S. 117; R. Häne, Das Einsiedler Meinradspiel von 1576, Diss. Einsiedeln 1926; Guignard, S. 49; H. Rölleke, Ein bisher anonym überliefertes Gedicht Brentanos, in: JbFDH 1971, S. 132–142.

III 177

Der Dichter des Liedes ist Christian Knorr von Rosenroth (1636–89). Den Wh-Herausgebern diente ein Abdruck in *Kurtze Unterweisung, Oder Ohnmaßgebliche Anleitung / Wie eine GOtt-suchende Seele mit ihrem GOtt, und Christo umgehen und reden könne* von Christian Fende (1730; S. 273–276) als Vorlage für ihre geringfügig Rhythmus und Sprache modernisierende Bearbeitung. Aus Gleichnissen des neuen Testaments werden Bilder nachgezeichnet und jeweils mit einem mahnenden Anruf beschlossen. Knorr geht dabei von der Dornenkrönung der Passionsgeschichte aus (vgl. Mt. 27,29); die liebende Seele möchte eine Goldarbeit anstelle der Dornen setzen – eine Allegorie, die in der Tradition von Konrads von Würzburg *Goldener Schmiede* steht.

5 *Schmelzwerk:* »bey den Goldschmieden, erhabene [herausgehobene], aus Schmelz oder Email aufgetragene Figuren« (Adelung IV, Sp. 182).
54 *entzücket:* vgl. Wh III 227, V. 6: Intensivbildung zu »entziehen«; also: entrückt.
57 *für:* vor (Augen).
58 *schlecht:* schlicht.
95 f. Der Protestant Knorr von Rosenroth suchte den Vorwurf der Bilderverehrung zu vermeiden, nachdem er eigens auf die Herkunft aller Allegorien aus der Bibel hingewiesen hatte (V. 92).

Literatur: NA III, S. 177; BC I, S. 439, 563; Bode, S. 297.

III 180

Auch dieses Lied von Christian Knorr von Rosenroth (1636–89) ist, wie Wh III 177, aus Fendes *Kurtzer Unterweisung* (1730; S. 112–115) übernommen worden. Einige Anzeichen deuten darauf hin, daß Arnim die Bearbeitung und Kürzung der Vorlage um sieben Strophen zukommt.

[Überschrift:] Alle Kräfte des Menschen und alle irdischen Erscheinungen sind nur als »Vorbereitung« auf die Ewigkeit gesehen, wie am Ende fast jeder Strophe betont wird.
2 *erdacht:* Bezug auf die Schöpfung.

3 Vgl. Jer. 1,9.
10 *Gesichte:* Sehkraft.
25 *Nu:* Augenblick.

Literatur: NA III, S. 179; BC I, S. 424, 563; Bode, S. 413.

III 182

Der von Nehrlich eingesandte Dialog basiert auf einer der bekanntesten Legenden aus dem Leben des Kirchenvaters Augustinus (354–430). Das Kind mit der Muschel aus der Einleitung, die die metrisch und sprachlich glättende Wh-Bearbeitung vorausschickt, begegnet u. a. auf Gemälden von Gozzoli, Menescardes und Rubens, die es auch als Engel gestalten oder ihm einen Heiligenschein beigeben; darauf heben V. 23 f. und die Überschrift eigens ab.

19 *bilden ein:* im älteren Sinne ›bildhaft klarmachen‹.
26 Zu ergänzen: wird.

Literatur: NA III, S. 180; BC I, S. 418, 419, 562 f.; Rieser, S. 388 f.; Bode, S. 560; Schewe, 1932, S. 135 f. – Meier, Schwab., Nr. 157, S. 274; J. Bolte, Die Legende von Augustinus und dem Knäblein am Meere, in: ZfVk 16, 1906, S. 90–95; Augustinus und das Knäblein, in: Enzyklopädie des Märchens, hrsg. von K. Ranke, Bd. 1,4, Berlin/New York 1976, Sp. 1017–1019.

III 183

Als Vorlage für die Wh-Fassung dieses, zuerst durch eine Hs. vom 8. 1. 1477 belegten, aber wohl älteren Gedichts wird ein Abdruck in Johann Georg Meusels *Historisch-Litterarisch-Bibliographischem Magazin* (1794; S. 166–173) gedient haben. Die Erinnerung an den Tod und die Mahnung, sich beizeiten um das Heil der Seele zu mühen, stehen bis in einzelne Wendungen hinein in der mittelalterlichen Tradition. Die z. T. archaisierende Wh-Bearbeitung läßt wohl gleichermaßen aus sprachlichen Schwierigkeiten wie stilistischen Erwägungen 12 der 39 Strophen der Vorlage ersatzlos ausfallen.

1 *Festabend:* in der Vorlage »vastavend« (mnd.): das Fest am Vorabend der Fastenzeit.

3 Topos; Band oder Strick des Todes (auf Spr. 13,14 basierend).
6 Anspielung auf den Totentanz.
9 Vgl. ähnliche Anspielungen im althochdeutschen *Memento mori* (z. B. 6,1: »Ir wanint iemer hie lebin« u. ä.).
mögen: in der Vorlage »mogen« ›können, vermögen‹; durch Bedeutungswechsel ergibt sich im Wh ein anderer Sinn.
11 *alle zur Hand:* sofort, heute schon.
15 Vgl. ähnlich *Memento mori* 2,1.
18 In der Vorlage: »Wir müßen doch sterben vnd al begeben [hinschwinden]«.
21 *kreide:* des Reims wegen statt »krude« ›sorge‹.
21–24 Vgl. V. 33–36; ähnlich *Memento mori* 15,1, u. ö.
25 *schürchen:* vielleicht Druckfehler statt »schürgen« ›forttreiben‹.
28 Hiob 1,21.
41 *klaffen:* schwätzen, verleumden.
43 *Persant:* in der Vorlage bereits Druck- oder Lesefehler statt »presont« ›präsent, Geschenk, Gabe‹.
45–47 Karl der Große, die homerischen Helden des Trojanischen Krieges, Caesar und König Artus repräsentieren die Vergänglichkeit auch der Großen, die dem Gleichmacher Tod verfallen.
47 *Wigand:* Recke; archaisierend statt des wohl unverstandenen »schargant« (mnd. »schariante«: Kriegsmann zu Fuß).
53–55 Vgl. Anm. zu V. 45–47.
58 *Frommen:* Nutzen.
59 *gerannt:* in der Vorlage anscheinend aus »to hand« ›sofort‹ verderbt.
65 Vgl. Anm. zu V. 28.
66 *zware:* tatsächlich.
67 In der Vorlage: »Dan vnser sele ist eyn ander pant« ›Denn unsere Seele ist (nur) Pfand, das uns ein anderer lieh‹.
79 *Leckerzahn:* bildhaft für »Genußfähigkeit«.
86 Vgl. Ps. 78,39, Hiob 7,7.
89 Topos; vgl. Anm. zu Wh II 237, V. 148.
99 *Vorstand:* Vertretung, Anwalt; zum Motiv vgl. Wh II 218.
103 *Volant:* tabuistisch für »Teufel«.
109 *Amen:* Zusatz im Wh.

Literatur: NA III, S. 182; BC I, S. 400; Rieser, S. 376; Bode, S. 411 f. – EB Nr. 2172, III, S. 867 f.; J. Franck, »Vom andern land«, in: ZfdA 44, 1900, S. 123–131; J. Bolte, in: ZfVk 12, 1902, S. 216 f.

III 188

Arnim, dem die sprachlich modernisierende Bearbeitung dieses Liedes zuzuschreiben sein dürfte, diente als Quelle das *Marianvm Epithalamivm* von Johannes Kuen (1659; S. 148–154). Er tilgte alle Strophen, die auf das lyrische Ich der Vorlage – die heilige Clara – Bezug haben und übernahm nur die – in der Quelle lediglich als Praefiguration gedachte – Einleitung, in der Miriam, die Schwester Aarons (vgl. V. 18), die israelitischen Jungfrauen nach dem Durchzug durch das Rote Meer (2. Mose 14 f.) zum *Sieglied* aufruft.

Literatur: NA III, S. 186; BC I, S. 413; Alemannia 2, 1875, S. 191; 9, 1881, S. 159–161; Rieser, S. 387; Bode, S. 393. – G. Westermayer, Jakobus Balde, sein Leben und seine Werke, München 1868, S. 86; Ders., Johannes Kuen, ein Zeit- und Kunstgenosse Friedrich Spees, in: HPolBl 1874, S. 1–16; Schellberg, S. 17.

III 189

Savigny hatte das Familienbild in Kuens *Epithalamivm* (1659; S. 216–221) entdeckt. Arnim enthielt sich bei seiner Bearbeitung jeglicher Kürzung. Die meisten Einzeländerungen ersetzen die zahlreichen Fremdwörter der Vorlage und deren bairischen Dialekt, der in den Reimwörtern indes zuweilen beibehalten, manchmal sogar imitiert wird. Kuens Gedicht geht von der Verehrung der Heiligen Anna Selbdritt aus; vor allem die bildende Kunst stellt seit dem 14. Jh. Anna mit ihrer Tochter Maria und ihrem Enkel Jesus gern in freier Landschaft dar.

[Überschrift:] Vgl. den Titel zu Wh II 13.
16 *Tapezerey:* Tapisserie; hier: bunt wie Tapetenmalerei.
18 *vorher:* hervor.
20 *anzurichten:* anzustimmen.
23 *Revier:* Gegend.
32 *Freude Lohn:* ersetzt »frewdenwohn« ›Freudehoffnung‹.
39 *gericht:* angeordnet.
43 *Gust:* vgl. noch im heutigen Bairisch »Gusto« ›Geschmack‹.
47 *reich:* Imperativ mit Bezug auf Joseph.
48 f. Umkehrung des traditionell auf Maria gedeuteten Verses aus den Klageliedern Jeremiae (1,12): »Schauet und seht, / Ob ein Schmerz wohl sei wie der meine.«

49 *Die:* relativ; so auch »Der«, V. 51.
54 *Wie doch:* Wenn auch (noch); der Plural steht schon mit Bezug auf Johannes.
57 *ungespart:* ohne sich zu schonen.
63 f. Mit Bezug auf Maria; »Lilienstamm« steht symbolisch nach dem Hohen Lied für Maria.
67 *ruhmen:* aus Reimgründen statt »rühmen«.
68 *Bald:* Sobald.
71 *der:* Maria.
73 *Gespann:* Gespan, Gespiele, Kamerad.
74 *zu:* lies »zum«.
77 *Lämmlein:* ikonographisches Attribut des Johannes nach Joh. 1,29.
82 f. Johannes der Täufer wurde enthauptet (vgl. Mt. 14,1–12); die Kirche feiert ihn als Märtyrer in der roten Festfarbe am 29. August.
84 In der Vorlage: »Was machst darmit / für vnderschid« ›Welchen Bericht machst du damit; was willst du damit sagen?‹
90 *gewohne:* gewohnt werde (vgl. frühnhd. »gewonen«).
91 *roth und weiß:* die Farben des gewaltsamen Todes und der Jungfräulichkeit.
93 f. Als Anrede Johannes' an Jesus gedacht.
fruh: aus Reimgründen statt »(so) früh«.
97 Vgl. V. 82 f.
100 *Gesträuß:* großer Strauß; die Lilie ist seit dem frühen 17. Jh. ein ikonographisches Attribut Josephs.
101 *eben:* angemessen.
102 Braunrot ist die traditionelle ikonographische Farbe des Kleides der Anna.
105 *für:* als.

Literatur: NA III, S. 188; BC I, S. 415; Rieser, S. 387 f.; Bode, S. 218 f. – Leoni, S. 9. – Vgl. ferner zu Wh III 188.

III 193

Der Wh-Bearbeitung, die sich auf wenige rhythmische Änderungen beschränkt, lag als Vorlage ein Abdruck dieses Liedes in der durch Johann Schilter herausgegebenen *Chronicke / Von Jacob von Königshoven* (1698; S. 526) zugrunde. Brentanos Vorliebe für das Hauptmotiv hat Rahel Varnhagen überliefert: »Wobei ihm das liebste Bild [. . .] eine säugende Mutter Gottes wäre« (G. Schaub, *Le Génie Enfant*, Berlin 1973, S. 90); vgl. auch die Anrede an Maria in der achten *Romanze vom Rosenkranz*: »Daß er für uns büße / Trank er deine Brüste.« (Werke I, S. 731.)

Vertonung: Anton von Webern, op. 18.2.
Literatur: NA III, S. 192; BC I, S. 444, 564; Rieser, S. 430; Bode, S. 174 f. – Pailler I, Nr. 340, S. 383; T. Meier, Die Gestalt Marias im geistlichen Schauspiel des deutschen Mittelalters, Berlin 1959.

III 194

Ohne inhaltliche Einbußen sind die aus Procops *Mariale Concionatorium* (1667; S. 226 f.) übernommenen Strophen um zwei Verse gekürzt; lediglich in Str. 3 ergab sich durch die Verkürzung ein merkwürdig ungeschicktes Bild. Durch das Weglassen von Str. 4 bleibt die übernommene Überschrift beziehungslos.

4 *Metzen:* altes Trockenhohlmaß.
11 *Altardom:* Aufbau auf dem Hochaltartisch, der oft mit einem Marienbild geziert ist.
17 f. Procops Bild geht auf 1. Kor. 13 zurück: Hätte ich die Zungen der Engel, und dazu die aller Menschen zusammen . . .; die Zusammendrängung im Wh zerstört das Bild: Wenn ich eine solche Kirche bauen könnte, hätte ich alle Menschen in meiner Gewalt, so daß sie dir mit engelhaften Stimmen lobsingen müßten.
20 *heiligen Mutter:* St. Anna.
26–30 Selbst deine Tränen würden mich erfreuen, denn die Engel würden dich trösten, und überdies sind die Tränen des Marienkindes kostbar vor Gott.

Literatur: NA III, S. 192; BC I, S. 209, 547 f.; Rieser, S. 381 f.; Bode, S. 378 f.

III 195

Vorspruch, »Nun lob mein Seel . . .«

Mit diesem letzten Lied aus Procops *Dominicale Aestivale* (1667; S. 288 f.) verabschiedet sich Brentano von den Wh-Lesern, während

Arnims Abschied Wh III 233 folgt. Bezeichnenderweise kontaminiert Arnim den Tod des Hans Sachs mit einem Bild der Sintflut; Brentano schließt dagegen seinem Abschied an den Leser eine Schilderung des Weltendes am Jüngsten Tag an (Wh III 197). Procops bescheidene Abschiedsrede nach seinem Riesenwerk spricht – mit Modifikationen – auch Brentanos Idee des Wh aus, vor allem hinsichtlich der Aufnahme geistlicher Lieder. Er konnte sie daher so gut wie unverändert übernehmen; lediglich die Schlußstrophe fiel wegen ihrer Gebetsform aus. In der Vorbemerkung ergeben sich zwei Fehler: Procop wurde 1607 geboren, und er hieß nicht Friedrich mit Vornamen (»Fr.« ›Frater‹).

Literatur: NA III, S. 194; BC I, S. 425; Rieser, S. 382; Bode, S. 364.

*

»Einstmals war ich . . .«

Brentano kontaminierte zwei aufeinanderfolgende Lieder aus Procops *Dominicale Aestivale* (1667; S. 269 f., 270 f.) mit einer Passage aus einem inzwischen verschollenen Volksbuch. Mit dem eindrucksvollen Motiv des Horns, das »allen Menschen« ruft, hat Brentano seine Beiträge zum Wh abgeschlossen.

7 *vorhin schon:* schon vorher.
11 In betender Stellung (Flickvers aus Reimnot).
21 Vgl. Brentanos Umdichtungen zu Wh II 37.
32 *mocht:* konnte, vermochte.
34 *betrübten:* betrübt machenden.
36 *eracht:* erwäge.
38 *theuer:* knapp.
56 *mag:* kann.
57 f. Mt. 24,16.
70 Mt. 24,31.
89 Vgl. V. 56.
120 *Stein:* in der Vorlage im Sinne von ›Felsen‹.
122 *Wunder:* Lesefehler Brentanos (statt »Wind er«)?
123 *fast:* stark, fest.
137 Vgl. Anm. zu V. 56.
147 *fliehen:* Druckfehler statt »fliegen« (vgl. KL 93 d, V. 3)?

Literatur: NA III, S. 196; BC I, S. 427, 431; Rieser, S. 383 f.; Bode, S. 648 f. – E. Sommer, Die Fünfzehn Zeichen des Jüngsten Gerichtes, in: ZfdA 3, 1843, S. 523–530; G. Nölle, Die Legende von den fünfzehn Zeichen vor dem jüngsten Gerichte, in: PBB 6, 1879, S. 413–476; Hartmann-Abele, Nr. 45, S. 410–413; H. Jellinghaus, Das Spiel vom jüngsten Gerichte, in: ZfdPh 23, 1891, S. 426–436; R. Klee, Das mhd. Spiel vom jüngsten Tage, Diss. Marburg 1906; K. Reuschel, Die dt. Weltgerichtsspiele des Mittelalters und der Reformationszeit, Leipzig 1906; B. Boesch, Die 15 Zeichen von dem jüngsten Tag, in: PBB 63, 1939, S. 295–298; W. W. Heist, The Fifteen Signs before Doomsday, Michigan 1952; H. Eggers, »Fünfzehn Zeichen«, in: Verfasserlexikon, hrsg. von K. Langosch, Bd. 5, Berlin 1955, Sp. 1139–48; Berner Weltgerichtsspiel, hrsg. von W. Stammler, Berlin 1962.

III 203

Alle 21 im Wh folgenden Lieder und die Prosaeinleitung sind dem *Anmuthigen Blumen-Krantz / aus dem Garten der Gemeinde GOttes* (1712) entnommen. Die Entstehung dieses Gesangbuches wird mit dem pietistischen Kreis in Halle in Verbindung gebracht. In oft gesuchten, zuweilen gewagten Bildern besingen die Lieder unterschiedlichen Alters vorab die mystische Gottesminne und die damit verbundene Verinnerlichung und Entselbstung auf Antrieb des reinen Geistes. Arnim hat das Buch im Winter 1807/08 in Kassel entdeckt, exzerpiert und allem Anschein nach Kürzungen und Modernisierungen ad hoc durchgeführt. Er hatte auch sofort die Idee, mehrere Lieder in einem Zyklus zusammenzufassen. Die ausführliche Einleitung, an deren Bearbeitung Brentano zweifellos beteiligt war, wurde wohl aus zwei Gründen ins Wh aufgenommen: einmal, um den 21 Liedern sogleich eine Apologie mitzugeben, zum anderen, weil sich darin in erstaunlicher Weise Ideen und Arbeitsprinzipien der Wh-Herausgeber umschrieben finden.

8 f. *daß Zion ... weinen:* vgl. Lk. 23,28.
19 f. *Vorboten ... nahe:* vgl. Lk. 21,28.
76 f. *Das göttliche Wesen ... Schelle:* 1. Kor. 13,1.
80 f. *der Geist ... sey:* 1. Joh. 5,6.

Literatur: NA III, S. 318; Rieser, S. 394; Bode, S. 81–83.

III 206

Das aus dem *Anmuthigen Blumen-Krantz* (1712; Nr. 40, S. 40) übernommene Lied bezieht sich eingangs auf Berichte des Buchs Josua (v. a. 6,1–21), die Christi und der Christen Sieg praefigurieren. Arnim verwandte das Lied in seinem *Aufruf zum Kriege 1813* (*Werke*, hrsg. von R. Steig, Leipzig [o. J.], Bd. 3, S. 428 f.) und im Puppenspiel *Die Appelmänner* (Werke VI, S. 217 f.); Brentano übernahm Bilder der Eingangsstrophe in sein Schauspiel *Viktoria* (GS VII, S. 448).

17 Abwandlung der Formel »per ipsum et cum ipso et in ipso« aus der lateinischen Messe.
23 *Jo, Jo, Jo:* lateinischer Triumph- und Freuderuf.

Literatur: NA III, S. 321; Rieser, S. 394; Bode, S. 207.

III 207

Die Kürzung um fast zwei Drittel konzentriert das aus dem *Anmuthigen Blumen-Krantz* (1712; Nr. 423, S. 418 f.) übernommene Lied auf das in der Überschrift genannte Thema: Im Blick auf das mutige Märtyrertum der Urchristen in Rom sollen die Christen Kraft schöpfen.

21 f. Vgl. Mt. 10,28.
25 f. 1. Kor. 1,18.
27 f. Anspielung auf die Quo-Vadis-Legende.
30 1. Mose 3,15.
33 Anspielung auf den Mythos von Zeus und Danae.

Literatur: NA III, S. 322; Rieser, S. 395; Bode, S. 377; Rölleke, in: JbFDH 1968, S. 295. – Groos-Klein, Nr. 109, S. 114.

III 208

Der Text geht auf einen lateinischen Hymnus des Johann Wilhelm Petersen zurück. Thema des zeternd eifernden Liedes, das aus dem *Anmuthigen Blumen-Krantz* (1712; Nr. 54, S. 52–54) übernommen wurde, ist der Sieg Zions (des »erwählten Volkes« der Christen) über die Hure Babylon (Heidentum und päpstliches Rom) nach Motiven aus Offb. 17 f.: Die Wh-Bearbeitung tilgt die Anspielung auf das antike und päpstliche Rom, mildert den Ausdruck und verdichtet den Text durch eine Kürzung und Umstellung. Arnim hatte V. 1–10 bereits dem *Sonnet* in seiner Satire *Der Einsiedler und das Klingding* (ZfE, 29. 6. 1808, Nr. 26, Sp. 204–206) in den Mund gelegt; Brentano verwendete die Eingangsstrophe später in der *Viktoria* (GS VII, S. 447) und zitiert den Eingangsvers in *Aloys und Imelde* (Werke IV, S. 509).

28 *Chaldäer:* Babylon war die Hauptstadt Chaldäas.
35 f. 2. Kön. 9,36.
37 Ps. 137,2.
38–40 Vgl. Ps. 90,4.

Literatur: NA III, S. 323; Rieser, S. 395 f.; Bode, S. 410 f.

III 211

Das dem *Anmuthigen Blumen-Krantz* (1712; Nr. 180, S. 174 f.) entnommene Lied ist eine Dichtung Amadeus Creutzbergs (gest. 1742). Das Wh beschränkt sich auf die blut- und schmerzseligen Eingangsstrophen, die auf Geißelung (V. 5), Kreuzigung (V. 7, 13–15) und Blutschweiß (V. 24) Christi anspielen. Den etwas makabren Eingang des Liedes – vgl. bereits Johann Christian Günthers Anspielung darauf: »Was war das für ein Ruck von deinem Liebesschlage! Ach, fahre weiter fort« (*Als er durch innerlichen Trost bei der Ungeduld gestärkt wurde*; 1720) – hat Brentano offenbar geschätzt, wie seine Umdichtung *Frühes Lied* von 1817 erweist: »Fahre fort mit Dornenschlägen [. . .]« (Werke I, S. 364); vgl. auch Lussans Verse in *Aloys und Imelde* (SW IX,2, S. 304). Zuvor hatte Arnim das Eingangsmotiv in die ZfE (7. 5. 1808, Nr. 11, Sp. 87) übernommen: »Wie mußt du doch mit Liebesschlägen / In deinem Fleisch Frontalbo wüthen.«

Literatur: NA III, S. 326; Rieser, S. 396; Bode, S. 412.

III 212

Das Wh beschränkt das Thema dieses aus dem *Anmuthigen Blumen-Krantz* (1712; Nr. 11, S. 9) übernommenen Liedes durch eine Kürzung um die Hälfte ganz auf das Naturbild und verzichtet auf eine in der Vorlage gegebene moralisierende Ausdeutung. Die drei Eingangsverse wurden zu einem Lieblingsbild Brentanos.

7 *schlechtes:* schlichtes.
10 *Mein Nothdurft:* Meine Bedürfnisse.

Literatur: NA III, S. 327; Rieser, S. 396; Bode, S. 379.

III 213

Durch die erhebliche Kürzung des aus dem *Anmuthigen Blumen-Krantz* (1712; Nr. 5, S. 4 f.) übernommenen Liedes gewinnt zwar die Ergebung in Gottes Willen an kindlicher Schlichtheit; die Überschrift wirkt dennoch gezwungen und unpassend. Str. 1 zitiert Brentano leicht abgewandelt in seinem Aufruf *Viktoria und ihre Geschwister* (1816).

Literatur: NA III, S. 328; Rieser, S. 396; Bode, S. 377; Rölleke, in: JbFDH 1968, S. 295.

III 214

Die Kürzung des aus dem *Anmuthigen Blumen-Krantz* (1712; Nr. 584, S. 578 f.) übernommenen Liedes um fünf konventionell moralisierende Strophen und die geschickte Umstellung und Verknüpfung der Verse 19–30 erwirken eine Steigerung von der Verurteilung des Zorns zum Preis der Liebe, so daß »der ganze Gesang in einen Hymnus auf die Liebe ausgeht« (Bode, S. 392). Eingangs- und Schlußstrophe des Wh-Textes nahm Brentano leicht abgewandelt in *Aloys und Imelde* auf (Werke IV, S. 341).

1 Durch die Kürzung im Wh korrespondiert die Schlußstrophe mit dem Eingangsbild.
19 Laß mich aus der Eigensucht herausfinden.

29 1. Mose 3,15.
30 Die an das Gedankengut der Mystik erinnernde Formulierung ist die bemerkenswerteste Einzeländerung im Wh-Text.

Literatur: NA III, S. 329; Rieser, S. 396; Bode, S. 392; W. Frühwald, in: LJb NF 5, 1964, S. 373.

III 215

Während das Hauptmotiv der dem *Anmuthigen Blumen-Krantz* (1712; Nr. 515, S. 510 f.) entnommenen Vorlage die Freude auf den Tod ist, steht im Wh nach einer Kürzung des Liedes um sieben Strophen nur mehr – der Überschrift entsprechend – der Kampf des Geistes um Gottes- und Heilserkenntnis und gegen die Sünde im Mittelpunkt.

11–13 Phil. 3,13.
15 Vgl. 2. Tim. 4,8.
21–24 Offb. 7,14.

Literatur: NA III, S. 330; Rieser, S. 397; Bode, S. 367 f.

III 216

Fünf Strophen umschreiben immer erneut die Sehnsucht aus der zerstreuenden Kurzweil dieser Welt nach der Langeweile der Einsamkeit. Wahrscheinlich ist das aus dem *Anmuthigen Blumen-Krantz* (1712; Nr. 747, S. 732 f.) übernommene Lied wegen dieser Affinität zum Einsiedler-Thema ungekürzt ins Wh aufgenommen worden. Die Bearbeitung zeigt nur wenige sprachliche Modernisierungen.

10 Vgl. Ps. 55,7.
38 *Canaan:* das gelobte Land des Alten Testaments (vgl. z. B. 4. Mose 13).

Literatur: NA III, S. 331; Rieser, S. 397; Bode, S. 211.

III 217

Das Lied wurde aus dem *Anmuthigen Blumen-Krantz* (1712; S. 733 f.) übernommen. Die einsamkeitsuchende Seele wird auf die »wahre Einsamkeit« der Innerlichkeit verwiesen. Der Zusammenhang mit dem vorhergehenden Lied in der Vorlage einschließlich der Überschrift und der fehlenden Numerierung bleibt im Wh gewahrt; eine verklammernde Wiederholung eines Psalmzitates fiel indes mitsamt der ganzen zweiten Strophe weg. Die Vertröstung auf die Ewigkeit ist im Wh sinngemäß ans Ende gerückt.

3 *Da:* Wo.
9 *nun:* Druckfehler statt »nur«?
14 *sieht:* im Sinn von ›sucht‹.
33 Vgl. Wh III 216, V. 38.

Literatur: NA III, S. 333; Rieser, S. 397; Bode, S. 412.

III 219

Aus der mystischen Reflexion des von dem Pietisten Gottfried Arnold (gest. 1714) gedichteten, für das Wh dem *Anmuthigen Blumen-Krantz* (1712; Nr. 668, S. 652 f.) entnommenen Liedes sind vier Strophen mit biblischen Anspielungen und Schmähungen des Menschen als »sinnen-thier« gestrichen. Die Bearbeitung zeitigt neben metrischen Schlimmbesserungen eine Milderung des Ausdrucks. Der markante Liedeinsatz blieb offenbar nicht ohne Einfluß auf Brentanos *Nachklänge Beethovenscher Musik* von 1814.

Literatur: NA III, S. 335; Rieser, S. 397; Bode, S. 360 f.

III 221

Mehr als die Hälfte des dem *Anmuthigen Blumen-Krantz* (1712; Nr. 90, S. 90 f.) entnommenen, hart die Grenze des Geschmacklosen streifenden Liedes vom Wunsch kindlich zu werden, um des Jesus Bräutigam und Kind zugleich zu sein, ist gestrichen; doch gerade durch die Tilgung der Beschreibung des ›Lustspiels‹ schließt die Wh-Fassung mit einem etwas verfänglichen Bild, das Voß in seiner Kritik prompt aufgriff.

5 Lk. 1,41.
8 f. Vgl. Joh. 1,29.
12 Anspielung auf das Hohe Lied des Alten Testaments.

Literatur: NA III, S. 336; Rieser, S. 397; Bode, S. 367.

III 222

Aus dem in der Vorlage, dem *Anmuthigen Blumen-Krantz* (1712; Nr. 621, S. 607–610), 28strophigen Preis der ›Stillen im Lande‹ mit einer Überfülle biblischer Anspielungen ist im Wh ein kurzes Lied über den Segen der Buße geworden. »Im breiten versandenden Strom solcher zeternden Predigt fand der Bearbeiter als Goldkörner die Naturbildchen vom Täublein, von einem klaren Bache, vom Ackersmann« (Bode, S. 391).

3 f. Jer. 48,28.
12 *Gemächlichkeit:* Bequemlichkeit.

Literatur: NA III, S. 337; Rieser, S. 397; Bode, S. 391 f.

III 223

Des immer gleichen Stropheneingangs wegen (nach Hld. 4,16) ist dieses gegenüber der Vorlage, dem *Anmuthigen Blumen-Krantz* (1712; Nr. 643, S. 629 f.), um zehn Strophen gekürzte Lied nach Wh III 222 eingerückt. Eine Dichtung nach demselben Vorwurf schuf Procop (*Mariale Dominicale*, S. 140).

Literatur: NA III, S. 338; Rieser, S. 397; Bode, S. 377.

III 224

Die durch das Hohe Lied des Alten Testaments angeregte, stark erotisierte Mystik der dem *Anmuthigen Blumen-Krantz* (1712; Nr. 68, S. 68 f.) entnommenen Vorlage ist im Wh bis auf wenige Spuren getilgt, so daß die Überschrift einigermaßen zutrifft.

1 *immerhin:* immerfort.
6 Hld. 4,6.
25–29 1. Kor. 2,9.
38 *erkennen:* in der Vorlage wohl eher im Sinn des biblischen Wortgebrauchs: beischlafen.

Literatur: NA III, S. 339; Rieser, S. 369 f.; Bode, S. 397 f.

III 225

Im Wh sind nur fünf der neun Strophen aus dem *Anmuthigen Blumen-Krantz* (1712; Nr. 683, S. 666 f.) übernommen, einmal weil dort die zwei Strophen nach V. 20 das Thema vom Heiligen Geist in Gestalt des Feuers nur variieren, zum anderen, weil Wortschatz und Metrik der ausgelassenen Strophen kaum zureichend modernisierbar sind.

16 Mit Ausnahme deines Himmels.

Literatur: NA III, S. 341; Rieser, S. 398; Bode, S. 360.

III 226

Durch die radikale Kürzung des elfstrophigen überschwenglichen Lobgesanges auf Jesus Christus aus dem *Anmuthigen Blumen-Krantz* (1712; Nr. 705, S. 686 f.) verbleiben lediglich die beiden Eingangsstrophen mit dem Charakter eines Morgenlieds.

11 Vgl. KL 27b.

Literatur: NA III, S. 342; Rieser, S. 398; Bode, S. 378.

III 227

Thema der 13 Strophen aus dem *Anmuthigen Blumen-Krantz* (1712; Nr. 709, S. 691 f.) ist die Nahrung der Seele durch mystische Speise; die Auswahl im Wh verengt die Thematik auf die mystisch-trunkene Hingabe der Seele an ihren himmlischen Bräutigam, um die Überschrift zu rechtfertigen. Auf das Eingangsmotiv spielt Brentano in den *Romanzen vom Rosenkranz* (XIV,291 f.) an: »Und du Freundlicher, mich bringe / In des süßen Weines Keller!«

3 *als:* wie.
22 *meint:* minnt, liebt.

Literatur: NA III, S. 342; Rieser, S. 398; Bode, S. 368.

III 228

Die Wh-Überschrift betont die erotischen Metaphern der mystischen Gottesminne aus dem *Anmuthigen Blumen-Krantz* (1712; Nr. 490, S. 483 f.). Inhaltlich werden zwei Einzelheiten anders gefaßt: die »Reinheit« (V. 17) wird Voraussetzung, nicht Begleiterscheinung der Paradieseslust (V. 18); nicht Jesus wird gebeten, »des Glaubens erweiterten Mund« zu öffnen, sondern dieser öffnet sich als Folge der Begegnung mit Jesus.

Literatur: NA III, S. 343; Rieser, S. 398; Bode, S. 259.

III 229

Dichter des aus dem *Anmuthigen Blumen-Krantz* (1712; Nr. 162, S. 159 f.) übernommenen Liedes ist Laurentius Laurenti aus Dithmarschen (gest. 1722). Die vier Eingangsstrophen sind eine Paraphrase des Gleichnisses von den klugen und törichten Jungfrauen (Mt. 25,1–13), die Folgestrophen lehnen sich an Motive der Offenbarung des Neuen Testaments an. In der Wh-Fassung sind zwei Strophen ausgelassen, die die Freuden der ewigen Seligkeit weiter ausführen; so konzentriert sich das Lied stärker auf das Thema der Überschrift.

25 *verziehen:* auf sich warten lassen.
38 f. Offb. 13,2–4.
49 f. Offb. 7,9.
61 Offb. 21,21.
62–64 Offb. 19,7.

Literatur: NA III, S. 344; Rieser, S. 398; Bode, S. 376.

III 231

Dichter des Liedes auf den Triumph der Auferstehung Christi und des Frühlings, das dem *Anmuthigen Blumen-Krantz* (1712; Nr. 665, S. 648) entnommen wurde, ist M. Benjamin Praetorius. Die Wh-Fassung läßt zwei Strophen wegfallen, die lediglich inhaltliche Variationen bieten. Brentano verwendet das Lied im Schlußchor seines Schauspiels *Viktoria*, Arnim übernahm die erste Strophe wörtlich in den Schluß der *Appelmänner* und den Refrain in seine *Nachtfeier nach der Einholung der Hohen Leiche Ihrer Majestät der Königin.*

9 Vgl. Wh III 180, V. 16.
14 f. Vgl. Mt. 27,45.
17 f. Offb. 5,5.
27 f. 4. Mose 17,8.
37 Durch Bürgschaft aus dem Gefängnis erlöst ist die Seele aufgrund des Todes Christi und seiner Auferstehung.

Literatur: NA III, S. 347; Rieser, S. 398; Bode, S. 376.

III 233

Das Wh-Lied geht zurück auf ein in M. Salomon Ranischs *Historisch-kritischer Lebensbeschreibung Hanns Sachsens* (1765; S. 326–331) abgedrucktes »ge.7.bents Liedt« (siebenstrophiger Meistergesang), gedichtet von dem Schuhmacher und Meistersänger Adam Puschmann von Görlitz (1532–1600), Schüler des Hans Sachs, auf dessen Tod am 20. 1. 1576. Brentano empfahl wohl die Aufnahme ins Wh. Die Bearbeitung und v. a. die Weiterdichtung (V. 101 ff.) Arnims waren indes nicht in seinem Sinn. Wahrscheinlich unter Mitarbeit Brentanos schuf Arnim daraufhin eine zweite Überarbeitung, die in ganzen Partien und vielen Einzelheiten wieder der Vorlage angenähert ist. Lediglich geringfügig geändert wurde dabei allerdings der zweite Teil, die nur sporadisch durch die Vorlage angeregte Eigendichtung Arnims. Während in Wh I 270 die nach demselben Muster gestaltete Totenklage (Traum, Erwachen, Erfüllung) mit wenigen Worten Abschluß findet, zeigt sich hier Arnims assoziatives Weiterdichten gleichsam exemplarisch. Seinen 60 neugedichteten Versen integriert er höchstens vier der Vorlage (V. 121 f., 125, 128), entwickelt aber aus dem beiläufig gesetzten Eingangsdatum (V. 1) einen ganzen Strophenanfang (V. 101–103), aus dem kurzen Vergleich des grauhaarigen Sachs mit einer Taube (V. 56–60) das Bild der Taube Noahs (V. 128–131), aus der nicht weiter bedeutsamen Erwähnung eines Buches unter vielen anderen (V. 61–67) die Idee vom Urbuch der Schöpfung, das die Sintflut überdauert (V. 132–140, 148–160), aus dem Weinen im Schlaf (V. 98) eine poetische Deutung (V. 115–120) und eine seltsame Hypertrophie (V. 125–127). Gedicht und Wh enden schließlich beziehungsvoll mit einem biblisch-hymnischen Naturpreis. Der Vorbereitung dieser Neudichtung dienen die wichtigsten Änderungen gegenüber der Vorlage, der sich Arnim im übrigen verhältnismäßig eng anschließt. In seiner Neudichtung trifft er Metrum und Reimschema der Barform genau: ababccd efefggd hhhhhd. Der Beschluß des Wh korrespondiert einerseits mit den Schlußgedichten in Wh I und II, die auch jeweils von zunftmäßigen Sängern handeln, andererseits aber v. a. mit der das Wh eröffnenden Zueignung an Goethe: Nicht ein anonymes Volkslied beschließt die Sammlung, sondern die Nänie auf den namentlich bekannten Meistersänger Hans Sachs, den letzten Repräsentanten der nach Auffassung der Wh-Herausgeber naturnahen, alten Poesie. Doch bleibt es nicht bei der Klage über Vergangenes; vielmehr wollen die modernisierende Restauration und v. a. die programmatische Weiterdichtung zeitgenössische Probleme lösen helfen: Die Rückwendung zum ursprünglichen »Himmelsquell« ist zugleich Gewinnung der ewig gültigen Maxime (V. 159), Wegweiser zu diesem Urquell zurück, aber auch Teil des ewig lebendigen poetischen Stroms: So hat Arnim das Wh aufgefaßt wissen wollen. Justinus Kerner führte das Thema des Liedes in den *Reiseschatten* weiter, Immermann eröffnete damit seine *Romanzen und Balladen*.

8 *vor:* vgl. Wh III 177, V. 57.
11 *vorhin:* (frühnhd.) früher schon, zuvor.
12 *Geschichte:* Akk. Plur., aus Reimgründen in der alten Form.
21 In der Vorlage im Sinne von: (gut) ausgerüstet.
23 *lustig:* (frühnhd.) anmutig.
24 Voll schön gebauter Häuser.
25 *gedürsten:* vgl. frühnhd. »gedürst« ›kühn‹.
27 f. Die Änderung läßt die »Reichsfürsten« alle in einer »Wohnung« sein und rechnet die Bürgerhäuser (V. 24) zum Schmuck der Stadt. Puschmann nennt nur die Fürstenschlösser schön.
33 Nicht im pejorativen Sinn; vgl. mhd. »gezühte« ›aufgezogen‹.
47 *frech:* im älteren Sinn, synonym mit »kühn«.

52 *ohnecket:* ›uneckig‹, rund.
56 *blaß:* Vorausdeutung des Todes.
70 *ferren:* ferne.
71 *diesmal:* jeweils.
83 *in mein Warten:* während ich wartete.
93 *eben:* ebenfalls.
101–103 Thematisch auf KL vorausweisend.
108–111 Arnim nimmt die Thematik von Wh III 183 und 195 nochmals auf.
112 Vgl. im thematisch verwandten Gedicht Wh I 270, V. 11; hier darüber hinaus: Der Glaube tröstet über das verlorene Kinderglück.
116 *sinnend:* Andere Editionen verbesserten den Druckfehler zu »säumend«.
125–127 Ein Lieblingsmotiv Arnims (vgl. Wh I 77, V. 5–12, und v. a. Wh I 236, V. 7–12); hier als Bild der Sintflut; der grüne Berg mit dem Haus des Hans Sachs wird zum Berg Ararat (vgl. V. 142).
128–131 1. Mose 8,11.
147 Vgl. Mt. 7,19.
160 Vgl. Röm. 1,19 f.

Literatur: NA III, S. 349; Rieser, S. 343–346; Bode, S. 568–570. – F. Eichler, Das Nachleben des Hans Sachs, Leipzig 1904, S. 218.

Dank an Goethe

Der Dank an Goethe korrespondiert mit der Zueignung an Goethe vor Wh I. Ursprünglich sollten hier die Namen der Förderer und die wichtigsten Beiträger der Lieder genannt werden.

Titelkupfer zu KL

Brentano hat die »hübsche religiöse Idylle« (so Arnim 27. 2. 1808) entworfen und mit Ludwig Emil Grimms Hilfe ausgeführt. Er benutzte die Abbildung einer spätantiken Gemme (nach einer Ausgabe des *Sannazar del parto della Vergine* von Antonio Francesco Gori, Florenz 1740) und stellte sie mit zwei musizierenden Kindern aus Philipp Otto Runges Zeichnung *Der Morgen* zusammen.

Stichtitel zu KL

Die Skizze stammt wiederum von Brentano, der sich abermals einer Vorlage von Philipp Otto Runge bediente: Aus der Zeichnung *Der Abend* übernahm er den Knaben, gab ihm allerdings statt des stilisierten Rittersporns eine Brezel in die Hand. Diese Idee verdankte er einer Schilderung von Sommertagsbräuchen durch Seybold im *Deutschen Museum* von 1778: »auf allen Gassen liefen Kinder umher mit [. . .] einer quer durchgezogenen Brezel«. In diesem Fall schuf Brentano sogar die endgültige Ausführung seiner eigenen Skizze.

Linkes Titelgedicht

Quelle ist das letzte Gedicht aus Spees *Trutz Nachtigal* (1660; S. 314–317). Brentano eröffnet damit bezeichnenderweise die KL, gleichsam als Fortsetzung des von ihm hochgeschätzten Dichters. Er kürzt die dreizehn sechszeiligen Strophen um die Hälfte und nimmt in seiner Umdichtung eindeutig auf das Titelkupfer Bezug: Die Formulierungen »zwei schöne Kindlein reine« (Z. 11 f.), »hier bei dem Heilgenbildelein . . . Häselein« (Z. 14–19) und »die Blumen schaun hineine« (Z. 22 f.) sind nicht bei Spee, wohl aber auf dem Titelkupfer vorgebildet.

11–21 *zwei schöne . . . Gesteine:* vgl. das nebenstehende Titelbild.
21 *am Gesteine:* an den Gesteinen der abgebildeten Waldkapelle.
22 f. *die Blumen schaun hineine:* vgl. das nebenstehende Titelbild.
25 *ein und eine:* noch einmal.
27 *noch:* noch einmal.
reine: ersetzt veraltetes »kleine« ›zierlich‹.

Literatur: NA III, S. 355; BC II, S. 715; Bode, S. 538 f. – Vgl. EB Nr. 2141, III, S. 838 f.; F. Spee, Güldenes Tugendbuch, hrsg. von T. G. M. van Oorschot, München 1968, (Sämtliche Schriften, 2) S. 295–297.

Rechtes Titelgedicht

Brentano entwarf das Gedicht nach der Idee, zu dem Gedicht von Spee ein Pendant zu schaffen (vgl. die Kontrafaktur in der Eingangszeile), um beide in gleich umfänglichen »Columnen« abzusetzen. Es geht zurück auf den seit 830 nachweisbaren Brauch, am 12. März zu Ehren des hl. Gregorius des Großen ein Schulfest zu feiern, bei dem ein Knabenbischof gewählt und Heischeumzüge gehalten wurden. Zum Vorantragen der Brezel vgl. die Einleitung zu KL 38.

25 *Bretzel:* »Der Name soll von dem Ital. Braccio oder Bracello. ein Arm, ein Ärmchen, entstanden seyn, weil dieses Gebackene einiger Maßen in einander geschlungenen Armen gleicht« (Adelung I, Sp. 1073). Brentano hatte die Herleitung von »Pretolium« im Brief an Arnim (Ende Februar 1808) auch ausdrücklich als »Meinung einiger Schulantiquaren« vorgestellt und wohl selbst nicht für erwiesen gehalten; als Wortspiel war ihm die Etymologie willkommen.

27 *nit:* Die mundartliche Färbung der Verneinungspartikel führte Brentano erst unmittelbar vor der Drucklegung durch (nicht zuletzt, um Raum zu sparen, da der Text umfänglicher als das nebenstehende Gedicht geworden war).

37 *S:* steht nur des Reimes wegen, daher »es« zu lesen.

38–40 *wird dirs . . . kommen:* Würde man dem Kind das Brezellehrbuch nicht abnehmen, es würde sich so ungemäß durch alle Buchstaben essen, daß es bald beim »W« (lies: Weh) anlangte.

Literatur: NA III, S. 356; BC II, S. 716; Bode, S. 723 f.

KL 3

Vorlage für Brentanos Bearbeitung war eine Abschrift aus einer hs. Liedersammlung des 17. Jh.s; als Ersatz für den verlorenen Anfang (V. 1–10) kann ein Fl. Bl. aus dem Jahre 1642 herangezogen werden.

Die lehrhafte und moralisierende Ausdeutung des Vogelgesangs war besonders im 17. und 18. Jh. beliebt; viele Motive weisen letztlich auf den spätantiken *Physiologus* zurück. Die Vorlage ordnet den einzelnen Vögeln in alphabetischer Folge 35 Strophen zu, von denen Brentano 11 ganz strich (z. T. Doppelungen und inhaltlich mangelhafte Strophen), während er andere neu einfügte (V. 69–72, 93–100).

1 Vgl. Z. 1 der beiden Titelgedichte zu KL.
5 *billig:* wie es sich gehört.
10 Ständig wackelt, wippt ihr langer Schwanz.
11 *zwingen:* schwingen?
13 *Canarivögelein:* Der Kanarienvogel stammt von den Kanarischen Inseln und ist seit dem 14. Jh. in Europa bekannt; spätestens seit Beginn des 17. Jh.s wird er in Deutschland gezüchtet.
18 *Witz:* Klugheit.
21 *Emmeriz:* (Gold)Ammer (lat. »emberica«).
übel, übel hin: onomatopoetisch (so auch u. a. V. 26, 54, 82).
28 Die alternativ angebotenen Anreden bilden eine Klimax des Studienfortgangs, da sie die vier Abteilungen der Jesuitenschulen bezeichnen.
34 *Gimpel:* Dompfaff.
45 *winzigkleine:* vgl. Anm. zu KL 91 c, V. 6.
46 *los':* locker; statt obd. »loß« ›horche‹; vgl. V. 87.
51 *mag:* vermag, kann.
55 *Kloben:* »Bey den Vogelstellern bestehet der Kloben aus zwey genau auf einander passenden an einem Ende mit einander verbundenen schwanken Hölzern, welche vermittelst eines Fadens zusammen gezogen werden können, um die Füße der Vögel, welche sich darauf setzen, einzuklemmen, und sie solcher Gestalt zu fangen« (Adelung II, Sp. 1638).
59 *zücken:* nach dem Ruf des Vogels (so auch V. 79); vgl. KHM 69 (*Jorinde und Joringel*): »Zicküth«.
61–63 Vgl. Spr. 6,6–8; ähnlich am Ende von Wh II 65.
64 *Faulheit:* ersetzt frühnhd. »schlenzen« ›müßig umherschlendern‹.
74 *cras, cras, cras:* Diese Onomatopoesie (lat. »cras« ›morgen‹) begegnet bereits in der spätalthochdeutschen Literatur (Heinrichs *Litanei*, um 1170).
75 *gerichtet:* ausgerichtet; zuwege, in Ordnung gebracht.
87 *lose:* vgl. Anm. zu V. 46.
89 f. Vgl. Wh II 31, V. 22 f.; KL 94, V. 5–8.
116 Vgl. Mt. 6,26.

123 *Liverei:* Livree.
129 f. Vgl. Mt. 10,29.
135 *neun Chör:* die neun Chöre der Engel.

Literatur: NA III, S. 357, IV, S. 277; BC II, S. 455–470; Alemannia 7, 1879, S. 220; 8, 1880, S. 69; Bode, S. 646 f. – EB Nr. 2141, III, S. 838 f.; Böhme, Kdl I, Nr. 1105, S. 224; Maltzahn, S. 315, Nr. 776, 777; Pröhle, Nr. 116, S. 57; E. L. Rochholz, Alem. Kinderlieder und Kinderspiel in der Schweiz, Leipzig 1857, S. 77; W. Wackernagel, Voces variae animantium, Basel 1867; ArchStuSpr 119, 1907, S. 10–13; Pinck, Weisen III, Nr. 18, S. 63–65.

KL 12

Die Quelle, eine anonyme Rätselsammlung (*Neu vermehrtes Rath-Büchlein*), war seit Mitte des 16. Jh.s verbreitet und befand sich auch in Brentanos Besitz. Fast unverändert wurde aus der Vorlage die Beschreibung der Konsonanten übernommen, während die Vokale, die »Dolmetscher«, hier lautphysiologisch und kindlicher erklärt sind.

[Überschrift:] »Der Abcschütz, [. . .] ein Schüler, der noch die ersten Gründe des Lesens erlernet« (Adelung I, Sp. 15). Vgl. in dieser Bedeutung schon frühnhd. »schüz(e)«.
2 Die heute üblicherweise als Konsonanten gerechneten 21 Buchstaben, ohne j, v und y.
10–14 Die Vokale in der Reihenfolge a, e, i, o, u.
16 Vgl. in Goethes Gedicht *Seance*: »Machten gar ein seltsam Geschrei«.

Literatur: NA III, S. 367; BC II, S. 773; Bode, S. 481 f. – Erlach IV, S. 400; Allerleirauh, S. 217; Deutsches Rätselbuch, hrsg. von V. Schupp, Stuttgart 1972, S. 376 f.

KL 13

Quelle ist Spees *Trutz Nachtigal* (1660; S. 197–205). Brentano strich in seiner Bearbeitung 2 unkindliche Strophen der 23strophigen Vorlage, ersetzte die 3 Eingangsstrophen durch eine Prosaeinleitung und zog 2 Strophen (nach V. 32 und 40) zu einer zusammen, so daß 17 Strophen blieben. Die Änderungen zielen darauf, die Bilder kindlicher zu gestalten und den Bezug zum »Christkindlein« zu betonen.

5–8 Nur hier (und vielleicht V. 14) schafft Spee Bezug zu Christusallegorien: Andeutung der Seitenwunde des gekreuzigten »Gotteslamms«.
13 f. Vielleicht Anspielung auf die typische Darstellung des »guten Hirten«; vgl. auch V. 132.
53–55 Vgl. *Faust I* 1167–70.
63 *bürsten/spreissen:* sperren, widersetzen.
85–87 Vgl. Wh II 31, V. 22–25.
96 Vgl. KL 41, V. 54.
111 *unbeschmitzet:* sauber.
112 *mag:* kann.

Literatur: NA III, S. 368; Bode, S. 408–410. – Friedrich von Spee, ECLOGA oder Hirten-Gespräch, München 1959 (Nachdr. mit Illustrationen).

KL 18

Textgrundlage ist die Abschrift einer Niederschrift Bettinas, die von Brentano bearbeitet wurde. Die ursprünglich geplante Aufnahme in Wh III wurde durch Bettinas und Arnims Kritik an Brentanos Einfügung der vier Wunder (V. 34–39, 45 f.) verhindert. Arnim veröffentlichte das Lied ohne die beanstandeten Verse unter dem Titel *Eine Flucht nach Ägypten* in der ZfE (23. 4. 1808); im Wh dagegen erschien Brentanos Fassung.

[Überschrift:] Wohl im Sinn von ›wahres Lied, Lied wahrer Begebenheiten‹. Arnims Titel trifft inhaltlich zu (Mt. 2,13–15).
4 f. Vgl. Wh III 189, V. 25; dem sich neigenden Palmenbaum aus den frühen Legenden über die Flucht nach Ägypten entsprechend.
49 Vgl. Wh II 119, V. 25.

Literatur: NA III, S. 374; BC II, S. 782, 783; Bode, S. 471. – EB Nr. 1950, III, S. 655 f.; Weinhold, S. 384–387; Pailler, Weihnachtlieder I, Nr. 310–311, S. 332–334; Pfannenschmid, S. 9, 12; JbVldf 6, 1938, S. 138; D.-R. Moser, Die Hl. Familie auf der Flucht, in: RhJbVk 21, 1972, S. 255–328, bes. S. 278, 283, 289.

KL 20

Das Heischelied wurde wohl von Brentano nach Schützes *Holsteinischem Idiotikon* (1802; Tl. 3, S. 165–167) ins Hochdeutsche übersetzt. Auf V. 1–3 griff Brentano in seiner Auseinandersetzung mit Johann Heinrich Voß zurück mit der Bemerkung: »Sollten die hollsteinischen Kinder vielleicht seit alten Zeiten her schon auf eines Fuchses Menschwerdung damit geweissagt haben?« (Ed. Rölleke, in: JbFDH 1968, S. 309).

3 *lehren:* lernen; das niederdeutsche »leeren« wurde aus Reimzwang beibehalten.
6 *Wagen:* ersetzt aus Reimgründen »Wiem« (Querstange, unter der die Speckseiten hängen).
11 *war:* ersetzt »waan« ›wohnte‹.
22 *leichter:* ersetzt fälschlich »liekers« (von Schütze zutreffend als ›gleichwohl‹ erklärt).
24 *es uns:* aus metrischen Gründen statt »as se«.

Literatur: NA III, S. 376; BC II, S. 443; Bode, S. 240 f. – EB Nr. 1228, III, S. 138; Böhme, Kdl I, Nr. 1623, S. 342.

KL 21

Für das erstmals in Anton Kirchners *Geschichte der Stadt Frankfurt* (1807) erwähnte Heischelied hat sich keine schriftliche Vorlage erhalten; die vorangestellte Erläuterung könnte auf eine Einsendung Kaufmanns schließen lassen. Brentano deutet den herkömmlichen Eingang »Hawele hawele lane« (aus »Ave, ave Apollonia« zersungen) volksetymologisch auf den Hahn um und reiht das Lied damit in die Lieder zum Thema »Hahn« ein (KL 20, 21, 22, 23 a und 23 b). Unabhängig von der KL-Fassung zitiert Goethe den Eingang in einer Aufzeichnung vom 20. 1. 1826 »Havel havel ane« (*Werke*, Weimarer Ausgabe, Abt. 1, Bd. 42,2, Weimar 1907, S. 457).

3 *Hinkelhaus:* Hühnerhaus; Goethe hat »Hinterhaus«.
5–8 Vgl. KL 20, V. 15–18.

Literatur: NA III, S. 377; BC II, S. 444; Alemannia 14, 1886, S. 196; Bode, S. 332 f. – EB Nr. 1209, III, S. 126; Böhme, Kdl I, Nr. 1716 bis 1718, S. 384 f.; Dichtungen aus der Kinderwelt, Hamburg 1815, S. 88; Erlach IV, S. 415; O. Rothbarth, in: Euphorion 15, 1908, S. 693–697; Jungbauer, Bibl., Nr. 908, S. 149; C. Valentin, Das Frankfurter Fastnachtslied »Hawele hawele lane«, in: Alt-Frankfurt, Frankfurt a. M. 1917, S. 60–87; Becker, S. 299; A. Becker, Fastnacht und die hl. Apollonia, in: ZVRhVk 31, 1934, S. 70–72; Allerleirauh, S. 113; Röhrich-Brednich II, Nr. 3.

KL 22

Der älteste Beleg für das in schriftlicher Vorlage nicht erhaltene Reihenlied ist die Aufzeichnung des Abts Georg Gaisser von St. Georgen vom 22. 4. 1653. Die verbreitet belegten Verse 1–7 sind wohl nach mündlicher Tradition aufgenommen, V. 8–14 dürfte Neudichtung Brentanos sein.

Literatur: NA III, S. 377; BC II, S. 752; Alemannia 14, 1886, S. 199–201, 282 f.; Bode, S. 470 f. – Böhme, Kdl I, Nr. 1510, S. 307; E. Weyden, Cöln's Vorzeit, Cöln 1826, S. 224; Erlach IV, S. 449; Stöber, Nr. 63, S. 19; Schleicher, S. 98 f., Nr. 28; ZföVk 3, 1897, S. 83; ZVRhVk 3, 1906, S. 75; Lewalter-Schläger Nr. 591, S. 181, 381.

KL 23 a

Die schriftliche Vorlage unbekannter Hand wurde von Brentano wohl so spät bearbeitet, daß das Lied nur noch in die KL aufgenommen werden konnte, was das von Brentano in V. 12–15 betonte Lügenliedmotiv und der an Kindermärchen angelehnte aitiologische Schluß indes auch rechtfertigen. Drastisch verharmlost werden mußten dagegen »Löfeln« (löffeln: huren) zu »faullenzen« (V. 3) und dementsprechend »Löfelstraße« zu »Faullenzer Straße« (V. 2).

Literatur: NA III, S. 378; BC II, S. 753; Bode, S. 750; A. Schmidt, S. 238 f. – Böhme, Kdl I, Nr. 1257, S. 262.

KL 23b

Eine schriftliche Vorlage des Märchens hat sich nicht erhalten. Brentano läßt es die Lieder vom Hahn mit dessen Versetzung auf den Kirchturm beschließen (diese Aitiologie des Kirchturmhahns ist vermutlich Brentanos Erfindung). Der Text zeigt v. a. in seinen Verseinlagen die Struktur der Kettenlieder; Brentano hat die Kettenmotive in Versform gebracht und den in der mündlichen Überlieferung traurig-lakonischen Schluß inhaltlich umgestaltet. Vgl. auch KHM 80 *Der Tod des Hühnchens.*

7 Die Formulierung weist auf Brentanos Gedicht *Der Spinnerin Nachtlied* zurück: in KHM 80: »Laß dir rote Seide geben«.

36 Die »sechs Vögelchen« können die unmittelbare Nachbarschaft des Fuchses nicht vertragen.

Literatur: NA III, S. 379; BC II, S. 734; Bode, S. 701 f. – Lewalter-Schläger, S. 383 f.; BP II, S. 146–149; A. Wesselski. Das Märlein von dem Tode des Hühnchens und andere Kettenmärlein, in: HessBlVk 32, 1933, S. 1–51.

KL 26a

Das Lied kontaminiert zwei Inschriften, die in einer Einsendung Frau von Pattbergs zufällig nebeneinander standen: die dritte (V. 1–4) und die vierte (V. 5–10) von insgesamt fünf *Grabinschriften auf einem Kirchhof im Odenwald*. Sie wurden (wohl von Brentano) ausgewählt, da beide Kindern in den Mund gelegt sind. Zu stark aufs Religiöse eingehende Verse wurden gestrichen.

Literatur: NA III, S. 382; Steig, NHJb VI, 1896, S. 110 f.; Bode, S. 624 f.

KL 26b

Brentanos durchgereimter Vierzeiler geht inhaltlich bis auf die Einführung der »Engelein« auf einen niederdeutschen Spruch zurück, der in Schützes *Holsteinischem Idiotikon* (1802; Tl. 3, S. 63) abgedruckt ist. Hugo von Hofmannsthal formte aus Brentanos Versen die erste Strophe seines ebenfalls *Kindergebet* betitelten Gedichtes.

Literatur: NA III, S. 382; Alemannia 14, 1886, S. 214; Bode, S. 282. – Böhme, Kdl I, Nr. 1553, S. 316; JbFDH 1976, S. 441, 446 f.

KL 27a

Eine schriftliche Vorlage hat sich nicht erhalten; eine vergleichbare Dichtung des Johann Matthäus Mayfarth (*Neu corrigirtes himmlisches Jerusalem*, Nürnberg 1657) befand sich in Brentanos Besitz. Das rasch populär gewordene Lied stellt wohl eine Zusammenfassung verbreiteter volksliedhafter Formeln durch Brentano dar.

Literatur: NA III, S. 382; BC II, S. 780; Bode, S. 724 f. – EB Nr. 564, II, S. 391; Böhme, Kdl I, Nr. 1575, S. 320; Hruschka-Toischer, S. 11, Nr. 19; Lewalter-Schläger, S. 390; Züricher, Schweiz, Nr. 199, S. 13.

KL 27b

Der älteste Beleg für das von Wilhelm Grimm beigetragene und unverändert übernommene Lied – zusammen mit Wh II 11a »von unserer Magd mündlich gehört, die sie von ihrer Großmutter weiß« – findet sich auf dem Grabstein des im Jahre 1324 verstorbenen Markgrafen zu Meißen, Friedrich mit der gebissenen Wange (vgl. DS 184 und 560). Obwohl es in Österreich auch als Schutzengellied überliefert ist, sprechen sowohl der älteste Beleg als auch die Überschrift *Seliger Tod* einer Parallelfassung bei Nehrlich sowie V. 9 f. der KL-Fassung für ein Sterbelied.

Vertonung: Engelbert Humperdinck, in der Oper *Hänsel und Gretel*.
Literatur: NA III, S. 383; BC II, S. 781; Bode, S. 156. – Uhland, Abh., S. 196; EB Nr. 1911, III, S. 620 f.; Stöber, Nr. 110, S. 34; Peter, Nr. 105, S. 34; Bahlmann, Nr. 24, S. 45; Hruschka-Toischer, S. 398, Nr. 99b–d, vgl. S. 6, Nr. 6; Böhme, Kdl I, Nr. 1530–32, S. 313; K. Reuschel, Ein altes Kindergebet und seine Entstehung, in: Euphorion 9, 1902, S. 273–280; ZVRhVk 3, 1906, S. 77.

KL 28

Brentano kontaminiert zwei unzusammenhängende Lieder einer um 1700 aufgezeichneten Sammelhs. mit dem Titel *Kurtze betrachtungen des Lieben Christkindleins für die Schul-Jugendt.* Dort findet sich V. 1–21 unter dem Titel *Ein Anders. [S: Nicolai Wiedergedächtnis]*, V. 22–27 ohne Überschrift. Brentano hat die Vorlage v. a. rhythmisch geglättet und durch Zugabe von Sprecherbezeichnungen aus dem Monolog eines Kindes die Anrede des Vaters mit anschließendem Gebet des Kindes gemacht.

2 *heilige Sankt:* Dieselbe kindliche Tautologie führte Brentano bereits Wh II 434, V. 1, ein.

25 f. »Dagegen ist in dem kleinen zweiten Bestandteile der Rhythmus freier gehalten, so daß er sich ungebundener Rede mehr annähert, die dem Auftreten des Niklas besonders in der brummigen Drohung der beiden letzten Verse wohl angemessen ist« (Bode, S. 622).

Literatur: NA III, S. 384; BC II, S. 774; Alemannia 14, 1886, S. 214; Bode, S. 621 f. – Böhme, Kdl I, Nr. 1681, S. 367.

KL 29

Das nur im süddeutschen Sprachraum seit den vierziger Jahren des 18. Jh.s belegte Lied wurde in einer kürzeren Version von Brentano offenbar nach mündlicher Überlieferung aufgezeichnet. In der Druckfassung ist die bairische Mundart dem Hochdeutschen angeglichen, die eigenwillige Gestalt des Liedes aber belassen.

1 Der verbreitete Ausruf des Erstaunens wird von Brentano in eine Form umgewandelt, die als typisch jüdisch galt (vgl. Ifflands Drama von 1784 *Verbrechen aus Ehrsucht* II,6, wo der jüdische Wucherer Salomon den Ausruf zweimal anbringt). Seit dem Wh ist er als Ausdruck andächtigen Staunens verbreitet.

2 *horch:* zutreffend, statt bair. »loß« (von »losen«); in Variation: V. 20.

7 *Bu:* Der Engel der Verkündigung (Lk. 1,9–10) tritt als ebenso kleiner Bub wie der angeredete Hirtenjunge auf.

11 Der heilige Joseph, der Nährvater (vgl. V. 18) Jesu.

15 *erkußt:* geküßt.

Literatur: NA III, S. 385; Bode, S. 425; A. Schmidt, S. 232. – Trierer Hs. 1744, S. 31; Ebermannst. Ldhs., Nr. 85, S. 217, 252; Weinhold, S. 401–403; Pailler I, Nr. 210, S. 219 f., Nr. 289, S. 308 f.; Hartmann-Abele, Nr. 135, S. 220–222; Böhme, Kdl I, Nr. 1585, S. 322; ArchStuSpr 115, 1907, S. 46; Vld 42, 1940, S. 95 f.; K. M. Klier, Weihnachtlieder und Hirtenspiele aus Oberösterreich, Klosterneuburg [o. J.], Nr. 72a–b, S. 40 f.; vgl. JbVlf 20, 1975, S. 86–132; 21, 1976, S. 87–107.

KL 30

Vorlage für die Abschrift Arnims dürfte eine Aufzeichnung Gräters nach mündlicher Tradition gewesen sein, die dieser später ohne Kenntnis der KL-Fassung abdruckte (*Idunna und Hermode*, 1815). Eine Beschreibung des Brauches findet sich bei Wilhelm Grimm (KiW, S. 378): »Sie lassen in einem kleinen Kästchen, über dem der Stern steht [. . .], das Christkind in der Krippe, die Anbetung der Hirten usw. sehen. Die Vorstellungen sind beweglich und werden herumgedreht. Sie heissen daher auch die Sterndreher [. . .].«

1 Wir reisen der Sonne entgegen.
5 Er trinkt nur guten Wein (er sei denn gut: außer er ist gut).
10 *Mutzen:* schwäb. »Wams, Jacke«.
11 *trutzen:* im älteren Sinn: herausfordern, überbieten.
13 f. Vgl. KL 36, V. 17 f.; KL 38, V. 30–32.
17 *Dock:* Puppe (im Gegensatz zu KL 28, V. 12, hier des Reimes wegen beibehalten).

Literatur: NA III, S. 386; BC II, S. 439; Alemannia 14, 1886, S. 195; Bode, S. 155. – EB III, S. 119; LdtV, S. 12; Ditfurth, Fränk. Vldr II, S. 287, Nr. 379; Frischbier, Nr. 785, IV, S. 215; Hruschka-Toischer, S. 46, I, Nr. 66; H. Moser, Alte schwäb. Volkslieder aus Sathmar, Kassel/Basel 1953, S. 95–97; H. Bausinger, Anmerkungen zu Gräters Volkslieder-Aufsatz, in: Württembergisch Franken 52, 1968, S. 223.

KL 32

Das seit dem 15. Jh. überlieferte Lied geht zurück auf einen Abdruck in den *Miscellaneen zur Geschichte der teutschen Literatur* (1807;

S. 276–278) von Bernhard Joseph Docen, dessen Vorlage ein durch Gutknecht vor 1550 in Nürnberg gedrucktes Fl. Bl. war. Das alte Heischelied geht aus von Mt. 2,1–11, schließt dann aber mit einer Krippenszene in herkömmlichen Motiven. Die Wh-Bearbeitung mildert den alemannischen Dialekt, der nur in wörtlichen Reden zuweilen bestehen bleibt.

1 »Der ältere Text liest: Mit got so wellen usw. Ich verstehe [. . .]: ›Wir, die heiligen drei Könige, wollen Gott loben und ehren‹« (Liliencron, 1530, S. 82).
11 *Trotz:* ersetzt »Tratz« (frühnhd.) ›Haß, Trotz‹.
17 *finstern Stern:* vgl. mhd. »tunkelstern« ›Abendstern‹; eher indes wie Wh II 327, V. 120 f., volksetymologisch statt »finis terrae«: Wir sind Könige, die vom Ende der Welt herkommen.
19 f. Vgl. die Reimbindung in Goethes 1781 entstandenem Gedicht *Epiphanias*: »Wir bringen Myrrhen, wir bringen Gold, / Dem Weihrauch sind die Damen hold.«
22 *für gut:* vorlieb.
24 Vgl. »jemanden freihalten«.
37 f. Vgl. KL 18, V. 40–42.
39 f. Stehendes Motiv.
41 f. Anfang eines selbständigen Liedes; vgl. auch KL 35, V. 1 f.

Literatur: NA III, S. 276; BC II, S. 440; Alemannia 14, 1886, S. 195; Bode, S. 235 f. – EB Nr. 1194–95, III, S. 109–111; Böhme, Kdl I, Nr. 1699, S. 373; Goedeke-Tittmann, Nr. 165, S. 167; Pailler I, Nr. 306, S. 324 f.; Pfannenschmid, S. 11, Nr. 2, vgl. Nr. 7; Röhrich-Brednich II, Nr. 2.

KL 33

Das von Brentano nach einer ungewöhnlich flüchtigen Niederschrift Jacob Grimms bearbeitete Weihnachtslied ist seit 1623 überliefert und geht hier zurück auf das *New Mayntzisch Gesangbuch* aus dem Jahre 1628 *Himmlische Harmony* (Nr. 39, S. 92–94). Brentano korrigierte lediglich die von Grimm durcheinandergebrachte Str. 1 und strich sämtliche Refrains.

13 f. Grimms Vorlage hat: »Die Seraphin singt / vnd Cherubin klingt«. Gemäß dem Hebräischen lautet die Singularform »Se-

raph« bzw. »Cherub«, die Pluralform »Seraphim« (oder abgeschwächt »Seraphin«) bzw. »Cherubim« (»Cherubin«). Grimm hat den Artikel hier (indes nicht nach V. 18) geschickt in das Personalpronomen gewandelt; Brentano wollte diese Änderung beibehalten, so daß in V. 13 mit einem Druckfehler zu rechnen ist.

23 *Aüglein:* Grimm hatte die Uneinheitlichkeit seiner Vorlage beibehalten (Str. 1, 4 und 5: »Aügelein«); da Brentano das Ms. an diesen Stellen nicht änderte, ist die Abweichung wohl auf einen Eingriff Arnims beim Korrekturlesen zurückzuführen.

Literatur: NA III, S. 389; Bode, S. 282; Schewe, 1932, S. 134. – EB Nr. 1939, III, S. 646 f.; Hoffm.-Ri., Nr. 282, S. 335; Pocci-Raumer, Nr. 17; Amft, Nr. 563, S. 384; Vld 32, 1930, S. 132; 43, 1941, S. 125; H. Rölleke, Die Beiträge der Brüder Grimm zu »Des Knaben Wunderhorn«, in: Brüder Grimm Gedenken, Bd. 2, hrsg. von L. Denecke, Marburg 1975, S. 28–42, bes. S. 33.

KL 35

Das auf Text und Melodie des bekannten *Joseph, lieber Joseph mein* zurückgehende Lied ist eine protestantische Fassung, die bereits um 1550 bei Matthesius begegnet. Es lag vor in der Abschrift von Arnims Diener Frohreich, die dieser auf Arnims Veranlassung nach George Baumanns 1644 erschienenem Gesangbuch *Geistliche Kirchen- vnd Hauß-Music* angefertigt hatte und die unverändert übernommen wurde, einschließlich der Abschreibfehler: nach V. 2 ist zu ergänzen: »Es soll zu Lohn dein Diener sein«; V. 34: »in eim« statt »in ein'm«; V. 35: »in die« statt »in ein«.

1 f. Vgl. KL 32, V. 41 f.

19–21 Umdeutende Kontamination der Bibelworte vom Lamm Gottes (vgl. Joh. 1,29) und dem guten Hirten (vgl. Lk. 15,3–6).

23 *Emanuelchen:* »Immanuel« (hebr.) ›Gott mit uns‹; gemäß Jes. 7,14 auf den Erlöser gedeutet.

24 Vgl. Hebr. 4,14 und 5,6.

26 f. Vgl. KL 59, V. 23 f.

37 f. Vgl. KL 18, V. 40–42; KL 32, V. 36 f.

39 *Küßlein:* ältere, noch nicht entrundete Form (Kißlein, kleines Kissen).

Literatur: NA III, S. 390; BC II, S. 731; Alemannia 14, 1886, S. 197; Bode, S. 334. – EB Nr. 1936, III, S. 643 f.; Wackernagel III, Nr. 1333, S. 1153; Pailler I, Nr. 344, S. 385; Hildebrand, Materialien, S. 42.

KL 36

Das in seinen Grundzügen seit dem 14. Jh. belegte Brauchtumslied wurde aus einer Einsendung Danquards fast unverändert übernommen. Über den Brauch am Sonntag Laetare, auch »Sommertag« genannt, berichtet Auguste von Pattberg in ihrem Aufsatz *Der Sommertag* (*Badische Wochenschrift*, 20. 3. 1807, Nr. 12, Sp. 177–180): »Ehdessen gingen alle Mädchen, reich und arm, ohne Unterschied umher, und sangen ihren Mitbewohnern den Frühling an.«

1 »Mittfastenlied« heißt das Lied in anderen Überlieferungen nach diesem Anfang. Zum verwandten Brauchtum des Todaustreibens an diesem vierten Fastensonntag (»Laetare«, Mitte der vorösterlichen Fastenzeit) vgl. Wh I 161 a.

9 *Wingertsberg:* Weingartenberg.

17–20 Vgl. KL 30, V. 13 f.; KL 38, V. 30–33.

19 *Kante:* (obd.) Kanne.

Literatur: NA III, S. 392; BC II, S. 442; Alemannia 14, 1886, S. 195; 15, 1887, S. 51; Bode, S. 188; Schewe, 1932, S. 131. – EB Nr. 1224, III, S. 134; Böhme, Kdl I, Nr. 1616, S. 338; Pailler I, Nr. 283, S. 303; Marriage, Pfalz, Nr. 271, S. 367–370; Grolimund, Solothurn, Nr. 91, S. 75.

KL 37

Eine schriftliche Vorlage hat sich nicht erhalten; der weitverbreitete Kinderspruch kann jedoch Brentano aus mündlicher Tradition bekannt gewesen sein, zumal er ihn schon 1803 in sein *Schattenspiel* aufgenommen hatte. Die Eingangszeile wird mit dem mittelhochdeutschen »liren« ›leiern‹ in Verbindung gebracht.

Literatur: NA III, S. 393; BC II, S. 739; Alemannia 14, 1886, S. 206 f.; 25, 1898, S. 229; Bode, S. 158. – Böhme, Kdl I, Nr. 215 und Nachträge, Nr. 19, S. 53, 704; Frischbier, Nr. 101, S. 270; Bender,

Nr. 101, S. 270; ZfVk 3, 1893, S. 26 f.; 5, 1895, S. 451; 6, 1896, S. 291; 8, 1898, S. 392; 17, 1907, S. 284; 18, 1908, S. 27; Lewalter-Schläger, Nr. 49, S. 25, 284; Das Bayerland 34, 1922/24, S. 53; L. Schmidt, Lirum, larum, Löffelstiel, in: Vld 33, 1931, S. 143–145; Vld 34, 1932, S. 51, 105; Allerleirauh, S. 34.

KL 38

Das Frühlingslied, das von Brentano nach einem Beitrag Seybolds im *Deutschen Museum* (1778; S. 362–368) geringfügig bearbeitet wurde, gehört zu den »Sommertags«-Brauchliedern (vgl. KL 36). Die mündliche Verbreitung wird durch Wilhelm Grimm (KiW, S. 380) und von der Hagen (*Sammlung Deutscher Volkslieder*, S. 385 f.) bestätigt. Die wenigen Änderungen tilgen Dialektformen (V. 21, 32); im Refrain allerdings werden sie beibehalten (V. 2, 5 usw.).

30–33 Vgl. KL 30, V. 13–15; KL 36, V. 17–20.

Vertonung: C. M. von Weber, op. 64 (1822).
Literatur: NA III, S. 393; BC II, S. 445; Alemannia 8, 1880, S. 55 f.; 10, 1882, S. 146; 14, 1886, S. 195 f.; 20, 1892, S. 197; Bode, S. 239 f. – EB Nr. 1219–1221, III, S. 130–132; Böhme, Kdl I, Nr. 1618–20, S. 339–341; Pocci-Raumer, Nr. 22; Hildebrand, Materialien, S. 92–105; Züricher, Schweiz, Nr. 783, S. 49; Becker, S. 305 f.; A. Becker, Sommersonntag, Neues zur Geschichte und Volkskunde der Pfälzer Lätarebräuche, Neustadt a. d. Hardt 1931; Allerleirauh, S. 114; Röhrich-Brednich II, Nr. 4; T. Brauch, Lätarebrauchtum am bayrisch-badischen Untermain, Diss. Würzburg 1970.

KL 40

Lied und Vorbemerkung sind einer Einsendung Kaufmanns entnommen, der gegenüber Brentano das Alter des Brauches um ein ganzes Jahrhundert heraufsetzt. Die Tradition ist tatsächlich älter als Kaufmann angibt (»aus dem 16. Jahrhundert«) und in der Nähe Frankfurts bis Ende des 19. Jh.s nachweisbar.

1 *Gärtlein:* wohl als kleine Gerte zu verstehen, die vielleicht zum Schmuck der Kinder gehörte.

5 *auf den Leyen:* auf dem Schieferboden (Ley: Schiefer, Fels; vgl. den Namen Lorelei).
9 f. Vgl. KL 20, V. 19 f.

Literatur: NA III, S. 396; BC II, S. 446; Bode, S. 356 f. – EB Nr. 1254–55, III, S. 151; Böhme, Kdl I, Nr. 1657–58, S. 358 f.

KL 41

Als Vorlage dieses Zählliedes sind zwei flüchtige Niederschriften Brentanos erhalten; Anregungen zur Ausführung erhielt der Bearbeiter durch ein Lied aus einer jetzt verschollenen *Oberschwäbischen Liederhandschrift* aus dem 18. Jh. (abgedruckt in: Alemannia 11, 1883, S. 68–70), dessen zehn Strophen neben dem Beginn viele Parallelen aufweisen. Schützes *Holsteinisches Idiotikon* (1801; Tl. 2, S. 117) hat offenbar V. 51 f. beeinflußt; die Verse 28, 31 f., 44, 47 f. und 53–58 sind Brentanos Dichtung. Die Strophenschwellung führte er konsequent durch, einzelne Formen wurden jedoch nicht angeglichen (vgl. z. B. »Hühnelein« gegenüber »Hühnlein«).

[Überschrift:] Nach 2. Mose 20,17: »Du sollst nicht begehren [. . .] die Frau deines Nächsten, noch seinen Knecht, seine Magd, seinen Ochsen, seinen Esel, noch irgend etwas, was sein ist.«
8 Vgl. KL 81 a, V. 9.
27 *Zickelein:* im Blick auf KL 44 statt »Geiß«.
54 Nach KL 13, V. 96.
60 Vgl. Brentanos Märchen vom Floh »Hüpfenstich«. Rollenhagen hatte sich 1595 das Pseudonym »Hüpfinsholtz« beigelegt.

Literatur: NA III, S. 397, IV, S. 56, 214; BC II, S. 758, 760; Alemannia 11, 1883, S. 68–70; Bode, S. 480. – Böhme, Kdl I, Nr. 1264–66, S. 268–270; Pocci-Raumer, Nr. 9; Schleicher, S. 105 f., Nr. 57; Köhler, Schr. III, S. 269; BP III, S. 129–140 (zu KHM 140 *Das Hausgesinde*); Züricher, Schweiz, Nr. 2804–22, S. 197; Vld 33, 1931, S. 44; H. Tardel, Hs. Nachträge zu Heinrich Smidts Bremischen Kinderliedern (1836), in: Volkskundliche Gaben, Berlin/Leipzig 1934, S. 269–279, hier S. 274; Allerleirauh, S. 163.

KL 44

Johann Christof Wagenseils Übersetzung eines hebräischen Textes aus dem Anfang des 15. Jh.s in seiner *Belehrung Der Jüdisch-Teutschen Red- und Schreibart* (1699; S. 109 f.) ist die Quelle des Liedes, die sich sowohl in Arnims als auch in Brentanos Besitz befand. Gräter (*Idunna und Hermode* I, 1812) lokalisiert den Text »in dem Sammelwerke jüdischer Ostergesänge und Vorträge Sepher Haggadah, nach Buxdorf Bibl. Rabinica 1609 zu Venedig erschienen. Über das Osterlied schrieb Probst von der Hardt seine lat. Abhandlung De Haedo, Helmstett 1723 [. . .]. Er sieht darin die Schicksale des jüdischen Volkes, das die Reihe seiner Unterdrücker hindurch kosten muß bis es der Herr erlöset [. . .].«

51 *schecht:* schächtet.

Literatur: NA III, S. 399; BC II, S. 422, 424; Alemannia 8, 1880, S. 60; Bode, S. 162. – EB Nr. 2133, III, S. 831–833; Parisius, Nr. 751, S. 666; Rochholz, S. 153 f.; Köhler Schr. III, S. 355–365; Lewalter-Schläger, Nr. 594, S. 182; BP II, S. 100–102; Züricher, Schweiz, Nr. 2718–45, S. 184–188.

KL 47

Vorlage für das weit und äußerst vielgestaltig verbreitete Lied war ein heute verschollener Bogen aus einer Sammelhs. des 17. Jh.s, aus der Brentano das Lied auswählte und möglicherweise überarbeitete. Die Onomatopoesie des Trommelschlages mag er dabei aus Wh I 97 übernommen haben.

60 *in Ewigkeit amen:* wohl Zusatz Brentanos, den Litaneistil travestierend.

Literatur: NA III, S. 403; BC II, S. 756; Bode, S. 480 f. – EB Nr. 1748–49, III, S. 534; Simrock, Nr. 334, S. 519; Lewalter-Schläger, Nr. 312, S. 123; Züricher, Schweiz, Nr. 5960–67, S. 388.

KL 49

Das ursprünglich vorliegende Ms. von Brentanos Hand hat sich nicht erhalten. In der weitverbreiteten Zählgeschichte mit anschwellender Strophenform führt die etymologische Zerlegung bildhafter Pflanzennamen zu einer wortspielerischen Aitiologie.

9 *Hintenzipf:* 1678 in Johann Beers Roman *Printz Adimantus* als »Hinterzipff« (hrsg. von H. Pörnbacher, Stuttgart 1967, S. 11), in der Bedeutung ›Federschwanz‹ (der Truthähne) belegt. In der Wh-Fassung anscheinend Hapaxlegomenon (lediglich durch A. Glaßbrenner von hier in sein *Deutsches Liederbuch*, Berlin 1837, S. 183–185, übernommen); vgl. auch die Bezeichnung »Zipf« (eine Geflügelkrankheit), die Brentano im *Gockel*-Märchen nennt.
29 *Kragen:* im älteren Sinn: Hals (vgl. KL 52, V. 11).
56 *Lauf:* Pfote.
58 Ackerklee.
59 Eine Muschelart.
60 Gänsekraut.
61 Läusekraut, Kammgras, Gabelkraut oder Meierkraut.
62 Nonnenkraut.

Literatur: NA III, S. 407, IV, S. 56; BC II, S. 761; Bode, S. 353. – Böhme, Kdl I, Nr. 1262, S. 267; Erlach IV, S. 430.

KL 52

Nehrlichs Vorlage ist nur in einer Abschrift Erks erhalten. Bei dem den Liedern von den unmöglichen Dingen nahestehenden Kettenlied galt es, »improvisierte Reime zu einer stehenden Anfangszeile zu setzen« (EB III, S. 536). Brentano änderte V. 28 (vgl. Wh II 423, V. 47–49) und stellte die ursprünglich vor V. 26–30 stehenden Verse 31–35 als effektvollste Antwort an den Schluß.

Literatur: NA III, S. 410; BC II, S. 763; Alemannia 10, 1882, S. 149; Bode, S. 341. – EB Nr. 1751, III, S. 536; Böhme, Kdl I, Nr. 1221–22, S. 243–245; Pocci-Raumer, Nr. 3; Frischbier, Nr. 445, S. 103; ZföVk 3, 1897, S. 1–3; 19, 1913, S. 125; Allerleirauh, S. 316.

KL 53

Eine schriftliche Vorlage hat sich nicht erhalten; möglicherweise handelt es sich um eine Kontamination oder freie Ausweitung vorgegebener Motive durch Brentano. Vermischt sind Elemente des Lügenmärchens (V. 7–11, 14–17) mit der herkömmlichen Predigtparodie (V. 1, 5, 18–23), die durch Überschrift und Eingangsverse zum Kinderlied verbunden sind.

1 Wohl onomatopoetisch nach dem »Qui« und »Qua« der Enten und Gänse; dem Predigtstil entsprechend latinisiert. Bereits 1663 in Gryphius' *Horribilicribrifax* IV: »Qvibus, qvabus! sanctus Haccabus«.

2–4 Vgl. KL 66, V. 2–4.

5 *kanaljeische:* vgl. V. 12 f. Kontaminiert aus »Kanal« und »kananäisch« bzw. »galiläisch« (Mt. 15,22 und 29), um den Predigttonfall zu treffen.

16 *Korduan:* feines Ziegenleder.

17 *Rothstein:* Rötelstein, Speckstein, Rötel; ein verbreitetes Motiv in Lügenmärchen.

19 Umkehrung der alten geistlichen Ermahnung: Kommt man aus Lebensgefahr davon, so will man seine Sünden bereuen und sich bessern.

20 f. Vgl. Joh. 11; die zwei Schwestern des Lazarus (Martha und Maria) weinten über dessen Tod. – Zu den Namen vgl. Wh I 201. »Schwaigstilla« ist anscheinend eine Namensschöpfung Brentanos, die auf das Ende der Predigt hinweist; letztlich könnte der redende Name indes auch auf ein weitverbreitetes Lazarus-Spottlied zurückgehen, das seinerseits mit den Lazarus-Szenen mittelalterlicher Passionsspiele in Zusammenhang steht (dazu Moser; s. Lit.). Den Reim »Sibille, Schweig stille« nahm Brentano später in *Aloys und Imelde* auf.

22 f. Vgl. Mt. 26,74 f.: Als »der Hahn krähete«, ging Petrus hinaus und weinte »bitterlich«. – Die Onomatopoesie des Hahnenschreis steht in alter Tradition (vgl. Wackernagel II, Nr. 277, S. 159: »der han ruofet ›crucifixus‹«).

Literatur: NA III, S. 411; BC II, S. 751; Bode, S. 475 f. – Böhme, Kdl I, Nr. 1515, S. 307 f.; Erlach IV, S. 449; Frischbier, Nr. 204, S. 54; Lewalter-Schläger, S. 376, 398; D.-R. Moser, Passionsspiele des Mittelalters in mündlich überlieferten Liedern, in: Jb. f. ostdt. Volkskunde 13, 1970, S. 7–103, hier S. 81.

KL 54

Das populäre Kinderlied wurde von Brentano offenbar nach mündlichem Vortrag fragmentarisch aufgezeichnet; V. 21–24 und 29–32 hat er hinzugedichtet, V. 18–20 wohl aus der Erinnerung ergänzt und die Strophen in etwa dem Tageslauf folgend angeordnet. Zwei weitere Fassungen, darunter eine Volksliedaufzeichnung Goethes aus den 1770er Jahren für Herder (*Zugabe*; *Werke*, Weimarer Ausgabe, Abt. 1, Bd. 38, Weimar 1897, S. 254), lassen den Kobold zum Freier werden. Thomas Mann kommt auf das Lied in den *Buddenbrooks* (VIII,3) und im *Zauberberg* (VII,8) zu sprechen.

Melodie: Böhl, Nr. 24, S. 48.
Literatur: NA III, S. 412; BC II, S. 764; Bode, S. 471; H. Politzer, Das bucklichte Männlein, in: Frankfurter Anthologie 4, Frankfurt a. M. 1979, S. 47–51. – EB Nr. 4a–e, I, S. 20–22; Böhme, Kdl I, Nr. 1237, S. 251 f.; Pocci-Raumer, Nr. 15; Meier, Schwab. Nr. 196, S. 347; Hruschka-Toischer, S. 403, V, Nr. 127; ZfVk 18, 1908, S. 43 f.; Lewalter-Schläger, Nr. 149, S. 48, 308; Grolimund, Aarg., Nr. 53, S. 51; Züricher, Schweiz, Nr. 2784–95, S. 194; JAFL, Vol. 44, Nr. 171, 1931, S. 53; G. Korson, Pennsylvania Songs and Legends, Baltimore 1960, S. 91 f.; Allerleirauh, S. 330; L. Röhrich, Sagenballade, in: HbVld I, S. 101–156 (hier S. 126).

KL 56a

Eine schriftliche Vorlage des Spruches hat sich nicht erhalten; ähnlich war er früher in Norddeutschland mündlich verbreitet, wohin auch die Zitierung der brandenburgischen Stadt Bernau (Geburtsort Rollenhagens) weist, so daß sich vielleicht Arnim dieser Verse erinnerte. Die Überschrift ist nach Wh II 22 gewählt.

Literatur: NA III, S. 414; BC II, S. 766; Bode, S. 753. – Erlach IV, S. 456; Schumann, Nr. 254, S. 248.

KL 56b

Eine schriftliche Vorlage des lange Zeit weitverbreiteten Verschens hat sich nicht erhalten; es kam Brentano offenbar von Friedrich Creuzer zu und wurde unverändert aufgenommen. Wie Brentanos Überschrift zeigt, hat Creuzer ihm das Lied wohl als Kriegsgebet beschrieben; für diese Bezeichnung spricht auch die Nennung des volksetymologisch veränderten Namens »Oxestern«: Graf Axel Oxenstierna (1583–1654), Reichskanzler Gustav Adolfs von Schweden, führte nach dessen Tod das schwedische Heer während des Dreißigjährigen Krieges in Deutschland.

Literatur: NA III, S. 414; BC II, S. 782; Bode, S. 158. – EB Nr. 1913, III, S. 622; Böhme, Kdl I, Nr. 1599, S. 326; Erlach IV, S. 456; Hruschka-Toischer, S. 73, Nr. 2; ZfVk 21, 1911, S. 368–377.

KL 56c

Brentanos Bearbeitung des von Kaufmann beigetragenen Gedichtes bestand hauptsächlich in der Tilgung des Dialektes. Die Umsetzung von Militärsignalen in Reime ist schon früh bekannt; Brentano verfährt ähnlich in der *Viktoria*: »Ah bassa manelki teremtete, / So bläst der Trompeter«. – Vgl. Komm. zu Wh II 90.

[Überschrift:] Das Wort nimmt Brentano in Anm. 105 zur *Gründung Prags* wieder auf.
3 *Wetterau:* Tallandschaft zwischen Vogelsberg und Taunus.

Literatur: NA III, S. 414; Alemannia 8, 1880, S. 62; 16, 1888, S. 71; Bode, S. 753; Schewe, 1956, S. 59. – EB Nr. 1433 f., III, S. 293; Böhme, Kdl I, Nr. 1166, S. 233; Wolfram, S. 209.

KL 57a

Eine schriftliche Vorlage hat sich nicht erhalten; zu den Soldatenreimen nach Militärsignalen vgl. KL 56c, worauf auch die Überschrift zu beziehen ist. Das Schlußwort erinnert an den »Waldbruderere« in Brentanos *Klopfstock*-Märchen. Arnim variiert das Lied in der *Capitulation von Oggersheim*.

1 Vgl. Wh II 399, V. 89.
11 Am 5. März 1809 nennt Brentano im Brief an Savigny seine junge Frau Auguste eine »Schindmähre«.

Literatur: NA III, S. 414; BC II, S. 766; Bode, S. 753. – EB Nr. 1433g, III, S. 294; Böhme, Kdl I, Nr. 1167, S. 233; J. Bolte, Texte zu militärischen Signalen und Märschen, in: ZfVk NF II, 1931, S. 83–92, hier S. 90.

KL 57b

Das Liedchen nach einer Vorlage unbekannter Hand mag ursprünglich auf die Leibesstrafe des Ohrabschneidens Bezug haben, durch die man Verbrecher kennzeichnete (vgl. V. 6). Dieser ernste Charakter ist durch die Bedeutungsumwandlung des Wortes »Schelm« verlorengegangen; verharmlost wird das Lied zudem durch die martialische Überschrift, die es in ironische Distanz rückt.

Literatur: NA III, S. 415; BC II, S. 767; Bode, S. 237. – EB Nr. 1270, III, S. 159; Böhme, Kdl I, Nr. 528, S. 117; Schumann, S. 19; Allerleirauh, S. 67.

KL 57c

Vorlage war ein Beitrag Nehrlichs, während eine zwölfzeilige Niederschrift Arnims mit vergleichbarem Eingang ohne Einfluß blieb. Brentano tilgte den Dialekt in V. 4 (obwohl dadurch der Reim gestört wird), führte ihn aber in V. 5 f. gegen die Vorlage ein.

[Überschrift:] Sprichwörtlich: »an den rechten Ort, zu dem rechten Manne« gehen (Adelung IV, Sp. 185; Musäus, *Dritte Legende von Rübezahl*: »›Wären wir‹, seufzte sie, ›eher vor die rechte Schmiede gegangen‹«); vgl. Arnim (*Ariels Offenbarungen*, hrsg. von J. Minor, Weimar 1912, S. 213): »Ein jeglicher gehe vor die rechte Schmiede«, sowie dieselbe Redewendung in Grimms KHM 163.

1 f. Vgl. Wh I 362, V. 1 f.

Literatur: NA III, S. 415; Bode, S. 233 f. – Böhme, Kdl I, Nr. 293, S. 67.

KL 58a

Hauptvorlage des Liedes war ein Beitrag Nehrlichs; der dort fehlende V. 5 der Druckfassung stammt wahrscheinlich aus einer bei Fischart abgedruckten Fassung (*Geschichtklitterung*, 1582; S. 136). Das früh verbreitete Liedchen wurde von Brentano durch Zufügung von V. 5 und der entsprechenden Überschrift witzig den umgebenden ›martialischen‹ Liedern (KL 56b, 57c, 58b) angepaßt und im übrigen rhythmisch und sprachlich geglättet. Vgl. Wh I 205, V. 21, »Wer da?« als Frage nach der Parole.

Literatur: NA III, S. 416; BC II, S. 743; Bode, S. 503. – EB Nr. 1785, III, S. 563; Böhme, Kdl I, Nr. 1220, S. 243; Engelmann, Nr. 13; Frischbier, Nr. 774, S. 208; Williams, S. 447.

KL 58b

Die verschollene Vorlage dieses Schnaderhüpfels stammte von Nehrlich und wurde wohl im wesentlichen unverändert übernommen. Der Aufruf an das Mädchen Anna, sich in den Verteidigungszustand zu versetzen (V. 1), hat zur Überschrift geführt und die Plazierung nach *Trompeterstückchen*, *Kriegslied* und der Frage nach der Parole (KL 58a) bestimmt.

Literatur: NA III, S. 416; Alemannia 10, 1882, S. 150; Bode, S. 152. – Böhme, Kdl I, Nr. 558, S. 123; Züricher, Schweiz, Nr. 5847–53, S. 380.

KL 58c

Das von Nehrlich beigetragene Liedchen wurde vielfach nach der bekannten Melodie *Kommt ein Vogel geflogen* gesungen. Das dürfte weder Nehrlich noch Brentano bekannt gewesen sein, wenn auch die Repetition in V. 1 vermutlich Anlehnung an eine Melodie verrät. Im übrigen wurde der Vierzeiler, der an die Form der Schnaderhüpfel erinnert, durch die neuen Diminutivformen (V. 2 und 4) klangreicher.

Literatur: NA III, S. 416; Bode, S. 233. – Böhme, Kdl I, Nr. 1555, S. 317; Pocci-Raumer, Nr. 16.

KL 59

Vorlage für die Eingangsstrophe war Schützes *Holsteinisches Idiotikon* (1806; Tl. 4, S. 110); die Folgestrophen sind Eigendichtung Brentanos nach Motiven mündlicher und schriftlicher Tradition. Die Entstehung dieses verbreitetsten aller deutschen Wiegenlieder ist mindestens im 16. Jh. anzusetzen; ein Fragment bei Melchior Franck stammt aus dem Jahr 1611. Brentano paßt seine Neudichtung in Reimform und Metrum der populären Melodie Reichardts (1781) an; inhaltlich blieb diese Version ohne Einfluß. Durch die reiche Verwendung der oberdeutschen Diminutivform und die parataktische Syntax kommt das Wiegenlied der Kindersprache sehr entgegen; es wurde in dieser Fassung Brentanos überaus beliebt.

[Überschrift:] Ein »Morgenlied« ist nach zeitgenössischer Terminologie ausschließlich ein geistlicher Gesang am Morgen, so daß der seltsame Titel vornehmlich Bezug auf Str. 3 hat.

4 *Träumelein:* Einzelne mündliche Fassungen bieten mit »Träubelein« eine realistischere Version.

12–14 Vgl. KL 35, V. 18–21.

Vertonung: Johannes Brahms.
Literatur: NA III, S. 417; BC II, S. 318; Alemannia 10, 1882, S. 149; Bode, S. 608 f. – EB Nr. 1806–08, III, S. 579 f.; Böhme, Kdl I, Nr. 1–27, S. 1–6; Groos-Klein, Nr. 27, S. 28; Stöber, Nr. 1–3, S. 3 f.; Peter, Nr. 2, S. 2; Frischbier, Nr. 6, S. 3; Hruschka-Toischer, S. 392, V, Nr. 66; Dähnhardt, Nr. 7–10, S. 2 f.; Friedlaender II, S. 121; Marriage, Pfalz, Nr. 278, S. 375 f.; G. Schläger, Zur Entwicklungsgeschichte des Volks- und Kinderliedes »Schlaf Kindchen, schlaf«, in: ZfVk 21, 1911, S. 368–377; 22, 1912, S. 80–82; Lewalter-Schläger, Nr. 1, S. 9, 271 f.; Züricher, Schweiz, Nr. 1–48, S. 1–4; W. Hinck, Metamorphosen eines Wiegenliedes, in: Fs. für F. Tschirch, Köln 1972, S. 290–306; E. Gerstner-Hirzel, Das Kinderlied, in: HbVld I, S. 921–967 (bes. S. 926 f. und 939 f.).

KL 60a

Vorlage zu dem weitverbreiteten Lied war eine Niederschrift Franziska Breitensteins, der Magd Brentanos; es dürfte sich allerdings nur um den Eingang zu einem längeren Weihnachtslied handeln. Schon

Fischart scheint es zu kennen; er zitiert: »da wiget sie das Kind, da wehet der Wind« (Ed. Alsleben, S. 108). – Vgl. auch den Eingang zu Tiedges *Romanze*: »Auf dem Berge dort oben, da wehet der Wind«.

Literatur: NA III, S. 418; BC II, S. 722; Bode, S. 159 f.; Schewe, 1932, S. 133; Guignard, S. 114. – Böhme, Kdl I, Nr. 128–129, S. 36 f.; Pocci-Raumer, Nr. 29; Pailler I, Nr. 341, S. 383.

KL 60b

Brentanos Vorlage war eine Niederschrift Wilhelm Grimms; die Funktion der Verse mag er, sofern sie ihm nicht bekannt war, aus Parallelfassungen erschlossen und danach die Überschrift formuliert haben. Das seit dem 17. Jh. belegte Kettenlied, in dessen Mittelteil (V. 4–15) die wiederholten Worte immer umgekehrt erscheinen, war Goethe schon früh bekannt, wie das Zitat in »Auerbachs Keller« (*Faust I* 2284 f.) beweist: »Trauben trägt der Weinstock! / Hörner der Ziegenbock!«

1 »trossen: trabend umherlaufen, im Trabe reitend den Oberkörper vom Sitze wie im Tacte rasch auf und nieder bewegen« (F. L. K. Weigand, *Deutsches Wörterbuch*, Bd. 2, Gießen 1876, S. 935); »trill« ist wohl mit »trillare« ›stillen‹ in Verbindung zu bringen, das in dieser Bedeutung schon 1482 belegt ist.

2 *Füll:* Füllen, Fohlen, junges Pferd.

Literatur: NA III, S. 418; BC II, S. 741, 742; Bode, S. 163; Schewe, 1932, S. 134. – Böhme, Kdl I, Nr. 1518, S. 309; Frischbier, Nr. 458, S. 106; Bender, Nr. 95, S. 268; ZfVk 18, 1908, S. 38 f.; Lewalter-Schläger, Nr. 22, S. 16, 277; Züricher, Schweiz, Nr. 2520, S. 162; M. Wähler, Thüringische Volkskunde, Jena 1940, S. 256; Allerleirauh, S. 62.

KL 61a

Eine schriftliche Vorlage hat sich nicht erhalten; Tonart und Dialekt nach könnte das Liedchen vielleicht von Brentanos Magd Franziska Breitenstein überkommen sein. Die Überschrift erklärt V. 5–7 durch die Krankheit des Kindes und die Armut der Mutter. Das Thema kehrt in Brentanos Gedicht *O Mutter, halte dein Kindlein warm*, V. 73–76, wieder; die Verse selbst begegnen unverändert in seinem *Gockel*-Märchen.

3 *gulderne Lädche:* goldene kleine Totenlade.
5 f. Bode vermutet Druckfehler statt »näber« (S. 187). Tatsächlich könnte »Ueber« aber nur aus »Neber« ›neben‹ vom Setzer verlesen sein. Dies ergäbe jedenfalls eine sinnvollere Lesart; eine Entscheidung ist bei der mangelhaften Überlieferungslage nicht möglich.
7 *Kummer:* Kommen wir.

Literatur: NA III, S. 419; BC II, S. 735; Bode, S. 187 f. – Böhme, Kdl I, Nr. 122, S. 33; LdtV, S. 15; W. Hinck, Metamorphosen eines Wiegenliedes, in: Fs. für F. Tschirch, Köln 1972, S. 290–306.

KL 61b

Quelle ist Johann Praetorius' *Saturnalia* (1663; S. 414). Der fromme Weihnachtswunsch, den Brentano durch die Überschrift individueller erscheinen läßt, gibt im Rahmen der KL selbstverständlich nichts mehr von der gegen die Marienverehrung gerichteten Tendenz der Vorlage zu erkennen.

Literatur: NA III, S. 419; BC II, S. 733; Alemannia 9, 1881, S. 165; Bode, S. 175. – Böhme, Kdl I, Nr. 1588, S. 323.

KL 62

Das Lied ist vermutlich von Brentano nach einer Anregung durch Schützes *Holsteinisches Idiotikon* (1800; Tl. 1, S. 14 f.) gedichtet worden. Populär wurde es zunächst durch die Melodie Böhls; Illustrationen wurden u. a. von Franz Pocci und Ludwig Richter geschaffen. Zitate des Liedes finden sich bei Brentano im *Dilldapp*-Märchen und in Thomas Manns *Buddenbrooks* (VIII,3).

2 *weint:* übersetzt zutreffend »grient« (»greint«), obwohl Schütze die Bedeutung falsch (»lachen«) erklärt. – Vgl. auch KL 72b, V. 2 f.

3 f. Vgl. Brentanos Gedicht *Da träumte mir ein Träumlein* im *Tagebuch der Ahnfrau*: »Geschlagen hat's schon zwölf, / daß Gott dir von den Wölfen helf!«
9 Verbreitetes Motiv; vgl. z. B. Wh I 30, V. 18–20.
13 f. Die Verse begegnen bereits bei Wolfgang Schmeltzel (1544); vgl. auch Wh II 151, V. 51.
20 *schier:* bald.
25 Vgl. KL 3, V. 37.
28 Formelhaft; vgl. z. B. Wh II 277, V. 65.
33–36 Vgl. KL 75 b.

Melodie: Böhl, Nr. 23, S. 46.
Vertonung: Robert Schumann.
Literatur: Die Ammen-Uhr, Leipzig [1843], Nachdr. München 1921 und Wiesbaden 1971); NA III, S. 420; BC II, S. 734; Bode, S. 610. – EB Nr. 1829, III, S. 587 f.; Böhme, Kdl I, Nr. 312, S. 71 f.; Groos-Klein, Nr. 31, S. 30; Stöber, Nr. 71–73, S. 21 f.; Pocci-Raumer, Nr. 28; Peter, Nr. 48, S. 19 f.; O. Frömmel, Kinderreime, Bd. 2, Leipzig 1900, S. 15, Nr. 47; ZVRhVk 3, 1906, S. 76; Lewalter-Schläger, S. 294, 342; Wiora II, Nr. 358, S. 105; Steinitz I, S. 265.

KL 63

Schützes *Holsteinisches Idiotikon* (1802; Tl. 3, S. 5 f.) ist die Quelle des Liedes, von dem Schütze vermutet, es »soll dem Kinde vor dem gefährlichen aus dem Hause seyn, warnen, und ihm die Wiege und das Schlafen vorzugswerther machen« (S. 6). Ob das Lied, seinem Inhalt nach indes nicht eher als Trostspruch für ein Kind, das sich gestoßen hat, aufzufassen ist, steht dahin.

8 *Stöchelchen:* wohl im Zusammenhang der Umsetzung aller niederdeutschen »k« in »ch« statt »Stöckelchen«.
9 *Köppelchen:* Köpfchen.

Literatur: NA II, S. 421; BC II, S. 721, 722; Bode, S. 242 f. – EB Nr. 1826, III, S. 587; Böhme, Kdl I, Nr. 258–261, S. 60 f.; Peter, Nr. 13–15, S. 8–10; Frischbier, Nr. 88, S. 23; ZfVk 21, 1911, S. 375.

KL 64a

Vorlage ist eine Niederschrift von unbekannter Hand mit einer zu KL 59 stimmenden Schlußstrophe, die im Wh weggelassen wurde. Teile des Liedes sind seit 1620 belegt. Brentano hat mit der Änderung der Anredeform in ein Selbstgespräch (V. 1 der Vorlage: »hab ich dir nicht längst gesagt«) den Bezug auf eine junge Braut (Wh II 12, V. 17 f.) oder ein leichtfertiges Mädchen (Wh II 154, V. 98 f.; III 73, V. 13–20) verwischt und dem Lied so Eingang in die KL verschafft.

Literatur: NA III, S. 422; BC II, S. 731; Bode, S. 609. – Böhme, Kdl I, Nr. 104, S. 25; Parisius, Nr. 195, S. 211; Pocci-Raumer, Nr. 34; Frischbier, Nr. 34, S. 8; Hruschka-Toischer, S. 397, Nr. 95; ZfVk 17, 1907, S. 392; Allerleirauh, S. 54.

KL 64b

Das Wiegenlied wurde durch Brentano aus zwei Quellen kontaminiert: V. 1–20 ist Schützes *Holsteinischem Idiotikon* (1800; Tl. 1, S. 297–300) entnommen, ebenso V. 21–25 (1806; Tl. 4, S. 110); Str. 6 hat Brentano anscheinend mündlicher Tradition nachgebildet.

[Überschrift:] Orthographisch offenbar an »zetern« angelehnt.
1 *Sause:* vgl. mhd. »sûsen« ›schaukeln‹; »sûse, kendken, sûse« (M. Lexer, *Mittelhochdeutsches Handwörterbuch*, Bd. 2, Sp. 85).
6 *wiwi!:* Das Rufzeichen ist aus Flüchtigkeit verblieben.
14 *rumpumpeln:* vgl. Görres, *Des Dichters Krönung* (Beilage zur ZfE, Sp. 36): »[. . .] hundert Hunde [. . .] munkeln, humpeln und rumpumpeln um und um«.
26 *popeien:* hier und in V. 31 im Blick auf das folgende Reimwort gebildet (aus »Popeia« bei Schütze).
31 Vgl. in Brentanos Einleitung zum *Tagebuch der Ahnfrau*: »bei dem Pupillen- oder unmündigen Kinder-Collegium«.

Literatur: NA III, S. 422; BC II, S. 723; Bode, S. 607. – Böhme, Kdl I, Nr. 63–67, S. 16; Pocci-Raumer, Nr. 32; Frischbier, Nr. 21, 48, S. 6, 11; ZfVk 22, 1912, S. 82 f.; W. Hinck, Metamorphosen eines Wiegenliedes, in: Fs. für F. Tschirch, Köln 1972, S. 290–306.

KL 66

Bei diesem Wiegenlied dürfte es sich um eine Kontamination aus mündlicher Überlieferung oder verstreuten schriftlichen Vorlagen durch Brentano handeln. V. 1–7 entspricht ein Abdruck in Schützes *Holsteinischem Idiotikon* (1800; Tl. 1, S. 298 f.), V. 15–22 findet sich in einer Abschrift Erks aus einer Hs. Arnims (datiert vor 1806), die wohl einer verschollenen Fassung Nehrlichs entstammt.

2 f. Vgl. KL 53, V. 2 f.
4 f. Vgl. Musäus' *Fünfte Legende von Rübezahl*: »hast Leder und keinen Leisten dazu«.
8 *Kikelchen:* Hähnchen.
19–21 Vgl. Fischart (Ed. Alsleben, S. 145): »da sticht einen kein Floh, wann man ligt im Stro«.

Vertonung: E. Humperdinck in der Oper *Hänsel und Gretel* (1893; mit dem abweichenden Eingang »Suse, liebe Suse«).
Literatur: NA III, S. 424; BC II, S. 727; Bode, S. 607 f. – Böhme, Kdl I, Nr. 50–55, 78–79, S. 11–14, 18 f.; Erlach IV, S. 403; Stöber, Nr. 12, S. 6; Pocci-Raumer, Nr. 25; Frischbier, Nr. 30, 51, 158, S. 7, 12, 42; Hruschka-Toischer, S. 395, V, Nr. 89; Bahlmann, Nr. 35, S. 50; Marriage, Pfalz, Nr. 280, S. 377; Lewalter-Schläger, Nr. 3–4, S. 10 f., 272 f.; W. Hinck, Metamorphosen eines Wiegenliedes, in: Fs. für F. Tschirch, Köln 1972, S. 290–306

KL 67

Das Lied ist unverändert von Nehrlich übernommen; Brentano hat lediglich die Überschrift gemäß V. 12 f. hinzugefügt.

Vertonung: C. M. von Weber (1810).
Literatur: NA III, S. 425; BC II, S. 729; Bode, S. 151. – Böhme, Kdl I, Nr. 91, 1568–72, S. 22, 319; Groos-Klein, Nr. 28, S. 29; Pocci-Raumer, Nr. 36; Schleicher, S. 95; W. Hinck, Metamorphosen eines Wiegenliedes, in: Fs. für F. Tschirch, Köln 1972, S. 290–306.

KL 68a

Schützes Abdruck im *Holsteinischen Idiotikon* (1800; Tl. 1, S. 76) ist die volkstümliche Umdeutung eines preußischen Zapfenstreichsignals (»Zu Bett, zu Bett, die Trommel geht«), die von Brentano nochmals zum Kinderlied umgeformt wurde.

Literatur: NA III, S. 425; Bode, S. 336. – EB Nr. 1433s, III, S. 295; Böhme, Kdl I, Nr. 1170, S. 234; Mittler, Nr. 1042, S. 680; Frischbier, Nr. 929, S. 267.

KL 68b

Der eigentliche Sinn des von Nehrlich eingesandten Schnaderhüpfels wird durch die an den Vogelfänger Papageno in Mozarts *Zauberflöte* erinnernde Überschrift verfremdet. Den dominierend erotischen Charakter der Lieder von »Vogelfang« erweist R. W. Brednich (Erotisches Lied, in: HbVld I, München 1973, S. 575–615; hier S. 607).

Literatur: NA III, S. 426; Bode, S. 151. – Hruschka-Toischer, S. 167, Nr. 114.

KL 68c

Quelle des Liedes ist Schützes *Holsteinisches Idiotikon* (1800; Tl. 1, S. 14); zum Kinderlied wurde es erst durch Überschrift und Zusammenstellung mit anderen Kinderliedern. Die KL-Fassung wurde vor allem durch Brahms' Vertonung populär und hat die ältere niederdeutsche Version verdrängt.

2 *bedacht:* bedeckt.
3 *Näglein:* Nelken.

Vertonung: Johannes Brahms, op. 49,4 (1868).
Literatur: NA III, S. 426; BC II, S. 730; Bode, S. 281 f. – Böhme, Kdl I, Nr. 1546, S. 315; Mittler, Nr. 1042, S. 680; Schumann, Nr. 26; Hildebrand, Materialien, S. 135; Allerleirauh, S. 55.

KL 69a

Aus der neunstrophigen Liedfassung von Erasmus Alberus, gedruckt in Johann Wüstholz' *Lutherisch Lobwasser* (1617), strich Brentano die symbolisch ausdeutenden Strophen, so daß allein die Naturbilder »Morgenstern« und »Tag« und »Nacht« verblieben. Zur Überschrift vgl. KL 59.

Vertonung: Anton (von) Webern, op. 15,2.
Literatur: NA III, S. 426; BC II, S. 733; Bode, S. 377. – EB Nr. 1990, III, S. 696 f.; Böhme, Kdl I, Nr. 1567, S. 319; Wackernagel III, Nr. 1036, S. 883 f.; Pocci-Raumer, Nr. 39.

KL 69b

Das Lied wurde aus einer Einsendung Nehrlichs übernommen. Die rahmenden Verse sollen wohl onomatopoetisch das Geräusch des Kornsäens wiedergeben.

Literatur: NA III, S. 427; BC II, S. 744; Bode, S. 165. – Böhme, Kdl I, Nr. 1068, S. 216; Züricher, Schweiz, Nr. 732, S. 46, Nr. 5199, S. 343.

KL 69c

Der Vierzeiler zeigt unverkennbar die Form des Schnaderhüpfels, so daß es sich um eine kindlich-geistliche Kontrafaktur handeln dürfte, die vielleicht Brentano selbst zuzuschreiben ist (v. a. hinsichtlich V. 4). In diesem Fall wäre die verschollene Vorlage ehestens in einer Niederschrift Nehrlichs zu sehen.

1 Vgl. Wh III 119, V. 17.
2 Vgl. Wh III 24, V. 2; III 141, V. 2 und 14.
3 Vgl. Wh II 403, V. 1.

Literatur: NA III, S. 427; BC II, S. 733; Bode, S. 726. – Böhme, Kdl I, Nr. 1565, S. 318; Erlach IV, S. 424; LdtV, S. 26.

KL 70a

Vorlage des Liedes war vermutlich eine Einsendung Nehrlichs. Die Verse scheinen aus dem bekannten Hochzeitsliedchen *Petersilie, Suppenkraut* umgesungen zu sein, so daß ursprünglich V. 3 sinngemäß als ›Mutter, gib mir bald ein'n Mann‹ zu verstehen wäre.

Literatur: NA III, S. 427; Alemannia 11, 1883, S. 71; 20, 1892, S. 193 f.; Bode, S. 336. – EB Nr. 1860, 1872, III, S. 597, 603; Böhme, Kdl I, Nr. 941, S. 191; Lewalter-Schläger, Nr. 114, S. 39, 301.

KL 70b

Quelle ist die *Sammlung Deutscher Volkslieder* von Büsching und von der Hagen (1807; Nr. 42, S. 98) mit dem Herkunftsvermerk »Schlesisches Gebirgshirtenlied, abgedruckt in der neuen Berlinischen Monatsschrift, Oktober 1802« (durch Bothe nach einer Mitteilung Körtes). Das seit dem Ende des 16. Jh.s bekannte Lied gehört wohl ursprünglich zum Typus der Warnlieder (vgl. Wh I 192, v. a. Str. 2) und wurde durch Brentano vollständig ins Hochdeutsche übersetzt. Im *Godwi* hatte er bereits eine andere Fassung weiter ausgeführt.

Literatur: NA III, S. 427, IV, S. 50; BC II, S. 744; Bode, S. 236 f. – Uhland, Nr. 151, Str. 9–10; EB Nr. 175 a–d, I, S. 543–548; Böhme, Kdl I, Nr. 975, S. 198; Berglieder (Ed. Marriage), Nr. 188, S. 273 f.; Kopp, Crailsh., S. 21; E. Schmidt, Lesefrüchte zum Volkslied, in: ZfVk 5, 1895, S. 356 f.; J. Meier, KiV, Nr. 243, S. 40; Lewalter-Schläger, Nr. 117, S. 40, 301 f.; A. von Klement, Das Lied vom Tannenbaum und seine Legende, Prag 1940; Steinitz II, S. 366.

KL 70c

Das von Brentano vermutlich nach Diktat aufgezeichnete Wetterlied tritt in vielen Varianten auch als Kinderabzählvers oder Kniereiterlied auf. Man hat die drei Puppen und ihre Tätigkeiten mit den Nornen, den drei Marien am Grabe u. ä. in Verbindung gebracht, ohne zu einer befriedigenden Lösung zu gelangen.

3–6 Vgl. KL 71 b, V. 2–6.
9 *heben:* aus der Taufe heben, als Pate.
10 Vielleicht eine Lokalanspielung?
11 *wäschen:* vgl. Wh III 3, V. 27.
12 *Schneppertäschen:* im Frankfurtischen verbreiteter Übername für »Plaudertasche« o. ä.; vgl. Bettinas Brief an Goethe vom 14. 11. 1810: »sie [Goethes Mutter] nante mich [. . .] eine kleine Schneppentesch«.

Literatur: NA III, S. 428; Alemannia 20, 1892, S. 198 f.; 23, 1895, S. 15, 17; 25, 1898, S. 26; 39, 1911, S. 52; Bode, S. 189 f.; Schewe, 1932, S. 124. – EB Nr. 1835, III, S. 589; Böhme, Kdl I, Nr. 978–999, S. 199–202; Ziska-Schottky, S. 12; Stöber, Nr. 98–102, 260, S. 29–31, 65; Frischbier, Nr. 580, S. 139; Hruschka-Toischer, S. 420, V, Nr. 259; ZfVk 9, 1899, S. 72–77; 17, 1907, S. 208; 19, 1909, S. 417 f.; G. Rauch, Die drei Jungfrauen im Kinderliede, in: Mitteilungen und Umfragen zur Bayer. Volkskunde 9/2, 1903, S. 1 f.; Lewalter-Schläger, Nr. 80, S. 32, 291 f.

KL 71 a

Entweder das KL selbst oder eine verwandte Fassung legte Goethe seinem 1811 entstandenen *Schweizerlied* zugrunde. Nehrlich, der das Schnaderhüpfel möglicherweise seiner aus der Schweiz stammenden Frau verdankt, hat die Apokopierungen ebenso respektiert wie Brentano.

Literatur: NA III, S. 428; Alemannia 11, 1883, S. 72; Bode, S. 151. – Böhme, Kdl I, Nr. 693, S. 149; Pocci-Raumer, Nr. 27; A. Englert, Zu Goethes Schweizerlied, in: ZfVk 5, 1895, S. 160–167; J. Meier, KiV, Nr. 283, S. 46 f.

KL 71 b

Arnims wenig verändernde Abschrift des Liedes aus Nehrlichs Roman *Schilly* (1798; Bd. 1, S. 79 f.) dürfte Brentano für die KL überarbeitet und v. a. um die teilweise verfängliche Fortsetzung gekürzt haben; mit dem neuen Abschlußvers stellt er den Bezug zum Christkind her.

[Überschrift:] Als eigenwillige Ausdeutung von V. 1 (vgl. aber KL 70c, V. 3).

3 *Hünernest:* ersetzt das Hapaxlegomenon »Hinternest« der Vorlage (in Anlehnung an »Hinterhaus« o. ä. gebildet?), mutet aber eher grotesk als sinngemäß an. In KL 49, V. 9, verfährt Brentano gleichsam umgekehrt, wenn er »Hühnerzehn« oder »Hinkelszehn« durch »Hintenzipf« ersetzt. Auch im *Gockel*-Märchen spricht Brentano statt von »Junghennen« von »Junghintern« (hier indes als Gegensatz zu »Altvordern«).

Literatur: NA III, S. 429; BC II, S. 745; Bode, S. 334; Schewe, Württemberg, S. 17. – Böhme, Kdl I, Nr. 1002–04, S. 204; Bender, Nr. 92, S. 268; Marriage, Pfalz, Nr. 277, S. 374 f.; G. Züricher, Das Ryti-Rößli-Lied, Bern 1906; Lewalter-Schläger, Nr. 80, S. 32, 291 f. – Vgl. ferner zu KL 70c.

KL 72a

Vorlage war eine Einsendung Nehrlichs, die Brentano fast unverändert übernahm.

Literatur: NA III, S. 429; Alemannia 11, 1883, S. 72; Bode, S. 285. – Böhme, Kdl I, Nr. 406, S. 90.

KL 72b

Den von Wilhelm Grimm beigetragenen Kinderspruch bei Regenwetter hat Brentano mit einer witzigen Überschrift (vgl. V. 5–7) versehen. Der einleitende Paarreim wurde wohl nur aus Unachtsamkeit zu einer binnengereimten Zeile zusammengezogen.

3 *greint:* »Es bedeutet eigentlich das Gesicht, besonders den Mund verzerren, jähnen« oder auch »mit Verzerrung des Mundes weinen, wie die Kinder zu thun pflegen« (Adelung II, Sp. 790). – Vgl. KL 62, V. 1 f.; vgl. auch Wilhelm Grimms *Altdänische Heldenlieder*, Heidelberg 1811, S. 506: »Wir erinnern uns einiger Verse aus einem deutschen Volkslied, welches ähnlicherweise anfängt: der Mond scheint, / die Sonne greint«.

5 *Palisaden:* Hanauer Gebäck.

Literatur: NA III, S. 430; BC II, S. 745; Alemannia 14, 1886, S. 199; Bode, S. 337 f.; Schewe, 1932, S. 134. – Böhme, Kdl I, Nr. 1029–30, S. 209; Lewalter-Schläger, Nr. 81, S. 32, 293 f.

KL 72c

Das Lied kontaminiert eine hs. Einsendung von Amelie Hermannj mit Schützes Fassung im *Holsteinischen Idiotikon* (1800; Tl. 1, S. 8 f.). Der zweite Teil des weitverbreiteten Buchstabierspruchs bezieht sich auf die Katze als Wetterprophet; der erste Teil ist zum bloßen Sprachspiel verkürzt, da die drastische Begründung ausfiel (»I, n, in / sind Laüs drinn«).

Literatur: NA III, S. 430; BC II, S. 773; Bode, S. 606 f.; Schewe, 1932, S. 131. – Böhme, Kdl I, Nr. 1429–35, S. 292; Frischbier, Nr. 461, S. 111; Schumann, S. 44, 203; Lewalter-Schläger, Nr. 87, S. 33, 295, 337 f.

KL 73a

Der Spottvers auf den kleinen Jungen, dessen erste Hosen zum Trocknen aufgehängt werden müssen (er sollte also eigentlich noch Kinderkleider tragen), ist eine Einsendung Nehrlichs.

[Überschrift:] Die ersten Hosen bedeuteten im Leben des Jungen einen Einschnitt; vgl. Wilhelm Grimm (KiW, S. 364): »Man pflegt heutzutage dem Kind etwas zu schenken, wenn es die ersten Kleider, Schuhe trägt usw«.

1 *Zimmermäntle:* Zimmermännchen.

Literatur: NA III, S. 430; Alemannia 11, 1883, S. 72; Bode, S. 165. Rölleke, in: Fs. für F. Tschirch, S. 278. – Böhme, Kdl I, Nr. 297, S. 68.

KL 73b

Der Spruch nach einer Vorlage Nehrlichs kontaminiert Ermahnungen zur Tischzucht (auf die sich Brentanos Überschrift bezieht) mit herkömmlichem Schneiderspott.

Literatur: NA III, S. 431; Bode, S. 165. – Böhme, Kdl I, Nr. 445, S. 99; Dichtungen aus der Kinderwelt, Hamburg 1815, S. 65; Züricher, Schweiz, Nr. 5287, S. 348; Allerleirauh, S. 31.

KL 73c

Quelle des Spruchs ist Schützes *Holsteinisches Idiotikon* (1800; Tl. 1, S. 63). Schütze erläutert: »Reim, welcher den Kindern beim Schweben des Bettquastes, das jenes Bumbam nachahmen soll, vorgeleiert wird«. Brentanos Überschrift bezieht sich auf kindliche Leckerhaftigkeit und stellt einen Zusammenhang mit KL 73b her.

5 *lecker:* »Geneigt, nur schmackhafte Nahrungsmittel zu geniessen. Lecker seyn« (Adelung III, Sp. 112).

Literatur: NA III, S. 431; BC II, S. 739; Bode, S. 241. – Böhme, Kdl I, Nr. 313–317, S. 73; Frischbier, Nr. 174, S. 45; Allerleirauh, S. 35.

KL 73d

Eine schriftliche Vorlage hat sich nicht erhalten. Eingangsfrage und -antwort gehören seit je und weitverbreitet zum Repertoire der Kindersprüche; die wortspielerische Fortsetzung ist jedoch nur selten aufgezeichnet und deshalb vielleicht Eigendichtung Brentanos.

Literatur: NA III, S. 431; BC II, S. 749; Bode, S. 753. – Böhme, Kdl I, Nr. 456, S. 102; Das Bayerland 1, 1890, S. 359: Lewalter-Schläger, Nr. 52, S. 26, 285.

KL 74a

Quelle des ursprünglich wohl zweistrophigen Wiegenlieds ist die *Sammlung Deutscher Volkslieder* von Büsching und von der Hagen (1807; S. 280 f., Nr. 114). Brentano übersetzte das Lied ins Hochdeutsche und paßte es durch die neue Überschrift den umgebenden Versen zu bestimmten Gelegenheiten des kindlichen Alltags an.

1 *Hinkelchen:* Hühnchen; vgl. Brentanos Märchen-Titel *Gockel, Hinkel und Gackeleia.*
4 *arg:* ersetzt »groff« ›grob‹.
5 *jagen:* ersetzt »kiewen« ›schelten‹.

Literatur: NA III, S. 432; BC II, S. 748; Bode, S. 241 f. – EB Nr. 1848, III, S. 592; Böhme, Kdl I, Nr. 637, S. 138; Frischbier, Nr. 80, S. 20.

KL 74b

Schütze (*Holsteinisches Idiotikon*, 1800; Tl. 1, S. 176) überliefert den Reim als »Volksreim, der gewöhnlich gesungen wird, wenn man die Kinder gehn lehrt«, und erläutert das Stelzengehen als »in einigen Marschdörfern Nothsitte«. Brentano hat sich diese Anregungen für die Formulierung der Überschrift zunutze gemacht.

Literatur: NA III, S. 432; BC II, S. 738; Bode, S. 337. – Böhme, Kdl I, Nr. 225–226, S. 55; Allerleirauh, S. 20.

KL 74c

Der von Nehrlich eingesandte Vierzeiler ist als politische Satire zu verstehen und wird erst durch Brentanos (den umgebenden Liedern angepaßte) Überschrift den KL nähergerückt.

1 *fuff:* Es muß offenbleiben, ob es sich um einen Druckfehler handelt; möglicherweise hat Brentano »suff« ›schlurfe‹ geschrieben.

Literatur: NA III, S. 432; Alemannia 11, 1883, S. 72; Bode, S. 233; Schewe, 1956, S. 72. – Böhme, Kdl I, Nr. 305, S. 70.

KL 75a

Nehrlich hat den Spruch wohl aus mündlicher Überlieferung in Schwaben gewonnen, denn auch Mörike spielt zweimal darauf an; Brentano hat die Überschrift im Blick auf Str. 2 formuliert.

1 *Küttele:* Kittele, Kittelchen (Halsbändchen).
2 *Röllen:* Schellen, Glöckchen.
6 Vgl. Wh I 234, V. 1.

Literatur: NA III, S. 433; BC II, S. 738; Alemannia 11, 1883, S. 68; Bode, S. 233. – Böhme, Kdl I, Nr. 300–304, S. 69; vgl. ebd. Nr. 557b, S. 123.

KL 75b

Das Lied ist Brentanos Roman *Godwi* (1801; Bd. 2, S. 530) entnommen. Brentano dürfte es aus eigener Kindheitserinnerung haben. Gegenüber der früheren Fassung sind hier die ›Zutaten‹ (V. 5–8) in einer Strophe zusammengefaßt.

Literatur: NA III, S. 433; BC II, S. 740; Bode, S. 187. – Böhme, Kdl I, Nr. 218, S. 53.

KL 76a

Dem von Nehrlich beigetragenen Vierzeiler wurde eine neue Überschrift vorangestellt; die merkwürdigen Formen »bedeuto« (V. 2) und »Wetterläuto« (V. 4) der Vorlage erscheinen normalisiert (vgl. dazu Nehrlichs Anmerkung zu Wh III 119, V. 21–24).

Literatur: NA III, S. 434; Alemannia 11, 1883, S. 73; Bode, S. 234. – Böhme, Kdl I, Nr. 1049, S. 213.

KL 76b

Die Reime finden sich in einer Strafpredigt gegen übermäßiges Trinken von Abraham a Sancta Clara (*Abrahamisches Bescheid-Essen*, 1719; S. 330). Brentano hat die Satire erst durch die vorangestellten beiden Verse und die entsprechende Überschrift den KL angeglichen.

2 *überzwerch:* schief, krumm, verkehrt.
6 *Flederwisch:* »das erste Glied eines Gänseflügels mit den daran

befindlichen Federn, allerley Hausgeräth vom Staube damit zu reinigen« (Adelung II, Sp. 192).

10 *Stöffel:* Koseform zu Christoph.

Literatur: NA III, S. 434; BC II, S. 750; Bode, S. 744 f. – Böhme, Kdl I, Nr. 271, S. 63; A. Englert, Zu dem Kinderlied »Zürnt und brummt der kleine Zwerg«, in: ZföVk 5, 1899, S. 175 f.

KL 76c

Quelle ist Schützes *Holsteinisches Idiotikon* (1801; Tl. 2, S. 258 f.) mit der Erläuterung, dies sei ein Lied, »das die Kinder durch Versprechen der Vater werde was mitbringen, Pflaumen, Rosinen, Feigen, wenn das Kind still und schweigend schläft beruhigt«.

Literatur: NA III, S. 434; BC II, S. 722; Bode, S. 259. – Böhme, Kdl I, Nr. 100, S. 24; Frischbier, Nr. 17, S. 5; A. Riedl / K. M. Klier, Reime und Spiele der Kinder im Burgenland, Eisenstadt 1957, Nr. 107; Allerleirauh, S. 50.

KL 77a

Quelle des Spruchs »von anstelligen Kranken« ist Schützes *Holsteinisches Idiotikon* (1801; Tl. 2, S. 343). Den Bezug zur Kinderwelt schafft erst Brentanos Überschrift.

Literatur: NA III, S. 435; Bode, S. 334 f. – Allerleirauh, S. 27.

KL 77b

Eine schriftliche Vorlage hat sich nicht erhalten. Der Spruch ist meist als Vierzeiler verbreitet, so daß vielleicht V. 4 als Erweiterung durch Brentano anzusehen ist. Die Eingangszeile entspricht dem bekannteren Kinderlied *Backe, backe Kuchen*.

Literatur: NA III, S. 435; BC II, S. 742; Alemannia 14, 1886, S. 197 f.; Bode, S. 188. – Böhme, Kdl I, Nr. 181, S. 47; Erlach IV, S. 457; J. Baer Stoudt, The Folklore of the Pennsylvania-German, Lancaster 1915, S. 30 f.

KL 77c

Vorlage war eine Hs. Jacob Grimms. Der Butzemann ist ein Hauskobold und Kinderschreck; Brentano wählt statt »Botzemann« die gebräuchlichere Form, die sich auch besser den vielen Worten auf »u« einpaßt (vgl. auch den Erstdruck von KHM II,4) und schiebt in V. 2 das spielerische »di dum« ein. Einen Anklang an V. 3 bietet die Schlußstrophe von Goethes 1771 entstandenem *Zigeunerlied*.

Literatur: NA III, S. 435; BC II, S. 743; Alemannia 11, 1883, S. 68; Bode, S. 188. – EB Nr. 5, I, S. 23; Böhme, Kdl I, Nr. 439, S. 96; Erlach IV, S. 457; Hruschka-Toischer, S. 382, V, Nr. 26; Lewalter-Schläger, Nr. 48, S. 25, 284; BayrHVk 5, 1918, S. 229; Allerleirauh, S. 176.

KL 77d

Die Verse in Form eines Kettenspruchs sind von Brentano offenbar nach mündlichem Vortrag aufgezeichnet worden. Eine inhaltliche Umformung des Liebeswerbens in ein Kinderlied ist unterblieben; nur die Überschrift lenkt etwas davon ab. Die Einfügung von V. 9 und die Umformung von V. 10 betonen den Erfolg der Werbung, die bis dahin auf ablehnende Ausflucht gestoßen ist.

1 Vgl. Grimms DS 228 *Der Jungfernstein*: »Einst verfluchte eine Mutter ihre Tochter, welche sonntags nicht zur Kirche, sondern in die Heidelbeeren gegangen war«.
4 Es ist noch nicht die Jahreszeit, in der es Haferstroh gibt.
6 Die Reiser sind noch nicht hoch genug gewachsen.
8f. Vgl. KL 90b, V. 7f.
8 *verbrochen:* ganz und gar zerbrochen.

Literatur: NA III, S. 435; Bode, S. 188. – Böhme, Kdl I, Nr. 953, S. 193; Züricher, Schweiz, Nr. 2572–94, S. 169; Vld 28, 1926, S. 116.

KL 78a

Eine schriftliche Vorlage hat sich nicht erhalten; der kindliche Satz in Priamelform ist auch nicht volkstümlich belegt.

Literatur: NA III, S. 436; Bode, S. 726. – Böhme, Kdl I, Nr. 481, S. 109; Erlach IV, S. 458; Züricher, Schweiz, Nr. 715, S. 44.

KL 78b

Eine schriftliche Vorlage des Antwortverses für neugierige und ungeduldige Kinder hat sich nicht erhalten; er ist vermutlich von Brentano aus dem Gedächtnis notiert worden. Die Redensart vom silbernen oder goldenen »Nichtschen« und »Warteinweilchen« begegnet häufig bei ihm. Die Orthographie von »Nixchen« (V. 3) beläßt anscheinend bewußt Doppeldeutigkeit zwischen »Nichts« und »Nixe«.

Literatur: NA III, S. 436; BC II, S. 749; Alemannia 14, 1886, S. 199; Bode, S. 187. – Böhme, Kdl I, Nr. 460, S. 103; Das Bayerland 1, 1890, S. 359; A. Wrede, Rheinische Volkskunde, Leipzig 1922, S. 156; Züricher, Schweiz, Nr. 82–83, S. 5; Vld 28, 1926, S. 115; 46, 1944, S. 77f.; L. Röhrich, Lexikon der sprichwörtlichen Redensarten, Bd. 2, Freiburg [u. a.] 1973, S. 685.

KL 79a

Das Lied findet sich in Nicolais *Feynem kleynen Almanach* (1778; Nr. 23, S. 107) unter dem Titel *Eyn Lyd der Meydleyn ym Osnabrukkyschen* und mit der Angabe »Im Ton: Tzum Sterben bin ich usw.« (vgl. Wh I 163). Nicolai hat das Lied von Justus Möser erhalten. Den ursprünglich verfänglichen Sinn mindert Brentano u. a. durch Ersetzen des Gedankenstriches am Schluß von V. 6 durch ein Rufzeichen.

4 *Haspel:* (meist maskulin, zuweilen feminin) »Werkzeug, welches aus zwey oder mehr in das Kreutz befestigten Armen bestehet, so um ihren gemeinschaftlichen Mittelpunkt beweglich sind. Von dieser Art ist der Haspel, dessen man sich bedienet, das Garn von den Spulen zu bringen« (Adelung II, Sp. 991).

Literatur: NA III, S. 437; Bode, S. 241. – Lewalter-Schläger, S. 410, Anm. zu Nr. 38.

KL 79b

Quelle der grotesken Verse ist ein *Volksreim* in Schützes *Holsteinischem Idiotikon* (1800; Tl. 1, S. 198). Sie sind anderweitig als Trostspruch überliefert, wenn ein Kind sich den Kopf stößt. Brentano hat lediglich V. 5 metrisch angepaßt; in V. 1 hätte »für« besser den Sinn getroffen.

Literatur: NA III, S. 437; BC II, S. 750, 751; Alemannia 15, 1887, S. 108; Bode, S. 311. – Böhme, Kdl I, Nr. 256–257, S. 60; Engelmann, Nr. 7; P. Wegener, Volkstümliche Lieder aus Norddeutschland, Leipzig 1879–80, S. 225, Nr. 758; Schumann, Nr. 591; Allerleirauh, S. 177.

KL 79c

Vorlage des Schnaderhüpfels war eine (inzwischen verschollene) Hs. Nehrlichs. Ursprünglich als Spinnlied eines Mädchens (»Antonele«) zu verstehen, gewinnt es die Beziehung zum Kinderlied erst durch die unzutreffende Vorbemerkung, in der die »flächsene Schwing« als Peitsche erklärt ist.

Literatur: NA III, S. 437; BC II, S. 321; Alemannia 11, 1883, S. 73; Bode, S. 166. – Böhme, Kdl I, Nr. 562, S. 124.

KL 80a

Das Lied wurde nach einer (inzwischen verschollenen) Vorlage Nehrlichs fast unverändert übernommen; lediglich die Überschrift ist zugefügt und der Dialekt geringfügig gemildert worden.

[Überschrift:] Vgl. V. 3 f.
2 *Häfele:* (obd.) kleines Töpfchen.

Literatur: NA III, S. 438; BC II, S. 327; Alemannia 10, 1882, S. 152; Bode, S. 233.

KL 80b

Der von Nehrlich überlieferte Vierzeiler ist anderweitig als Spottvers auf krumme Tänzer überliefert; darauf scheint auch die Überschrift anzuspielen. Zu V. 1 vgl. KL 73d, V. 4.

Literatur: NA III, S. 438; BC II, S. 325; Alemannia 11, 1883, S. 73; Bode, S. 164. – Böhme, Kdl I, Nr. 1391, S. 285.

KL 80c

Das Lied ist eine Kontamination zweier Niederschriften Nehrlichs, die sich durch das gemeinsame Motiv »Schuh« anbot (V. 2 und 7). Die Schnaderhüpfel-Form von Str. 1 ist durch Trennung des Eingangsverses nach dem Binnenreim verdeckt. Zum Motiv vgl. auch Wh III 135.

1 Schuster(lehr)junge; durch eine Flüchtigkeit wurde die mundartliche Form nicht geändert (vgl. aber V. 6).
6 f. Vgl. auch Wh III 129a; die Schuhe werden beim Gang zu den Mädchen und beim Tanzen verschlissen.

Literatur: NA III, S. 438; BC II, S. 335; Alemannia 10, 1882, S. 149; 11, 1883, S. 72; 14, 1886, S. 195; Bode, S. 606. – Böhme, Kdl II, Nr. 548, S. 642; Firmenich II, S. 436, 754; Meier, Schwab., Nr. 71, S. 15; vgl. Allerleirauh, S. 137.

KL 81a

Das von Brentano anscheinend nach Diktat aufgezeichnete Reihenlied ist weitgehend überarbeitet worden. Aus verkürzten Imperativen (V. 1–4) sind sämtlich Ortsangaben geworden; weniger gebräuchliche Worte und eine sprachliche Derbheit sind gemieden.

[Überschrift:] Vgl. V. 9.
5 *Kuchen:* ersetzt »Strauben« ›Spritzkuchen‹ (vgl. Adelung IV, Sp. 804).
9 Vgl. KL 41, V. 8; Wilhelm Grimm (KiW, S. 392): In der »Kindersprache« begegnet »Bibi (Federvieh)«.
10 *Knochen:* sinngemäß wäre »Kuchen« zu lesen.

Literatur: NA III, S. 439; Alemannia 23, 1895, S. 18; Bode, S. 726; Schewe, 1932, S. 124. – Böhme, Kdl, Nachträge, Nr. 39, S. 707; Ziska-Schottky, S. 12; Das Bayerland 1, 1890, S. 323; Lewalter-Schläger, S. 305 f.

KL 81b

Die Überschrift deutet den von Nehrlich beigetragenen Vierzeiler richtig. Die Kinder versuchen in der Rolle des Pater Guardian (Vorsteher eines Franziskanerkonvents; hier wohl als Beichtvater vorgestellt), die wie eine Nonne in ihrer Zelle verborgene Schnecke hervorzulocken.

Literatur: NA III, S. 439; Bode, S. 268. – Böhme, Kdl I, Nr. 885, S. 180; Engelmann, Nr. 14; Rochholz, S. 224; Bremer, Baslerische Kinder- und Volksreime, Basel 1857, S. 61, Nr. 171; ZfVk 4, 1894, S. 332–334; Allerleirauh, S. 90.

KL 81c

Das Kinderlied kontaminiert zwei voneinander unabhängige Einsendungen Nehrlichs und Wilhelm Grimms. Anlaß war das Wort »Storch«; damit konnte das Motiv des Essens ähnlich wie in KL 72b, V. 5 und 7, durch das des Trinkens ergänzt werden.

1–4 Vgl. KL 70c, V. 1–3.
1 *Steiner:* »Der Storch heißt Steiner, weil er vorzugsweise der stehende Vogel ist« (Rochholz, S. 85). – Vgl. in Arnims Schauspiel *Halle und Jerusalem* zu Beginn des zweiten Teils: »Storch, Storch, Steiner, hast so lange Beiner«.

Literatur: NA III, S. 439; BC II, S. 770; Alemannia 8, 1880, S. 72; 14, 1886, S. 201; Bode, S. 606. – EB Nr. 1855–56, III, S. 595; Böhme, Kdl I, Nr. 754–757, S. 159 f.; Engelmann, Nr. 17; Frischbier, Nr. 193, S. 51; Lewalter-Schläger, Nr. 89, S. 34, 295 f.

KL 82a

Quelle des Jahreszeitgedichts ist Schützes *Holsteinisches Idiotikon* (1800; Tl. 1, S. 283) mit der Erläuterung: »Folgendes Wiegenlied, das man in Holst. Kindern vorleiert, scheint eine Untersuchung der Reisezeit dieses Zugvogels zu enthalten«. Den verbreiteten Volksglauben vom kinderbringenden Storch hat erst Brentano durch Einfügung von V. 3 hineingebracht.

Literatur: NA III, S. 440; BC II, S. 771; Alemannia 14, 1886, S. 201; Bode, S. 280 f. – Böhme, Kdl I, Nr. 762, 765, 767, S. 160 f., Nachträge, Nr. 64, S. 714; Lewalter-Schläger, S. 295 f.

KL 82b

Die mundartliche Form der Schlußzeile deutet auf getreue Übernahme der verschollenen Vorlage. Zum Eingang ist KL 90a, V. 1 f., zu vergleichen; zur Wunschform (V. 3) vgl. KL 81c, V. 3 f.

Literatur: NA III, S. 440; BC II, S. 771; Bode, S. 751. – Böhme, Kdl I, Nr. 860–863, S. 174; Dichtungen aus der Kinderwelt, Hamburg 1815, S. 77; Züricher, Schweiz, Nr. 497, 536, S. 30, 32.

KL 83a

Vorlage war ein Beitrag Wilhelm Grimms. Brentano ändert lediglich den Schluß (aus: »flieg hoch auf in dein hölchen«).

Literatur: NA III, S. 440; BC II, S. 769; Alemannia 14, 1886, S. 201; Bode, S. 335; Schewe, 1932, S. 135. – EB Nr. 1852, III, S. 594; Böhme, Kdl I, Nr. 819, S. 169; Stöber, Nr. 330–341, S. 82–84, 175–179; Hruschka-Toischer, S. 422, V, Nr. 271; Lewalter-Schläger, S. 297 f.

KL 83b

Vorlage des Liedes war eine Niederschrift Jacob Grimms mit der Herkunftsangabe »Mündlich«. Zahlreiche historische Parodien sprechen für weite Verbreitung des Liedes, das Wilhelm Grimm mit mythologischen Motiven vom »Himmelsstürmer« in Verbindung bringt (vgl. Lewalter-Schläger, S. 279). Die voranstehende Spielbeschreibung hat Brentano (wohl nach eigener Beobachtung) formuliert.

Literatur: NA III, S. 441; Alemannia 20, 1892, S. 195 f.; Bode, S. 476 f. – EB Nr. 1901, III, S. 615 f.; Böhme, Kdl II, Nr. 445–446, S. 595 f.; Frischbier, S. 165; Hruschka-Toischer, S. 62 f., Nr. 94; Schumann, S. 167; ZfVk 17, 1907, S. 409; Lewalter-Schläger, Nr. 27, S. 17, 279 f.; Pinck, Weisen III, Nr. 15, S. 53 f.; Vld 32, 1930, S. 135.

KL 84

»Die geläufigste und wohl ursprüngliche Form« (Lewalter-Schläger, S. 325) eröffnet die Reihe der Abzählverse innerhalb der KL. Brentano hat seine orthographisch korrupte Vorlage von unbekannter Hand bis auf die metrische Glättung der Schlußverse getreu übernommen.

Literatur: NA III, S. 442; Alemannia 14, 1886, S. 206; Bode, S. 159. – Böhme, Kdl I, Nr. 1788–90, S. 399; Frischbier, Nr. 551–556, S. 132 f.; Hruschka-Toischer, S. 433, V, Nr. 331; Schumann, S. 91; Lewalter-Schläger, S. 325; Vld 42, 1940, S. 72; ZfVk 54/55, 1958/59, S. 119.

KL 85a

Brentano bearbeitete den Abzählvers nach einer eigenen Aufzeichnung und änderte u. a. die gar zu kindischen Schlußverse: »Ein schneeweißer Haas / Der macht dir auf die Naß« (V. 9 f.).

4 *Schnitzler:* (Holz-)Schnitzer.
5 *Bolz:* Bolzen für die Armbrust; vgl. die Änderung in V. 10.
8 *Altvater:* Großvater.

Literatur: NA III, S. 443; BC II, S. 778; Bode, S. 158 f.; Schewe, 1932, S. 124. – EB Nr. 1861, III, S. 598; Böhme, Kdl I, Nr. 1791–94, S. 399 f.; Stöber, Nr. 65–67, S. 19–21; Hruschka-Toischer, S. 433, Nr. 329 a–c; Bender, Nr. 100, S. 269 f.

KL 85b

Der Abzählvers ist wörtlich aus Gräters Zs. *Bragur* (1794; S. 244, Anm.) übernommen.

Literatur: NA III, S. 442; Bode, S. 159. – Böhme, Kdl I, Nr. 1358, S. 281; Schleicher, S. 97, Nr. 23; Peter, Nr. 157, S. 64; Frischbier, Nr. 536, S. 127; Hruschka-Toischer, S. 423, Nr. 283a; Bender, Nr. 90, S. 267; ZfVk 17, 1907, S. 282; Jungbauer, Bibl., Nr. 2113, S. 314.

KL 85c

Der Vorlage zu KL 85b und KL 86b vorangehend, erschien auch dieser Abzählvers in Gräters Zs. *Bragur* (1794; S. 242). Die neu formulierte Überschrift lehnt sich an Gräters Ausführungen an (»In dem Ammenmährchen von den drey Königstöchtern und dem in einen Frosch verzauberten Prinzen . . .«). – Die Brüder Grimm eröffneten mit diesem Märchen ihre KHM und übernahmen dabei die Verse wörtlich aus dem Wh.

Literatur: NA III, S. 443; BC II, S. 786; Bode, S. 152. – H. Rölleke, Die älteste Märchensammlung der Brüder Grimm, Genf 1975, S. 365–367.

KL 86a

Eine schriftliche Vorlage hat sich nicht erhalten. Da V. 1–4 allgemein fest in dieser Form überliefert ist, wäre ehestens für V. 5 f. ein Eingriff Brentanos denkbar.

Literatur: NA III, S. 444; BC II, S. 772; Bode, S. 158. – Böhme, Kdl I, Nr. 492, S. 111; H. Ulrich, Sprachgut aus Albsheim an der Eis, in: Unsere Heimat (Neustadt) 3, 1938, S. 296.

KL 86b

Die Verse wurden zuerst in Gräters Zs. *Bragur* (1794; S. 244 f.) veröffentlicht und von dort später durch Jean Paul in seinen Roman *Flegel-*

jahre (1805; S. 179) übernommen. Der KL-Text steht der Fassung Jean Pauls näher, die Prosa-Einleitung geht wohl auf Gräters Ausführung zurück.

3 *Holderbusch:* Holunderbusch; in anderen Versionen auch »Hollerbusch« (die süddeutsche, lautverschliffene Form).

Literatur: NA III, S. 444; BC II, S. 775; Alemannia 14, 1886, S. 202; Bode, S. 277. – EB Nr. 1870, III, S. 601 f.; Böhme, Kdl II, Nr. 41–67, S. 438–442; Schleicher, S. 95, Nr. 22; Peter, Nr. 50, S. 150; Hruschka-Toischer, S. 444, V, Nr. 386; Dähnhardt, Nr. 303, S. 71 f.

KL 87a

Spielbeschreibung und Verse stammen aus zwei Fassungen, die dasselbe Kinderspiel beschreiben. Der Text folgt einer Einsendung unbekannter Hand (Frau Hose?), die Prosa-Einleitung einer Aufzeichnung Wilhelm Grimms.

Literatur: NA III, S. 445; BC II, S. 775; Bode, S. 406 f. – EB Nr. 1873–75, III, S. 603 f.; Böhme, Kdl II, Nr. 123, S. 457; Lewalter-Schläger, Nr. 242, S. 72, 330; HessBlVk 37, 1939, S. 147.

KL 87b

Vorlage war eine Einsendung Jacob Grimms, die Brentano bis auf die Ausführung der Spielbeschreibung und geringfügige Dialekttilgung fast wörtlich übernahm. Spiel und Spruch sind weitverbreitet, oft auch mit Bohnen oder Linsen als Spieleinsatz.

Literatur: NA III, S. 445; BC II, S. 776; Bode, S. 753. – Böhme, Kdl II, Nr. 597, S. 660; Lewalter-Schläger, Nr. 671, S. 202, 389.

KL 88a

Vorlage dieses sogenannten »Verwunderungsliedes« war wohl eine verschollene Einsendung Nehrlichs, die Brentano vermutlich aufgrund mündlicher Traditionen überarbeitet hat. Eingang und Überschrift sind an KL 85a angelehnt. Die Verse 4 und 9 f. sind in anderen Zusammenhängen seit dem 15. Jh. bzw. seit 1540 belegt.

7 Vgl. KL 72c, V. 6; ähnlich im Erstdruck von KHM I,38: »Katz kehr die Stube aus«.

Literatur: NA III, S. 446; BC II, S. 777; Alemannia 14, 1886, S. 203; 20, 1892, S. 197; 25, 1898, S. 229; 27, 1900, S. 215; Bode, S. 159. – Böhme, Kdl I, Nr. 1792, S. 399; Hruschka-Toischer, S. 432, Nr. 328b; Bender, Nr. 100, S. 269; ZfVk 6, 1896, S. 209; 18, 1908, S. 27 f.; Lewalter-Schläger, Nr. 213, S. 65, 323 f.; Amft, Nr. 301, S. 265; Das Bayerland 37, 1926, S. 93; HessBlVk 37, 1939, S. 147.

KL 88b

Vorlage war eine Einsendung Nehrlichs. Ob Brentano mit seiner etwas hilflosen Überschrift (die Pluralform ist wohl auf die Abzählverse zu beziehen) das Rechte trifft, steht dahin. Zum Thema sind KL 53 (V. 1–3) und KL 66 (V. 1–3) zu vergleichen.

Literatur: NA III, S. 446; BC II, S. 778; Alemannia 10, 1882, S. 144; 14, 1886, S. 205; Bode, S. 164. – Böhme, Kdl I, Nr. 1846, 1856, S. 407, 410; ZföVk 2, 1896, S. 98; Amft, Nr. 302, S. 266; ZfVk 26, 1916, S. 202; Züricher, Schweiz, Nr. 1529, 1534, 1539, S. 102 f.

KL 89a

Die von Nehrlich beigetragenen Verse sind mehrfach, wenn auch mit wechselndem Subjekt (Mönch, Jude, Schreiber, Bauer, Hanselmann) überliefert. Sie begleiten ursprünglich einen Wasserzauber: Wettersteine (vgl. Überschrift) oder Kapuzinerkresse werden ins Wasser geworfen, um Gewitter zu machen oder einen Regen vorhersagen zu können.

Literatur: NA III, S. 447; BC II, S. 765; Bode, S. 165. – EB Nr. 1718, III, S. 514; Böhme, Kdl I, Nr. 338–339, 1070, S. 77, 217; Stöber, Nr. 138, S. 43; Engelmann, Nr. 19; Rochholz, S. 178; Frischbier, Nr. 164, S. 43; Williams, S. 459; Lewalter-Schläger, Nr. 32, S. 19, 280; Züricher, Schweiz, Nr. 5876–80, S. 382.

KL 89b

Ein ausgeschiedener Schlußvers erweist das von unbekannter Hand (Frau Hose?) eingesandte Lied als Begleittext zu einem Ringeltanzspiel o. ä. Arnim macht ein poetisches Genrebild daraus und formt die Aussage in eine Anrede um (V. 2).

Literatur: NA III, S. 447; BC II, S. 735; Bode, S. 301. – EB Nr. 1876, III, S. 604 f.; Böhme, Kdl II, Nr. 107, S. 451; Lewalter-Schläger, S. 343.

KL 90a

Kaufmann dürfte das von ihm eingesandte Lied in Bad Kreuznach an der Nahe gehört haben (Herkunftsvermerk von unbekannter Hand). Die Einfügung von V. 4 wurde durch die Anmerkung derselben Hand angeregt: »Türkenmännchen sind Maikäfer männlichen Geschlechtes mit rothem Schilde mit grosen Fühlhörnern«. Zum Thema sind Wh I 235a und KL 83a zu vergleichen.

Literatur: NA III, S. 447; Bode, S. 751. – Böhme, Kdl I, Nr. 864, S. 175; Allerleirauh, S. 88.

KL 90b

Die Herkunft des von Kaufmann unter dem Titel *Wer nach laufen muß* eingesandten Liedes führt Schläger (s. Lit.) auf seit dem 17. Jh. belegte Ansingelieder an den Storch (vgl. KL 82a), Kranich und Schwan zurück. Brentano hat die Anregung von V. 3 aufgenommen und (vielleicht als Anspielung auf die seit Ende 1806 gegen England durchgeführte Kontinentalsperre) ausgeführt (V. 4–7).

2 *nit:* sonst stets »mit«; möglicherweise ein Druckfehler.
7 f. Vgl. KL 77d, V. 8 f.
8 *verbrochen:* ganz und gar zerbrochen.

Literatur: NA III, S. 448; BC II, S. 777; Alemannia 14, 1886, S. 204; Bode, S. 476. – EB Nr. 1880, III, S. 606 f.; Böhme, Kdl I, Nr. 1730, S. 390; II, Nr. 326–332, S. 535–537; ZVRhVk 3, 1906, S. 225; 12,

1915, S. 35; Lewalter-Schläger, Nr. 195, S. 62, 320 f., Nr. 307, S. 120, 355–357; A. Wrede, Rheinische Volkskunde, Leipzig 1922, S. 161; Allerleirauh, S. 240.

KL 91 a

Eine schriftliche Vorlage des Abzählverses hat sich nicht erhalten; mundartliche Formen lassen auf im wesentlichen unveränderte Übernahme nach einer Einsendung schließen. Zum Thema vgl. Wh III 127 b.

Literatur: NA III, S. 448; BC II, S. 777; Alemannia 14, 1886, S. 204; Bode, S. 751. – Böhme, Kdl I, Nr. 1822, S. 403; Erlach IV, S. 446.

KL 91 b

Nehrlichs Einsendung wurde fast unverändert übernommen; durch die Änderung in V. 2 und 3 (»schön« statt »schönes«) wird die Schlußzeile rhythmisch herausgestellt.

[Überschrift:] *Wirst:* anscheinend Druckfehler statt »Weist«.
4 *Zeisle:* kleiner Zeisig.

Literatur: NA III, S. 449; Bode, S. 283 f. – Böhme, Kdl I, Nr. 564, S. 124; Vld 12, 1910, S. 164; Züricher, Schweiz, Nr. 5640, S. 367.

KL 91 c

Brentano hat den von Nehrlich beigetragenen Versen, mit denen man Kindern das Waschen empfehlen will, die sprachlichen Eigentümlichkeiten weitgehend belassen. In V. 5 f. mußte die temporale Funktion der einleitenden Konjunktionen gegenüber dem kausalen »Weil« in V. 4 verdeutlicht werden (»Da« statt »Weil«).

[Überschrift:] Vielleicht durch den Schlußvers des vorhergehenden Liedes angeregt, aber auch wohl redensartlich, ein ungewaschenes Kind zu bezeichnen.
6 *wunderwinzig:* sehr winzig; formal an frühnhd. »wunderwizig« ›neugierig‹, inhaltlich an »wunderklein« angelehnt.

Literatur: NA III, S. 449; BC II, S. 344; Alemannia 8, 1880, S. 62; 15, 1887, S. 103; Bode, S. 163. – Böhme, Kdl I, Nr. 280, S. 65; Trierer Hs. 1744, S. 96 (Ed. Kopp, S. 32 f.); Meier, Schwab., Nr. 48, S. 11; Lewalter-Schläger, S. 352; Züricher, Schweiz, Nr. 549–550, S. 33.

KL 92a

Die in der von Nehrlich eingesandten Vorlage noch fehlende Überschrift täuscht bewußt die Lesererwartung. Die Änderung in V. 1 (Auslassung der Interjektion »Ei«) gleicht ihn dem seinerzeit fast sprichwörtlichen »Jäger bind dein Hündlein an« (KL 85b, V. 1) an und macht den Fünfzeiler durchgehend auftaktlos.

Literatur: NA III, S. 449; Bode, S. 285. – Böhme, Kdl I, Nr. 561, S. 124.

KL 92b

Vorlage war eine Einsendung Nehrlichs. Die Überschrift scheint noch durch das vorhergehende Lied bestimmt zu sein und sucht eine Verbindung zu diesem Schnaderhüpfel zu schaffen. »Schmalz« und »Salz« (V. 3) sind auch als Medizin für ein krankes Kind aufzufassen.

Literatur: NA III, S. 449; BC II, S. 739; Bode, S. 165. – Böhme, Kdl I, Nr. 308, S. 70; Meier, Schwab., Nr. 110, S. 21.

KL 92c

Das von Nehrlich in zwei Fassungen eingesandte Spottlied auf Festlichkeiten armer Leute gehört zugleich zum Typus der Lieder von unmöglichen Dingen (zu V. 4–6; vgl. Wh II 406). Es wurde von Brentano bearbeitet.

[Überschrift:] *Etikette:* feine Hofsitte.
7 *Wedele:* Schwänze.

Literatur: NA III, S. 450; BC II, S. 746; Bode, S. 163 f. – EB Nr. 886, II, S. 679; Böhme, Kdl I, Nr. 1228–30, S. 248; Schleicher, S. 98, Nr. 27; ZfVk 3, 1893, S. 229; 17, 1907, S. 401; Lewalter-Schläger, S. 324.

KL 93a

Das von Nehrlich eingesandte Schnaderhüpfel gehört zum Typus der Spottlieder auf die Wirtschaft armer Leute (vgl. KL 92c, 93b, 97, 101c). Brentano hat den Dialekt getreu übernommen.

2 *wenele:* wenig.

Literatur: NA III, S. 450; BC II, S. 334; Bode, S. 234. – Böhme, Kdl I, Nr. 592, S. 128; Züricher, Schweiz, Nr. 3840–43, S. 256.

KL 93b

Jacob Grimm zeichnete den Vierzeiler zu Anfang des 19. Jh.s nach mündlicher Überlieferung auf. Die Eingangszeile findet sich ähnlich bereits in der mittelalterlichen Literatur; der ganze Spruch ist erstmals im 17. Jh. belegt, aber wohl sehr viel älter. Er wurde verschieden auf einen Armen, auf einen Pilger oder (wie hier von Brentano) auf einen fahrenden Ritter gedeutet.

Literatur: NA III, S. 450; BC I, S. 522; Bode, S. 156f. – Uhland, Nr. 1; Abh., S. 137f.; Böhme, Kdl I, Nr. 1593, S. 324; Erlach IV, S. 459; F. W. Ditfurth, 52 ungedruckte Volkslieder, Berlin 1874, S. 51; Köhler, Schr. III, S. 558–562; ZfVk 35, 1925, S. 182; Allerleirauh, S. 107; H. Rölleke, Die Beiträge der Brüder Grimm zu »Des Knaben Wunderhorn«, in: Brüder Grimm Gedenken, Bd. 2, hrsg. von L. Denecke, Marburg 1975, S. 28–42 (hier S. 39f.).

KL 93c

Nehrlichs Einsendung wurde fast unverändert übernommen; Brentano hat lediglich die priamelförmige Überschrift vorangestellt und V. 1 (bis auf den Auftakt) metrisch V. 3 angeglichen.

Literatur: NA III, S. 451; Bode, S. 234. – Böhme, Kdl I, Nr. 503, S. 113; Frischbier, Nr. 648, S. 151.

KL 93d

Das von Auguste von Pattberg beigetragene und wohl von ihr selbst nach Volksliedwandermotiven gedichtete Liebeslied ist von Brentano zum Kinderlied gestaltet worden.

[Überschrift:] Vgl. V. 5 und Wh I 231.
1–4 Vgl. Wh I 102, V. 1–4; II 213, V. 1 f.
9–14 Vgl. Wh II 221, V. 21–29; III 105, V. 17–22.

Literatur: NA III, S. 451; BC II, S. 78; Steig, NHJb VI, 1896, S. 115; Bode, S. 335 f. – EB Nr. 454e, II, S. 276, Nr. 2066, Str. 5, III, S. 761; Berglieder (Ed. Marriage), Nr. 84, S. 124 f.; Köhler, Schr. III, S. 257; Pinck, Weisen III, Nr. 59, S. 170 f., 429 f.

KL 94

Der Beiträger Aloys Schreiber hat die beiden offenbar fragmentarischen Strophen wohl aus dem Gedächtnis zitiert. Brentano glättete das Metrum und reimte Str. 1 durch.

Vertonung: Robert Franz, op. 23,6.
Literatur: NA III, S. 452; Bode, S. 280; Schewe, 1932, S. 138.

KL 95a

Die zu Nehrlichs Vorlage gefügte Überschrift täuscht bewußt die Lesererwartung, indem sie V. 1 ironisch als Berufsbezeichnung hinstellt. Zum Thema ist Wh III 107 (v. a. V. 9–16) zu vergleichen.

Literatur: NA III, S. 453; Bode, S. 284 f. – EB Nr. 696, II, S. 494; Böhme, Kdl I, Nr. 517, S. 115; Hoffm.-Ri., Nr. 79, S. 105 f.; He.-Wü., Nr. 96, I, S. 206; Pinck, Weisen II, Nr. 82, S. 242 f., 392.

KL 95b

Vorlage war eine Einsendung Johann Wilhelm Röthers. Brentanos Bearbeitung gleicht die Sprache dem Hochdeutschen an, glättet metrisch, vereinheitlicht den Strophenumfang und verbessert den Reim.

16 Kehraus, letzte Zugabe.

Literatur: NA III, S. 452; BC II, S. 178; Alemannia 8, 1880, S. 59; Bode, S. 284. – EB Nr. 1003, II, S. 764 f.; Böhme, Kdl I, Nr. 603, S. 132.

KL 96a

Das Lied ist ein wörtlich übernommener Beitrag Nehrlichs. Die Überschrift erst macht aus dem Schnaderhüpfel ein Kinderlied.

Literatur: NA III, S. 453; Bode, S. 151. – Böhme, Kdl I, Nr. 263, S. 62; Lewalter-Schläger, Nr. 66, S. 28, 287; Züricher, Schweiz, Nr. 590–591, 5163–74, 5817, S. 35, 340, 378; Allerleirauh, S. 21.

KL 96b

Das Lied ist wörtlich von Nehrlich übernommen; im Gegensatz zu KL 96a wird hier die (nachträglich zugefügte) Überschrift dem Charakter des Schnaderhüpfels gerecht. Vgl. auch KL 99b.

Literatur: NA III, S. 453; Alemannia 15, 1887, S. 43; Bode, S. 151. – EB Nr. 1017, II, S. 773; Böhme, Kdl I, Nr. 229b, S. 56.

KL 96c

Das nach einer Aufzeichnung Jacob Grimms fast unverändert übernommene Liedchen ist österreichischer Herkunft. Der Dialekt wird aufgegeben oder gemildert, bleibt aber in den Diminutivformen erhalten.

1 *Regerl:* Koseform zu »Regina«.
14 *Trögerl:* ersetzt (wohl zutreffend) mundartliches »Degerl«.
15 *Trögerl:* ersetzt »Nüscherl«; wohl von frühnhd. »nischen« oder »nüschelen« ›wühlend suchen‹ abgeleitet.

Literatur: NA III, S. 454; BC II, S. 767; Bode, S. 753; Schewe, 1932, S. 122. – Ziska-Schottky, S. 91; Hruschka-Toischer, S. 167, Nr. 114; ZföVk 15, 1909, S. 132; Jungbauer, Bibl., Nr. 283, S. 58; Wolkan II/1, Nr. 51, S. 131.

KL 97

Eine Vorlage hat sich nur für Str. 1 und 2 ermitteln lassen; es handelt sich um Niederschriften Brentanos (offenbar nach mündlichem Vortrag), die mit einer anderen Fassung kontaminiert wurden (Str. 3). Zu den Motiven vgl. KHM 32 *Der gescheite Hans*. Schon in Johann Beers *Narren-Spital* von 1681 wird auf »das Lied Hänsel beim Bach« verwiesen (Kap. 7).

Literatur: NA III, S. 454; Alemannia 4, 1876, S. 245; 11, 1883, S. 74; 25, 1898, S. 24; Bode, S. 481. – Böhme, Kdl I, Nr. 1419–20, S. 290; SchweizAVk 1, 1897, S. 122; Bender, Nr. 65, S. 262; John, Nr. 138, S. 143; Lewalter-Schläger, Nr. 38, S. 21, 281; ZföVk 20, 1914, S. 49; BP I, S. 321; Züricher, Schweiz, Nr. 4725, S. 315.

KL 98

Das Lied stellt eine Niederschrift Brentanos mit einer Aufzeichnung von unbekannter Hand zusammen. Obwohl der Zusammenhang von V. 9 f. (als Bitte) mit V. 11–14 (als abschlägige Antwort) gegeben ist, weist die Überschrift auf ursprünglich nicht zusammengehörige Texte hin.

13–18 Herkömmliche Umschreibung der Absage; vgl. z. B. Wh II 221.

21 *Kieze:* Korb oder auch enge, niedrige Hütte.

Literatur: NA III, S. 455; Bode, S. 622 f. – EB Nr. 683 d, Str. 6, II, S. 483; Lewalter-Schläger, Nr. 39, S. 21, 282.

KL 99 a

Das Lied wurde unverändert nach einer Einsendung Nehrlichs übernommen. Wie die Umstellung gegenüber V. 4 zeigt, spielt die zugefügte Überschrift nochmals auf den Namen der Blume an; da die Getrenntschreibung in V. 4 aus der Vorlage übernommen wurde, ist auch in der Überschrift nicht mit einem Druckfehler zu rechnen.

Literatur: NA III, S. 456; Bode, S. 151.

KL 99c

Bettina fertigte eine Abschrift von Nehrlichs Einsendung an, zu der Brentano die fehlende Überschrift ergänzte. In der Schweiz ist das Schnaderhüpfel mit dem sinnvolleren Eingang »Das Land uf [. . .]« überliefert.

1 Landaus, landein; überall, im ganzen Land.
3 Dort die im braunen (Schäfer-)Kittelchen (vgl. KL 75a, wo »Küttele« in etwas anderer Bedeutung erhalten blieb).

Literatur: NA III, S. 456; Alemannia 15, 1888, S. 100; Bode, S. 166. – Züricher, Schweiz, Nr. 4244, S. 288.

KL 99d

Das Lügenlied ist entweder kontaminiert oder Eigendichtung Brentanos nach volksläufigen Motiven. Einzelheiten der beiden auch mündlich verbreiteten Eingangsstrophen bietet ein Fl. Bl. aus dem 17. Jh., das zum Wh-Material gerechnet werden kann.

Literatur: NA III, S. 457; Alemannia 15, 1887, S. 110; Bode, S. 750 f. – Böhme, Kdl I, Nr. 1254, S. 260; Kopp, Crailsh., S. 142; Hruschka-Toischer, S. 403, V, Nr. 133; ZfdPh 15, 1883, S. 52; Kurt Müller, Deutsche Volksdichtung in der Oberlausitz, Löbau 1901, S. 79; Bender, Nr. 118, S. 273; Lewalter-Schläger, S. 376; Allerleirauh, S. 286; Röhrich-Brednich II, S. 501.

KL 100

Das Lied stellt eine Auswahl aus sieben »Schleiferliedchen« dar, die in Gräters Aufsatz über die *Teutschen Volkslieder* (*Bragur*, 1794;

S. 231 f.) veröffentlicht worden waren. Gräter wollte sie bekannt machen, um zu beweisen, wie fragmentarisch sie erhalten seien.

Literatur: NA III, S. 457; Alemannia 15, 1887, S. 99, 104; Bode, S. 611. – Meier, Schwab., Nr. 8, S. 4; ZfVk 21, 1911, S. 379.

KL 101 a

Da die ›Tanzbedingung‹ in Schnaderhüpfel-Form hauptsächlich in Schwaben belegt ist, dürfte Nehrlich als Einsender anzusehen sein, zumal der Vierzeiler gewöhnlich mit KL 101 b zusammengestellt erscheint. Den Namen könnte Brentano in Anlehnung an KL 75 b geändert haben.

Literatur: NA III, S. 458; Alemannia 14, 1886, S. 194; Bode, S. 187. – Böhme, Kdl I, Nr. 542, S. 120; H. Dunger, Rundâs und Reimsprüche, Plauen 1876, Nr. 973 f., S. 178; Hruschka-Toischer, S. 343, IV, Nr. 676.

KL 101 b

Der von Nehrlich beigetragene Vierzeiler ist bereits 1602 überliefert. Zu V. 2 f. vgl. Wh III 135, V. 5.

Literatur: NA III, S. 458; BC II, S. 323; Alemannia 14, 1886, S. 194; Bode, S. 153. – Böhme, Kdl I, Nr. 541, 1635, S. 120, 348 f.; Hruschka-Toischer, S. 382, V, Nr. 25; Lewalter-Schläger, Nr. 37, S. 20, 281.

KL 101 c

Brentano kontaminiert zwei Vorlagen: eine stammt von Nehrlich, die andere von unbekannter Hand; letztere bietet ihrerseits die durch das Wort »bucklicht« begünstigte Kontamination zweier Schnaderhüpfel. Mit der Überschrift gibt Brentano jedem sein Recht.

Literatur: NA III, S. 458; Alemannia 8, 1880, S. 259; 15, 1887, S. 103, 108; Bode, S. 611. – Meier, Schwab., Nr. 56, S. 12; Schleicher, S. 111, Nr. 7; Hruschka-Toischer, S. 306, IV, Nr. 311; ZföVk 4, 1898, S. 8; Marriage, Pfalz, Nr. 259, S. 355; Bender, Nr. 56, S. 231; Allerleirauh, S. 151.

KL 102a

Brentano kontaminiert in dem Lied drei Schnaderhüpfel verschiedener Herkunft: V. 1–4 entspricht einer Einsendung Nehrlichs, V. 5–8 einer Einsendung unbekannter Hand; V. 9–12 einer Einsendung Röthers. In der Vorlage besitzt der adelige »Schatz« musikalische Requisiten, die Brentano mit ritterlichen vertauscht.

4 Vgl. KL 79c, V. 4.
11 f. Man versuchte diesem Schönheitsfehler seinerzeit bekanntlich abzuhelfen: »Darum bedien' ich mich, wie mancher junge Mann, / Seit vielen Jahren falscher Waden« (Mephisto in *Faust I* 2501 f.).

Literatur: NA III, S. 459; BC II, S. 333; Alemannia 10, 1882, S. 150; Bode, S. 610 f.; Schewe, 1956, S. 59, 61. – Böhme, Kdl I, Nr. 1400, S. 286; Erlach IV, S. 334; Meier, Schwab., Nr. 78, S. 16; Frischbier, S. 79, Nr. 316; ZfVk 18, 1908, S. 88; Grolimund, Soloth., Nr. 98, S. 80; Züricher, Schweiz, Nr. 5620–21, S. 366.

KL 102b

Beide Reime einschließlich der Prosa-Einleitungen finden sich in Schützes *Holsteinischem Idiotikon* (1802; Tl. 3, S. 2 und 30). Die kindlichen Verse zu bestimmten Anlässen, in denen sich das Volkslied am lebendigsten erhalten hat, sind bewußt als Beschluß der KL gewählt worden: Wie in diesen Beispielen, so sollten Arnims und Brentanos Verse und Lieder wieder die alltäglichen und festlichen Begebenheiten des Lebens begleiten.

Literatur: NA III, S. 459; Bode, S. 267, 242. – Schumann, Nr. 602, S. 599; Allerleirauh, S. 177.

KL 103

Quelle für die sechszeilige Strophe ist ein umfangreiches mittellateinisches Lied, das David Gottfried Schöber 1759 im *Beytrag zur Lieder-Historie betreffend die Evangelischen Gesangbücher* (S. 126–128) nach einem Ms. aus dem Jahr 1625 abdruckt. Mit Rücksicht auf Verständnisschwierigkeiten und Umfang der Vorlage griff Brentano nur die Schlußverse auf, die sich durch ihr Reimschema deutlich absetzen. V. 5 formulierte er neu (statt »cantat« »orat«). Den lateinischen Text behielt er bei, weil dessen einschmeichelnder Klang in der Übersetzung verlorengeht (»Schlafe, Jesus; deine Mutter lacht, wenn sie dich in so süßem Schlaf sieht; schlafe, holder Jesusknabe. Wenn du nicht schläfst, so weint deine Mutter, die unterm Spinnen singend betet. Komm, holder Schlummer.«); zugleich ergibt sich so eine gewisse Rahmung der KL: Zu Beginn wird den Kindern das Abc schmackhaft gemacht, während hier die ersten Lateinkenntnisse vorausgesetzt sind. Außerdem rahmt es durch seine nur mit Wh I 13 gemeinsame fremdsprachige Herkunft die gesamte Sammlung und bietet ihr Modell: Die Verse sind alt, zugleich aber verbessernd überarbeitet, und sie sind kindlich, innig, fromm.

Vertonung: Anton (von) Webern, op. 16,2.
Literatur: NA III, S. 460; Lohre, S. 112; Bode, S. 453–456. – Pailler II (Titelmotto).

Zu dieser Ausgabe

Die vorliegende *Wunderhorn*-Edition basiert auf der ersten historisch-kritischen Ausgabe des Werkes: *Des Knaben Wunderhorn*. Alte deutsche Lieder, ges. von L. A. von Arnim und C. Brentano, hrsg. von Heinz Rölleke, 6 Bde., Stuttgart [u. a.]: Kohlhammer, 1975–78 (Clemens Brentano, *Sämtliche Werke und Briefe*, hrsg. von Jürgen Behrens, Wolfgang Frühwald und Detlev Lüders, Bd. 6–8; 9,1–9,3). Deren Text folgt bei nachgewiesener Eliminierung zahlreicher Druckfehler der Erstauflage, die in drei Bänden und einem Anhang erschienen war: Bd. 1, Heidelberg und Frankfurt 1806 [erschienen 1805], 480 Seiten (durch ein Druckversehen wurden die S. 260–269 irrtümlich doppelt gezählt, so daß die Seitenzählung mit S. 470 endet); Bd. 2 und 3, Heidelberg 1808, 448 bzw. 253 Seiten; der Anhang mit »Kinderliedern« erschien zunächst selbständig, wurde aber alsbald Bd. 3 beigebunden: 103 S.

Die seither konsequent und in der früheren Forschungsliteratur sporadisch durchgeführte Siglierung der insgesamt 723 Lieder ist in der vorliegenden Ausgabe den Texten und den Kommentaren beigegeben (Wh: Wunderhorn; KL: Kinderlieder; römische Zahl: Bandzahl; arabische Zahl: Seitenzahl, auf der das betreffende Lied in der Originalausgabe beginnt).

Die wenig erheblichen Lesarten der Zweitauflage des Bandes Wh I (Heidelberg 1819) sind in der historisch-kritischen Ausgabe vollständig nachgewiesen; sie blieben hier unberücksichtigt. Die sogenannte »Neuausgabe« des Wh im Rahmen von Arnims *Sämtlichen Werken* (Bd. 1, Charlottenburg 1845, Bd. 2–4, Berlin 1846–54) erschien postum und ist textkritisch irrelevant.

Die vorliegende Ausgabe entspricht in ihrem Textteil (bei Wegfall der originalen Inhaltsverzeichnisse am Ende von Wh I und Wh III) genau der Gestalt der Wh-Erstausgabe von 1805/08; der Wortlaut folgt, unter stillschweigender Verbesserung weniger Druckversehen, buchstaben- und zeichengetreu der historisch-kritischen Ausgabe. Auch die Kommentare zu den einzelnen Liedern sind dem Aufbau und den Ergebnissen der Erläuterungen in der historisch-kritischen Ausgabe stärkstens verpflichtet. Es handelt sich in der Regel um Kurzfassungen, die eine erste gesicherte Information erlauben. Für umfassendere Fragestellungen muß der interessierte Leser auf die historisch-kritische Ausgabe verwiesen werden, die angesichts der identischen Lied-

Siglierung bequem zu rezipieren ist. Zwar sind innerhalb der vorliegenden Kommentare wenige und meist periphere Details korrigiert oder ergänzt – eine neue Forschungssituation hat sich aber seit 1978 nicht ergeben; lediglich die direkten Vorlagen zu Wh II 62 und 145 wurden inzwischen von Johannes Janota bzw. Achim Hölter entdeckt (sie bestätigen im wesentlichen die seinerzeit formulierten Vermutungen).

Für wertvolle Mithilfe bei der Vorbereitung dieser *Wunderhorn*-Ausgabe ist Peter Gräser, Dr. Jutta Rißmann, Susanne Wiesner und besonders Achim Hölter M. A. herzlich zu danken.

Abkürzungsverzeichnis

Adelung	J. C. Adelung, Versuch eines vollständigen grammatisch-kritischen Wörterbuches der hochdeutschen Mundart, 5 Bde., Leipzig 1774–86.
AfdA	Anzeiger für deutsches Altertum und deutsche Literatur, 1876 ff.
ahd.	althochdeutsch.
AKDV	Anzeiger für Kunde der deutschen Vorzeit, 1853–83.
Alemannia	Alemannia. Zeitschrift für Sprache, Literatur und Volkskunde des Elsasses und Oberrheins, 1874 ff.
Allerleirauh	Allerleirauh. Viele schöne Kinderreime versammelt von H. M. Enzensberger, Frankfurt a. M. 1961.
Alpers	P. Alpers, Alte niederdeutsche Volkslieder (1924), 2. Aufl., Münster 1960.
Altd. Wälder	Altdeutsche Wälder, hrsg. durch die Brüder Grimm, Bd. 1, Kassel 1813, Bd. 2, Frankfurt a. M. 1815.
AmbrL	Das Ambraser Liederbuch vom Jahre 1582, hrsg. von J. Bergmann, Stuttgart 1845 (BLV 12).
Amft	Volkslieder der Grafschaft Glatz, ges. und hrsg. von G. Amft, Habelschwerdt 1911.
AntwL	J. Koepp, Untersuchungen über das Antwerpener Liederbuch vom Jahre 1544, Antwerpen [1929].
Arch. f. Litgesch.	Archiv für Literaturgeschichte.
ArchStuSpr	Archiv für das Studium der neueren Sprachen und Literaturen.
Arnim (Ed. Migge)	Achim von Arnim, Sämtliche Romane und Erzählungen, 3 Bde., hrsg. von W. Migge, München 1962–65.
Arnim (Werke)	Achim von Arnim, Sämtliche Werke, 22 Bde., Berlin 1853–56.
Atzler	F. Atzler, Nachträge und Bemerkungen zu »Des Knaben Wunderhorn«, in: Festgabe für Wilhelm Crecelius, Elberfeld 1881, S. 124–132.

Bahlmann	P. Bahlmann, Münsterische Lieder und Sprichwörter in plattdeutscher Sprache, Münster 1896.
Bartsch, DL	K. Bartsch, Deutsche Liederdichter des 12. bis 14. Jahrhunderts. Eine Auswahl, Stuttgart 1864.
BayrHVk	Bayerische Hefte für Volkskunde, 1914 ff.
BayrJbVk	Bayerisches Jahrbuch für Volkskunde, 1950 ff.
BC I, II	Des Knaben Wunderhorn, neu bearb. von A. Birlinger und W. Crecelius, Bd. 1, Wiesbaden 1874, Bd. 2, Wiesbaden/Leipzig 1876.
Becker	A. Becker, Pfälzer Volkskunde, Bonn/Leipzig 1925.
Bender	Oberschefflenzer Volkslieder, ges. von A. Bender, Karlsruhe 1902.
Berglieder (Ed. Marriage)	Bergliederbüchlein, hrsg. von E. Mincoff-Marriage unter Mitarbeit von G. Heilfurth, Leipzig 1936 (BLV 285).
Bergreihen (Ed. Heilfurth)	Bergreihen. Eine Liedersammlung des 16. Jahrhunderts mit drei Folgen, hrsg. von G. Heilfurth, E. Seemann, H. Siuts und H. Wolf, Tübingen 1959 (Mitteldeutsche Forschungen, 16).
BLV	Bibliothek des Literarischen Vereins in Stuttgart.
BN	Baier-Nachlaß, Stadtarchiv Stralsund.
Bode	K. Bode, Die Bearbeitung der Vorlagen in »Des Knaben Wunderhorn«, Berlin 1909 (Palaestra, 76).
Böckel	Deutsche Volkslieder aus Oberhessen, hrsg. von O. Böckel, Marburg 1885.
Böckel, Hdb.	O. Böckel, Handbuch der deutschen Volkskunde, Marburg 1908.
Böhl	Vierundzwanzig alte deutsche Lieder aus dem Wunderhorn mit bekannten meist älteren Weisen beim Klavier zu singen, hrsg. von J. N. Böhl von Faber, Heidelberg 1810. Faks.-Dr. mit einem Begleitw. von J. Koepp, Potsdam [1936].
Böhme, Kdl	Deutsches Kinderlied und Kinderspiel, hrsg. von F. M. Böhme, Leipzig 1897.
Böhme, Volkst. Ldr	Volkstümliche Lieder der Deutschen im 18. und 19. Jahrhundert, hrsg. von F. M. Böhme, Leipzig 1895.

Bolte	J. Bolte, Kleine Mitteilungen zum deutschen Volksliede 1–100, in: ZfVk 12–38 (1902–28).
BP	Anmerkungen zu den Kinder- und Hausmärchen der Brüder Grimm, neu bearb. von J. Bolte und G. Polívka, 5 Bde., Leipzig 1913–32.
Brentano, GS	Clemens Brentano, Gesammelte Schriften, 9 Bde., Frankfurt a. M. 1852–55.
Brentano, Werke	Clemens Brentano, Werke, hrsg. von F. Kemp und W. Frühwald, 4 Bde., München 1963–68.
Breslauer, Kat. III	Das deutsche Lied, geistlich und weltlich, bis zum 18. Jahrhundert, [Antiquariats-]Katalog 3, bearb. von M. Breslauer, Berlin 1908 (Dokumente frühen deutschen Lebens, 1).
Briegleb	H. Schewe / E. Seemann, Friedrich Briegleb als Sammler und Bearbeiter coburgischer Volkslieder, in: JbVldf 1 (1928) S. 1–78.
Bruinier	J. W. Bruinier, Das deutsche Volkslied, 5. Aufl., Leipzig/Berlin 1914 (Aus Natur und Geisteswelt, 7).
Büsching, Sagen	Volks-Sagen, Märchen und Legenden, ges. von J. G. Büsching, Leipzig 1812.
Bunte Reihe	Sophie Brentano, Bunte Reihe kleiner Schriften, Frankfurt a. M. 1805.
Busch	Ut ôler Welt. Volksmärchen, Sagen, Volkslieder und Reime, ges. von Wilhelm Busch, München 1910.
Cardauns	H. Cardauns, Die Märchen Clemens Brentanos, Köln 1895 (Schriften der Görres-Gesellschaft, 3).
Crailsh(eim)	s. Kopp, Crailsh.
Dähnhardt	O. Dähnhardt, Volkstümliches aus dem Königreich Sachsen, Bd. 1, Leipzig 1898.
Ditfurth, Fränk. Vldr	Fränkische Volkslieder, ges. und hrsg. von F. W. von Ditfurth, Leipzig 1855.
Ditfurth, 30jähr. Krieg	Die historisch-politischen Volkslieder des Dreißigjährigen Krieges, zusammengestellt von F. W. von Ditfurth, hrsg. von K. Bartsch, Heidelberg 1882.
Ditfurth, 110 Vldr	Einhundertundzehn Volks- und Gesellschaftslieder des 16., 17. und 18. Jahrhunderts, ges. und hrsg. von F. W. von Ditfurth, Stuttgart 1875.

DJbVk	Deutsches Jahrbuch für Volkskunde, 1955 ff.
DS	Brüder Grimm, Deutsche Sagen. Nach der Erstausgabe von 1816–18, Nachw. von L. Denecke, 2 Bde., München [1966–67] (Goldmann TB, 1792–93, 1914–15).
DVl	Deutsche Volkslieder mit ihren Melodien, hrsg. vom Deutschen Volksliedarchiv, Bd. 1–4, Berlin 1935–59, Bd. 5–7, Freiburg i. Br. 1967–82.
DWb	Deutsches Wörterbuch, hrsg. von Jacob und Wilhelm Grimm, 16 Bde., Leipzig 1854–1960.
E	Erk-Nachlaß (Band- und Seitenzahl), StB Berlin, Stiftung Preußischer Kulturbesitz, Ms. A 244.
EB	L. Erk, Deutscher Liederhort, neu bearb. und fortgesetzt von F. M. Böhme, 3 Bde., Leipzig 1893–94.
Ebermannst. Ldhs.	Die Ebermannstädter Liederhandschrift, geschrieben um 1750 von F. M. Freytag, hrsg. von R. W. Brednich und W. Suppan, Kulmbach 1972.
EKG	Evangelisches Kirchen-Gesangbuch.
Engelmann	Schiefertafel-Bilder zu deutschen Kinderliedern nach von Arnim, Brentano, Simrock u. a., Leipzig [1851]. [Illustrationen von Eduard Engelmann].
Erks Coll(ation)	Aufstellung des hs. Wh-Materials durch L. Erk (Heid. Hs. 2110,2).
Erlach	F. K. von Erlach, Die Volkslieder der Deutschen, 5 Bde., Mannheim 1834–37.
Fambach V	O. Fambach, Der romantische Rückfall, Berlin 1963 (Ein Jahrhundert deutscher Literaturkritik, 5).
Firmenich	J. M. Firmenich, Germaniens Völkerstimmen, 3 Bde., Berlin 1843–66.
Fischart (Ed. Alsleben)	Johann Fischarts Geschichtklitterung 1575, 1582 und 1590, hrsg. von A. Alsleben, Halle 1891 (NDL 65–71).
Fl.Bl.	Fliegendes Blatt.
Forster (Ed. Marriage)	s. Marriage (Ed. Forster).
Friedlaender	M. Friedlaender, Das deutsche Lied im 18. Jahrhundert, Stuttgart/Berlin 1902.

Frischbier	Preußische Volksreime und Volksspiele, ges. und hrsg. von H. Frischbier, Berlin 1867.
frühnhd.	frühneuhochdeutsch.
Goedeke-Tittmann	Liederbuch aus dem 16. Jahrhundert, hrsg. von K. Goedeke und J. Tittmann, 2. Aufl., Leipzig 1881.
W. Grimm, KiG	Wilhelm Grimm, Kinderglauben, in: W. G., Kleinere Schriften, hrsg. von G. Hinrichs, Bd. 1, Berlin 1881, S. 399–404.
W. Grimm, KiW	Wilhelm Grimm, Kinderwesen und Kindersitten, ebd., S. 359–398.
Grolimund, Aargau	Volkslieder aus dem Kanton Aargau, ges. und hrsg. von S. Grolimund, Basel 1911 (Schriften der Schweizerischen Gesellschaft für Volkskunde, 8).
Grolimund, Soloth.	Volkslieder aus dem Kanton Solothurn, ges. und hrsg. von S. Grolimund, Basel 1910 (Schriften der Schweizerischen Gesellschaft für Volkskunde, 7).
Groos–Klein	Deutsche Lieder für jung und alt, hrsg. von C. Groos und B. Klein, Berlin 1818.
Guignard	R. Guignard, Chronologie des poésies de C. Brentano, Paris 1933.
Härtel	Deutsches Liederlexikon. Eine Sammlung der besten und beliebtesten Lieder und Gesänge des deutschen Volkes, hrsg. von A. Härtel, 8. Aufl., Leipzig [um 1885].
Hätzlerin	Liederbuch der Clara Hätzlerin [Augsburg 1471], hrsg. von C. Haltaus, Quedlinburg/Leipzig 1840. Nachdr. [mit einem Nachw. von H. Fischer] Berlin 1966.
Hartmann-Abele	Volkslieder, in Bayern, Tirol und Land Salzburg ges. von A. Hartmann, mit vielen Melodien nach dem Volksmund aufgezeichnet von H. Abele, Bd. 1: Volkstümliche Weihnachtlieder, Leipzig 1884.
Haupt-Schmaler	Volkslieder der Wenden in der Ober- und Niederlausitz, hrsg. von L. Haupt und J. E. Schmaler, Leipzig 1841–43. Neudr. Berlin 1953 (InstdtVk 3).

HbVld	Handbuch des Volksliedes, hrsg. von R. W. Brednich, L. Röhrich und W. Suppan, 2 Bde., München 1973–75.
HDA	Handwörterbuch des deutschen Aberglaubens, hrsg. von E. Hoffmann-Krayer und H. Bächtold-Stäubli, 10 Bde., Berlin/Leipzig 1927–42.
Heid. Hs.	Signaturen der UB Heidelberg.
Heinzmann	F. Heinzmann, Justinus Kerner als Romantiker, Tübingen 1908.
HessBlVk	Hessische Blätter für Volkskunde, 1902 ff.
He.-Wü.	Volkslieder aus der Rheinpfalz, hrsg. von G. Heeger und W. Wüst, 2 Bde., Kaiserslautern 1909.
Hildebrand	R. Hildebrand, Materialien zur Geschichte des deutschen Volksliedes, Leipzig 1900.
Himmel	F. H. Himmel, Zwölf alte deutsche Lieder des Knaben Wunderhorn mit Begleitung des Pianoforte (oder der Guitarre), Leipzig [1809].
Hoffmann, Gesellschldr	Hoffmann von Fallersleben, Die deutschen Gesellschaftslieder des 16. und 17. Jahrhunderts, 2. Aufl., Leipzig 1860.
Hoffm.–Prahl	Hoffmann von Fallersleben, Unsere volkstümlichen Lieder, 4. Aufl., hrsg. und neu bearb. von K. H. Prahl, Leipzig 1900.
Hoffm.-Ri.	Schlesische Volkslieder mit Melodien, aus dem Munde des Volkes ges. und hrsg. von Hoffmann von Fallersleben und E. Richter, Leipzig 1842.
HPolBl	Historisch-politische Blätter für das katholische Deutschland.
Hruschka–Toischer	Deutsche Volkslieder aus Böhmen, hrsg. vom Deutschen Vereine zur Verbreitung gemeinnütziger Kenntnisse in Prag, redigiert von A. Hruschka und W. Toischer, Prag 1891.
InstdtVk	Deutsche Akademie der Wissenschaften zu Berlin, Veröffentlichungen des Instituts für deutsche Volkskunde.
JAFL	Journal of American Folklore
JbFDH	Jahrbuch des Freien Deutschen Hochstifts.
JbHistVk	Jahrbuch für historische Volkskunde.
JbKölnGV	Jahrbuch des Kölnischen Geschichtsvereins, 1912–22.

JböVlw	Jahrbuch des Österreichischen Volksliedwerkes, 1952 ff.
JbVldf	Jahrbuch für Volksliedforschung, 1928 ff.
JEGP	Journal of English and Germanic Philology.
John	Volkslieder und volkstümliche Lieder aus dem sächsischen Erzgebirge, ges. von E. H. H. John, Annaberg 1909.
Jungbauer, Bibl.	Bibliographie des deutschen Volksliedes in Böhmen, zusammengestellt von G. Jungbauer, Prag 1913 (Beiträge zur deutsch-böhmischen Volkskunde, 11).
Jungbauer–Horntrich	G. Jungbauer / H. Horntrich, Die Volkslieder der Sudetendeutschen, Reichenberg [4. Lieferung 1938].
Katalog II	Katalog der nachgelassenen Bibliotheken der Gebrüder Christian und Clemens Brentano, Köln 1853, Nachdr., hrsg. von B. Gajek, in: Euphorion, Beiheft 6 (1974) S. 141–347.
KHM	Brüder Grimm, Kinder- und Hausmärchen.
Kiem-Pauli	Sammlung Oberbayerischer Volkslieder, hrsg. von Pauli Kiem, München 1934. Neue Ausg. München 1962.
KiG	s. Grimm.
KiW	s. Grimm.
KL	Kinderlieder, Anhang zum Wunderhorn, Heidelberg 1808.
Klier, Totenwacht	K. M. Klier, Das Totenwacht-Singen im Burgenland, Eisenstadt 1956 (Burgenländische Forschungen, 33).
Kochs Compendium	E. J. Koch, Compendium der deutschen Literaturgeschichte von den ältesten Zeiten bis auf das Jahr 1781, Berlin 1790.
Köhler, Schr.	R. Köhler, Kleinere Schriften zur neueren Literaturgeschichte, Volkskunde und Wortforschung, hrsg. von J. Bolte, 3 Bde., Berlin 1900.
Köhler, Voigtld	J. A. E. Köhler, Volksbrauch, Aberglauben, Sagen und andre alte Überlieferungen im Voigtlande, Leipzig 1867.
Kö.–Mei.	Volkslieder von der Mosel und Saar, ges. von C. Köhler, hrsg. von J. Meier, Bd. 1, Halle 1896.

Kopp, Crailsh.	A. Kopp, Deutsches Volks- und Studentenlied in vorklassischer Zeit, im Anschluß an die bisher ungedruckte von Crailsheimsche Liederhandschrift [...] quellenmäßig dargestellt, Berlin 1899. [Nachträge in: Euphorion 11 (1904) S. 507; Hess BlVk 3 (1904) S. 20; ZfdPh 37 (1905) S. 364.]
C. v. Kraus, DL	Deutsche Liederdichter des 13. Jahrhunderts, hrsg. von C. v. Kraus, Tübingen 1952.
Kristensen, Börnerim	E. T. Kristensen, Danske Börnerim, Remser og Lege, Arhus 1896.
Krummacher	H.-H. Krummacher, Das »als ob« in der Lyrik, Köln 1965 (S. 46–50: Vorgangshaft-erzählende »als ob«-Figuren in »Des Knaben Wunderhorn«).
Künzig	Lieder der badischen Soldaten, hrsg. von J. Künzig, Ausg. B, Leipzig 1927.
Künzig, Vld	J. Künzig, Das Volkslied in Baden einst und jetzt, Diss. Heidelberg 1922 [Masch.].
LdtV	Liederbuch des deutschen Volkes, Leipzig 1843.
Legerlotz	G. Legerlotz, Aus Heimat und Fremde. Nach- und Umdichtungen [von Volksliedern], Salzwedel 1895, Fortsetzung, ebd. 1896, Schluß, ebd. 1897 (Osterprogramme des Gymnasiums Salzwedel, 1895–97).
Leoni	E. Leoni, Clemens Brentano und die deutsche Barocklyrik, Diss. Frankfurt a. M. 1922.
Lesebuch I, II	Lesebuch des deutschen Volksliedes, hrsg. von J. Meier und E. Seemann, 2 Bde., Berlin 1937.
Lewalter	Deutsche Volkslieder. In Niederhessen gesammelt, hrsg. von J. Lewalter, 5 Bde., Hamburg 1890–94.
Lewalter–Schläger	Deutsches Kinderlied und Kinderspiel. In Kassel gesammelt von J. Lewalter, Abh. und Anm. von G. Schläger, Kassel 1911.
Liliencron, Hist. Vldr	Die historischen Volkslieder der Deutschen vom 13. bis 16. Jahrhundert, ges. und erl. von R. von Liliencron, 4 Bde., Leipzig 1865–69.
Liliencron, 1530	R. von Liliencron, Deutsches Leben im Volkslied um 1530, Berlin/Stuttgart 1884 (DNL 13).

LJb	Literaturwissenschaftliches Jahrbuch der Görres-Gesellschaft.
Lohre	H. Lohre, Von Percy zum Wunderhorn. Beiträge zur Geschichte der Volksliedforschung in Deutschland, Berlin 1902 (Palaestra, 22).
Mallon	Brentano-Bibliographie, hrsg. von O. Mallon, Berlin 1926, Nachdr. Hildesheim 1965.
Maltzahn	Deutscher Bücherschatz, gesammelt und hrsg. von W. von Maltzahn, Jena 1875.
Marriage (Ed. Forster)	M. E. Marriage, Anmerkungen, in: Georg Forster, Frische teutsche Liedlein, hrsg. von M. E. M., Halle 1903 (NDL 203–206), S. 206–266.
Marriage, Pfalz	Volkslieder aus der badischen Pfalz, ges. und hrsg. von M. E. Marriage, Halle 1902.
MdtBlVk	Mitteldeutsche Blätter für Volkskunde, 1926 ff.
J. Meier, KiV	J. Meier, Kunstlieder im Volksmunde, Halle 1906.
J. Meier, KuV	J. Meier, Kunstlied und Volkslied in Deutschland, Halle 1906.
J. Meier, Rez.	J. Meier, [Rezension von:] F. Rieser, »Des Knaben Wunderhorn« und seine Quellen, Dortmund 1908. K. Bode, Die Bearbeitung der Vorlagen in »Des Knaben Wunderhorn«, Berlin 1909, in: ZfdPh 43 (1911) S. 482–501.
Meier, Schwab.	Schwäbische Volkslieder, ges. von E. Meier, Berlin 1855.
Meisinger, Oberld	Volkslieder aus dem badischen Oberlande, ges. und hrsg. von O. Meisinger, Heidelberg 1913.
MF	Minnesangs Frühling, hrsg. von K. Lachmann und M. Haupt.
MGG	Die Musik in Geschichte und Gegenwart, hrsg. von F. Blume, 16 Bde., Kassel [u. a.] 1949–79.
mhd.	mittelhochdeutsch.
Migge	s. Arnim (Ed. Migge).
MildhL	Mildheimisches Liederbuch, ges. von R. Z. Bekker, Gotha 1799.
Mittler	F. L. Mittler, Deutsche Volkslieder (1855), 2. Aufl., Frankfurt a. M. 1865.
MLN	Modern Language Notes.
mnd.	mittelniederdeutsch.

Müller	J. E. V. Müller, Arnims und Brentanos romantische Volkslieder-Erneuerungen, Hamburg 1906 (Programm der Hansaschule Bergedorf bei Hamburg).
NA I–IV	Des Knaben Wunderhorn, [Neue Ausg.], Bd. 1, Charlottenburg 1845, Bd. 2–4, Berlin 1846–54 (A. von Arnim, Sämtliche Werke, 13, 14, 17 und 21).
nd.	niederdeutsch.
NdJb	Jahrbuch des Vereins für niederdeutsche Sprachforschung, 1875 ff.
NDL	Neudrucke deutscher Literaturwerke des 16. und 17. Jahrhunderts.
NFG/ZB	Zentralbibliothek der deutschen Klassik bei den Nationalen Forschungs- und Gedenkstätten der klassischen deutschen Literatur in Weimar.
obd.	oberdeutsch.
Ostracher Hs.	Die Ostracher Liederhandschrift, untersucht von K. Rattay, Halle 1911.
Pailler	Weihnachtslieder und Krippenspiele aus Oberösterreich und Tirol, ges. und hrsg. von W. Pailler, 2 Bde., Innsbruck 1881–83.
Pal. 343 (Ed. Kopp)	Volks- und Gesellschaftslieder des 15. und 16. Jahrhunderts. 1. Die Lieder der Heidelberger Handschrift Pal. 343, hrsg. von A. Kopp, Berlin 1905 (Deutsche Texte des Mittelalters, 5).
Parisius	I. Weber-Kellermann, Ludolf Parisius und seine altmärkischen Volkslieder, Hrsg. der Melodien von E. Stockmann, Berlin 1957 (InstdtVk 10).
PBB	Beiträge zur Geschichte der deutschen Sprache und Literatur.
Peter	Volkstümliches aus Österreichisch-Schlesien, hrsg. von A. Peter, Bd. 1, Troppau 1865.
Pfannenschmid	H. Pfannenschmid, Weihnachts-, Neujahrs- und Dreikönigslieder aus dem Ober-Elsaß, Colmar 1884.
Pinck, Goethe	L. Pinck, Volkslieder, von Goethe im Elsaß gesammelt, Metz 1932.
Pinck, Weisen	Verklingende Weisen. Lothringer Volkslieder, Bd. 1–4, ges. und hrsg. von L. Pinck, Bd. 1, Metz 1926, Bd. 2, Heidelberg 1928, Bd. 3, Saar-

	brücken 1933, Bd. 4, Kassel 1939, Bd. 5, gesammelt und hrsg. von A. Merkelbach-Pinck unter Mitwirkung von J. Müller-Blattau, Kassel 1962.
PMLA	Publications of the Modern Language Association.
Pocci–Raumer	Alte und neue Kinderlieder. Mit Bildern und Singweisen, hrsg. von F. Pocci und K. von Raumer, Leipzig [1852].
Pogatschnigg–Herrmann	V. Pogatschnigg / E. Herrmann, Deutsche Volkslieder aus Kärnten, Bd. 1, 2. Aufl., Graz 1879, Bd. 2, Graz 1869.
Pröhle	Weltliche und geistliche Volkslieder und Volksschauspiele, hrsg. von H. Pröhle, Aschersleben 1855.
Reifferscheid	Westfälische Volkslieder in Wort und Weise, hrsg. von A. Reifferscheid, Heilbronn 1879.
RhJbVk	Rheinisches Jahrbuch für Volkskunde, 1950 ff.
Rieser	F. Rieser, »Des Knaben Wunderhorn« und seine Quellen, Dortmund 1908.
Rochholz, Kdld	E. L. Rochholz, Alemannisches Kinderlied und Kinderspiel aus der Schweiz, Leipzig 1857.
Röhrich	Erzählungen des späten Mittelalters und ihr Weiterleben in Literatur und Volksdichtung bis zur Gegenwart, hrsg. von L. Röhrich, 2 Bde., Bern 1962–67.
Röhrich–Brednich	Deutsche Volkslieder. Texte und Melodien, hrsg. von L. Röhrich und R. W. Brednich, 2 Bde., Düsseldorf 1965–67.
Rölleke, Brentano–Voß	H. Rölleke, Die Auseinandersetzung Clemens Brentanos mit Johann Heinrich Voß über »Des Knaben Wunderhorn«, in: JbFDH 1968, S. 283–328.
Rölleke, Fs. F. Tschirch	H. Rölleke, Justinus Kerner, Ludwig Uhland und »Des Knaben Wunderhorn«, in: Festschrift für Fritz Tschirch, Köln 1972, S. 278–289.
Rölleke, JbFDH 1970	H. Rölleke, Quellen zu Brentanos »Geschichte vom braven Kasperl und dem schönen Annerl«, in: JbFDH 1970, S. 244–257.
Schade	O. Schade, Deutsche Handwerkslieder, Leipzig 1865.

Schellberg	W. Schellberg, Untersuchungen des Märchens »Gockel, Hinkel und Gackeleia« und des »Tagebuchs der Ahnfrau« von Clemens Brentano, Diss. Münster 1903.
Schewe, 1932	H. Schewe, Neue Wege zu den Quellen des Wunderhorns, in: JbVlf 3 (1932) S. 120–147.
Schewe, 1956	H. Schewe, Vorauswort zu einer historisch-kritischen und an Hand der Originalquellen kommentierten Wunderhorn-Ausgabe, in: DJbVk 2 (1956) S. 51–72.
Schewe, Grimm	H. Schewe, Jacob Grimms Wunderhornbriefe nebst 3 Briefen Erich Schmidts, in: DJbVk 9 (1963) S. 124–130.
Schewe, Württemberg	H. Schewe, Württemberg und Wunderhorn, in: Württemberg, Januar 1933, S. 15–26.
Schleicher	A. Schleicher, Volkstümliches aus Sonneberg im Meininger Oberlande, Weimar 1858, 2. Aufl., Sonneberg 1894.
Schlossar	Deutsche Volkslieder aus Steiermark. Zugleich Beiträge zur Kenntnis der Mundart und der Volkspoesie auf bairisch-österreichischem Sprachgebiete, hrsg. von A. Schlossar, Innsbruck 1881.
A. Schmidt	A. Schmidt, Ein Stralsunder Fund zu den Quellen des Wunderhorns, in: DJbVk 1 (1955) S. 224–239.
Schmitz, Eifel	J. H. Schmitz, Sitten und Bräuche, Lieder, Sprüchwörter und Rätsel des Eifler Volkes, Trier 1856.
Schreinert	A. v. Arnim und C. Brentano, Des Knaben Wunderhorn, Texte und Vorlagen in Auswahl hrsg. von K. Schreinert, Göttingen 1947 (Göttinger Lesebogen zur deutschen Literaturgeschichte, II,3).
Schünemann	G. Schünemann, Das Lied der deutschen Kolonisten in Rußland, München 1923 (Sammelbände für vergleichende Musikwissenschaft, 3).
Schumann	C. Schumann, Volks- und Kinderreime aus Lübeck und Umgebung. Beiträge zur Volkskunde, Lübeck 1899.

SchweizAVk	Schweizerisches Archiv für Volkskunde, 1897 bis 1917.
Schweizer. Idiotikon	F. Stalder, Versuch eines schweizerischen Idiotikon, 2 Bde., Basel 1806–12.
Simrock	Die deutschen Volkslieder, ges. von K. Simrock, Frankfurt a. M. 1851.
Siuts	H. Siuts, Volksballaden und Volkserzählungen. Motiv- und Typenregister, in: Fabula 5 (1961) S. 72–89.
Soltau–Hildebrand	Fr. L. von Soltaus deutsche historische Volkslieder, zweites Hundert, hrsg. von H. R. Hildebrand, Leipzig 1856.
StB	Staatsbibliothek.
StdB	Stadtbibliothek.
Steglich	L. Steglich, Vom sächsischen Volkslied, Leipzig 1928 (Sächsisches Volkstum, 3).
Steig I	R. Steig, Achim von Arnim und Clemens Brentano, Stuttgart 1894.
Steig II	R. Steig, Achim von Arnim und Bettina Brentano, Stuttgart/Berlin 1913.
Steig III	R. Steig, Achim von Arnim und Jacob und Wilhelm Grimm, Stuttgart/Berlin 1904.
Steig IV	R. Steig, Clemens Brentano und die Brüder Grimm, Stuttgart/Berlin 1914.
Steig, NHJb. VI 1896	R. Steig, Frau Auguste Pattberg geb. von Kettner. Ein Beitrag zur Geschichte der Heidelberger Romantik, in: Neue Heidelberger Jahrbücher 6 (1896) S. 62–122.
Steinitz	W. Steinitz, Deutsche Volkslieder demokratischen Charakters aus sechs Jahrhunderten, 2 Bde., Berlin 1954–62 (InstdtVk 4).
Stockmann	»Des Knaben Wunderhorn« in den Weisen seiner Zeit, hrsg. von Erich Stockmann, Berlin 1958 (InstdtVk 16).
Stöber	Elsässisches Volksbüchlein, hrsg. von A. Stöber, Straßburg 1842, 2. Aufl., Mülhausen 1859.
Storm, Hausbuch	Theodor Storm, Hausbuch aus deutschen Dichtern seit Claudius, Braunschweig 1870. [S. 87–95: Volkslieder aus dem Wunderhorn und späteren Sammlungen.]

SudetdtZVk	Sudetendeutsche Zeitschrift für Volkskunde, 1928 ff.
Süß	Salzburgische Volkslieder, ges. von M. V. Süß, Salzburg 1865.
Tille	A. Tille, Verzeichnis von 1802 konfiszierten Volksliedern, in: Mitteilungen des Vereins für Sächsische Volkskunde 3 (1903/05) S. 133–136.
Tobler	Schweizerische Volkslieder. Mit Einleitung und Anmerkungen, hrsg. von L. Tobler, 2 Bde., Frauenfeld 1882–84 (Bibliothek älterer Schriftwerke der deutschen Schweiz, I,4–5).
Trierer Hs. 1744	A. Kopp, Handschrift der Trierer Stadtbibliothek vom Jahre 1744, in: HessBlVk 3 (1904) S. 16–54.
UB	Universitätsbibliothek.
Uhland	Alte hoch- und niederdeutsche Volkslieder in fünf Büchern, hrsg. von L. Uhland, 2 Bde., Stuttgart/Tübingen 1844–45.
Uhland, Abh.	Alte hoch- und niederdeutsche Volkslieder mit Abhandlungen und Anmerkungen, hrsg. von L. Uhland, 3. Aufl., Bd. 3–4, Stuttgart [o. J.].
Uhland, Schriften IV	L. Uhland, Schriften zur Geschichte der Dichtung und Sage, Bd. 4, Stuttgart 1869.
Der Urquell	Der Urquell. Eine Monatsschrift für Volkskunde, N. F. 1897 ff.
Venus-Gärtlein (Ed. Waldberg)	Venus-Gärtlein. Ein Liederbuch des 17. Jahrhunderts, hrsg. von M. von Waldberg, Halle 1890 (NDL 88–89).
Vilmar	A. F. C. Vilmar, Handbüchlein für die Freunde des deutschen Volksliedes, Marburg 1867.
Vkdl. Bl. aus Württ. und Hohenz.	Volkskundliche Blätter aus Württemberg und Hohenzollern, 1910 ff.
Vld	Das deutsche Volkslied. Zeitschrift für seine Kenntnis und Pflege, 1899–1944.
VN	Varnhagen-Nachlaß, StB Berlin. [Derzeit in Krakau.]
Wackernagel	P. Wackernagel, Das deutsche Kirchenlied von der ältesten Zeit bis zu Anfang des 17. Jahrhunderts, 5 Bde., Leipzig 1863–77.

Wander	K. F. Wander, Sprichwörter-Lexikon, 5 Bde., Leipzig 1867–80.
WbVk	Wörterbuch der deutschen Volkskunde, begr. von O. A. Erich und R. Beitl, neu bearb. von R. Beitl, 2. Aufl., Stuttgart 1955.
WeimJb	Weimarisches Jahrbuch für deutsche Sprache, Literatur und Kunst, 1854–57.
Weinhold	K. Weinhold, Weihnachtspiele und Lieder aus Süddeutschland und Schlesien, Wien 1875.
Weinhold, Neunzahl	K. Weinhold, Die Mystische Neunzahl bei den Deutschen, Berlin 1897.
Wh I, II, III	Des Knaben Wunderhorn. Alte deutsche Lieder, ges. von L. A. von Arnim und C. Brentano, Bd. 1, Heidelberg / Frankfurt a. M. 1806 [ersch. 1805], Bd. 2–3, Heidelberg 1808. [Die arabischen Ziffern bezeichnen jeweils die Seitenzahl, auf der die Gedichte in dieser Originalausgabe beginnen.]
WienZVk	Wiener Zeitschrift für Volkskunde, 1919 ff.
Williams	C. A. Williams, Zur Liederpoesie in Fischarts »Gargantua«, in: PBB 35 (1909) S. 395–464.
Wiora	W. Wiora, Die rheinisch-bergischen Melodien bei Zuccalmaglio und Brahms, Bad Godesberg 1953.
Wolfram	Nassauische Volkslieder, hrsg. von E. H. Wolfram, Berlin 1894.
Wolkan	Wiener Volkslieder aus fünf Jahrhunderten, ges. und eingel. von R. Wolkan, Bd. 1,1, Wien 1926, Bd. 1,2, Wien 1924, Bd. 2,1, Wien 1920, Bd. 2,2, Wien 1923.
Wrede (Eifel)	A. Wrede, Eifeler Volkskunde, 2. Aufl., Bonn 1924.
WW	Wirkendes Wort.
Yd, Ye	Signaturen der UB Berlin (Ost).
ZfdA	Zeitschrift für deutsches Altertum und deutsche Literatur.
ZfDk	Zeitschrift für Deutschkunde.
ZfdPh	Zeitschrift für deutsche Philologie.
ZfE	Zeitung für Einsiedler.
ZföVk	Zeitschrift für österreichische Volkskunde, 1895 ff.

ZfvglLG	Zeitschrift für vergleichende Literaturgeschichte.
ZfVk	Zeitschrift für Volkskunde, 1888 ff.
Zimmersche Chronik	Die Zimmerische Chronik, hrsg. von K. A. Barack, 2. Aufl., 4 Bde., Freiburg i. Br. 1881–82.
Ziska–Schottky	Österreichische Volkslieder mit ihren Singweisen, ges. und hrsg. durch F. Ziska und J. M. Schottky, Pest 1819.
ZVRhVk	Zeitschrift des Vereins für rheinische und westfälische Volkskunde, 1904 ff.
Züricher, Schweiz	Kinderlieder der deutschen Schweiz, ges. und hrsg. von G. Züricher, Basel 1926 (Schriften der schweizerischen Gesellschaft für Volkskunde, 17).

Verzeichnis der Vorlagen und ihrer Vermittler

Zweck der folgenden Verzeichnisse ist es, einen ersten Überblick über die Herkunft der Vorlagen und die Anzahl der jeweiligen Übernahmen zu ermöglichen. Lediglich erschlossene, aber nicht direkt nachweisbare Vorlagen sind in eckige Klammern gestellt. TV: Teilvorlage. EV: Ersatzvorlage. IV: indirekte Vorlage oder anderer Einfluß.

1. Verzeichnis der gedruckten Quellen

Bücher und Zeitschriften, aus denen übernommen wurde, sowie sämtliche ermittelte Dichter der im *Wunderhorn* aufgenommenen Lieder

Das Verzeichnis gibt die genaueren bibliographischen Angaben zu den gedruckten Vorlagen. Die Jahreszahl einer nicht herangezogenen Erstauflage wurde in eckigen Klammern ergänzt. Vermittlung durch Kochs Compendium, Bestände der Bibliotheken Brentanos, Arnims oder der Kasseler Bibliothek sind in Winkelklammern angezeigt ⟨Koch; Kat. I, II; Arnim B; Kassel⟩.

Etwa 340 Lieder sind direkt aus gedruckten Büchern und Zs. übernommen. Es wurden an die 140 Buch- und Zs.titel herangezogen (verschiedene Jahrgänge und Bände hier als Einheit aufgefaßt). Diese erstaunlich große Zahl bestätigt eindrucksvoll Brentanos briefliche Äußerung vom Januar 1808 (an Arnim): »Meine Bibliothek vermehrt würde die Centralbibliothek deutscher Poesie«. Noch am 21. Januar 1820 betont Ferdinand Grimm im Brief an seine Brüder, es hätten »namentlich die Volkslieder [. . .] sich wohl an keinem Ort so herrlich vereint« gefunden wie in Brentanos nun zerstreuter Bibliothek (Steig IV, S. 230).
Von den etwa 340 Übernahmen stammen mehr als 150 aus nur 12 Werken, die allein also weit mehr als ein Drittel beisteuerten: Forster, der *Blumen-Krantz* (Gesangbuch), Nicolai, Schütze, Procopius, Herder, *Bragur* (Gräters Zs.), Büsching / von der Hagen, Elwert, Spee, Fischart und Moscherosch. Im übrigen wurden gewöhnlich nur ein oder zwei Lieder aus meist dickleibigen Büchern oder Zs. übernommen.

Eine Gruppierung der herangezogenen Druckwerke nach ihrem Erscheinungsjahr (das nicht immer mit dem Jahr der Erstauflage identisch ist) ergibt eine fast gleichmäßige Verteilung; lediglich die in der zweiten Hälfte des 18. Jh.s erschienenen Titel gewinnen aufgrund des beginnenden Volksliedinteresses, das sich in Zs. und Sammlungen dokumentiert (*Deutsches Museum, Bragur*; Nicolai, Herder, Elwert, Eschenburg), ein deutliches Übergewicht. Einigermaßen genau läßt sich an diesen Zahlen auch der Rückgang volksliedhafter Musikbücher nach der Blütezeit in der ersten Hälfte des 16. Jh.s ablesen: Erst eineinhalb Jahrhunderte später ist wieder eine ähnliche Überlieferungsdichte erreicht.

Erscheinungsjahr zwischen	Übernommene Lieder
1501–1550	41
1551–1600	30
1601–1650	37
1651–1700	43
1701–1750	50
1751–1800	83
1801–1808	54

Zur Identifizierung der tatsächlich herangezogenen Vorlagen helfen in erster Linie die (indes gerade in den Angaben der Jahreszahlen häufig durch Druckfehler entstellten) Herkunftsvermerke im Wh selbst. Im direkten Wh-Material haben sich nur ein Liederheft des Orlando di Lasso sowie wenige Blätter aus dem *Deutschen Museum*, dem *Mariale* des Procopius, aus Morhofs Lehrbuch und aus der *Badischen Wochenschrift* erhalten (UB Heidelberg); dazu stellen sich Arnims Handexemplare einiger Wh-Quellen (NFG/ZB Weimar, Signatur B). Wichtiges Material scheint schon 1819 zerstreut worden zu sein (vgl. Kat. I, Nr. 170: »Ein Convol. größtentheils ausgeschnittener Gedichte«). Einige sichere Hinweise gibt der Briefwechsel zwischen Arnim und Brentano. Die Versteigerungskataloge der Brentanoschen Bibliothek und die hs. Kartei der zeitgenössischen Bestände der Kasseler Bibliothek (für Wh I allerdings noch irrelevant) sind weitere wichtige Hilfsmittel zur Identifizierung der herangezogenen Werke und Auflagen. Letztlich können Textvergleiche zur Ermittlung der Vorlagen beitragen.

Abele, Matthias (1617–77)

Vivat oder so genannter künstlicher Unordnung IV. Theil. [. . .]. Nürnberg 1673. ⟨Kat. I, Nr. 256–257.⟩
Wh III 50

Vivat oder so genandte künstliche Unordnung / Fünfter und letzter Theil [. . .]. Nürnberg 1675. ⟨Kat. I, Nr. 256–257.⟩
Wh I 397
IV: Wh II 203

Abraham a Sancta Clara (d. i. Ulrich Megerle; 1644–1709)

Wunderwürdiges gantz neu ausgehecktes Narren-Nest [. . .]. Tl. 3. 2. Aufl. Wien 1751. [1703.] ⟨Koch, S. 136, Nr. 59.⟩
Wh I 29

Judas Der Ertz-Schelm / Für ehrliche Leuth [. . .]. Tl. 1. Salzburg 1709. [1686.] ⟨Arnim B 913a–d, die Aufl. von 1752.⟩
Wh I 347

Abrahamisches Bescheid-Essen [. . .]. Wien/Brünn 1719. ⟨Kassel, Th. Pontif. Moral. 51.⟩
KL 76b

Adelung, Johann Christoph (1732–1806)

Magazin für die Deutsche Sprache. Bd. 2. St. 3. Leipzig 1784. ⟨Koch, S. 89, Nr. 32; Kat. I, Nr. 95; Arnim Z 550.⟩
Wh I 330
Einige Abschriften von unbekannter Hand: Heid. Hs. 2110,2.

von der Aelst, Paul

Blumm vnd Außbund Allerhandt Außerlesener Weltlicher, Züchtiger Lieder vnd Rheymen [. . .]. Deventer 1602.
EV TV: Wh III 48b
IV: Wh II 33, III 68

Albert, Heinrich (1604–51)

Erster Theil der Arien oder Melodeyen [. . .]. Königsberg 1638. ⟨Koch, S. 100, Nr. 1h.⟩
Wh III 115
EV: Wh II 421

Albertinus, Aegidius (um 1560–1620)

Lucifers Königreich vnd Seelengejaidt: Oder Narrenhatz. Augsburg 1617. [1616.] ⟨Kat. II, Nr. 3054.⟩
Wh II 395

Alberus, Erasmus (um 1500–53)

IV: KL 69a

Antiquarius

Denkwürdiger und nützlicher Antiquarius des Elb-Stroms [...]. Frankfurt a. M. 1741. ⟨Arnim B 711.⟩
Wh I 226a

Anton, Karl Gottlieb (1778–1861)

Wh I 276

Anzeigen, Frankfurter Gelehrte

IV: Wh II 406

Apollo. Monatschrift. Hrsg. von August Gottlieb Meißner. Bd. 2. Mai bis August 1794.
Wh I 125, 265
Eine weitere Abschrift von unbekannter Hand: Heid. Hs. 2110,11.

von Archenholtz, Johannes Wilhelm (1743–1812)

Neue Litteratur und Völkerkunde. Für das Jahr 1791. Bd. 1. Januar bis Juni. Leipzig 1791.
TV: Wh I 58

von Arnim, Achim (1781–1831)

Aloys und Rose
Wh I 17

Ariel's Offenbarungen. Roman. Buch 1. Göttingen 1804. ⟨Arnim B 1182.⟩
Wh I 301

Arnold, Gottfried (1666–1714)

IV: Wh III 119

Ast, Friedrich (1778–1841)

Zeitschrift für Wissenschaft und Kunst. Bd. 1. H. 1. Landshut 1808. ⟨Kassel, Crit. lit. 164.⟩
Wh III 120

Außbund Etlicher schöner Christlicher Geseng [...]. [o. O.] 1583. [Gesangbuch der Wiedertäufer.] ⟨Kat. II, Nr. 741.⟩
Wh I 146, 353
Abschrift des Titelblatts durch Jacob Grimm (UB Marburg Hs. 809.116), wohl nach Brentanos Exemplar, mit dem Hinweis: »Unter den Liedern sind einige herzliche geistliche Lieder, meistens in schönen Volksweisen.«

Backhaus, Jobst Johann

IV: Wh I 44

Balde, Jakob (1604–68)

IV: Wh I 174

Baringius, Eberhard (1690–1753)

IV: Wh II 151

Baumann, George

Geistliche Kirchen- vnd Hauß-Music. Breslau 1644.
IV: KL 35

Bawmeister, Anthonius

Ein Schön new Fastnachtspiel [...]. Erfurt 1628. [1545.]
EV: Wh II 40

[Bergreihen.] Nürnberg 1547. [Verschollen.]

Wh II 436
TV: Wh II 425
IV: Wh I 74, 207, 212, 294, 339

Berg-Reyhen

Der Durch das geistliche Schlägel und Eisen andächtiger Berg-Reyhen und Gebethe Das Gedinge seines Glaubens heraus schla-

gende Christliche Bergmann [...]. [vermutl. Freiberg] 1721. ⟨Arnim B 2153, mit Anstreichungen.⟩
Wh I 183

von Beust, Wilhelm (18. Jh.)

IV: Wh I 341

Blumen-Krantz

Anmuthiger Blumen-Krantz / aus dem Garten der Gemeinde GOttes [...]. [o. O.] 1712.
Wh III 203, 206, 207, 208, 211, 212, 213, 214, 215, 216, 217, 219, 221, 222, 223, 224, 225, 226, 227, 228, 229, 231.

Bodmer, Johann Jakob (1698–1783)

Altenglische und altschwäbische Balladen. In Eschilbachs Versart. Zugabe [...]. Bd. 2. Zürich 1781. ⟨Kat. I, Nr. 636.⟩
TV: Wh I 58

Boie, Heinrich Christian (1744–1806)

Siehe: Museum, Deutsches

Bothe, Friedrich Heinrich (1771–1855)

Frühlings-Almanach. Berlin [1804].
TV: Wh II 250
IV: Wh III 105, KL 70b

Bragur. Ein Litterarisches Magazin der Deutschen und Nordischen Vorzeit.
Bd. 1. Hrsg. von Christian Gottfried Böckh und Friedrich David Gräter. Leipzig 1791. ⟨Kat. I, Nr. 71–82; Arnim B 1885a–c, aus dem Besitz Kochs, mit dessen hs. Glossen, die für das Wh aber irrelevant blieben.⟩
Wh I 239
TV: Wh I 70
IV: Wh III 74
Bd. 2. Hrsg. von Böckh und F. D. G. Leipzig 1792.
Wh I 345 (Text 2), II 151

Bd. 3. Hrsg. von Johann Heinrich Häßlein und F. D. G. Leipzig 1794.
KL 85b, 85c, 100
TV: Wh II 48, KL 86b

Bd. 6. Abt. 2. Hrsg. von F. D. G. Leipzig 1800.
Wh I 42, II 430

Bd. 7. Abt. 2. Hrsg. von F. D. G. Leipzig 1802.
Wh I 53

Brentano, Clemens (1778–1842)

Godwi oder Das steinerne Bild der Mutter. Bd. 2. Bremen [1801].
Wh I 19, KL 75b
Siehe: Wochenschrift, 1806.

Brotuff, Ernst (1497–1565)

IV: Wh I 242.

Bruckmann, Franz Ernst (1697–1753)

Magnalia Dei in locis svbterraneis [. . .]. Wolfenbüttel 1730.
Wh I 262

Bruns, Paul Jakob (1743–1814)

Beiträge zur kritischen Bearbeitung unbenutzter alter Handschriften, Drucke und Urkunden. St. 1. Braunschweig 1802.
(2 Lieder) Wh I 379

Büchel, Hans

IV: Wh I 146, 353

Buchholtz, Samuel (1717–74)

Versuch einer Geschichte der Churmarck Brandenburg [. . .]. Tl. 2. Berlin 1765. ⟨Arnim B 257a–e, mit hs. Bemerkungen Arnims; Kassel, Hist. Germ. 4.⟩
Wh II 124

Bürger, Gottfried August (1747–94)

IV: Wh II 19, 222

Burgerlust

Ergötzlicher aber lehrreich und sittsamer auch zuläßiger Burgerlust [...]. Nürnberg [o. J.]. ⟨Vgl. die Aufstellung der Bücher Brentanos, FDH Hs. 10171.⟩
TV: Wh II 5

Büsching, Johann Gustav Gottlieb (1783–1829)

Siehe: Sammlung Deutscher Volkslieder.

Canzler, Karl Christian (1735–86)

Siehe: Quartal-Schrift.

von Chezy, Helmina (1783–1856)

Siehe: Miscellen.

Chronik, Limburger

Fasti Limpurgenses: Das ist: Eine wohlbeschriebene Chronick Von der Stadt und den Herren zu Limpurg auff der Lahn [...]. Wetzlar 1720. [1617.] ⟨Kat. I. S. 59; Arnim B 360.⟩
Wh I 32a

Claudius, Matthias (1740–1815)

Asmus omnia sua secum portans, oder Sämmtliche Werke des Wandsbecker Bothen. Tl. 6. Wandsbek 1797.
Wh III 153

von Cochem, Martin (gest. 1712)

Siehe: Gesang-Buch, Allgemeines.

Creutzberg, Amadeus (d. i. Philipp Balthasar Sinold von Schütz; gest. 1742)

IV: Wh III 211

Dach, Simon (1605–59)

IV: Wh I 202, III 115
Siehe: de Memel, Johann Peter.

Demantius, Johann Christoph (1567–1643)

Sieben vnd siebentzig Newe außerlesene / Liebliche / Zierliche / Polnischer vnd Teutscher Art Täntze [. . .]. Nürnberg 1601.
Wh II 442, III 18b, 67, 104

Docen, Bernhard Joseph (1782–1828)

Miscellaneen zur Geschichte der teutschen Literatur [. . .]. Bd. 1. München 1807. ⟨Kat. I, Nr. 94; Kassel, Litt. Scient. 116.⟩
Wh II 33, 358, III 41, KL 32
TV: Wh II 50a

Dumann, Nikolaus

IV: Wh II 232

Eccard, Johannes (1553–1611)

Newe deutzsche Lieder [. . .]. Mülhausen 1578.
Wh II 115b

Elwert, Anselm (1761–1825)

Ungedrukte Reste alten Gesangs nebst Stücken neurer Dichtkunst. Gießen/Marburg 1784. ⟨Arnim B 1220, mit einigen hs. Notizen Arnims.⟩
Wh I 13, 30, 48, 77, 102, 229, 232b
TV: Wh I 205
IV: Wh I 46

Erich, Samuel (nachgewiesen 1643 und 1651)

Exodus Hamelensis [. . .]. Hannover 1661.
Wh I 44

Erzähler

Der Breslauische Erzähler. Eine Wochenschrift. Jg. 2. 1801.
EV: Wh II 258, 260, 261

Eschenburg, Johann Joachim (1743–1820)

Denkmäler altdeutscher Dichtkunst [. . .]. Bremen 1799. ⟨Kat. I, Nr. 630.⟩
Wh I 128, 204, 298
IV: Wh I 379, III 29, 106, 132b

Fende, Christian (1649–1746)

Kurtze Unterweisung, Oder Ohnmaßgebliche Anleitung / Wie eine GOtt-suchende Seele mit ihrem GOtt, und Christo umgehen und reden könne [. . .]. 3., verm. Aufl. Tübingen 1730. [Aufl. 1732 nicht ermittelbar.]
Wh III 177, 180

Finck, Heinrich (um 1444–1527)

Schöne auszerlesne lieder [. . .]. [o. O.] 1536.
Wh III 72
TV: Wh III 77

Fischart, Johann (um 1546–90)

Ernewerte Beschreibung / der Wolgedenckwürdigen / Alten vnd warhafften verwunderlichen Geschicht: Vom Herren Petern von Stauffenberg genant Diemringer [. . .]. Straßburg 1598. [1588.]
Wh I 407

Affentheurlich Naupengeheurliche Geschichtklitterung [. . .]. Getruckt zu Grensing im Gänsserich 1582. [1575.] ⟨Kat. I, Nr. 162; Arnim B 896.⟩
Wh II 423, 428
TV: Wh II 425, 427 KL 58a

Forster, Georg (um 1510–68)

Ein außbund schöner Teutscher Liedlein [. . .]. 4. Aufl. Nürnberg 1552. [1539.]
Wh I 124, 201

Des andern theyls / viler kurtzweyliger / frischer Teutscher Liedlein [. . .]. 4. Aufl. Nürnberg 1565. [1540.]
(2 Lieder) Wh I 69, 109, 114b, 156, (2 Lieder) 226b, 236, 345 (Text 1), 418
TV: Wh I 313, 363

Der dritte teil / schöner / lieblicher / Teutscher Liedlein [...]. 3. Aufl. Nürnberg 1563. [1549.]
Wh I 22, 80, 110, 141, 162b, 206, 233, 303, 314, 354, 376, 378, 389, 391, III 142
TV: Wh I 313, 363
EV: Wh III 19

Der Vierdt theyl / schöner / frölicher / alter / vnd newer Teutscher Liedlein [...]. Nürnberg 1556.
Wh I 46

Fragen

[250 kurzw. Fragen, samt deren Antwort. Ff. u. Lpz. 1802.] [Nicht ermittelbar.] ⟨Kat. II, Nr. 2706.⟩
Wh I 209

Franck, Melchior (um 1580–1639)

Newes Teutsches Musicalisches Fröliches Convivium [...]. Coburg 1622.
Wh II 413

Friderici, Daniel (1584–1638)

Honores Musicales [...]. Rostock 1624.
Wh II 13

Gerhardt, Paul (1607–76)

IV: Wh III 85

Gesang-Buch, Allgemeines

Allgemeines Gesang-Buch. Mainz 1705. [1697.] ⟨Kat. II, Nr. 750 K.⟩
Wh I 55

Gesangbuch, New Mayntzisch

Himmlische Harmony [...] Das ist / New Mayntzisch Gesangbuch [...]. Mainz 1628.
IV: KL 33

Gesangbuch der Wiedertäufer

Siehe: Außbund Etlicher schöner Christlicher Geseng.

von Goechhausen, Ernst Anton (1740–1824)

IV: Wh II 31

Goethe, Johann Wolfgang (1749–1832)

IV: Wh I 149, II 214, 350

Gräter, Friedrich David (1768–1830)

Siehe: Bragur.

Greflinger, Georg (um 1620 – um 1677)

Seladons Weltliche LIeder [. . .]. Frankfurt a. M. 1651.
Wh I 181

Poetische Rosen und Dörner / Hülsen und Körner. Hamburg 1655.
Wh III 71b

von Grimmelshausen, Hans Jakob Christoph (um 1621–76)

Des Aus dem Grab der Vergessenheit wieder erstandenen Simplicissimi Abentheuerlicher [. . .] Lebens-Wandel [. . .]. Nürnberg 1713. [1669.] 〈Kat. I, Nr. 388–399.〉
Wh I 198

Grünwald, Jörg (17. Jh.)

IV: Wh III 146

Günther, Johann Christian (1695–1723)

IV: Wh II 14

von der Hagen, Friedrich Heinrich (1780–1856)

Siehe: Sammlung Deutscher Volkslieder.

Haiden, Johann Christoph (?–1616)

Gantz neue lustige Täntz vnd Liedlein [. .]. Nürnberg 1601.
TV: Wh III 77

Postiglion der Lieb [. . .]. Nürnberg 1614.
Wh III 42

Hakenberger, Andreas (um 1574–1627)

Bassvs Newe Deutsche Gesänge [. . .]. Danzig 1610.
Wh II 412

Halbsuter, Hans (nachgewiesen 1434–54)

IV: Wh I 349

Harsdörffer, Georg Philipp (1607–58)

Nathan und Jothan: Das ist / Geistliche und Weltliche Lehrgedichte [. . .]. Nürnberg 1659. ⟨Kat. II, Nr. 2736.⟩
IV: Wh III 60

von Hastfer, Helmina

Siehe: Miscellen.

Haym, Johannes (Ende des 16. Jh.s)

IV: Wh I 151

von Hazzi, Joseph (1768–1845)

Statistische Aufschlüsse über das Herzogthum Baiern [. . .]. Bd. 1. Nürnberg 1801. ⟨Arnim B 722.⟩
IV: Wh I 301

Heinse, Wilhelm (1746–1803)

IV: Wh II 358

Herder, Johann Gottfried (1744–1803)

Volkslieder. Tl. 1. Leipzig 1778. ⟨Koch, S. 102, Nr. 29.⟩
Wh I 192, 202, 231, 255, 274, 281, 282, 395
TV: Wh I 70, 296, II 17

Volkslieder. Nebst untermischten andern Stücken. Tl. 2. Leipzig 1779.
Wh I 261 B
TV: Wh III 33
IV: Wh I 174

Herman, Nikolaus (um 1480–1561)
IV: Wh II 325

Hinze, August Heimbert (1765–1832)
IV: Wh I 220

Hoeckh, Theobald (1573 – nach 1618)
IV: Wh III 41

Hölty, Ludwig Heinrich Christoph (1748–76)
Gedichte. Hamburg 1783. ⟨Kat. II, Nr. 2747.⟩
TV: Wh II 191a

Horn, Georg
Neues vollständigeres Gesang-Buch [. . .]. Frankfurt a. M. 1732.
Wh III 85

Horstig, Karl Gottlieb (1763–1808)
IV: Wh II 204a

Hortleder, Friderich (1579–1640)
Der Römischen Keyser – Vnd Königlichen Maiestete [. . .] Handlungen vnd Außschreiben [. . .]. 2. Aufl. Gotha 1645. [1618.]
Wh I 97 (Trommelspruch)
TV: Wh I 97 (Kriegslied)

Iselin, Johann Rudolf (1705–79)
Siehe: Tschudi, Aegidius.

Isenhofer
IV: Wh I 360

Jean Paul (d. i. Johann Paul Friedrich Richter; 1763–1825)

Flegeljahre. Eine Biographie. Bd. 4. Tübingen 1805.
TV: KL 86b

Kirchen Gesäng

Catholische Kirchen Gesäng / auff die Fürnembste Fest des gantzen Jahrs [...]. Köln 1625. ⟨Kat. II, Nr. 747.⟩
Wh I 193, 208, 263

Kirchen- und Hausmusik

Siehe: Baumann, George.

Kirchhof, Hans Wilhelm (um 1525 – um 1603)

Wendunmuth [...]. 1562. ⟨Kat. II, Nr. 2751.⟩
TV: Wh II 447

Klieber, Jacob (nachgewiesen um 1530)

IV: Wh II 4a

Klopstock, Friedrich Gottlieb (1724–1803)

Die deutsche Gelehrtenrepublik. Hamburg 1774.
IV: Wh II 32

Knaust, Henrich (? – nach 1577)

Gassenhawer / Reuter vnd Bergliedlin [...]. Frankfurt a. M. 1571.
Wh I 139, II 7, 115a, III 46

Knorr von Rosenroth, Christian (1636–89)

IV: Wh III 177, 180

Koch, Erduin Julius (1764–1834)

IV: Wh I 58, II 151

von Königshoven, Jacob (1346–1420)

Siehe: Schilter, Johann.

Kornmann, Heinrich (nachgewiesen 1607–14)

Mons Veneris, Fraw Veneris Berg [...]. Frankfurt a. M. 1614. ⟨Kat. II, Nr. 2960.⟩
Wh II 254
IV: Wh I 86

Körte, Wilhelm (1776–1846)

IV: Wh III 105

Kosegarten, Ludwig Theobul (1758–1818)

Legenden. Berlin 1804. ⟨Arnim B 1273.⟩
IV: Wh II 325

Krieger, Adam (1634–66)

Neue Arien [...]. Dresden 1676.
Wh II 418

Kuen, Johannes (1606–75)

Marianvm Epithalamivm [...]. 5. Aufl. München 1659. [1635.]
Wh III 188, 189

Lange, Christian (1669–1756)

IV: Wh III 208

di Lasso, Orlando (d. i. Roland Lassus; 1520–94)

Der Dritte Theil Schöner / Newer / Teutscher Lieder [...]. München 1576. ⟨Heid. Hs. 2110, 45.⟩
Wh I 343
TV: (3 Lieder) Wh I 327, 363

Laurentii, Laurentius (1660–1722)

IV: Wh III 29

Lavater, Johann Kaspar (1741–1801)

IV: Wh II 403

Leon, Gottlieb (1757–1832)

IV: Wh II 336, 339

Literatur-Zeitung

Jenaische Allgemeine Literatur-Zeitung. 1804
TV: Wh I 300

Lustgärtlein

[Poetisches Lustgärtlein. 1645.] [Nicht identifizierbar.]
Wh II 421

Lust-Rose

Siehe: Fl.Bl. Yd 7914

Luther, Martin (1483–1546)

[Gesangbuch.] Zittau 1710.
Wh I 20, 227
TV: Wh I 112

de Maistre, Xavier (1763–1852)

IV: Wh II 381

Mann, Friedrich Theodor

Siehe: Taschen-Buch.

Megerle, Ulrich

Siehe: Abraham a Sancta Clara.

Meißner, August Gottlieb (1753–1807)

Siehe: Apollo
Siehe: Quartal-Schrift.

de Memel, Johann Peter

Neu außgebutzter / Kurtzweiliger Zeitvertreiber [...]. [o. O.] 1700. ⟨Kat. II, Nr. 2850.⟩
Wh II 347, 434

Metzger, Ambrosius (1573–1632)

Venusblümlein Anderer Theil [...]. Nürnberg 1612.
Wh II 27, III 63
TV: Wh III 3

Meusel, Johann Georg (1743–1820)

Historisch-Litterarisch-Bibliographisches Magazin. St. 7–8. Chemnitz 1794.
Wh III 183

Miscellen

Französische Miscellen. Hrsg. von Helmina von Hastfer, spätere von Chézy. Bd. 3. Tübingen 1803.
Wh I 17

Morgenblatt für gebildete Stände. 1807.

Wh II 10
IV: Wh II 31

Morhof, Daniel Georg (1639–91)

Unterricht Von der Teutschen Sprache und Poesie [...]. 3. Aufl. Lübeck/Leipzig 1718. [1682.] ⟨Koch, S. 172, Nr. 53; Arnim B 864.⟩
Wh I 245

Moscherosch, Hans Michael (1601–69)

Wunderliche und warhafftige Gesichte Philanders von Sittewald [...]. Tl. 1. Straßburg 1650. [1640.] ⟨Kat. I, Nr. 282.⟩
Wh II 363

Gesichte Philanders von Sittewald [...]. Tl. 2. Straßburg 1665. [1643.]
Wh I 254, II 189
TV: Wh I 112, 205

Möser, Justus (1720–94)

IV: Wh I 232a, 321, KL 79a

von Moser, Friedrich Karl (1723–98)

Patriotisches Archiv für Deutschland. Bd. 9. Mannheim/Leipzig 1788. ⟨Kassel, H. Germ. gen. 28; Koch, S. 93, Nr. 42.⟩
Wh II 263

Mozart, Wolfgang Amadeus (1756–91)

IV: Wh III 65, KL 68b

Muheim, Hieronymus

IV: Wh II 129

Musenalmanach für das Jahr 1776 [...]. Hrsg von Johann Heinrich Voß. Lauenburg.

TV: Wh III 137a

Musen Almanach für 1783. Hrsg. von Johann Heinrich Voß und Leopold Friedrich Günther von Goeckingk. Hamburg 1783.

TV: Wh I 384

Musenalmanach, Wienerischer

Wienerischer Musenalmanach auf das Jahr 1782.
Wh III 25

Museum

Deutsches Museum. Hrsg. von Heinrich Christian Boie.
1778. Bd. 2.
Wh I 276, KL 38
IV: Wh II 119
1780. Bd. 2.
Wh I 39
1781. Bd. 1.
Wh I 174

Mylius, Martin

IV: Wh II 140, 447

Nachtigal, Johann Karl Christoph
Siehe: Otmar.

Nehrlich, Carl (1773–1849)
Schilly. Bd. 1. Jena 1798.
KL 71b

Neidhart
IV: Wh I 103

Neiner, Johannes (um 1680 – um 1748)
IV: Wh I 29

Nicolai, Friedrich (1733–1811)
Eyn feyner kleyner Almanach [. . .]. Jg. 1. Berlin/Stettin 1777. ⟨Koch, S. 102, Nr. 2 h.⟩
Wh I 63, 74, 163, 182, 207, 253, 292, 294, 309, 339, 362
TV: (2 Lieder) Wh I 363
Eyn feyner kleyner Almanach [. . .]. Jg. 2. Berlin/Stettin 1778.
Wh I 37, 210, 212, 232a, 304, 311, 321, KL 79a
EV: Wh I 24
IV: Wh II 406, III 65

Nicolai, Philipp (1556–1608)
IV: Wh I 101

Odontius, Matthaeus
Musicalisch Rosengärtlein / NEuer Teutscher / lustiger / weltlicher Liedlein [. . .]. Nürnberg 1612.
Wh III 28, 109
Eine weitere Abschrift von Nr. 16 kennzeichnete Arnim »Musikalisch Rosengartlein n. XVI« (»Ein Blümlein zart [. . .]«; BN E 12)

Opitz, Martin (1597–1639)
Opera Geist- und Weltlicher Gedichte [. . .]. Breslau 1690. ⟨Kat. I, Nr. 320.⟩
Wh I 57, 121, 291a, 299
IV: Wh III 90

Otmar (d. i. Nachtigal, Johann Karl Christoph; 1753–1819)

Volcks-Sagen. Bremen 1800. ⟨Arnim B 1291.⟩
Wh I 92, 235a

Otth, Johann (?–1546)

Hundert vnd fünfftzehen guter newer Liedlein [...]. Nürnberg 1544.
Wh III 44, 71a, 111, 129b

Overbeck, Christian Adolf (1755–1821)

IV: Wh I 329

Paricius, Johann Carl (gest. 1760)

Allerneueste und bewährte Nachricht Von der des Heil. Röm. Reichs Freyen Stadt Regensburg [...]. Regensburg 1753.
Wh I 36

Pfeffel, Gottlieb Konrad (1736–1809)

IV: Wh I 384

Praetorius, Benjamin (nachgewiesen 1659)

IV: Wh III 231

Praetorius, Johann (1630–80)

Saturnalia: das ist / Eine Compagnie Weinnachts-Fratzen [...]. Leipzig 1663. ⟨Kat. II, Nr. 3289; Arnim B 2366.⟩
KL 61b

Blockes-Berges Verrichtung [...]. Frankfurt a. M. 1668. ⟨Kat. II, Nr. 3290; Arnim B 2366.⟩
Wh I 86

Storchs und Schwalben Winter-Qvartier [...]. Frankfurt a. M. / Leipzig 1676. ⟨Kat. II, Nr. 3288.⟩
Wh I 115

Procopius von Templin (1607–80)

Conjugale [...]. Passau 1663. ⟨Kat. II, Nr. 513.⟩
Wh III 148

Mariale Concionatorium [...]. Bd. 1. 2. Aufl. Salzburg 1667. [1665.] ⟨Kat. II, Nr. 846.⟩
Wh I 366, 375, 406, II 162, 167a, 172, 174, III 194

Dominicale Aestivale [...]. Salzburg 1667.
(2 Lieder) Wh III 9, 195 (Vorspruch, »Nun lob mein Seel [...]«)
TV: (2 Lieder) Wh III 195 (»Einstmals war ich [...]«)

Dominicale Paschale et Pentecostale [...]. Salzburg 1667.
Wh II 332

Puschmann, Adam (1532–1600)

IV: Wh III 233

Quartal-Schrift

Für Aeltere Litteratur und Neuere Lectüre. Quartal-Schrift. Hrsg. von Karl Christian Canzler und August Gottlieb Meißner. Leipzig.

1783. St. 2. ⟨Koch, S. 88 f., Nr. 27; S. 101, Nr. 2b; Arnim B 1910.⟩
Wh I 242

1784. Ersten Quartals 1. Heft.
Wh II 167b

Ranisch, M. Salomon (1719–66)

Historischkritische Lebensbeschreibung Hanns Sachsens [...]. Altenburg 1765. ⟨Koch, S. 91, Nr. 36; Kat. I, Nr. 590; Arnim B 422.⟩
Wh III 233

Rath-Büchlein

Neu vermehrtes Rath-Büchlein / Mit allerhand Welt- und geistlichen Frage, samt deren Beantwortungen [...]. (Rocken-Büchlein.) ⟨Kat. II, Nr. 2803.⟩
KL 12

Räumschüssel, Veit

IV: Wh III 65

Regnart, Jakob (um 1540–99)

Tricinia. Kurtzweilige teutsche Lieder [. . .]. Nürnberg 1584. [1576.] ⟨Koch, S. 99, Nr. 1b.⟩
TV: Wh III 3

Der ander Theil / Schöner kurtzweiliger Teutscher Lieder [. . .]. Nürnberg 1580. [1577.]
(5 Lieder) TV: Wh III 3

Reichard, Elias Caspar (1714–91)

Vermischte Beyträge zur Beförderung einer nähern Einsicht in das gesamte Geisterreich [. . .]. Helmstedt 1780. ⟨Kat. II, Nr. 3307.⟩
Wh I 161b, 162a

Reichardt, Johann Friedrich (1752–1814)

Musikalisches Kunstmagazin. Bd. 1. St. 1.–4. Berlin 1782.
Wh I 218

Berlinische Musikalische Zeitung. Jg. 2. 1806. ⟨Arnim B 2585.⟩
Wh II 204a

Reißner, Adam (um 1500 – nach 1571)

IV: Wh II 145, 343

Reitz, Johann Heinrich (1655–1720)

Historie der Wiedergebohrnen [. . .]. Tl. 5. [o. O.] 1742.
Wh I 291b

Reutter, Leonhart

IV: Wh I 270

Ringwaldt, Bartholomäus (1532–99)

Die lauter Warheit [. . .]. [o. O. 1589.] [1586.]
Wh I 306a

Rosengärtlein, Musicalisch

Siehe: Odontius, Matthaeus.

Rosenplüt, Hans (um 1400 – etwa 1470)

IV: Wh II 62

Rosthius, Nicolaus (um 1542–1622)

XXX. Newer lieblicher Galliardt [...]. Tl. 1. [o. O.] 1593. ⟨Koch, S. 100, Nr. 1e.⟩
Wh II 443, III 140, 147
IV: Wh I 298

Der Ander Theil Newer Lieblicher Galliardt [...]. [o. O.] 1593.
Wh III 32, 116a

Rottmanner, Karl von (1783–1822)

IV: Wh III 120

Rüefbüechel

[Ein Christliches Catholisches Rüefbüechel. 1601.] [Z. Zt. verschollen.]
Wh I 151

Sachs, Hans (1494–1576)

Wh I 261 A
IV: Wh II 5 (entstanden 1537), 65 (entstanden 1539), 445 (entstanden 1545)

Sammler, Tyroler

Der Sammler für Geschichte und Statistik von Tirol. Bd. 1. Innsbruck 1807.
IV: Wh 128b

Sammlung Deutscher Volkslieder, mit einem Anhange Flammländischer und Französischer, nebst Melodien. Hrsg. von Johann Gustav Gottlieb Büsching und Friedrich Heinrich von der Hagen. Berlin 1807. ⟨Kassel, Poet. Germ. 63.⟩
Wh II 406, III 29, 105, 106, 112b, 132b, KL 70b, 74a
TV: Wh III 65

Sartorius, Paul (1569–1609)

Neue Teutsche Liedlein [. . .]. Nürnberg 1601.
Wh II 440

Schärtlin, Sebastian (1496–1577)

Lebensbeschreibung des berühmten Ritters Sebastian Schärtlins von Burtenbach [. . .]. Frankfurt a. M. / Leipzig 1777. ⟨Kat. I, Nr. 537; Arnim B 424, mit Anstreichungen; Kassel, Vitae poet. 176.⟩
Wh II 116

Schein, Johann-Hermann (1586–1630)

Dritter Theil Musica boscareccia. Wald-Liederlein [. . .]. Straßburg 1628.
IV: Wh II 50b

Schiller, Friedrich (1759–1805)

IV: Wh II 353

Schilling, Diebold (um 1445–85)

Beschreibung Der Burgundischen Kriegen [. . .]. Bern 1743. ⟨Kat. I, Nr. 37; Arnim B 620, mit Anstreichungen und hs. Notizen Arnims; Kassel, Hist. Helv. 8.⟩
Wh II 137
IV: Wh I 58, 349

Schilter, Johann (1632–1705)

Die Alteste Teutsche so wol Allgemeine Als insonderheit Elsassische und Straßburgische Chronicke / Von Jacob von Königshoven [. . .]. Straßburg 1698. ⟨Arnim B 369; Kassel, Hist. Gall. 90.⟩
Wh III 193

Schlegel, August Wilhelm (1767–1845)

IV: Wh I 142, II 347

Schlegel, Friedrich (1772–1829)

IV: Wh III 30

Schleych, Martin

IV: Wh II 237

Schmeltzel, Wolfgang (um 1500 – nach 1560)

Guter / seltzamer / vnd künstreicher teutscher Gesang / sonderlich ettliche Künstliche Quodlibet [. . .]. [o. O.] 1544.
Wh II 448
TV: Wh II 50a

Schmidt, Thomas (1624–1705) und Philippus (dessen Sohn)

Historica et Memorabilia D. i. Merckwürdige Sachen und Geschichte / So sich über das Lutherische Gesang-Buch Und dessen meisten Lieder und Versicul begeben und zugetragen [. . .]. Altenburg 1707.
Wh II 341

Schmolck, Benjamin (1672–1737)

IV: Wh I 134

von Schnüffis, Laurentius (d. i. Johann Martin; 1633–1702)

IV: Wh II 179

Schöber, David Gottfried (1696–1778)

Beytrag zur Lieder-Historie [. . .]. Leipzig 1759.
KL 103

Schubart, Christian Friedrich Daniel (1739–91)

Gedichte. Frankfurt a. M. 1802.
Wh I 315, II 381

Schupp, Johann Balthasar (1610–61)

Sämtliche Lehrreiche Schrifften [. . .]. Frankfurt a. M. 1701. [1663.] 〈Kat. I, Nr. 286; Koch, S. 132, Nr. 48.〉
Wh I 101

Schütze, Johann Friedrich (1758–1810)

Holsteinisches Idiotikon, ein Beitrag zur Volkssittengeschichte [...]. 4 Tle. ⟨Kat. I, Nr. 614–615.⟩
Tl. 1. Hamburg 1800.
KL 68a, 68c, 73c, 74b, 76c, 79b, 82a
TV: KL 62, 64b, 66, 72c

Tl. 2. Hamburg 1801.
KL 77a

Tl. 3. Hamburg 1802.
KL 20, 26b, 63, 102b

Tl. 4. Hamburg 1806.
KL 59, 64b

von Seckendorf, Leo (1775–1809)

Musenalmanach für das Jahr 1808. Regensburg. ⟨Kat. II, Nr. 2651; vgl. hs. Aufstellung FDH 10172.⟩
Wh II 274, 282, 289, 327, 414

Senckenberg, Heinrich Christian (1704–68)

Selecta Juris et historiarum [...]. Bd. 5. Frankfurt a. M. 1739.
IV: Wh II 119

Seybold, David Christoph (1747–1804)

Siehe: »Kinderlieder«-Stichtitel und KL 38.

Spangenberg, Cyriacus (1528–1604)

Mansfeldische Chronica. Tl. 1. [o. O.] 1572.
Wh II 107

Ander Teil des Adelspiegels [...]. Schmalkalden 1594. ⟨Arnim B 704a–b.⟩
Wh II 343, 344a

Spangenberg, Wolfhart (Pseud.: Lycosthenes Psellionoros Andropediacus; um 1570 – nach 1636)

Anmütiger Weißheit Lust Garten [...]. Straßburg 1621.
⟨Kat. II, Nr. 2784.⟩
Wh II 140, 447

Spazier, Karl (1761–1805)

Wanderungen durch die Schweiz. Gotha 1790.
Wh III 134b

von Spee, Friedrich (1591–1635)

Trutz Nachtigal / Oder Geistlichs-Poetisch Lustwäldlein [...]. Köln 1660. [1649.]
Wh I 157, 166, 172, 283, »Kinderlieder«-Titelgedicht A, KL 13

Steinacker, G. W.

IV: Wh I 309

Taschen-Buch

Musicalisches Taschen-Buch auf das Jahr 1805. Hrsg. von Friedrich Theodor Mann. Jg. 2. Penig.
Wh I 40

Tauler, Johannes (um 1300–61)

Nachfolgung des Armen Lebens Christi [...]. Frankfurt a. M. 1621.
Wh II 4b

Tentzel, Wilhelm Ernst (1659–1707)

Curieuse Bibliothec [...]. Des andern Repositorii 9. u. 10tes Fach. Frankfurt a. M. / Leipzig 1705. ⟨Arnim B 970.⟩
TV: Wh I 296

Thym, Georgius (um 1520–61)

Des Edlen Gestrengen, Weitberümbten, vnnd Streitbaren Heldes Thedel Vnuerferden von Walmoden, tapfferer, menlicher vn Ritterlicher Thaten [...]. Wolfenbüttel 1563. [1558.] ⟨Koch, Nr. 108.⟩
Wh II 302

Tibianus, Johann Georg (d. i. Schinbayn)

Kurtze Historische / warhaffte vnd gründliche Narration oder beschreibung / Von dem Anfang / Vrsprung / Herkommen / Frucht

vnd Nutzbarkeiten deß Wallfahrtens [...]. Konstanz 1598. ⟨Kat. II, Nr. 283b.⟩
Wh II 319

Tieck, Ludwig (1773–1853)

IV: Wh I 418

Tileman Elhen von Wolfshagen

Siehe: Chronik, Limburger.

Titius, Caspar (1570–1648)

IV: Wh II 341

Tschudi, Aegidius (1505–72)

Chronicon Helveticum [...]. Hrsg. von Rudolf Iselin. Tl. 1. Basel 1734. ⟨Arnim B 622a–b.⟩
Wh I 349

Chronicon Helveticum [...]. Tl. 2. Basel 1736.
Wh I 360

Venusgärtlein. Hamburg 1656.

IV: Wh I 265

Viethen, Anton

Beschreibung und Geschichte des Landes Dithmarschen [...]. Hamburg 1733.
Wh II 163, 248, 249
TV: Wh II 410

Vogel, Jakob (1584 – nach 1630)

IV: Wh I 245

Voigt, Valentin (1487 – um 1558)

IV: Wh III 144

Voigtländer, Gabriel (1596–1643)

IV: Wh III 91, 95

Voß, Johann Heinrich (1751–1826)

TV: Wh I 300
Siehe: Musen Almanach für 1783.

Vulpius, Christian August (1762–1827)

IV: Wh II 366

Wagenseil, Johann Christof (1633–1705)

Belehrung Der Jüdisch-Teutschen Red- und Schreibart. Königsberg 1699. ⟨Kat. I, Nr. 563, II, Nr. 2628; Arnim B 2349; Kassel Jud. 47.⟩
KL 44

von Waldenfels, Christoph Philipp

Selectae Antiquitatis Libri XII. [...] Nürnberg 1677. ⟨Kassel, Antiqu. 55.⟩
IV: Wh II 232

von Wangenheim, Karl (1773–1850)

Wh II 10

Watzdorff, Peter

IV: Wh II 111

Weber, Veit (15. Jh.)

IV: Wh I 58

Weckherlin, Georg Rodolf (1584–1653)

Gaistliche vnd Weltliche Gedichte. Amsterdam 1648.
Wh II 96
IV: Wh I 254

Weise, Christian (1642–1708)

Die Drey Klügsten Leute in der gantzen Welt [...]. Leipzig 1684. [1675.] ⟨Kat. I, Nr. 240; Arnim B 975; Kassel, Fab. Rom. 443. a.⟩
Wh I 251

Wickram, Georg (um 1500 – um 1562)

Das Rollwagenbüchlin [. . .]. [o. O.] 1555.
Wh I Zueignung an Goethe

Widmann, Erasmus (1572–1634)
IV: Wh II 414

Wieland, Christoph Martin (1733–1813)
IV: Wh III 56

Witweyler, Ulrich (1535–1600)

Warhafftige vnd gründliche Histori / vom Leben vnnd Sterben deß H. Einsidels vnd Martyrers S. Meinradts [. . .]. Freiburg [Schweiz] 1587. ⟨Kat. II, Nr. 1119.⟩
IV: Wh III 170

Wochenschrift

Badische Wochenschrift zur Belehrung und Unterhaltung für alle Stände. Hrsg. von Aloys Schreiber. Heidelberg.
Jg. 1806.
Wh II 65

Jg. 1807. ⟨Arnim B 1995.⟩
Wh II 262

Wüstholtz, Johann

Der Lutherisch Lobwasser [. . .]. Rothenburg o. d. T. 1617. ⟨Kat. II, Nr. 746.⟩
Wh II 4a, KL 69a
IV: KL 35

Zaupser, Andreas (1746–95)

Versuch eines baierischen und oberpfälzischen Idiotikons [. . .]. München 1789.
IV: Wh III 127a, 127b

Zeitvertreiber, Kurtzweiliger

Siehe: de Memel, Johann Peter.

Zeitvertreiber, Musicalischer

Musicalischer Zeitvertreiber [...]. Hrsg. von Paul Kauffmann. Nürnberg 1609.
Wh III 48a, 71c, (2 Lieder) 98
TV: Wh II 427

von Zesen, Philipp (1619–89)

Frühlings Lust, oder Lob- und Liebes-Lieder. Hamburg 1642. ⟨Arnim B 985.⟩
Wh II 3, 32

Zincgref, Julius Wilhelm (1591–1635)

Emblemata. Frankfurt a. M. 1624. [1619.]
Wh II Stichtitel.

Teutscher Nation Klug-außgesprochene Weißheit / Das ist [...] von Griechen Apophthegmata genandt [...]. Amsterdam 1653. [1628.] ⟨Kat. I, Nr. 249.⟩
IV: Wh II 344a

2. Fliegende Blätter, aus denen übernommen wurde

Die erste Herkunftsangabe im Wh überhaupt lautet »Altes fliegendes Blatt aus Kölln« (Wh I 15). Insgesamt begegnet die Bezeichnung »Fliegendes Blat« (oder »Blatt«) in 84 Herkunftsangaben des Wh (34 in Wh I, 42 in Wh II, 8 in Wh III). Genauere Hinweise auf Entstehungszeit oder Druckort treten innerhalb dieser Zahlen deutlich zurück, während auf Kontaminationen mehrerer Blätter viermal verwiesen ist (Wh II 154, 158, 216, 386). Verglichen mit andern Angaben sind diese Herkunftsvermerke sowohl was ihre Art wie was ihre Zahl betrifft relativ genau; denn es dürften in der Tat (von einigen Flüchtigkeiten oder Mystifikationen abgesehen; vgl. z. B. Erl. zu Wh II 405) in etwa 100 Fällen (d. h. etwa 15 Prozent aller Wh-Lieder) Fl. Bl. als Haupt- oder Teilvorlage herangezogen worden sein. Nachprüfbarkeit der jeweiligen Vorlagen, die den Herausgebern weitgehend unerwünscht sein mußte, wurde (und wird) durch die Angabe »Fliegendes Blatt« nicht gerade erleichtert; so ist diese Art des Herkunftsvermerks (neben dem noch vieldeutigeren »Mündlich«) die häufigste im Wh –

dadurch zugleich zum Begriff geworden und begegnet in dieser Form auch in Grimms DS (vgl. z. B. Nr. 127 und 500).
Nachdem schon 1773 Herder in seiner Aufsatzsammlung *Von Deutscher Art und Kunst* mit dem Untertitel *Einige fliegende Blätter* offenbar auf dieses literarische Phänomen angespielt hatte, nennt Röther 1795 in der Vorrede zu seiner ungedruckt gebliebenen Volksliedersammlung (die er später Brentano schenkte) als seine Hauptquelle »die fliegenden Blätter, gewöhnlich mit dem Titel ›Schöne weltliche Lieder‹ und der Unterschrift ›gedruckt in diesem Jahr‹, die nirgends so häufig als in Schwaben und Franken gedruckt und auf Jahrmärkten, Kirchweihen u. s. w. verkauft werden« (Alemannia 10, 1882, S. 143). Als »Fliegendes Blatt« bezeichnen Arnim und Brentano auch frühe Einzeldrucke des 15.–17. Jh.s, vor allem aber jene von Röther charakterisierten Sammlungen von meist 2–8 Liedern auf einem oder mehreren zusammengelegten Doppelbogen im Quartformat, schlechten Papiers und flüchtigen Drucks, die hauptsächlich seit der Mitte des 18. Jh.s, um 1800 kulminierend, in Mengen verschleudert wurden und nicht selten die wirtschaftliche Basis ganzer Verlage darstellten. Da sie ausschließlich auf Massenabsatz berechnet waren, paßten sie sich dem sogenannten volkstümlichen Geschmack in jeder Hinsicht an: Es finden sich nur populäre geistliche und weltliche Lieder, nicht selten durch Eingriffe des Redakteurs gekürzt, umgestellt, vereinfacht und durch eine Unmenge von Mißverständnissen und Druckfehlern eines flüchtigen Setzers entstellt. Auch weil die staatlichen Zensurbehörden dieser beliebten Volkslektüre mehr und mehr Aufmerksamkeit widmeten, erschienen die meisten ohne Druckort und -jahr, nur selten mit Angabe des Verlags. Die Verlage Solbrig in Leipzig, Littfas und Zürngibl in Berlin sind am häufigsten im Impressum der Blätter genannt und lassen sich darüber hinaus anhand gewisser Numerierungssysteme und typischer Blattverzierungen oft als Hersteller ermitteln.
Arnim entwickelte im Brief an Brentano vom 9. Juli 1802 im Blick auf die Popularität dieser Blätter zunächst die Idee, in solcher Form große Dichtungen weiteren Kreisen zugänglich zu machen: »Ich sehe schon manche fünf schöne neue Lieder, gedruckt in diesem Jahre aus unsrer Drukerey kommen.« Das Wh ging indes den umgekehrten Weg; Arnim scheint bereits auf seiner Schweizer Reise (1802) solche Drucke erworben und gesammelt zu haben (vgl. Erl. zu Wh I 79); Brentanos bibliographischem Interesse dürfte allerdings der Hauptanteil des entsprechenden Materials zu verdanken sein. An den Antiquar Mozler schreibt er z. B. am 7. Juni 1805: »Noch mahls muß ich

ihnen auseinander setzen auf waß ich eigenlich sammle [...] Romanzen, von welchen viele noch in den fliegenden Blättern auf Jahrmärkten herum getrieben werden.«
Die Suche nach den Fl. Bl., die als Vorlagen herangezogen wurden, ist besonders schwierig, da sich im gesamten erhaltenen Wh-Material insgesamt nur fünf Fl. Bl. finden, von denen drei (im BN) zweifellos erst nach 1810 gedruckt wurden; die wenigen Blätter in der Arnim-Bibliothek stehen sämtlich nicht im Zusammenhang mit der Wh-Redaktion (die Vorlage zu Wh I 371 ist hier lediglich als Duplikat enthalten). Daraus erhellt zweierlei: Einmal haben Arnim und Bettina auch nach Veröffentlichung des Wh noch weiterhin Fl. Bl. gesammelt, so daß selbst nachweislich aus Arnims Nachlaß stammende Blätter nicht unbedingt als mögliche Vorlagen angesehen werden können (BC und Bode vermeiden diesen Fehler nicht immer); zum andern ist demnach die Masse der fürs Wh gesammelten Blätter nicht mit den Hs. erhalten geblieben, sondern offenbar verschenkt und verkauft worden. Brentanos Katalog (II, Nr. 2762; vgl. auch Nr. 3622) weist eine entsprechende Position aus: »26 Heftchen, in jedem einige Volkslieder, zumeist ›gedruckt in diesem Jahre‹. Es scheinen dieselben sämmtlich im Anfange dieses Jahrh. gedruckt zu sein« (wahrscheinlich ist auch ein hs. Vermerk Varnhagens in Kat. I, S. 31, auf Einzeldrucke zu deuten: »Noch übrige unverzeichnete Stücke aus Futteral«). – Wer sie 1853 erworben hat, ist ungewiß; vielleicht wurden sie auf der Versteigerung gar nicht abgesetzt und wanderten in ein Antiquariat (s. u.). Eine zweite Spur gibt Uhlands Brief an Laßberg vom 28. 11. 1828: »Herr Meusebach in Berlin soll die bedeutendste Sammlung derselben [Fl. Bl.] besitzen.« Meusebachs Bibliothek ging bekanntlich auf Initiative Bettinas als Geschenk Friedrich Wilhelms IV. an die StB Berlin; auf diesem Weg kam nachweislich zumindest der Band Yd 7909 nach Berlin. Der Band Yd 7910 trägt auf dem Rücken von der Hand Jacob Grimms die Aufschrift »Deutsche Lieder«. Auf dem Vorsatzblatt steht:« KHG von Meusebach. Geschenk aus der Gütergemeinschaft der Brüder Jacob und Wilhelm Grimm zu Göttingen, als ich in den schönen liebereichen Tagen vom 13. April 1833 Mittags bis zum 24. April Morgens ihr Gast war.« – Diese Spuren dürften letztlich auf Blätter aus Brentanos Besitz zurückführen (zumal aus Yd 7909 drei Lieder ins Wh aufgenommen wurden), da die Blätter aus Arnims Besitz anscheinend bis Ende des 19. Jh.s im Wiepersdorfer Nachlaß verblieben (vgl. dazu etwa Bettinas Brief an den Herausgeber der NA, Rudolf Baier, vom 22. 9. 1845: »Ich habe hier in der Bibliothek noch eine Sammlung

fliegender gedruckter Volkslieder, die Arnim zum lezten Band Wunderhorn gesammelt hat, leider sind sie bei dem Brand auseinander gefallen«; K. Gassen, Bettina von Arnim und Rudolf Baier, Greifswald 1937, S. 48). Die Frage nach der Herkunft der übrigen zahlreichen und umfänglichen Sammelbände Fl. Bl. der Berliner Bibliotheken kann nur sukzessive und heute noch keinesfalls befriedigend beantwortet werden. Bode, der grundsätzlich nur mit Erks Abschriften aus dem Wh-Material arbeitete, hat die Berliner Fl. Bl. nur ausnahmsweise zu Vergleichen herangezogen, da er die Originale wohl noch in dem ihm unzugänglichen Wiepersdorfer Nachlaß vermutete. Dem war indes nicht mehr so, wie die hs. Eintragungen Arnims auf Fl.Bl. Yd 7922,38.3 und viele hs. Notizen Erks (hauptsächlich in den Bänden Yd 7919–25) erweisen. Da gerade in Arnims Notierungen ein Buchstabe ganz, ein anderer halb abgeschnitten ist (so auch bei zahlreichen Eintragungen Erks; z. B. Yd 7876. 1.3, wo Erks Hinweis auf NA I 178 durch Beschneidung zu Wh I 17 verstümmelt ist), müssen die Blätter erst später in Sammelbände gebunden worden sein. Der Accessionskatalog der Deutschen StB Berlin weist unter dem 11. Juni 1881 aus: »400 Liederdrucke aus der 2. Hälfte des 18. und dem Anfange des 19. Jahrhunderts. 4 gebundene Bände und 1 Convolut einzelner Drucke« (als Verkäufer wird der Antiquar Albert Cohn, Berlin, genannt). Da die Bände Yd 7919, 7920 und 7922 auf dem Einbandrücken die Zahlen I, II bzw. IV tragen, ist der seit 1928 verschollene Band Yd 7921 mit Sicherheit Band III gewesen. Diese vier Bände wurden also vom Antiquar Cohn (1827–1905; Mitarbeiter des Shakespeare-Jb.s) neben mehreren ungebundenen Einzelblättern erworben. Das gibt die Gewähr, daß Cohn Konvolute aus dem Wh-Material erworben hat, die dank ihres bis heute unveränderten Bucheinbandes durch kein Blatt anderer Herkunft ergänzt wurden; ähnliches läßt sich auch für die erst in der StB zusammengebundenen Konvolute Yd 7923–25 annehmen. Da der Accessionskatalog 400 Blätter nennt, die umfänglichsten Konvolute aber selten mehr als 100 Stücke zählen, ergibt ein Vergleich der Stückzahlen der genannten Bände, daß die von Cohn verkauften Blätter wie folgt erhalten sind:

Yd 7919 (Band 1)	104 Stücke
Yd 7920 (Band 2)	51 Stücke
Yd 7922 (Band 4)	45 Stücke
Yd 7923	24 Stücke
Yd 7924	33 Stücke
Yd 7925	47 Stücke
	304 Stücke

Auf den verschollenen Band Yd 7921 (Band III), der nach Ausweis von Wh I 50 (s. dort) mit Sicherheit aus Wh-Material zusammengestellt war, entfielen demnach 96 Stücke – eine besonders schmerzliche und nur notdürftig auszufüllende Lücke, auf die zweifellos einige Desiderata unter den Vorlagen zurückgehen (die Stücke, mit denen Kopp arbeitete, Crailsh., S. 96, bieten nur eine Parallele, und zwar zu Wh I 64: Yd 7921.19.1). Daß die 304 Stücke aus dem Wh-Material stammen, erweisen nicht zuletzt zahlreiche Abschriften dieser Blätter im Erk-Nachlaß, die den Vermerk »Von Arnim's Sammlung« tragen (vgl. z. B. E 26,465; 28,889, u. v. a.). Ob sie von den Erben Arnims an Cohn verkauft wurden oder von Erk selbst (gest. 1883), ist ungeklärt.
Über den Antiquar Breslauer gelangte der Band Yd 5154 (50 Stücke) in die Deutsche StB Berlin, so daß diese Stücke wohl nicht zum Wiepersdorfer Nachlaß gehörten und vielleicht Brentanos Eigentum waren.
Somit ist für fast die Hälfte der nachgewiesenen Fl.-Bl.-Vorlagen der Druck ermittelt, den Arnim oder Brentano in Händen hatten. Das gilt darüber hinaus für die im British Museum London befindlichen Blätter aus dem Nachlaß Gräters, die Arnim Anfang 1806 zur Verfügung standen (vgl. Arnims Brief an Brentano vom 26. 1. 1806). Bei den übrigen ermittelten Quellen dieser Art ist solche Möglichkeit zwar nicht auszuschließen, aber (vor allen bei den nicht in Berlin befindlichen Blättern) auch nicht sehr wahrscheinlich. Indes dürfte es sich in den meisten Fällen um die gleichen Drucke handeln, so daß der wahrscheinliche Verlust der Originalmaterialien hier kaum ins Gewicht fällt.

Literatur: A. Kopp, Deutsches Volks- und Studentenlied in vorklassischer Zeit. – Im Anschluß an die bisher ungedruckte von-Crailsheimsche Liederhs., Berlin 1899; A. Tille, Verzeichnis von 1802 konfiszierten Volksliedern, in: Mitt. des Vereins f. Sächs. Volkskunde 3, 1903–05, S. 133–136; G. Witkowski, Verzeichnis der im Verlage der verwitweten Solbrigin in Leipzig herausgekommenen Volkslieder, welche anbefohlenermassen zur Censur gelangt sind. Anno 1802, in: Mitt. des Vereins f. Sächs. Volkskunde 4, 1906–08, S. 299–309; Bode, S. 89–91; E. Seemann, Newe Zeitung und Volkslied, in: JbVldf 3, 1932, S. 87–119; H. Schewe, Die Ballade »Es spielt ein Ritter mit einer Magd«, Diss. Berlin 1917, S. 18 [u. ö.]; Schewe, 1932, S. 122 f.; Schewe, 1956, S. 55; H. Rölleke, ›Kriegslieder‹ – Achim von Arnims Imitation eines Fl.Bl.s im Jahre 1806, in: JbVldf 16, 1971, S. 73–80.

Die folgende Aufstellung ist nach Standorten und Signaturen geordnet. Überlieferte Erscheinungsjahre sind in Klammern beigefügt.

UB Heidelberg

Heid. Hs. 2110,49 (1553)	Wh I 270
Heid. Hs. 2110,56 (1758)	Wh I 134 (Spuren von Arnims Hand)

Deutsche StB Berlin (Ost)

Yd 5154
Der Band enthält zwischen 1790 und 1794 gedruckte Lieder; Register und Ergänzung des Bl.s 46 von unbekannter Hand.

5154.7.3	Wh II 24
23.3	TV: Wh II 191a
29.2	TV: Wh II 158
42.1	Wh II 366
43.5	TV: Wh II 383

Yd 7801

7801.9	Wh III 52

Yd 7856

7856.14.2	EV: Wh I 15

Yd 7876

7876.1.4 (1758)	TV: Wh I 188

Yd 7896
Der Band enthält zwischen 1789 und 1814 gedruckte Lieder.

7896.4.2	Wh III 36
9.2	Wh I 149
	TV: Wh II 48

Yd 7902

7902.III.16.2	Wh II 371

Yd 7903
Der Band enthält Drucke der Zürngiblschen Druckerei in Berlin.

7903.48.5	Wh III 79

Yd 7904

7904.I.42.3	TV: Wh I 188
I.42.4	TV: Wh I 43
I.42.5	TV: Wh I 112
III.116.4	TV: Wh I 145

Yd 7905

7905.32 (1790) Wh III 20

Yd 7909

Beschreibung: Kopp, Crailsh., S. 17 [u. ö.] (wahrscheinlich in Nürnberg oder Altdorf gedruckt).

7909.3.1	Wh II 127
13.5	TV: Wh II 154
35.1	Wh II 47

Yd 7911

Alter Einband mit der Aufschrift: »Gedrückte Arien. JW. v. F. 1.8.0.7.«

7911.37.3 Wh II 58

Yd 7912

119 Drucke des Verlags Solbrig in Leipzig; Numerierung A–Z, Aa–ZZ, Aaa–Ppp.

7912.40.6	TV: Wh I 61
93.2	Wh III 167

Yd 7914

Einige Drucke von Christian Everaets, Köln; wohl sämtlich um 1800.

7914.5.13 (ein Sammelheft *Ganz neue Lust-Rose*, 1801: zugleich in Arnims Bibliothek NFG/ZB B 1280)
Wh I 371

Yd 7919

Rückenschild: »Fliegende Blätter 1780–18—«.

7919.4.6	Wh III 27
4.7	Wh I 325
10.2	TV: Wh II 17
12.3	Wh I 137
27.1	TV: Wh I 384
30.6	TV: Wh III 38
32.1	Wh II 129
40.3	TV: Wh II 216
54.4	TV: Wh I 145
59.1	Wh II 14
72.5	Wh III 17
75.1	Wh I 220
76.2	Wh III 13
76.4	Wh I 308
80.1	Wh I 159

90.1	Wh I 372
(91.7)	TV: Wh III 83
92	Wh III 135
100.2	TV: Wh III 141
101.2	TV: Wh I 315
104.2	TV: Wh II 25
104.3	TV: Wh II 216

Yd 7920
Vgl. Kopp, Crailsh., S. 16 [u. ö.]; zwischen 1782 und 1806 gedruckte Lieder, viele aus Köln.

7920.1.1	TV: Wh I 289
5.3	Wh I 93a
7.3	Wh I 189
16.3	TV: Wh I 289
16.4	Wh I 329
19.2 (1802)	Wh I 117
34.3	Wh I 341
36.4	Wh II 61
47.1	Wh I 373

[Yd 7921]
Vgl. Kopp, Crailsh., S. 17 [u. ö.].

[7921.27.1]	Wh I 50

Yd 7922
Meist Ende des 18. Jh.s gedruckte Lieder.

7922.5.3	Wh I 306b
5.4	Wh I 34
13.6	TV: Wh I 61
20.3	Wh I 214
22.3	Wh I 78
31.5	Wh I 203
38.3	Wh I 79 (Notizen von Arnims Hand)
40.1	Wh I 142
41.2	TV: Wh I 178
43.1	Wh I 322

Yd 7924
Meist zwischen 1802 und 1806 gedruckte Lieder.

7924.14.1	TV: Wh II 154

Yd 7926

7926.28.1	Wh I 64

Yd 8968	Wh II 243
Ye 36.1	Wh II 212
Ye 1650.2 (1646)	Wh III 138
Ye 6686.5 (1632)	Wh II 93
Ye 9790.5	Wh I 241

StdtB Frankfurt a. M.

L 522	TV: Wh II 103
	Wh II 111
	Wh II 336
	Wh II 339

StdtB Hamburg

A–56	Wh I 237

The British Museum London

Über den Berliner Antiquar Cohn gelangten Teile des Bücherschatzes Wendelin von Maltzahns 1885 an das Britische Museum; von Maltzahns Bestände lassen sich z. T. auf von der Hagens Nachlaß zurückführen, der seinerseits Teile aus Gräters Flugschriftensammlung enthielt (vgl. Erl. zu Wh II 175).

11517.de.11	Wh II 62
11517.ee.54 (1631)	Wh II 95
11522.df.17.2	Wh II 229b
11522.df.109	Wh II 175

StB München

P.o. germ. 1685	EV: Wh I 356

Bürger Bibliothek Schaffhausen

E. C. 28.26.3	Wh II 386

UB Tübingen

DK XI 1088	Wh II 237

Bibliotheca Vaticana

Pal. VI 54	Wh III 154

StdtB Wien

E 80390	Wh II 350

StdtB Winterthur

C 620.50	Wh III 113

UB Zürich

Gal. XVIII	Wh II 369
Gal. XVIII	TV: Wh III 38

StB Berlin, Preußischer Kulturbesitz

Ms. A 244 (Nachlaß Erks): Abschriften aus dem Wh-Material.

E 28,795 (1763)	Wh I 140
E 26,402	Wh I 358
E 29,134	Wh I 396

Württembergische Landesbibliothek Stuttgart

Cod. misc. 4° 30 (Nachlaß Gräters): Abschriften Fl.Bl., die Arnim benutzte.

Kasten II, Nr. 27	TV: Wh II 103

BC

Abdruck aus dem Wh-Material.

BC II, S. 614	Wh II 22

NA

Abdruck aus dem Wh-Material.

NA I, S. 374	Wh I 374

Ersatzvorlagen

G. Forster: Der dritte teil / schöner / lieblicher / Teutscher Liedlein [...]. 3. Aufl. Nürnberg 1563. Nr. 19.
Wh III 19

H. Harmjanz: Die deutschen Feuersegen. Helsinki 1932. S. 3.
Wh I 21

O. Schade: Vom deutschen Handwerksleben in Brauch, Spruch und Lied. In: WeimJb 4,2 (1857) S. 340 f.
Wh II 390

F. Sieber: Deutsch-westslawische Beziehungen in Frühlingsbräuchen. Berlin 1968. S. 132 f. und 218.

Wh I 161a

StB München. Cod. germ. 7340/II. Nr. 94. S. 73 f. (sog. Stubenberger Hs.)

Wh II 373

R. Wissell: Des alten Handwerks Recht und Gewohnheit. Bd. 2. Berlin 1929. S. 233–235.

Wh II 70

3. Ältere handschriftliche Codices, aus denen übernommen wurde

Codices des 15.–17. Jh.s und Sammelhs. des 18. Jh.s lagen in verhältnismäßig großer Zahl bei der Wh-Redaktion vor. Die Fülle meist anonymer Meisterlieder und volkstümlicher Gedichte der Barockzeit würde eine eigene Edition manchen Bandes rechtfertigen, da aus ihnen insgesamt nur etwa 40 Lieder ins Wh aufgenommen wurden (entsprechend wertet Brentano im Brief an die Brüder Grimm vom 9. 6. 1808 einmal einen dieser Ms.bände ab: »lauter schoffele Lieder von 1700«; Steig IV, S. 20). Nicht nur aus den überhaupt herangezogenen alten Hs. wurden unverhältnismäßig wenig Lieder übernommen: Darüber hinaus blieben ganze Codices unberücksichtigt. Dafür können hier nur einige Beispiele angeführt werden:
Heid. Hs. 2112, Liedersammlung des Nikolaus Barnsdorf von 1639; 122 Bl. mit Liedern des frühen 17. Jh.s in zeitgenössischem Schweinsledereinband mit der Widmung: »Subscriptus macht sich ein Vergnügen daraus dem Herrn Clemens Brentano, Gelehrten in Cassel dieses alte Liederbuch zu übersenden, weil vielleicht einiges zu der herauszugebenden Sammlung passt. Der Medizinalrath von Halem. Aurich in Ostfriessland d. 14. Jun. 1808.« – Kam diese Sendung für die Wh-Redaktion wahrscheinlich zu spät, so lag doch z. B. ein zweiter Meistersingerband aus Arnims Besitz zweifellos seit 1805 vor (StB Berlin, Preußischer Kulturbesitz, Ms. germ. 2° 22; s. u. zu Ms. germ. 2° 23); auch der Codex Ms. germ. 4° 875 war wohl seinerzeit schon in Brentanos Besitz, da er von Jacob Grimms Hand den Vermerk trägt: »Von Clemens Brentano im Juny 1815 geschenkt erhalten.«
Da sich nicht zuletzt an der Entdeckung und dem Erwerb der ältesten dieser Handschriften die Idee zur Sammlung und Herausgabe ›Alter deutscher Lieder‹ entzündete (s. Erl. zu Wh I 103), bleibt es zunächst

verwunderlich, daß die Gruppe dieser Überlieferungsträger insgesamt nur mit etwa 5 Prozent aller Wh-Lieder am schwächsten überhaupt vertreten ist. Die verhältnismäßig geringfügige Verwendung dieses Materials hat zum ersten äußerliche Gründe: Die Hs. sind z. T. nicht nur schwer lesbar, sondern auch sprachlich so veraltet, daß ihrem Verständnis durch die Wh-Herausgeber und vor allem die Leser des Wh beträchtliche Schwierigkeiten entgegenstanden; zum andern kamen viele Lieder ihrer Länge, aber auch ihres oft wenig originellen Inhalts und vor allem ihres ausgeprägt meistersängerischen oder barock-schäferhaften Stils wegen nicht in Betracht.
Bis auf die Übernahmen aus dem durch Goethe vermittelten Meistersingerbuch Voigts (Wh III 144) und aus Stromers Memorialbuch (Wh II 209 und III 146) dürften die schwierigen Bearbeitungen dieser Lieder wohl sämtlich auf Brentano zurückgehen, der entsprechend einmal Arnim gegenüber generell auf sein Verdienst hinweist, Gedichte »aus dem Meisterton in den Liederton« umgesetzt zu haben (Februar 1808).
Die Überlieferungslage ist trotz der unspezifischen Herkunftsangaben verhältnismäßig gut. Wenn auch im direkten Wh-Material von den benutzten Sammlungen lediglich die des späten 17. und des 18. Jh.s (nicht aber die meist kalligraphischen älteren Codices) verblieben, so ist doch dank der Arnimschen und Meusebachschen Schenkungen an die Berliner Bibliothek das wichtigste Material erhalten geblieben.
Bedauerlich ist die momentane Unauffindbarkeit des Stromerschen Codex, der bis heute im Privatbesitz blieb, und des Kolerschen *Rüefbüechls*, das aus Brentanos Nachlaß in Privatbesitz überging; doch schaffen hier offenbar recht genaue Abdrucke Ersatz. Ähnlich steht es mit den gänzlich verschollenen Hs. des 18. Jh.s, die für Wh II 8 und III 137b herangezogen wurden. Über Herkunft und Verbleib der Vorlagen zu Wh I 75, 354, II 214 und 353 ist hingegen nie etwas bekanntgeworden; hier mußte in zeitgenössischen Parallelüberlieferungen Ersatz gesucht werden. Schließlich ist zu KL 44 die Übernahme aus der auch sonst herangezogenen Sammelhs. BN Sa 22 so gut wie sicher; die direkte Vorlage ist indes anläßlich der Redaktion der NA abhanden gekommen.

UB Heidelberg

Heid. Hs. 2110,25
Sammelhs. um 1700.

(2 Lieder) KL 28

Heid. Hs. 2110,30
Hs. Liederheft, wohl noch aus dem 17. Jh.

Wh II 441

Heid. Hs. 2110,37
Liederhs. des 18. Jh.s.

Wh III 7

Heid. Hs. 2113
Hs. Liederheft. Auf dem Deckblatt: *Lieder-Büchlein von Johannes Mayer zusammen getragen und zum Zeit-Vertreib aufgesetzt im Jahr 1768*. Auf S. 70 einige später eingefügte Daten: »1803«, »21. 3. 1805«.

Wh III 80
TV: Wh I 382
TV: Wh II 399

Heid. Hs. 2115
Hs. Liederheft. Auf der Innenseite des vorderen Deckels steht in der Hs. Wielands: »Wieland. 1808.« Nach Ausweis der Schrift und der Entstehungsdaten einiger Lieder ist die Zusammenstellung in der 2. Hälfte des 17. Jh.s anzusetzen.

Wh III 78
Wh III 87
Wh III 90
Wh III 95

Stadtarchiv Stralsund

BN Sa 5
Hs. Liederheft, wohl vom Anfang des 17. Jh.s.

Wh I 165

BN Sa 22
Fragmentarisch erhaltenes Heft in Quartformat mit Abschriften aus einer Liedersammlung des 17. Jh.s. Da ein Lied Ereignisse des Jahres 1633 behandelt, ist die Entstehung der Originalsammlung wohl noch vor 1650 anzusetzen.

Wh II 74
Wh II 82

Wh II 90
KL 3
KL 47 (Hs. Vorlage verschollen.)

StB Berlin, Preußischer Kulturbesitz

Ms. germ. 2° 23
Papierhs., 261 Blatt; enthält in der Hauptsache Lieder Nürnbergischer Meistersänger, von denen einige zwischen 1529 und 1540 datiert sind.

TV: Wh II 5
Wh II 223
Wh II 269
Wh II 445

Ms. germ. 8° 230
Vgl. die Erl. zu Wh II 360.

Wh II 360

Ms. germ. 2° 481
Papierhs., 282 Blatt: *Cronica Der Freyherrn zue Hohenstauffen*, 1582.

Wh II 145

Ms. germ. 4° 659
Papierhs. des frühen 16. Jh.s.

Wh I 277

Ms. germ. 4° 719
Zwischen 1470 und 1473 entstandene Papierhs.

Wh I 223
Wh I 386
TV: Wh I 378

Ms. germ. 4° 764
Bildete ursprünglich mit Ms. germ. 4° 719 eine Einheit.

Wh I 103

UB Jena

Ms. El. f. 100
Papierhs. von 1558.

Wh III 144

Stromer-Archiv, Altdorf B 24

Stromers Memorialbuch von 1581. Seit 1962 verschollen. Abdruck in:

BC II, S. 27	Wh II 209
BC II, S. 18	Wh III 146

Ersatzvorlagen

Alemannia 9 (1881) S. 48	Wh I 151
E 42,300	Wh II 8
BC II, S. 208	Wh III 137b
W. Deutsch / G. Hofer: Die Volksmusiksammlung der Gesellschaft der Musikfreunde in Wien. Tl. 1. Bd. 1. S. 116.	Wh II 353
StB München. Cod. germ. 5290, H, S. 69	Wh II 214
Alemannia 2 (1875) S. 127	TV: Wh I 75
BC I, S. 521	TV: Wh I 75

4. Einsender handschriftlicher Vorlagen und Helfer, deren Abschriften als Vorlage dienten; Vermittler von *Wunderhorn*-Liedern und -Material

Hs. Aufzeichnungen nach mündlicher Überlieferung hat man lange für das Ideal der Wh-Herausgeber gehalten – im Grunde bestimmt diese Vorstellung noch heute die Lesererwartung. Das ist in mancher Hinsicht unrichtig. Einmal machen die erhaltenen Aufzeichnungen Arnims und Brentanos aus mündlicher Tradition nur einen Bruchteil aller Materialien aus (von Arnims Hand findet sich bezeichnenderweise nicht ein Ms. dieser Art), zum andern wurde erst durch Arnims Aufruf am Ende von Wh I und Brentanos planmäßige Werbung um Einsendungen durch Zirkularbriefe eine nennenswerte Anzahl solcher Beiträge gewonnen. Es bleibt jedenfalls festzuhalten, daß trotzdem die Anzahl der direkt aus Büchern oder Zs. übernommenen Lieder die Übernahmen nach hs. Einsendungen weit übersteigt.
Beim ersten Band war die Beteiligung Dritter noch besonders gering. Nur Bettina und Albert Ludwig Grimm steuerten mehreres bei; Einzelbeiträge von Danquard, Nehrlich und Caroline Rudolphi fallen dagegen kaum ins Gewicht. Einsendungen unbekannter Hand (u. H. I–IV) bzw. durch Brentano oder Arnim veranlaßte Abschriften (etwa

durch Brentanos Gattin Sophie oder durch Arnims Diener Frohreich) wurden insgesamt in nur sieben Fällen herangezogen. Diesem geringfügigen Anteil hs. Beiträge entspricht wohl die geringe Zahl von Einsendungen überhaupt, die seinerzeit vorlag. Erst nach der Veröffentlichung von Wh I zeigten sich Erfolge, so daß Brentano schon im Juli 1807 an Arnim ohne Übertreibung schreiben konnte: »ich habe Lieder in die Tausende«. In der Tat haben sich im Wh-Material auf mehr als 4000 Seiten an die 5000 hs. Liedaufzeichnungen erhalten (von den Sammelhs. des 15.–18. Jh.s abgesehen; die Zahl der Hs., die erst nach Vollendung des Wh noch hinzugekommen sind, wird wohl durch den Umfang der seither zerstreuten und verlorenen Materialien mehr als ausgeglichen). Arnim bestätigte später diese Tatsache; in seiner Rezension von Henriette Schubarts Übersetzung der *Schottischen Lieder* Walter Scotts (in: A. v. A., *Unbekannte Aufsätze und Gedichte*, hrsg. von L. Geiger, Berlin 1892, S. 80) schreibt er: »die mühsamste Arbeit bestand, bei den letzten beiden Bänden, in dem Absondern unter der Masse des Uebersandten«. Von den schätzungsweise 150 verschiedenen Hs., die im erhaltenen Wh-Material begegnen, wurden etwa 50 für das Wh herangezogen. Insgesamt sind durch Nennung im Wh selbst oder in der zugehörigen Korrespondenz die erhaltenen Hs. von 24 Beiträgern identifizierbar; fünf weitere, deren Aufzeichnungen selbst verschollen sind, können indirekt nachgewiesen werden (Creuzer, Hinze, Jäck, Merck-Heft, Schlosser). Dagegen lassen sich nur sehr wenige der unberücksichtigten Hs. einem bestimmten Einsender zuordnen. Die nicht identifizierten, fürs Wh benutzten Hs. verteilen sich auf 16 verschiedene Konvolute. Gerade hier bleibt besonders zu berücksichtigen, welche Hs. Originalbeiträge (vgl. etwa u. H. III, IX, XV) und welche bloße Abschriften (vgl. etwa u. H. II, VII) von (meist verschollenen) Originalbeiträgen sind. Zur letzteren Gruppe gehören aus den identifizierten Schreibern jedenfalls Sophie Mereau und Frohreich, z. T. aber auch Bettina (deren Originalbeiträge andrerseits z. T. nochmals in Abschriften durch u. H. VII vorliegen).

Insgesamt sind ins Wh etwa 230 Lieder namentlich bekannter, 60 Lieder nicht namentlich bekannter Einsender aufgenommen worden. Die extreme Disproportion dieser Zahlen gegenüber der Gesamtsumme der bis heute erhaltenen hs. Liedaufzeichnungen für das Wh (etwa 5000) spiegelt sich noch 1811 in Brentanos resignierender Äußerung, er habe bei all seiner Bemühung gerade um hs. Beiträge »kaum zehn Einsender gehabt, und unter diesen etwa vier bis fünf brauchbare« (Januar 1811 an die Brüder Grimm); damit ist die Relation zwischen eingesandten und für das Wh verwendbarem Material zwar übertreibend, aber grundsätzlich treffend angedeutet. Die folgende Aufstellung zeigt deutlich, wie besonders die Aufzeichnungen Bettinas (21), der Brüder Grimm (28), der Auguste von Pattberg (24), A. L. Grimms (12) und vor allem Nehrlichs (93) bevorzugt wurden: Ihre Beiträge machen nicht weniger als 80 Prozent aller Aufnahmen namentlich bekannter Mitarbeiter aus.

Am 15. März 1808 hatte Brentano schon eigens Arnim gebeten, besonders die Einsendungen Nehrlichs und der Frau von Pattberg zusammenzuhalten: »ich will allen Vorrath, dann zusammenbinden laßen, waß mir eine wichtige Sammlung werden kann«. Dieses besonders charakteristische Phänomen bedarf noch näherer Untersuchung: Gerade die Einsendung der auch dichterisch tätigen Mitarbeiter, die ihre Beiträge zweifellos überarbeiteten, hier und da sogar selbst dichteten, wurden von Brentano eindeutig bevorzugt. Dem entspricht, daß die Einsendungen der Frau von Pattberg und Nehrlichs nur selten gravierend umgestaltet wurden, während sich z. B. die um Texttreue bemühten Aufzeichnungen Jacob Grimms mancherlei Überarbeitungen gefallen lassen mußten. Ähnliche Tendenzen lassen sich bei Arnim feststellen. Es ging also beiden Herausgebern keinesfalls um die unverfälschte Wiedergabe ›echter‹ Volkslieder, d. h. getreu nach mündlicher Überlieferung aufgezeichneter Lieder, sondern vielmehr um eine Sammlung volkstümlicher Lieder in einem einheitlichen Ton, dem zwar schwer spezifizierbaren, aber unverkennbaren Wh-Ton. Aufzeichnungen, die diesen Ton bereits ›haben‹, wurden bevorzugt; die übrigen wurden auf diesenTon umgestimmt.

Namen der Vermittler von Büchern, Zs., Fl. Bl., hs. Liedersammlungen oder Einzelniederschriften lassen sich aus dem Wh selbst, aus Eintragungen in den Hs. und aus der Korrespondenz ermitteln; ein wichtiges Korrektiv ist die Dankadresse (vgl. HKA 9,3, S. 407).

So unterschiedlich wie die Form der vermittelten Beiträge ist auch der Grad der Beteiligung der Vermittler; so erleichterte z. B. Goethe lediglich die Einsicht in einen alten Codex, während jeweils ein hs. Codex etwa von Wieland geschenkt, von der Frau von Pattberg nur ausgeliehen (ihr indes nie zurückgegeben) wurde. Eschenburg, Gräter, von der Hagen u. a. wiesen auf gedruckte Volkslieder hin; wertvolle eigene oder fremde Aufzeichnungen vermittelten z. B. Koelle, Mozler, Veesenmeyer oder von Wessenberg.

Bang, Johann Heinrich Christian (1774–1851)

IV: Wh III 3 (Nr. 8)

Bertuch, Carl (1777–1815)

Heid. Hs. 2110,36
Wh II 417
TV: Wh III 124

Bettina; s. Brentano, Bettina

Blumenbach, Johann Friedrich (1752–1840)

IV: Wh II 142

Breitenstein, Franziska (Fränz); Brentanos Magd

Heid. Hs. 2110,36
KL 60a
TV: Wh III 68

Brentano, Bettina (1785–1859)

Stadtarchiv Stralsund, Au 488
Wh II 52a, 100
TV: Wh I 72, III 34
Heid. Hs. 2110,9
Wh I 317 (+ Arnim), II 11b, 20 (+ Brentano), 21, 201, 204b (+ Arnim), III 12, 21a, 73, KL 99c (+ Brentano; Abschrift nach Nehrlich)
TV: Wh I 300, II 25, (2 Lieder) 31, III 83, 125 (+ Brentano/Arnim), 127a (+ Brentano/Arnim; Abschrift nach Nehrlich)
IV: KL 18
VN K 289 Nr. 5
Wh II 344b (+ Brentano)

Brentano, Sophie (geb. Schubart, gesch. Mereau; 1770–1806)

Heid. Hs. 2110,2
Wh I 283
IV: Wh I 235b

Creuzer, Georg Friedrich (1771–1858)

KL 56b (vermutlich)

Danquard, Albert Ludwig

VN K 289 Nr. 5
Wh I 257, KL 36

Danquard, Karl Friedrich

BN Sa 10
Wh II 28, III 108
TV: Wh III 84
BC II, S. 214 (Abdruck aus der verschollenen hs. Wh-Vorlage)
Wh III 21b
BC II, S. 196 (Abdruck aus der verschollenen hs. Wh-Vorlage)
Wh III 23a

Docen, Bernhard Joseph (1782–1828)

Heid. Hs. 2110,36
TV: Wh III 34 (+ Arnim)

Dorow, Wilhelm (1790–1846)

IV: Wh II 4b

Eschenburg, Johann Joachim (1743–1820)

IV: Wh III 48b

Fries, Jakob Friedrich (1773–1843)
(Zeichnet Schrift zum Stichtitel von Wh II)

Frohreich; Arnims Diener.

Heid. Hs. 2110,1
Wh II 27 (+ Arnim), 142 (+ Arnim)
Heid. Hs. 2110,2
Wh I 375 (+ Arnim), II 50b (+ Arnim), 196 (+ Arnim)
IV: Wh I 396 (+ Arnim)
Heid. Hs. 2110,36
Wh II 154, III 112a (+ Arnim), KL 35 (+ Arnim)

BN E 12
IV: Wh II 302
IV: Wh III 28 (+ Arnim)

Goethe, Johann Wolfgang (1749–1832)

IV: Wh III 144

Gräter, Friedrich David (1768–1830)

IV: Wh II 13, 54, 95, 103, 175, 196, 229b, KL 30

Grimm, Albert Ludwig (1786–1872)

Heid. Hs. 2110,11
Wh II 221
VN K 289 Nr. 5
Wh I 83, 90 (+ Arnim), (2 Lieder) 114a, (2 Lieder) 120, 211, 213 (+ Arnim), 252 (+ Arnim), 259, 319
TV: Wh I 32b (+ Arnim), 190
IV: Wh I 43, 146, 382, II 17, 25, 154

Grimm, Jacob (1785–1863)

Heid. Hs. 2110,19
Wh II 52b, 383, III 112a, 118b (+ Brentano), KL 33
TV: Wh II 31, III 65
UB Marburg, Hs. 807
Wh II 444, KL 83b
StB Berlin, Preußischer Kulturbesitz, Grimm-Schrank:
KL 77c, 87b, 93b, 96c

Grimm, Ludwig Emil (1790–1863)

Siehe: Erl. zum Stichtitel Wh III und zum Titelkupfer I zu KL.

Grimm, Wilhelm (1786–1859)

Heid. Hs. 2110,19
Wh III 46, 74, KL 60b, 72b, 83a
TV: KL 81c, 87a
Heid. Hs. 2110,33
Wh II 11a, KL 27b

Grimm, Brüder [u. a.]

StB Berlin, Preußischer Kulturbesitz, Ms. germ. 4° 709:
Wh II 34 (W. Grimm), 119 (unbekannte Hand), 180 (W. Grimm), 393 (W. Grimm), 435 (W. Grimm), Wh III 99 (W. Grimm), 113 (W. Grimm)

Heinze, Christian Traugott (1765–1813)

UB Bonn S 504
Wh II 210, 232, 325, 405
IV: Wh I 70, 292

Hermannj, Amelie

Heid. Hs. 2110,36
TV: KL 72c

Hinze, August Heimbert (1765–1832)

IV: Wh II 258, 260, 261

Hohnbaum, Carl

IV: Wh II 10

Höpfner, Ernst Georg (1780–1845)

Heid. Hs. 2110,36
Wh II 240b

Jaeck, Marcus Fidelis (1768–1845)

IV: Wh II 285, 294, 298 (vgl. Wh II 271)

Joseph, J. A.

IV: Wh II 17

Kaufmann, J. Heinrich (1772–1844)

Heid. Hs. 2110,1
KL 40, 90b
BN Sa 15
Wh II 374, KL 56c, 90a

VN K 289 Nr. 5
Wh III 62
IV: Wh II 17, 25

Kerner, Justinus (1786–1862)

Heid. Hs. 2110,37
TV: Wh III 124
IV: Wh II 161, 250

von Koelle, Christoph Friedrich Karl (1781–1848)

IV: Wh II 22, 149, 161, 250

Kohler, Johann Kaspar (1778–1844)

IV: Wh I 102, 373, III 24, 141

Leon, Gottlieb von (1757–1832)

IV: Wh III 25

Mannel, Friederike (1783–1833)

BN Sa 17
Wh III 16
BC II, S. 25 (Abdruck der verschollenen hs. Wh-Vorlage)
TV: Wh II 399
IV: Wh II 235

Mannel, Geschwister

Heid. Hs. 2110,36
Wh III 110a
TV: Wh III 81
BN Sa 19
Wh II 200

Merck, Wilhelm Christian Jakob (1782–1820)

IV: Wh II 204b, III 48b, 68

Mereau, Sophie; s. Brentano, Sophie

Mozler, Joseph Matthias (1761–1817)
IV: Wh II 40

Nehrlich, Carl (1773–1849)
Heid. Hs. 2110,38
Wh II 29, 173, 179, 202, 370, III 102, 122a, 122c, 123b, 128a, 128b, 129a, 130, 131, KL 57c, 58c, 67, 68b, 69b, 71a, 72a, 73a, 73b, 74c, 75a, 76a, 80b, 81b, 88b, 89a, 91b, 91c, 92a, 92b, 92c, 93a, 93c, 95a, 96a, 96b, 99a, 99b, 99c
TV: Wh II 410, III 24, 84, (4 Lieder) 119, 121, (4 Lieder) 124, 125, (2 Lieder) 127a, 127c, KL 58a, 80c, 81c, 101c
VN K 289 Nr. 5
Wh II 46, 60, 194, 208, 215b, 218, 272 (+ Arnim), 372, III 15, 18a, 60, 122b, 182, KL 101b
TV: Wh I 32b, II 37, 294, III 40, 121, (3 Lieder) 125, (2 Lieder) 126, 127c
IV: Wh II 17, KL 88a, 95b
Abdrucke und Abschriften verschollener Ms.:
BC II, S. 210 f.
Wh III 31
Alemannia 15 (1887) S. 100
Wh III 123a
BC II, S. 186
Wh III 132a
E 4,228
KL 52
Alemannia 10 (1882) S. 150
KL 58b (Eingangsvers)
Alemannia 11 (1883) S. 71
KL 70a
BC II, S. 321
KL 79c
BC II, S. 327
KL 80a
BC II, S. 122
TV: (3 Lieder) Wh III 24
Alemannia 10 (1882) S. 148
TV: Wh III 124
BC II, S. 122
TV: (3 Lieder) Wh III 141

E 3,569
TV: KL 66
Alemannia 10 (1882) S. 149
TV: KL 80c
BC II, S. 333
TV: KL 102a

Oken, Lorenz (1779–1851)

IV: Wh II 302

von Pattberg, Auguste (1769–1850)

Heid. Hs. 2110,33
Wh II 19 (+ Brentano), 199, 215a, 229a, 403, III 23b, 116b, (2 Lieder) KL 26a, 93d
TV: Wh II 386, III 34
BN Sa 6
Wh III 107
TV: Wh III 33
VN K 289 Nr. 5
Wh II 15, 56, 222, 376, 407, (2 Lieder) III 10, 61
TV: Wh II 158, 206, 235, 410
IV: Wh II 17, 187, 399, III 70

Röther, Johann Wilhelm (1766–1817)

BN Sa 9
KL 95 d
BN Sa 14
TV: KL 102a
BC II, S. 6–8 (Abdruck der verschollenen hs. Wh-Vorlage)
Wh II 375, 378
IV: Wh I 292, II 154

Rudolphi, Caroline (1750–1811)

Heid. Hs. 2110,36
Wh I 235b (+ Arnim)
VN K 289 Nr. 5
Wh I 258 (+ Arnim)

von Savigny, Friedrich Carl (1779–1861)

IV: Wh III 3 (Nr. 8), 188, 189

Schlosser, Friedrich (»Fritz«) Johann Heinrich (1780–1851)

IV: Wh I 32b, 34, 50, II 235, 252, 335, III 57, 75, 85, 143

Schreiber, Aloys (1763–1841)

Heid. Hs. 2110,36
Wh II 203, KL 94

Spangenberg, Georg August (1738–1806)

BN Sa 13
Wh II 420
IV: Wh II 17

von Stromer, Freiherr Christoph Friedrich (1757–1828)

IV: Wh II 209, III 146

Uhland, Ludwig (1787–1862)

Wh II 250
IV: Wh II 274, 289

Varnhagen von Ense, Karl August (1785–1858)

BN Sa 21
Wh III 127b
TV: Wh III 127a

Veesenmeyer, Georg (1760–1833)

IV: Wh II 237, III 154

Voß, Johann Heinrich (1751–1826)

IV: Wh II 145

von Wessenberg, Ignaz Heinrich Karl (1774–1860)

IV: Wh II 285, 294, 298

Wieland, Christoph Martin (1733–1813)

IV: Wh III 56

Die Herkunft einiger der im folgenden aufgeführten nicht identifizierbaren Hs. war schon Arnim und Brentano selbst nicht bekannt.

Unbekannte Hand I

Heid. Hs. 2110,36
TV: Wh I 70
VN K 289 Nr. 5
Wh II 271

Unbekannte Hand II

Offenbar Abschreiber(in) im Auftrag Arnims.

Heid. Hs. 2110,2
Wh I 93b (+ Arnim), 178 (+ Arnim)
IV: Wh II 119 (+ Arnim)

Unbekannte Hand III

Mischhs. zweier Schreiber

Heid. Hs. 2110,36
Wh II 207
TV: Wh I 313
TV: Wh II 17

Unbekannte Hand IV

BN E 34
TV: Wh I 382

Unbekannte Hand V

Heid. Hs. 2110,35
Wh II 12, 396

Unbekannte Hand VI

BN E 25
TV: KL 102a

Unbekannte Hand VII

Vermutlich Abschreiberin im Auftrag Brentanos, der die in Klammern beigefügten Siglen »Schl⟨osser⟩« oder »bett⟨ina⟩« schrieb; auch die Herkunft der übrigen Abschriften läßt sich fast ausnahmslos ermitteln.

Heid. Hs. 2110,11
IV: Wh II 34 (Schl)
Heid. Hs. 2110,32
Wh II 21 (bett), 149 (Fl.Bl.), 161 (Kerner), 336 (Fl.Bl.)
IV: Wh III 12 (bett), 21a (bett), 57 (Schl), 68 (Merck-Heft), 73 (bett), 137a (Uhland), 160 (Fl.Bl.), KL 18 (bett)
BN Sa 8
IV: Wh I 252 (Kerner)
VN K 289 Nr. 5
Wh II 252 (Schl), III 48b (Merck-Heft), 143 (Schl)
TV: Wh II 235 (Schl), 250 (Kerner), 250 (Uhland)
IV: Wh I 32b (Schl), 50 (Schl), II 339

Unbekannte Hand VIII

Heid. Hs. 2110,32
Wh II 112

Unbekannte Hand IX

Heid. Hs. 2110,32
Wh II 191b
Heid. Hs. 2110,36
TV: (2 Lieder) Wh III 34, 40
VN K 289 Nr. 5
Wh II 193
TV: Wh II 206

Unbekannte Hand X

IV: Wh II 197

Unbekannte Hand XI

Heid. Hs. 2110,36
Wh III 56

Unbekannte Hand XII

Anscheinend Abschreiber(in) im Auftrag Brentanos.

Heid. Hs. 2110,11
TV: Wh III 119 (+ Brentano/Arnim), 126 (+ Brentano/Arnim), 127a (+ Brentano/Arnim)

Unbekannte Hand XIII

BN Sa 18 (auch von Brentano beschrieben)
KL 23a, 64a, 88a, 101c
TV: KL 98

Unbekannte Hand XIV

Heid. Hs. 2110,36
KL 57b, 84

Unbekannte Hand XV (Frau Hose?)

Heid. Hs. 2110,36
KL 89b
TV: KL 87a

Indirekt überlieferte Aufzeichnungen von unbekannter Hand

VN K 289 Nr. 5
Wh II 219, 271, 398, III 118a
TV: Wh II 37, 50a
BC I, S. 156
TV: Wh I 190
E 6,203
TV: Wh III 137a

5. Handschriften Arnims und Brentanos, die im *Wunderhorn* Verwendung fanden

Druckvorlagen

Bei den erhaltenen Druckvorlagen Arnims oder Brentanos handelt es sich um überarbeitete Einzelms. verschiedener Einsender (seltener um Fl.Bl.) oder Reinschriften von Arnims oder Brentanos

Hand. Die einzelnen Blätter der Druckvorlage wurden von Arnim und Brentano mit einem »W« plus beigefügter Zahl gekennzeichnet.

Für folgende Wh-Lieder blieben solche Ms. erhalten:

Wh I 93b (W 70), 134 (W 219), 178 (W 127), 236 (W 139), 312 (W 230), 322 (W 231, 232), 375 (W 266), II 25 (W 4), 27 (W 6), 112 (W 66), 119 (W 276, 277, 278a), 142 (W 76), III 10 (W 6), 120 (W 2), 121a–b (W 5), 124 (W 4), 126 (W 8), 127a (W 9), 229 (W 33), 231 (W 34), KL 33 (W 25), 35 (W 26), 99c (W 135), 102a (W 146)

Mischhs. Arnims und Brentanos

Heid. Hs. 2110,1
Wh I 90, II 336
Heid. Hs. 2110,9
Wh III 125
Heid. Hs. 2110,11
Wh III 119, 123a, 123b, 125, 126, 127a, KL 102a
BN E 7
Wh I 100
BC II, S. 178 (Abdruck der verschollenen Hs.)
Wh I 328

Hs. und Notizen Arnims

Heid. Hs. 2110,1
Wh I 40, 84, 178, 234, 322, II 24, 25, 46, 112, 339, III 10, 34, 112a, 120, 229, 231, KL 71b, 89b
Heid. Hs. 2110,36
Wh I 325
FDH G 494
Wh III 233
NFG Weimar Nr. 229
Wh I 182
VN K 289 Nr. 5
Wh I 44, 146
BC II, S. 105 (Abdruck der verschollenen Hs.)
Wh I 327
In Briefen
Wh I 20, 227, II 4b, 13, III 71b
TV: Wh I 112, II 37

In Drucken
Wh I 48, 79, 134, 205

Hs. und Notizen Brentanos

Heid. Hs. 2110,2
Wh I 166
Heid. Hs. 2110,11
Wh I 72, 321, II 34, 37, 154, 237, 269, 383, 435, III 75, 112b, KL rechtes Titelgedicht, 95b, 102a
Heid. Hs. 2110,36
Wh I 72
BN E 20
KL 29
BN Sa 18
KL 54, 77d, 97, 98
VN K 289 Nr. 5
Wh II 204b, 221, 392, KL 23b, 41, 70c, 81a, 85a
StB Berlin, Preußischer Kulturbesitz, Ms. A 224:
Wh III 113
BC II, S. 734 (Abdruck der verschollenen Hs.)
KL 62
In Briefen
TV: Wh III 24, 141

Nachwort

Der märkische Adlige Achim von Arnim (1781–1831) und der Frankfurter Kaufmannssohn Clemens Brentano (1778 bis 1842) hatten sich anläßlich einer Huldigung der Göttinger Studenten für Goethe am 6. Juni 1801 kennengelernt. Aus der Bekanntschaft wurde alsbald eine vor allem von Brentano forcierte innige Freundschaft, die sich auch in zahlreichen literarischen Plänen manifestierte. Ein Jahr nach dem Beginn dieser Freundschaft trafen sie sich in Frankfurt, dem Ausgangspunkt ihrer genialisch-romantischen Rheinreise, die in den Begegnungen mit singenden Schiffsleuten und Winzern den noch undeutlich fixierten Plan eines volkstümlichen Liederbuchs entstehen ließ und zugleich den Beginn der (literarischen) Rhein-Romantik schlechthin bedeutet. Ähnliche Themen sind gewiß bereits während des gemeinsamen Göttinger Studiums diskutiert worden, denn schon in den frühesten Werken der beiden Dichter begegnen Spuren ihrer tatkräftigen Volksliedbegeisterung: Die Lieder Wh I 19, KL 75b und Wh I 301 finden sich in Brentanos *Godwi* (1800–01) und in Arnims *Ariels Offenbarungen* (1804). Es war wohl der mit beiden befreundete schriftstellernde Student August Stephan Winkelmann (1780–1806), der sie dazu anregte – so lassen es zumindest einige kryptische Hinweise im späteren Briefwechsel zwischen Arnim und Brentano vermuten. Winkelmann war es auch, der ausgerechnet in einem Aufsatz über Goethe 1803 formulierte: »Das einfache Volkslied ist Anfang der Poesie und Vollendung der Kunst.« Es wundert daher nicht, daß schon vor der Rheinreise in einem Brief Arnims die Rede von eingesandten Versen ist, die er in Zusammenarbeit mit Brentano nach und nach veröffentlichen wolle.

In diesem ersten Wetterleuchten des nachmals neben Grimms Märchen bedeutendsten und bekanntesten romantischen Sammelunternehmens läßt sich noch wenig Klarheit ausma-

chen. Die beiden Freunde hatten weder eine dezidierte Vorstellung von Volksliteratur, das heißt in weiterem Sinn von den überhaupt zu sammelnden und vielleicht publikationswürdigen poetischen Sujets, noch von der Art ihrer Überarbeitung und Präsentation. Die Suche nach entsprechenden schriftlichen und mündlichen Traditionen gestaltete sich demnach zunächst etwas wahllos und dem Zufall folgend. Die verlegerischen Möglichkeiten, ein Zeitplan für gezieltes Sammeln, Sichten und Redigieren waren ebenso wenig geklärt wie die entscheidende Frage, ob die erwogene Folge von Veröffentlichungen volksläufiger Texte (prosaische Volksliteratur, vornehmlich Märchen, Sagen, und gattungstheoretische Abhandlungen erschienen 1808 in Arnims *Zeitung für Einsiedler*) eher einem wissenschaftlichen oder einem belletristischen Zweck dienen sollte.
Trotz Herders Vorgang ziemlich genau fünfundzwanzig Jahre zuvor (*Volkslieder*, 1778–79) stand man im Grunde den gleichen Problemen und Antinomien gegenüber wie seinerzeit dieser große Anreger und Wegbereiter einer literarischen Volkskunde im weitesten Sinn. Die kritischen Stimmen der Spätaufklärer, der Mehrzahl der Kunstrichter wie auch der Pädagogen waren durch die neuen Themen und Tendenzen des Sturm und Drang und eben auch der Herder-Schule noch längst nicht zum Schweigen gebracht worden. Die Volkslieder wurden nach wie vor als Pöbellieder denunziert, ihre simple Ethik als unzeitgemäß, die Spuren von Aberglauben als antiaufklärerisch und somit schlechthin verderblich diskreditiert; vor allem aber die schlichte sprachliche Form galt als Zumutung fürs gebildete Lesepublikum. Hinzu traten Streitigkeiten um konfessionelle Prägungen oder Vereinnahmungen des alten Liedguts, Abgrenzungsprobleme zeitlicher und räumlicher Art: Ab welcher alten Epoche und bis zu welcher Grenze zur Modernität waren solche Textsammlungen sinnvoll? Welche Dialekte oder welche deutschsprachigen Regionen sollten berücksichtigt werden?
Angesichts solcher gravierenden Unsicherheiten ist ohne

weiteres einsichtig, was schon an dieser Stelle zu betonen ist: Die romantischen ›Herzbrüder‹ waren und wurden sich durchaus nicht in allen Punkten einig. Während sich Brentano zum Beispiel zunächst auf den oberdeutschen Sprachraum begrenzen und älteren Texten den Vorzug geben wollte, plädierte Arnim vehement und erfolgreich für eine Berücksichtigung aller deutschen Sprachgebiete (vgl. Bd. 1, S. 384 f.) und für Aufnahme selbst neuester Dichtungen im Volkston. Zu derartigen Unstimmigkeiten, die sich natürlich größtenteils erst während der praktischen Arbeit entfalten sollten, kommen andere unterschiedliche Vorlieben und Vorstellungen. So propagierte Brentano die Aufnahme von Dichtungen der katholischen Lyriker Friedrich von Spee und Procopius von Templin, wogegen der Protestant Arnim seine Begeisterung für Luthers Lieder setzte; Brentano wollte nur vorsichtig restaurierte Um- und Neudichtungen im Stil der jeweils angesprochenen Epoche gestattet wissen, während Arnim gerade in der Vermischung der Stile einen Vorzug der Überarbeitungen sah. Arnims Resümee in einem Brief vom 29. September 1808 an Goethe, »über manches haben wir ärger gestritten als die Babylonischen Bauleute«, ist eher als Euphemismus zu werten. Und noch in Nachhutgefechten gegen die zeitgenössische *Wunderhorn*-Kritik trennten sich beider Wege eklatant: Jeder formulierte und veröffentlichte auf eigene Hand Antikritiken, in denen Brentano sogar eine quellenkritische Untersuchung ankündigte, alldieweil Arnim bis zuletzt auf dem Eigenrecht der für ihn nichts als poetischen Sammlung bestand.

Gewiß sind die hier angedeuteten Spannungen so wenig ein Sonderfall wie die Tatsache des intentional nicht unterscheidbaren Zusammenwirkens zweier romantischer Dichter. Ähnliches läßt sich bei fast allen literarischen Gemeinschaftsunternehmungen dieser Epoche beobachten, ob man etwa nur an die Anfänge der Tieck und Wackenroder, der Brüder August Wilhelm und Friedrich Schlegel, an die Märchensammlung der Brüder Grimm oder an die Kinder-Märchen von Contessa, Fouqué und Hoffmann denken will. Indes sind die geniale Planlosigkeit und die Profilierung der höchsteigenen Vorstellungen nirgends so groß wie bei Vorbereitung, Durchführung und Rechtfertigung des *Wunderhorns*. Daß dennoch mit dieser Sammlung ein großartiges, richtungweisendes und zeitüberdauerndes Kunstwerk einmaligen und eigenartigen Ranges entstand, dessen innere Brüche und Verwerfungen in einer Art spannungsvoller Harmonie aufgehoben zu sein scheinen, das macht das Arnim/Brentanosche Unternehmen in jeder Hinsicht ähnlich denkwürdig wie die Herderschen Anfänge eine Generation zuvor. Herder jedenfalls hatte ein Fundament gelegt, das sich weithin als tragfähig erweisen sollte. Seine theoretischen Abhandlungen zur Volksliteratur – vorab zum Volkslied – sowie mehr noch das Vorliegen seiner imponierenden und mit unvergleichlichem Gespür für Wert und Wirkung erstellten Liedersammlung gestatteten viele Anknüpfungspunkte. Sie reichen von einer – wenn auch modifizierten – Übernahme der Herderschen Gattungsvorstellung über die Realisierung einiger seiner Hinweise auf ältere Liedersammlungen, über die Bearbeitungs- und Modernisierungstendenzen bis hin zur Form der meist nur lakonischen Quellenverzeichnung. Einige Voraussetzungen waren indes bei den *Wunderhorn*-Arbeiten von Anfang an anders: Man verfügte inzwischen über eine Fülle deutschsprachiger Texte (vgl. z. B. u. S. 561) und konnte deshalb in dieser Hinsicht auf die – teils aus Überzeugung gesuchte, teils aber auch wegen des Mangels an geeigneten deutschen Texten gebotene – Internationalität der Herderschen Anthologie verzichten. Hinzu kam ein, wenn auch zunächst nur in den dezidiert romantischen Kreisen, verändertes geistiges Klima, das sich gerade zur Zeit der Napoleonischen Kriege für eine Besinnung auf und eine gewisse Begeisterung für die einheimische Volksliteratur als günstig erwies. Das heißt, Arnim und Brentano gewannen leicht eine große Zahl volksliedbegeisterter Mitarbeiter (wobei den Brüdern Jacob und Wilhelm Grimm seit der Konzeption der

Fortsetzungsbände eine entscheidende Rolle zufiel), während Herder mit seiner entsprechenden Werbung meist auf Mißtrauen, Unverständnis oder Ablehnung (etwa durch Lessing) gestoßen war.
Es gilt also für die früheste Phase der *Wunderhorn*-Vorbereitungen festzuhalten, daß Arnim und Brentano keine terra incognita betreten mußten, sondern das Terrain durch Herders Pioniertat wie durch Ideen der Jenaer Romantik vorbereitet fanden; daß ihnen nicht nur in der Sammlung Herders, sondern auch in dem als Gegenwurf gedachten *Almanach* von Nicolai (1777–78), besonders aber in dem wertvollen Liederbüchlein Anselm Elwerts (1784) und in den mannigfachen Publikationen zum Volkslied in Gräters Zeitschrift *Bragur* (1792–1802) wichtige Materialien von Beginn an zur Verfügung standen, denen sie – oft den Anregungen Herders wie auch Gräters, Kochs oder Docens in deren germanistischen Arbeiten folgend – relativ leicht zahlreiche ältere Sammlungen wie etwa die von Forster (1539–56), Orlando di Lasso (1576), Demantius (1601) oder Viethen (1733) an die Seite stellen konnten. Andererseits waren – wie bereits erwähnt – die Vorstellungen von Planung, Art und Ziel der *Wunderhorn*-Sammlung alles andere als einheitlich oder auch nur einigermaßen klar definiert. Das hat seine Ursache auch in der Tatsache, daß sich die Idee zu diesem Buch aus recht verschiedenen Quellen speist.
Zunächst hatten Arnim und Brentano den Plan gefaßt, eigene, volkstümlich gemeinte lyrische Produktionen unter dem Titel *Liederbrüder* sukzessive zu veröffentlichen, um damit dem Volksgeschmack im romantischen Sinn aufzuhelfen, so den Herderschen Begriff »Volkslied« gleichsam als ›Lieder fürs Volk‹ interpretierend. Das beachtliche Maß selbstherrlicher Eingriffe in überlieferte Texte sowie das Einschieben ganzer Strophen als Ipsefacten bei der Ausführung des *Wunderhorn* haben hier ihren Ursprung und in den Augen Arnims und Brentanos ihre Berechtigung. Wenig später trug sich Brentano, angeregt durch Ludwig Tiecks *Minne-*

lieder aus dem schwäbischen Zeitalter (1803), mit dem Gedanken, in enger Verbindung mit dem arrivierten älteren Dichter modernisierte Fassungen altdeutscher Lyrik zu erstellen und zu edieren. Darauf verweisen der Untertitel des *Wunderhorn* – »Alte deutsche Lieder« – und die zahlreichen Spuren, die diese Brentanosche Vorliebe in Form vieler Texte aus der Zeit vor 1600 im *Wunderhorn* hinterlassen haben (es sei hier nur auf Übernahmen aus der *Limburger Chronik* von 1400 und aus einer Pseudo-Neidhardt-Handschrift des 15. Jahrhunderts – vgl. Wh I 32a und 103 – hingewiesen). Zum direkten Anlaß wurde schließlich die Auseinandersetzung mit dem *Mildheimischen Liederbuch*, das der so betriebsame wie erfolgreiche Volksaufklärer Rudolph Zacharias Becker 1799 herausgebracht hatte. Die Wendung gegen diese unromantische, auf Belehrung und etwas philiströse Moral zielende Sammlung durchzieht die Selbstzeugnisse Arnims und Brentanos zum *Wunderhorn* vom Beginn der konkreten Planung bis zum Nachwort des ersten Bandes (S. 390, 33–36) und bedeutete zugleich die dezidierte Hinwendung zum romantisch aufgefaßten Volkslied. Das Einbringen der zahllosen anonymen Fliegenden Blätter mit ihren oft alles andere als aufklärerisch-pädagogischen Texten sowie die kategorische Ausgrenzung der Dichtungen der Aufklärung bei der Auswahl älterer und neuerer Kunstlyrik sind auf diesem Hintergrund zu sehen.

Am 15. Februar 1805 schrieb Brentano an Arnim eine Art Programm der geplanten Arbeit, in dem man die angedeuteten Tendenzen unschwer ausmachen kann:

> Ich habe Dir und Reichardt einen Vorschlag zu machen, bei dem Ihr mich nur nicht ausschließen müßt, nämlich ein wohlfeiles Volksliederbuch zu unternehmen, welches das platte oft unendlich gemeine Mildheimische Liederbuch unnötig mache, wenn wir zum Anfang nur hundert Lieder, die den gewöhnlichen Bedingungen des jetzigen Volksliedes entsprechen, beisammen haben, mehrere sehr vernünftige Prediger der Pfalz haben mich schon darum gebeten,

man könnte es abteilen in einen Band für Süddeutschland und einen für Norddeutschland, weil beide sich in ihren Gesängen notwendig trennen, es muß sehr zwischen den romantischen und alltäglichen schweben, es muß Geistliche, Handwerks-, Tagewerks-, Tageszeits-, Jahrzeits- und Scherzlieder ohne Zote enthalten, die Klage über das Mildheimische ist allgemein. Es muß so eingerichtet sein, daß kein Alter davon ausgeschlossen ist, es könnten die bessern Volkslieder drinne befestigt und neue hinzugedichtet werden.

Die geplante Einbeziehung des Komponisten und Kapellmeisters Johann Friedrich Reichardt, die dann doch nicht zustande kam, weist darauf hin, daß man sich ursprünglich auch um die Melodien der zu sammelnden Lieder kümmern wollte. Dieser Aspekt blieb dann jedoch genauso unbeachtet wie in Herders Sammlung, was nicht zuletzt zum verlegerischen Mißerfolg und zur schwachen Rezeption in den sogenannten singenden Volksschichten führte.

Auch Brentanos Vorstellungen von einem »wohlfeilen« Buch ließen sich nicht verwirklichen: Der Preis des *Wunderhorns* war schließlich so hoch (insgesamt 11 Gulden und 30 Kreuzer), daß selbst interessierte Landpfarrer sich die Anschaffung nicht zu leisten vermochten. Auch in dieser Hinsicht konnte die Liedersammlung eine ihrer Intentionen – nämlich ein ›Volksbuch‹ zu werden – nicht einlösen.

Schließlich setzte sich Arnims Idee eines Beitrags zur nationalen Einigung, den nach seiner Ansicht ein alle Sprach- und Regionalgrenzen ignorierendes Liederbuch zu leisten imstande wäre, gegen Brentanos von der Sache her berechtigten Vorschlag einer Zweiteilung der Sammlung durch. In eins damit waren auch Brentanos Pläne, dem *Wunderhorn* nach dem Vorgang der Herderschen Edition wenigstens einen Tropfen kosmopolitischen Salböls zu geben, an Arnims betont nationaler Akzentuierung (der auch fast alle Fremdwörter in den Liedvorlagen zum Opfer fielen!) gescheitert. Immerhin aber plädierte Brentano erfolgreich für die Aufnahme des letztlich aus dem Französischen stammenden Eingangsgedichts (Wh I 13) und der lateinischen Schlußverse (KL 103) sowie einiger Schweizerlieder, während seine Übersetzung einer holländischen Sammlung von Arnim abgelehnt wurde und Brentanos Bemühungen um Wilhelm Grimms Übersetzung dänischer wie Jacob Grimms Bearbeitung serbischer Volkslieder dem *Wunderhorn* nicht mehr zugute kamen.

Was das *Mildheimische Liederbuch* betrifft, so konnte das *Wunderhorn* diesem nicht die erhoffte Konkurrenz machen: Die Beckersche Sammlung erschien bis 1837 noch in neun weiteren Auflagen!

Drei Monate nach Brentanos Vorschlag war Arnim für einige Zeit zu seinem Freund nach Heidelberg übergesiedelt. Dank beider Vorarbeiten konnte dort die eigentliche Redaktion des ersten *Wunderhorn*-Bandes in der unglaublich kurzen Zeit von nur sechs Wochen abgeschlossen werden. Die Atmosphäre der Neckarstadt wie der Jahreszeit und die inspirierende Begeisterung gemeinsamen Schaffens haben die Arbeiten spürbar beflügelt und auch geprägt. Auswahl, Zusammenstellung und Bearbeitung gerade der Lieder des ersten Bandes geben von dieser unverwüstlich gutgelaunten Stimmung allenthalben Zeugnis, und beide Dichter haben die Zeit der ersten *Wunderhorn*-Arbeit wie die ihrer Rheinreise drei Jahre zuvor, während der sich die früheste Idee zu diesem Gemeinschaftswerk entzündet hatte, stets als die glücklichste ihres Lebens bezeichnet. So heißt es einmal bei Brentano: »Ich habe seit unserer Rheinreise keine frohe Empfindung mehr gehabt«, während Arnim sich noch 1818 beseligt an sein »damaliges mit alten Bildern beschlagenes Stehpult auf Brentanos Zimmer in Heidelberg« erinnert, von wo der trunkne Blick »auf einen reichen Schatz gesammelter alter Bücher und Handschriften und in die Ferne auf die abgestuften Weinberge jenseits des Neckars« fiel.

Als der erste Band im September 1805 (mit der Jahreszahl 1806) erschienen war, drängte Brentano sofort zur Fortsetzung und erinnerte Arnim schon im Dezember, »wie herrlich schnell es mit unsern Liedern ging«. Im Oktober 1807 heißt es in Brentanos Brief aus Kassel:

> Es ist äußerst notwendig, daß Du mit mir zusammen, und zwar hierher kömmst, um den ewig aufgeschobenen zweiten Teil des Wunderhorns zu rangieren; ich hoffe, daß Du Deinen Liederkasten bei Dir hast, ich habe einen ganzen Karren voll. Wir können es hier außerordentlich gut und besser noch als damals in Heidelberg. Denn ich habe hier zwei sehr liebe, liebe altteutsche vertraute Freunde, Grimm genannt, welche ich früher für die alte Poesie interessiert hatte, und die ich nun [. . .] so reich an Notizen, Erfahrungen und den vielseitigsten Ansichten der ganzen romantischen Poesie wiedergefunden habe, daß ich [. . .] über den Schatz den sie besitzen, erschrocken bin. [. . .] Sie selbst werden uns alles, was sie besitzen, noch mitteilen, und das ist viel!

Einen Monat später konnte Arnim aus Kassel dem Verleger Zimmer in Heidelberg berichten:

> hab ich doch das Volksliederwesen fortdauernd lieb behalten [. . .] habe ruhig fortgesammelt, so auch Clemens; er hat Ihnen geschrieben, wie wir schon im zweiten Teile chaotisch sitzen, und er wird reich, ohne die Ausstattung eigner Arbeit so viel wie der vorige zu bedürfen [. . .]. In der Arbeit, wo sich eine außerordentliche Zahl schöner Kinderlieder fanden, entwickelten wir den Plan, sie zusammen als Anhang zum Wunderhorn abdrucken zu lassen, so daß die ernsthaften Leser nichts damit zu tun hätten und Sie den Vorteil des einzelnen Verkaufs. [. . .] Vorreden und Nachreden möchte ich nicht gerne.

Dieser Verzicht ging zweifellos auch auf Brentanos Kritik an der Nachrede zum ersten Band zurück; gleichzeitig akzeptierte Arnim dessen Vorschlag, eine Sammlung von Kinderliedern beizugeben, die Brentano denn auch ganz allein redigierte. Die Einschränkung der »Ausstattung« durch eigene Arbeiten spiegelt ebenfalls eher Brentanos Ideale wider, über die sich Arnim später – 1811 an die Brüder Grimm – kritisch, jedenfalls deutlich geäußert hat:

> daß die beiden letzten Bände ungeachtet der Menge trefflicher Beiträge, im Allgemeinen [...] die Freude nicht erwecken könnte, was der erste hervorbrachte [...] ich hatte gegen meine Überzeugung Altertümlichkeiten und bloße literarische Merkwürdigkeiten einschleichen lassen, weil Clemens als Mitherausgeber eben das Recht wie ich in der Auswahl hatte.

Der Anteil beider am Zustandekommen des *Wunderhorns* ist also insgesamt und hinsichtlich der einzelnen Bände unterschiedlicher Art, hält sich aber im ganzen gesehen etwa die Waage. Brentano hat für die Grundlegung mehr getan; schon 1807 hatte er rückblickend an den Verleger geschrieben, das meiste sei so gut wie ganz »aus meinem bereits längst gesammelten Vorrat« hervorgegangen. Das ist insofern zutreffend, als Arnim auf den weiten Reisen nach Heidelberg bzw. Kassel natürlich kaum solche Mengen Bücher beibringen konnte, wie sie schließlich bei der Redaktion zur Verfügung standen. Sein Materialbeitrag beschränkt sich auf zuvor genommene Abschriften aus älteren und zeitgenössischen Liedersammlungen sowie einigen Fliegenden Blättern, die er auf seiner früheren Bildungsreise gesammelt hatte. Auch die persönlichen Beiträger, die Lieder aus mündlicher Tradition (teils nach eigener Erinnerung, teils nach dem Diktat anderer Gewährspersonen) oder aus schriftlichen Quellen beibrachten – sei es als eigenhändige Niederschriften, sei es ausnahmsweise in Form mündlichen Vortrags –, kamen fast sämtlich aus Brentanos Bekanntenkreis. Da sich Arnim später immer besonders viel auf die Redaktion des ersten *Wunderhorn*-Bandes zugute hielt und diesen öfter gegenüber den folgenden Bänden herausstellte, dürfte ihm die Hauptarbeit bei der endgültigen Redigierung zumindest des ersten Teils zuzuschreiben sein; vor allem die Drucklegung, die im Juli 1805 in Frankfurt bzw. im Februar 1808 in Heidelberg begann, hat jeweils Arnim an Ort und Stelle allein überwacht, nicht ohne noch in diesen letzten Stadien der Arbeit eine Menge Eigenmächtigkeiten einzubringen (bei der 1819 erschienenen Neuauflage des ersten Bandes verzichtete er schließlich ganz auf Brentanos Mitarbeit). Die Unterteilung der Fortsetzung in die Bände zwei und drei führte Arnim z. B. ebenso ohne Vorwissen Brentanos durch wie die Erstellung einiger unzulänglicher Register. Zuvor schon hatte sich Brentano wenig angenehm überrascht gezeigt, im ersten *Wunderhorn*-Band den einigermaßen deplazierten dithyrambischen Aufsatz seines Freundes zu finden oder auch die seinerzeit populären zeitgenössischen Lieder, Overbecks *Blühe liebes Veilchen* (Wh I 329) und Pfeffels *Gott grüß' euch Alter* (Wh I 384), gegen die er eine wahre Idiosynkrasie hatte. Indirekt, aber noch deutlicher übte Brentano Kritik an Arnims Bearbeitungstendenzen, indem er jeweils in den folgenden *Wunderhorn*-Bänden die unveränderte Aufnahme zweier Lieder durchsetzte, die ihm in Arnims gar zu freier Redaktion in Wh I gründlich mißfallen hatten; es handelt sich um die Ballade von den Königskindern (Wh I 236 und Wh II 252) sowie um das Falkenlied (Wh I 63 und Wh III 25). Im Februar 1808 sagte er es dann dem Freund brieflich direkt:

> Es ist aber in jedem Kunstalter eine überschwängliche Zeit, ein Blütenalter der Empfindung, und in diesem steht mein Geliebter Bruder mitten drinne, ein ganzer Bienenhimmel, und so herrlich gelingt ihm auch alle Herstellung solcher naturberauschter Poesie; will er aber ein steinernes Ritterbild, ein altes Schloß, einen Grabstein aus eiserner armer einfältiger Zeit, der zusammengestürzt, wieder aufrichten, so wäre er im Stand, ein Fenster quer auf mit einem Tulpenbeete zuzumauern oder dem Ritter einen Nachtviolenstock hinters Ohr zu stecken als Schreibfeder, da ich nicht einmal grünes, nein dürres Epheu dazu zu nehmen wage, und wenn er angorische Ziegen über den Kirchhof treibt oder Seidenhäschen, wäre mir eine Eidechse, höchstens ein Iltis oder Huhn lieber [. . .] kurzum, Du dichtest, und wenn Du in Zug kömmst, kannst Du nicht glauben, wie angst

> und bang mir wurde, denn in einem poetischen Fieber [...] nahmst Du hintereinander alle Saecula vor und gabst ihnen oft wider Willen und ohne Not von Deiner Hippokrene.

Selten nur haben sich die Freunde gemeinsam an der Bearbeitung eines einzelnen Liedes versucht – jedenfalls sind im handschriftlichen *Wunderhorn*-Nachlaß nur ein halbes Dutzend solcher Mischhandschriften erhalten, und es dürften schwerlich je wesentlich mehr existiert haben. Das heißt, beide arbeiteten zwar zeitweise in demselben Zimmer, aber dennoch meist getrennt, was auch sehr verständlich ist, wenn man den gänzlich unterschiedlichen Charakter der Kunstlyrik Arnims und Brentanos in Anschlag bringt. Ein Beispiel sei angeführt. Unter dem Titel *Der Bettelvogt* (Wh I 100) hatte Brentano einen nicht gerade zimperlichen Volksliedtext in Form einer Reinschrift nach seiner Version festgehalten: Der arme Lump schimpft auf den Bettelvogt, der ihn in Arrest legt; als der Bettelvogt gestorben ist, sendet er ihm noch einen deftigen Fluch nach. Dieser Text war Arnim zu derb, zu sprunghaft, zu unmotiviert. Er korrigierte daher Veränderungen in die Handschrift seines Freundes und dichtete eine Schlußstrophe hinzu. Im einzelnen wurde aus »Ich dreh mich gleich herum, weis ihm den bloßen Arsch / Ei, du verfluchter Bettelvogt, leck du mich brav im Arsch« bei Arnim »Ich dreh mich gleich herum und seh nach seiner Frau / Ei, du verfluchter Bettelvogt, was hast für schöne Frau« und aus »Man sollte ihn begraben ins Scheißhaus hinein / Wo alle verfluchte Bettelvögt begraben sollen sein«: »Lebendig ihn begraben bei Wasser und bei Brot / Wie mich der alte Bettelvogt begraben ohne Not«. Aus Brentanos drastischem »hat man ihn begraben ins Scheißhaus hinein« machte Arnim zunächst zögernd »hat man ihn gehangen ins Klosette hinein« und dann erst »Da haben sie 'n gehangen in Galgen fest hinein«. Dann fügte er noch eine Schlußstrophe an, in der die ganze Katastrophe auf Eifersucht des Bettelvogts zurückgeführt ist, dessen Frau der arme Lump heiratet. Während

Brentano in diesem und in manchem andern Fall also die Derbheiten des Volkslieds ungeniert bewahren und womöglich noch steigern möchte und sich, der von Herder definierten Struktur der Volksballade entsprechend, nicht um durchgängige Motivierung kümmert, sondern die ›Sprünge und Würfe‹ des Gedichts hinnimmt, bemüht sich Arnim zum einen um Milderung im Ausdruck, zum andern um Motivierung (hier: Eifersucht) und hängt endlich noch ein fröhliches Happy-End an, um das Lied inhaltlich zu runden und abzuschließen.

Brentano verfuhr bei der Einbringung seiner Änderungen oder Ipsefacten ungleich subtiler, so daß Arnim in der Regel nichts davon bemerkte. So hatte Brentano dem Freund ein eigenhändiges Manuskript der Ballade von der wiedergefundenen Königstochter Anfang 1808 nach Heidelberg nachgesandt, und zwar mit der traulich anmutenden Herkunftsangabe »In der Spinnstube eines hessischen Dorfs aufgeschrieben« (Wh II 277). Arnim teilte ihm daraufhin mit: »Das Badewännchen hast Du anders als Seckendorf und besser im Ganzen aber verstümmelt im Anfange, ich werde sie beide abdrucken lassen, es sind sehr merkwürdige Varianten« (vgl. Wh II 274). Als Brentano später den Brüdern Grimm etwas hämisch den wahren Sachverhalt mitteilte, nämlich daß es sich bei der Fassung Wh II 277 um seine eigene Dichtung nach volksläufigen Motiven handle, der Arnim gutgläubig aufgesessen sei, war dieser verärgert und suchte sich – nicht eben geschickt – den Brüdern Grimm gegenüber zu rechtfertigen: »daß es wieder eine von Clemens' vielen Unwahrheiten ist, wenn er Euch eingebildet hat, ich hätte den Staar und das Badewännlein für ganz alt gehalten [. . .] daß er das Ganze [. . .] selbst gemacht, konnte ich ihm doch wirklich ohne Beleidigung nicht auf den Kopf zu sagen.«

Ähnliches gilt für einige Lieder, in denen Brentano Zwei- oder Eindeutigkeiten, wie sie das Volkslied bekanntlich liebt, etwas kaschierte, so daß weder Arnim noch die Mehrheit der *Wunderhorn*-Leser hier einen Verstoß gegen das eigene Prinzip, nur Lieder »ohne Zoten« zu bieten, entdecken konnten. Die Vorlage zu KL 23a (ein Manuskript unbekannter Hand) lautet wie folgt:

Ich ging einmal nach Amsterdam
Auf der Löfelstraße
Man fragte mich ob ich Löfeln kann
Ich sagte nein, und meint doch ja,
Ich setzt mich nieder und Löfel da
Um 1500 Gulden bares Geld
Dafür kuf ich mir ein Pferd [...].

Das ist zweifellos Relikt eines Cantus, wie man sie den Tippelmaiden im 16. Jahrhundert in den Mund legte, denn »löffeln« bedeutet ›huren‹. Was Brentano also wohlwissend an Anspielungen für Kenner in diesem Lied beließ und verdeutlichte (wie das von ihm hinzugedichtete Motiv vom gerittenen und zerspringenden Pferdebauch beweist), wenn er scheinbar kindlich anstelle des Geldverdienens durch »Löffeln« aufs Faulenzen anspielt, ist klar.

Aus dem eindeutigen Schnaderhüpfel »Zu Bett, zu Bett, wer ein Liebchen hätt« machte er das harmlose Kinderlied »Zu Bett, zu Bett, die ein Kindle hätt«, verrät sich dann allerdings bewußt durch den Anschluß »Die keinen [!] hätt, muß auch zu Bett« (KL 68a). Auch die Vorlage zum Rollenlied des ›Wackern Maidleins‹ war in diesem Sinn eindeutig gemeint. Hier hat Brentano nur den beziehungsreichen Gedankenstrich am Ende durch ein Rufzeichen verharmlost und mittels der neuen Überschrift *Hast du auch was gelernt?* (KL 79a) die Lesererwartung irritiert:

Wack'r Meken ben yck
Roade Strumpe dreg yck
Kan strycken, kan näyhen
Kan'n Haspel goet dreyhen
Kan nock wol wat meer –

Die durchaus obszön gemeinte und gestaltete Vorlage zum Lied *Die Schlittenfahrt* (Wh III 52) hat Brentano durch Weglassen und Umformulierungen einiger Verse ›wunderhorn-

fähig‹ gemacht – hier lag ihm wohl ebenfalls mehr an der geistvollen Anspielungs- und Verschleierungstechnik als an dem weder volksliedhaften noch sonst irgendwie poetisch wertvollen Text.
Auch hinsichtlich anderer Themen zeigen sich unter der Oberfläche charakteristische Divergenzen. Brentano, dem alles Militärische zuwider war, änderte in Wh I 43 den pathetischen Soldatenvers »Wenns Blut uns in die Augen läuft, / Da gehn wir in den Tod« zu »Wenns Blut uns in die Augen läuft, / Sind wir sternhagelvoll«, was Arnim bezeichnenderweise in einem späteren Einzelnachdruck zu »Da werden wir mal toll« milderte.
Diese Ausführungen zu den unterschiedlichen Auswahl- und Bearbeitungstendenzen Arnims und Brentanos mögen hier genügen. Dabei darf natürlich andererseits nicht das hohe Maß an menschlicher und künstlerischer Harmonie vergessen werden, was solche Spannungen aushalten ließ, eine trotz allem einmalige Zusammenarbeit überhaupt ermöglichte und die Realisierung eines schließlich doch weithin einheitlichen romantischen Volksliedtons bewirkte.
Dieser spezifische ›*Wunderhorn*-Ton‹ Arnims und Brentanos – schwer zu definieren, aber fast in jedem Lied spürbar – war das eigentlich Neue und Wirkmächtige der Sammlung, die hinsichtlich Originalität von Herder, hinsichtlich Texttreue von den Volksliedanthologien Büsching / von der Hagens (1807) oder gar Ludwig Uhlands (1844–45), von keiner aber an eigenwilliger Schönheit übertroffen wird. In diesem Sinn ist es sehr bezeichnend, daß etwa der bedeutende Volksliedsammler Anselm Elwert ausgerechnet das von Arnim so gründlich umgedichtete Lied Wh I 236 als Höhepunkt der Sammlung rühmte, daß Goethe Brentanos Lied im Volkston Wh I 418 die Krone gab, Heine gerade die von Brentano behutsam, aber sehr charakteristisch umgestalteten Passagen des *Straßburg*-Liedes (Wh I 145) als unnachahmlichen Naturlaut des deutschen Volksliedes pries, Gottfried Keller den von beiden Herausgebern umgestalteten *Bettel*-

vogt (Wh I 100) zu seinem Lieblingslied schlechthin erklärte und Thomas Mann sich für die wiederum im wesentlichen von Brentano formulierte Ballade von der *Schlangenköchin* (Wh I 19) begeisterte.
Der Versuch, einem sehr heterogenen Material volksläufiger Lieder vieler Epochen, Schichten und Tendenzen einen spezifischen Volksliedton abzugewinnen – teils in der ehrlichen Absicht, durch Kontamination und Restauration verderbter Texte einem hypothetischen Ideal näherzukommen, teils aber auch, um bisher weithin verachtete Schätze des poetischen Volksvermögens durch romantische Überfirnissung überhaupt erst wieder rezipierbar zu machen –, ist die epochale Leistung Arnims und Brentanos, die damit zugleich den Sammlungen der Brüder Grimm und vieler anderer den Weg wiesen. Es läßt sich in der künstlerischen wie der allgemeinen Rezeption ganz eindeutig nachweisen, daß immer solche *Wunderhorn*-Lieder populär wurden, die mehr oder weniger überarbeitet sind – ein Effekt, den die anspruchslosen zugrunde liegenden Texte in ihrer ›reinen‹ Gestalt nie erreicht hätten. Kein Geringerer als Goethe hat dieses seinerzeit im Umgang mit sogenannter Volksliteratur allenthalben praktizierte Verfahren ausdrücklich gebilligt und gelobt:

> das hie und da seltsam Restaurierte, aus fremdartigen Teilen Verbundene, ja das Untergeschobene, ist mit Dank anzunehmen. Wer weiß nicht, was ein Lied auszustehen hat, wenn es durch den Mund des Volkes, und nicht etwa nur des ungebildeten durchgeht! Warum soll der, der es in letzter Instanz aufzeichnet, mit anderen zusammenstellt, nicht auch ein gewisses Recht daran haben?

Goethes Rezension des ersten *Wunderhorn*-Bandes, die unmittelbar nach dessen Erscheinen verfaßt wurde, war die höchste Genugtuung für Arnim und Brentano, die darum auf die »Zueignung« des ersten Teils einen markant plazierten Dank am Ende der Sammlung folgen ließen, der Goethe stellvertretend für alle Förderer (im Manuskript waren noch 32 Namen aufgezählt) nennt. Tatsächlich hat Goethe, der sich bei seiner treffenden Besprechung der eigenen Volksliedbegeisterung während seiner Straßburger Zeit um 1771 erinnerte, die eigentliche Leistung der Herausgeber wie auch die in gattungsspezifischer und in epochaler Hinsicht vorgegebene Situation sehr richtig beurteilt – ganz im Gegensatz zu einer Reihe von Fehl- und Vorurteilen, mit denen das *Wunderhorn* in der Folge fast durchweg bedacht wurde. Johann Heinrich Voß mißfielen christliche wie voraufklärerische Tendenzen der Sammlung; seine scharf polemische Rezension schadete dem Ansehen und dem Absatz des Werks am meisten. Die einflußreichen älteren Romantiker (Tieck und die Brüder Schlegel) zeigten sich aus verschiedenen Gründen mißgünstig (die jüngeren, wie zum Beispiel Uhland, Kerner, Eichendorff, waren hingegen begeistert, aber ihre Stimmen hatten noch wenig Gewicht). Vor allem fehlten sodann der Germanistik wie auch der Volkskunde noch lange zukömmliche Maßstäbe für die Eigenart und die besondere Leistung des *Wunderhorns*: Es wurde entweder als zu unpoetisch abqualifiziert oder pauschal der Fälschung der ›reinen‹ Volksüberlieferung und des Betrugs am Lesepublikum geziehen. Diese Urteile sind nicht nur durch gewisse einseitige Blickrichtungen, sondern auch in der Tatsache begründet, daß die Lieder des *Wunderhorns* im ganzen tatsächlich wenig gelesen und erst recht deren Grundlagen kaum zureichend zur Kenntnis genommen worden sind. Vielmehr wurden einzelne Texte – und meist immer wieder dieselben – herausgegriffen, um das *Wunderhorn* entweder als frühe Volksliedersammlung oder als romantischen Almanach zu charakterisieren und zu kritisieren. Dabei kam so gut wie nie der eigentliche Charakter des Werks in den Blick, unter dessen 723 Liedern sich kaum ein von den Herausgebern gänzlich unverändert belassener Text findet, indes ebensowenig einer, der völlig auf freier Erfindung Arnims oder Brentanos basierte.

Es handelt sich um den umfassenden Versuch, als ursprünglich und volkstümlich erachtetes Liedgut fast aller Epochen wieder rezeptionsfähig zu machen. Dabei ist etwa auf den, wenn auch bescheidenen, Anteil mittelalterlicher Lieder, auf die bedeutsame Präsentation von Texten des Hans Sachs oder Fischarts wie vor allem auf die in diesem Rahmen zwar überraschende, aber desto wirksamere Einbringung barocker Lyrik hinzuweisen: Spee, Moscherosch, Dach, Kuen, Procopius von Templin, Schupp, Abele, Greflinger, Grimmelshausen, Praetorius, Knorr von Rosenroth, Morhof, Abraham a Sancta Clara, um nur einige aus der Fülle zu nennen – wer kannte sie in der Zeit der Klassik und Romantik, wer las ihre Gedichte oder wagte gar sie nachzudrucken? Hier geben allein schon die Zahlen ein eindeutiges Bild von der singulären Leistung des *Wunderhorns*: Aus Büchern, die zwischen 1500 und 1750 erschienen waren, wurden mehr als zweihundert Lieder aufgenommen. Stellt man dazu noch die ungefähr einhundertfünfzig Übernahmen aus jüngeren Veröffentlichungen (vorwiegend Liedersammlungen) einerseits sowie in etwa vierzig Fällen die Heranziehung älterer handschriftlicher Codices (meist aus dem 17. Jahrhundert) andererseits, so wird deutlich, daß der Anteil dieser Art literarischer Quellen weit mehr als die Hälfte aller *Wunderhorn*-Vorlagen ausmacht! Es ist falsch, angesichts dieser Zahlen die Sammlung »alter deutscher Lieder« (so ist sie ja ausdrücklich durch den Untertitel definiert) pauschal als Volksliedanthologie aufzufassen und gegebenenfalls abzuurteilen – schließlich begegnet der Begriff »Volkslied« an keiner Stelle der Titelei. Das *Wunderhorn* ist alles andere als nur ein poetischer Spiegel dessen, was um 1800 im deutschen Volksgesang lebendig gewesen sein mag. Schon gar nicht kann man Arnim und Brentano als Liedersammler mit dezidiert volkskundlichem Interesse kennzeichnen. Nachweislich hat Arnim nicht ein Lied nach mündlicher Tradition aufgezeichnet, zumal ihn nach eigenem Bekenntnis allein schon die verschiedenen Dialekte konfus machten, und von Brentano finden sich im *Wunderhorn*-Material kaum mehr als ein Dutzend skizzenhafter Niederschriften solcher Art. Was diese Quellenprovenienz betrifft, so hielten sich die Herausgeber lieber an Schriftliches: von Freunden, Sammlern oder Wissenschaftlern handschriftlich eingesandte Lieder und auf Fliegenden Blättern gedruckte Texte. Auf diesem Gebiet wurde, weit über Herders Ansatz hinaus, wertvollste Pionierarbeit geleistet, und manch bedeutendes Volkslied sowie vor allem viele der überhaupt erstmals in solcher Fülle versammelten Kinderlieder haben ihren absolut frühesten Beleg im *Wunderhorn*. Doch machen diese Quellen nicht einmal die Hälfte des versammelten Liedmaterials aus, und auch hier kam es Arnim und Brentano weniger auf Dokumentation oder gar Philologie an, sondern auf wirksame Präsentation. Sie wollten nach einem Ausspruch Brentanos zeigen, »was die Alten Schönes gesungen«, nicht aber unbedingt genau, wie und schon gar nicht wo und wann sie gesungen. Daß sich Arnim und Brentano gerade in den Texten anonymer oder mündlicher Provenienz die gravierendsten und meist auch effektivsten Eingriffe erlaubten, mildert zwar den Wert des *Wunderhorns* als Volksliedddokumentation, erhöht aber zweifellos seinen besonderen Reiz. Gerade auf diesem Gebiet war ja auch der Quellenkritik einigermaßen sicher der Weg verbaut: Mündliche Versionen sind letztendlich nicht philologisch nachprüfbar; Fliegende Blätter existierten in solcher Fülle von stets weniger oder mehr voneinander divergierenden Fassungen, daß auch hier eine Rückführung auf die jeweilige Quelle fast unmöglich schien (zumal seit dem *Wunderhorn* noch an die fünfzig Jahre vergingen, bis man andernorts den Wert dieser billigen Drucke erkannte und sie zu sammeln begann). So waren die Herkunftsangaben »Fliegendes Blatt« oder »Mündlich« auch ein herrliches Alibi für allerhand Mystifikationen und poetische Experimente, so daß man diese Angaben weithin mit »stark überarbeitet« synonym setzen muß. Daß dies die zeitgenössischen Philologen wie Docen, von der Hagen und ein wenig auch die Brüder Grimm, erst recht aber die Volksliedforscher des 20. Jahrhunderts verärgerte, ist leicht zu verstehen. Man benutzte das *Wunderhorn* in falschen Erwartungshaltungen und fühlte sich oft irritiert, ja zuweilen sogar düpiert.

»Altes Lied in meinem Besitz. C. B.« (Wh I 418) meint indes ›nach alter Art aus meinem poetischen Vermögen‹; »Mündlich am Neckar« (Wh I 382) rechtfertigt sich nur dadurch, daß diese gravierende Umarbeitung einer handschriftlichen Vorlage von 1768 in Heidelberg geschaffen wurde; auch »in der Spinnstube eines hessischen Dorfs aufgeschrieben« (Wh II 277) ist eine Mystifikation und bedeutet: Brentanos Neudichtung entstand in Hessen. Arnim und Brentano nahmen daraus resultierende Fehlurteile in Kauf, wenn sie solche nicht gar provozieren wollten.

Schopenhauer schreibt in *Die Welt als Wille und Vorstellung*: »So kann selbst der im ganzen nicht sehr eminente Mensch [. . .] ein schönes Lied zu Stande bringen [. . .]. Dies beweisen viele einzelne Lieder übrigens unbekannter Individuen in ›Des Knaben Wunderhorn‹.« Als Beispiel dafür stellt der Philosoph *O Bremen* (Wh I 289) heraus, wo jedoch »Mündlich« wieder nur besagt, daß Arnim diesen Text auf der Basis zweier Fliegender Blätter so völlig um- und neugedichtet hat, daß man ihn strenggenommen als romantisches Kunstlied bezeichnen müßte.

Läßt man solche – insgesamt jedoch besonders folgenreiche – Mißverständnisse außer acht, so ist zu konstatieren, daß etwas weniger als dreihundert Einzellieder auf eingesandtem oder direkt überlassenem Material basieren. Namentlich genannt sind im *Wunderhorn* allerdings nur ganz wenige Beiträger (vgl. z. B. die Zuweisung der Lieder Wh II 15 und 218 an Frau von Pattberg bzw. an Carl Nehrlich oder die Danksagung an Albert Ludwig Grimm, den Mitarbeiter der ersten Stunde, vor Wh I 83). Mit der sonst gewahrten Anonymität der Texte gerade dieser Provenienz tatsächlicher oder vermuteter mündlicher Liedtradition sollte – ähnlich dem wenig später von den Brüdern Grimm bei ihrer Märchenveröffentlichung praktizierten Verfahren – auch ein wenig der Eindruck unterstützt werden, als artikuliere sich hier der seinerzeit vielberufene Volksgeist. Die Forschung hat durch Untersuchung der etwa fünftausend handschriftlichen Liedaufzeich-

nungen im Ar
derhorn-Liede
mittlern zuor
15 weitere, ni
hältnismäßig
daß der Haup
gelangten Lie
geht, und zw
Brüder Jacob
berg, 21 auf
Grimm – das
nahmen nam
Herkunft un
wie die zuvo
Epochen deu
zum Beispie
gedruckter T
schriften nac
kostbaren au
und KL 27b
Mehrzahl de
schen Einse
volksläufige
tionen Bürg
berühmt un
tano und Alb
an ihre ei
Gewährsleu
kunft muß a
den Beiträg
zu sinnvoll
Gesamtbefu
Beiträger re
oder wisser
heißt auch,
schlichten I

solche Einsendung
oder weniger deut
bereits von sich au
der stimmten. Der
übrigens, der nach
als Romanschriftst
Grimm gab 1806
selbst sowie die
Frau von Pattberg
durch das *Wunderh*
seinen nicht mit ih
chen- und Sagensa
etwas vom wechsels
Wunderhorn-Sphär
das *Wunderhorn* nic
Volkslieder- und V
auch einzelnen Dic
tano, Justinus Ker
(anonym) ihre ers
dankten der Samn
schriftstellerische E
horn für die deutsch
ders für die deutsch
tet, ist allgemein b
längst nicht zureich
viele Namen anzufü
von Mendelssohn,
Strauss und Pfitzne
Eichendorff, Heine,
hin zu Holz und H
zahlreichen Erwähn
Büchners, Kellers,
Manns usw.), in d
Pocci, Richter, Schw
ließen sich auf vielf

n bevorzugten, die in Auswahl und mehr
cher Überarbeitung durch den Beiträger
zu Art und Weise der *Wunderhorn*-Lie-
Iauptbeiträger Carl Nehrlich (der einzige
reislich ein Honorar erhielt) war bereits
ler und Lyriker bekannt; Albert Ludwig
nen Musenalmanach heraus, in dem er
'underhorn-Mitarbeiter Danquard und
mit eigenen Werken vertreten waren –
rn angeregt, trat er wenig später ähnlich
ı verwandten Namensvettern mit Mär-
nmlungen hervor. Hier wird zugleich
itigen Geben und Nehmen innerhalb der
deutlich. In diesem Licht gesehen, ist
ıt nur Anreger ganzer Generationen von
lksliteratursammlern, sondern hat eben
ıtern die Bahn gewiesen. Bettina Bren-
er und Ludwig Uhland konnten hier
en Veröffentlichungen plazieren und
lung Entscheidendes für ihre eigene
twicklung. Was ansonsten das *Wunder-*
: Liedkomposition und natürlich beson-
Dichtung des 19. Jahrhunderts bedeu-
kannt, wenn auch im einzelnen noch
nd erforscht. Hier wären fast unendlich
ren; unter den Komponisten eine Reihe
chumann, Brahms bis hin zu Mahler,
:, unter den Dichtern von Chamisso,
Wilhelm Müller, Mörike, Rückert bis
fmannsthal (dazustellen müßte man die
ngen und Anspielungen in den Werken
Storms, Fontanes, Raabes, Thomas
r bildenden Kunst schließlich wären
nd oder Kokoschka zu nennen – sie alle
che und sehr verschiedene Weise vom

Wunderhorn inspirieren, wurden damit auf mancherlei Weise gleichsam zu seinen Multiplikatoren.
Beim nichtkünstlerischen Publikum kam die Sammlung als Ganzes jedoch nicht an. Die Gründe dafür liegen einerseits zweifellos im Fehlen von Liedmelodien und im zu hohen Preis der drei Bände (noch bis 1900 bot der Verlag die Originalausgabe – schließlich zu Schleuderpreisen – an); andererseits wären aber weitere Ursachen dieses kommerziellen Mißerfolges erst noch zu analysieren, zum Beispiel ob die Fülle der Lieder oder deren bewußt bunt gemischte Anordnung die Leser verschreckten oder ob der die Künstler so sehr inspirierende *Wunderhorn*-Ton bei der übrigen Leserschaft nur in Einzelfällen ›zündete‹. Letztlich ist natürlich auch zu bedenken, daß es unbillig wäre, den Erfolg von Anthologien nur daran zu messen, ob all ihre Lieder gelesen oder gar bekannt werden. Die Vorliebe wird sich fast immer auf einzelnes richten. Aber auch in dieser Hinsicht ist der Erfolg des *Wunderhorns* seltsame Wege gegangen: In vielen späteren Liederbüchern sind die Arnim/Brentanoschen Liedversionen mit der Angabe »Volkslied« und ohne Hinweis auf das *Wunderhorn* wiedergegeben und sozusagen an den beiden Romantikern vorbei anonym populär geworden; umgekehrt finden sich in manchen Anthologien bei Volksliedtexten Hinweise auf das *Wunderhorn*, ohne daß die jeweilige Version diesem entnommen worden wäre. Solch freischaltender Umgang mit dem Titel der Sammlung zeigt, daß er zum Begriff, fast zu einem Mythos geworden war.
Dieser Titel ist in der Tat auch einer der wenigen innerhalb der deutschen Literatur, die allein für sich wirkmächtig und schnell zum geflügelten Wort wurden (vergleichbar vielleicht den Prägungen *Dichtung und Wahrheit* oder *Menschheitsdämmerung*). *Des Knaben Wunderhorn* wurde und wird dergestalt häufig als synonym für Volksliedhaftes gebraucht sowie, abgelöst von seiner eigentlichen Bedeutung, zum entsprechende Assoziationen weckenden Begriff, so daß dem *Wunderhorn* in dieser Hinsicht eine ungewöhnliche Reso-

nanz ohne eigentlichen Resonanzboden beschieden war – bis hin zu obligatorischen, aber oft von nur geringen Sachkenntnissen getrübten Nennungen in Literaturgeschichten. Wie zündend der Titel von Beginn an wirkte, zeigt sich daran, daß Zeitgenossen Arnim ohne weitere Erläuterung den »Wunderhornmann« oder auch verspottend »Octavian Hornwunder« nennen konnten und daß sich eine Flut von Titelimitationen oder -übernahmen entwickelte: *Des Knaben Lustwald* (1822); *Österreichisches Wunderhorn* (1834); *Des Knaben Wunderhorn. Märchen und Lieder* von Lyser (1834); *Des Mädchens Wunderhorn* (1849); *Der Jugend Wunderhorn* (1850); *Neues Wunderhorn für die Jugend* (1853); *Des deutschen Knaben Wunderhorn* (1860); *Des deutschen Knaben Tischgebet* (1871); *Des deutschen Knaben Handwerksbuch* (1874); *Italiens Wunderhorn* (1878); *Der Wunderborn* (1882); *Des sächsischen Knaben Wunderhorn* (1890); *Rheinlands Wunderhorn* (1900); *Deutschlands Wunderhorn* (1910); *Des deutschen Spießers Wunderhorn* von Gustav Meyrink (1913); *Neues Wunderhorn* (1925); *Der Deutschen neues Wunderhorn* (1928); *Das wahre Wunderhorn*, Novelle von Fritz Brügel (1934); 1943 betitelte sich eine kommunistische Untergrundzeitung im Ruhrgebiet *Wunderhorn*; 1959 nannte Franz Gass seine Satiren *Des deutschen Bürgers Plunderhorn*; 1970 erschienen zeitkritische Holzschnitte unter dem Titel *Des Knaben Wunderhorn* (zu solchen Titeln wären noch zahllose entsprechende Anspielungen zu stellen wie etwa *Des Prinzen Wunderhorn* in Hesses Roman *Der Steppenwolf* von 1927).

Das geniale gemeinschaftliche Jugendwerk Arnims und Brentanos ist ein ungewöhnlich reich facettierendes Phänomen von weitreichenden und höchst merkwürdigen Wirkungen; ein Stück Literaturgeschichte, das auf ungewöhnliche Art lebendig blieb und dessen Fama Anzeichen einer Mythenbildung erkennen läßt. Es ist daher in jedem Belang der Betrachtung wert.

Die unverstellte Freude an der Mannigfaltigkeit der schier

endlosen Kette von *Wunderhorn*-Liedern in ihrem die verschiedensten Themen und Stimmungen ansprechenden Charakter wird dabei erfreulicherweise immer im Vordergrund stehen; daneben aber ist für den, der zu gegründeten Urteilen kommen will, Beachtung der Textherkunft und -genese, der Mischung aus Fremd- und Eigenanteilen, aus ›Natur‹ und ›Kunst‹, wie sie sich fast in jedem Lied dokumentiert, unabdingbar. Und genau diese Aspekte hat Goethe in seinem Lob des *Wunderhorns* schon 1806 bündig herausgestellt: »Dergleichen Gedichte sind so wahre Poesie, als sie irgend nur sein kann; sie haben einen unglaublichen Reiz« und »hier ist die Kunst mit der Natur im Konflikt, und eben dieses Werden, dieses wechselseitige Wirken, dieses Streben scheint ein Ziel zu suchen, und es hat sein Ziel schon erreicht«.

Verzeichnis der Liedanfänge und Überschriften

Inhalt

Anhang

Magdalene Furch

Wenn Sehnsucht zur Sucht wird

Den Kreislauf von Abhängigkeiten
durchbrechen

Magdalene Furch

Wenn Sehnsucht zur Sucht wird

Den Kreislauf von Abhängigkeiten durchbrechen

SCHULTE & GERTH

Der in diesem Buch verwendete Bibeltext ist mit freundlicher Genehmigung der Deutschen Bibelgesellschaft der Lutherbibel entnommen, revidierter Text 1984, durchgesehene Ausgabe in neuer Rechtschreibung,

Best.-Nr. 815 880
ISBN 3-89437-880-8
1. Auflage 2003
Umschlaggestaltung: Ursula Stephan
Titelfoto: GettyImages/stone
Satz: Typostudio Rücker
Druck und Verarbeitung: Ebner & Spiegel, Ulm
Printed in Germany

Inhalt

Was wir heute mit dem Begriff Drogenszene umschreiben, ist Ausdruck unbefriedigter Sehnsucht nach einem verlorenen Paradies und eine bewusste Verweigerung jener Schritte ins Leben, die Verzicht fordern, Ernüchterung und Abschied von kindlichen Phantasien verlangen und zu einem festen Entschluss der Verantwortung für die Zukunft aufrufen.

Tobias Brocher: Zwischen Angst und Übermut, Kreuz Verlag, 1985 (S. 132)

Vorwort

In den letzten Jahren sprechen mich nach meinen Vorträgen zunehmend Mütter an und suchen Rat, weil die Sucht eines ihrer Kinder die Familie völlig aus dem Gleichgewicht bringt. Zunächst erschien ihnen alles nicht so schlimm, ein bisschen Haschisch hier, ein paar Aufputschpillen da oder, im Fall von Magersucht, das Kalorienzählen der Tochter – das gehört heute irgendwie dazu, so hatten sie gemeint. Aber zum Zeitpunkt unseres Gespräches war ihnen längst klar geworden: Mein Sohn, meine Tochter ist süchtig und diese Sucht zerstört unsere Ehe und unsere Familie.

Sucht ist das große Problem unserer Zeit und betrifft mittlerweile alle Bevölkerungsschichten. Alkohol und Drogen sind uns als Suchtmittel zwar schon lange bekannt, doch die meisten Menschen waren sich immer recht sicher: Uns persönlich betrifft das nicht. Aber das hat sich radikal geändert, seitdem suchthaftes Leben zum neuen, *freien* Lebensstil geworden ist. Der Psychologe und Autor Werner Gross spricht sogar von einer *Versüchtelung* unserer Gesellschaft. Er vermutet, dass sich viele Menschen im Vorstadium der Versüchtelung befinden und irgendwann anlässlich einer Krise, wie sie jedem Menschen mindestens einmal im Leben unweigerlich ins Haus steht, in eine handfeste Sucht geraten, die sich in Nikotinsucht, Esssucht, Magersucht, Kaufsucht, Sammelsucht, Sexsucht, Fernsehsucht, Onlinesucht, Sucht nach Extremsportarten und noch manchem mehr äußern kann. Man gewinnt den Eindruck, dass sich alles, was man tun oder lassen kann, als Suchtmittel eignet. Suchtmittel scheinen im wahrsten Sinne des Wortes *notwendig* zu sein – eine Not wenden zu müssen –, um dieses freie Leben überhaupt aushalten zu können. Dabei ist der Mensch nicht süchtig nach oder abhängig von den Tätigkeiten, sondern von den Gefühlen, die sie auslösen. Denn ohne diese Tätigkeiten treten eine unerträgliche Leere und Sinnlosigkeitsgefühle auf.

Vor nicht allzu langer Zeit tauchte interessanterweise bei uns der Begriff *Workaholic* auf, der deutlich macht, dass auch das Arbeiten zu einer Sucht werden kann. Aber vielleicht sollte man diese Form der Abhängigkeit besser *Erfolgssucht* oder *Bestätigungssucht* nennen, denn dies steckt meistens hinter einem solchen Verhalten.

Sollte dieses Freiheitsideal, das wir uns selbst zurechtgelegt haben, etwa doch nicht so ideal sein? Sollte in uns allen vielleicht doch eine tiefe Sehnsucht nach Bindung, nach Sicherheit, nach Verbindlichkeit stecken? Ich selbst bin davon fest überzeugt und hoffe, dies auch Ihnen mit diesem Büchlein weitergeben zu können. Gleichzeitig möchte ich Ihnen eine Hilfe an die Hand geben, wie Sie Schritt für Schritt eine neue, wirklich freie Lebenshaltung *ein-nehmen* können, Ihr eigenes Leben in die Hand zu nehmen, um nicht länger gelebt zu werden, wie es in einem suchthaften Leben der Fall ist.

Ich werde häufig von Elternkreisen in Schulen und Kindergärten zu Vorträgen zum Thema Suchtprävention eingeladen. Diese Eltern wollen also wissen, was sie tun können, um ihre Kinder gegenüber Suchtangeboten stark zu machen. Nicht immer sind sie begeistert von dem, was ich zu sagen habe, und vielleicht werden auch Sie sich über manche Aussage ärgern. Vielleicht sperren Sie sich dagegen, weil es schmerzlich ist, von einer lieb gewordenen Idee, einem Freiheitsideal, einem hochstilisierten

Menschenbild Abschied zu nehmen – von dem Bild des freien, souveränen Menschen, der von sich aus gut ist und sinnvoll lebt.

Diese *Ent-täuschung*, diese Aufdeckung Ihrer eigenen Täuschung, kann ich Ihnen nicht ersparen. Vielmehr sehe ich es als meine Pflicht, Ihnen das, was ich in 30-jähriger Erfahrung als Psychotherapeutin *wahr-genommen*, also als Wahrheit erkannt habe, mitzuteilen. Ich tue dies jedoch nicht vom hohen Ross aus, denn all die schmerzlichen Erkenntnisprozesse, die ich Ihnen zumute, habe ich selbst durchlaufen. Auch ich war davon überzeugt, dass ich besser, freier, verantwortungsvoller und sinnvoller würde leben können, wenn ich erst einmal die Gängeleien, Vorschriften und Einengungen meines Elternhauses und meiner Kirchengemeinde los wäre. Ich wollte wirklich verantwortungsvoll und sinnvoll leben. Mein eigenes Scheitern, meine eigene *Ent-täuschung*, hat mich gezwungen, bescheiden zu werden und meine Grenzen zu erkennen. Aber es hat mir schließlich auch ermöglicht, dass ich andere Menschen an meinen Erfahrungen teilhaben lassen kann – fast 30 Jahre als Therapeutin und nun, indem ich schreibe.

Einleitung: Hinter jeder Sucht steckt eine irregeleitete Sehnsucht

„Hinter jeder Sucht steckt eine irregeleitete Sehnsucht.“ Dieser Satz ist die Zusammenfassung der 30-jährigen Erfahrung aus meiner Arbeit mit suchthaft lebenden Menschen. Das sind Menschen wie Sie und ich. Ich spreche hier also nicht von Heroinabhängigen und Alkoholikern, die in der Gosse liegen oder am Kiosk herumhängen, oder gar von Spielsüchtigen, die schon mehrere hunderttausend Euro auf der Spielbank gelassen haben. Ich spreche auch nicht von Menschen, deren ganzes Denken und Handeln sich nur darum dreht, irgendeine Form der heute modernen Suchtmittel in die Hand zu bekommen, und die dafür stehlen und sich prostituieren. Zwar glaube ich, dass alles, was ich Ihnen in diesem Büchlein noch erzählen möchte, auch für diese Menschen Gültigkeit hat, und dass der oben geschriebene Satz auch auf sie zutrifft. Ich glaube aber auch, dass solchen Menschen, die so weit von der Sucht beeinflusst werden, dass ihr ganzes Leben davon bestimmt wird, mit dem Lesen eines Büchleins nicht sehr geholfen ist. Solche Menschen müssen in aller Regel eine mehrere Monate dauernde Therapie bei einem erfahrenen Sucht-Therapeuten machen. Dennoch habe ich die Hoffnung, dass dieses Büchlein auch für sie ein Anstoß sein kann. Ein erster Schritt für süchtige Menschen, vielleicht den Entschluss zu fassen, sich in eine solche Therapie zu begeben.

Wenn man auf eine so lange berufliche Tätigkeit zurückblicken kann wie ich, kann man über die Jahre hinweg bestimmte Trends und Veränderungen beobachten. Eine traurige Tatsache, die mir deutlich geworden ist, ist die, dass insbesondere in den letzten zehn bis fünfzehn Jahren immer weniger Menschen ihre Sehnsüchte kennen und benennen können. Wenn ich aber überhaupt nicht weiß, was mich erfüllen, was diese entsetzliche Leere in mir ausfüllen könnte, dann kann ich mich auch nicht darum bemühen. Dann ist da nur der Zustand: null Bock auf nichts. Oder anders gesagt: Ich bin also wunschlos unglücklich. Wenn ich keine Ahnung davon habe, dass es ein sinnvolles Leben gibt, dass es höchst befriedigend ist, eine sinnvolle Aufgabe erfüllt zu haben, dass ich mich dann wertvoll fühle, dass Freude und echter Stolz mich erfüllen, dann werde ich mich weigern, die Unannehmlichkeiten, Anstrengungen, Ängste oder andere unangenehme Gefühle in Kauf zu nehmen, die nun einmal ganz normale Begleiterscheinungen der Bewältigung sinnvoller Aufgaben sind. Solche Menschen verhalten und fühlen sich wie Kinder, die noch nicht wissen, wozu sie Rechenaufgaben lösen oder Vokabeln lernen sollen und sich davor drücken. Deshalb sind immer weniger Menschen bereit, Spannungen auszuhalten und Verantwortung für ihr eigenes Leben zu übernehmen. Außerdem ist mir bewusst geworden, dass immer mehr Menschen suchthaft leben.

Die Menschen, die zu mir kamen und psychotherapeutische Hilfe suchten – meist sogar im stationären Rahmen –, kamen wegen unterschiedlicher Symptome: Angsterkrankungen, Beziehungsstörungen, Arbeitsstörungen, Depressionen und auch mit Anzeichen von suchthaftem Leben. Alle diese Menschen hatten eines gemeinsam: Sie hatten aufgehört, ausschließlich die

Umwelt, die Eltern, die Gesellschaft, den Arbeitgeber, schlechte Lehrer, böse Freunde ... für ihre Schwierigkeiten verantwortlich zu machen. Sie waren mehr oder weniger bereit, sich selbst in Frage zu stellen und endlich Verantwortung dafür zu übernehmen, dass etwas in ihrem Leben geändert werden sollte. Sie waren also bereit, der Wahrheit ins Auge zu blicken und weder sich selbst noch anderen länger etwas vorzumachen. Diese Wahrheit bestand dann zum großen Teil darin, dass sie ihre *Ent-täuschungen* eingestanden, über ihre Sehnsüchte nachdachten und schließlich auch darüber zu sprechen begannen. Sie empfanden Sehnsucht nach guten Beziehungen, Sehnsucht nach innerer Zufriedenheit, nach Annahme und Anerkennung, nach einem gesunden Selbstbewusstsein und Sehnsucht danach, ein sinnvolles, zielorientiertes Leben führen zu können. Außerdem hatten sie Sehnsucht danach, mit anderen Menschen liebevoll umgehen zu können und auf ihre Fragen über das rein materialistische Leben hinaus Antworten zu finden. Sie hatten also Sehnsucht danach, mit sich und der Welt einigermaßen im Reinen zu sein.

Alle diese Sehnsüchte gehören zum Menschen. Sie sind überhaupt nicht verwerflich, sondern sehr menschlich. Schlimm an der Situation meiner Patienten waren also nicht die verschiedenen Sehnsüchte, schlimm war allein die Tatsache, dass sie selbst im Umgang mit diesen Sehnsüchten völlig hilflos waren. Dadurch hatten sich verschiedene Symptome herausgebildet und sie waren in eine Abhängigkeit geraten.

Was aber ist der Grund dafür?

Ich möchte Sie in diesem Buch auf zwei Verständnisebenen zu einer Antwort führen. In Teil 1 beschäftige ich mich hauptsächlich mit *psycho-logischen* Gegebenheiten, also damit, wie die seelische Entwicklung vom Beginn unseres Lebens im Mutterleib bis zur Sucht verlaufen kann. In Teil 2 bemühe ich mich um eine *theo-logische* Erklärung. Ich befasse mich also mit der Beziehung des Menschen zu Gott.

Teil 1
Eine psycho-logische Erklärung

Einführung

Um ein bisschen besser zu verstehen, wo all diese Sehnsüchte herkommen, wollen wir uns in diesem Kapitel mit einer Zeit unserer Existenz beschäftigen, an die wir keinerlei Erinnerung haben. Ich meine die Zeit vor unserer Geburt, die Zeit, in der wir im Mutterleib sicher geborgen waren. In diesen neun Monaten haben die meisten Menschen eine sehr sorgenfreie Zeit erlebt. Die Versorgung mit Nahrung rund um die Uhr war sichergestellt. Zwar mussten manche von ihnen mit etwas weniger Nahrung auskommen, weil ihre Mütter stark geraucht haben und die Gefäße, die die Nahrung von der Mutter zum Kind führen, dadurch verengt waren, aber auch diese Kinder sind in aller Regel in keine ernste Lebensbedrohung geraten.

Alle kleinen Babys sind in der Gebärmutter durch das Fruchtwasser, das jeden Stoß und Ruck auffängt, gut geschützt. Ich habe am Anfang meiner Zeit als Ärztin eine schwierige Geburt miterlebt, die deshalb schwierig war, weil die Mutter kurz vor dem Geburtstermin einen Autounfall gehabt und einen Beckenbruch erlitten hatte. Ihr Kind kam unverletzt zur Welt.

Durch die Bewegungen der Mutter wird das Kleine tagsüber sogar sanft geschaukelt. Alle, die kleine Kinder großgezogen haben, wissen, welch große Bedeutung das Wiegen für Kinder hat, wie beruhigend es wirkt, wie es ein Symbol für Beziehung darstellt. Ähnlich wirkt auch der Herzschlag der Mutter wie rhythmische Musik. Vielleicht haben deshalb heute so viele Menschen während ihres ganzen Tagesablaufs Kopfhörer auf den Ohren, die ihnen rhythmische Musik zuführen: Sie sind davon abhängig, weil sie ihren eigenen Lebensrhythmus noch nicht gefunden haben.

Im Mutterleib ist es außerdem stets wohl temperiert. Das heißt, das kleine Kind friert nicht und es schwitzt nicht. Ebenso wie grobe Stöße werden auch Lärm und andere unangenehme Geräusche gedämpft, das Ungeborene wird also auch davor geschützt. Es ist rundherum wohl versorgt.

Darüber hinaus werden keine Forderungen von außen an es herangetragen, denen es sich nicht gewachsen fühlt. Es bestehen keine gesellschaftlichen Zwänge, kein Leistungsdruck, keine Verantwortung. Das Baby wird nicht von Selbstzweifeln geplagt oder von Konflikten gequält. Es darf einfach nur sein – geborgen sein. Psychologen haben deshalb schon davon gesprochen, dass die Zeit in der Gebärmutter ein regelrecht paradiesischer Zustand sei.

Natürlich weiß ich, dass bei einigen – verhältnismäßig wenigen – die Schwangerschaft auch gestört ist. Seit langem vermuten Psychologen, dass das schwere Folgen für die seelische Entwicklung eines Menschen haben kann. Doch für unsere Überlegungen wollen wir diese außerordentlichen Bedingungen einmal außer Acht lassen. Wir wollen uns mit den Menschen beschäftigen – und die sind ja weitaus in der Mehrzahl –, bei denen die Bedingungen im Mutterleib, wie oben beschrieben, ideal waren.

Nach neun Monaten dieser schönen Zeit kommt dann das GEBURTSTRAUMA. Die Wehen drücken die Gebärmutter zusammen, diese übt Druck auf das Kind aus, es wird ausgetrieben (aus dem „Paradies vertrieben"). Es wird sehr eng im Geburtskanal. In diesem Zusammenhang möchte ich darauf hinweisen, dass unser Wort Angst von dem lateinischen Wort *angustiae* gleich „Enge“ oder *angustus* gleich „eng“ abgeleitet ist. Wenn das Kind dann schließlich, meist nach mehreren Stunden in dieser Enge, das Licht der Welt erblickt, muss es sofort ungefilterten Lärm ertragen. Zwar sind es bei einer normalen Geburt Freudenschreie, wenn das Kind endlich da ist, aber für das Kind sind diese *furcht-bar*, Furcht erregend, laut und unangenehm. Die meisten Neugeborenen scheinen außerdem entsetzlich zu frieren, denn sie schnattern. Und der erste Schrei, der natürlich auch etwas mit der Luftfüllung der Lunge zu tun hat, mündet meist in klägliches Weinen.

Nun hat die kontinuierliche Nahrungszufuhr aufgehört, verbunden damit stellen sich die ersten Hungergefühle ein und das kleine Kind muss auf Befriedigung warten. Verdauungsbeschwerden und Blähungen verursachen Schmerzen. Es gilt also von Anfang an, viele Spannungen auszuhalten und überdies werden von außen Erwartungen an das kleine Wesen herangetragen. Natürlich versteht es noch nicht, wenn die Mutter vielleicht seufzt: „Ach, wenn es doch mal eine Nacht, ein paar Stunden durchschlafen würde!“ Aber es spürt diese Spannung.

Wenn zudem in seiner Umgebung Sorgen oder Streit herrschen, so trifft diese schlechte äußere Atmosphäre die Seele des Kindes mit ganzer Wucht, weil es noch keine *Seelenhaut* besitzt, es sein Inneres also noch nicht gegen äußere Einflüsse abschirmen kann. Verglichen mit den paradiesischen Zuständen im Mutterleib ist dieses Leben außerhalb desselben enttäuschend, anstrengend und Angst machend. Es ist zwischen den Phasen, in denen es frisch gestillt, trocken, zufrieden und glücklich im Arm seiner Mutter liegt, immer wieder frustriert. So ist es kein Wunder, dass jeder kleine Mensch zunächst einmal ohne eigenes Dazutun die *Paradies-Bedingungen* wiederhaben will. Der Säugling will deshalb am liebsten an Mamas Brust liegen, denn das kommt dem Paradies am nächsten. Er weiß nichts davon, dass er erwachsen wird, und er hat noch keine Ahnung von seinen eigenen Fähigkeiten, die sich entwickeln wollen und müssen.

Es ist also natürlich, dass ein Säugling es als eine Zumutung empfindet, dass er auf dieses Paradies verzichten soll. Deshalb ist es von unserem Schöpfer so schon gut eingerichtet, dass alle lebensnotwendigen Tätigkeiten unwillkürlich – also unabhängig von unserem Willen – funktionieren: Atmung, Kreislauf, auch das Saugen geschieht unwillkürlich, sonst würden vermutlich nur wenige Menschen die ersten frustrierenden Lebenstage überleben. Sehnsucht danach, all diese Frustration los zu werden, ist also normal. Und dass ein Säugling zunächst den Anspruch hat, dass all diese Sehnsucht ohne sein eigenes Dazutun gestillt wird, ist ebenso normal.

Nicht normal dagegen ist dieser Zustand bei einem erwachsenen Menschen. Und bei Menschen mit einem suchthaften Leben, die ich erlebt habe, war diese so genannte *passive Erwartungshaltung* noch im Erwachsenenalter sehr ausgeprägt. Nicht, weil diese Menschen dümmer waren als andere oder fauler oder gar schlechter, sondern weil sie im Kleinkindalter nicht satt werden konnten an Liebe und weil sie nicht lernen konnten, mit sich selbst liebevoll umzugehen und für sich selbst Verantwortung zu übernehmen. Menschen, die nicht ausreichend echte Liebe bekommen haben, können weder sich selbst noch andere Menschen lieben. Sie sind nicht liebesfähig, sondern nur „verliebtheitsfähig“.

Verliebtheit meint aber niemals den Menschen, wie er ist, sondern ein Traumbild, ein Trugbild, ein Wunschbild des Menschen (auch von sich selbst), in den jemand verliebt ist. So kann Verliebtheit den wirklichen Menschen nie innerlich satt machen. Es bleibt also Hunger nach echter Liebe bestehen: Wenn man aber echte Liebe kaum kennen gelernt hat, sondern nur Verliebtheit (der Volksmund sagt auch Affenliebe dazu), dann sucht man natürlich seine Sättigung in immer mehr von dem, was man kennt. Und das führt schließlich zu den Beziehungssüchten, zum Beispiel zu Sexsucht.

Bei einem kleinen Menschen kommt es nun darauf an, dass er nach der Vertreibung aus dem Paradies des Mutterleibes immer mehr lernt, mit dieser Sehnsucht, diesem Hunger nach Harmonie in Beziehungen, nach Geborgenheit, nach dem Gefühl, zu Hause zu sein, verstanden zu werden ..., eigenverantwortlich umzugehen. Es ist also *not-wendig*, dass er diese passive (passiv = leidend!) Erwartungshaltung aufgibt, ja dass er diese Sehnsucht als Antrieb für eine aktive Gestaltung seines Lebens in dem Spannungsfeld zwischen Sehnsucht und Lebensrealität verstehen lernt.

Ich möchte an dieser Stelle darauf hinweisen, dass dann das Leben spannend wird und das – zunächst als unerträglich erlebte – Spannungsfeld mehr und mehr zum Spielraum wird. Ich bin fest davon überzeugt, dass die *Null-Bock*-Einstellung genau das Verhaftetsein in dieser passiven Erwartungshaltung ist und die Unfähigkeit zeigt, das persönliche Leben eigenverantwortlich spannend zu gestalten. *Null Bock* ist also schon ein Alarmsignal und sollte keinesfalls, wie es in unserer Gesellschaft geschieht, verharmlost werden. *Null Bock* darf auch nicht in der Weise beantwortet werden, dass die Umwelt alle möglichen äußeren Anstrengungen übernimmt, um den *Null-Bock*-Menschen zu motivieren. Es dürfen ihm nicht alle möglichen Ablenkungsangebote gemacht werden, die er am Ende doch nur wieder fallen lässt.

Dies geschieht zum Beispiel, indem immer mehr und *pädagogisch wertvolleres* Spielzeug angeschafft wird und indem die Außenreize durch Computerspiele und das Fernsehen ständig stärker werden. Hierzu zwei Beispiele: Die Schule entwirft ständig immer wieder neue hochinteressante Animationsprogramme, damit die Schüler nicht schwänzen und Kirchengemeinden glauben nun, in der Kinder- und Jugendarbeit ein ähnliches Animationsprogramm veranstalten zu müssen.

Doch all diese Maßnahmen verstärken die Unfähigkeit, die sich hinter der *Null-Bock*-Haltung versteckt, nur noch mehr. Das heißt, sie machen den Menschen immer unfähiger, mit dem Leben, so wie es ist, also mit der Realität im Leben, eigenverantwortlich umzugehen. Zudem verstärken sie auch die passive Erwartungshaltung und den Anspruch, alle Befriedigungen von außen zu erfahren, und sie führen dazu, dass derart irregeleitete Menschen glauben, einen Anspruch darauf zu haben, von außen total befriedigt zu werden. Deshalb reagieren sie entsprechend wütend, wenn dies nicht geschieht. Ausdrücke dieser Wut können wir, wenn wir wollen, jederzeit *wahr-nehmen*, zum Beispiel an besprühten Häuserwänden, an Zerstörungen in öffentlichen Verkehrsmitteln, bei verschiedenen kleinen und großen gewalttätigen Demonstrationen und in der modernen Musik.

Ebenso wird diese Wut in den Taten einzelner, ohnmächtig wütender junger Menschen wie in der Erfurter Schule deutlich. Dort hat ein junger Mann mit einer solchen ohnmächtigen Wut, ja einer *Mords-Wut* im Bauch, mehrere Menschen erschossen. Diese ohnmächtige Wut ist das Ergebnis einer massiven *Ent-täuschung*. Und die Verantwortlichen, die solche Menschen über den Umgang mit der wahren Lebensrealität getäuscht haben, sind in der Regel Eltern, Erzieher, Gemeinden und andere.

Warum aber wird ein solcher Mensch von anderen Menschen seiner Umgebung getäuscht? Meist geschieht dies unter der Vorgabe: „Mein Kind soll es einmal besser haben. Ich möchte ihm doch, so lange es geht, die unangenehmen Gefühle ersparen. Es soll sich nie klein und gedemütigt vorkommen; es soll nie Zweifel an meiner Liebe haben und es soll ein selbstbewusster junger Mensch werden.“ Dabei wird oft Rücksichtslosigkeit mit Selbstbewusstsein verwechselt.

Ich möchte Ihnen im Folgenden einige Fähigkeiten, die ein junger Mensch durch Erziehung erwerben muss, vor Augen führen. Fähigkeiten, ohne die ein Mensch unweigerlich am realen Leben scheitert und schließlich als *Not-Lösung* in eine Abhängigkeit geraten wird.

Fähigkeiten, die zu einem selbstständigen Leben *Not-wendig* sind

Die im Folgenden aufgeführten Fähigkeiten bilden keine Rangordnung und sie sind sicher auch nicht vollständig. Es sind jedoch die Fähigkeiten, deren Fehlen mir regelmäßig bei meinen Patienten als Mangel aufgefallen ist.

Die Fähigkeit, Freude an der eigenen Anstrengung und Stolz über erbrachte Leistungen zu empfinden

Immer wieder höre ich, dass Kinder vor einer Arbeit lautstark behaupten, sie hätten vorher überhaupt nicht geübt, weil man offensichtlich mit dem Prahlen, faul zu sein, die Anerkennung seiner Mitschüler erntet. Wohingegen jemand, der regelmäßig seine Hausaufgaben macht und sich aktiv am Unterricht beteiligt, als Streber verschrien wird. Auch wenn in Zeitungen oder in Gesprächen von *unserer Leistungsgesellschaft* gesprochen wird, habe ich oft den Eindruck, dass dies kein anerkennendes Wort ist, sondern eher ein abwertendes, ein Schimpfwort. Ebenso erfährt ein Mensch, wenn er als leistungsorientiert bezeichnet wird, oft eine Abwertung, als würde die Tatsache, dass er etwas leistet, automatisch andere Fähigkeiten – zum Beispiel Lebensfreude – vermindern oder verhindern.

Mit diesen Beispielen möchte ich auf eine erhebliche Fehleinstellung hinweisen, die in unserer Gesellschaft bezüglich der Anforderung des Lebens besteht, dass der Mensch persönlich etwas leisten darf und muss. Dabei kommen wir eigentlich alle leistungsfreudig und leistungswillig zur Welt. Jedes kleine Kind möchte gerne mithelfen. Meine vierjährige Enkeltochter wollte in unserem Urlaub zu jeder Mahlzeit den Tisch decken. Das hat natürlich erheblich länger gedauert und war oft unvollständiger, als wenn ich es selbst getan hätte. Doch ihr frohes: „Oma, ich deck den Tisch ganz alleine, ich helfe", und das Glück und der Stolz in ihren Augen, wenn sie den anderen mitteilte: „Ich hab den Tisch gedeckt, ich hab der Oma geholfen", waren doch so viel mehr wert, als die in Kauf zu nehmenden Mängel. Aber es ist ja nun mal leider nicht alle Tage Urlaub und die meisten Eltern kennen die kleinen Kämpfe, wenn Kinder etwas alleine machen wollen, was den Erwachsenen sehr viel Geduld abfordert. Wie also kommt es zu der Leistungsverachtung und Leistungsunwilligkeit?

Säuglinge und Kleinkinder greifen, sie *be-greifen* die Welt. Dabei bewegen sie sich zunächst unbewusst, später dann zielgerichtet. Sie versuchen immer wieder sich herumzuwälzen, zu krabbeln und sich aufzurichten. Und schon in diesen kleinen Situationen beginnt oft das Unglück seinen Lauf zu nehmen. Wir wollen unseren Kleinen doch so gerne helfen und ihnen die mühseligen Fehlversuche ersparen. Deshalb heben wir sie nur zu gerne hoch, wenn sie sich selber aufrichten wollen. Wir stellen ihnen alle möglichen Hilfen zur Verfügung, um ihnen das mühselige Krabbeln und Gehenlernen zu erleichtern. Zunächst wehren sich die Kinder noch gegen solche Eingriffe von außen, aber schließlich lassen sie sich doch verführen.

Natürlich freuen sich Kinder darüber, wenn man sich ihnen hilfreich zuwendet. In jeder Zuwendung steckt ja auch ein Beziehungsangebot. Aber diese Freude über die Zuwendung ist nichts gegen das Selbstbewusstsein, das aus den Augen eines Kindes strahlt, wenn es sich zum ersten Mal alleine mühevoll aufgerichtet hat, auf wackligen Beinchen steht – die Händchen fest um einen Halt geschlossen, noch schwankend, aber alleine aufrecht. Dieser Sieg über die vorherige Unfähigkeit, dieser Stolz über die eigene Leistung in den Augen eines kleinen Menschen drückt aus, was in der Seele dieses Kindes gewachsen ist, nämlich ein Stück Selbstachtung und Selbstbewusstsein. Deswegen behindern wir Kinder, wenn wir ihnen das Leben leicht machen wollen und ihnen voreilig helfen. Es braucht viel Geduld, Einfühlungsvermögen und Zurückhaltung, ein Kind dabei zu unterstützen, seine eigenen Fähigkeiten zu entwickeln. Man hätte es selbst viel schneller gemacht und sicher meistens auch besser – nach *unserem* Maßstab.

Ich empfinde es auch als einen Mangel, dass in unseren automatisierten Haushalten nur noch so wenig mit der Hand gemacht wird. Wir müssen uns ja richtig überlegen, wo wir Kinder helfen lassen können, wo wir miteinander etwas *Lebens-wichtiges* tun können, wo sie *das Leben begreifen* können. Dabei lieben Kinder das Mithelfen sehr, wie ich in den letzten Jahren immer wieder bei meinen Enkelkindern beobachten konnte. Außerdem ergeben sich in den Situationen, in denen man miteinander etwas tut, auch oft die besten Gespräche. So nebenbei erfährt man eine ganze Menge Dinge, die das Kind – egal in welchem Alter – bewegen. Die kleinen Seelen öffnen sich, es wächst ein Vertrauenskapital, das hilft, über zukünftige schwierige Zeiten hinwegzukommen.

Ich erinnere mich an eine Gruppenstunde, in der eine

junge Frau von ihrer Beziehung zu ihrer Mutter erzählte und diesen Bericht mit den Worten: „Als meine Mutter mir gezeigt hat, wie man ein Badezimmer sauber macht ...“, einleitete. Sie wurde sofort durch Gekicher und Gelächter unterbrochen. Auf meine Nachfrage, was denn so auslachenswert sei, kam die Antwort: „Na, wenn meine Mutter mir mit so was gekommen wäre, der hätte ich vielleicht was erzählt!“ Saubermachen hat in unserer Welt keinen Stellenwert mehr. Wundert es da noch, dass jeder Parkweg voller Müll liegt? In dieser Situation musste ich an eine Zeile aus dem Abendlied „Der Mond ist aufgegangen“ denken: „... so sind denn manche Sachen, die wir getrost verlachen, weil unsere (sehunfähigen, kurzsichtig gewordenen) Augen sie nicht sehen.“

Wie viele junge Menschen habe ich in der Klinik gesehen, die in ihrem Zimmer an ihrer eigenen Unordnung fast erstickt, im eigenen Dreck verkommen sind. Sie waren nie angeleitet worden, ihr Zimmer aufzuräumen. Ordnungs*liebe* konnten sie so nicht erwerben. Die Redewendung: „Ich kriege das eben nicht geregelt!“ habe ich in diesem Zusammenhang nicht selten gehört. Meine Entgegnung war darauf immer: „Ich kriege es auch nicht geregelt, ich muss das selber regeln.“

Zunächst löste meine Antwort Erstaunen aus. Sehr oft folgte dann aber die Erkenntnis, dass der Betreffende offensichtlich darauf wartet, dass er etwas geregelt bekommt, das heißt, er erwartet, dass andere es für ihn tun. Häufig kam dann die demütigende Erkenntnis nach: „Ich fühle mich gar nicht fähig, das zu machen!“ Hinter der äußerlich großspurigen Haltung – „... na, der hätte ich was erzählt“ – steckt eine tiefe, beschämende und deshalb verleugnete Verunsicherung: „Ich habe da ein Problem.“

Ich erachte diese Dinge als sehr wichtig und möchte noch ein Beispiel aus meiner Zeit als Therapeutin erzählen: Ein junger Mann um die dreißig, mit einer abgeschlossenen Lehre, der bei einem Aufbaustudium ins Trudeln geraten war, hatte angefangen, Drogen zu nehmen. Schließlich wurde er beim Dealen erwischt und vom Richter vor die Wahl gestellt: Therapie oder Gefängnis. Er glaubte, mit einer Therapie billiger davonzukommen und entschied sich dafür. Nach der Therapie aber sagte er selbst, dass er froh sei, dass das nicht der Fall gewesen sei, denn er sei bei mir gelandet.

Wie alle gescheiterten jungen Menschen hatte auch er gelernt, andere für sein Scheitern verantwortlich zu machen. Und wie bei jedem Menschen waren natürlich auch Unzulänglichkeiten der Eltern und Defizite in der Beziehung vorhanden. Darüber wollte er gerne jeden Tag mit mir reden. Doch ich fand es völlig ausreichend, dass er mir die Defizite seiner Kindheit einmal erzählt hatte und wir gemeinsam darüber getrauert hatten. Außerdem habe ich in meiner Arbeit für mich das Recht beansprucht, besser zu wissen, welche Art von Erfahrungen meine Patienten brauchten (hätten sie es selbst gewusst, wären sie wohl nicht in einer Klinik für Psychotherapie gelandet).

So schickte ich ihn zunächst in den von Herbststürmen verwüsteten Wald mit der Anweisung, eine gefallene Buche in Brennholz zu verwandeln. Ich versprach ihm, sobald er das geschafft hätte, würde ich gerne noch einmal mit ihm über die von ihm so gewünschten Lebensthemen diskutieren.

Ich weiß nicht, ob Sie schon einmal Buchenholz bearbeitet haben. Man stellt Treppen daraus her, weil diese wegen der Härte des Holzes länger halten als Treppen aus Weichholz. Etwa eine Woche sah ich den Mann nicht wieder. Ich hörte allerdings von Mitpatienten, dass er laut über mich schimpfte. Manchmal äußerte er, dies hier sei ja schlimmer als das Gefängnis. Er fand mich anmaßend, arrogant und stock-autoritär. Außerdem warf er mir Machtmissbrauch vor und fühlte sich gezwungen, erniedrigt, mir ohnmächtig ausgeliefert und maßlos wütend.

Das ist eine Palette von Gefühlsausbrüchen, die Eltern (und andere Erzieher wie Jugendleiter, Trainer, Lehrer) ertragen können müssen, wenn sie ihre Kinder wirklich erziehen wollen. Bei einer einigermaßen guten Beziehung zum Kind wird sich jedoch schließlich folgender Effekt einstellen: Der junge Mann erzählte mir, dass er, da er nicht in den Knast wollte, alle seine mächtigen Gefühle, seine ganze Wut schließlich gegen die harte Buche richtete. Mehr und mehr gewann er dabei den Willen, wie er mir später sagte, dieses „Biest" Buche zu bezwingen. Besonders meine gleich bleibende Freundlichkeit, mein Interesse an seinen Fortschritten vermittelten ihm dabei gleichzeitig zunehmend das Gefühl, dass ich irgendwie doch nicht gegen, sondern für ihn war. Das verwirrte ihn. Ein solches Interesse verbunden mit Konsequenz hatte er bis dahin nicht gekannt. Nach einer Woche bat er mich schließlich in den Wald mitzukommen und führte mich zu einem sauber gestapelten Berg Brennholz. Er strahlte mich an und ich sah den Stolz in seinem Gesicht, wie bei einem Kind, das zum ersten Mal ganz alleine aufsteht.

„Noch nie war ich auf jemanden so wütend wie auf Sie. Aber ich war auch noch nie so stolz auf mich selbst wie jetzt, wo ich es geschafft habe, den Baum zu zerlegen", sagte er. Dann schaute er mich freundlich an. „Sie haben das gewusst, nicht wahr? *Sie haben mir das zugetraut*!"

Ähnliche Worte hörte ich auch von einem anderen gescheiterten Mann, der diese Erkenntnisse zwar nicht während seines Klinikaufenthaltes gewonnen hatte, sondern 17 Jahre nach der erfolgreichen Therapie, die sehr ähnlich aufgebaut gewesen war: „Heute weiß ich, dass all diejenigen, die Mitleid mit mir hatten, mir nicht geholfen haben. Sie waren die Erste, die mir zugetraut hat, eigenständig zu leben."

Wieder ein anderer schrieb mir: „Heute danke ich Ihnen für die Erfahrungen, zu denen Sie mich gezwungen haben. Freiwillig hätte ich das alles nie gemacht, aber nun bin ich froh, dass ich diese Erfahrungen habe."

Wie schon gesagt, die oben genannten Gefühle – Wut, Ohnmacht, Gedemütigtsein ... – muss jeder Mensch durchleben, wenn er reifen will. Und durch das Geborgensein in einer stabilen Beziehung ist das auch möglich. Eltern und Therapeuten, die ihrem Kind oder einem unreifen Menschen diese Gefühle ersparen wollen oder ihr Leiden nicht mit ansehen können, die sich vielleicht auch keine Zeit nehmen, einen Menschen zu begleiten, verwehren der ihnen anbefohlenen Person folgende Erfahrung: „Meine Eltern, meine Freunde, mein Jugendleiter trauen mir etwas zu und ich kann mehr, als ich dachte. Sie sind stolz auf mich und ich bin stolz auf mich. Sie freuen sich mit mir, ich bin ihnen also etwas wert." Auf diese Weise erwirbt man Selbstwertgefühl. Wenn man Menschen die Dinge, vor denen sie Angst haben oder die ihnen unbequem sind, aber abnimmt, sagt man ihnen indirekt: „Ich traue dir das nicht zu." Und so schädigt man das Selbstbewusstsein eines anderen Menschen.

Das Zutrauen in die wachsende Leistungsfähigkeit eines hilfsbedürftigen Menschen ist so wichtig, dass ich auch noch eine weitere Beobachtung, die ich bei meinen Enkelkindern gemacht habe, weitergeben möchte.

Sie alle hatten, wie jeder normale Mensch in seiner Entwicklung, Phasen, in denen sie vor wichtigen Schritten Angst hatten und diese Angst auch ausdrückten. In solchen Situationen ist es wichtig, die Angst ernst zu nehmen und den Kindern bei Angst machenden Schritten Begleitung anzubieten. Niemals darf man ihnen diese Dinge jedoch abnehmen. Es gab aber auch Phasen, in denen sie selber offensichtlich nicht wussten, was mit ihnen los war, in denen ich aber den Eindruck hatte, dass es ihnen an Selbstbewusstsein mangelte.

Dazu ein Beispiel: Lukas, der Zweitgeborene, hat einen relativ schweren Stand. Vor ihm ist seine Schwester Johanna; sie ist gut ein Jahr älter als er. Ein fixes Mädchen, das alle seine Chancen zu nutzen weiß. Selbstverständlich hat sie alle Dinge, die Lukas noch lernen muss, schon etwas früher hinter sich gebracht. Meine Überlegung war deshalb, dass das diesen kleinen Menschen doch sehr entmutigen musste und eines Tages kam die Bestätigung.

Wir waren mit unserem kleinen Pferd unterwegs. Johanna ritt und turnte schon sehr sicher auf dem Tier herum. Lukas beobachtete das Ganze und sein Gesichtchen veränderte sich. Als er schließlich an der Reihe war, sagte er, er habe keine Lust mehr, er wolle nicht reiten. Da ich aber die Vermutung hatte, dass er entmutigt war, ließ ich ihm das nicht durchgehen. So versicherte ich ihm, dass er ganz bestimmt mit dem kleinen Pferd fertig werden würde und dass jeder Mensch eine andere Art zu reiten habe. Er müsse also überhaupt nicht auf dem Pferdchen herumturnen, schließlich sei er ein Mann und verfüge über etwas mehr Kraft als ein Mädchen und er habe dem Pferd gegenüber so schon einen Vorteil. Er ließ sich überreden, es zu versuchen, und er griff viel energischer, als es seine Art war, zu den Zügeln, sodass das Pferdchen ihm wirklich gehorchte.

Und wieder war da dieser stolze Blick. Schauen Sie sich einmal aufmerksam in Ihrer Umgebung um. Viele

Menschen, die behaupten, sie hätten keine Lust und das sei ja alles uninteressant für sie, sind entmutigt. Diese Menschen brauchen Ihren Zuspruch, Ihre Ermutigung, aber vor allem Ihr konsequentes Verhalten.

Und wie steht es mit unserer Jugend, der *Null-Bock*-Generation? Ich bin fest davon überzeugt, dass auch die vielen *Null-Bock*-Menschen Herausforderungen brauchen. Lohnende Aufgaben, an denen sie ihre Kräfte messen können und nicht immer noch neue Spaßangebote. Das hat sich in Notsituationen stets bewahrheitet.

In diesem Zusammenhang möchte ich noch eine Feststellung weitergeben, von der ich leider nicht mehr weiß, wer sie äußerte: „Unserer Jugend mangelt es heute an unerfüllten Wünschen!“ Ich glaube, diese Feststellung ist eine Teilursache von *Null Bock*. Ein altes Sprichwort sagt: „Not macht erfinderisch.“ Doch es muss nicht unbedingt eine Not sein, auch unerfüllte Wünsche machen erfinderisch. Das aber ist das Gegenteil von *Null Bock*.

Vielleicht fragen Sie sich jetzt, wie Sie Ihre Kinder ermutigen können? Wie können wir ihnen diese Herausforderung anbieten? Ich denke, dazu muss man keine weltbewegenden Dinge tun. Eine Herausforderung ist es schon, am Abend ein mit Spielzeug übersätes Kinderzimmer aufzuräumen. Eine Herausforderung kann darin bestehen, nach einer erneuten Erklärung eine Weile über einer Hausaufgabe zu brüten und die Lösung selbst zu finden. Es kann herausfordernd sein, ein Gedicht auswendig zu lernen. Eine Herausforderung kann darin bestehen, kaputtes Spielzeug nicht wegzuwerfen, sondern es mit dem Papa gemeinsam zu reparieren. Und eine Herausforderung kann sein, zu basteln und es weiter zu probieren, auch wenn der erste Versuch schief geht. Auch das Ausräumen der Spülmaschine und andere kleine Hilfen sind solche Herausforderungen. Sie alle kosten uns Erwachsene nur einen unangenehmen Preis: unsere Zeit und Geduld, die wir unseren Kindern schenken.

Die Fähigkeit, sich mit Teilzielen zufrieden zu geben, kleine Schritte in Richtung auf ein Ziel zu akzeptieren

Die dänische Sängerin Gitte hat vor einigen Jahren einmal ein Lied gesungen, mit dem sie viel Geld verdient hat, weil offensichtlich viele Leute mit ihr übereinstimmten. Es trug den Titel: „Ich will alles und sofort“. Dieses Lied kennzeichnet eine sehr unreife Haltung und zwar in beiden Teilen des Titels (*alles* und *sofort*). Wir wollen uns mit dem ersten Teil, „Ich will alles“, beschäftigen. Das „sofort“ wird dann in einem späteren Absatz behandelt.

Sie wissen alle so gut wie ich, dass der Anspruch, immer hundertprozentig das zu erreichen, was man sich vorstellt, nicht mit dem normalen Leben zu vereinbaren ist. Wenn wir nicht ständig unzufrieden und damit auch suchtgefährdet sein wollen, müssen wir also lernen, uns auch mit Teilzielen zufrieden zu geben, uns auch an Teilerfolgen zu erfreuen. Manchmal können wir ein erreichtes Teilziel als Beweis dafür nehmen, dass wir Schritt für Schritt dem Ganzen näher kommen können, manchmal muss aber auch ein Teilziel an sich schon genügen. Ist es nicht interessant, dass in dem Wort *vergnügt* das Wort *genug* steckt? So bedeutet vergnügt zu sein, es genug sein zu lassen.

Ich erinnere mich noch sehr gut an meine erste große Bergbesteigung. Der Gipfel schien so nahe, dass ich einfach nicht glauben wollte, dass es drei Tage dauern sollte, ihn zu erreichen. Vollmundig verkündete ich, dass ich es schneller schaffen wolle. Diese Vollmundigkeit hielt nicht sehr lange an. Da ich keine sehr versierte Bergsteigerin war, kam ich recht bald an den so genannten Totpunkt und mit einem Mal schlug meine Stimmung um. Ich wollte aufgeben, denn ich war *ent-täuscht*. „Hochmut kommt vor dem Fall", sagt ein Sprichwort ganz richtig. Ich hatte mich bezüglich meiner Kräfte und der Größe der Aufgabe selbst getäuscht. Gottlob hatte ich einen erfahrenen Bergsteiger zur Seite, der zudem auch noch über ein hohes Maß an Menschenkenntnis verfügte und bereit war, mir wirklich zu helfen. Er berichtete mir von seinen eigenen ersten Bergbesteigungen, davon, dass er all die Gefühle, die ich zu diesem Zeitpunkt durchlebte, kenne und dass diese auch in Ordnung seien. Ich fühlte mich von ihm verstanden und war nun mehr und mehr bereit, seinen Maßstab für diese Bergbesteigung zu übernehmen und den meinen loszulassen. Ich war bereit, ihm zu vertrauen – mich ihm anzuvertrauen.

Vertrauen schenken, Vertrauen wagen

An dieser Stelle müssen wir nun eine kleine Unterbrechung machen, um bei dieser wichtigen Sache, dem *Vertrauen,* zu verweilen. Heute haben viele Menschen nicht nur kein Selbstvertrauen – sie haben auch kein Vertrauen in andere Menschen. Sie können sich nicht anvertrauen. Das hat einen Grund. Jemandem, der immer *weich* wird, wenn ich maule oder demgegenüber ich mich verweigere, traue ich keine Stärke zu – dem kann ich nicht vertrauen. Jemand, der immer nachgibt, wenn ich Druck mache, der bietet mir keinen Halt. Ich kann ihm nicht vertrauen. Jemand, der sich durch teures Spielzeug oder andere *Fördermaßnahmen* vertreten lässt, obwohl ich ihn selbst bräuchte, dem kann ich nicht vertrauen. Jemand, der Angst hat mich zu verlieren, wenn er Unangenehmes von mir fordert, und deshalb inkonsequent ist, der scheint nicht viel Vertrauen in unsere Beziehung zu haben – wie könnte ich ihm da vertrauen? Jemand, der mir keine Grenzen setzt, bietet mir gleichzeitig auch keinen geschützten Raum – wie sollte ich da Vertrauen fassen? Wenn einem Kind sein Vertrauensproblem bewusst wäre, würde es eine oder mehrere dieser Äußerungen von sich geben.

Doch im Gegensatz dazu glauben leider viel zu viele Erwachsene, dass ein Kind Vertrauen entwickeln würde, wenn man ihm jeden Wunsch erfüllt, ihm keinerlei Beschränkungen auferlegt und ihm immer seinen Willen tut. Das Gleiche gilt übrigens auch für das Gottvertrauen. Ein Gott, der sich meinen Launen und Wünschen anpassen soll, einer, dessen Größe und Gedanken ich begreifen kann, der also nicht mächtiger ist als ich, der weiß im Ernstfall nicht mehr als ich – wie sollte ich darauf vertrauen, dass er mir hilft, mich und die Welt in Händen hält? Vertrauen kann und will ein Mensch nur jemandem, der ihn versteht und der Stärke zeigt, der Grenzen setzt, der nicht jeder Laune nachgibt – das heißt jemandem, der das Ziel kennt und mich dorthin bringen will. Jemandem also, der Autorität hat.

Als wir am Abend der ersten Etappe unserer Bergbesteigung in einer Berghütte ankamen, war ich bereits so weit, dass ich stolz darauf war, diesen ersten Abschnitt der Wanderung geschafft zu haben. Nach der Erfahrung, den Totpunkt überwunden zu haben, wuchs mein Mut, auch am nächsten und am übernächsten Tag jeweils ein Teilstück in Angriff zu nehmen, genauso wie meine Hoffnung, den Gipfel zu erreichen.

Aber nicht immer ist die Erreichung eines Teilziels quasi eine Versicherung, auch das Endziel zu erreichen. Manchmal ist das Teilziel das endgültige Ziel.

Viktor Frankl, mein großes therapeutisches Vorbild,

war Arzt und Philosoph, bevor er aufgrund seiner jüdischen Herkunft eine schwere Zeit im KZ durchlebte. Nach dieser Zeit eigener schwerster Leiderfahrung wurde er meiner Meinung nach der größte Therapeut unserer Zeit. Er sagte: „Wenn wir ehrlich sind, haben wir im Leben selten alle Möglichkeiten, sondern in der Regel Rest-Möglichkeiten." Nur neigen wir Menschen dazu, diesen Rest zum schäbigen Rest zu machen. Das heißt, ihn durch diese Einstellung noch mehr zu schmälern, sodass es nur verständlich ist, dass wir unzufrieden werden. Aber es geht auch anders. Nach dem ersten Schritt der Einsicht, dass ich nicht immer alles haben kann, kommt der Entschluss, den Teil, den ich haben kann, wertzuschätzen.

Und Dr. Frankl sagt schließlich über diesen Rest: „Aber diesen Teil, den will ich ganz!" Das heißt, den will ich mir nicht schmälern dadurch, dass ich ihn zum *schäbigen* Rest erkläre dadurch, dass ich darauf beharre, das Fehlende sei viel besser und wertvoller, und auch nicht dadurch, dass ich mir einrede, mir werde das mir Zustehende vorenthalten ...

Meine drei Enkel wissen inzwischen, dass von einer geschenkten Tafel Schokolade jeder seinen Anteil bekommt. Diese Tafel Schokolade ist *unsere Tafel* Schokolade und nur das jeweilige Drittel ist *meine* Schokolade. Das schmälert die Freude an der Schokolade in keiner Weise. Dieses Prinzip meine ich.

Teilen können

Nun sind wir unversehens noch einen Schritt weiter gekommen. Wir sind beim Teilen angelangt. Nur ein Mensch, der nicht den Anspruch hat, dass ihm immer alles hundertprozentig gehören muss, kann überhaupt teilen. Eine Volksweisheit sagt: „Geteiltes Leid ist halbes

Leid, geteilte Freude ist doppelte Freude." Ich habe das vielfach erlebt. Bei mir selbst und auch bei anderen Menschen, die bis dahin keine Gelegenheit hatten, dies in Erfahrung zu bringen. Wenn man immer gewohnt ist, alles für sich zu haben und zu behalten, fehlt diese Erfahrung.

Leider ist es auch so, dass jemand, der nicht gelernt hat, im guten Sinne zu teilen, auch schlecht sein Leiden teilen kann und deshalb also seine Lasten auch meist alleine trägt. Dies geschieht häufig aus Angst, er werde verachtet, oft aber auch aus der Erwartung heraus, dass andere seine Leiden erraten und sie ihm dann abnehmen, ohne dass er darum bitten muss.

Natürlich lernt man in einer Geschwisterschar auf natürlichste Weise zu teilen. Die heute leider immer häufiger auftretenden Einzelkinder haben es da schwer, denn die Eltern verlangen ja in den seltensten Fällen von ihren Kindern, dass sie etwas mit ihnen teilen, weil sie gar nicht erst auf den Gedanken kommen, dass ihr Kind als Einzelkind so etwas Wesentliches nicht lernen kann. Aber wenn ein Kind keine Geschwister hat, muss es mit den anderen Angehörigen einer Familie diese wichtige Erfahrung machen. Das heißt ganz konkret: Bekommt solch ein Kind eine Tafel Schokolade, so müssen die Eltern sagen: „Ein Drittel für Mama, ein Drittel für Papa, ein Drittel für dich."

Sie sollten sich dabei nicht komisch vorkommen, denn sie helfen dem Kind auf diese Weise zu einer ganz wichtigen Fähigkeit. Zu einem Teilaspekt der Gemeinschaftsfähigkeit, zur Zufriedenheit und zu realistischen Ansprüchen.

Beziehungen pflegen können

Durch unsere Beschäftigung mit dem Teilen befinden wir uns nun schon mitten in einem anderen wichtigen Thema, nämlich dem von Beziehungen. Dass es Beziehungen gefährdet, wenn einer immer alles haben will, er seine Vorstellungen immer zu 100 Prozent durchsetzen will und muss, brauche ich nicht näher zu erklären.

Unser Thema, auf Beziehungen angewandt, heißt: Wir müssen alle lernen, Kompromisse zu machen. Wir müssen den Anspruch loslassen, unsere Vorstellungen zu 100 Prozent durchzusetzen. Wir dürfen lernen uns zu freuen, wenn wir einen Teil unserer Vorstellungen mit eingebracht haben, wenn wir mit unseren Vorstellungen mitgestaltet haben und so das Ergebnis unter anderem auch unsere Handschrift trägt. Gerade dieser Teilaspekt entscheidet oft darüber, ob wir gute Beziehungen pflegen können.

Die Sehnsucht nach guten Beziehungen aber ist die stärkste Sehnsucht des Menschen. Es ist eine Ur-Sehnsucht, weil wir nicht als Einzelwesen geschaffen sind. Es ist übrigens auch die stärkste Angst, die uns Menschen befallen kann, verlassen zu werden, keine Beziehungen zu haben und einsam zu sein.

Kommunizieren können

Nun müssen wir uns noch einen anderen Aspekt des Teilens anschauen und zwar den des Mitteilens – besser: den des Austausches von Gedanken, Gefühlen und Erlebnissen. Lehrer haben mir berichtet, dass ein großer Teil ihrer Schüler dazu nicht in der Lage ist. Sie vermuten, dass es an einem entsprechenden Gesprächsangebot in den Familien mangelt, denn recht häufig finden keine gemeinsamen Mahlzeiten mehr statt – eine wirklich gute Gelegenheit zum Austausch. Ich habe das auch bei meinen Patienten beobachtet. Sie standen einfach vom Tisch auf, sobald sie satt waren. Tischgemeinschaft war ihnen fremd.

Ich habe immer wieder Menschen getroffen, die sehr verschlossen waren und sich anderen Menschen schlecht mitteilen konnten. Sie waren durchaus bereit zuzuhören, hatten sich manchmal sogar eine Lebensrolle als *Kummerkasten* angeeignet. Aber die Beziehungen, die sie so pflegten, waren für sie und – wenn man genauer hinsah – auch für die anderen sehr unbefriedigend, weil sie einseitig blieben.

Andere Menschen teilten mit ihnen ein Stück ihres Erlebens, aber sie teilten ihr eigenes Erleben nicht mit anderen Menschen. Mitteilen ist keine Einbahnstraße. In einer guten, reifen Beziehung muss jeder der Partner bereit sein, etwas über sich selbst mitzuteilen. So macht dann auch jeder die gute Erfahrung, dass der andere sich ihm *zu-neigt*, sich darum bemüht, ihn zu verstehen und er fühlt sich so wertgeschätzt.

Es gibt aber auch Menschen – und diese machten den größeren Anteil meiner Patienten aus –, die sich sehr gut mitteilen können. Sie sind es gewöhnt, dass jeder ihnen zuhört, dass alle Welt für ihre Erlebnisse und Probleme Interesse aufbringt. Sie haben aber überhaupt nicht gelernt, zuzuhören und sich um Verständnis für andere Menschen zu bemühen. Wenn ich sie fragte, was sie über die Gründe wussten, warum sie schließlich in die Klinik kommen mussten, war sehr häufig die Antwort zu hören, sie seien so sensibel und häufig enttäuscht worden.

Es hat sie dann sehr überrascht, wenn ich gefragt habe, ob sie ausschließlich sich selbst gegenüber sensibel seien oder auch gegenüber anderen Menschen. Nach näherem Hinschauen stellten wir dann gemeinsam fest, dass es an Sensibilität für andere Menschen sehr mangelte.

Natürlich war dann auch ihre *Wahr-nehmung* für die Bedürfnisse anderer Menschen sehr eingeschränkt. Erst in der Probesituation der stationären Gemeinschaft lernten sie zu verstehen, warum ihre Beziehungen in der Regel unglücklich endeten, warum sie immer wieder von anderen Menschen *enttäuscht* wurden: weil sie nur Entgegenkommen von anderen erwarteten und selbst immer die Nehmenden waren. Meist zeigt sich das auch im übrigen Verhalten dieser Personen.

So beobachtete ich einmal eine junge Frau, mit der ich ein solches Gespräch geführt hatte, während sie am ersten Abend am gemeinsamen Abendbrottisch saß. Ich wusste, dass sie Vegetarierin war. Als nun die Speiseplatten auf das Buffet gestellt wurden und das Tischgebet gesprochen war, ging sie sofort zu den verschiedenen vegetarischen Nahrungsmitteln und häufte sie fast vollständig auf ihren Teller. Sie kam überhaupt nicht auf den Gedanken, dass auch andere Menschen vegetarisches Essen mochten und war sehr erstaunt über die wenig freundliche Reaktion ihrer Mitpatienten. Sie fand diese egoistisch, wenig entgegenkommend und fühlte sich völlig unverstanden. Sie war von ihnen enttäuscht.

Obwohl sie fast 30 Jahre alt war, hatte sie in ihrer eigenen Familie und in ihrem Bekanntenkreis – Freunde hatte sie eigentlich keine – bisher nur die Erfahrung gemacht, dass alle anderen Menschen freiwillig verzichteten, wenn sie Bedürfnisse hatte, und sich mehr und mehr darüber gewundert, dass sich viele Menschen nach einiger Zeit wieder von ihr entfernten. Diese Personen hatten vermutlich Angst vor der schweren Aufgabe, dieser Frau ihr egozentrisches Verhalten vor Augen zu führen.

In mühevollen kleinen Schritten lernte diese Patientin dann in der Klinik, ihre Bedürfnisse zu artikulieren und andere Menschen um Entgegenkommen zu *bitten*. Zumindest in der Situation bei Tisch hatte sie damit meistens Erfolg, denn die jungen Männer tauschten sehr gerne ihren Salat gegen den Wurstanteil dieser jungen Frau.

Aber nicht nur beim Essen lernte sie Wesentliches für ihr Leben dazu. Als sie sich entschloss, nicht immer im Mittelpunkt stehen zu wollen, sondern anderen Menschen gegenüber *Zu-neigung* und *Entgegen-kommen* einübte, machte sie damit die beglückende Erfahrung, dass sie so nicht ärmer, sondern reicher wurde. Erst jetzt wurden tiefer gehende Erlebnisse im Zusammenleben mit anderen möglich, die sie vorher nie gekannt hatte. Sie erlebte echte Gemeinschaft.

Einige Jahre später schrieb sie mir noch einmal über ihren anschließenden Lebensweg. In dem Brief las ich voller Freude den Satz: „Bevor ich in die Klinik kam, hätte ich nie gedacht, dass ich einmal anderen Menschen eine Hilfe sein könnte. Und jetzt macht es mir fast mehr Freude, anderen zu helfen, als mir helfen zu lassen."

Diese junge Frau hatte übrigens so etwas wie eine *Krankheitssucht* entwickelt. Immer neue Beschwerden trieben sie in die Praxis der Ärzte, die in den seltensten Fällen eine organische Ursache für ihre Leiden fanden. Vermutlich brauchte sie die Praxisbesuche, um ihr an Beziehungen völlig verarmtes Leben ein wenig aufzufüllen.

Eine *irre-geleitete* Sehnsucht.

Die Fähigkeit, warten zu können

Wir wollen uns nun dem zweiten Teil des oben genannten Liedes zuwenden: „Ich will alles *und sofort*" – dem „sofort". Die Eigenschaft, die der Sängerin fehlt, ist diejenige, warten zu können. Begeben wir uns wieder ganz an den Anfang eines Menschenlebens.

Schauen Sie doch einmal in das Säuglingszimmer einer Entbindungsklinik und hören Sie auf das wütende Gebrüll, wenn *Fütterungszeit* ist. So sind wir Menschen am Anfang unseres Lebens, denn im Mutterleib war ja alles Notwendige immer sofort vorhanden. Wir mussten nicht lernen zu warten, alle Bedürfnisse wurden gleich erfüllt, es baute sich keine Spannung auf, die entsteht, wenn ein Bedürfnis nicht augenblicklich erfüllt wird.

Aber im normalen Leben ist das völlig anders. Immerfort entstehen Spannungen, weil die Bedürfnisse eines Menschen nicht mit denen eines anderen deckungsgleich sind, weil Züge und Busse zu bestimmten Zeiten fahren und wir warten müssen, und weil Dinge, die wir unbedingt haben wollen, im Moment nicht zu haben oder zu teuer sind oder jemand anderem gehören.

Das sind nur einige ganz alltägliche Beispiele. Für den Menschen, der in der Haltung eines Säuglings stehen geblieben ist, sind solche Spannungen unzumutbare Belastungen. Er empfindet die Situation als ungerecht. Wieder kommt ohnmächtige Wut, *Mordswut* auf, und nicht selten wird die Spannung dadurch abgebaut, dass irgendetwas zerstört wird. Das ist eine Möglichkeit, diese unerträgliche Spannung zu mildern, die, wie wir an vielen Stellen sehen können, auch von einigen Menschen praktiziert wird. Manche Menschen richten ihre *Mordswut* auch gegen sich selbst, verletzen sich und erreichen so eine Erleichterung ihrer Spannung.

Eine andere Möglichkeit, mit der heute oft schon Kinder vertraut sind, ist, die Spannung durch Suchtmittel abzubauen. Solche Mittel, die eine Ersatzbefriedigung bieten, wie zum Beispiel Trinken, Essen, Einkaufen, suchthaftes Ansehen von so genannten Soaps (dt. Schundserien), Internetsurfen, Sex ... oder Mittel, die über chemische Veränderungen im Gehirn die Gefühle manipulieren, also Alkohol und Drogen. Nikotinsucht scheint mir beides zu enthalten: Zum einen ist die Zigarette wie ein Schnuller, also eine direkte orale Ersatz-Befriedigung, zum anderen ist Nikotin eine Droge.

Wenn auch von verantwortungslosen Verführern behauptet wird, Drogen erweiterten das Bewusstsein, das Erlebnis-Spektrum und sie seien für den freien, mündigen Menschen eine Bereicherung, so ist das zum einen bestenfalls eine Teil-Wahrheit, zum anderen Teil aber eine Lüge. Die ganze Wahrheit ist, dass unreife, unfreie und unmündige Menschen, die nicht gelernt haben, die Spannungen des Lebens sinnvoll zu bewältigen, von Drogen abhängig sind, ohne diese das Leben nicht aushalten und dass die Drogen ihr Leben schließlich vernichten

Aber es gibt auch einen guten lernbaren Weg, mit Spannungen umzugehen. Sie kennen alle die Adventskalender mit 24 Türchen. Früher waren hinter den Türchen bunte Bilder, über die sich Kinder in bescheideneren Jahren gefreut haben. Heute sind dank unseres Wohlstandes und auch, weil solche bescheidenen Dinge keine Freude mehr auslösen, Schokoladenfiguren hinter den Türchen versteckt. Diese Adventskalender haben die Aufgabe, Kindern das Warten *spannend* zu machen. Diese Spannung kann man auch mit dem Begriff *Eustress* (positiver Stress = Antrieb) bezeichnen und dann mit anderen als den oben erwähnten negativen Gefühlen verbinden: Vorfreude stellt sich ein, frohe Erwartungen, durch die im Vorfeld deutlich wird, dass nicht jeden Tag Weihnachten ist, dass das Warten auf Weihnachten also ganz normal ist.

Dieses Beispiel setzt natürlich voraus, dass Weihnachten ein Fest ist, an dem noch offene Wünsche erfüllt werden. Das heißt, offene Wünsche müssen vorhanden sein, weil nicht jeder Wunsch immer augenblicklich erfüllt wird. Mir scheint es jedoch, dass es in unserer Zeit an

Wunscherfüllung nicht mangelt, sondern stattdessen an offenen Wünschen, für die es sich lohnt, sich anzustrengen und zu warten.

Dieses Prinzip kann man übrigens auch auf andere Situationen übertragen und so kleinen und großen Menschen beibringen, dass das Warten normal ist und es sogar eine spannende Angelegenheit sein kann. Man kann es zum Beispiel auf die Freude an der eigenen Leistung anwenden, indem man Kinder für ungewöhnliche und gute Leistungen belohnt und sie anhält, den Verdienst zu sparen, um sich später einen Wunsch zu erfüllen. Meine Patienten, die sich alle das Rauchen abgewöhnen mussten und meist auch wollten, haben es mit diesem Prinzip oft leichter geschafft. So ergab jede nicht gekaufte Schachtel Zigaretten einen Geldbetrag von damals etwa 5,00 DM. Und dieser Betrag wanderte für die Erfüllung eines konkreten Wunsches in ein Sparschwein.

Wie bei Kindern auch, die das Warten erst noch lernen, schauten die Patienten zwischendurch immer mal nach und rechneten aus, wann das Geld zur Erfüllung des Wunsches reichen würde. Dabei wuchs die Vorfreude und der Wunsch wurde so konkret, dass die Versuchung, wieder Geld für Nikotin zu verschwenden, immer kleiner wurde. Denn das hätte schließlich die Erfüllung des Wunsches verzögert, gefährdet, ja vielleicht sogar zunichte gemacht. Und es war jedes Mal ein kleines Fest, wenn das Ziel erreicht war, wieder verbunden mit Freude und Stolz über die eigene Leistung.

An dieser Stelle sei noch angemerkt, dass echte Freude ein Bollwerk gegen die Sucht darstellt.

Ich habe erfahren müssen, dass viele, vor allem suchthaft lebende Menschen, echte, tiefe Freude, die andauert, die zufrieden macht, die auch nachwirkt, nicht kennen. In dem Wort *zufrieden* steckt das Wort *Frieden*. Frieden ist das Ergebnis bewältigter Spannung. Innerlich, also nach Spannungen mit mir selbst und auch äußerlich zwischen verschiedenen Menschen oder Völkern.

Mir fällt ein Beispiel aus der Zeit ein, in der wir noch sehr wenig Geld hatten. Damals war es so viel leichter, Kinder großzuziehen, weil viele Versuchungen gar nicht bestanden. Unser Sohn Kristian wünschte sich so sehr ein Kett-Car. Aber weder zu seinem Geburtstag noch zu Weihnachten konnten wir uns eines leisten. Da kam uns der Sperrmüll zu Hilfe, in dem wir ein Kett-Car fanden – ein wenig verschrammt und ohne Kette, aber ein Kett-Car. „Not macht erfinderisch", sagt der Volksmund, und genau das haben wir erlebt. Eine Fahrradkette, um ein paar Glieder verlängert, wurde eingebaut. Eifrig pinselte Kristian mit Farbresten das Kett-Car so an, wie es ihm gefiel. Und noch heute, als erwachsener Mann, ist er stolz auf dieses Kett-Car und davon überzeugt, dass es das schönste Kett-Car der Welt war. Es hatte nicht einfach fertig dagestanden, stattdessen hatte es einige Zeit gedauert, bis es repariert und hergerichtet war, aber jeden Tag, an dem Kristian und ich daran arbeiteten, wuchs die Vorfreude auf den Moment, in dem er endlich damit fahren konnte.

Glauben Sie auch, dass solche Erfahrungen sehr wertvoll sind? Und dass sie das Vertrauen in die eigenen Möglichkeiten stärken, dass sie die Freude am eigenen Tun fördern? Sind Sie nicht auch der Meinung, dass sie die Angst vermindern, hilflos zu sein und stattdessen Mut machen, immer wieder etwas zu wagen und ein Leben zu leben, das zufrieden macht und in dem Drogen völlig überflüssig sind? Wie Sie an diesem Beispiel sehen können, kann man an einer einzigen Herausforderung einige Fähigkeiten lernen, die für das Leben dringend nötig sind. Wenn Sie mit mir übereinstimmen, dann gönnen Sie Ihren Kindern,

Freunden und sich selbst diese Erfahrung möglichst nicht nur einmal, sondern häufiger.

Aus Erlebnissen Erfahrungen machen

Lassen Sie mich an dieser Stelle einen ganz kleinen Exkurs zum Thema *Erfahrung* machen. In meiner Arbeit als Therapeutin habe ich häufig beobachtet, dass die Menschen, die zu uns in die Klinik kamen, bis dahin nicht in der Lage waren, Erfahrungen zu machen, die sie in die Selbstständigkeit geführt hätten. Sie konnten von einer Unmenge an Erlebnissen berichten und beanspruchten auch für sich, dauernd neue Erlebnisse zu haben, doch im Gegensatz zu einem Erlebnis, das flüchtig ist, das deshalb auch häufig nach immer neuen Erlebnissen süchtig macht, ist eine Erfahrung von bleibendem Wert.

Eine Erfahrung beginnt zwar auch mit einem Erlebnis, aber dieses Erlebnis bleibt nicht einfach an der Oberfläche, sondern wird vertieft. Diese Vertiefung erfolgt dadurch, dass man dem Erlebnis Zeit gibt, zu reifen. Damit meine ich, dass man nicht ein Erlebnis an das andere reihen darf, sondern mit anderen über dieses eine spezielle Erlebnis sprechen sollte. Ein reiferer Mensch kann ein Erlebnis auch alleine dadurch verarbeiten, dass er ein Selbstgespräch führt, sich eigene Gedanken darüber macht und überprüft, ob das eben Erlebte auch auf andere Situationen zu übertragen ist. Es ist wichtig, dass man aus einem Erlebnis Schlüsse zieht, also etwas daraus lernt. Und wenn man auf diese Weise mit einem wichtigen Erlebnis umgeht, dann kann auch eine Erfahrung daraus werden.

Ich erinnere mich an sehr viele Gespräche mit meiner Großmutter, in die sie mich immer wieder anlässlich so mancher Erlebnisse, die wir miteinander hatten, verwickelte und die ich meistens nicht sehr schätzte. Wie fast alle jungen Menschen war ich ständig in Eile und wollte mich der nächsten Sache zuwenden, aber sie ließ das nicht zu. Manchmal erzählte sie dabei aus ihrem eigenen Leben, mal regte sie mich an, selbst über etwas nachzudenken, mal ging es bei diesen Gesprächen ernst zu, oft haben wir aber auch viel gelacht. Jedenfalls verdanke ich ihr, dass ich schon in jungen Jahren das Prinzip gelernt habe, wie man aus Erlebnissen Erfahrungen macht.

Die Fähigkeit, dankbar sein zu können

Dankbarkeit, Zufriedenheit und Freude hängen ebenso miteinander zusammen wie Undankbarkeit, Unzufriedenheit und Freudlosigkeit – alles Bestandteile des *Null-Bock*-Syndroms und oft Vorbedingungen für Sucht. Dankbarkeit gehört zwar zu den menschlichen Gefühlen, aber sie muss wie vieles andere, das in uns angelegt ist, erst entwickelt werden. Ein Säugling ist nicht dankbar und zeigt auch keine Dankbarkeit.

Ein Vater, der für seine Töchter immer wieder viel Geld ausgegeben hatte, ihnen jeden Wunsch erfüllte und überdies viel Zeit bei gemeinsamen Hobbys mit ihnen verbrachte, indem er fast jeden Sonntag bei ihren sportlichen Wettkämpfen für sie Zuschauer, Chauffeur, Tröster und Ermutiger war, erzählte mir tieftraurig, dass eine der Töchter nach einem Streit nun schon seit mehreren Wochen den Kontakt zu ihm abgebrochen habe. Sie habe einfach nicht einsehen wollen, dass das Geld knapper geworden war und nun habe sie sich zurückgezogen und wolle gar nichts mehr von ihm wissen.

„Ja, hat sie denn völlig vergessen, was ich 25 Jahre lang alles für sie getan habe?“, fragte er mich. Im Lauf der darauf folgenden Wochen hatte ich die Gelegenheit zu beobachten, wie das Verhalten dieser Tochter sich entwickelt hatte:

Die zweite Tochter wollte der Vater verständlicherweise nicht auch noch vergraulen, deshalb bemühte er sich sehr, bis hin zur Selbstverleugnung, um sie zufrieden zu stellen. So hatte sich dieser Mann mit einigen Freunden zu einer Wanderung verabredet, doch kurz vorher rief die Tochter ihn an, weil sie ihn brauche. Sofort sagte er ihr zu und seinen Freunden ab. Da sie schließlich seine Freunde waren, so sagte er sich, würden sie wohl Verständnis für seine Situation haben. Die Freunde erfuhren später, dass die Tochter gar keine Ahnung davon gehabt hatte, dass er ihr zuliebe die gemeinsame Wanderung abgesagt hatte. Er hatte ihr diese Mitteilung verschwiegen, weil er fürchtete, sie damit zu kränken.

Kein Wunder also, dass diese Kinder all das Entgegenkommen, die Geschenke, die Fürsorge des Vaters ohne Dankbarkeit als Selbstverständlichkeit und als ihr gutes Recht ansahen. So waren sie in diesem Muster gefangen und fühlten sich natürlich ungerecht behandelt, als aus Geldmangel und vielleicht auch, weil der Vater sich ausgebeutet fühlte, nicht mehr jeder Wunsch erfüllt wurde. Sie wussten gar nicht, dass er Opfer für sie gebracht hatte. Er hatte sie nichts anderes gelehrt, als undankbar alles anzunehmen.

Ich habe mit vielen Eltern gesprochen, die mit ihren Kindern in einer ähnlichen Lage sind. Eine Mutter war es leid, ihre fast 16-jährige Tochter zu bedienen, die weder im Haushalt half noch ein Zeichen der Dankbarkeit zeigte, geschweige denn für die Schule arbeitete. Sie setzte sich an den stets gedeckten Tisch, die Schmutzwäsche lag herum, sie verlangte immer mehr Taschengeld und hatte überdies begonnen Haschisch zu rauchen.

In dem Glauben, dass sie die Tochter erschrecken und damit eine Verhaltensänderung herbeiführen würde, drohte die Mutter schließlich: „Wenn du 18 bist, kannst du ausziehen. Ich bin das leid!“

Darauf konterte die Tochter nur ungerührt: „Kann es nicht schon früher sein? Ich habe mich schon erkundigt, was ihr mir dann zahlen müsst!“

Immer wieder habe ich von Eltern in Gesprächen über derartige Probleme gehört, dass sie selbst häufig von den eigenen Eltern vorgehalten bekommen hatten, wie dankbar sie sein müssten für alles, was sie für sie getan hätten. So hatte sich in ihnen ein dauerhaftes schlechtes Gewissen den Eltern gegenüber entwickelt, belastet mit Schuldgefühlen. Sie hatten sich erst nach dem Tod der Eltern frei gefühlt, ihr eigenes Leben zu leben. Dieses Elend hatten sie ihren Kindern ersparen wollen. Sie hatten selbst ein Extrem erlebt und hatten ihre Kinder im anderen Extrem groß werden lassen.

Wenn ich hier von der für ein gutes Leben *not-wendigen* Dankbarkeit rede, so meine ich nicht dieses belastende, ewig verpflichtende Gefühl, dem anderen so viel schuldig zu sein, dass ich kaum selbst Atem holen kann. Dieses Gefühl ist niemals die Frucht der Liebe. Und Menschen, die darunter leiden, fühlen sich auch nicht geliebt. Ich meine das Gefühl, dass ich weiß, dass meine Eltern mich lieben und dass sie mir gerne eine Freude machen. Aber dieses Gefühl muss auch mit dem Wissen verbunden sein, dass die Eltern mir zuliebe Opfer bringen, die ich nicht einfach verlangen kann, die nicht selbstverständlich sind und für die ich sie liebe und ihnen dankbar bin. Nicht zuletzt entsteht daraus dann wiederum, dass ich dem anderen auch gerne einmal eine Freude machen möchte.

Dieses Wissen muss kleinen und großen Menschen vermittelt werden. Ich erinnere daran, dass wir alle aus der

Situation heraus kommen, dass uns alles wie selbstverständlich zur Verfügung gestanden hat und wir es auch wie selbstverständlich nahmen. In unserem Eingangsbeispiel wäre es in diesem Sinne wichtig gewesen, dass der Vater der Tochter gesagt hätte: „Ich hatte schon etwas vor, was ich gerne mit Freunden, die mir wichtig sind, getan hätte. Aber um dir helfen zu können, will ich sie fragen, ob wir den Termin verschieben können." In der Mitteilung, dass dies möglich sei, hätte die Tochter dann außerdem gemerkt, dass ebenso seine Freunde Entgegenkommen gezeigt haben und vielleicht auch hieraus ein Gefühl der Wertschätzung und Dankbarkeit entwickelt. Dass die Tochter es ihrem Vater und den Freunden wert gewesen ist, ist aber nur ein Teil der Wertschätzung. Der andere Teil ist, dass sie das, was für sie getan wurde, wertgeschätzt und nicht einfach selbstverständlich hingenommen hätte.

Die Mutter der auszugsbegierigen Tochter, die von zu Hause alles selbstverständlich nahm und auch schon die ihr zustehenden Unterhaltszahlungen errechnet hatte, hatte, wie sie mir sagte, zunehmend das Gefühl bekommen: „Dieses Kind beutet uns aus." Auch der enttäuschte Vater aus dem anderen Beispiel stellte schmerzlich fest: „Die hat ja alles vergessen, was ich für sie getan habe!" Und die dazugehörigen Kinder (oder Partner oder Freunde), sind die denn wenigstens zufrieden? Nein! Das Gegenteil ist der Fall. Sie leiden unter dem *Null-Bock*-Syndrom, sie stehen unter Konsumzwang und leben ein suchthaftes Leben.

Ich möchte noch einmal daran erinnern, was ich am Anfang erwähnte: Dankbarkeit, Zufriedenheit und Freude hängen ebenso zusammen wie Undankbarkeit, Unzufriedenheit und Freudlosigkeit, alles Teilaspekte des *Null-Bock*-Syndroms.

Die Fähigkeit, Grenzen zu akzeptieren und seine Freiheit innerhalb von Grenzen zu leben

Mich sprechen oft Frauen an, die mit ihren halbwüchsigen Kindern nicht mehr fertig werden und die sich sogar von ihnen fertig gemacht und tyrannisiert fühlen. Diese Frauen erzählen mir dann, dass sie früher selbst sehr eingeschränkt und in einem engen Gerüst von Vorschriften und Verboten groß wurden. Ihre Kinder sollten es da einmal besser haben. Deshalb wollten sie deren Freiraum, die Welt zu entdecken, möglichst wenig einschränken. Sie bedenken dabei jedoch nicht, dass sie auf diese Weise ihrem Kind den Anspruch beibringen, seine Welt beinhalte grenzenlose Freiheit.

Wir hatten neulich ein Ehepaar mit einem solch unerzogenen Kind zu Besuch. Der bildhübsche, sehr charmante kleine Junge war etwa vier bis fünf Jahre alt und bewegte sich in unserem Haus, als gehöre alles ihm. Ohne zu fragen öffnete er jedes Zimmer und nahm, ohne dass seine Eltern ihm Einhalt geboten hätten, alle Dinge, die ihn interessierten, heraus, wackelte und schraubte an ihnen herum und warf sie dann, wenn sein Interesse erloschen war, achtlos auf den Boden. Nachdem ein kleiner afrikanischer Holzelefant bei dieser Behandlung beide Stoßzähne verloren hatte, schritt ich ein, nahm ihm das, was er gerade in der Hand hatte, weg und bat ihn, die von ihm weggeworfenen Gegenstände vom Boden aufzuheben, damit sie nicht zertreten würden. Die Eltern, die sich durch mein Einschreiten doch etwas unbehaglich fühlten, versuchten ihn nun auch zur Ordnung zu rufen, was ihn jedoch überhaupt nicht interessierte. Stattdessen lächelte er freundlich und verschwand aus dem Zimmer. Nun wurde seine ältere Schwester damit beauftragt, die Gegenstände vom Boden aufzuheben und dann mit ihrem

Bruder zu spielen, damit er sich nicht langweile. Im nachfolgenden Gespräch beharrten die Eltern auf ihrem Verhalten und erklärten, dass dieses Kind eben besonders viel Interesse an seiner Umwelt und auch schon einen starken Willen habe.

Der eigene Wille

An dieser Stelle ist es gut, wenn wir uns mit der Frage nach dem *Willen* eines Kindes ein wenig näher beschäftigen. Wenn ein kleines Kind sagt, es will dies oder es will dies nicht, so handelt es sich in der Regel nicht um einen Willen, sondern um alle möglichen Willkür-Impulse. Denn um etwas wirklich zu wollen, braucht man eine gewisse Zielgerichtetheit und auch die Fähigkeit abzuschätzen, welche Folgen es hat, wenn ich etwas tue oder nicht tue. Schließlich kommt auch noch die Verantwortung hinzu, für die Folgen einer Tat geradezustehen.

All dies ist einem kleinen Kind noch gar nicht möglich. Erst durch eine sorgfältige Erziehung, in der seinen Willkür-Impulsen angemessene Grenzen gesetzt werden und das Kind mehr und mehr für die Folgen seines Ungehorsams verantwortlich gemacht wird (zum Beispiel zerbrochene Gegenstände zumindest teilweise vom Taschengeld wieder ersetzen zu müssen), lernt ein Kind, einen solchen Willen zu entwickeln und verantwortungsbewusst damit umzugehen. Bleiben Erwachsene ihm diese Erziehung schuldig, so bleibt es seinen Willkür-Impulsen ausgeliefert und wird auch als erwachsener Mensch willkürlich handeln.

Während eines Elternabends zum Thema Suchtprävention an einem Gymnasium meldete sich eine Mutter an dieser Stelle zu Wort, um einen aktuellen Beitrag zu leisten. Sie war zu spät zu dieser Veranstaltung gekommen und erzählte: „Das Fahrrad meines 17-jährigen Sohnes war platt. Da ich wusste, dass er abends Tennis spielen wollte, ermahnte ich ihn, das Fahrrad rechtzeitig zu reparieren. Aber er hatte *keinen Bock*. Als es dann Abend wurde, jammerte er, dass er nun nicht zum Tennis könne, weil schließlich das Fahrrad platt sei. Ich hatte Mitleid mit ihm und fuhr ihn zum Tennis, deshalb war ich zu spät bei dieser Veranstaltung. Und so was kommt häufig vor. Eben habe ich erkannt, wie falsch mein Verhalten ist und dass ich meinem Sohn bereits geschadet habe. Das werde ich jetzt ändern."

Der kleine Junge in unserem Beispiel hat vermutlich, wie jedes andere Kind auch, sobald er greifen und sich fortbewegen konnte, die Welt *begreifen* wollen und in sich den durchaus gesunden Drang gespürt, sie zu erkunden. Dabei war ihm unbegrenzte Freiheit gegeben worden, sodass er zunächst zornig reagierte, als ich diese ihm vermeintlich zustehende Freiheit einschränkte. Solch einen zornigen Protest werden alle zu spüren bekommen, die diesen Bewegungs- und Erkundungsdrang junger und unerzogener älterer Menschen begrenzen wollen. Aber jeder, der mit kleinen Kindern zu tun gehabt hat, weiß auch, dass dieser Zorn nicht lange dauert, und dass jedes normale Kind, wenn die Eltern nur konsequent bleiben, nach einer Weile beginnt, sich innerhalb der ihm gesetzten Grenzen zu beschäftigen.

Erwachsene Menschen jedoch sind nicht mehr so leicht zu einer Einstellungsänderung zu bewegen, aus der dann sinnvolles Handeln erwächst. Sie bleiben so lange in ihrer Fehlhaltung steckten, bis eine ernste Krise sie zwingt, umzudenken oder auch bis die Seele bestimmte Symptome entwickelt. Solche Symptome sind in der Regel lästige Erscheinungen.

Zum Beispiel hat keiner gerne Schmerzen, aber sie sind

ein Alarmsignal dafür, dass an einem Organ unseres Körpers etwas nicht in Ordnung ist. Aus diesem Grund ist es überhaupt nicht sinnvoll, das lästige Symptom Schmerz mit einem Schmerzmittel zu beseitigen, denn dann kann die Krankheit, die den Schmerz verursacht, unbemerkt schlimmer werden. Und sei die Angst vor der unangenehmen Behandlung beim Zahnarzt noch so groß – sie ist die einzige sinnvolle Maßnahme, wenn Zahnschmerzen auftreten.

Bei Seelensymptomen verhält es sich nicht anders. Angstzustände zum Beispiel zeigen immer an, dass im Kräftehaushalt unserer Seele etwas nicht in Ordnung ist. Deshalb muss dieses Alarmsignal, ebenso wie körperliche Symptome, ernst genommen werden als Hinweis auf eine seelische Störung. Leider wird vielen Menschen, wenn sie äußern, Angst zu haben oder *nicht gut drauf zu sein* (diese unklare Formulierung zeigt einmal mehr die Unfähigkeit, seine eigene Befindlichkeit genauer wahrzunehmen und mitzuteilen), dazu geraten, diese oder jene Droge zu nehmen, die die Angst oder andere unerwünschte seelische Gefühle schnell beseitigt. Sofort fühlt man sich wieder *gut drauf*, frei, kontaktfreudig, leistungsfähig, sexuell ungehemmt. Warum also sich mit schlechten Gefühlen beschäftigen, wenn es so leicht ist, sich gut zu fühlen. Erst eine Pille, dann zwei, dann immer mehr – was soll's.

Die Abhängigkeit von diesen Substanzen fühlt sich ja so gut an und tut eine ganze Weile nicht weh. Im Gegenteil, sie gibt einem ein nie gekanntes Hochgefühl, „Kick“ genannt. Leider ist dieser Scheck aber ungedeckt. Die Seele verhungert und bleibt auf der Strecke. Ihre Aufschreie werden einfach erstickt. Sinnvoll aber ist nur, beim Auftreten bestimmter seelischer Symptome innezuhalten und sich einzugestehen, dass die Seele um Hilfe schreit.

Manchmal reicht es aus – vielleicht im Gespräch mit wahren Freunden –, seine Lebenssituation, seine Lebenseinstellungen selbst neu zu überdenken und Überforderungen, Defizite, unrealistische Ansprüche, falsche Vorstellungen von sich selbst und Fehlerwartungen an andere zu bearbeiten. Meistens jedoch ist professionelle Hilfe vonnöten.

Die Notwendigkeit geschützter Räume

Es gibt noch einen anderen Grund, warum jeder Mensch lernen muss, innerhalb von Grenzen seine Freiheit zu leben: Wir brauchen Räume, in denen wir uns sicher fühlen können. Räume aber sind immer begrenzt. Um meinen Patienten das begreifbar zu machen, habe ich sie aufgefordert, ein Spiel ohne Begrenzungen, ohne Regeln zu spielen. Jeder sollte tun können, wozu er gerade Lust hatte. Eine wichtige Erkenntnis war, dass ein gemeinsames Spiel so nicht zustande kam; die entscheidende Erfahrung an dieser Stelle aber war für alle, dass sich rasch Unsicherheit, Angst und schließlich Unlust und Aggressivität entwickelten.

Wir alle haben das Bedürfnis, wissen zu wollen, wie weit unser Raum reicht. Aus diesem Bedürfnis heraus haben wir Maßeinheiten und Zeiteinheiten (die Uhr!) entwickelt. Ohne Zweifel wollen wir auch Ausflüge über unseren Grenzen hinaus machen, aber wir brauchen einen sicheren Rahmen, der uns Schutz und Heimat gibt. Natürlich wollen Menschen an den Begrenzungen rütteln, mit ihren wachsenden Fähigkeiten ihren Freiraum erweitern, aber Grenzenlosigkeit führt zu extremer Verunsicherung. Ich bin fest davon überzeugt, dass die Zunahme undefinierter Ängste (also nicht der Angst vor einer bestimmten Situation!) mit der Auflösung vieler schützender Begrenzungen und Regeln in unserer Gesellschaft zusammenhängt.

Eine allein erziehende Mutter, die sich sehr viel Mühe gibt, ihren gut dreijährigen Sohn für das reale Leben vorzubereiten, berichtete mir von ihren Schwierigkeiten. Sie möchte ihm beibringen, dass er sich mit seinem Spielzeug in seinem Zimmer ausbreiten kann, so weit er möchte, aber dass sie sein Spielzeug in ihrem Zimmer nicht haben möchte. Nun waren ihr Zweifel gekommen, ob ihr Kind diese Maßnahme nicht als Zurückweisung erleben könnte. Ich habe ihr sehr viel Mut gemacht, in ihren Erziehungsbemühungen fortzufahren, weil ich es sehr wichtig finde, dass schon kleine Kinder lernen, auch den Freiraum eines anderen Menschen zu respektieren.

Ich glaube nicht, dass es stimmt, was der Volksmund sagt: „Was Hänschen nicht lernt, lernt Hans *nimmermehr.*“ – Immerhin habe ich 30 Jahre lang meinen Beruf als Psycho-Therapeutin ausgeübt, in der festen Überzeugung, dass Menschen, so lange sie leben, immer noch Neues hinzulernen können. Trotzdem stimmt es aber sicherlich, dass das, was Hänschen in der liebevollen Begleitung seiner Eltern relativ leicht lernt, für Hans in der Konfrontation mit einer viel weniger verständnisvollen Umwelt ungleich schwieriger zu lernen ist.

Leichter scheint es da für manche Menschen zu sein, sich ihre Sehnsucht mit diversen Suchtmitteln zu erfüllen. Ein junger Mann, der regelmäßig Haschisch geraucht hatte, weil ihm, wie er berichtete, „in dieser bürgerlichen Kleinkariertheit die Luft zum Atmen fehlte“, hatte gute Freunde, die, im Gegensatz zu ihm selbst, die Gefahr einer Suchtentwicklung bei ihm sahen und ihn zu einem gemeinsamen Urlaub ohne Haschisch überredeten. Dort merkte er dann selber, dass er ohne Haschisch wechselnden Stimmungen ausgeliefert, unruhig und getrieben war, dass er also von Haschisch abhängig war, sodass er sich zu einer Therapie entschloss. Dort lernte er im Wesentlichen, innerhalb von bestimmten Grenzen Spielräume zu entdecken, in denen er sich und seine Möglichkeiten entwickeln konnte. Er wurde fähig, sein abgebrochenes Studium wieder aufzunehmen, regelmäßig für Prüfungen zu lernen und erzählte in anrührender Weise, wie es ihm möglich wurde, ohne Haschisch die Freuden des Lebens wieder neu zu entdecken.

An dieser Stelle möchte ich noch auf eine Gefahr hinweisen, die mir selber erst seit etwa drei Jahren bekannt ist. Damals fanden sich in unserer Klinik die ersten jungen Menschen ein, die nach den täglichen Seifenopern im Fernsehen, die ich ehrlicherweise als *Schundserien* bezeichnen möchte, süchtig waren. Diese Patienten erlebten inzwischen ihren realen Alltag mit einer gewissen Distanz, erledigten ihre Aufgaben – wenn sie überhaupt welche erledigten – mechanisch und *lebten* nur in der Zeit, in der sie diese Serien schauten. Sie identifizierten sich mit einem der Darsteller, das heißt, sie hatten sich in ihren Gefühlen sehr weit von ihrem eigenen Leben entfernt, achteten dieses als nichts wert und schlüpften lieber in das Trugleben einer Fernsehrolle. Bei einer solchen Patientin kam es ohne erkennbaren äußeren Grund mehr und mehr zu einem Realitätsverlust, sodass sie schließlich nicht mehr unterscheiden konnte, ob sie sie selbst oder die Serienfigur war.

Bei einer anderen führte der Entzug der Serie, dadurch dass sie einige Tage wegen Blinddarmentzündung ins Krankenhaus musste, zu den gleichen Erscheinungen.

Ich habe mir daraufhin einmal eine solche Serie im Fernsehen angeschaut. Abgesehen davon, dass ich in atemberaubendem Tempo Dramen und Komödien vor Augen geführt bekam, sodass ich – uneingeweiht wie ich war – kaum folgen konnte, war ich erschüttert darüber, welche unrealistischen Grenzenlosigkeiten den Zuschauern vor Augen geführt werden. Da wechselt man ganz nach Lust und Laune den Partner, manchmal geht es in einer Sendezeit mehrmals hin und her, Intrigen werden gewissenlos angezettelt und durchgeführt, es gibt Blitzkarrieren und ebensolche Abstürze, Hemmungslosigkeit und Skrupellosigkeit. Das sind die Anreize, die diese Machwerke bieten. Kein Wunder, dass das eigene normale Leben dagegen verblasst, sich öde und langweilig anfühlt. Jugendliche und erst recht Kinder sind kaum in der Lage dieser für sie hochinteressanten Reizüberflutung zu widerstehen und ihr kritisch gegenüberzustehen.

Deswegen müssen alle, die mit Kindern umgehen und Verantwortung für sie tragen wollen, ihnen helfen, gegen diese Beeinflussung widerstandsfähig zu werden. Das geht sicherlich nicht dadurch, dass man die Kinder diese Sendungen unkontrolliert sehen lässt in der Hoffnung, dass sie von alleine zwischen diesen irrealen Reizen und dem normalen Leben zu unterscheiden lernen oder dass sie auf diese Weise gar gegen den Schund abgehärtet und immun werden. Aber ebenso wenig werden Kinder gegen diese Sendungen widerstandsfähig, wenn ihre Eltern diese Machwerke nur verteufeln und verbieten. Dadurch erhöht man ihren Reiz nur noch. Ich denke vielmehr, die Erzieher sollten diese Sendungen gemeinsam mit ihren Kindern anschauen, darüber reden, wie unrealistisch sie sind und ihnen sinnvolle Alternativen anbieten. Nur wenn Kinder und Jugendliche echte Gemeinschaft kennen gelernt haben, durchschauen sie nach und nach die Wertlosigkeit dieser Schundangebote.

Meine beiden großen Enkelkinder, neun und elf Jahre alt, die zu Hause mit Fernsehen sehr knapp gehalten werden, freuen sich immer, wenn sie mit uns gemeinsam gute

Fernsehsendungen wie Natur- und Tierfilme ansehen dürfen. Ebenso großen Spaß haben sie aber auch daran, ein Buch vorgelesen zu bekommen oder an wechselseitigem Vorlesen und ganz besonders spannend finden sie es, Geschichten zu erfinden und kleine Rollenspiele zu inszenieren.

Diese kostbaren Gelegenheiten geben mir als Großmutter einen wunderbaren Einblick in die Seelen der Kinder in das, was sie interessiert, was sie fürchten, was sie sich wünschen und was sie bekümmert. Ich habe die Gelegenheit im Gespräch und im Miteinander, ihnen Wegweisung zu geben und ihnen zu helfen, sich innerhalb der Grenzen des Lebens gut einzurichten.

Ich möchte es nun bei den Ausführungen über den Erwerb von wichtigen Fähigkeiten beispielhaft bei diesen fünf belassen: der Fähigkeit, an der eigenen Leistung Freude zu entwickeln, der Akzeptanz von Teil-Zielen, dem Wartenkönnen, der Entwicklung von Dankbarkeit und der Fähigkeit, Grenzen zu akzeptieren und sich innerhalb von Begrenzungen sein Leben einzurichten. Hinweisen möchte ich noch darauf, dass sich, wenn Menschen solche Fähigkeiten erworben haben, auch echte Kreativität entwickelt. Das heißt, sie werden fähig, neue Aufgaben interessant zu finden, mit ihnen schöpferisch umzugehen und Lösungen zu finden. Sie werden Konflikte kreativ bewältigen können und diejenigen, die dafür besonders begabt sind, werden sich künstlerisch ausdrücken können.

Erziehung setzt Beziehung voraus

Ich glaube fest, dass der Erwerb der im vorangegangenen Kapitel aufgeführten Fähigkeiten Menschen in die Lage versetzt, gute Beziehungen zu führen. Die Sehnsucht nach guten Beziehungen ist die stärkste Sehnsucht des Menschen überhaupt, ja eine Ur-Sehnsucht. Das ist auch ganz natürlich, denn aus der Liebesbeziehung von zwei Menschen erwächst neues Leben. Und das ist – allen anderen *modernen* Einstellungen der Spaßgesellschaft zum Trotz – die sinnvollste und befriedigendste Aufgabe, die wir Menschen erfüllen können, zu der wir begabt sind. Aber im Gegensatz zu den Tieren werden wir nicht durch Instinkte dazu gezwungen und deshalb weigern sich immer mehr Menschen, Kinder aufzuziehen.

2002 war die Zahl der Paare ohne Kinder erstmals geringfügig größer als die der Paare, die ein oder mehrere Kinder großziehen. Stellen Sie sich einmal vor, welch ein Entsetzen es hervorrufen würde, wenn Tiere nur noch zur Hälfte Nachkommen hätten oder wenn Pflanzen nur noch halb so viele Samen entwickelten. Sofort würde nach den Ursachen der Fehlentwicklung geforscht und nach Maßnahmen gesucht, dies zu ändern. Bei uns Menschen jedoch heißt derselbe Tatbestand Fortschritt. Der Zusammenhang, dass die Menschen, für die Kinder ausschließlich eine Belastung, eine Karrierebehinderung darstellen, in den meisten Fällen selbst zu wenig liebevolle Beziehungen als Kind erlebt haben, zu früh in Kinderkrippen und ähnliche Einrichtungen gebracht wurden und deshalb unfähig sind, selbst liebevolle Eltern zu werden, wird nicht nur *nicht* ernst genommen, sondern als Fortschrittsverhinderung bezeichnet.

Ich horche jedoch immer wieder auf, wenn Menschen, die von vielen beneidet werden, weil sie berühmt sind und alles, was sie einmal begehrten, bekommen haben, bekennen, dass nichts mit dem Glück zu vergleichen ist, was sie empfinden, wenn ihr Kind seine kleine Hand vertrauensvoll in ihrer birgt oder wenn es sie das erste Mal bewusst anlächelt.

All die Dinge, die wir Menschen nach der Vertreibung aus dem Paradies des Mutterleibes lernen müssen, lernen wir nur in guten Beziehungen. Deshalb sind liebende Eltern beziehungsweise Familien so wichtig. Jedes unreife, kleine Kind hat zwei widerstrebende Bedürfnisse:

1. alles sofort haben zu wollen und
2. in einer Beziehung eingebunden zu sein, das heißt, das Bedürfnis nach der Liebe seiner Mutter, seines Vaters und anderer Bezugspersonen. Denn sein Überleben hängt schließlich davon ab.

Die zweite Tatsache jedoch macht ein Kind erst erziehbar. Denn es ist bereit, für die Liebe der Mutter auf das Bedürfnis, alles sofort haben zu wollen, zu verzichten. Deshalb ist Erziehung an Beziehung gebunden und kann nicht kollektiv in Babykrippen oder Horten erfolgen. Das Ergebnis einer kollektiven Aufzucht von Kindern ist bestenfalls Dressur. Und dass Beziehungslosigkeit den Tod bedeutet, macht die folgende Geschichte deutlich:

Friedrich II. von Preußen wollte wissen, welches die ursprünglichste Sprache der Menschen sei. Also wies er die Pflegerinnen in einem von ihm finanzierten Heim für Findelkinder an, die Kinder in zwei Gruppen einzuteilen.

Eine Gruppe wurde mehr schlecht als recht, wie es damals üblich war, versorgt. Dabei sprachen die Frauen miteinander und sie sprachen und sangen auch mit den Kindern.

Die zweite Gruppe von Kindern wurde materiell und hygienisch mit allen Möglichkeiten, die damals zur Verfügung standen, aufs Beste versorgt. Die Pflegerinnen hatten allerdings die Anweisung, nicht miteinander zu sprechen und auch kein Wort an die Kinder zu richten, weil Friedrich II. hoffte, dass sie dann von alleine die Ursprache sprechen würden.

Man kann sich gut vorstellen, dass das Verbot zu sprechen, zu einer außerordentlich beziehungsarmen Atmosphäre, sowohl zwischen den Pflegerinnen, als auch zwischen ihnen und den Kindern führte. Friedrich II. hat nie erfahren, ob die Kinder eine Ursprache gesprochen hätten, denn sie starben allesamt, bevor sich ihr Sprechvermögen überhaupt entwickeln konnte.

Selbstverständlich werden in unserer Zeit keine solchen Experimente mehr gemacht, dennoch wachsen viele Kinder und auch Jugendliche in einem außerordentlich beziehungsarmen Raum auf. Der Eisschrank ist immer gefüllt, gemeinsame Mahlzeiten finden aber kaum noch statt. Die Kinderzimmer sind mit *pädagogisch wertvollem* Spielzeug voll gestopft, aber äußerst selten haben Vater und Mutter oder die Großeltern Zeit, mit den Kindern zu spielen, Gespräche zu führen, zu wandern oder zu musizieren.

Von dem jungen Mann, der in Erfurt Lehrer und Mitschüler erschoss, wissen wir, dass er in einer eigenen Wohnung im Dachgeschoss des Elternhauses lebte und alle Freiheiten hatte. Die Eltern aber hatten keine Ahnung davon, wie ihr Sohn seinen Tag verbrachte, was er dachte, was er sich wünschte oder worunter er litt. Dass der junge Mann sich selber erschoss, war das Ende einer Entwicklung in eine immer größer werdende Beziehungsarmut.

Ich möchte Ihnen nun zwei Erziehungsprinzipien vorstellen, deren Auswirkungen ich in meiner Erfahrung als Psychotherapeutin habe beobachten können.

Das Prinzip des Stillens

Ich nenne das erste Prinzip das *Prinzip des Stillens*. Es beginnt damit, dass sich in der Regel die Mutter und in Ausnahmefällen eine andere Kontaktperson intensiv um das Kind kümmert. Das Kind wird beim Füttern im Arm gehalten; es spürt die Körperwärme der Mutter, ihren vertrauten Herzschlag, hört die bekannte Stimme. Es sieht im liebevollen Blick der Mutter seinen Wert widergespiegelt. Das alles bedeutet für das Kind die Atmosphäre einer liebevollen Beziehung. Es ist dabei nicht in erster Linie wichtig, ob das Kind wirklich Muttermilch an der Brust trinkt oder ob es Flaschennahrung bekommt. Wichtig ist die ganz persönliche Zuwendung und die körperliche Nähe der Mutter. Bei diesem Stillvorgang wird ein Kind nicht nur im Magen satt, sondern umfassend an Leib und Seele gesättigt. Man sagt: Der Liebestank wird gefüllt.

Wenn das Kind dann größer ist, äußert sich dieses Prinzip im *gemeinsamen* Spielen oder Vorlesen, im *gemeinsamen* Fernsehen, im *gemeinsamen* Wandern, im *gemeinsamen* Musizieren, bei den *gemeinsamen* Mahlzeiten, in der Begleitung beim Lernen und im Teilnehmen an *gemeinsamen* Unternehmungen.

Voller Freude habe ich zugehört, als meine Enkelkinder mir begeistert berichteten, dass sie häufig mit ihrem Papa so genannte *Stromerspaziergänge* machen. Bei diesen Spaziergängen kommen sie in der Regel zwar verschmutzt und müde nach Hause, aber dafür haben sie Gebüsche erforscht, erste Kletterversuche unternommen, den Verlauf eines Baches erkundet und nicht selten so manche Dinge entdeckt, die so im Wasser herumschwimmen.

Aber es geht nicht nur um gemeinsame Unternehmungen. Auch dann, wenn ein Kind hingefallen ist oder ein Heranwachsender eine schwere Enttäuschung erlitten hat, sollte ihnen von Seiten der Eltern durch Zuwendung Trost gespendet werden.

Ich benutze auch bei meinen Enkelkindern immer noch gerne die alten Kinderlieder, die meist in Sing-Sang-Form den Rhythmus für das Wiegen oder Streicheln des traurigen Kindes angeben und in Worten dem Kind mitteilen, dass diese Phase der Traurigkeit zwar nicht schön ist, aber vorübergehen wird. Diese Liedchen enden fast alle mit der Perspektive, dass jeder Schmerz einmal vergehen wird. Bei Mädchen nicht selten mit dem Ausspruch, dass bis zur Hochzeit alles wieder gut ist.

Je älter ein Kind wird, desto wichtiger werden gemeinsame Gespräche. Meiner Erfahrung nach ist das Mittagessen eine der wichtigsten Möglichkeiten, um mit Schulkindern in Kontakt zu bleiben und zu erfahren, was sie bewegt. Mütter mit mehreren Schulkindern empfinden darum das Mittagessen oft als sehr anstrengend, weil die Kinder vom Schultag noch so angefüllt sind, dass sie übersprudeln und alle am liebsten gleichzeitig erzählen wollen.

Bei noch älteren Kindern muss man dann schon sehr aufmerksam die Möglichkeiten suchen, um mit ihnen wirklich im Gespräch zu bleiben. Gemeinsame Unternehmungen wie zum Beispiel ein Spaziergang oder sportliche Aktivitäten wie das Laufen oder Badminton spielen, bieten dazu gute Gelegenheiten.

Mein Vater hat in mir die Liebe zum Renovieren und Restaurieren geweckt, weil ich ihm bei den vielen kleinen

Reparaturen, die er im Haus selber ausführte, helfen durfte. Dabei zeigte er mir geduldig alle Handgriffe und er sparte auch nicht mit Lob, wenn mir etwas gelungen war. Und natürlich sprachen wir in dieser Zeit über Gott und die Welt.

Meine Großmutter habe ich häufig in den Sommerferien besucht. Weil modische Kleidung für unser Familienbudget meist zu teuer war, tat sie mir den Gefallen, mir aus aufgetrennten Kleidern und preiswerten neuen Stoffen meine modischen Wünsche so gut sie konnte zu erfüllen. Dabei nutzte sie diese Gelegenheiten, um mit mir Gespräche zu führen. Ich bin ihr heute noch dankbar dafür, dass sie mich in diesen Gesprächen an ihrer Lebenserfahrung teilhaben ließ.

Einmal erzählte sie mir, wie sie sich zum ersten Mal verliebt hatte und wie sie so allmählich in Erfahrung brachte, dass Verliebtheit etwas anderes ist als Liebe. So wuchs ein Vertrauensverhältnis zwischen uns, das mich auch in Zeiten großer innerer Zerrissenheit trug. Es gab keine Frage, die ich ihr nicht stellen durfte und die sie nicht ernst genommen hätte – auch wenn sie nicht alle Antworten wusste. Gerade dass sie das zugeben konnte, hat mein Vertrauen wachsen lassen.

Vielleicht ist jetzt schon deutlich geworden, dass es beim Prinzip des Stillens keines großen materiellen Reichtums bedarf. Ich möchte an dieser Stelle noch einmal an die Geschichte des Kett-Cars erinnern, das mein Sohn Kristian vom Sperrmüll holte. Man muss auch nicht erst Pädagogik studiert haben, um dieses Prinzip leben zu können. Es bedarf lediglich der Bereitschaft und der Freude daran, sich seinem Kind als Begleitung zur Verfügung zu stellen und das Leben mit ihm zu teilen. Es bedarf ebenfalls der Bereitschaft zur *Zu-neigung*, zum *Entgegen-kommen*, also zur Liebe. Und das gilt im Übrigen nicht nur für die Erziehung von Kindern, sondern ebenso für Freundschaften und Partnerschaften.

Bei diesem Prinzip steht das Wohl des Kindes und die Liebe zum Kind im Mittelpunkt. Die wesentlichste Erziehungsfrage ist dann: „Was will ich meinem Kind in dieser Situation fürs Leben mitgeben?"

Wenn dieses Prinzip angewendet wird, dann haben festgelegte Ansprüche wie zum Beispiel, dass jedes Kind nach seinem 3. Geburtstag ein Anrecht auf einen Kindergartenplatz hat oder gar, dass für noch kleinere Kinder mehr Krippenplätze eingerichtet werden müssen, damit beide Eltern – unbelastet von Erziehungsaufgaben – weiter an ihrer beruflichen Karriere arbeiten können, keinen Raum. Denn meiner Meinung nach und nach der vieler Erzieherinnen sind die wenigsten Kinder mit dem dritten Geburtstag automatisch in der Lage, auf die ganz persönliche Zuwendung ihrer Mutter zu verzichten und über viele Stunden ihre Abwesenheit zu ertragen.

Der Mensch ist normalerweise eine Frühgeburt oder auch als Nesthocker zu bezeichnen. Das zeigt sich schon daran, dass er anders als viele Säugetiere direkt nach seiner Geburt weder gehen noch selbst für seine Nahrung sorgen und auch nicht sprechen kann.

Was die menschliche Seele und die Entwicklung seiner Persönlichkeit angeht, ist die Unreife bei der Geburt noch viel deutlicher. Erst nach zirka sechs Wochen nimmt ein Kind sein Gegenüber bewusst wahr. Es lächelt, wenn sich ein anderer Mensch ihm zuwendet. Mit ungefähr sechs Monaten beginnt dann ein Baby zu „fremdeln", das heißt, es kann jetzt vertraute Menschen von Fremden unterscheiden; ein kleiner Schritt hin zu der Fähigkeit, sich selbst zu schützen.

Aber erst mit zwei bis drei Jahren festigt sich seine Persönlichkeit so weit, dass es „Ich" sagt. Bis dahin bezeichnet das Kind sich so, wie seine Umwelt es nennt (Lizzi will auch ...).

Und erst im Trotzalter lernt es sich von den Menschen und Vorstellungen anderer abzugrenzen, was man als seelische Geburt eines Menschen bezeichnen kann. Bis dahin – und das bedeutet etwa, bis es dreieinhalb bis vier Jahre alt ist –, braucht das Kind, soll es sich gesund entwickeln, sein vertrautes „Nest", das heißt sein Zuhause, seine Mutter oder eine andere ihm vertraute Bezugsperson.

Erst vor kurzem, als ich in einem Kindergarten einen Vortrag hielt, bestätigte mir die Kindergartenleiterin, dass sehr viele Kinder nicht einmal die äußeren Merkmale für die Kindergartenreife mitbringen wie beispielsweise ausreichende sprachliche Fähigkeiten oder trocken zu sein und zur Toilette gehen zu können, geschweige denn die seelischen Fähigkeiten für diesen starken Einschnitt in ihr Leben, den entscheidenden Schritt aus ihrem Schutzraum bei der Mutter heraus in die Außenwelt. Doch irgendwann zwischen dem dritten und vierten Lebensjahr wird ein ausreichend *gestilltes* Kind so weit mit direkter Zuwendung gesättigt sein, dass es auf die ganz direkte Zuwendung der Mutter für den großen Zeitraum von etwa vier Stunden verzichten kann.

Kinder fügen sich in der Regel jedoch nach einiger Zeit, auch wenn sie für diesen Schritt noch nicht bereit sind, in ihre Situation, zumal ja das *Unterhaltungsprogramm* im Kindergarten und die vielen anderen Kinder durchaus ihren Reiz haben.

Wird ein Kind in ausreichender Weise, und ich meine damit nicht in idealer Weise (denn dazu ist kein Mensch fähig), im Prinzip des Stillens groß, so wird das Ergebnis eine grundsätzliche Zufriedenheit im Leben sein. Und Zufriedenheit ist ebenfalls ein gutes Bollwerk gegen eine Sucht.

Das Prinzip des „Abspeisens"

Ich habe in der Überschrift ein vergleichsweise harmloses Wort für dieses Prinzip verwandt. Im Volksmund kennen wir jedoch noch einen anderen Ausdruck dafür und zwar „das Maul stopfen". Bei diesem Prinzip steht die persönliche Zuwendung und Hingabe an das Kind, den Jugendlichen, den Freund, den Partner zum größten Teil hinter materiellen Gaben zurück. Man kann auch sagen, die Mutter, die Eltern, die Großeltern, der Partner kaufen sich *frei*. Hauptkennzeichen dieses Prinzips ist die materielle Verwöhnung. Ganz praktisch bedeutet das, dass bei Kummer durch Geschenke Trost gespendet wird und nicht durch persönliche emotionale Zuwendung.

Wenn ich mit Teilnehmern an meinen Vorträgen über die Vorteile dieses Prinzips spreche, taucht sehr häufig das Wort „Förderung" auf. Förderung durch pädagogisch wertvolles Spielzeug, durch Kurse, verschiedene Sportangebote, durch teure Computerspiele, einen eigenen Fernseher, vielleicht sogar durch fremdsprachige Au-Pair-Mädchen, damit das Kind zweisprachig groß wird. Wenn ich mit manchen Müttern, die dieses Prinzip angewandt haben, spreche, beklagen sie sich häufig darüber, dass sie quasi zum Taxifahrer für ihre Kinder geworden seien, die sie von einer Förderveranstaltung zur nächsten chauffieren. Und das ist auch nicht verwunderlich, denn mit der Zeit richten sich die Wünsche der Kinder natürlich nach solchen Angeboten aus.

Nicht zuletzt basiert auf dieser Erkenntnis auch die Werbung, für die von vielen Firmen Millionen von Euro ausgegeben werden. Denn sie wissen, dass sie auf diese Weise die Wünsche der Menschen manipulieren können. Teure Markenklamotten, Produkte der Unterhaltungsindustrie, die gerade *in* sind, stehen dann ganz oben auf der Wunschliste. Abgespeiste Kinder verlangen nach immer mehr Abspeisung. Sie kennen ja nichts anderes. So ist es kein Wunder, dass gemeinsame Unternehmungen mit der Familie oder mit den Eltern kein Interesse mehr finden und nicht wertgeschätzt werden. Und oft wird der Mangel sogar nicht einmal bemerkt, weil ohnehin niemand in der Familie für diese Dinge Zeit hätte. Meine Großmutter, von der ich bereits berichtet habe, hat mir in einem Gespräch über solche bedauernswerten Menschen, die ich in meiner unreifen Sichtweise aber um all das beneidete, was sie hatten und durften, gesagt: „Kind, je weniger einer in sich hat, desto mehr muss er an sich hängen." Und in diesem „muss er an sich hängen" wird bereits der Suchtansatz deutlich.

Das Ergebnis dieses Prinzips der *Abspeisung*, die ja niemals vollkommen satt macht, ist innere Leere („je weniger einer in sich hat"), *null Bock* und Unzufriedenheit. Doch das sind wiederum die Einfallstore für eine hohe Suchtgefährdung. Wenn es stimmt, was meine Großmutter mir gesagt hat, dass je weniger einer in sich hat, er umso mehr an sich hängen muss – und ich bin überzeugt, dass es stimmt –, dann muss uns der Konsumzwang, der unsere Jugendlichen heute beherrscht, sehr zu denken geben.

Zum Beispiel die Tatsache, dass Kinder sich weigern in die Schule zu gehen, wenn sie bestimmte Markenkleidung nicht tragen, weil sie dann von ihren Schulkameraden nicht akzeptiert werden. Das ist ein Hinweis darauf, wie leer das Leben dieser Heranwachsenden ist, wie wenig sie in sich haben. Ich meine damit auch, wie wenig *Selbst-Bewusstsein* sie haben. Die Mutter eines solchen Halbwüchsigen, der Markenklamotten verlangte, erklärte mir den Sachverhalt so, dass ihr Sohn eben schon ein ausgeprägtes Markenbewusstsein habe. Markenbewusstsein an Stelle von Selbstbewusstsein!

Im Folgenden seien noch einmal beide Prinzipien einander gegenübergestellt:

Das Stillen	*Das Abspeisen*
Die Gegenwart der Bezugsperson, ihre Zeit, ihr Interesse, ihre Liebe sind die Grundlagen, das Wichtigste.	Materielle Güter und Förderung durch viele Spezialisten (Nachhilfelehrer, Sporttrainer ...) sind wichtiger als die direkte Beziehung zu einer Bezugsperson.
Der Liebestank ist gut gefüllt.	Der Liebestank ist mangelhaft gefüllt, stattdessen aber Ersatztanks.
Das Kind entwickelt Selbstständigkeit und Selbstbewusstsein (Ich bin *geliebt*!).	Das Kind entwickelt ein Scheinselbstbewusstsein, zum Beispiel Modebewusstsein statt echtes Selbstbewusstsein (ich brauche Markenklamotten, um *wertvoll* zu sein).
Es stellt sich eine Grundzufriedenheit und Zuversichtlichkeit ein.	Eine Grundunzufriedenheit, mangelndes Selbstbewusstsein und mangelnde Krisenfähigkeit sind die Folgen.
Das Kind kann mit Krisen umgehen.	Das Kind entwickelt eine Abhängigkeit von bestimmten Stabilisatoren (Ersatzbefriediger oder Drogen). Am Schluss steht eine hohe Suchtgefährdung.

Wie geht unsere Gesellschaft mit Sucht beziehungsweise Versüchtelung um?

Sucht wird gesellschaftsfähig

Wir haben heute einen Normalitätsbegriff, der sich daran misst, was die Mehrheit tut. Das heißt, das, was viele Menschen tun, ist normal. Dieser Normalitätsbegriff ist an die Stelle von Wertmaßstäben getreten. Auf meine Frage, was für einen Sinn denn dieses oder jenes Verhalten hätte, antworteten mir meine Patienten häufig: „Das tun doch alle, das ist doch normal." Was normal ist, ist durch Werbung und Zeitgeistströmungen manipulierbar und nicht beständig.

Heute heißt das „Wertewandel". Aber wenn man einmal genauer hinsieht, so handelt es sich in Wahrheit um einen Werteverlust. Wenn zum Beispiel Fremdgehen zur Normalität wird, dann hat sich der Wert der Treue nicht gewandelt, sondern ist verloren gegangen.

Ich erinnere mich heute noch an einen wichtigen Rat, den die Schulleiterin uns Eltern gab, als meine Kinder in die Pubertät kamen. Sie machte uns darauf aufmerksam, dass unsere Kinder versuchen würden, ihre Wünsche durchzusetzen, indem sie uns sagen: „Das tun aber doch alle!" Sie gab uns den Rat, nachzufragen, wer „alle" seien, und versprach uns, dass unsere Kinder von den 25 Schülern, die damals in einer Klasse waren, allerhöchstens sieben oder acht Namen nennen würden. Auf diese

Weise, so sagte sie uns, kämen wir mit unseren Kindern in ein Gespräch darüber, dass sie dem falschen Eindruck, alle täten das, aufgesessen wären. Sie sollte Recht behalten.

Ich glaube, dass dies auch heute noch ein guter Rat ist. Denn den Heranwachsenden wird insbesondere durch das Fernsehen vermittelt, was alle tun, was also normal, ihr gutes Recht, ja geradezu ihre Bürgerpflicht ist, wenn sie *in* sein wollen. Und *in* sein meint anerkannt zu sein, dazuzugehören. In vielen Fernsehserien und Filmen ist es zum Beispiel üblich, dass man, sobald man allein oder in Gesellschaft ein Zimmer betritt, sofort die Bar aufsucht, an der man einen Drink nimmt. Das hat mit Durst nichts zu tun, erweckt aber den Eindruck, als sei es im Erwachsenenalter ein genauso normales Bedürfnis, Alkohol zu trinken wie zur Toilette zu gehen oder nachts zu schlafen.

Und auch die Werbung, deren leicht eingängige Slogans heute schon Kleinkinder auswendig aufsagen können, zeigt uns, welche Produkte man verwenden muss, damit man *wertvoll* ist („Weil ich es mir wert bin!“).

Meine Tochter erklärte mir neulich im Gespräch darüber, dass viele junge Männer heute eine bestimmte Hosenmode tragen, dass dies bei Teenys ein absolutes *Must* sei. *Must* ist englisch und bedeutet auf Deutsch *Muss*. Junge Männer müssen also solche Hosen tragen, damit sie etwas wert sind. Auf diese Weise wird suchthaftes Leben als Normalität hingestellt, denn wenn man etwas tun muss, dann hat das mit Freiheit nichts mehr zu tun. Suchthaftes Leben bedeutet vielmehr, dass alle, die etwas Bestimmtes nicht mitmachen, die Un-Normalen sind.

Diesen Sachverhalt möchte ich am Beispiel des Umgangs mit der Sexualität deutlich machen. Eigentlich ist die Tatsache, dass Menschen nicht aufeinander warten, sich nicht erst einmal kennen lernen können, bevor sie Sex haben, ein Hinweis darauf, dass sie nur im beschränkten Maße liebesfähig sind. Hier finden wir also wieder einen Hinweis auf die Unreife der Persönlichkeit. Auch die Abkopplung der Sexualität von Liebe, also die Erfüllung eines sexuellen Bedürfnisses mit einem Menschen, ohne dass man diesen Menschen in seiner ganzen Person kennt und liebt, ist eine *Not-Lösung*. Aber wir sehen in den Medien, in den Illustrierten oder im Fernsehen, dass es erstrebenswert sein muss, möglichst schnell und oft Sex zu haben. Nicht nur James Bond und andere Fernseh-*Helden* zeigen uns, dass ein *richtiger* Mann andauernd auf Sex lauert und auf diesem Gebiet täglich – möglichst mehrmals – erfolgreich ist. Inzwischen rechnen es sich sogar Frauen als emanzipatorischen Erfolg an, es den Männern gleichzutun.

Aber auch andere Mangelware des Charakters, Charakterschwächen, so versprechen es uns die Medien, können durch ein suchthaftes Leben ausgeglichen werden.

Manchmal kam mir schon der Gedanke, dass die Werbe-Strategen sehr gut über die Sehnsüchte der Menschen Bescheid wissen und dies ausnützen, um sie in die Irre zu führen. „Come together" – „Kommt zusammen" ist ein beliebter Werbetrick, um Menschen einzureden, dass sie durch den Genuss einer Zigarette oder durch Alkohol kontaktfreudig und beziehungsfähig werden. Natürlich ist das Gegenteil der Fall! Denn wer ständig einen bestimmten Alkoholgehalt im Blut braucht, um mit Menschen auf lockere Weise ins Gespräch zu kommen, der ist extrem kontaktgestört. Und wer nur über den Weg, jemandem für eine Zigarette Feuer anzubieten, mit anderen ins Gespräch kommt, der ist in Wirklichkeit wenig zuneigungsfähig. Gleichzeitig miteinander in einem Raum zu rauchen oder etwas zu trinken, schafft doch keine Gemeinschaft.

Wirkliche Tugend wird abgewertet

Im Gegensatz zu dem oben beschriebenen Verhalten wird jedoch der Verzicht auf ein suchtartiges Leben als Schwäche oder sogar als Genuss-Unfähigkeit lächerlich gemacht. „Diese Typen (!) brauchen eigentlich nur einen Kopf, sonst nichts.“ Das äußerte einmal ein (meiner Meinung nach sexsüchtiger) Prominenter in einer Fernsehshow über solche Menschen, die monogam leben, die also Treue für wertvoll halten.

„Warum soll ich auf etwas verzichten, was ich jederzeit haben kann?“, fragte mich einmal ein Jugendlicher in einer Diskussion über Werte.

Meine Antwort darauf lautete: „Weil du sonst deine Genussfähigkeit verlierst!“

Verzicht – und ich meine hier eine sehr bewusste Entscheidung zu verzichten (nicht, sich aus irgendwelchen Ängsten heraus etwas zu verkneifen) – ist die Voraussetzung dafür, dass wir genießen können. Alles, was wir jederzeit konsumieren, wird für uns immer wertloser.

Denken Sie nur daran, welch ein Genuss eine schöne warme Dusche ist, wenn man länger darauf verzichten musste – zum Beispiel nach einer tagelangen Wanderung mit Unterkunft in einfachen Berghütten. Oder wie dankbar man nach einem Urlaub wieder für die gewohnten Bequemlichkeiten der eigenen Wohnung ist ... Das ist das eigentliche Prinzip der Sucht, dass immer neue und stärkere Reize notwendig sind, weil die Zufriedenheit, die nach einem echten Genuss eintritt, sich nicht mehr einstellen will.

Ich habe selbst einmal ein halbes Jahr lang aus Solidarität keinen Tropfen Alkohol getrunken und bin heute dankbar für diese Zeit, in der ich zum ersten Mal wirklich *wahr-genommen* habe, wie viele erniedrigende Bemerkungen einem Abstinenzler gegenüber gemacht werden, die einen suchtkranken Menschen verletzen und demütigen. Ich habe in dieser Zeit auch herausgefunden, dass diejenigen Menschen, die Sucht gesellschaftsfähig machen, diese Bemerkungen machen müssen. Denn sie sind oftmals durch das Verhalten eines anderen, der ein suchthaftes Leben nicht als normal ansieht, sondern wirklich bewusst und frei lebt, höchst beunruhigt.

Suchthaftes, also unfreies Leben wird als Freiheit verkauft

Bei diesem Prinzip wird das Diabolische (Diabolos = der Verdreher, der Durcheinanderwerfer) besonders deutlich. Halten Sie einmal kurz inne und versuchen Sie sich an einige bekannte Werbeslogans zu erinnern, die mit „Freiheit“ zu tun haben. Mir fallen sofort folgende ein:

„Ich bin so frei!“

„Ich rauche gern.“

„Der Duft der großen weiten Welt.“

Alle diese Slogans preisen Zigaretten an, das meistverkaufte Suchtmittel unserer Zeit. Und die Bilder, die dazu gezeigt werden, sind fast noch gefährlicher als die gesprochenen Worte, denn sie werden viel unkritischer von unserer Seele aufgenommen als Worte. Bilder prägen sich unserer Seele ein und mogeln sich an unserem kritischen Verstand vorbei. Wir sind ihnen also noch schutzloser ausgeliefert. Das können unberührte Naturlandschaften sein, die grenzenlose Freiheit vorgaukeln, mit Vogelgezwitscher und dem Gurgeln eines in unserer Vorstellung klaren Waldbächleins. Dazu einige Cowboys, die nur nach ihren eigenen Regeln leben, fröhliche Menschen, die offenbar der Enge des Alltags entflohen sind. Selbstverständlich sind alle jung und schön, meist tanzend und feiernd. All das suggeriert uns, wie erstrebenswert dieser suchthafte Lebensstil doch ist und wie dumm und unfrei derjenige ist, der nicht mitmacht.

Dabei ist genau das Gegenteil der Fall: Rauchen ist Unfreiheit und Abhängigkeit. Unsere Lungen und Gefäße werden verschmutzt. Die Lebensqualität nimmt ab, nicht zu. Und Raucherhusten, Lungenkrebs oder Raucherbeine sind keinesfalls vergnüglich, sondern schmerzhaft und nicht selten tödlich.

Auch der Alkohol schafft keine guten Beziehungen. Er führt nicht zu Gemeinschaft, sondern zerstört Partnerschaften und Familien. Zuletzt bleibt in der Einsamkeit nur noch die Flasche als Begleiter.

Nachwort zu Teil 1

Ich las neulich den Satz: „Je liberaler eine Gesellschaft ist, desto notwendiger ist individuelle Erziehung.“ Das heißt, je weniger in einer Gesellschaft das Zusammenleben durch feste Gesetze, durch Regeln und Traditionen geregelt ist, desto *not-wendiger* ist es, dass der einzelne Mensch durch Vorbild und Übung (also Erziehung) Eigenschaften und Wertvorstellungen erwirbt, die ihm helfen und ihn dazu befähigen, seinen Weg zu einem persönlichen, verantwortungsvollen Lebensstil zu finden und ihn dann auch zu gehen.

In einem Bild ausgedrückt bedeutet das: Je weniger der Lebensweg eines Menschen durch Geländer, Absperrungen oder Markierungen vorgeschrieben und abgesichert ist, desto notwendiger ist es, dass dieser Mensch einen Kompass besitzt und richtig einsetzen kann, dass er Wanderkarten lesen kann, gut trainiert ist, sich selbst motivieren kann, Zielvorstellungen entwickelt und sein Ziel im Auge behält.

Um bei diesem Bild zu verweilen: Heute haben wir die Situation, dass Geländer und Wegmarkierungen, Ge- und Verbote, ja sogar Wegweiser weitgehend abgeschafft wurden. Dort, wo sie aber doch noch vorhanden sind, werden sie oft lächerlich gemacht und als spießig abgetan. So bleibt der einzelne Mensch weitgehend ohne wertvolle Vorbilder und Erziehung. Vorbildfunktion und Erziehungsfähigkeit nennen wir im allgemeinen Autorität. Die anti-autoritäre Erziehung hat nicht nur den Missbrauch der Autorität, sondern auch überhaupt die Achtung vor jeglicher Autorität abgeschafft.

Doch die Einübung wichtiger Fähigkeiten für das Leben kann weder ohne Zwang noch ohne Angst wirklich erfolgreich sein. Denn hätten wir zum Beispiel keine Schulpflicht, wäre vermutlich ein geregelter Unterricht nicht möglich, weil selten alle Kinder in der Klasse wären und die Zahl derer, die nicht lesen und schreiben könnten, rapide anwachsen würde. Deshalb ist es gut, dass Eltern gezwungen werden, ihre Kinder regelmäßig in die Schule zu schicken, damit die Zahl derer, die später auf dem Arbeitsmarkt chancenlos sind, möglichst klein ist. Aber auch die Angst vor allen neuen Dingen ist eine völlig normale Reaktion. Denn sie soll uns vorsichtig machen, uns zeigen, dass eine neue Aufgabe umsichtig angegangen werden muss und uns auffordern, unsere Kräfte zu mobilisieren und gut einzuteilen.

Doch der zwang- sowie angstfreie Erziehungsanspruch hat auch das zunichte gemacht. Im Französischen heißt anti-autoritäre Erziehung *laisser faire*, wörtlich übersetzt: „machen lassen“. Das heißt doch, dass heute junge Menschen auf einen sicher nicht leichter gewordenen Lebensweg geschickt werden mit dem Aufruf: „Nun mach mal, wie du selber glaubst!“ Deshalb darf es uns eigentlich doch gar nicht wundern, dass sie unter diesen, im wahrsten Sinne des Wortes, unmöglichen Bedingungen Verführern und Trugbildern nachlaufen, die allesamt in der Sackgasse mit dem Namen „Suchthaftes Leben“ enden.

Die entscheidende Frage für uns (Erzieher) aber bleibt: „Wird dieses Kind mit jedem Schritt in sein weiteres Leben aus dem einen Glauben leben können, der ihm die Sicherheit gibt, von Gott in dieses Leben gerufen zu sein: ‚Ich habe dich bei deinem Namen gerufen. Du bist mein' oder wird die Selbstherrlichkeit, Selbstliebe und menschliche Größenphantasien zu einem Leben führen, das sich in der Anmaßung kindlicher Allmachtsvorstellungen hoch über seinen Schöpfer setzen möchte?"

Tobias Brocher: Zwischen Angst und Übermut, Kreuz Verlag, 1985 (S. 127)

Teil 2
Eine theo-logische Erklärung

Einführung

Der große Wissenschaftler Sigmund Freud hat mit seiner Entdeckung der Psychoanalyse bewiesen, dass wir Menschen über unser bewusstes Gedächtnis hinaus noch viele Informationen in uns tragen, also ein unbewusstes Gedächtnis haben. Dieses unbewusste Gedächtnis beeinflusst unsere Lebenseinstellung, unsere Taten, unsere Beziehungsgestaltung, ja unsere Körperfunktionen. Alles, was wir in den ersten drei Lebensjahren, in denen unser Gehirn noch nicht so ausgereift ist, dass es bewusste Erinnerungen speichern kann, erleben, bleibt im Unbewussten haften. Aber auch Erlebnisse, die, wie Freud sagte, nicht im Licht des Bewusstseins verarbeitet werden können, landen im Unbewussten. Manche Psychologen sagen auch, das Unbewusste sei eine Art Rumpelkammer der Seele. Dinge, die zwar wichtig sind, aber im bewussten Leben entweder nicht genutzt werden können oder aber lästig oder peinlich wären, werden dorthin verlagert. Das geschieht nicht willentlich, sondern unwillkürlich.

Es sprechen aber auch viele Anzeichen dafür, dass dieses Unbewusste viel mehr enthält, insbesondere Sehnsüchte und Erfahrungen aus der gesamten Zeit der Menschheitsentwicklung. Ich habe zum Beispiel zu Hause eine Sammlung von Märchen aus allen Teilen der Welt und weiß, nachdem ich diese gelesen habe, dass die großen Märchenthemen (Umgang mit Versuchungen, Rivalität, Tapferkeit oder Feigheit, Faulheit oder Fleiß sein und deren Folgen ...) bei allen Völkern vorkommen, jeweils eingebettet in deren eigene Traditionen und Landschaften. Ein anderer großer Psychologe, der etwa zur gleichen Zeit wie Sigmund Freud gelebt hat, C. G. Jung, schloss aus seinen Forschungen, dass die Menschen über ein kollektives Unterbewusstsein verfügen, einen unbewussten Erinnerungsschatz, der weit über die eigene Lebensgeschichte hinausreicht. Vielleicht hängt es damit zusammen, dass manche Menschen, die möglicherweise mehr Zugang zu diesem Erinnerungsschatz haben als andere, das Gefühl haben, schon mehrmals gelebt zu haben und deshalb an die Reinkarnation (die Lehre von der stetigen Wiedergeburt) glauben.

Ich möchte aus diesem Wissen eine Behauptung herleiten, auf der der 2. Teil dieses Buches aufbaut: Wir Menschen haben eine unbewusste Erinnerung an die Zeit im Paradies, die Vertreibung aus dem Paradies und eine daraus erwachsende Sehnsucht nach dem Paradies, nach den Bedingungen, in denen die ersten Menschen, unsere Vorfahren, lebten.

Die Schöpfungsgeschichte 1. Mose 1-3

Die Schöpfung

Kapitel 1

Am Anfang schuf Gott Himmel und Erde. Und die Erde war wüst und leer, und es war finster auf der Tiefe; und der Geist Gottes schwebte auf dem Wasser.

Und Gott sprach: Es werde Licht! Und es ward Licht. Und Gott sah, dass das Licht gut war. Da schied Gott das Licht von der Finsternis und nannte das Licht Tag und die Finsternis Nacht. Da ward aus Abend und Morgen der erste Tag.

Und Gott sprach: Es werde eine Feste zwischen den Wassern. Da machte Gott die Feste und schied das Wasser unter der Feste von dem Wasser über der Feste. Und es geschah so. Und Gott nannte die Feste Himmel. Da ward aus Abend und Morgen der zweite Tag.

Und Gott sprach: Es sammle sich das Wasser unter dem Himmel an besondere Orte, dass man das Trockene sehe. Und es geschah so. Und Gott nannte das Trockene Erde, und die Sammlung der Wasser nannte er Meer. Und Gott sah, dass es gut war. Und Gott sprach: Es lasse die Erde aufgehen Gras und Kraut, das Samen bringe, und fruchtbare Bäume auf Erden, die ein jeder nach seiner Art Früchte tragen, in denen ihr Same ist. Und es geschah so. Und die Erde ließ aufgehen Gras und Kraut, das Samen bringt, ein jedes nach seiner Art, und Bäume, die da

Früchte tragen, in denen ihr Same ist, ein jeder nach seiner Art. Und Gott sah, dass es gut war. Da ward aus Abend und Morgen der dritte Tag.

Und Gott sprach: Es werden Lichter an der Feste des Himmels, die da scheiden Tag und Nacht und geben Zeichen, Zeiten, Tage und Jahre und seien Lichter an der Feste des Himmels, dass sie scheinen auf die Erde. Und es geschah so. Und Gott machte zwei große Lichter: ein großes Licht, das den Tag regiere, und ein kleines Licht, das die Nacht regiere, dazu auch die Sterne. Und Gott setzte sie an die Feste des Himmels, dass sie schienen auf die Erde und den Tag und die Nacht regierten und schieden Licht und Finsternis. Und Gott sah, dass es gut war. Da ward aus Abend und Morgen der vierte Tag.

Und Gott sprach: Es wimmle das Wasser von lebendigem Getier, und Vögel sollen fliegen auf Erden unter der Feste des Himmels. Und Gott schuf große Walfische und alles Getier, das da lebt und webt, davon das Wasser wimmelt, ein jedes nach seiner Art, und alle gefiederten Vögel, einen jeden nach seiner Art. Und Gott sah, dass es gut war. Und Gott segnete sie und sprach: Seid fruchtbar und mehret euch und erfüllet das Wasser im Meer, und die Vögel sollen sich mehren auf Erden. Da ward aus Abend und Morgen der fünfte Tag.

Und Gott sprach: Die Erde bringe hervor lebendiges Getier, ein jedes nach seiner Art: Vieh, Gewürm und Tiere des Feldes, ein jedes nach seiner Art. Und es geschah so. Und Gott machte die Tiere des Feldes, ein jedes nach seiner Art, und das Vieh nach seiner Art und alles Gewürm des Erdbodens nach seiner Art. Und Gott sah, dass es gut war.

Und Gott sprach: Lasset uns Menschen machen, ein Bild, das uns gleich sei, die da herrschen über die Fische im Meer und über die Vögel unter dem Himmel und über das Vieh und über alle Tiere des Feldes und über alles Gewürm, das auf Erden kriecht. Und Gott schuf den Menschen zu seinem Bilde, zum Bilde Gottes schuf er ihn; und schuf sie als Mann und Frau. Und Gott segnete sie und sprach zu ihnen: Seid fruchtbar und mehret euch und füllet die Erde und machet sie euch untertan und herrschet über die Fische im Meer und über die Vögel unter dem Himmel und über das Vieh und über alles Getier, das auf Erden kriecht. Und Gott sprach: Sehet da, ich habe euch gegeben alle Pflanzen, die Samen bringen, auf der ganzen Erde, und alle Bäume mit Früchten, die Samen bringen, zu eurer Speise. Aber allen Tieren auf Erden und allen Vögeln unter dem Himmel und allem Gewürm, das auf Erden lebt, habe ich alles grüne Kraut zur Nahrung gegeben. Und es geschah so. Und Gott sah an alles, was er gemacht hatte, und siehe, es war sehr gut. Da ward aus Abend und Morgen der sechste Tag.

Kapitel 2

So wurden vollendet Himmel und Erde mit ihrem ganzen Heer. Und so vollendete Gott am siebenten Tage seine Werke, die er machte, und ruhte am siebenten Tage von allen seinen Werken, die er gemacht hatte. Und Gott segnete den siebenten Tag und heiligte ihn, weil er an ihm ruhte von allen seinen Werken, die Gott geschaffen und gemacht hatte.

So sind Himmel und Erde geworden, als sie geschaffen wurden.

Es war zu der Zeit, da Gott der Herr Erde und Himmel machte. Und alle die Sträucher auf dem Felde waren noch nicht auf Erden, und all das Kraut auf dem Felde war noch nicht gewachsen; denn Gott der Herr hatte noch nicht regnen lassen auf Erden, und kein Mensch war da, der das Land bebaute; aber ein Nebel stieg auf von der Erde und feuchtete alles Land. Da machte Gott der Herr den Menschen aus Erde vom Acker und blies ihm den Odem des Lebens in seine Nase. Und so ward der Mensch ein lebendiges Wesen.

Und Gott der Herr pflanzte einen Garten in Eden gegen Osten hin und setzte den Menschen hinein, den er gemacht hatte. Und Gott der Herr ließ aufwachsen aus der Erde allerlei Bäume, verlockend anzusehen und gut zu essen, und den Baum des Lebens mitten im Garten und den Baum der Erkenntnis des Guten und Bösen.

Und es ging aus von Eden ein Strom, den Garten zu bewässern, und teilte sich von da in vier Hauptarme. Der erste heißt Pischon, der fließt um das ganze Land Hawila und dort findet man Gold; und das Gold des Landes ist kostbar. Auch findet man da Bedolachharz und den Edelstein Schoham. Der zweite Strom heißt Gihon, der fließt um das ganze Land Kusch. Der dritte Strom heißt Tigris, der fließt östlich von Assyrien. Der vierte Strom ist der Euphrat.

Und Gott der Herr nahm den Menschen und setzte ihn in den Garten Eden, dass er ihn bebaute und bewahrte. Und Gott der Herr gebot dem Menschen und sprach: Du darfst essen von allen Bäumen im Garten, aber von dem Baum der Erkenntnis des Guten und Bösen sollst du nicht essen; denn an dem Tage, da du von ihm isst, musst du des Todes sterben. Und Gott der Herr sprach: Es ist nicht gut, dass der Mensch allein sei; ich will ihm eine Gehilfin machen, die um ihn sei. Und Gott der Herr machte aus Erde alle die Tiere auf dem Felde und alle die Vögel unter dem Himmel und brachte sie zu dem Menschen, dass er sähe, wie er sie nennte; denn wie der Mensch jedes Tier nennen würde, so sollte es heißen. Und der Mensch gab einem jeden Vieh und Vogel unter dem Himmel und Tier auf dem Felde seinen Namen; aber für den Menschen ward keine Gehilfin gefunden, die um ihn wäre.

Da ließ Gott der Herr einen tiefen Schlaf fallen auf den Menschen, und er schlief ein. Und er nahm eine seiner Rippen und schloss die Stelle mit Fleisch. Und Gott der Herr baute eine Frau aus der Rippe, die er von dem Menschen nahm, und brachte sie zu ihm. Da sprach der Mensch: Das ist doch Bein von meinem Bein und Fleisch von meinem Fleisch; man wird sie Männin nennen, weil sie vom Manne genommen ist. Darum wird ein Mann seinen Vater und seine Mutter verlassen und seiner Frau anhangen, und sie werden sein ein Fleisch. Und sie waren beide nackt, der Mensch und seine Frau, und schämten sich nicht.

Der Sündenfall

Kapitel 3

Aber die Schlange war listiger als alle Tiere auf dem Felde, die Gott der Herr gemacht hatte, und sprach zu der Frau: Ja, sollte Gott gesagt haben: Ihr sollt nicht essen von allen Bäumen im Garten? Da sprach die Frau zu der Schlange: Wir essen von den Früchten der Bäume im Garten; aber von den Früchten des Baumes mitten im Garten hat Gott gesagt: Esset nicht davon, rühret sie auch nicht an, dass ihr nicht sterbet! Da sprach die Schlange zur Frau: Ihr werdet keineswegs des Todes sterben, sondern Gott weiß: an dem Tage, da ihr davon esst, werden eure Augen aufgetan, und ihr werdet sein wie Gott und wissen, was gut und böse ist.

Und die Frau sah, dass von dem Baum gut zu essen wäre und dass er eine Lust für die Augen wäre und verlockend, weil er klug machte. Und sie nahm von der Frucht und aß und gab ihrem Mann, der bei ihr war, auch davon und er aß. Da wurden ihnen beiden die Augen aufgetan und sie wurden gewahr, dass sie nackt waren, und flochten Feigenblätter zusammen und machten sich Schurze.

Und sie hörten Gott den Herrn, wie er im Garten ging, als der Tag kühl geworden war. Und Adam versteckte sich mit seiner Frau vor dem Angesicht Gottes des Herrn unter den Bäumen im Garten. Und Gott der Herr rief Adam und sprach zu ihm: Wo bist du? Und er sprach: Ich hörte dich im Garten und fürchtete mich; denn ich bin nackt, darum versteckte ich mich. Und er sprach: Wer hat dir gesagt, dass du nackt bist? Hast du nicht gegessen von dem Baum, von dem ich dir gebot, du solltest nicht davon essen? Da sprach Adam: Die Frau, die du mir zugesellt hast, gab mir von dem Baum und ich aß. Da sprach Gott der Herr zur Frau: Warum hast du das getan? Die Frau sprach: Die Schlange betrog mich, sodass ich aß.

Da sprach Gott der Herr zu der Schlange: Weil du das getan hast, seist du verflucht, verstoßen aus allem Vieh und allen Tieren auf dem Felde. Auf deinem Bauche sollst du kriechen und Erde fressen dein Leben lang. Und ich will Feindschaft setzen zwischen dir und der Frau und zwischen deinem Nachkommen und ihrem Nachkommen; der soll dir den Kopf zertreten, und du wirst ihn in die Ferse stechen.

Und zur Frau sprach er: Ich will dir viel Mühsal schaffen, wenn du schwanger wirst; unter Mühen sollst du Kinder gebären. Und dein Verlangen soll nach deinem Mann sein, aber er soll dein Herr sein.

Und zum Mann sprach er: Weil du gehorcht hast der Stimme deiner Frau und gegessen von dem Baum, von dem ich dir gebot und sprach: Du sollst nicht davon essen –, verflucht sei der Acker um deinetwillen! Mit Mühsal sollst du dich von ihm nähren dein Leben lang. Dornen und Disteln soll er dir tragen, und du sollst das Kraut auf dem Felde essen. Im Schweiße deines Angesichts sollst du dein Brot essen, bis du wieder zu Erde werdest, davon du genommen bist. Denn du bist Erde und sollst zu Erde werden.

Und Adam nannte seine Frau Eva; denn sie wurde die Mutter aller, die da leben. Und Gott der Herr machte Adam und seiner Frau Röcke von Fellen und zog sie ihnen an. Und Gott der Herr sprach: Siehe, der Mensch ist geworden wie unsereiner und weiß, was gut und böse ist. Nun aber, dass er nur nicht ausstrecke seine Hand und breche auch von dem Baum des Lebens und esse und lebe ewiglich! Da wies ihn Gott der Herr aus dem Garten Eden, dass er die Erde bebaute, von der er genommen war. Und er trieb den Menschen hinaus und ließ lagern vor dem Garten Eden die Cherubim mit dem flammenden, blitzenden Schwert, zu bewachen den Weg zu dem Baum des Lebens.

Im Paradies – paradiesische Lebensbedingungen

Wir wollen uns im Folgenden diese Zeit des Menschen im Paradies, wie sie in *1. Mose, Kapitel 1-3* geschildert wird, noch einmal in Erinnerung rufen. In *1. Mose 1,27* erfahren wir, dass Gott den Menschen als sein Abbild schuf, und in *Kapitel 2,7* wird beschrieben, dass Gott selbst den Menschen einen lebendigen Atem einhauchte. Da werden Tatsachen berichtet, die für unser Selbstbewusstsein als Menschen enorm wichtig sind. Wir Menschen sind demnach nicht das bisherige Endprodukt einer anonymen Zufallsentwicklung, sondern jeder einzelne Mensch, also Sie und ich, ist gottesebenbildlich geschaffen und trägt in sich seinen Atem, die Sehnsucht, zu ihm in Beziehung zu treten sowie die Fähigkeit, dies auch zu tun.

In *1. Mose 2* erfahren wir dann, dass Gott diesem ersten Menschen Adam Eva zur Gefährtin gab und sie in eine liebevolle, vertrauensvolle Beziehung zueinander stellte (*Verse 23–25*). Als Heimat schuf er ihnen den Garten Eden mit allerlei Bäumen, schön anzusehen und mit guten Früchten zum Essen. Außerdem gab es klare Flüsse in diesem Garten (*Verse 10–14*) und einen Auftrag für den Menschen, *den Garten zu pflegen und zu schützen* (*Vers 15*). Es war ihnen gestattet, von allen Bäumen zu essen, mit Ausnahme des Baumes der Erkenntnis des Guten und des Bösen. Und Gott erklärte ihnen, dass sie an dem Tag, an dem sie von diesem Baum essen würden, sterben müssten.

Vielleicht geht es Ihnen genauso wie mir, dass eine Sehnsucht nach diesem wunderschönen Geborgensein wach wird, wenn Sie diese Schilderung der Zeit im Paradies noch einmal auf sich wirken lassen: *Die Beziehung der Menschen zu ihrem Schöpfer war völlig ungetrübt.* Sie lebten in seiner Gegenwart, konnten ihn, wann immer sie wollten, treffen und mit ihm sprechen. Diese Tatsache wird besonders nach dem Sündenfall deutlich, als sich beide vor Gott verstecken wollten, während er im Garten umherging. Sie waren reich beschenkt worden und gut versorgt und um sie herum war lauter Schönheit. Kein Schund, kein Schmutz, keine Umweltschäden und kein Elend.

Die ersten Menschen waren liebevoll aufeinander bezogen: *„Darum wird ein Mann seinen Vater und seine Mutter verlassen und seiner Frau anhangen, und sie werden ein Fleisch sein", 1. Mose 2,24.* Und Vers 25 sagt sowohl etwas über die Beziehung der Menschen untereinander als auch über die Beziehung des Menschen zu sich selber aus: Die beiden waren nackt, aber sie schämten sich nicht voreinander. Nackt sein hat hier sicher nicht nur die Bedeutung „ohne Kleider sein", sondern nackt sein heißt auch, keine Vorbehalte voreinander zu haben, den anderen Menschen so zu sehen, wie er ist, und sich selbst zu sehen, wie man ist, aber auch Vertrauen zueinander zu haben und offen füreinander zu sein. Wir können daraus schließen, dass auch *die Beziehung des Menschen zu sich selber in Ordnung war*, dass er keine Selbstzweifel hatte, sich nicht wegen irgendwelcher Eigenschaften schämte, sich nicht anders geben musste, als er eigentlich war und sich nicht verstellen oder zu Notlügen greifen musste.

Solange sie die Anweisung Gottes im Umgang mit der für sie geschaffenen Natur beherzigten, nämlich indem sie den Garten bebauten und bewahrten, war *auch ihre Bezie-*

hung zur Natur ungestört; es gab keine Umweltzerstörung und -verschmutzung, kein Treibhausklima und keine durch den Mensch verursachten Umweltkatastrophen.

Vergleichen Sie doch noch einmal die Bedingungen der ersten Menschen im Paradies und die eines jeden Menschen während der neun Monate im Mutterleib. Mir will es erscheinen, als ob die Zeit in der Gebärmutter ein kleiner, irdischer Abglanz der Paradies-Zeit ist.

Der Sündenfall

In dieses harmonische, liebe- und freudvolle Leben der ersten Menschen bricht nun das Böse ein, das sie bis dahin gar nicht gekannt hatten. Die Bibel hat für das Böse verschiedene Namen. Hier wird es *die Schlange* genannt, an anderer Stelle *der Teufel* oder *der Satan* und manchmal auch *der Böse*. In jedem Fall handelt es sich um ein Wesen, um eine Macht, die ganz im Gegensatz zu Gott, der liebevoll Gutes schafft, zerstörerisch ist. Das Erste, was der Böse in Gestalt der Schlange zerstört – damals im Paradies und auch heute noch –, ist das Vertrauen zwischen Gott und den Menschen. Er schafft Misstrauen. Die uralte Frage: „Hat Gott wirklich gesagt ...?" *(1. Mose 3,1)* ist im Wesentlichen gleich geblieben. Misstrauen zu schaffen ist demnach eine sehr sichere Maßnahme der Zerstörung. Und dasselbe gilt auch heute noch für die Beziehung der Menschen untereinander: Vertrauen baut Beziehungen auf, Misstrauen zerstört sie. Damit besteht der erste Schritt des Bösen nicht darin, die Menschen zu irgendwelchen bösen Taten zu verleiten, sondern die eigentliche Sünde ist das Aufgehen der Saat des Misstrauens.

Abraham und Sara trauten der Zusage Gottes nicht mehr, dass sie Nachkommen haben würden und griffen zur Selbsthilfe, indem Abraham mit Saras Magd Hagar seinen Sohn Ismael, den Urvater der Araber, zeugte. Und dies war dann auch der Ursprung des heute immer noch schwelenden und viele Menschenleben kostenden Konfliktes zwischen Juden und Arabern.

Selbst Jesus versuchte der Teufel davon zu überzeugen, dass er Gott doch viel besser die Ehre geben könne, wenn er von der Tempelzinne spränge. Auch das war ein Versuch, Gottes Sohn in seinem Vertrauen zum Vater und dem Vertrauen in die Richtigkeit des Weges, den Gott geplant hatte, zu erschüttern.

Heute ist die Frage, die uns Menschen dazu verführt, Gottes Wort nicht mehr zu vertrauen, immer noch dieselbe: „Hat Gott wirklich gesagt, dass er selbst der Vater Jesu sei und dass Maria Jungfrau war, als sie ihren Sohn gebar? Das kann doch kein aufgeklärter Mensch glauben!“ So argumentieren heute große *Theologen*, die schon längst keine Theologen mehr sind, weil sie *Logos*, also die Wahrheit und den Sinn der Religion nicht mehr von *Theos* (griechisch für Gott), also von Gott herleiten, sondern von ihren menschlichen Verständnismöglichkeiten.

Was ist mit einer Kirche los, in der der Präsident des Evangelischen Kirchentages frei und offen bekennen darf, dass er (im Vertrauen auf Gott von seinem großen Verstand behindert) nicht an die Auferstehung glaube und trotzdem Präsident des Kirchentages bleiben darf.

„Hat Gott wirklich gesagt, dass ihm die sexuelle Liebe zwischen Männern oder zwischen Frauen ein Gräuel sei? Das ist doch nicht mehr zeitgemäß! Das kann man doch keinem Menschen mehr zumuten!“ Wenn man eine menschliche, Gott misstrauende Sichtweise vertritt, dann mag das wohl stimmen. Da mutet es wenig tolerant an, weiter Gottes Wort Folge zu leisten. Denn dann erscheint es doch sehr viel menschlicher, jeden nach Lust und Laune leben zu lassen, solange er niemandem damit schadet. Wen interessiert es noch, dass Gottes Schöpfungsauftrag zum Ziel hat, jeden Menschen zu einer reifen Persönlichkeit wachsen zu lassen und erst ein reifer Mann und eine reife Frau von ihm wertgeachtet werden, neues Leben zu schenken, wenn erst einmal Misstrauen Gott gegenüber gesät wurde?

An dieser Stelle sei deutlich angemerkt, dass die Bibel nirgends sagt, Homosexuelle seien Gott ein Gräuel. Im Gegenteil, auch sie sind mit allen Möglichkeiten ausgestattet, Gottes Auftrag zu leben. Und auch für sie gilt, dass alle Schöpfung Gottes gut ist. Ein Gräuel ist Gott jedoch ihr Lebensstil, so wie ihm jeder nicht an seinem Auftrag orientierte Lebensstil ein Gräuel ist.

Wenn im gemeinsamen Leben jedoch alles beliebig ist, was soll da noch das Bemühen um eine gute Ehe, um den Erhalt der Familie, um die Kinder, um Liebe, wenn die Verliebtheit längst vergangen ist? Was soll das Bemühen, wenn einem außerhalb der Ehe so manches viel einfacher erreichbares Vergnügen winkt?

Hat Jesus wirklich gesagt: „*Ich* bin der Weg. Einen anderen Weg zum Vater gibt es nicht." (*Johannes 14,6*) Ist das nicht Rechthaberei und Fundamentalismus, ja Intoleranz den anderen Religionen gegenüber? Ist uns Menschen die Vorstellung nicht viel lieber, dass viele Wege zu Gott führen? Enthebt uns dies nicht der Aufgabe, anderen Menschen diesen Weg zu zeigen, damit sie nicht in die Irre und damit verloren gehen? So ernst kann Gott das doch nicht gemeint haben. Und längst haben wir unter Anleitung des Bösen offensichtlich aus dem Geschenk der Ebenbildlichkeit Gottes den *Anspruch* auf Ebenbürtigkeit abgeleitet. Wenn wir uns überhaupt noch mit ihm abgeben, dann soll er sich gefälligst nach uns richten.

„Ich weiß, dass ich sündige, aber ich bereue nichts", sagte neulich ein *Christ*, der fortlaufend die Ehe brach, „und ich fühle mich dennoch von Gott gesegnet." Ob er nicht *wahr-haben* will, dass auch der Böse Menschen Erfolge ermöglichen kann? (Warum sonst geht es den Gottlosen so gut?)

Ein anderer brüstete sich sogar: „Ich nehme Gottes Segen trotzdem für mich in Anspruch!“ Gottes Segen in Selbstbedienung erhältlich? Das sind einige „moderne“ Beispiele der Verführung zum Misstrauen Gott gegenüber.

Wir sehen, die Saat des Misstrauens Gott gegenüber ist aufgegangen und trägt ihre Früchte: Selbstherrlichkeit, Überheblichkeit, totale Eigenwilligkeit und noch so manches mehr. (Siehe Zitat von Tobias Brocher auf Seite 81)

Kehren wir aber wieder zurück zur biblischen Geschichte. Zunächst besann sich Eva noch auf die Gebote Gottes und hielt dem Teufel entgegen: *„Wir essen von den Früchten der Bäume im Garten, aber von den Früchten des Baumes mitten im Garten hat Gott gesagt: ‚Esset nicht davon, rühret auch nichts an, dass ihr nicht sterbet!‘“ (1. Mose 3,2)*

Aber der Teufel versteht es damals wie heute, den Blick vom Endgültigen, von den Todesfolgen abzulenken und uns den großen Anreiz, sofort Spaß zu haben, sofort Befriedigung zu erleben, vor Augen zu halten.

„‚Nein, nein‘, sagte die Schlange, ‚ihr werdet bestimmt nicht sterben! Aber Gott weiß: Sobald ihr davon esst, werden euch die Augen aufgehen; ihr werdet wie Gott sein und wissen, was gut und was schlecht ist. Dann werdet ihr euer Leben selbst in die Hand nehmen können‘“ (1. Mose 3,4-5).

Sind wir dem Bösen erst einmal so weit gefolgt, dass er unsere Ich-Bezogenheit ansprechen konnte, unsere Selbstüberheblichkeit, unsere Bedürfnisse, unsere Sichtweise, unseren Verständnishorizont zum Maßstab aller Dinge, zur Allgemeingültigkeit zu erheben, dann ist unsere vertrauensvolle Beziehung zu Gott in außerordentlicher Gefahr. Uns wird es ähnlich ergehen wie Eva: *„Die Frau sah den Baum an: Seine Früchte mussten köstlich* *schmecken, sie anzusehen war eine Augenweide und es war verlockend, dass man davon klug werden sollte! Sie nahm von den Früchten und aß. Dann gab sie auch ihrem Mann davon und er aß ebenso"* (*1. Mose 3,6*).

Ich möchte noch einmal darauf hinweisen, dass uns der Teufel in den klassischen Versuchungssituationen das Gefühl vermittelt, dass seine Vorschläge uns dazu verhelfen, frei und nach eigenem Willen zu entscheiden. Wir bekommen die Überzeugung, dass er der große Befreier ist, ganz anders als Gott, der uns nur mit seinen Vorschriften überhäufen will und uns an seiner Gesetzesleine gängeln möchte, der uns also in unserer eigenen Freiheit nur einschränkt.

Die Folge ist, dass Gott in unserem Leben immer weniger zu sagen hat, die lieblich anzusehenden Bäume mit ihren wohlschmeckenden Früchten immer mehr Macht über uns ausüben, die Befriedigung momentaner Gelüste zum einzigen Gesetz unseres Lebens wird und letztlich die Ewigkeitsdimension verloren geht.

Nach dem Sündenfall

„Da gingen den beiden die Augen auf und sie merkten, dass sie nackt waren. Deshalb flochten sie Feigenblätter zusammen und machten sich Lendenschurze. Am Abend, als es kühler wurde, hörten sie, wie Gott, der Herr, durch den Garten ging. Da versteckten sich der Mensch und seine Frau vor Gott zwischen den Bäumen. Aber Gott rief nach dem Menschen: ‚Wo bist du?' Der antwortete: ‚Ich hörte dich kommen und bekam Angst, weil ich nackt bin. Da habe ich mich versteckt!' ‚Wer hat dir gesagt, dass du nackt bist?', fragte Gott. ‚Hast du etwa von den verbotenen Früchten gegessen?' Der Mensch erwiderte: ‚Die Frau, die du mir an die Seite gestellt hast, gab mir davon; da habe ich gegessen.'" (1. Mose 3,7-12)

Das sind also nun die Folgen der Verführung durch den Bösen: Die erste Folge ist, dass *die Beziehung zwischen Gott und den Menschen gestört ist*. Das Vertrauen in die Liebe Gottes, das Gefühl der Geborgenheit, das mit diesem Vertrauen verbunden war, ist zerstört. Die Menschen freuen sich nicht mehr über die Gegenwart Gottes, sondern sie haben Angst vor ihm und fliehen seine Nähe. Adam und Eva versteckten sich vor Gott. Sie hatten erstmals ein schlechtes Gewissen.

Auch die Beziehung zu sich selbst, ihr Selbstvertrauen wurde zerstört. Denn als Adam und Eva die Augen aufgetan wurden, erkannten sie, dass sie nackt waren, und so erkannten sie ihre Unvollkommenheit als Spur der Sünde. Sie waren durch ihre Vertrauenslosigkeit Gott gegenüber zutiefst verunsichert und verloren – sie schämten sich.

Das heißt, sie litten unter Selbstzweifeln. Außerdem wussten sie, dass nun mit ihnen etwas nicht in Ordnung war.

Ich glaube, dass an dieser Stelle das, was bis dahin zusammengehörte, nämlich Liebe und Sexualität, einen Riss bekam, mit der scheußlichen Folge einer von persönlicher Liebe und Wertschätzung losgelösten Sexualität, die sich in Perversion und Missbrauch äußert.

Auch die Beziehung der Menschen untereinander hat durch diese Fehlentscheidung schweren Schaden genommen. Denn als Gott Adam zur Rechenschaft zog, übernahm er nicht die Verantwortung für sein Tun, sondern beschuldigte Eva. Auch hier waren also Liebe und Vertrauen aus der Beziehung gewichen, stattdessen ging es nur noch darum, die eigene Haut zu retten. Die Folge, die wir heute erleben, ist, dass Menschen in einer Beziehung hauptsächlich sich selbst verwirklichen, die eigenen Bedürfnisse befriedigen und die eigenen Zielvorstellungen durchsetzen wollen.

Vertreibung aus dem Paradies

Damit, dass die Menschen eine Beziehung mit dem Bösen eingegangen waren, hatten sie selbst die Bedingungen für ein Leben im Paradies zerstört und es folgte die Vertreibung daraus. Sie hatten sich nicht als vertrauenswürdig erwiesen: „*Und Gott, der Herr, machte für den Menschen und seine Frau Kleider aus Fellen. Dann sagte Gott: ‚Nun ist der Mensch wie einer von uns geworden und weiß, was gut und was schlecht ist. Es darf nicht sein, dass er auch noch vom Baum des Lebens isst. Sonst wird er ewig leben!' Und er schickte den Menschen aus dem Garten Eden weg, damit er den Ackerboden bearbeite, aus dem er gemacht war. So trieb Gott, der Herr, die Menschen hinaus und stellte östlich von Eden die Keruben und das flammende Schwert als Wächter auf. Niemand sollte zum Baum des Lebens gelangen können.*" *(1. Mose 3,21-24)*

An diesem Text zeigt sich erstmals, dass Gott uns Menschen zürnt und dass wir auch die Folgen unseres bösen Handelns tragen müssen. Er zeigt aber auch, dass Gottes Liebe zu uns Menschen ewig ist und unsere Sünde überdauert. Denn der Text beginnt damit, dass Gott seinen Menschen, die sich nun ihrer Nacktheit bewusst waren und die nicht mehr im Schutze des Paradieses würden leben können, aus Fellen Kleider machte und sie ihnen anzog. Für mich zeigt dies einmal mehr, dass Gott wirklich nicht nur unser Herr ist (im Text wird er ja immer wieder „Gott, der Herr" genannt), sondern auch unser Vater.

Obwohl die ersten Menschen ihn so furchtbar enttäuscht hatten, seine Liebe quasi mit Füßen traten, sorgt er dafür, dass sie den Bedingungen des Lebens außerhalb des Garten Edens nicht schutzlos ausgeliefert sind. Ähnlich wie die Erkenntnis des Nacktseins viel mehr beinhaltet als die bloße Feststellung, dass die Menschen unbekleidet waren, so haben die Kleider, die Gott den Menschen mitgab, auch eine viel weit reichendere Bedeutung. Sie beinhalten die Gaben und Fähigkeiten, außerhalb des Paradieses zu überleben. Wenn auch die Menschen mit ihrem Ungehorsam *ihre ungetrübte Beziehung zur Natur zerstört* haben – da wo im Paradies liebliche, wohlschmeckende Früchte wuchsen, die die Menschen nur zu ernten brauchten, haben sie jetzt mit Dornen und Disteln zu kämpfen –, so sorgt Gott doch dafür, dass eine Überlebensgrundlage geschaffen ist.

Wie wir aber im 1. Teil dieses Buches schon miteinander bedacht haben, müssen die guten Gaben, die Gott uns in unser Erbgut hineingelegt hat, entwickelt werden. Auch in diesem Bereich ist der Kampf mit Dornen und Disteln angesagt. Wenn gute Charaktereigenschaften nicht durch Erziehung herausgebildet werden, bleibt der Mensch ebenso unkultiviert wie ein unbearbeiteter Acker.

Ein wichtiger Teil in unserer Überlebensausrüstung ist Gottes Wort. In sehr unterschiedlicher Art und Weise hat Gott sich dem Menschen über Jahrtausende hinweg mitgeteilt. Manchmal in Gesprächen mit einzelnen, besonders auserwählten Personen, manchmal in Träumen, manchmal schriftlich – wie bei den Zehn Geboten – und schließlich in der Person Jesu Christi. Gottes Wort ist so etwas wie ein Kompass, der uns helfen soll, das Ziel unserer Sehnsucht trotz der Sünde, trotz aller Irrungen und Wirrungen zu erreichen. Diese Sehnsucht ist die *Wieder-Vereinigung* mit Gott, die aufgrund unserer Sünde erst nach dem Tod und der Auferstehung möglich werden kann. Wenn wir seinem Wort folgen, werden wir dieses Ziel während unseres Erdenlebens nicht verlieren, sondern am Ende dieses Lebens erreichen.

Manchmal erinnert sein Wort auch an eine Art Stadtplan oder Autokarte, auf der wir sehen können, welche Wege in eine Sackgasse führen, *Warnschilder* weisen auf große Gefahren hin und es enthält viele Ermutigungen, unseren Weg unter Gottes Führung weiterzugehen. Ähnlich wie Gott Adam im Paradies nicht auf sich allein gestellt sein ließ, sondern ihm eine Gefährtin schuf, so hat auch Gott jedem Einzelnen andere Menschen zur Seite gestellt, die von der gleichen Sehnsucht getrieben sind. Das ist Gottes große Familie, die Gemeinde, die sich aus Mitgliedern vieler christlicher Kirchen zusammensetzt, keinesfalls aber Menschen beherbergt, die, wenn auch noch so treu, anderen Religionen folgen oder aus eigener Anstrengung ein rechtschaffenes Leben zu führen versuchen. In diese Familie führt nur ein Weg: Jesus Christus. („Ich bin der Weg und die Wahrheit und das Leben. Keiner kommt zum Vater, denn durch mich.“)

Ich bin durch die Welt gegangen
und die Welt ist schön und groß
und doch ziehet mein Verlangen
mich weit von der Erde los.

Ich habe die Menschen gesehen
und sie suchen spät und früh.
Sie schaffen, sie kommen und gehen
und ihr Leben ist Arbeit und Müh.

Sie suchen, was sie nicht finden
in Liebe, Ehre und Glück
und sie kommen belastet mit Sünden
und unbefriedigt zurück.

Es ist eine Ruh vorhanden
für das arme müde Herz.
Sag es laut in allen Landen,
hier ist gestillet der Schmerz.

Es ist eine Ruh gefunden
für alle fern und nah
in des Gotteslammes Wunden
am Kreuz auf Golgatha.

(Eleonore von Reuß, um 1850)

Im Zustand der Sünde

Wir haben gesehen, dass der Ungehorsam Gott gegenüber, das Misstrauen, das der Teufel gegenüber Gottes Liebe in uns gesät hat, *die Beziehung zu Gott, die Beziehung jedes Menschen zu sich selbst, die Beziehung der Menschen untereinander und die Beziehung zur Natur zerstört hat.* Ich glaube, wir haben mittlerweile auch verstanden, dass unsere tiefste Sehnsucht darin besteht, in diesen Bereichen Heilung zu finden. Aber neben dieser Sehnsucht besteht das einmal in unser Herz gepflanzte Misstrauen fort. Wir sind also hin- und hergerissen zwischen Sehnsucht und Misstrauen. Manchmal überwiegt das eine, dann wieder das andere.

Das Misstrauen Gott gegenüber zeigt sich darin, dass wir Menschen diese Sehnsucht nicht zuerst auf Gott richten und bei ihm Heilung suchen, sondern ganz verschiedene Selbstheilungsversuche unternehmen und zu allen möglichen Angeboten greifen, die Heilung versprechen. Wenn ich über diese Zusammenhänge nachdenke, so fällt mir immer ein altes Kirchenlied ein, das den Titel trägt: „Ich bin durch die Welt gegangen." Die Verfasserin, die aus der Beobachterposition heraus spricht, sagt im dritten Vers über die Menschen: „Sie suchen, was sie nie finden, in Liebe, Ehre und Glück. Und kommen belastet mit Sünden und unbefriedigt zurück."

Es ist interessant, dass sich das Wort *suchen* auch in unserem Wort *Sehnsucht* wiederfindet. Wenn wir nun diesen Text etwas moderner gestalten und zwar so, dass er sich immer noch reimt, könnte er in unserer Zeit folgendermaßen heißen: „Sie suchen, was sie nie finden in Sex, Ehrgeiz oder Karriere und Kick. Und kommen belastet mit Sünden und süchtig zurück." Das sind die Strategien, die uns der Teufel in den Sinn gibt, und von denen wir denken, es seien unsere Glück bringenden eigenen Erfindungen, unsere Freiheit.

Haben nicht die vielen Partnerwechsel und Ehescheidungen damit zu tun, dass wir Menschen glauben, unsere Sehnsucht endlich in einer neuen Beziehung, mit einem neuen, sicherlich besseren Partner gestillt zu bekommen? Das schlimmste Ende dieses Bestrebens ist die schon erwähnte Sexsucht. Und glaubt nicht heute fast jeder, dass er, wenn er beruflich Karriere macht, irgendwann einmal *einsame* Spitze ist und damit am Ende seiner Sehnsucht angekommen sei? Ist das nicht auch der Grund dafür, dass so viele Frauen keinerlei Anreiz mehr darin sehen, ihre Kinder selbst großzuziehen, wenn sie überhaupt noch Kinder haben wollen, sondern glauben, nur in einer beruflichen Karriere ihr Lebensziel zu erreichen, zufrieden zu werden?

Ich möchte hier nicht falsch verstanden werden. Selbstverständlich finde ich es gut und richtig, dass Frauen einen Beruf haben und ich gönne auch jeder Frau, dass sie sich beruflich weiterqualifiziert. Würde ich etwas anderes behaupten, so würde ich meine Worte mit meinem eigenen Leben als berufstätige Frau Lügen strafen. Ich meine die Unbarmherzigkeit, mit der Männer und Frauen heute gezwungen sind, Karriere zu machen, wenn sie nicht am Rande unserer Gesellschaft stehen wollen. Und wie zynisch ist doch das so genannte *Recht*, um einer Karriere willen schon geschaffene Kinder im Mutterleib zu töten, weil diese beruflichem Erfolg im Wege stehen. Die Art, wie im Ellenbogenkampf um die besten beruflichen Chancen gestritten wird und wie auch in anderen Bereichen *über Leichen gegangen wird*, ist zutiefst menschenverachtend und zerstörerisch.

Am Ende stellt sich keine Zufriedenheit ein, sondern es macht sich eine innere Leere breit, und das, obwohl Feierabend und Wochenenden durch verschiedene Kicks verzweifelt spaßig gestaltet werden. Sei es, dass Extremsportarten notwendig sind, sei es, dass bis zur Besinnungslosigkeit unter dem Einfluss von Lichteffekten und dröhnender Musik rhythmische Bewegungen ausgeführt werden, bis eine Art Trance erreicht ist, oder dass chemische Mittel zur Hilfe genommen werden, die in den Hirnstoffwechsel eingreifen, ein Durcheinander anrichten und so die Gefühle manipulieren.

Sie suchen, was sie nie finden, in Sex, Karriere und Kick. Und kommen belastet mit Sünden und süchtig zurück. Dieses Lied ist nicht erst in den letzten Jahren geschrieben worden. Zu der Zeit, als Eleonore von Reuß diese Bilanz zog, hatten offensichtlich noch viele Menschen ein schlechtes Gewissen bei einem solchen von Gott entfernten Leben. Sie fühlten sich von Sünden belastet.

Da sind wir doch heute schon einen Schritt weiter. Die Gewissen der heutigen Menschen sind dank gewissenloser Erziehung, pausenloser Propaganda in den Medien, was alles normal und richtig sei, dank des Hin- und Her- und Wegdiskutierens von Schuldgefühlen, von deren Überflüssigkeit und Schädlichkeit sehr viele Menschen überzeugt sind, so unreif geblieben, dass sie sich nicht mehr an Gut und Böse oder an dem orientieren können, was sinnvoll oder für eine Gemeinschaft wertvoll ist. Stattdessen orientieren sie sich nahezu ausschließlich daran, was angenehm oder unangenehm ist, was mehr oder weniger Spaß macht. Die modernen Gewissen folgen eher dem Motto: „Erlaubt ist, was gefällt, richtig ist, was Spaß macht."

Das Gewissen, diesen lästigen Mahner, der ursprünglich einmal ein wertvoller Teil der menschlichen Persönlichkeit war, sind wir also nahezu losgeworden. Was übrig geblieben ist und umso stärker wirkt, sind eine ungestillte Sehnsucht, ein Unbefriedigtsein, eine innere Leere, die Flucht vor der Stille, in der Fragen aus dem Inneren aufsteigen könnten, und letztlich die Knechtschaft eines suchthaften Lebens.

Die Bibel beschreibt diesen Zustand nach dem Sündenfall so: „*Wir waren der Sünde Knechte*“ (Römer 6,17) und Paulus seufzt: „*Ich Elender, das Gute, das ich tun will, das tue ich nicht. Das Böse, das ich eigentlich nicht tun will, das tue ich. Wer wird mich erlösen*?“ (Römer 7,19) Ich glaube, dass es keinen ehrlichen Menschen gibt, der hier nicht aus eigener Erfahrung zustimmen kann.

Ich jedenfalls erinnere mich an viele Situationen, in denen ich mich verzweifelt gefragt habe: „Warum habe ich das nur gesagt, warum habe ich nur so gehandelt? Ich wollte das doch gar nicht!“ Die Redewendung: „Das darf doch wohl nicht wahr sein!“, zeigt, dass wir die Tatsache nicht gerne annehmen, dass uns Dinge passieren, die uns eigentlich nicht passieren dürften, die wir eigentlich nicht wollen. So geraten wir, wenn von uns Menschen der Schutz in der Beziehung zu Gott aufgegeben wird, in die Abhängigkeit und Knechtschaft des Bösen. Und es ist sogar noch schlimmer.

Der Diabolos, der Verkehrer, hat die Macht, Gutes zum Bösen zu benutzen. Unter seinem Einfluss verliert der Mensch mehr und mehr die Fähigkeit, mit den guten Gaben Gottes verantwortlich umzugehen und sie zu genießen. Stattdessen missbraucht er sie als Suchtmittel: Leistungsfreude wird zum Leistungszwang, zur Leistungssucht. Beziehungsfähigkeit pervertiert zur Beziehungsabhängigkeit. Sport und anderes werden zum Profilierungszwang; Essen ist kein Genuss mehr, sondern knechtet die Menschen in Form von Ess-, Brech- und Magersucht. Ebenso verhält es sich mit der Trinksucht, Internetsucht und vielem mehr.

Wir nehmen das nicht einmal wahr. Der Teufel hat ein System von Verschleierungen erfunden, die uns vorgaukeln, wir handelten unabhängig von Gott nach unserem freien Willen. Und dies wird dann in der Reklame aufgegriffen mit dem Slogan: Ich bin so frei!

Dieses ganze Elend spiegelt sich natürlich in unseren Gefühlen wider. Statt des versprochenen dauernden Hochgefühls von Freiheit, Selbstsicherheit, Anerkennung, Verbundenheit und Zufriedenheit stellen sich unerwartete Dinge ein, sobald der Mensch einmal nicht mehr unter dem Einfluss seines gewohnten Suchtmittels steht. Es kommen Gefühle wie Verzweiflung, Niedergeschlagenheit, Selbstzweifel bis hin zu Selbsthass, Einsamkeit und Angst sowie Sinnlosigkeitsgefühle auf. Und dann beginnt etwas, das den Namen des Urhebers des ganzen Elends trägt, ein so genannter *Teufelskreis*.

Diese Gefühle sind schier nicht auszuhalten und man hat ihnen auch nichts entgegenzusetzen. Aus diesem Grund muss der Mensch wieder zu den Mitteln greifen, die ihn von den schlechten Gefühlen ablenken, zum Beispiel zum Fernsehen, zum Internet oder zur Arbeit, mit dem traurigen Ende, dass er süchtig danach ist. Oder man greift gleich zu den unterschiedlichsten Drogen, die die Gefühle manipulieren. Das ist in etwa der Zustand, den das oben erwähnte Kirchenlied beschreibt: „Sie kommen unbefriedigt – also süchtig – zurück.“

Heilung

Beschäftigen wir uns nun mit der Frage des Apostel Paulus: „Wer wird uns erlösen?“

Wir wollen uns noch einmal daran erinnern, dass mit dem Sündenfall eine große Zerstörung einherging. *Die Beziehung des Menschen zu Gott wurde zerstört, die Beziehung des Menschen zu sich wurde zerstört, die Beziehungen der Menschen untereinander wurden zerstört und die Beziehung zur Natur.* Heilung in diesen Bereichen ist jedoch möglich und wir wollen uns deshalb jetzt mit der Heilung dieser vielen Zerstörungen beschäftigen.

In dem Kirchenlied gibt es noch zwei weitere Verse, die ich an dieser Stelle in Erinnerung rufen möchte:

Es ist eine Ruh vorhanden
für das arme müde Herz.
Sagt es laut in allen Landen,
hier wird gestillet der Schmerz.

Es ist eine Ruh gefunden
für alle von fern und nah
in des Gottes Lammes Wunden
am Kreuze auf Golgatha.

Heilung der gestörten Beziehung zu Gott

Haben Sie schon einmal einen Erwachsenen beobachtet, der sich einem kleinen Kind richtig *zu-neigt*? Da er groß, wissend, *alles-könnend* ist, versucht er, das in allen Bereichen unterlegene Kind auf dessen Ebene zu erreichen, sonst würde er ihm ja nur einen Schrecken einjagen. Er geht in die Hocke, er setzt sich auf den Boden oder er hebt das Kind zu sich hoch. Außerdem wird er das Kind mit einfachen Worten ansprechen und Redewendungen und Bilder aus der Welt des Kindes benutzen.

Genauso hat es Gott gemacht. Im Alten Testament wird geschildert, wie Gott durch einzelne *Erzieher*, mit denen er in direktem Kontakt stand, seine Kinder, das Volk Israel, geleitet und geführt hat. Im Neuen Testament hat er schließlich einen neuen Bund für alle Menschen angeboten, indem er selbst sich uns zugeneigt hat! Er ging also quasi in die Hocke, um im Bild zu bleiben. Denn er kam in seinem Sohn Jesus Christus zu uns auf die Erde. Seitdem sprach und spricht er unsere Sprache, trug und trägt unsere Sünden. Das ist das Angebot der Heilung für die Beziehung zwischen Gott und den Menschen. Er kommt zu uns und möchte diese Beziehung in Ordnung bringen. Denn sein Wesen ist Liebe.

Der Prophet Jesaja beschreibt das folgendermaßen: *Er hat die Schmerzen erlitten, die wir verdient hatten (nach Jesaja 53,4)*. Und Jesus sagt von sich, dass er *der* Weg zu Gott ist. Als äußeres Zeichen für diese Tatsache ist bei seinem Tod der Vorhang im Tempel zerrissen. Dieser Vorhang teilte den Bereich, in den der gläubige Jude noch hineindurfte, vom Allerheiligsten, das normalen Menschen verschlossen blieb. Hier wohnte Gott. Der Weg zu Gottes Herz ist also frei geworden. Deshalb sind wir alle eingeladen, „Abba, lieber Vater“ zu sagen, und dürfen jederzeit mit jedem Anliegen zu ihm kommen. Gott selbst hat das Vertrauen wiederhergestellt, die Beziehung zwischen sich und den Menschen in Ordnung gebracht. Er hat die Trennung aufgehoben!

An diesen Wesensmerkmalen Gottes, seiner Liebe und Zuneigung zu den Menschen, seiner Bereitschaft für uns Menschen zu leiden, wird ganz besonders deutlich, dass er mit keinem als Gott angebeteten Glaubensziel anderer Weltreligionen wesensgleich ist. Alle anderen Götter bleiben über die Menschen erhaben. Es ist Sache der Menschen, sich um Versöhnung zu bemühen und ob diese möglich ist, wird von den erhabenen Göttern nicht beantwortet.

Einzig und allein der dreieinige Gott, der Vater, der Sohn und der Heilige Geist, schafft selbst die Versöhnung mit seinen Geschöpfen und ermöglicht damit Heilsgewissheit.

Heilung der Beziehung zu uns selbst

Das Wissen, von Gott so geliebt zu sein, dass er sich zu mir auf den Weg machte, um mein Leid und meine Schuld auf sich zu nehmen, ist schon Balsam für die verwundete, beleidigte und niedergeknechtete Menschenseele. Wenn ich nun für Gott das geliebte Kind bin, kann ich dann überhaupt weiter mit mir im Krieg leben?

Gott sagt zu seiner Schöpfung: „Sie ist gut." (1. Mose 1,31) Und er sagt zu mir als Geschöpf: „Du bist gut. So habe ich dich gewollt und so will ich dich gebrauchen, ganz wie du bist."

Wir jedoch wollen dagegen einwenden: „Aber mir fehlt doch noch so viel!"

Gottes Antwort darauf lautet: „Klar fehlt dir viel. Ich habe dir nicht alle Fähigkeiten gegeben, sondern gerade die, die für dich, für dein Leben, für die Aufgaben, die du erfüllen sollst, wichtig sind. Mehr brauchst du nicht. Du bist so in Ordnung, wie du bist."

Diese Zusage Gottes uns gegenüber gilt nicht nur für unsere Gaben, sondern auch für unseren Leib. Dass wir Frau oder Mann sind, hat Gott gewollt. Und wenn Gott es anders gewollt hätte, dann wäre es auch anders. Auch unsere Haare, Augen und Größe – all das ist genau so, wie es sein soll.

Ich kenne einen schwerst behinderten Mann. Er ist spastisch gelähmt, kann nicht ohne Hilfe gehen, seine Arme und Hände können nur ganz langsam zielgerichtete Bewegungen ausführen und auch sein Sprachvermögen ist durch die Spastik eingeschränkt. Ich kenne ihn erst, seit er Christ ist und immer, wenn ich ihn treffe, freue ich mich an seinem Selbstbewusstsein, seiner Aufgeschlossenheit und Lebensfreude. Seit einem bestimmten Gespräch mit ihm weiß ich auch, woher diese positive Lebenskraft kommt: Er bat mich um Rat, wie er sich einem jungen Mann gegenüber verhalten solle, der einmal ein *toller Typ* gewesen sei, aber nach einem Unfall eine Beinverkürzung hatte verkraften müssen. Nun lasse er sich völlig hängen.

Angesichts der ungleich schwereren Behinderung, die der Rat suchende Mann hatte, sagte ich: „Wenn einer diesen jungen Mann auch mal vorwärts schubsen darf, dann du, der du schließlich mit einer viel größeren Behinderung leben musst."

Er schaute mich an und entgegnete: „Nein, du hast es nicht verstanden. Ich bin in Ordnung, so wie ich bin. Aber der andere muss es noch annehmen lernen."

Und dann erklärte er mir – wieder mit seiner Fröhlichkeit –, dass Gott ihn als Gesunden wohl kaum in der Behindertenarbeit gebrauchen könnte, wie er eben wieder einmal an meiner Antwort gemerkt habe. So kann das aussehen, wenn ein Mensch sein *So-sein* im Vertrauen darauf, dass Gott keine Fehler macht, annimmt.

Im Neuen Testament werden die Christen als *Leib*

Christi bezeichnet. In diesem Bild ist dann ein Mensch zum Beispiel das Auge und ein anderer ein kleiner Finger, aber alle sind für das Funktionieren der Gemeinschaft der Christen wichtig. Mir ist diese Tatsache besonders klar geworden, als ich durch die Begegnung mit einem Menschen, der durch einen Unfall eine große Zehe verloren hatte, auch die Wichtigkeit der Zehen erkannte. Denn bis dahin hatte ich immer angenommen, dass diese nicht von großer Bedeutung seien. Er erklärte mir, welche Schwierigkeiten er zunächst beim Gehen und bei der Haltung des Gleichgewichts gehabt hatte, nachdem er seinen Zeh verloren hatte!

Gott sagt zu uns: „Schau nicht auf das, was dir fehlt, finde heraus, was du hast und arbeite damit." Tun wir das, dann verändert sich unser Gefühl für uns selbst. Sahen wir uns vorher als minderbemittelt, so fühlen wir uns mit Gottes Sichtweise reich begabt.

„Na gut, das mag ja sein, aber ich mache immer so vieles falsch, das hängt dann wie eine schwere Kugel an mir!", lautet vielleicht der nächste Einwand.

Doch Gott sagt: „Die Kugeln sind schon abgetrennt, du aber hältst sie selbst noch fest. Mit dem Kreuz, an dem ich für dich gestorben bin, habe ich sie für dich geschleppt. Nimm meine Vergebung an und ich helfe dir, Schritt für Schritt so zu leben, wie ich es für dich vorgesehen habe! Du bist nicht mehr der Sünde Knecht, auch wenn du ihr manchmal noch dienst. Du befindest dich nicht mehr in dem Status eines Knechtes. Ich habe dich frei gemacht! Nimm endlich dieses neue Selbstbewusstsein an."

Eine der schönsten Geschichten der Bibel ist die vom verlorenen Sohn. Sie erzählt von einem jungen Mann, der seine Freiheit wollte. Er forderte von seinem Vater, dass dieser ihm sein Erbe ausbezahle und ging damit in die Welt. Da er als verwöhntes Kind eines reichen Vaters jedoch gar nicht gelernt hatte, mit seinem Kapital richtig umzugehen, gab er es mit vollen Händen für seine Vergnügungen aus, geriet an falsche Freunde, sodass er sich eines Tages mittellos im Elend wieder fand und sich als Knecht mit niedrigsten Arbeiten Geld verdienen musste und hungerte. Dort am Schweinetrog angekommen, erkannte er erst das ganze Ausmaß der Wahrheit: Er war ausgezogen und wollte seine Freiheit und nun war er stattdessen in schlimmste Knechtschaft geraten.

In dieser Situation erinnerte er sich an seinen Vater und ihm wurde bewusst, dass er als Diener seines Vaters ein besseres Leben haben würde als zu der Zeit, als er in der Gosse lag. Er erwartete gar nicht, dass er wieder als Sohn angenommen werden würde. Schuldbeladen, mit vielen schlechten Gefühlen, aber auch mit einem Fünkchen Hoffnung trat er seinem Vater bescheiden und demütig wieder unter die Augen. Und was erlebte er? Er erlebte, dass sein Vater nie aufgehört hatte, ihn zu lieben und ihn trotz all seiner Fehltritte als seinen geliebten Sohn wieder aufnahm. Er veranstaltete sogar ein Fest für ihn!

Das ist auch heute noch so. Denn das ist das Angebot, das Gott durch Jesus jedem Menschen macht. In dieser Geschichte wird am schönsten geschildert, dass die Beziehung zwischen Gott, unserem Vater, und uns Menschen wieder in Ordnung kommen kann, und dass wir uns dann wieder wie geliebte Kinder fühlen können, weil Gott nicht aufgehört hat, uns zu lieben.

Heilung zerstörter Beziehung zwischen Menschen

Die Wirkung der Heilung unserer Beziehung zu Gott und die Heilung unserer Beziehung zu uns selbst verändert auch die Beziehung zu unseren Mitmenschen. In dem neuen Wissen, geliebt und wertvoll zu sein, können wir nach und nach unsere Überempfindlichkeiten und auch den Anspruch, jeder um uns herum müsse uns aufbauen, loslassen. Wir müssen nicht mehr ständig die Rolle des perfekten, unnahbaren, unangreifbaren Menschen spielen. Wir dürfen vielmehr Schritt für Schritt *menschlicher* werden. Und das Erleben der eigenen Entlastung und Befreiung durch die Vergebung macht uns nach und nach frei, auch anderen Menschen zu vergeben. Das heißt, wir müssen uns nicht länger mit den schweren Erinnerungen und Folgen von Verletzungen durch andere Menschen abschleppen und die vielen Vorwürfe, die wir anderen machen, werden hinfällig. Wir müssen nicht mehr *nach-tragend* sein. Und wir können die schweren Schutzschilder und unser Verteidigungsarsenal eins nach dem anderen fallen lassen und den Menschen um uns herum freier und offener begegnen. So wird es möglich, dass wir gute Erfahrungen machen und liebesfähig werden.

Das alles geschieht in der Regel nicht durch ein Wunder und wir spüren die Entlastung auch nicht von einer Minute auf die andere. Es handelt sich vielmehr um einen schrittweisen Prozess in der engen Beziehung zu Jesus, von dem wir uns täglich neu angenommen und gestärkt fühlen können, der unsere innere Einsamkeit beendet und unsere Selbstzweifel immer wieder ausräumt.

Eins der Ergebnisse dieser Beziehung zu Jesus ist die Befreiung von der Ichsucht, von dem suchthaften Bedürfnis, sich immer nur um sich selbst zu drehen, sich immer nur mit den eigenen Gefühlen und Verletzungen zu beschäftigen und immer nur darauf aus zu sein, selbst nicht zu kurz zu kommen. Das Verblüffende dabei ist: Wir werden endlich satt! Unsere Sehnsucht wird gestillt, denn sie muss nicht mehr durch viele verschiedene Suchtkanäle in die Irre geleitet werden.

Ich hörte einmal folgende Schilderung des Himmels und der Hölle: An beiden Orten leben Menschen und an beiden Orten befinden sich große Töpfe mit genügend Nahrung. An diesen beiden Orten gibt es jedoch für die Nahrungsaufnahme nichts anderes als Löffel mit sehr langen Stielen – viel länger als die Arme der Menschen –, die nur am Ende angefasst werden können, da man sich sonst verbrennt. In der Hölle versucht nun jeder Mensch verzweifelt mit dem Löffel seinen eigenen Mund zu füllen und alle verhungern. Im Himmel aber füttern sich die Menschen gegenseitig und alle werden satt. Das macht Jesus möglich. Er befreit uns von der Sucht, uns um jeden Preis selbst zu sättigen und macht uns liebesfähig und zufrieden.

Heilung der Beziehung zur Schöpfung

Ich bin fest davon überzeugt, dass ein Mensch, der mit Gott, mit sich selbst und mit den Mitmenschen wieder versöhnt ist, auch die Natur mit völlig anderen Augen sieht. Ich habe es viele Male miterleben dürfen, wie solche Menschen die Natur auf einmal wirklich *wahrnahmen* und lieben lernten.

Ich erinnere mich noch gut an einen jungen Mann, der zur Behandlung in unsere Klinik kam und feststellte: „Hier ist ja gar nichts los! Hier ist ja nur Wald! Das halte ich nicht aus!“

In der Gemeinschaft mit anderen Menschen lernte er aber schließlich den Wald kennen. Er lernte eine Vielfalt von Pflanzen und Tieren zu sehen, er hörte Geräusche und Stimmen, er fühlte, roch und schmeckte sogar. Eines

Tages brachte er für alle selbst gepflückte Brombeeren zum Nachtisch mit.

Allein diese Erfahrung, so sagte er später, hätte den Klinikaufenthalt reichlich belohnt: „Wie blind bin ich doch vorher herumgelaufen!"

Kein Wunder. Er hatte dauernd Kopfhörer auf den Ohren, war süchtig nach Musik und hatte stundenlang ferngesehen und währenddessen Fast Food in sich hineingestopft. Ein solcher Mensch, der sich wieder als ein Geschöpf in der Schöpfung fühlt und in Beziehung zur Schöpfung lebt, wird sie nicht mutwillig zerstören. Auch der oben genannte junge Mann sah im Wald nicht nur die schönen Dinge, sondern es begann ihn zu bekümmern, wie viel Unrat herumlag. Er brachte häufig von seinen Spaziergängen eine Plastiktüte voll aufgesammeltem Müll mit in die Klinik zurück.

Es geht aber nicht nur darum, dass versöhnte Menschen die Schöpfung bewahren können, wie es uns von Gott aufgetragen ist, um so paradiesähnlichere Zustände zu schaffen. Es geht auch um das Gefühl dazuzugehören. In der Schöpfung beheimatet zu sein ist ein Bollwerk gegen das Gefühl der Verlorenheit und der Heimatlosigkeit, das mir viele suchthaft lebende Menschen immer wieder schilderten. Und diese negativen Gefühle können die Ursache für den Teufelskreis der Sucht sein. Für Menschen, die in der Natur kein Geschenk des Schöpfers sehen, ist sie lediglich ein Reservoir, das man ausbeuten und für seine eigenen Zwecke benutzen kann, etwas, wo man sich austobt und womit man rücksichtslos umgeht. Die vielen Getränkedosen, Bierflaschen und anderen Abfälle, die wir so im Wald finden, sind ein Zeichen für diese Beziehungs-Armut. Auch aus diesem Grunde war ich froh, als der junge Mann anfing, die ihm lieb gewordene Natur von Unrat zu befreien.

Befreites Leben

Wenn wir durch Jesus Christus, dem einzigen Weg, den Gott uns zu sich eröffnet hat, wieder in eine Beziehung zu Gott treten, dann werden wir durch unsere Sehnsucht nicht länger in die Irre geführt. Stattdessen verwandelt sich ein Großteil unserer Sehnsucht in Hoffnung und in Vorfreude. Und nicht zuletzt gibt uns beides die Kraft, die vielen kleinen Tode zu bewältigen, die der *Sünde Sold* sind (*Römer 6,23*). Damit meine ich das Zerbrechen von Beziehungen, das Aushalten von Ungerechtigkeit, Enttäuschungen und Krankheit und schließlich auch den Tod am Ende unseres Lebens.

Für Menschen, die suchthaft leben, ist immer das Jetzt das Allerwichtigste. Da sie nicht an ein ewiges Leben glauben, kommt es darauf an, in dieses Erdenleben so viel Spaß wie möglich hineinzustopfen, um so viel Ernstes, Schweres und Unangenehmes wie möglich zu vermeiden. Das ist ein Teil des Wesens der Sucht. Menschen dagegen, die an den ewigen Gott und damit auch an ein ewiges Leben glauben, haben noch so viel vor sich, dass sie mit Gottes Hilfe der Sucht nach materiellen Dingen *entkommen* können. Sie können nach Gottes Maßstab leben, dessen Ziel es ist, dass viele Menschen davon erfahren, dass eine Heilung von suchthaftem Leben durch Jesus Christus möglich ist.

Ebenso konsequent, wie der Böse versucht, die Menschen von Gott wegzuführen und sie so in den ewigen Tod zu bringen, will Gott jeden Menschen an jedem auch noch so grausamen Ort (siehe verlorener Sohn) abholen und durch Jesus wieder auf den Weg zum ewigen Leben und in die Gemeinschaft mit Gott zurückleiten. Greifen die Menschen, die der Verführung des Bösen unterlegen sind, zu den unterschiedlichsten Sucht-Strohhalmen, um der Verzweiflung zu entgehen, so bietet Gott ihnen dennoch Vergebung, Gnade, Hoffnung, Freude und Freiheit an, wenn sie bereit sind, all diese vermeintlichen Rettungsanker des Bösen loszulassen und Gott und auch sich selbst wieder ganz neu zu vertrauen.

Das empfinden die meisten Menschen jedoch leider als ein großes Wagnis. Denn mögen die Rettungsanker auch mehr schlecht als recht gehalten haben, so gaben sie ihnen doch das trügerische Gefühl, etwas zu tun und inmitten anderer, die genau das Gleiche tun, irgendwie aufgehoben zu sein. Nun kommt dieser Gott daher und verlangt von ihnen, die sie vor nichts mehr Angst haben, als jeden Halt in ihrem Leben zu verlieren, dass sie loslassen.

Vielleicht haben Sie auch die folgende Geschichte gehört, die das gut veranschaulicht: Um Affen zu fangen, ihnen also die Freiheit zu nehmen, legen Eingeborene ihnen leckere Speisen in einen Krug mit einem so engen Hals, dass die leeren Hände der Tiere zwar hindurchpassen, nicht aber die Faust, die das Futter festhält. Die Tiere geraten in Gefangenschaft, weil sie ihre Beute nicht loslassen.

Nur der, der wirklich losgelassen hat, weiß, dass es notwendig war, damit wir unsere Hände frei haben, Gottes Gaben zu empfangen. Damit aber diejenigen, die sich immer noch an ihrem suchthaften Leben verzweifelt festkrallen, auch loslassen und sich Gott anvertrauen können, müssen Christen viel Liebe, Freude, Zuversicht und Hoffnung ausstrahlen. Wir sind nicht dazu aufgefordert, mit erhobenem Zeigefinger oder verächtlichen Gesichtern auf die Menschen zuzugehen, die suchthaft leben, sondern dazu, dass die Liebe, Freude, Zuversicht und Hoffnung für alle sichtbar werden!

Nachwort

Immer wieder, wenn ich zu den verschiedenen Themen Vorträge halte, kommen die Menschen auf mich zu, äußern ihre Zustimmung zu dem Gesagten und erzählen meist noch bestätigende, traurige Beispiele aus ihrem Leben. Menschen aus der älteren Generation sagen mir oft, dass sie gerne mit ihren Enkeln über wichtige Themen reden würden, haben aber die Erfahrung gemacht: „Die wollen das ja gar nicht hören!" So verstummen sie resigniert.

Ich selbst erinnere mich an sehr viele Gespräche mit meiner Großmutter, in denen sie mir Dinge sagte, die ich auch nicht hören wollte. Aber die Liebe, mit der sie mich umgab, ihr Interesse an mir und meinem Leben, die Lebendigkeit, mit der sie Veränderungen verfolgte und ihre – meist humorvollen – Kommentare haben mir diese Gespräche eingeprägt. Die Tatsache, dass sie trotz eines harten Lebens eine frohe, liebevolle Greisin war, die, ihren nahen Tod vor Augen, große Zuversicht ausstrahlte, hat mich sehr beeindruckt. Und nicht selten habe ich mich in meinem späteren Leben an einen bestimmten Satz von ihr erinnert, den ich als Jugendliche zum einen nicht hören wollte und zum anderen noch gar nicht richtig verstand, den ich aber dann in der entsprechenden Situation gut gebrauchen konnte.

Meinen Patienten, die ich in ihren Schwierigkeiten begleitet habe, ist meine Großmutter wohl vertraut, weil ich auch ihnen die Weisheiten, die ich ihr verdanke, noch weitergegeben habe. Deshalb möchte ich alle Großeltern, Großtanten oder andere lebenserfahrene Leute, die Freude an jungen Menschen haben, ermutigen: Bleiben Sie mit ihnen im Kontakt, zeigen Sie ihnen Ihre Liebe und bieten Sie auf dieser Basis Korrekturmöglichkeiten an. Alle Einzelkämpfer, die ihre Bemühungen als einen Tropfen auf den heißen Stein empfinden, möchte ich ermutigen, nicht nachzulassen und nicht aufzugeben. Mischen Sie sich ein in Diskussionen, mit Leserbriefen und Zeitungsbeiträgen!

Jesus sagte in seiner Bergpredigt nicht, dass wir von einem Tag auf den anderen Massenbewegungen ins Leben rufen sollen, sondern er gab uns den Auftrag, an der Stelle, an der wir stehen, mit dem Licht, das er uns zur Verfügung stellt, in dieser Welt etwas mehr Helligkeit zu erzeugen. Lassen Sie uns als Salz in der Welt der Fadheit (null Bock auf nix) dieser Zeit entgegenwirken! Ich möchte Ihnen sagen, dass dies das größte Geschenk Gottes an uns ist, dass wir Menschen – die wir ihn sehr enttäuscht haben, aus der Gemeinschaft mit ihm ausgebrochen sind und die wir ihn dann ans Kreuz schlugen – dennoch für würdig erachtet werden, in dieser Welt Überbringer seiner frohen Botschaft zu sein.

Ich möchte dieses Buch nun mit einem weiteren Zitat von Tobias Brocher abschließen:

Glaube ist die feste, jeden Zweifel ausschließende Zustimmung zur geoffenbarten Wahrheit Gottes aus jener Gewissheit des eigenen Willens. Es ist allein die Größe und Autorität dieses Gottes, welcher wir, auch gegen jeden Anschein, im Glauben vertrauen und der wir uns in unbedingter Hingabe unterwerfen – eine freie und sittlich bedeutsame Entscheidung des ganzen Menschen, ohne Vorbehalt, die ihn auf jedem Schritt seines Lebens begleitet. Aus dem Glauben leben bedeutet für jeden sich frei entscheidenden Menschen nicht mehr und nicht weniger als ein freies „Ja“ als erste Antwort des Menschen auf die Offenbarung und den Gnadenruf des Schöpfers aller Welten.

Tobias Brocher: Zwischen Angst und Übermut, Kreuz Verlag, 1985 (S. 129)